应用技术型高等教育“十三五”规划教材

（汽车类专业改革创新系列）

汽车电控技术

（第二版）

主　编　王林超　徐　刚

副主编　王　霞　冯增雷

中国水利水电出版社

www.waterpub.com.cn

·北京·

内 容 提 要

本书从汽车使用和维修的观点出发，介绍目前汽车上采用的电子控制技术，包括电子控制汽油喷射系统、电子控制点火系统、电子控制柴油喷射系统、可变配气相位机构、发动机进气增压控制系统、电控磁粉式电磁离合器、电控自动变速器、电控四轮驱动、电子控制空气悬架系统（ASC）、电子控制动力转向系统（EPS）、汽车防滑控制系统、汽车自适应巡航控制系统、安全带与安全气囊系统、车载网络通信系统、混合动力汽车等的基本概念、组成与工作原理及汽车电控系统故障自诊断技术。

本书可作为高等院校汽车类（汽车服务工程、交通运输等）专业教材，也可供汽车制造、汽车维修等行业工程技术人员参考。

本书配有免费电子教案，读者可以从中国水利水电出版社网站以及万水书苑下载，网址为：http://www.waterpub.com.cn/softdown/或 http://www.wsbookshow.com。

图书在版编目（CIP）数据

汽车电控技术 / 王林超，徐刚主编. -- 2版. -- 北京 : 中国水利水电出版社，2016.10
应用技术型高等教育“十三五”规划教材. 汽车类专业改革创新系列
ISBN 978-7-5170-4779-7

Ⅰ. ①汽… Ⅱ. ①王… ②徐… Ⅲ. ①汽车－电子系统－控制系统－高等学校－教材 Ⅳ. ①U463.6

中国版本图书馆CIP数据核字(2016)第241871号

策划编辑：宋俊娥　责任编辑：李　炎　加工编辑：高双春　封面设计：梁　燕

书　名	应用技术型高等教育“十三五”规划教材（汽车类专业改革创新系列） 汽车电控技术（第二版） QICHE DIANKONG JISHU
作　者	主　编　王林超　徐　刚 副主编　王　霞　冯增雷
出版发行	中国水利水电出版社 （北京市海淀区玉渊潭南路 1 号 D 座　100038） 网址：www.waterpub.com.cn E-mail：mchannel@263.net（万水） sales@waterpub.com.cn 电话：（010）68367658（营销中心）、82562819（万水）
经　售	全国各地新华书店和相关出版物销售网点
排　版	北京万水电子信息有限公司
印　刷	三河市铭浩彩色印装有限公司
规　格	184mm×260mm　16 开本　22.5 印张　556 千字
版　次	2010 年 6 月第 1 版　2010 年 6 月第 1 次印刷 2016 年 10 月第 2 版　2016 年 10 月第 1 次印刷
印　数	0001—3000 册
定　价	45.00 元

凡购买我社图书，如有缺页、倒页、脱页的，本社营销中心负责调换

第二版前言

随着电子技术的发展，各种基于提高和改善汽车动力性、经济性、节能环保、安全性、舒适性等的电子控制技术在汽车上得到广泛应用。汽车上的新技术不断涌现，现有的汽车专业教材显得陈旧，急需改革、更新。

在多年的教学实践中，我们已经从不同角度对汽车运用专业的教学体制进行改革。在本教材编写过程中，编者参阅了大量文献、资料和专著，结合多年教学、生产和科研经验及教训，力求全面、整体、系统地介绍有关汽车电子控制技术的基本原理、基本组成、基本方法和工作过程以及相关的结构与配置，力求符合当今相关科技发展趋势。

本教材的编写注重了以下环节：

时效性——尽可能多地反映目前汽车的各种电子控制技术，在第一版的基础上对内容进行删减，如删掉了“怠速控制系统”“有分电器的点火系统”等；增加了“发动机智能启停系统”“宽带氧传感器”“智能电子气门”“机械增压器”“直接换挡变速器”“自适应巡航控制系统”“车载网络通信系统”等。

通俗易懂——全书按汽车控制系统的控制原理、构造、工作原理和诊断维修组织编写，深入浅出并配有大量图表，便于阅读和自学。

应用性——图例以典型系统分析为主，理论联系实际，有较强的实用性。

本书内容新颖、图文并茂、通俗易懂，可作为高等工科学校、高等职业学校、中等职业学校等汽车专业的教材，也可供汽车行业工程技术人员和维修人员阅读。

本书由王林超、徐刚任主编，王霞、冯增雷任副主编，编写组成员（分工）有：山东交通学院王林超（绪论、第 1 章、第 2 章、第 7 章、第 11 章），山东凯文科技职业学院冯增雷（第 3 章、第 5 章、第 6 章），山东交通学院徐刚（第 4 章、第 9 章、第 12 章），山东润通汽车销售公司马志庆（第 8 章、第 10 章）、济南华飞汽车服务有限公司许建（第 13 章、第 14 章），山东凯文科技职业学院王霞（第 15 章、第 16 章）。另外陈继玲、王晓哲、王万毅等也参与了部分编写工作。

本书在编写的过程中，得到了许多相关企业单位、专家和工程技术人员的大力支持与帮助，援引了有关技术资料，在此表示由衷的感谢。

由于水平有限，书中难免有疏漏之处，诚恳期望得到同行专家和广大读者的批评指正。

编 者

2016 年 7 月

第一版前言

近年来，我国汽车工业获得了突飞猛进的发展，尤其是以电子控制为先导，汽车上的新技术不断涌现。现有的汽车专业教材显得陈旧，急需改革、更新。

在多年的教学实践中，我们已经从不同角度对汽车运用技术专业的教学体制进行改革。在本教材编写过程中，编者参阅了大量文献、资料和专著，结合多年教学、生产和科研经验及教训，力求全面、整体、系统地介绍有关汽车电子控制技术的基本原理、基本组成、基本方法和工作过程以及相关的结构与配置，力求符合当今相关科技发展趋势。

本教材的编写注重了以下环节：

时效性　尽可能多地反映目前汽车的各种电子控制技术。

通俗易懂　全书按汽车控制系统的控制原理、构造、工作原理和诊断维修组织编写，深入浅出并配有大量图表，以便于阅读和自学。

应用性　图例以典型系统分析为主，理论联系实际，有较强的实用性。

本书内容新颖、图文并茂、通俗易懂，可作为高等工科学校、高等职业学校、中等职业学校等汽车专业的教材，也可供汽车行业工程技术人员和维修人员阅读。

本书由王林超任主编，张竹林任副主编，编写组成员（分工）是：王林超（绪论、第 1 章、第 2 章、第 3 章、第 7 章、第 11 章）；潍坊职业学院王锐（第 4 章、第 5 章、第 6 章）；山东交通学院张竹林（第 8 章、第 9 章、第 10 章、第 12 章）；山东凯文科技职业学院王霞（第 13 章、第 14 章）；山东交通学院刘春光（第 15 章、第 16 章）。陈继玲、许建、王厚乾、于磷、宋鲁伟、李竹芳、皮绍辉、王晓哲等同志也参与了本书的编审工作。

本书在编写的过程中，得到了许多相关企业单位、专家和工程技术人员的大力支持与帮助，援引了有关技术资料，在此表示由衷的感谢。

由于水平有限，书中难免有疏漏之处，诚恳期望得到同行专家和广大读者批评指正。

编　者

2010 年 3 月

III

目 录

绪　论

随着现代电子技术的飞速发展，微机技术在汽车上的应用越来越广泛，使得汽车的内涵和功能不断拓展和延伸，汽车机电一体化——汽车电子化正逐渐成为现代汽车的基本特征。汽车电子化的程度被看作是衡量现代汽车水平的重要标志，是用来开发新车型、改进汽车性能最重要的技术措施。国外专家预测未来 3～5 年内汽车上装用的电子装置成本将占整车成本的 30%以上。

一、现代汽车电子技术应用状况

1. 在发动机上的应用

（1）电子控制喷油装置（EFI）

在现代汽车上，汽油发动机普遍采用电控汽油喷射系统，其突出优点在于空燃比的控制更为精确，可实现最佳空燃比；且电喷技术提高了汽油的雾化、蒸发性能，汽车加速性能更好，发动机功率和转矩得以显著提高。

电喷系统采用闭环控制方式，通过排气管中设置的氧传感器，测量实际空燃比来进行反馈控制。该系统主要是根据各传感器测得的空气流量、排气管中含氧量、进气温度、发动机转速及工作温度等参数，按预先编好的运算程序进行运算，然后和内存中的最佳工况的参数进行比较和判断再调整供油量。这样就能使发动机一直处于最优工作条件下运行，从而使发动机的综合性能得到提高。

汽油机缸内直喷系统因为燃油是分层燃烧，又称 FSI 系统。采用直立式进气管，能有效提高缸内充气系数，采用 5MPa 的高压在压缩行程后期将燃油直接喷入汽缸内，降低爆振极限，可使压缩比提高到 12:1～13:1，改善发动机性能，使其燃油经济性提高 25%左右，动力输出比缸外喷射的汽油机增加了将近 10%。

（2）电控点火系统（ESA）

在发动机的点火系统中，同样采用了开环和闭环相结合的控制形式。起动阶段的点火时刻由 ECU 中的专门信号进行开环控制；正常运行期间，则通过增设爆振传感器进行爆振反馈控制，根据爆振传感器的反馈信号调整点火时刻，使发动机在临界爆振状态点火。

在微机控制点火系统中，广泛采用无分电器点火系统（DLI），它取消了普通微机控制点火系统中的分电器，改由 ECU 内部控制各缸配电。这样点火线圈产生的高压电，不需经过分电器分配，直接就送到火花塞发生点火。无分电器点火系统可消除分火头与分电器盖边电极的火花放电现象，减少电磁干扰。

（3）怠速控制系统（ISC）

怠速性能的好坏是评价发动机性能优越与否的重要指标，怠速性能差将导致油耗增加，污染严重，因此需进行必要的控制。怠速控制系统的基本原理是：ECU 根据冷却水温、空调负荷、空挡信号等计算目标转速，并与实际转速相比较，同时检测怠速开关信号及车速信号，判断是否处于怠速状态，确认后则按目标转速与实际转速之间的差值来驱动执行器，调整、控制进气量。

目前，除了怠速转速的稳定性控制之外，怠速控制还可以实现起动控制、暖机控制以及负荷变化控制等功能，这样多种功能的集中，不仅简化了机构，而且也提高了怠速控制的精确性。

（4）电控柴油喷射系统

与汽油机电控汽油喷射系统相似，很多柴油机采用电控柴油喷射系统。柴油机燃油喷射压力高达 60～150MPa，甚至 200MPa。可以精确实现喷油量控制、喷油时间控制和怠速转速控制，提高柴油机的动力性、经济性和净化性。

除此之外，在发动机部分利用电子技术的内容还有废气再循环（EGR）、发动机进气增压、可变配气相位、智能型电子节气门、发电机输出、冷却风扇、二次空气喷射、汽油蒸发回收装置及系统自我诊断功能等。

2. 电子技术在底盘上的应用

（1）电控自动变速器（ECT）

ECT 可以根据发动机的负荷、转速、车速、制动器工作状态及驾驶员所控制的各种参数，经过计算机的计算、判断后自动地通过电控液动实现变速器换挡的最佳控制，即可得到最佳挡位和最佳换挡时间。它们的优点是加速性能好、灵敏度高、能准确地反映行驶负荷和道路条件等。

电控无级变速器、直接换挡变速器等应用越来越多。

（2）电子转向助力系统

电子转向助力系统是用一部直流电机代替传统的液压助力缸、用蓄电池和电动机提供动力的系统。这种微机控制的转向系统和传统的液压系统比起来具有部件少、体积小、重量轻的特点，以及最优化的转向作用力、转向回正特性，它大大提高了汽车的转向能力和转向响应特性，增加了汽车低速时的机动性以及调整行驶时的稳定性，可逐渐实现自动泊车和自动驾驶。

（3）汽车防滑控制系统

汽车防滑控制系统主要包括防抱死制动系统（ABS）、电子制动力分配系统（EBD）、驱动防滑系统（ASR）和电控行驶稳定系统（ESP）等。

防抱死制动系统（ABS）是一种开发时间最长、推广应用最为迅速的重要的安全性部件。它通过控制防止汽车制动时车轮的抱死来保证车轮与地面达到最佳滑动率（15%～20%），从而使汽车在各种路面上制动时，车轮与地面都能达到纵向的峰值附着系数和较大的侧向附着系数，以保证车辆制动时不发生抱死拖滑、失去转向能力等不安全的工况，提高汽车的操纵稳定性和安全性，减少制动距离。

电子制动力分配系统（EBD）的功能就是在汽车制动的瞬间，由传感器检测前后轮的转动状态，并由电子控制单元计算出各轮胎与路面间的附着力大小，然后分别调节各个车轮制动器的制动转矩，使之达到与路面附着力的理想匹配，以进一步缩短制动距离，同时保证车辆制动时的稳定性。EBD 与 ABS 结合，可大大提高 ABS 的功效。

驱动防滑系统（ASR）也叫做牵引力控制系统（TCS 或 TRC），是 ABS 的完善和补充，它可以防止起步和加速时的驱动轮打滑，既有助于提高汽车加速时的牵引性能，又能改善其操作稳定性。

电控行驶稳定系统（ESP）整合了 ABS 和 ASR 的功能，起到了一种综合控制系统的作用。当车辆转弯受侧向力时，ESP 能降低车辆打滑的危险，使汽车安全稳定行驶。

（4）适时调节的自适应悬挂系统

自适应悬挂系统能根据悬挂装置的瞬时负荷，自动地适时调节悬架弹簧的刚度和减振器的阻尼特性，以适应当时的负荷，保持悬挂的既定高度，这样就能够极大地改进车辆行驶的稳定性、操作性和乘坐的舒适性。

（5）自适应巡航控制系统

汽车自适应巡航控制系统（ACC）属于主动安全技术，是一种智能化的自动控制系统，在传统的巡航控制技术基础上发展起来的，因此既具有定速巡航的能力，又具有应用车载传感器信息自动调整车辆行驶速度，保持本车与前行车辆安全间距的功能。

二、汽车电子技术应用的发展趋势

当前，汽车电子技术进入了优化人—汽车—环境的整体关系的阶段。它向着超微型磁体、超高效电机以及集成电路的微型化方向发展，并为汽车上的集中控制提供了基础（例如制动、转向和悬架的集中控制以及发动机和变速器的集中控制）。汽车电子技术成就汽车工业的未来，未来汽车电子技术应在以下几方面进行突破。

1．微处理机技术

由于汽车电子设备的不断增多，致使汽车电控系统中的微处理器、传感器和执行器的数量也随之大幅度增加。自 20 世纪 90 年代中期以来，汽车电子综合集成控制技术得到了迅速发展。它以大规模集成电路和控制器局域网（CAN，Controller Area Network）为特征，主要产品包括灵巧电源、智能传感器、16 位和 32 位微处理器等。汽车电子综合集成控制技术的设计思想是应用计算机网络和通信技术，一方面将原来有限的综合性电子控制系统扩大为汽车整体综合集成控制系统；另一方面与汽车外部道路、交通、通信等联接起来，使汽车的功能更为强大，向高度自动化、智能化方向发展，并成为智能化交通系统（ITS）的一个主要组成部分。

2．传感器技术

由于汽车电子控制系统的多样化，使其所需要的传感器种类不断增加。为此，研制新型、高精度、高可靠性和低成本的传感器是十分必要的。未来的智能化集成传感器，不仅要能提供用于模拟和处理的信号，而且还能对信号进行放大和处理。同时，它还能自动进行时漂、温漂和非线性的自校正，具有较强的抵抗外部电磁干扰的能力，保证传感器信号的质量不受影响，即使在特别严酷的使用条件下仍能保持较高的精度。它还具有结构紧凑、安装方便的优点，从而免受机械特性的影响。现代汽车传感器总的发展趋势是多功能化、集成化、智能化、微型化。

3．软件新技术应用

随着汽车电子技术应用的增加，对有关控制软件的需求也将会增加，要求使用多种软件，并开发出来通用的高水平语言，以满足多种硬件的要求。轿车上多通道传输网络将大大地依赖于软件，软件总数的增加及其功能的提高，将使计算机能完成越来越复杂的任务。

4. 智能汽车及智能交通系统（ITS）的研究及应用

汽车智能化相关的技术问题已受到汽车制造商们的高度重视。其主要技术中“自动驾驶仪”的构想必将依赖于电子技术实现。智能交通系统（ITS）是现代交通发展的目标，它的开发将与电子、卫星定位等多个交叉学科相结合，它能根据驾驶员提供的目标资料，向驾驶员提供距离最短而且能绕开车辆密度相对集中处的最佳行驶路线。它装有电子地图，可以显示出前方道路，并采用卫星导航，从全球定位卫星获取沿途天气、车流量、交通事故、交通堵塞等各种情况，自动筛选出最佳行车路线。未来的某天，路上行驶的都会是由计算机控制的智能汽车，自动驾驶的愿望也将实现。

5. 数据传输载体方面的新电子技术应用

汽车电子技术未来将实现整车控制系统。这一系统要求有一个庞大而复杂的信息交换与控制系统，车用计算机的容量要求更大，计算机速度则要求更高。由于汽车用计算机控制系统的数量日益增多，采用高速数据传输网络日益显得必要。光导纤维可为此传输网络提供传输介质，以解决电子控制系统防电磁干扰的问题。

6. 汽车车载电子网络

随着电控器件在汽车上越来越多的应用，车载电子设备间的数据通信变得越来越重要。以分布式控制系统为基础构造汽车车载电子网络系统是很有必要的。大量数据的快速交换，高可靠性及价廉是对汽车电子网络系统提出的要求。在该系统中，各从处理机独立运行，控制改善汽车某一方面的性能，同时在其他处理机需要时提供数据服务。主处理机收集整理各从处理机的数据，并生成车况显示。通信控制器保证数据的正常流动。

此外，电子技术中的集成化制造技术等（如纳米技术）在未来几年内也将会有大的突破。纵观近十年来汽车技术的重大成就，大都是在应用电子技术上进行的突破，电子技术已成为汽车工业发展的重要动力源泉。

1 电子控制汽油喷射系统

本章导读

本章介绍了电子控制汽油喷射系统的分类、组成（空气供给系统、燃油供给系统、电子控制系统）、结构、工作原理。按控制方式不同可分为流量型喷射系统和压力型喷射系统；按喷射位置分为进气管喷射系统也称为多点喷射系统（MPI）、汽油机缸内直喷系统。空气供给系统包括空气滤清器、空气流量计（进气压力传感器）、节气门体、怠速控制阀、进气支管等；燃油供给系统主要包括汽油箱、电动汽油泵、汽油滤清器、压力调节器、分配管、喷油器、油管等。电子控制系统包括传感器、执行器、ECU 等。分析了目前在轿车发动机上开始采用的智能型电子节气门、汽油机缸内直喷系统。

本章要点

- 电控汽油喷射系统的分类与组成
- 电控汽油喷射发动机空气供给系统的组成、结构、工作原理
- 电控汽油喷射发动机燃油供给系统的组成、结构、工作原理
- 电控汽油喷射发动机电子控制系统的组成、结构、工作原理
- 智能型电子节气门的结构、工作原理
- 汽油机缸内直喷系统的结构、工作原理

1.1 概述

电子控制汽油喷射系统简称电控汽油喷射系统或 EFI（Electronic Fuel Injection），利用安装在发动机不同部位上的各种传感器所测得的信号，按电子控制单元（电控单元 ECU）中设

定的控制程序，通过对汽油喷射时间的控制，调节喷入进气管或气缸中的喷油量，从而改变混合气浓度，使发动机在各种工况下都能获得与所处工况相匹配的最佳混合气，发动机功率得到提高，燃油消耗降低，废气排放量减少，使汽车冷车起动更容易，暖机更迅速，应用广泛。

1.1.1 电控汽油喷射系统的分类

1. 按控制方式分

（1）流量型喷射系统（L-Jetronic）是指在空气滤清器与节气门体之间装有计量空气量的空气流量计，通过它将空气量的物理量转变成电信号输送到电子控制单元，电子控制单元依此信号控制喷油量。L 型汽油喷射系统的空气流量计有热线式、热膜式、卡门涡流式，如图 1-1 所示。

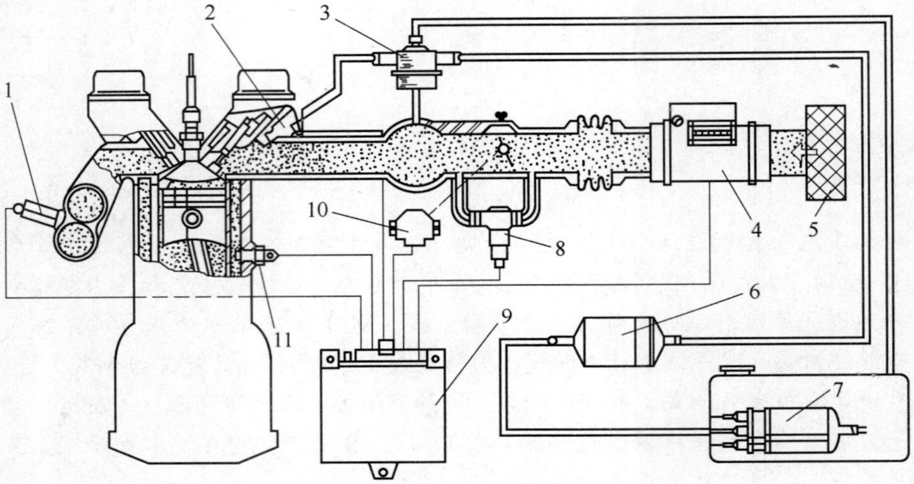

1—氧传感器；2—喷油器；3—油压调节器；4—热线式空气流量计；5—空气滤清器；
6—汽油滤清器；7—电动汽油泵；8—怠速空气调节器；9—电子控制单元；
10—节气门位置传感器；11—冷却液温度传感器

图 1-1 L 型电控汽油喷射系统

（2）压力型喷射系统（D-Jetronic，“D”来源于德文“Druck（压力）”的第一个字母）是电子控制单元根据进气管压力和发动机转速计算出每一循环的进气空气量，并由此计算出循环基本喷油量。这种方式测量方法简单，喷油量调整精度容易控制，如图 1-2 所示。

2. 按喷射位置分

（1）进气管喷射系统，也称为多点喷射系统（MPI），是指在每一个气缸的进气门前都安装一个喷油器，各缸喷油器按照发动机点火顺序在一定的曲轴转角内分别进行喷油（也称为顺序喷射），燃油喷射在进气门外侧，形成可燃混合气，如图 1-1、图 1-2 所示。这种喷射系统能较好地保证各缸混合气均匀。

（2）缸内直喷系统：在压缩行程后期将汽油直接喷入气缸内。这项技术用于稀薄燃烧的汽油机。喷射压力较高（3～5MPa），因此对供油装置要求较高。

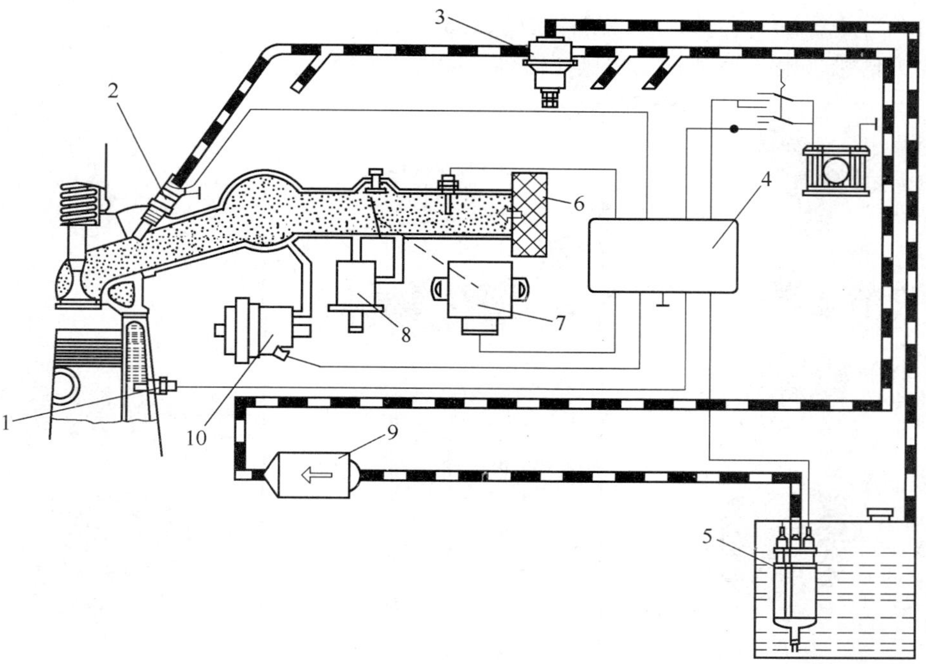

1—冷却液温度传感器；2—喷油器；3—油压调节器；4—电子控制单元；5—电动汽油泵；6—空气滤清器；7—节气门位置传感器；8—怠速空气调节器；9—汽油滤清器；10—进气压力传感器

图 1-2　D 型电控汽油喷射系统

1.1.2　电控汽油喷射系统的组成

电控汽油喷射尽管形式多样，但它们都具有相同的控制原则，即以电子控制单元（ECU）为控制核心，以空气流量和发动机转速为控制基础，以喷油器为控制对象，保证发动机在各种工况下获得最佳的混合气浓度，以满足发动机动力性、经济性和排放要求。相同的控制原则决定了各类电控汽油喷射系统具有相同的组成和类似的结构。电控汽油喷射系统都由以下 3 个子系统组成：空气供给系统、燃油供给系统和电子控制系统。

1. 空气供给系统

空气供给系统的作用是向发动机提供与负荷相适应的清洁空气，同时测量和控制进入发动机气缸的空气量，使它们在系统中与喷油器喷出的汽油形成符合要求的可燃混合气。主要包括空气滤清器、空气流量计（进气压力传感器）、节气门体、怠速控制阀、进气支管等。在节气门体中有一正圆形的节气门，由驾驶员直接或间接控制其开度大小，改变进入发动机空气量的多少，达到改变发动机动力性的目的。

2. 燃油供给系统

燃油供给系统的功用是用电动汽油泵向喷油器提供足够压力的汽油，喷油器根据来自 ECU 的控制信号，向进气支管内进气门上方喷射定量的汽油。主要包括汽油箱、电动汽油泵、汽油滤清器、压力调节器、分配管、喷油器、油管等。

3. 电子控制系统

电子控制系统的主要作用是根据发动机和汽车不同的运行工况，对喷油时刻、喷油量以及点火时刻等进行确定和修正，检测各传感器的工作，并将工作参数存储和输出。主要包括传感器、开关信号、电子控制单元和执行器等，如图 1-3 所示。

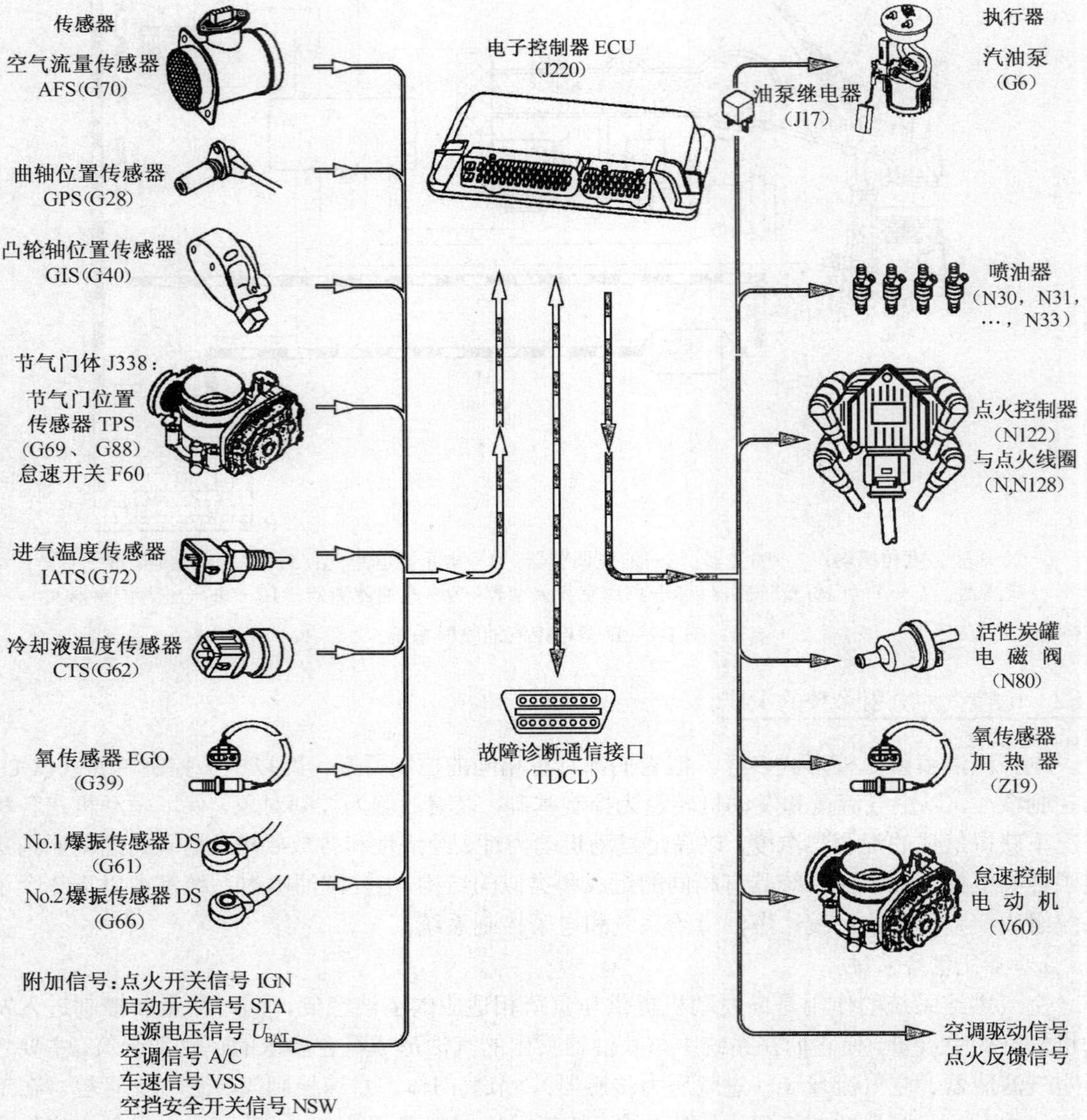

图 1-3　电子控制系统的组成

1.2　电控汽油喷射的空气供给系统

空气供给系统是由空气滤清器、空气流量计（压力型是进气压力传感器）、节气门体、怠速控制阀、进气支管等组成。发动机工作时，驾驶员通过操作加速踏板控制节气门的开度，以此来改变进气量，控制发动机的转速。空气供给系统结构如图 1-4 所示。

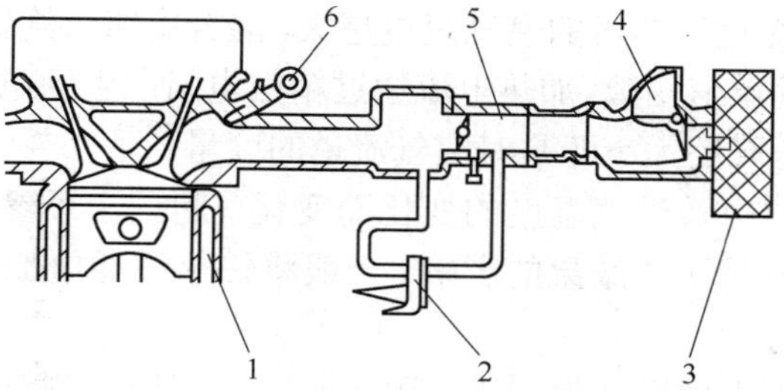

1—发动机；2—怠速空气调节器；3—空气滤清器；4—空气流量计；5—节气门体；6—喷油器

图 1-4　电控汽油喷射发动机的空气供给系统

1.2.1　空气计量装置

空气计量装置的作用是对进入气缸的空气质量进行直接或间接地计量，并把空气流量的信息输送到 ECU。在电控汽油喷射系统中有空气流量计和进气压力传感器两种方式测量进入气缸的空气量。

1. 空气流量计（AFS）

在电控汽油喷射发动机中使用的空气流量计主要有热线式、热膜式和卡门涡流式。

（1）热线式空气流量计。其构造如图 1-5 所示。测试管 2 置于空气流道的中央，空气流道装有金属防护网 1，并用卡环固定在壳体 7 上。在测试管内的支承环上固定一根直径为 70μm 的铂金属丝 3，在工作中铂金属丝被电流加热至 100℃以上，故称之为热线。在支承环前端装有铂薄膜温度补偿电阻 4，支承环后端粘结有精密电阻，而在控制电路板上则装有高阻值电阻。铂热线、温度补偿电阻、精密电阻和高阻值电阻构成惠斯登电桥电路中的四个臂（见图 1-6）。混合电路用来调节供给四个臂的电流使电桥保持平衡。

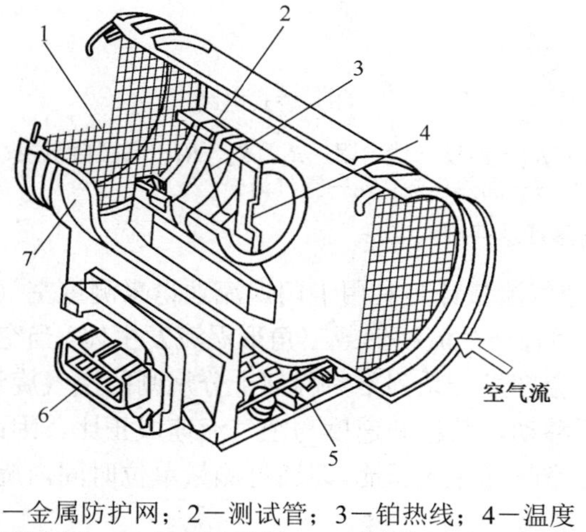

1—金属防护网；2—测试管；3—铂热线；4—温度补偿电阻；5—控制电路板；6—电源插座；7—壳体

图 1-5　热线式空气流量计

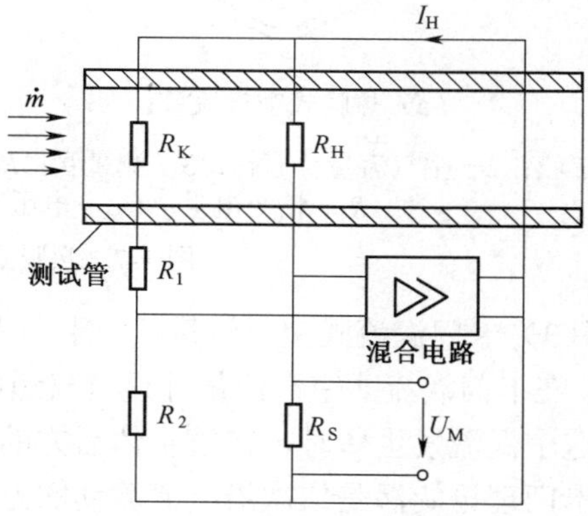

R_H—铂热线；R_K—温度补偿电阻；R_1、R_2—高阻值电阻；R_s—精密电阻；U_M—电压输出信号；I_H—加热电流；m—空气流量

图 1-6　热线式空气流量计电路

当空气流过热线式空气流量计时，铂热线向空气散热，温度降低，铂热线的电阻减小，使电桥失去平衡。这时混合电路将自动增加供给铂热线的电流，以使其恢复原来的温度和电阻

值，直至电桥恢复平衡。流过铂热线的空气流量越大，混合电路供给铂热线的加热电流也越大，即加热电流是空气流量的单值函数。加热电流通过精密电阻产生的电压降作为电压输出信号传输给电子控制单元，电压降的大小即是对空气流量的度量。

温度补偿电阻的阻值也随进气温度的变化而变化，起到一个参照标准的作用，用来消除进气温度的变化对空气流量测量结果的影响。一般将铂热线通电加热到高于温度补偿电阻温度 100℃。

热线式空气流量计无机械运动件，进气阻力小，反应快，测量精度高。但在使用中，铂热线表面受空气中灰尘的污染而影响测量精度。为此，在电子控制单元中装有自洁电路，在发动机熄火后，自动将铂热线加热至 1000℃并维持 1s 时间，烧掉粘附在铂热线上的灰尘。

（2）热膜式空气流量计。其测量原理与热线式空气流量计相同，它是利用热膜与空气之间的热传递现象来测量空气流量的。热膜是由铂金属片固定在树脂薄膜上而构成的。用热膜代替热线提高了空气流量计的可靠性和耐用性，并且热膜不会被空气中的灰尘粘附。

热膜式空气流量计及其桥式电路如图 1-7 所示。

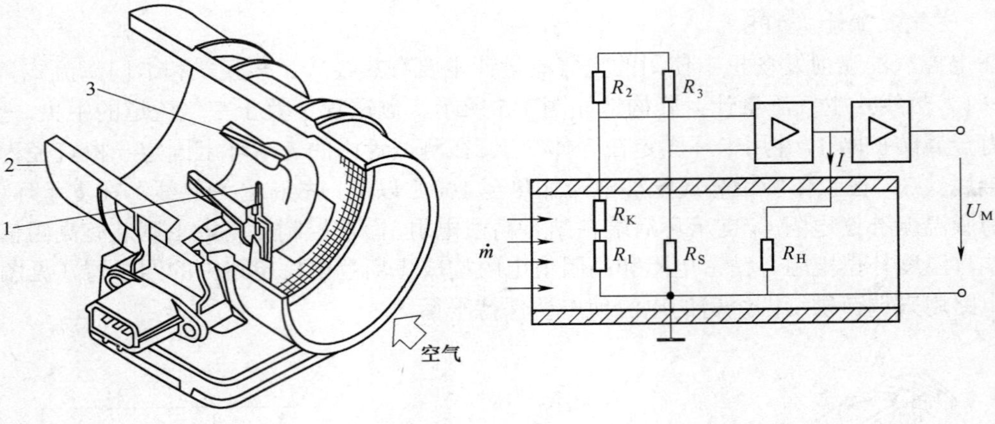

（a）热膜式空气流量计　　（b）桥式电路

1—热膜；2—空气流量计壳体；3—测量管；R_H—热膜；R_K—温度补偿电阻；R_1、R_2、R_3—高阻值电阻；R_s—精密电阻；U_M—电压输出信号；I—加热电流；m—空气流量

图 1-7　热膜式空气流量计及其桥式电路

（3）卡门涡流式空气流量计。卡门涡流式空气流量计是利用卡门涡流理论来测量空气流量的。在卡门涡流式空气流量计进气气道的正中间有一个流线形或三角形涡流发生体。当空气流过这个涡流发生体时，在发生体后方的气流中会产生一系列不对称却十分规则的空气旋涡。根据卡门理论旋涡是依次沿气流流动的方向向后移动，其移动速度与空气流速成正比。因此，在单位时间内通过发生体后方某点的旋涡数量与空气流速成正比，即通过测量单位时间内旋涡的数量就可以计算出空气流速和流量。

测量单位时间内旋涡数量的方法有两种。一种是在卡门涡流式空气流量计的后半部分的两侧设置一对超声波发生器和接收器，如图 1-8 所示，简称超声波检测方式。发动机运转时，超声波发生器不断地向接收器发出一定频率的超声波。当超声波通过进气气流到达接收器时，由于受到气流中旋涡的影响，使超声波的频率的相位发生变化。接收器测得这一相位的变化，电脑根据相位的变化频率计算出单位时间内产生旋涡的数量，从而计算出空气的流速和流量。

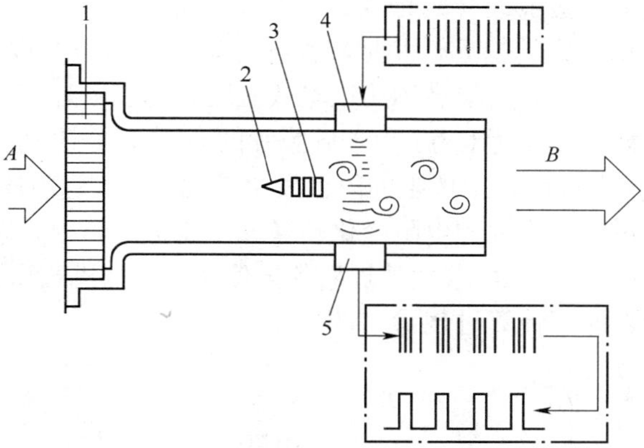

A—来自空气滤清器；*B*—流向发动机

1—导流罩；2—涡流发生体；3—涡流稳定板；4—超声波发生器；5—超声波接收器

图 1-8 超声波检测方式工作原理图

另一种方法是在流量计内设置一对发光二极管和光敏三极管，如图 1-9 所示，简称光电式。发光二极管发出的光束被一个反光镜发射到光敏三极管，使三极管导通。反光镜安装在很薄的金属簧上，簧片在进气气流旋涡的压力作用下振动，其振动的频率与单位时间内产生的涡流数量相同。由于反光镜随簧片一同振动，因此被反射的光束方向又以相同的频率变化，使光敏三极管也随光束的变化以同样的频率导通和截止。频率直接反映出单位时间内涡流产生的数量，电脑根据光敏三极管导通和截止的频率即可计算出进气量。

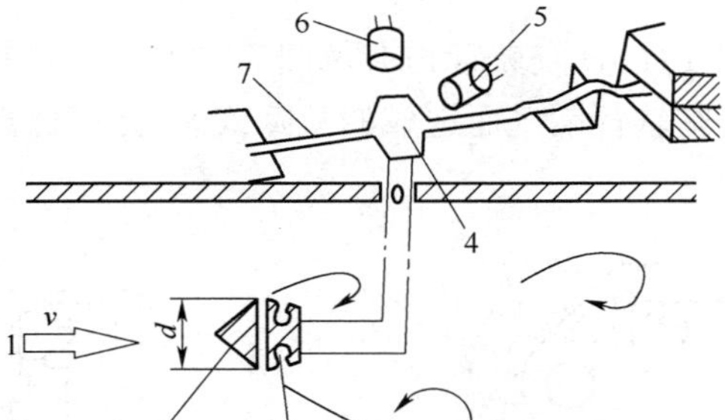

1—来自空气滤清器；2—涡流发生体；3—导压孔；4—反光镜；

5—光敏三极管；6—发光二极管；7—金属簧片

图 1-9 反光镜检测方式工作原理图

卡门涡流式空气流量计的响应速度在几种空气流量计中最快，它能几乎同步地反映出涡流流速的变化；此外，它还有测量精度高、进气阻力小、无磨损等优点。但它的成本高，只有少数高档车型使用这种空气流量计。

2. 进气压力传感器 MAP（Manifold Absolute Pressure Sensor）

在 D 型汽油喷射系统不设空气流量计，而是采用进气压力传感器测量节气门后进气管内的绝对压力，利用该绝对压力和发动机转速来计算吸入气缸的空气量并以此作为电子控制单元计算喷油量的主要参数。在发动机工作时，节气门开大，进气量增多，进气管压力相应增加。因此，进气管压力的大小反映了进气量的多少。

进气压力传感器是由压力转换元件和把转换元件输出信号进行放大的集成电路（IC）及真空室构成。压力转换元件是利用半导体的压电效应制成的硅膜片，如图 1-10 所示。硅膜片的一面是真空室，另一面导入进气压力。由于硅膜片的一侧是真空室，因此在进气压力作用下硅膜片产生变形，使扩散在硅膜片上电阻的阻值发生变化。进气管内压力越高，硅膜片的变形量越大。利用惠斯登电桥将硅膜片的电阻变化转换成电压信号。因为输出的电压信号很微小，所以需用集成电路进行放大。经 IC 放大处理后的电信号，作为进气压力信号送到 ECU，ECU 根据此信号和转速信号，即可计算进气量。

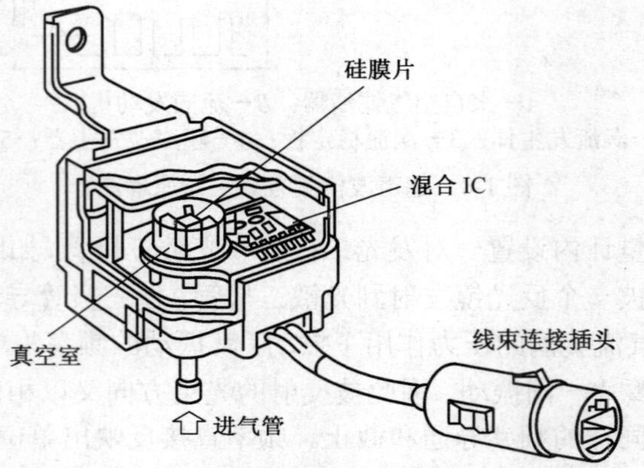

图 1-10　进气压力传感器

进气压力传感器一般是通过真空软管与节气门后方的进气管相通，也有些车直接装在节气门体上，这样可以避免真空软管漏气而造成的故障或者与进气温度传感器制成一体安装，其结构与电路如图 1-11 所示。

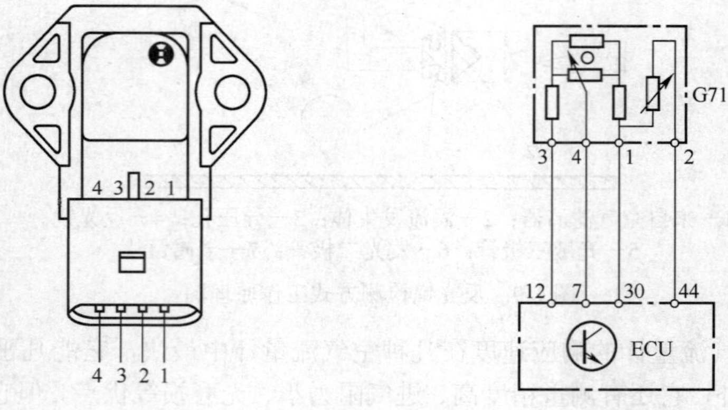

（a）结构图　　（b）电路图

1－搭铁端子；2－进气温度传感器输出端子；3－电源（5V）端子；4－进气压力信号输出端子

图 1-11　大众车系进气压力传感器结构与电路

1.2.2 节气门体

节气门体位于空气流量计之后的进气管上，它包括节气门、节气门位置传感器及控制机构。

1. 节气门

节气门是正圆形，怠速时节气门完全或接近完全关闭，所需要的空气由控制机构提供。

2. 控制机构

控制机构是完成对发动机怠速的控制和节气门全程的控制的机构。

怠速控制是自动控制发动机怠速；在发动机热机、有额外负荷（如开空调、动力转向起作用、自动变速器 P/N 挡开关进入运行挡位、全车电器投入使用等）时，调节进气量，从而调节发动机转速和动力。目前广泛采用智能电子节气门。

智能电子节气门控制系统简称 ETCS-i（Electronic Throttle Control System-intelligent）。它是为了满足人们对汽车的动力性、经济性、净化性、舒适性、安全性和方便性提出的更高要求应运而生的多样化智能发动机管理系统。发动机采用无拉索式节气门总成，节气门开启角度不再由加速踏板拉索直接控制，驾驶员通过加速踏板位置传感器把需要的力矩指令，以电压信号的形式输送到电子控制单元，然后通过电子节气门总成控制节气门的开启角度。使发动机的转速和功率调节进入了多功能智能化控制领域，如图 1-12 所示。

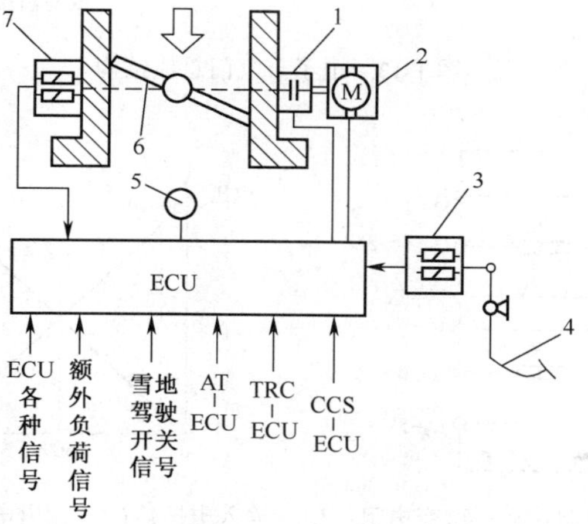

1－减速机构；2－节气门位置控制电机；3－加速踏板位置传感器；4－加速踏板；5－故障灯；6－节气门；7－节气门位置传感器

图 1-12　智能电子节气门控制系统的基本原理

电子节气门（ETC）的结构和外形如图 1-13 所示。电子节气门一方面执行来自电子控制单元的指令调节节气门开度以控制进气量，同时还可以输出反映节气门位置的信号，供系统监控节气门的实际开度。

电子节气门轴上的双轨道节气门电位计用来检测节气门的准确开度和变化速率，反馈给 ECU，成为是否满足要求的比较数据，以便 ECU 对节气门的实际开度进行监控和优化调节修正，如图 1-14 所示。节气门的实际优化开度，并不等同于主观指令开度（应有一定期望范围的冗余度），它是 ECU 根据行驶工况中各种传感器信号，通过负荷管理系统计算出来的优化实际开度控制参数。它也是双轨道电位器，保持不间断的电压信号反馈输出，使 ECU 及时地验证、修正、调节。因而，它是智能化的反馈控制系统。

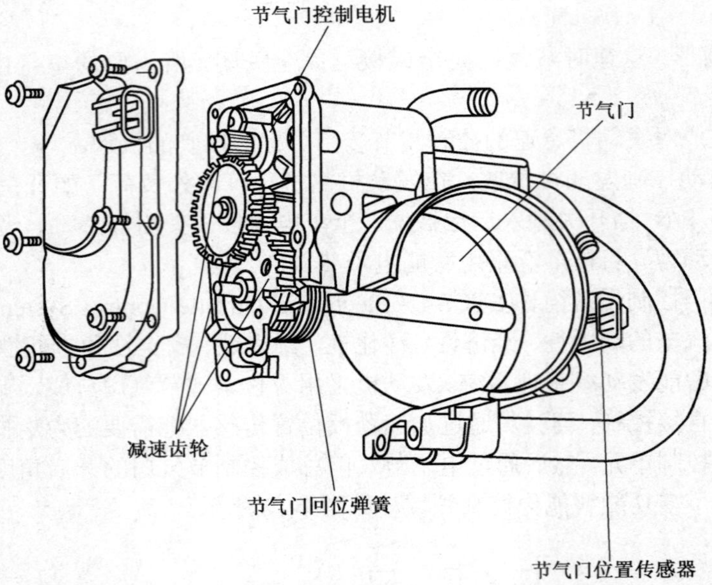

图 1-13　电子节气门总成结构

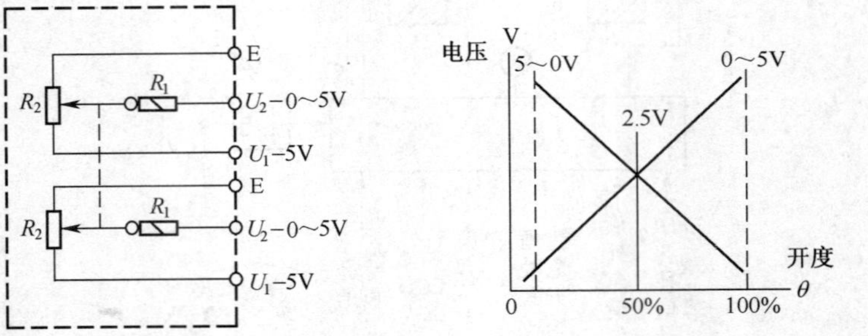

R_1－固定电阻；R_2－可变电阻；U_1－输入电压；U_2－输出电压；E－接地

图 1-14　节气门位置传感器

节气门位置控制电动机为正反转直流电机，由电脑 ECU 以“占空比”的方式，控制电流的大小和驱动方向，再经减速齿轮组来驱动节气门的开度大小和速率值的高低。

节气门开度完全由 ECU 控制，它会根据运行情况计算出最低稳定怠速、快怠速及其他工况所需的进气量，然后调整节气门开度，油耗量和排放污染值自然会达到法规的要求。

因节气门的控制不是直接地机械驱动，因此节气门的初始位置需要设定，从而使 ECU 准确地得知加速踏板位置传感器与节气门开启程度所对应的实际关系位置是否相符。以便保证系统的全程控制，以及恢复原设定的记忆功能。

1.3 电控汽油喷射的燃油供给系统

电控汽油喷射的燃油供给系统是由汽油箱、电动汽油泵、汽油滤清器、燃油分配管、回油管、油压调节器、喷油器等组成，如图 1-15 所示。

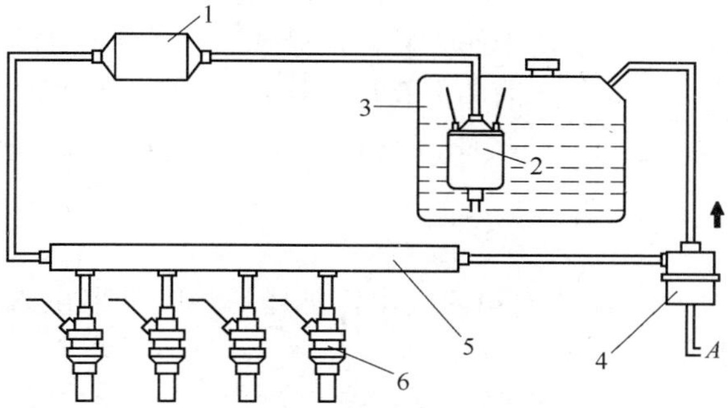

1－汽油滤清器；2－电动汽油泵；3－汽油箱；4－油压调节器；5－燃油分配管；6－喷油器；A－接进气支管

图 1-15 燃油供给系统

发动机工作时，电动汽油泵把汽油从油箱中泵送出去，经汽油滤清器除去杂质和水分后，流入燃油分配管，然后分送到各个喷油器。燃油分配管上装有油压调节器，根据进气管内气体的压力对燃油压力进行调整，多余的燃油经油压调节器流回油箱。有些发动机在燃油输送通道中还装有燃油压力脉动衰减器，用以削减燃油的脉动现象。

另外有许多车辆发动机采用无回油管路的单管路供油系统，将燃油滤清器、油压调节器、燃油油位传感器和燃油切断阀一体的模块式燃油泵总成安装在汽油箱中，如图 1-16 所示。该系统燃油分配管内的压力是恒定的，喷油器两端的压力是变化的，多余的燃油在油箱内就完成了回流，能防止燃油箱内部温度升高，减少燃油蒸汽排放量。在固定的喷射时间内喷油量是变化的，但发动机电子控制单元根据进气压力传感器和氧传感器的信号，对喷油量进行修正和补偿，因此喷油量同样会精确。

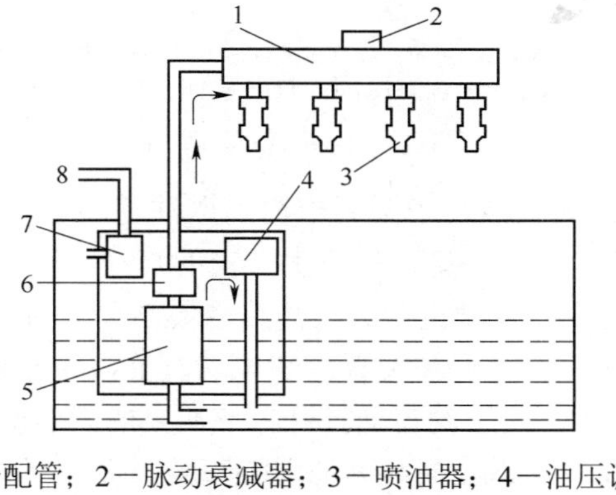

1－燃油分配管；2－脉动衰减器；3－喷油器；4－油压调节器；5－电动汽油泵；6－汽油滤清器；7－单向阀；8－至炭罐

图 1-16 单管路供油系统

1.3.1 汽油箱

汽油箱用以储存汽油，轿车的油箱多装在后排座椅下。

汽油箱体的材料一般采用高分子高密度聚乙烯吹塑制成，具有重量轻、强度高、密封性好、防爆以及易制成异形件，充分利用空间的优点，因此被轿车广泛采用。

为防止油液面由于行车振荡而外溢，在油箱内部装有隔板。油箱上表面装有液面传感器，底部有辅助油箱，内有滤网。为了便于排除箱内的杂质，有的车在油箱底部装有放油螺塞。油箱加油口用带阀门的油箱盖封闭。汽油箱上有通活性炭罐的软管，以吸收汽油箱内产生的燃油蒸汽，这种形式的汽油箱盖上只有空气阀，没有蒸汽阀，安装有扭矩限制器，以保证密封。

1.3.2 电动汽油泵

电动汽油泵的作用是将汽油从油箱内吸出，加压后经喷油器供入发动机进气管。电动汽油泵广泛采用涡轮式结构。

涡轮式电动汽油泵由电机、涡轮泵、单向阀、限压阀及滤网等组成，如图 1-17 所示。其涡轮泵大都采用叶片式的，故也叫叶片式电动汽油泵。

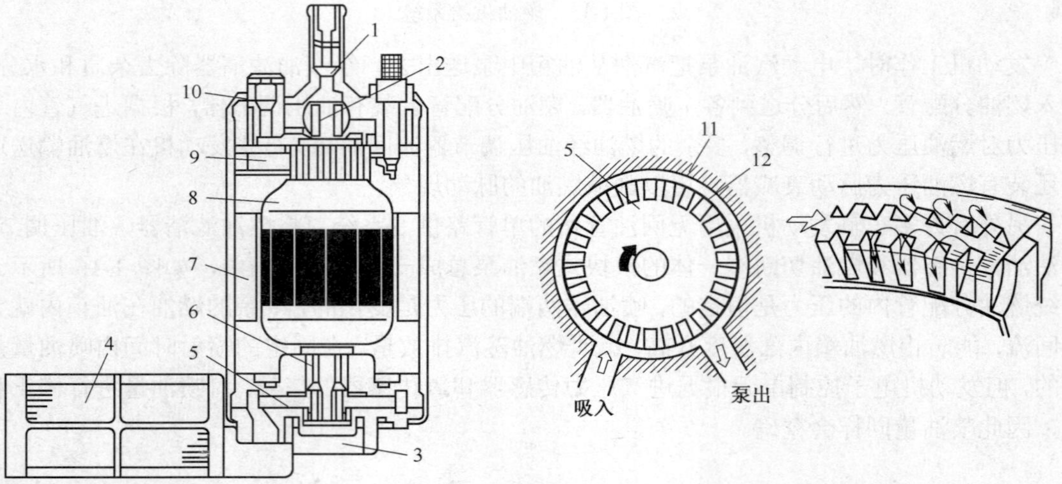

1—单向阀；2—轴承；3—橡胶缓冲垫；4—滤网；5—涡轮；6—轴承；7—磁铁；8—电枢；9—电刷；10—限压阀；11—泵体；12—叶片沟槽

图 1-17 涡轮式电动汽油泵

电机驱动油泵运转时，涡轮泵转子圆周槽内的燃油随转子一起高速旋转，在离心力作用下，使燃油出口处油压增高，同时在进口处产生一定的真空，从而使燃油从进口被吸入并经单向阀流向出口。设置单向阀可使发动机熄火后油路内燃油仍保持一定压力，减少气阻现象，便于发动机热起动。而限压阀是一种保护装置。在电动汽油泵中，当出口及下游油路出现堵塞，油泵工作压力大于 0.4MPa 时，限压阀自动打开，使油泵的高压侧与吸入侧连通，燃油仅在泵和电动机内部循环，避免发生管路破损和燃油泄漏事故。多点喷射系统为 200～350kPa；单点喷射系统为 100kPa。

这种电动汽油泵的优点是：运转噪声小、出油压力脉动小、转子无磨损、使用寿命长。

电控汽油喷射系统对汽油泵运转控制的基本要求是：只有当发动机处于运转状态时，汽油泵才运转，若发动机不工作，即使接通点火开关，汽油泵也不工作。电控汽油喷射系统油泵控制电路有多种形式，大众车系的桑塔纳电动汽油泵和喷油器控制电路如图 1-18 所示。

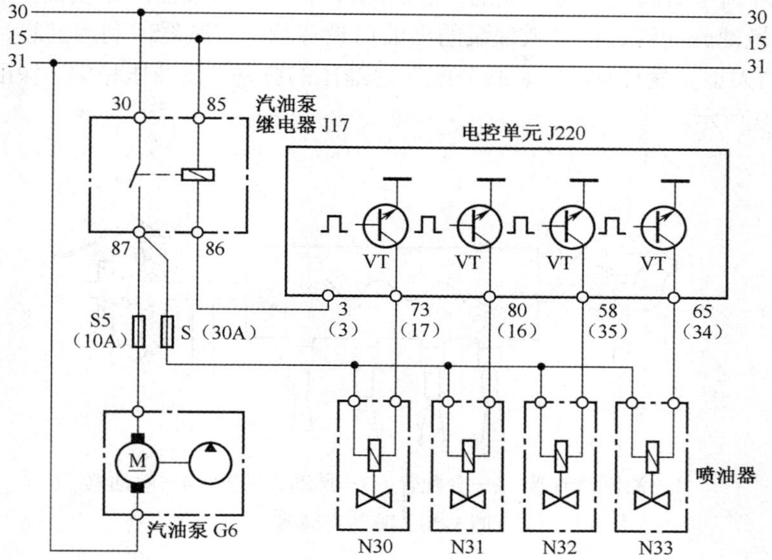

图 1-18　电动汽油泵和喷油器控制电路

1.3.3　汽油滤清器

汽油滤清器的作用是滤去汽油中的杂质。它是一次性使用，定期更换，更换里程一般是 15000km。

如图 1-19 所示，它为内压式纸制滤芯，双层袋状卷筒，套在芯管上，有 12～16 圈，袋口在进油端，袋底在出油端。

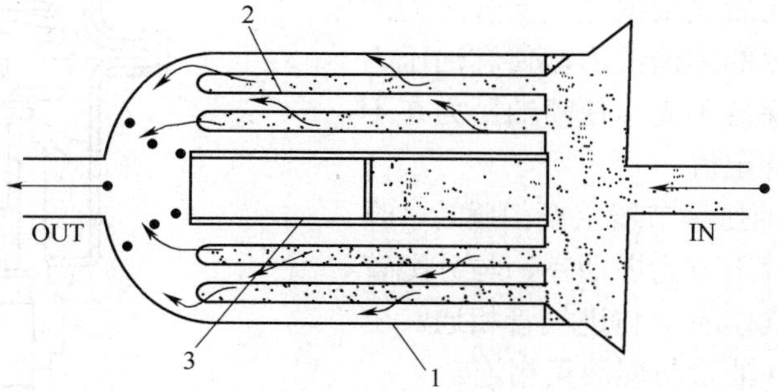

1一外壳；2一袋状滤芯；3一芯管

图 1-19　袋状汽油滤清器

内压式袋状滤芯的滤清面积，远大于外压式波折状滤芯，滤清面积达 1500cm^2，过滤面积增大 40 倍，保证了畅通供油。它对安装方向有严格的要求，以防挤扁滤芯，造成供油不畅，加速无力。并对油泵造成负载过大，绕组发热，丧失泵油能力。

1.3.4 脉动衰减器

燃油在分配管内呈脉动状态，原因有三：一，泵油时油泵内容积的变化，形成“泵油脉动”；二，回油时调压器阀门开闭形成的“回油脉冲”；三，喷油器间歇喷油，形成的“喷油脉冲”。为此，在燃油分配管进口处或油泵的出油口设有脉动衰减器，利用其膜片和弹簧的变形使容积随压力的大小而变化，缓和衰减分配管内油压的脉动，使油压稳定，保证了燃油准确的计量，如图 1-20 所示。

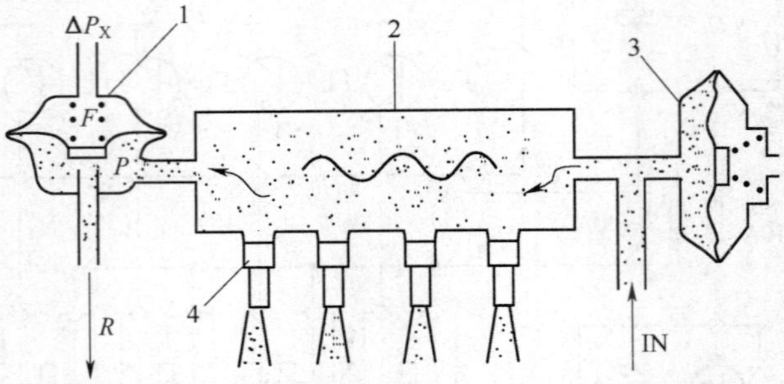

1—油压调节器；2—分配管；3—脉动衰减器；4—喷油器

图 1-20　脉动衰减器

1.3.5 油压调节器

喷油器喷油量的大小取决于针阀开启时间的长短，对于采用有回油管的供油系统，其前提是喷油压力保持不变。这里的喷油压力是指喷油器喷孔内外的压力差，即：

喷油压力=燃油压力-进气支管压力

实际上，进气支管压力随节气门开度不同而改变，造成喷油压力不断变化，导致 ECU 无法通过控制喷油时间的长短来精确地控制喷油量。

油压调节器的作用就是根据进气支管压力的变化来调节进入喷油器的燃油压力，使燃油压力与进气支管压力之差保持不变，使喷油压力在不同的节气门开度下保持定值。

如图 1-21 所示，油压调节器主要由膜片、弹簧和阀门等组成。膜片下方为燃油室，与分配管相通，膜片的下方为真空室，与进气管相通。出油口有阀门控制，经回油管与燃油箱相连。

发动机运转过程中，当膜片下方燃油室中的油压与膜片上方的真空吸力和弹簧张力的合力平衡时，膜片位置一定，阀门开度和回油量一定，油压也一定。当进气管真空度增大时，膜片带动阀门上移，使阀门开度增大，回油量增加，油压

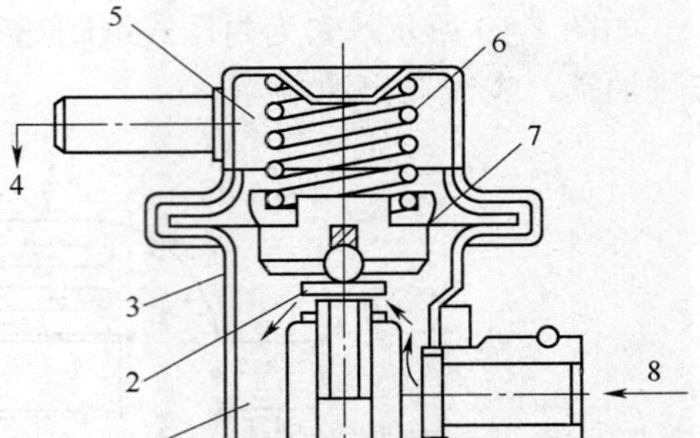

1—燃油室；2—回油阀；3—壳体；
4—真空接口；5—弹簧室；6—弹簧；
7—膜片；8—进油口；9—回油口

图 1-21　油压调节器

下降；反之，当进气管真空度减小时，膜片带动阀门下移，使阀门开度减小，回油量减少，油压升高。这样，喷油压力始终随进气管真空度的变化而变化，使燃油压力与进气管真空度之差为一恒定值（见图 1-22）。

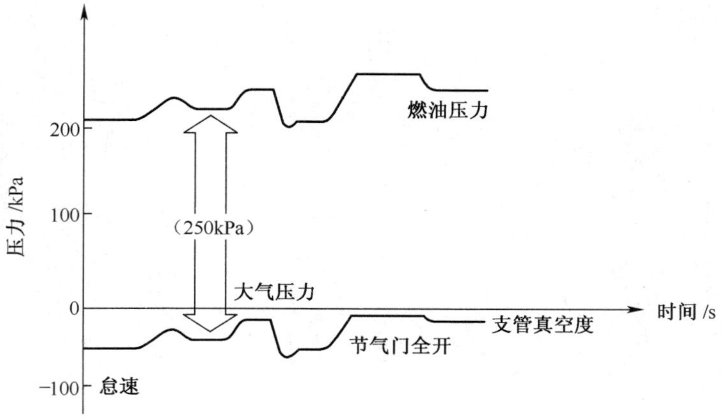

图 1-22　燃油压力与进气管压力的关系

当发动机停止工作时，膜片在弹簧力的作用下，使阀门关闭，保持管路中有一定的油压。

1.3.6　喷油器

喷油器是电控汽油喷射系统中一个重要的执行元件，在 ECU 的控制下，将汽油呈雾状喷入进气总管或支管内。

电控汽油喷射系统中都使用电磁式喷油器。按用途可分为单点喷射系统用和多点喷射系统用；按燃料的进入位置可分为上方供油式和侧方供油式；按喷口形式可分为轴针式和孔式；按电磁线圈阻值可分为低阻式和高阻式；按驱动方式可分为电流驱动和电压驱动。

单点喷射系统的喷油器位于节气门后方进气总管处；多点喷射系统的喷油器安装在各进气支管或进气道附近的缸盖上，并用分配管固定。

多点喷射系统采用的轴针式喷油器结构如图 1-23 所示。它的一端为进油口，与分配油管连接；另一端为喷油口，插入进气支管中，两端分别用 O 形密封圈密封。喷油器是由喷油器体、衔铁、针阀、电磁线圈、回位弹簧等组成。

喷油器内部有一个电磁线圈，经线束与电子控制单元连接。喷油器头部的针阀与衔铁连接为一体。当电磁线圈有电流通过时，便产生吸力，将衔铁和针阀吸起，打开喷孔，燃油经针阀头部的轴针与喷孔之间的环形间隙高速喷出，并被粉碎成雾状。喷入进气支管，与空气混合，在进气冲程中被吸入气缸。电磁线圈无电流通过时，磁力消失，弹簧将衔铁和针阀下压，关闭喷孔，停止喷油。ECU 利用脉冲的宽度来控制喷油器每次打开喷油的时间，从而控制喷油量。一般喷油器每次打开喷油的时间为 2～10ms。时间越长，喷油量就越大。

孔式喷油器的针阀端部有锥形或球形（见图 1-24）两种形状，采用球形端部的喷油器，通常称为球阀式喷油器。孔式喷油器一般采用 1～2 个喷孔，喷孔直径 0.15～0.30mm。孔式喷油器由于喷孔较小，因此汽油的雾化质量较好，有利于提高汽油汽化速度，但由此带来的不足是喷孔容易堵塞。另外，球形端部针阀的质量仅为轴针式针阀的一半左右，因此具有很好的动态响应特性。

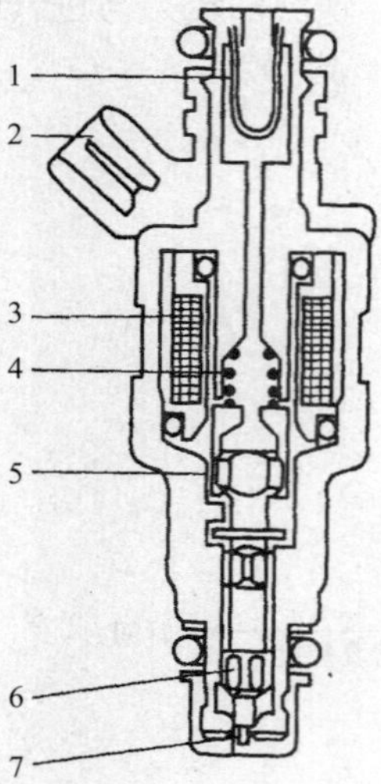

1—滤网；2—接线座；3—电磁线圈；
4—回位弹簧；5—衔铁；
6—针阀；7—轴针

图 1-23　轴针式喷油器

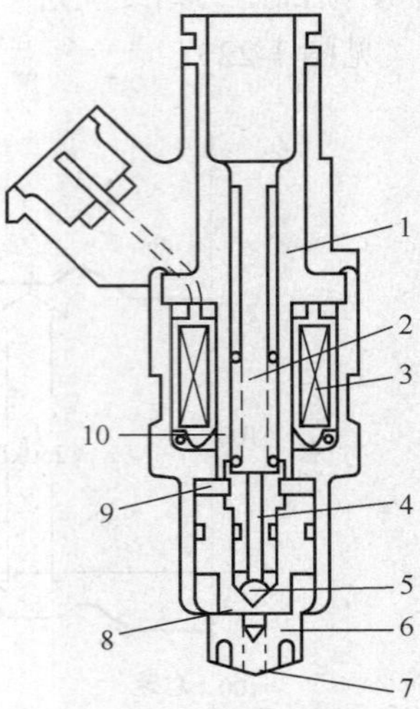

1—喷油器体；2—弹簧；3—电磁线圈；
4—针阀；5—钢球；6—护套；7—喷孔；
8—阀座；9—挡块；10—衔铁

图 1-24　孔式喷油器

喷油器按电磁线圈的控制方式不同，可分为电压驱动式和电流驱动式两种。

电压驱动是指 ECU 驱动喷油器喷油电脉冲的电压是恒定的。这种喷油器又可分为高阻型和低阻型两种。低阻型喷油器是用 5～6V 的电压驱动；其电磁线圈的电阻较小，约 3～4Ω；不能直接和 12V 电源连接，否则，会烧坏电磁线圈，如图 1-25（a）所示。高阻型喷油器是用 12V 电压驱动；其电磁线圈电阻较大，约为 12～16Ω；在检修时，可直接和 12V 电源连接。

在电流驱动回路中无附加电阻，低阻喷油器直接与蓄电池连接，如图 1-25（b）所示，通过电子控制单元中的晶体管对流过喷油器电磁线圈的电流进行控制。电流驱动脉冲开始时是一个较大的电流，使电磁线圈产生较大的吸力，以打开针阀，然后再用较小的电流保持针阀的开启。

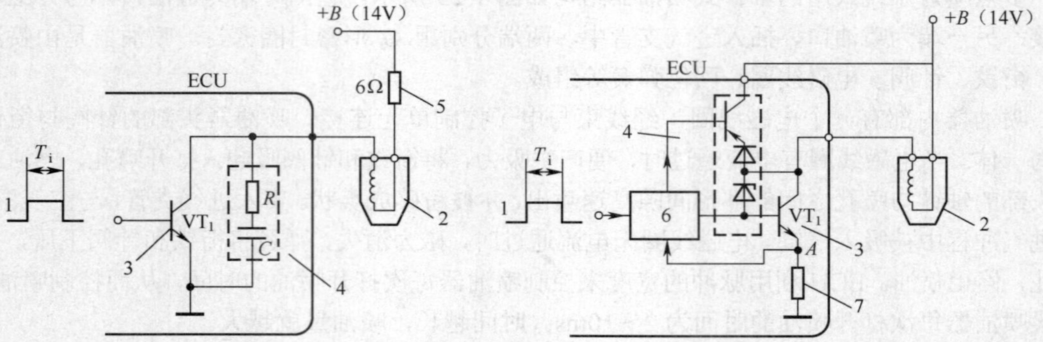

（a）电压驱动回路　　（b）电流驱动回路

1—输入脉冲；2—喷油器；3—VT_1 功率三极管；4—消弧回路；5—附加电阻；
6—电流控制回路；7—电流反馈电阻

图 1-25　喷油器驱动回路

1.4 电控汽油喷射的控制系统

电控汽油喷射的控制系统包括检测发动机运行状况的各种传感器、电子控制单元（ECU）和执行器。电子控制系统的作用是接收来自显示发动机工作状态的各个传感器输送来的信号，根据ECU预置的程序，对喷油时刻、喷油量以及点火时刻等进行确定和修正。

随着计算机控制功能的不断扩展，其控制项目也在不断增加，如怠速控制、废气再循环控制、发动机闭环工作控制、二次空气控制等，形成多功能控制的集中管理控制系统。

1.4.1 检测发动机运行状况的传感器

传感器是一种信号转换装置，安装在发动机的各个部位，其功用是检测发动机运行状态的各种电量参数、物理量和化学量等，并将这些参量转换成电子控制单元能够识别的电量信号输入电子控制单元（ECU）。

检测发动机运行状况的传感器包括空气流量计（或进气压力传感器）、节气门位置传感器、发动机曲轴位置及转速传感器、发动机的热状态传感器、进气温度传感器、汽车的车速传感器和发动机是否处于起动状态等。

1. 发动机曲轴位置及转速传感器

空气流量计检测的是单位时间内的空气流量，为确定每次循环符合最佳空燃比的喷油量，应求得每次循环吸入的空气量。即在已知单位时间空气流量的基础上，还需检测发动机转速。另外，为确定各缸的喷射时刻和顺序，还需知道基准气缸的活塞位置。在电控汽油喷射系统中，这两个参数的检测是由转速传感器和曲轴位置传感器来完成的，是主控参数之一。

有些发动机上还安装凸轮轴位置传感器，它的作用是向ECU提供关于发动机基准气缸所处的工作行程和活塞运动方向的信号，一般称为判缸信号。在采用顺序喷射方式的电控汽油喷射系统中，表明基准气缸所处工作行程和活塞位置的判缸信号是ECU进行喷油正时和顺序控制的唯一依据。

电控汽油喷射系统中使用的曲轴位置传感器和凸轮轴位置传感器，按它们的结构有磁电脉冲式、霍尔效应式和光电感应式三种类型，这三种类型的传感器可以以不同的组合方式，完成各自承担的参数采集任务。

（1）安装在曲轴上的磁电脉冲式传感器。它是由电磁感应式传感器和脉冲盘等组成，其安装位置一般在曲轴前端的皮带盘上或曲轴后端的飞轮处，如图1-26（a）所示。电磁感应式传感器内部装有绕在永久磁铁上的感应线圈。它安装在缸体一侧靠近飞轮处，用来检测曲轴转角和发动机转速。脉冲盘安装在曲轴后端，位于飞轮与曲轴之间，脉冲盘在圆周上等分地布置着60个转子齿，其中空缺两个转子齿，供ECU识别曲轴位置，作为喷油、点火正时的参照基准。发动机运转时，脉冲盘上的转子齿每通过传感器一次，便在传感器内的感应线圈中感应出一个交变电压信号，而在缺齿处产生一个畸变的交变电压信号，如图1-26（b）所示。ECU根据这些交变电压信号和畸变的电压信号就可计算出发动机的转速和曲轴位置。

（2）霍尔效应式传感器。霍尔效应式曲轴位置传感器是利用霍尔效应原理对曲轴位置进行检测的一种传感器。

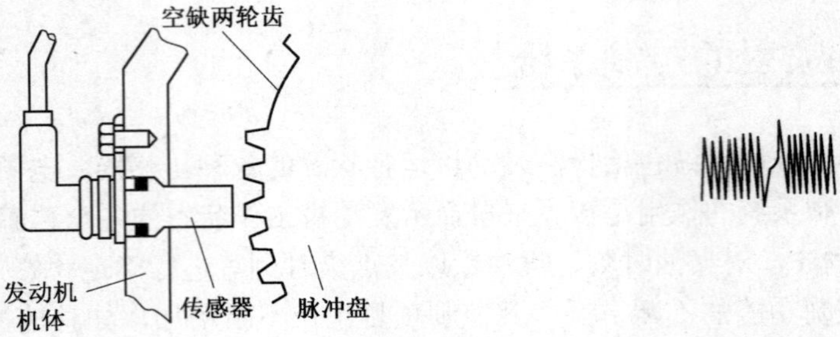

（a）曲轴位置传感器　　　　（b）输出电压信号

图 1-26　磁电脉冲式传感器

霍尔式传感器的基本原理是：当电流 I_V 通过放在磁场中的半导体基片，且电流方向与磁场方向垂直时，在垂直于电流与磁场的半导体基片的横向侧面上，即产生一个与电流和磁场强度成正比的霍尔电压 V_H，如图 1-27（a）所示。霍尔电压 V_H 与霍尔半导体材料的特性、基片厚度、通过电流的大小及磁场强度等因素有关。对于一定的结构，当电流为定值时，霍尔电压与磁场强度成正比。

利用霍尔效应原理制成的霍尔效应式传感器的基本结构，如图 1-27（b）所示。传感器由带有叶片或触发轮齿的信号轮（叶轮）2 和包括永久磁铁、导磁板及霍尔集成电路的霍尔信号发生器（霍尔组件）1 组成。霍尔效应式传感器具有输出电压不受发动机转速高低影响的优点，一般用作凸轮轴位置传感器。

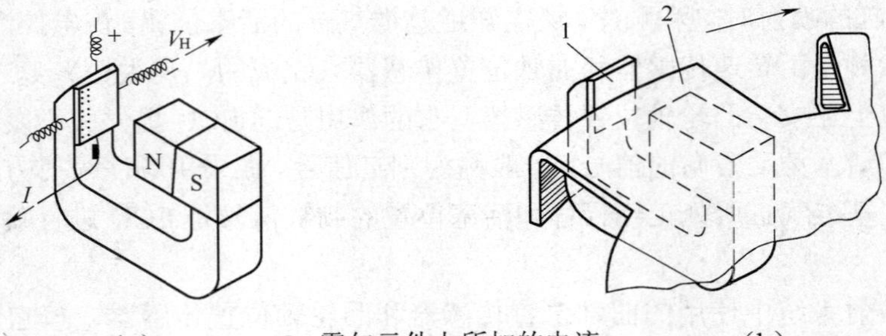

（a）　　I—霍尔元件上所加的电流　　（b）

1—霍尔组件；2—叶轮

图 1-27　霍尔效应式曲轴位置传感器

对于安装在曲轴上的磁电脉冲式传感器的输入信号，ECU 虽然可以作出有两个活塞在接近上止点的判断，但仅有曲轴位置传感器输入的信号，ECU 并不能判断出是哪两个缸的活塞，也不能对这两个汽缸正进行的工作过程作出判断。为此需要能使 ECU 对汽缸缸序及对应气缸活塞位置作出判断的凸轮轴位置传感器（或称为同步信号传感器）。

对于无分电器点火系统，一般装有凸轮轴位置传感器。

如图 1-28 所示，半圆环形的触发叶轮固定在凸轮轴前端的正时带轮上，与凸轮轴同速转动。霍尔传感器固定在发动机缸盖上。触发叶轮在霍尔片与磁铁间的空隙转动。

当脉冲环进入霍尔传感器时，凸轮轴位置传感器输出高电位（5V）；当脉冲环离开霍尔传感器时，同步信号传感器输出低电位（0V）。凸轮轴转一周，高低电位各占 180°（各相当于

360°曲轴转角）。

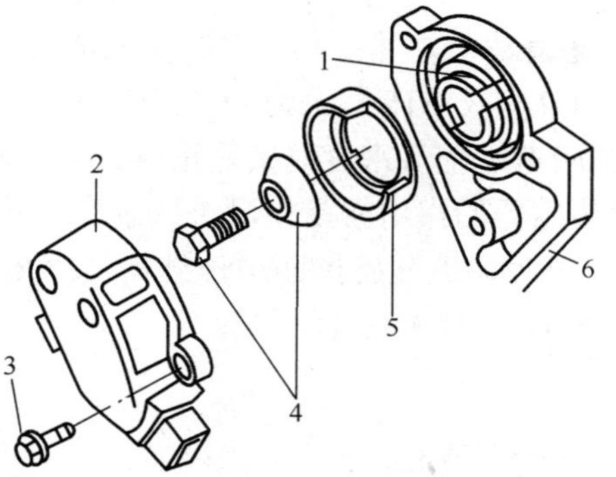

1—凸轮轴；2—霍尔传感器；3—传感器固定螺钉；
4—定位螺栓与座圈；5—触发叶轮；6—发动机缸盖

图 1-28　霍尔式凸轮轴位置传感器结构

当脉冲环的前沿进入霍尔传感器时，凸轮轴位置传感器输出5V高电位信号。对四缸发动机，表示正在向上止点运动的是第1、4缸活塞，其中1缸活塞为压缩行程，4缸活塞为排气行程。对六缸发动机，表示下面将要到达上止点的是第3、4缸活塞，其中3缸活塞为排气行程，4缸活塞为压缩行程。当脉冲环的后沿离开信号发生器时，同步信号传感器输出0V低电位信号。对四缸发动机，表示下面将要到达上止点的仍是第1、4缸活塞，但工作行程相反，其中1缸活塞为排气行程，4缸活塞为压缩行程。对六缸发动机，则3缸活塞为压缩行程，4缸活塞为排气行程。

由上可知，凸轮轴位置传感器产生的高低电位信号输入ECU后，可以对1、4缸（四缸发动机）或3、4缸（六缸发动机）的活塞和正在进行的工作过程作出判定和定位。凸轮轴位置信号与曲轴位置（转速）信号相配合，ECU就可以确定正确的喷油、点火正时和顺序。如当凸轮轴位置信号上升沿出现时，ECU可以判定当前4缸活塞（四缸发动机）或3缸活塞（六缸发动机）处于排气行程，此时根据曲轴位置信号，当活塞行至上止点前64°时ECU发出喷油信号，使4缸或3缸的喷油器喷油。同样，凸轮轴位置信号上升沿的出现，还标志着1缸活塞（四缸发动机）或4缸活塞（六缸发动机）处于压缩行程，此时ECU根据发动机的负荷和转速等输入信号，在活塞上行至压缩上止点前的适当时刻，发出点火信号，使该缸火花塞点火。同理，凸轮轴位置信号的下降沿出现时，两缸活塞工作行程正好相反，ECU以此为依据对两缸进行正确的喷油和点火控制。

同样，利用凸轮轴位置信号提供的判缸信号，按照发动机的工作顺序（四缸机为1—3—4—2，六缸机为1—5—3—6—2—4），ECU也能对其他相应气缸喷油和点火的正时进行精确地控制。

2. 温度传感器

（1）冷却液温度传感器（THW或CTS）安装在发动机缸体水套或冷却液管路中，与冷却液接触，用来检测发动机的冷却液温度，如图1-29（a）所示。

冷却液温度较低时，燃油蒸发性差，应供给较浓的混合气。由于冷却液温度低，负温度系数热敏电阻阻值大，ECU检测到的分压值就高。根据这个信号，ECU增加燃油喷射量，使发动机的冷机运转性能得以改善。

冷却液温度高时，发动机已达正常工作温度，混合气形成条件较好，可燃用较稀混合气。这时，ECU 检测到相应的分压值较小，并依此信号减少喷油量。

（2）进气温度传感器（THA 或 ATS）无论 D 型 EFI 系统，还是采用卡门涡旋式空气流量计的 L 型 EFI 系统中，均应考虑空气密度对实际进气量的影响。空气密度是随空气的温度和压力而变化的。进气温度传感器的作用就是检测进气温度，并将检测信息输送给 ECU 作为修正喷油量的参考依据之一。进气温度传感器的原理结构与冷却液温度传感器相同，也是采用负温度系数的热敏电阻，如图 1-29（b）所示。

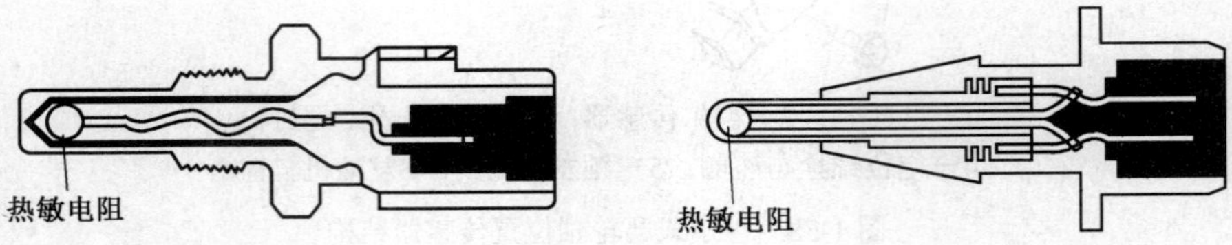

（a）冷却液温度传感器　　（b）进气温度传感器

图 1-29　温度传感器

D 型 EFI 系统中进气温度传感器安装在空气滤清器之后的进气总管上；L 型 EFI 系统中进气温度传感器安装在进气总管或空气流量计内。

冷却液温度传感器与进气温度传感器的共同特点是：环境温度升高，电阻值减少，信号电压变小；环境温度降低，电阻值增大，信号电压变大。两种温度传感器的电路相似，ECU 通过内部电路提供 5V 电压，检测热敏电阻与 ECU 内部固定电阻串、并联后的分压输出即可测得冷却液温度。温度传感器的温度输出特性如图 1-30 所示。温度传感器的电路如图 1-31 所示。

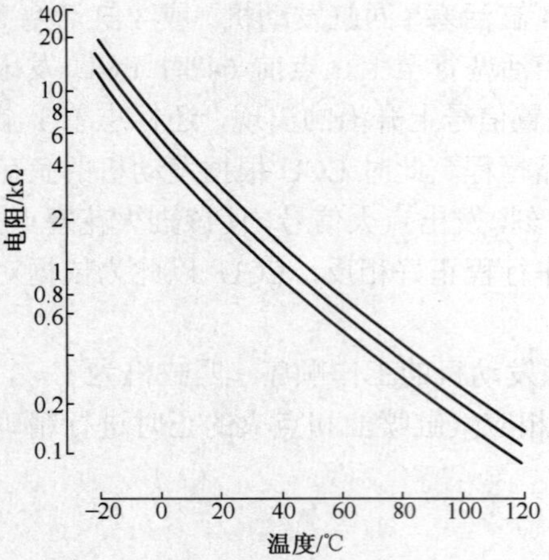

图 1-30　温度传感器的温度输出特性

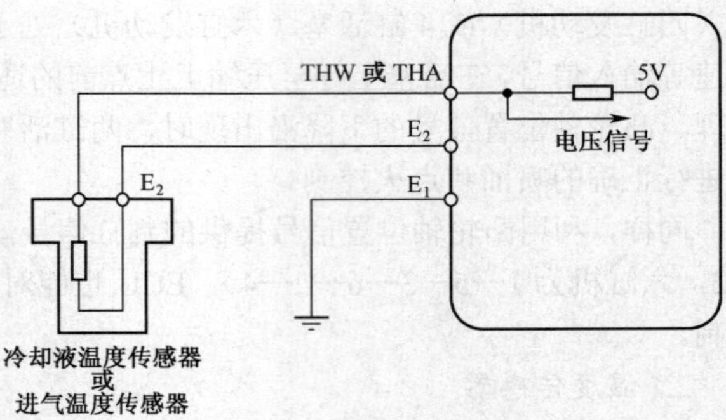

图 1-31　温度传感器的电路

3. 氧传感器

氧传感器又称λ传感器，它安装在排气管上。氧传感器是发动机燃油喷射闭环控制的重要检测元件。它探测排气中的氧浓度，并转化为电信号输入 ECU。主要有氧化锆式和氧化钛式两种形式。

（1）氧化锆式氧传感器。这种传感器体内有一个由氧化锆陶瓷制成的一端封闭的管状体，称为锆管，如图 1-32 所示。锆管的内外表面各自覆盖着一层透气的多孔性薄铂层，作为电极。锆管内表面电极与大气相通，外表面则与废气接触。锆管外部套有一个带缝槽的耐热金属套管，对锆管起保护作用。

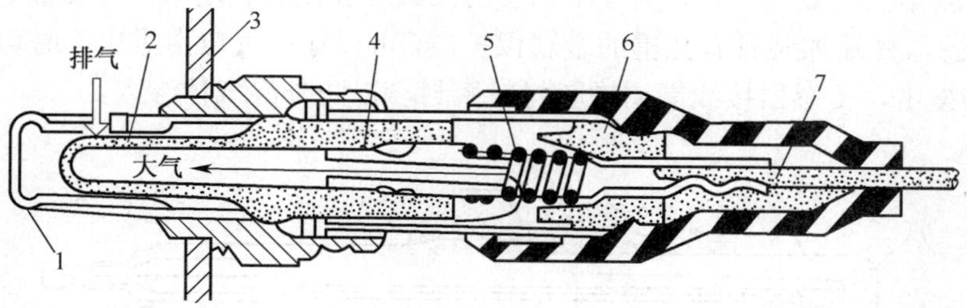

1—导入排气孔罩；2—锆管；3—排气管；4—电极；5—弹簧；6—绝缘套；7—导线

图 1-32 氧化锆式氧传感器

发动机运转时，排出的废气从氧传感器锆管外表面流过，在高温状态下氧分子发生电离。由于锆管内外表面上氧分子浓度不同，因而使氧离子从浓度大的锆管内表面向浓度小的锆管外表面移动，从而在锆管内外表面的两个电极之间产生一个微小的电压。当混合气的实际空燃比小于理论空燃比，即发动机以较浓的混合气运转时，排气中缺氧，锆管中氧离子移动较快，并产生 0.9V 左右的电压；当混合气的实际空燃比大于理论空燃比，即发动机以较稀的混合气运转时，废气中有一定的氧分子，使锆管中氧离子的移动能力减弱，只产生约 0.1V 的电压。因此，这种氧传感器输出的电压信号是随混合气成分不同而变化的，并以理论空燃比（约 0.45V）为界产生突变，如图 1-33 所示。

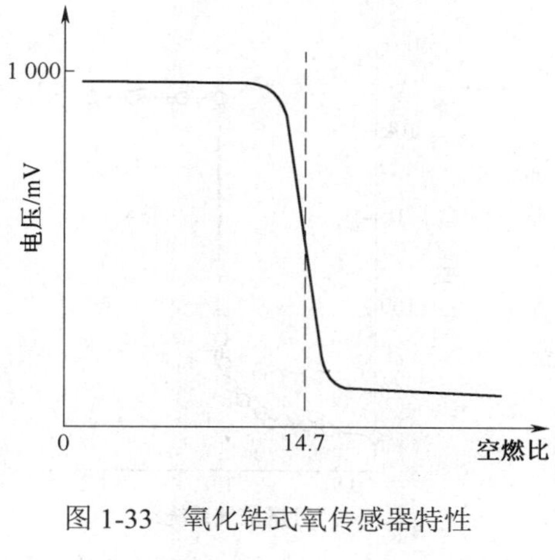

图 1-33 氧化锆式氧传感器特性

氧化锆在温度超过 300℃后，才能进行正常工作。大部分汽车使用带加热器的氧传感器。在这种传感器内有一个电加热元件，可在发动机起动后的 20～30s 内迅速将氧传感器加热至工作温度。这种传感器有四根接线：一根接 ECU，一根接电加热元件，另外两根分别接地。

（2）氧化钛式氧传感器。氧化钛式氧传感器是利用二氧化钛材料的电阻值随排气管中氧的浓度变化的特性制成的一种氧传感器，二氧化钛材料是在室温下具有很高电阻值的半导体，随排气中氧含量减少（混合气变浓时）材料电阻值随之下降。该传感器电阻特性除了与氧的浓度有关外，还与工作温度有关。在300℃～900℃排气温度中连续使用时，必须进行温度补偿，即内装加热器，增设温度修正回路，使高温下二氧化钛式氧传感器性能比较稳定。

氧化钛式氧传感器结构如图1-34所示。它具有两个氧化钛元件，一个是多孔性二氧化钛陶瓷，用来检测排气中氧气含量，另一个为实心二氧化钛陶瓷，用来作为加热调节，补偿温度的误差。在传感器外端加装具有孔槽的金属保护层，可以让废气自由进出同时可防止二氧化钛元件受到外物撞击，传感器接线端用橡胶材料密封，以防外界气体渗入。

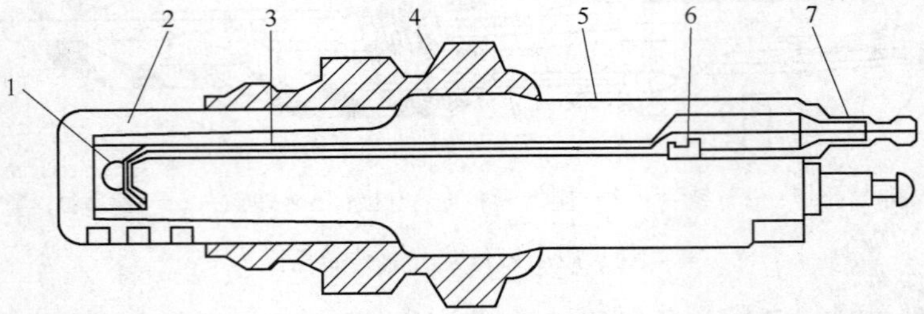

1—二氧化钛元件；2—金属保护管；3—导线；4—金属外壳；5—陶瓷绝缘材料；
6—陶瓷元件；7—接线头

图1-34　氧化钛式氧传感器

因此，通过氧传感器探测废气中含氧量的多少，能获得上次喷油时间过长或不够的信号，供ECU对本次喷油时间的修正。在发动机混合气闭环控制过程中，氧传感器相当于一个氧浓度开关，根据混合气空燃比向ECU输出脉冲变化的电压脉冲信号。ECU根据氧传感器输入信号控制喷油量的增减，把空燃比精确地控制在理论值空燃比附近。

氧化钛式氧传感器的特性如图1-35所示。

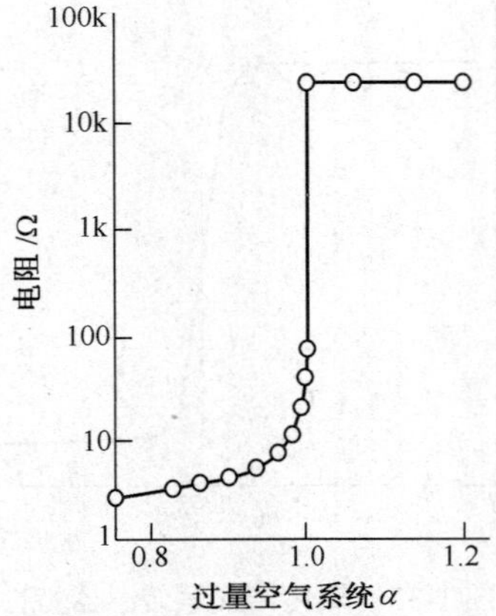

图1-35　氧化钛式氧传感器特性

氧化钛式氧传感器的信号电压变化范围为0～5V，宽带功能好，对空燃比调节范围大，最适合调整汽油机采用缸内直接喷射的极稀混合气。

（3）宽带氧传感器

氧化锆式氧传感器和氧化钛式氧传感器最终输出的信号只是开关信号，即只能反映出混合气浓或稀，而宽带氧传感器输出信号是连续变化的，适合于稀薄燃烧。

如图 1-36 所示，构成宽带型氧传感器的组件有两个部分：

一部分为感应室，它的一面与大气接触而另一面是测试腔，通过扩散通道与尾气接触，和普通氧化锆氧传感器一样，由于感应室两侧的氧含量不同而产生一个电动势，一般的氧化锆传感将此电压作为控制单元的输入信号来控制混合比而宽带型氧传感器与此不同的是：发动机控制单元要把感应室两侧的氧含量保持一致，让电压值维持在 0.45V，这个电压只是电脑的参考标准值，它就需要传感器的另一部分来完成。

另一部分是传感器的关键部件单元泵，单元泵一边是尾气，另一边是与测试腔相连。泵氧元就是利用氧化锆传感器的反作用原理，将电压施加于氧化锆组件（单元泵）上，这样会造成氧离子的移动，把尾气中的氧泵入测试腔当中，使感应室两侧的电压值维持在 0.45V。这个施加在泵氧元上变化的电压，才是氧含量信号。

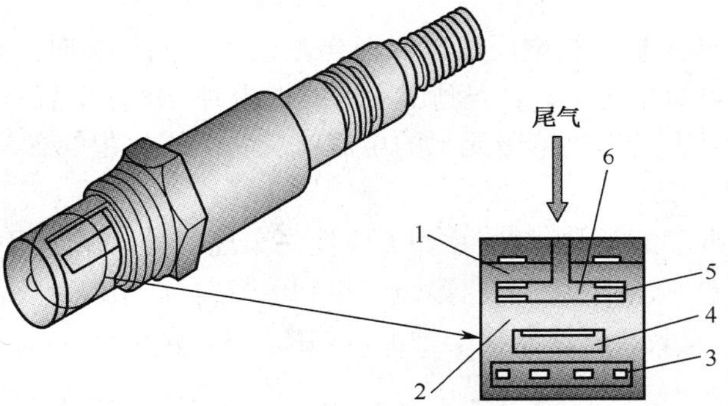

1—单元泵；2—能斯托单元；3—传感器加热器；4—外界空气通道；
5—测量室；6—尾气中氧通道

图 1-36　宽带氧传感器原理图

如果混合气太稀，则尾气中的含氧量增加，这时氧要从扩散通道进入测试腔，感应室电压降低，此时单元泵向外排出氧来平衡测试腔中的含氧量，使感应室的电压维持在 0.45V，如图 1-37 所示。

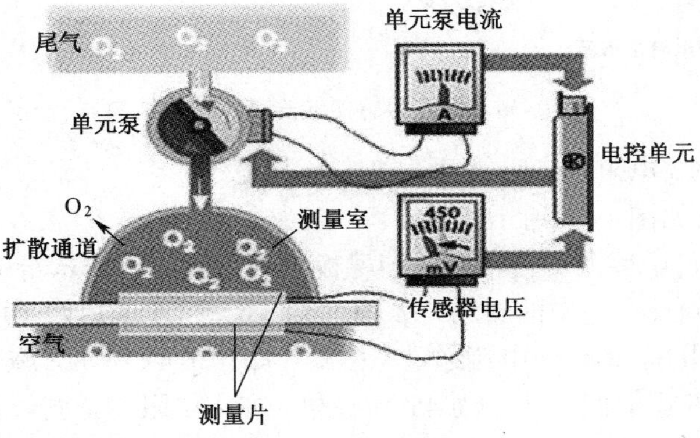

图 1-37　混合气稀时

如果混合气太浓，尾气中含氧量下降，此时从扩散通道溢出的氧较多，感应室的电压升高。为达到平衡发动机控制单元增加控制电流使单元泵增加泵氧效率，使感应室的氧含量增加，这样可以调节测量室的电压恢复到 0.45V，如图 1-38 所示。

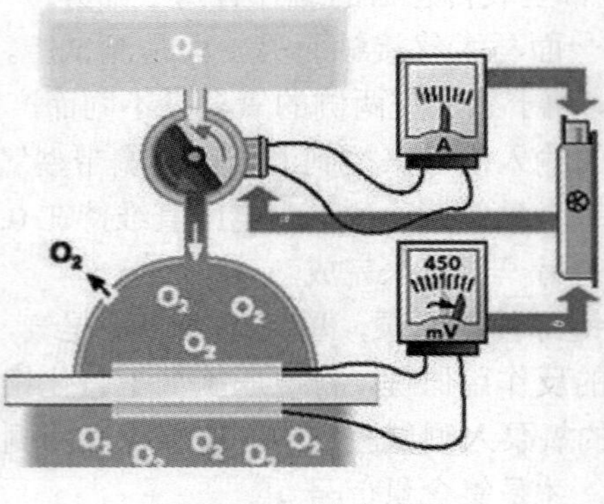

图 1-38　混合气浓时

总而言之，加在单元泵上的电压可以保证当测试室内的氧多时，排出腔内的氧，这时发动机控制单元的控制电流是正电流；当测试室内的氧少时，进行供氧，此时发动机控制单元的控制电流是负电流。以上过程供给单元泵的电流就反映了尾气中的含氧量。

4. 车速传感器（VSS）

车速传感器检测汽车的行驶速度，给 ECU 提供车速信号，用于巡航控制和限速端控制。在汽车集中控制系统中，也是自动变速器的主控制信号。

（1）安装位置。安装在变速器输出轴上，如图 1-39 所示。

图 1-39　车速传感器的安装位置与结构

（2）类型。有磁控电阻式、舌簧开关式、光电式。

（3）工作原理。如图 1-40 所示。

当施加的磁场垂直于用铁质材料制成的薄板中的电流时，它本身的电阻明显有变化。磁阻传感器形成沿着空间一个方向的磁场。如图 1-40（b）所示为用四个磁控电阻器制成的惠斯顿电桥带有一个供电电压+V_B，使电流通过电阻器。如图 1-41 所示，施加一个偏磁场，使在所有电阻中的磁化强度和电流间有一个约 45°的夹角。如果电阻器是同一种结构，则所有四个电阻器的电阻是相同的。正交施加磁场，使两个正向放置的电阻器磁化而转向电流，使电阻 R

有一个增量 ΔR。在剩下的两个反向放置的电阻器中，由于磁化而转离电流，导致电阻 R 减少 ΔR。电桥输出为 $\Delta V_{out}=(\Delta R/R)V_B$。作为施加磁场函数的电桥输出 ΔV_{out} 被称为传感器的传递函数。在线性区内，输出与施加的磁场成正比。

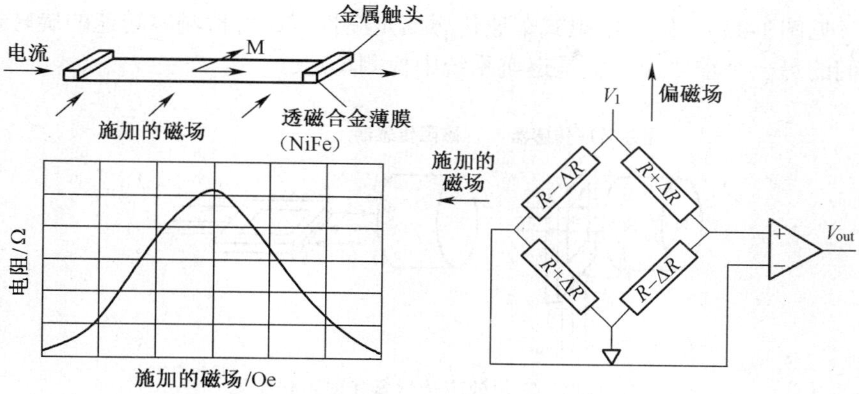

（a）磁控电阻式车速传感器工作原理　　（b）惠斯顿电桥和磁阻传感器的工作原理

图 1-40　工作原理

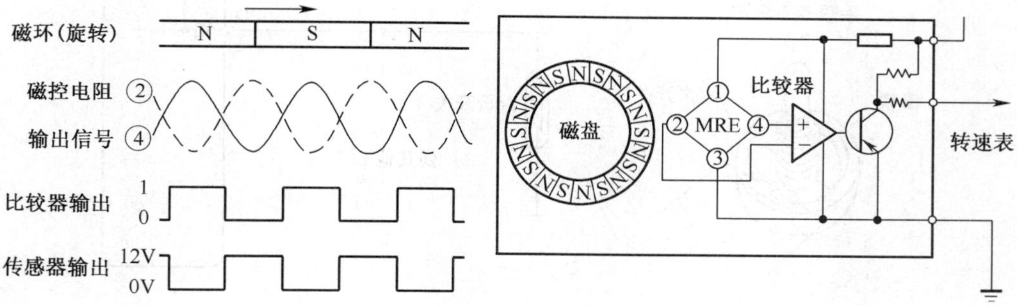

图 1-41　车速传感器的原理、信号图

磁控电阻式传感器采用微电子信号集成处理技术，传感元件和信号处理装置集成在一块芯片上。该传感器的优点是：可传感零转速，传感器空气间隙最大可达 3mm，具有良好的温度稳定性（最高工作温度可达 200℃。该传感器的缺点是：尺寸中等、价格中等、需要外接电源 12V。

磁阻效应与霍尔效应的比较。下面比较了硅片中的霍尔效应与透磁合金薄膜中的磁阻效应，两种技术都可用于集成电路的制造，也可以用于制造全集成的单片传感器。两种效应都会在非时变磁场中发生并可用来构造零速传感器。但是，MR 的敏感性约是硅片中霍尔效应的 100 倍，而且通过选择薄膜厚度和线宽还可对其敏感度进行调节。在用环形磁铁计算转速的应用中用 MR 效应代替霍尔效应的传感器有另一个优点，是 MR 传感器的全向极性（使用 N 极或 S 极工作）能使分辨率翻倍。

如图 1-42 所示，尽管霍尔效应所具有的优点是它对极强的磁场具有高线性响应而无饱和效应，但霍尔效应薄膜会对传感器的法向磁场作出响应而不对切向磁场作出响应。

现在汽车上旋转运动检测用传感器大量使用的是可变磁阻式传感器，包括曲轴和凸轮轴转速、点火正时控制、燃油喷射正时控制、发动机转速测量、变速器输入/输出轴转速检测电控换挡等。可变磁阻传感器的另一个重要应用是在 ABS 控制系统、牵引控制系统、车辆稳定性控制系统中检测车轮转速。按美国加州和联邦新制定的法规要求，OBD 诊断系统要能够进行发动机失火检测，这就要求发动机安装高精度的曲轴转角传感器，使得磁控电阻式车速传感器得到应用（见图 1-43）。磁控电阻式车速传感器是高性能、可检测零转速的旋转运动检测用传感器，它们的另一个重要应用就是巡航系统中检测车速。

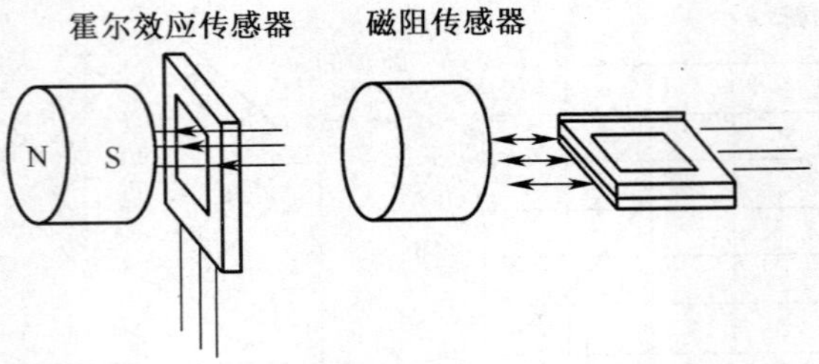

图 1-42　霍尔效应传感器和磁阻传感器

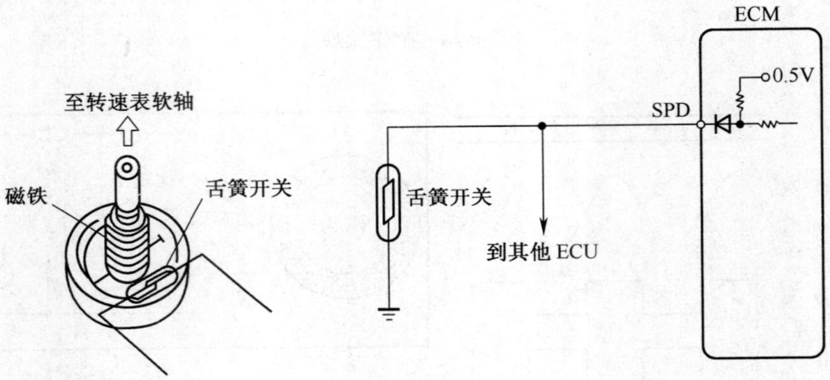

图 1-43　磁控电阻式车速传感器

5. 加速踏板位置传感器

加速踏板位置传感器直接安装在驾驶室内加速踏板轴处，有的安装在发动机舱内，通过一根拉索接在加速踏板上。传感器产生加速踏板的开度和速率变化的电压信号给 ECU。为了确保可靠，此传感器还具有不同输出特性的两个系统输出信号。

共有两种类型的加速踏板位置传感器：线性型和霍尔元件型。

（1）线性型。如图 1-44 所示，线性型加速踏板位置传感器是一个带触点的双电位器传感器，由电子控制单元提供 5V 电压，传感器向电子控制单元发出 2 路反映加速踏板位置的电压信号，一路是另一路的两倍。电子控制单元根据此信号可对驾驶员期望的转矩需求进行计算，经电子控制单元内部统一协调后控制电子节气门总成工作。

（2）霍尔元件型。如图 1-45 所示，此传感器的构造和运行基本上和霍尔式传感器相同。为确保较好的可靠性，两个系统中每一个都有独立的电路。

电子控制单元收到加速踏板位置传感器信号后，控制发动机的怠速、加速、减速、中断喷射、临时转速等。

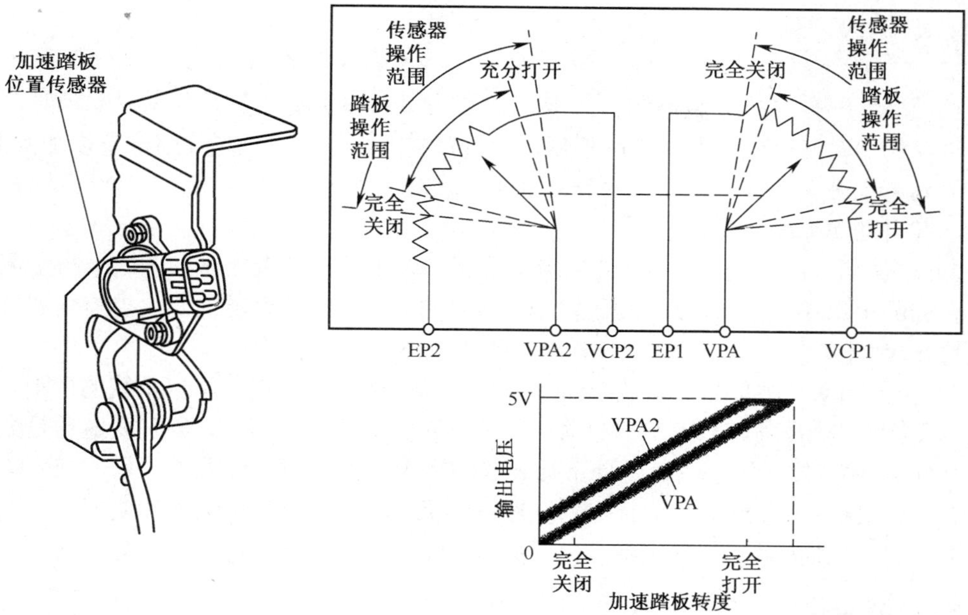

图 1-44　线性型加速踏板位置传感器

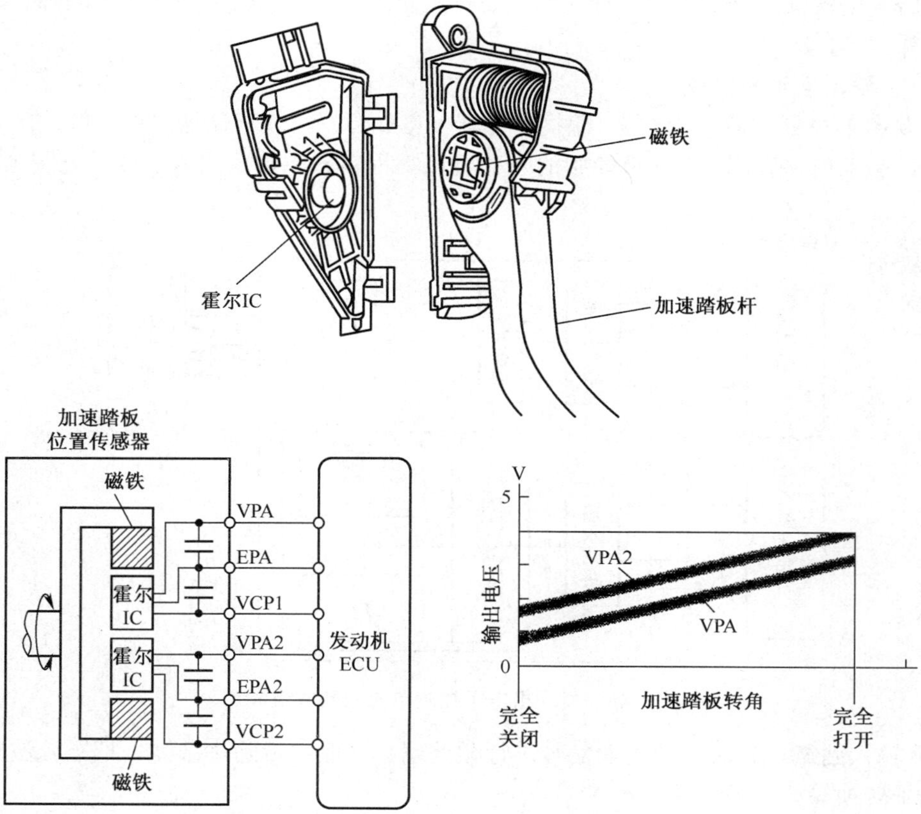

图 1-45　霍尔元件型加速踏板位置传感器

1.4.2 开关信号

（1）起动信号：起动信号（STA）用来判断发动机是否处于起动状态。起动时，进气管内混合气流速慢，温度低，燃油雾化不良，为改善起动性能，必须增加喷油量以加浓混合气。STA 信号与起动开关连在一起，起动开关接通，ECU 便检测到 STA 信号，确认发动机处于起动状态，并自动增加喷油量。

（2）空调信号：空调信号（A/C）用来检测空调压缩机是否工作。该信号与空调压缩机电磁离合器的电源接在一起，ECU 根据 A/C 信号控制发动机怠速时的点火提前角和进行怠速喷油量修正等。

（3）空挡起动开关信号：空挡起动开关信号（NSW）主要用于怠速系统的控制。在装有自动变速器的汽车中，ECU 用空挡起动开关信号判定变速器的挡位。识别变速器是处于空挡或停车（N 或 P 挡位）状态，还是处于行驶（OD、D、2、1 或 R 挡位）状态。ECU 通过对 NSW 信号的识别，对怠速系统进行控制，在发动机过渡工况时，修正喷油量。

（4）其他开关信号：主要包括点火开关 IGN 信号、蓄电池电压信号 U_{BATT} 等。

1.4.3 电子控制单元

电子控制单元（ECU）的作用是按照预置程序对各个传感器输入的信息进行运算、处理、判断，然后发出指令，控制有关执行元件（如喷油器等）动作，以达到快速、准确、自动控制发动机工作的目的。

1. 电子控制单元的组成

它主要由中央处理器（CPU）、随机存储器（RAM）、只读存储器（ROM）、输入和输出接口电路、驱动电路和固化在 ROM 中的发动机控制程序和原始数据等组成（见图 1-46）。

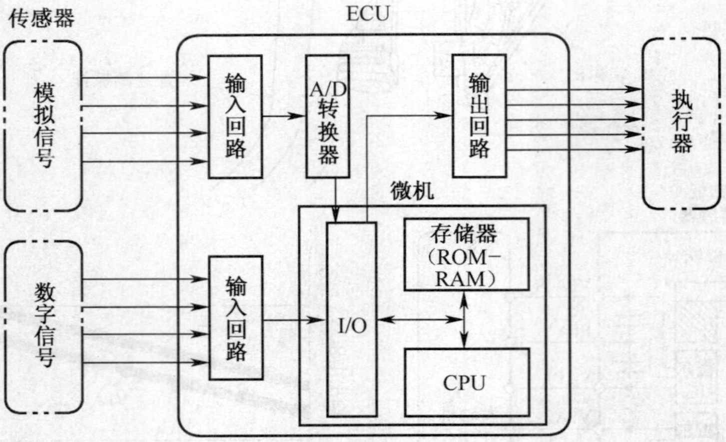

图 1-46 发动机电子控制单元的基本组成

（1）输入回路。它对各种输入信号进行预处理，一般包括除去杂波、把正弦波转换成矩形波及电平转换等。

（2）A/D 转换器。数字计算机只能处理数字信号，A/D 转换器将模拟信号转换成数字信号，再输入给电子控制单元进行处理。

（3）微机。微机是发动机电控系统的神经中枢，它主要由中央处理器（CPU）、随机存储器（RAM）、只读存储器（ROM）、输入/输出接口（I/O）等组成。

微机根据需要把各种传感器送来的信号用内存的程序和数据进行运算处理，并把处理结果（如喷油脉冲信号、点火控制信号等）送往输出回路。

（4）输出回路。输出电路是微机与执行器之间的连接部分，它将微机发出的控制指令，转变成控制信号来驱动执行器工作，起着控制信号生成和放大等功能。微机输出的是数字信号，而且输出信号很小，用这种信号一般不能直接驱动执行器工作，需要输出电路将其转换成可以驱动执行器工作的控制信号，如喷油器驱动信号、点火控制信号、燃油泵控制信号等。

2. 汽油喷射的控制过程

电控汽油喷射系统的工作过程就是对喷油正时和喷油持续时间（即喷油量）的控制过程。

（1）喷油正时控制喷油。正时控制就是对喷油器开始喷油时刻的控制。多点间歇喷射汽油机的喷油时刻控制分为同步喷射和异步喷射两种方式。

同步喷射是指汽油的喷射与发动机运转同步，ECU 根据曲轴的转角位置来控制开始喷射的时刻。在发动机稳定工况的大部分运转时间里，汽油喷射控制系统以同步方式工作，同步喷射广泛采用顺序喷射。

发动机一个工作循环期间，各缸喷油器都轮流喷油一次，和发动机的点火顺序相对应，喷油是在排气上止点前一定的曲轴转角位置开始，一般在进气门打开之前完成喷油。其喷油器的控制电路如图 1-47 所示，喷油器驱动回路数与汽缸数目相等。顺序喷射控制各缸混合气浓度分配均匀，控制精度高，喷油系统和点火系统程序控制，广泛使用在无分电器直接点火的发动机上。

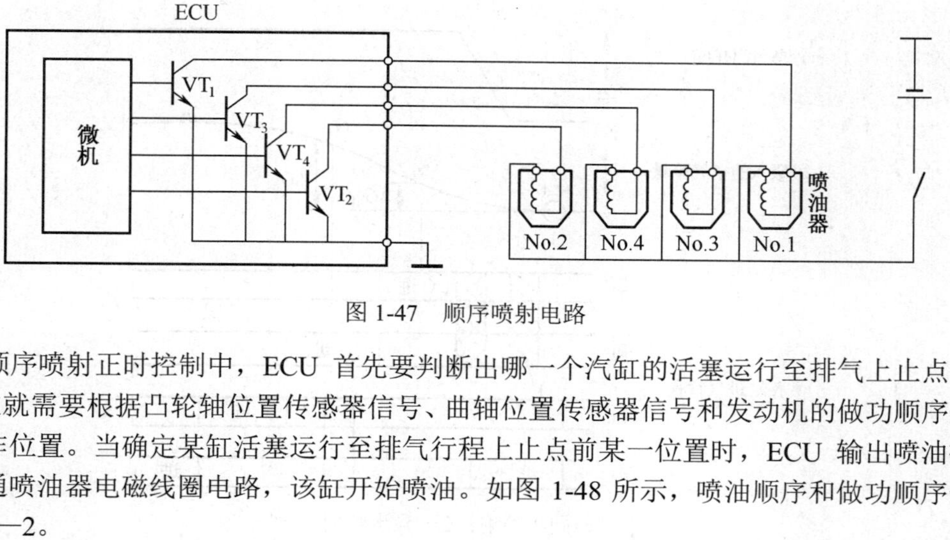

图 1-47　顺序喷射电路

在顺序喷射正时控制中，ECU 首先要判断出哪一个汽缸的活塞运行至排气上止点前某一角度，这就需要根据凸轮轴位置传感器信号、曲轴位置传感器信号和发动机的做功顺序来确定各缸工作位置。当确定某缸活塞运行至排气行程上止点前某一位置时，ECU 输出喷油控制信号，接通喷油器电磁线圈电路，该缸开始喷油。如图 1-48 所示，喷油顺序和做功顺序一致为 1—3—4—2。

异步喷射是指 ECU 只是根据传感器的输入信号控制开始喷油时刻，与曲轴转角位置无关。异步喷射方式是一种临时的补偿性喷射，发动机处于起动、加速等非稳定工况时，汽油喷射控制系统以异步喷射方式工作或增加异步喷射对同步喷射的喷油量进行补偿。

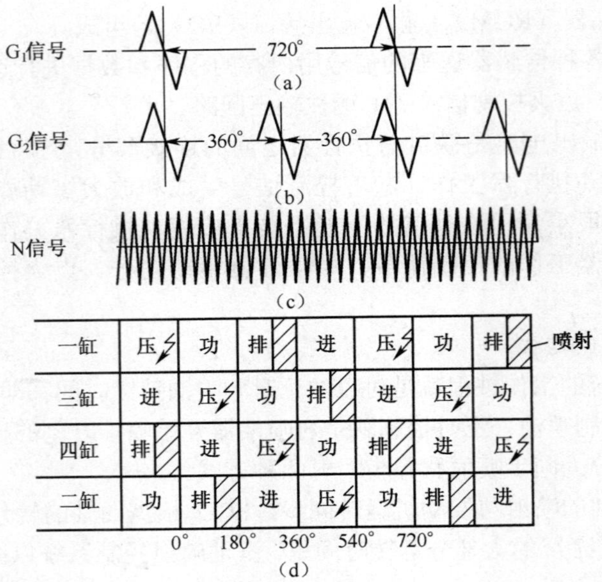

图 1-48　顺序喷射正时图

汽车急加速时，ECU 除了对同步喷射进行加速时燃油增量修正外，还控制喷油器进行异步喷射，以提高汽车的加速性能。

异步喷射的时间如图 1-49 所示，它表明了加速时，节气门开度、吸入空气量与各缸进气行程的对应关系。

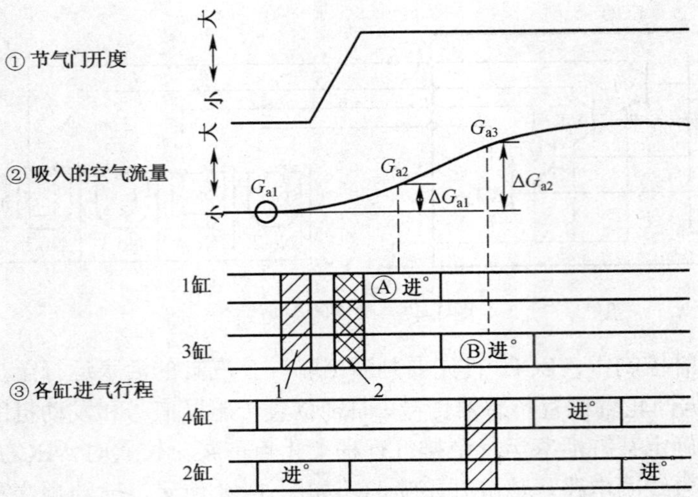

1—同步喷射；2—异步喷射

图 1-49　异步喷射的时间图

G_{a1} 是 ECU 计算同步喷射持续时间 T_A 所依据的空气质量。在 T_A 内喷射的油量正好与 G_{a1}

匹配，达到目标空燃比。假定在进气行程 A 实际吸入第 1 缸的空气质量为 G_{a2}，此时空气质量增加了 ΔG_{a1}，则按同步喷射持续时间 T_A 喷入第 1 缸的油量就显得不足，混合气偏稀。按工作顺序，假定在进气行程 B 实际吸入第 3 缸的空气质量为 G_{a3}，此时空气质量增加了 ΔG_{a2}，则按同步喷射持续时间 T_A 喷入第 3 缸的油量也显得不足，混合气也偏稀。为了补充与空气增量 ΔG_{a1} 和 ΔG_{a2} 相对应的汽油喷射量，就必须进行异步喷射。

ECU 根据节气门开度的变化，对异步喷射及喷油量进行控制。在一定时间间隔（如 10～20ms），节气门开度变化量越大，吸入空气的增量就越大，异步喷射的喷油量也越多。

（2）喷油持续时间（即喷油量）控制。电控汽油喷射系统对喷油量精确控制就是通过精确地确定和控制喷油的持续时间来实现的。根据发动机的运行特点，喷油持续时间控制分为起动时喷油持续时间的控制和起动后喷油持续时间的控制。

发动机起动时的基本喷油时间不是根据进气量（或进气支管绝对压力）和发动机转速确定的，这与发动机起动后的控制方式不同。发动机起动时，由于转速低且波动大，因此，ECU 不能用进气量来计算喷油量，而是根据发动机的热状态决定。即 ECU 根据发动机当时的冷却液温度，从预存的水温－喷油时间数据图表中找出相应的基本喷油时间，然后进行进气温度和蓄电池电压修正，得到起动时的喷油持续时间。

有些电控汽油喷射系统为改善发动机起动性能，在起动时，除同步喷射外，还根据起动开关接通状态，ECU 自曲轴位置传感器检测到的第一个转速信号开始，以一个固定的喷油持续时间，同时向各缸进行异步喷射，以补充冷起动过程中对燃油量的额外要求。

发动机起动后喷油持续时间由发动机转速、进气量确定的基本喷油持续时间和由发动机运行状态参数决定的修正喷油持续时间构成。

（3）断油控制。断油控制是指 ECU 停止向喷油器驱动电路发送喷射信号，喷油器暂停工作。电控汽油机中，ECU 停油控制基于两种情况：以降低燃油消耗，改善排气污染为目的的减速断油控制和以防止发动机超速损坏为目的的超速断油控制。

1）减速时断油控制。当发动机在高转速运行下节气门突然关闭时，发动机处于强制怠速工况，这种工况一般为汽车减速运行工况，发动机不再需要供应燃油，为避免混合气过浓，燃油经济性和排放变坏，ECU 执行减速断油控制，喷油器停止喷油。当发动机转速降至预设转速，或节气门重新打开时，ECU 才使喷油器恢复喷油。

断油转速和恢复喷油转速与冷却水温度、空调是否工作、用电器用电情况等因素有关。发动机水温越低，断油转速越高。减速时断油和恢复供油的转速特性如图 1-50 所示。

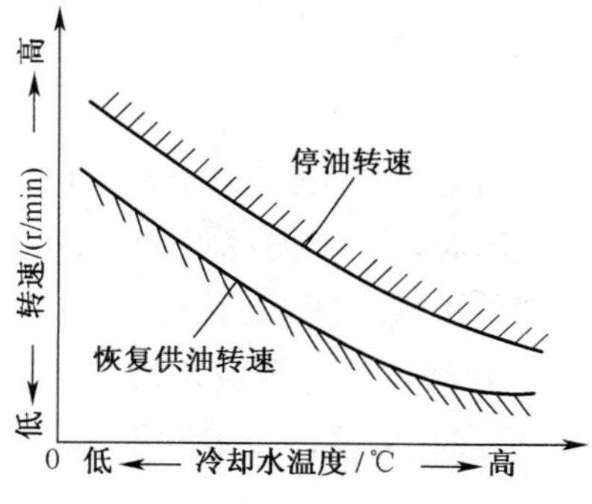

图 1-50　减速时断油和恢复供油的转速特性

2）超速时断油控制。当发动机转速过高，可能引起发动机损坏时，ECU 执行发动机超速断油控制，对发动机的最高转速进行限制。

Bosch 公司 Motronic 系统中采用切断燃油供给的电子限速装置，如图 1-51 所示。发动机运行时，ECU 将发动机的实际转速与存储在 ROM 中的最高转速进行比较，当转速超过设定转速时，ECU 停止输出喷油信号，转速下降至设定转速时再恢复喷油，如此反复循环，从而防止发动机转速继续上升。

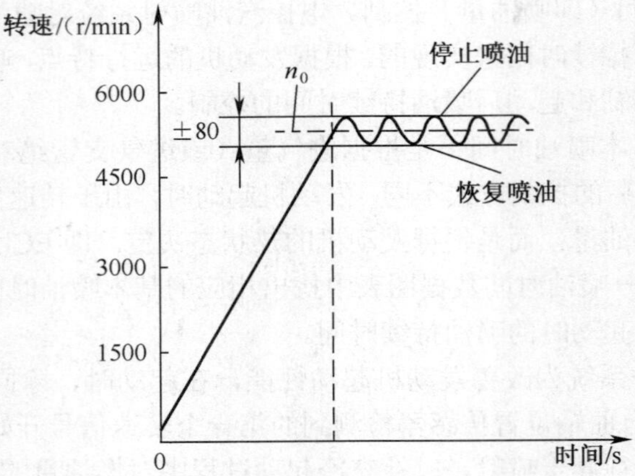

图 1-51 Motronic 系统中采用的电控转速限制装置的工作特性

3. 故障自诊断系统

现代汽车发动机电控系统中，一般都设有故障自诊断功能，该系统还可监测诊断发动机控制系统工作情况及工作中出现的故障。它一般具有如下功能：

（1）及时地检测出电控系统出现的故障。

（2）将故障信息以代码形式存储在 ECU 的存储器内。

（3）发出故障指示或警告信息，如点亮仪表板上的“故障指示灯”。

（4）维修人员可以读取故障码，为诊断故障原因提供参考。

一般在仪表板下方或发动机舱内设有一个专用接口（简称 OBD-II），即故障诊断接口，该接口直接与 ECU 相连，如图 1-52 所示。将解码器或检测设备插入此专用接口，便可将故障码或诊断的传感器、执行器等信号的数据流读出，以便在控制系统出现故障时，能及时、快速地查找和排除。

4. 安全保险功能

安全保险功能又叫故障保险功能，它是电子控制单元检测出故障后，采取的一种保险措施。当某个传感器或执行器出现故障时，如果发动机 ECU 仍然按照正常方式继续控制发动机运转，就有可能使发动机或有关部件出现更严重的问题。安全保险功能主要依靠 ECU 内的软件来实现。当系统诊断出有故障出现时，一方面发出故障警告信号、保存故障码；另一方面 ECU 会自动启用安全保险功能，按照存储器内设定的程序和数据，使控制系统继续工作或强制停机。

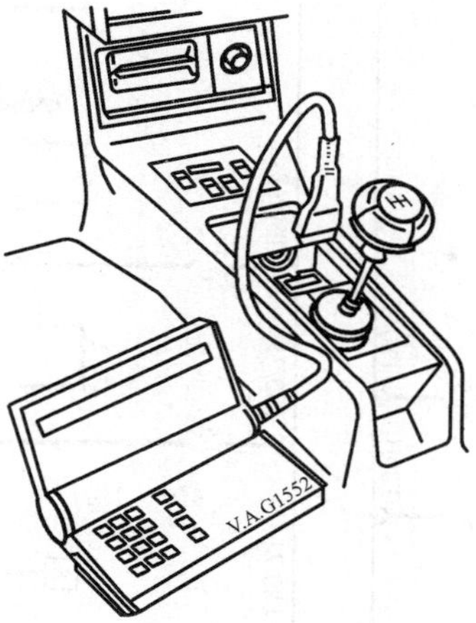

图 1-52 故障诊断接口与检测设备

5. *后备系统*

后备系统也叫后备功能，它是当 ECU 内电子控制单元控制程序出现故障时，ECU 把燃油喷射和点火正时控制在预定水平上，作为一种备用功能使车辆仍能继续慢速行驶，回到修理厂，所以，也称之为跛行系统。

图 1-53 是发动机 ECU 后备系统的原理框图。其后备系统为一专用后备电路，由集成电路组成。监视回路中装有监视计数器，正常工作情况下，电子控制单元定时进行清零。出现异常情况时，例行程序不能正常运行。如果这时计数器的定期清零工作不能进行，计算机显示溢出。当监视器发现计算机溢出，就能检测出异常情况。当监视器监测出电子控制单元出现异常情况而满足启用后备系统的条件时，首先点亮“发动机故障灯”，提示驾驶员发动机已出现故障，需要进行维修；与此同时，ECU 自动转换成简易控制的后备功能。

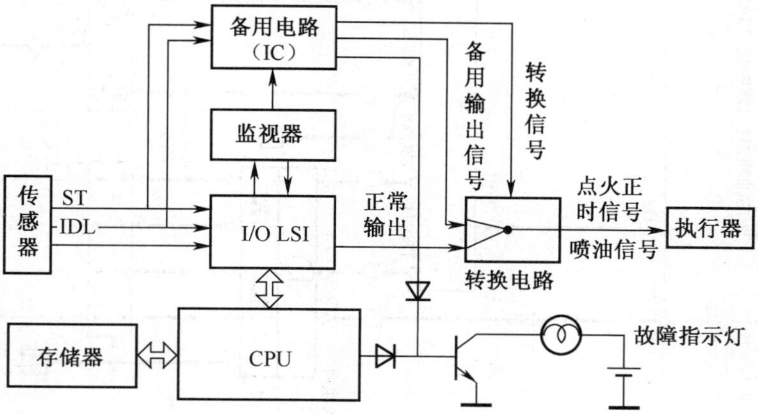

图 1-53 ECU 后备系统原理框图

后备系统只是简易控制，只能维持基本功能，使车辆能够慢速行驶，而不能保证发动机运行在最佳状态，不宜在“后备”状态下长时间行驶，应及时检查修理。

大众车系发动机电控系统电路图，如图 1-54、图 1-55 所示。

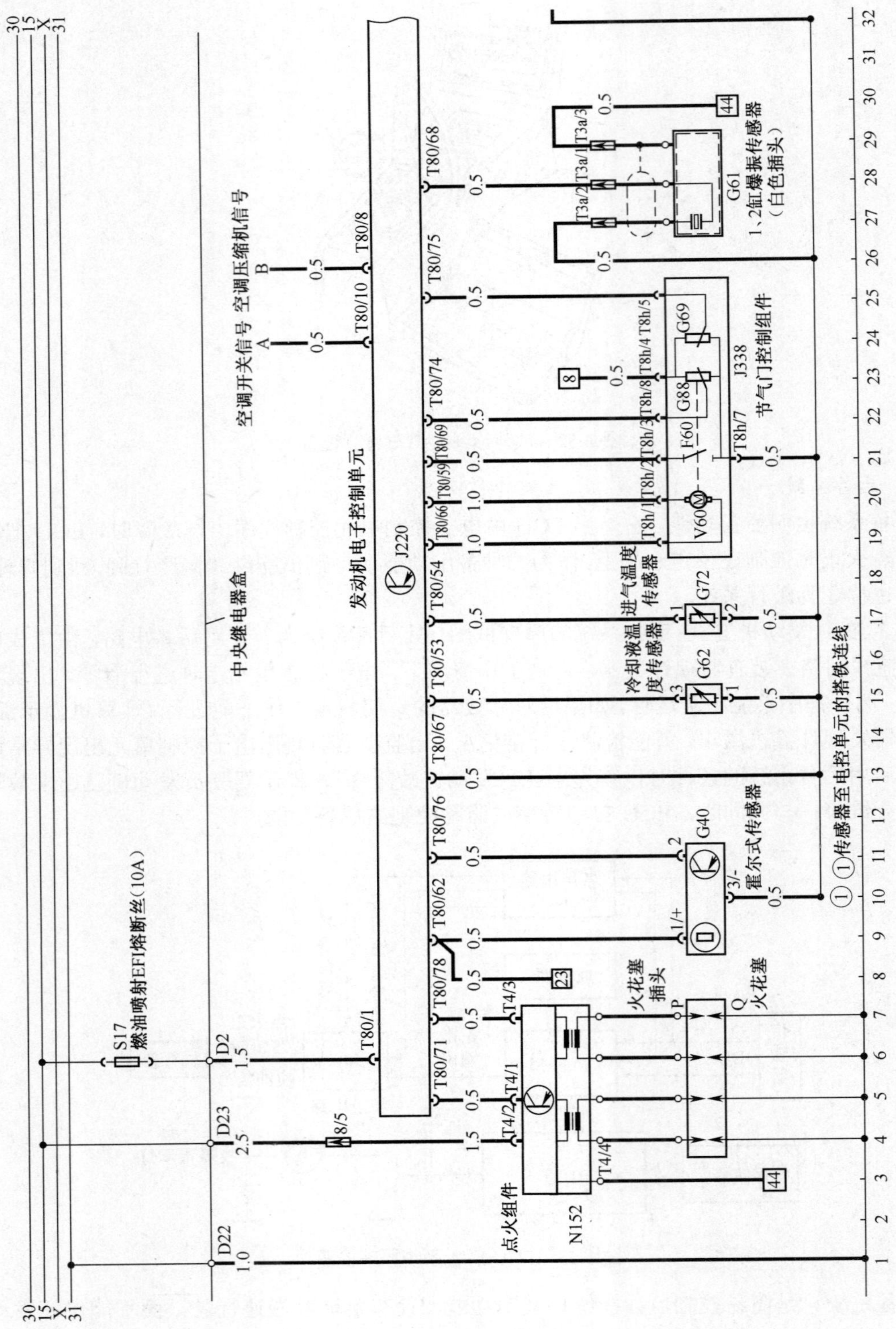

图 1-54 大众车系发动机电控系统电路图（一）

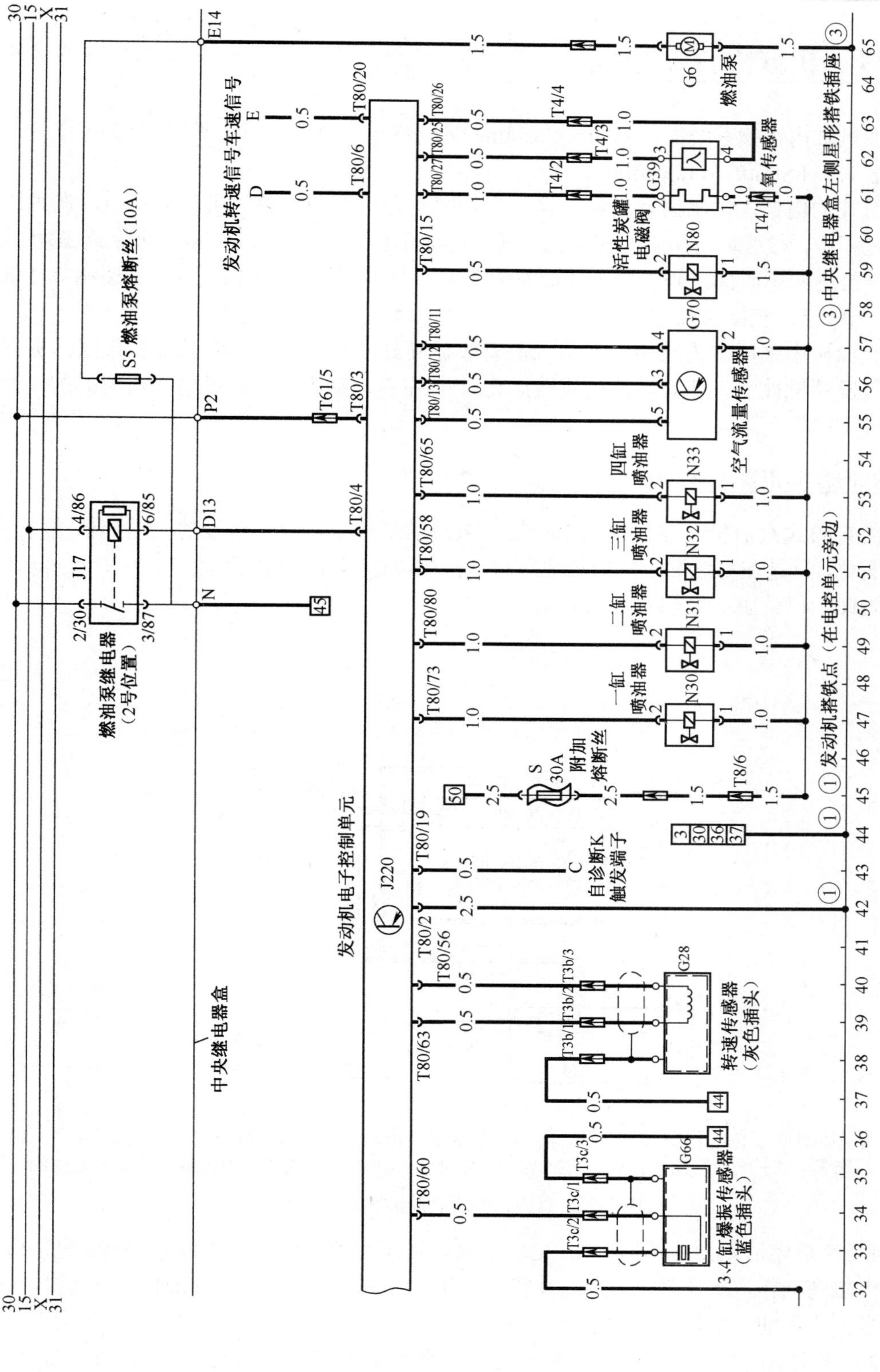

图 1-55 大众车系发动机电控系统电路图（二）

1.5 汽油机缸内直喷系统

汽油机缸内直喷系统简称 GDI（Gasoline Direct Injection）；又因为燃油是分层燃烧，又称 FSI 系统（Fuel Stratified Injection）。

传统式的电控汽油喷射发动机，是将汽油喷射在进气门外侧的进气支管中，在进气过程和压缩过程中，利用时间和空间的混合方式，完成可燃混合气的形成，再点火燃烧做功。这样，燃油在气缸内滞留时间过长（接近 360°曲轴转角），燃油的粘结损耗较大，加速响应性低，极易产生“爆燃”，气缸磨损也加大。

在汽油机中采用缸内直接喷射后，能有效提高缸内充气系数，降低爆振极限，提高压缩比，改善发动机性能，使其燃油经济性提高 25%左右，动力输出也比进气道喷射的汽油机增加了将近 10%。

1.5.1 缸内直喷主要结构

缸内直喷式汽油机是在传统的电控喷射系统的基础上，改进研发的。在其他结构方面无过多地变化，只是在可燃混合气的形成方法上和燃烧过程方面发生了改变，如图 1-56、图 1-57 所示。为此，仅就主要结构粗略的介绍如下：

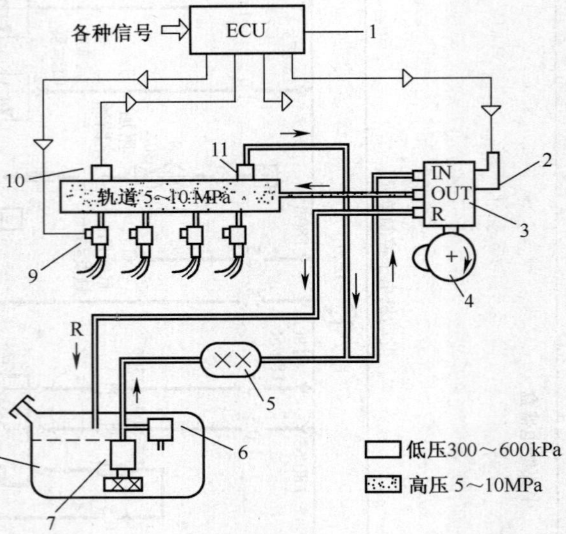

1－电子控制单元 ECU；2－停供电磁阀；3－单柱塞高压泵；4－凸轮轴；5－汽油滤清器；6－油压调节器；7－电动汽油泵；8－汽油箱；9－喷油器；10－轨道燃油压力传感器；11－限压阀

图 1-56 缸内直喷式汽油机燃油供给系统

（1）轨道燃油压力传感器。为 ECU 提供轨道压力的高低，当压力达 5MPa 时，ECU 指令停供电磁阀动作，推开高压油泵的片状进油阀，使高压油泵停止吸油而停供。此时，低压油泵也同步停止供油，维持规定的油压。

（2）停供电磁阀。根据 ECU 通电发令，使其推杆动作，高压油泵的进油片阀即常开，停止供油。

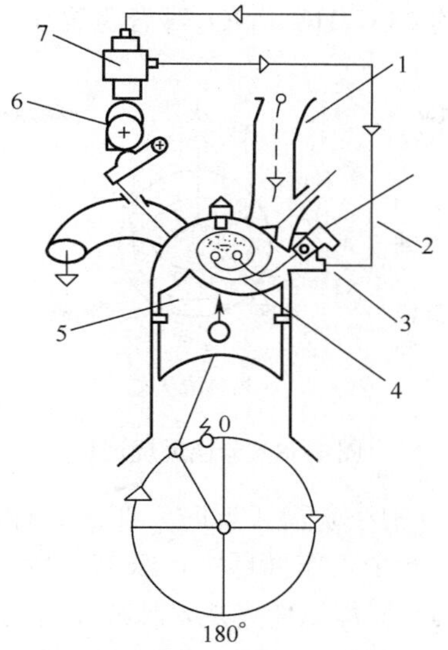

1－直立进气管；2－高压油管；3－高压旋流式喷油器；4－涡流；
5－顶面弯曲活塞；6－凸轮轴；7－单柱塞高压泵

图 1-57　缸内直喷式原理图

（3）限压阀。为柱塞式溢流阀，当轨道油压高于规定值时，即泄油降压，维持轨道油压，起保护作用。

（4）柱塞式高压燃油泵。为往复柱塞泵，由凸轮轴驱动，使燃油轨道的油压不断堆积，产生 5MPa 的喷射油压，经喷油器高速喷入气缸，提高雾化质量，形成旋转的燃气涡流。

（5）高压旋流式喷油器。安装在发动机缸盖上，采用 65V 高电压控制喷油，为强劲高频量化控制方式，频率响应性高。由 ECU 直接用脉冲电流控制喷油量的多少，利用特殊的喷孔形状，喷出旋转的燃油雾，与挤压涡流快速地混合，以便点火燃烧。

（6）直立式进气管。产生大进气流，直接流入气缸，充气效果好。与传统的横向进气管相比，它的进气涡流方向是相反旋转，喷油后能在火花塞处形成浓油雾区。

（7）顶面弯曲活塞。引导空气产生进气涡流和挤压高速旋转涡流，以便形成理想的分层燃烧的可燃混合气。

1.5.2　缸内直喷汽油机燃烧模式

（1）气缸内涡流的运动。在进气过程中，通过直立式进气管，在气缸吸力的作用下，产生强大的下降气流，使充气效率得到提高。又在顶面弯曲活塞的作用下，形成比传统汽油机更强大的滚动涡流。这个滚动涡流，将压缩后期喷射出的旋转油雾，带到燃烧室中央的火花塞附近，然后及时点火燃烧。

（2）高压旋转油雾的产生。高压旋转式喷油器，在压缩冲程的后期（此时，缸内压力为 0.6～1.5MPa），以 5MPa 的高压喷射出旋转的油雾，卷入滚动涡流中，迅速吸热汽化，以层状混合状态，被卷到火花塞附近。此时，火花塞附近为高浓度混合气，极易点燃，缸内的燃气呈稀包浓状态（O_2 分子包围 HC 分子），在旋转中逐层的剥离，并从内向外稳定地、彻底地分层燃烧，如图 1-58 所示。超稀薄的混合气，空燃比 A/F 可达 30:1～40:1，与传统的汽油机相比，节油率可达 40%，可使排气中的 CO、HC、NO_x 等有害物质大幅度降低。

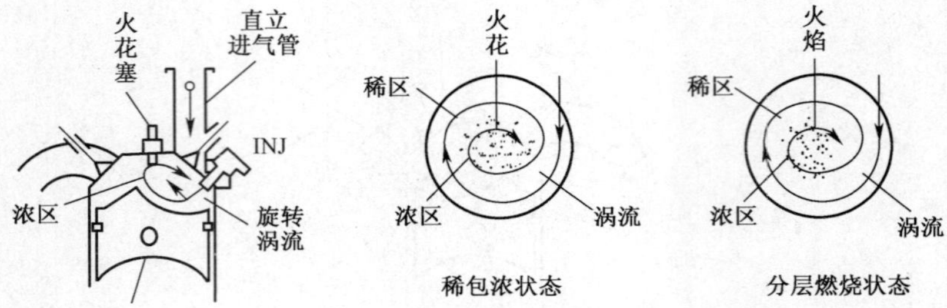

图 1-58 分层燃烧过程

（3）空燃比与负荷的关系。中小负荷工况时，在压缩行程后期喷油，以经济超稀薄混合气成分为主。在大负荷工况时，一个工作循环中，ECU 对喷油器发出两次喷油脉冲信号，一次在进气行程时完成，一次在压缩行程后期完成，脉冲宽度各不相同，以加浓可燃混合气。二次喷射的功能，也可在起动工况、急加速工况出现，以调节空燃比 A/F 的大小，改善使用性能，如图 1-59 所示。此时，还可利用燃油的汽化热，来降低进气温度，提高充气效率。

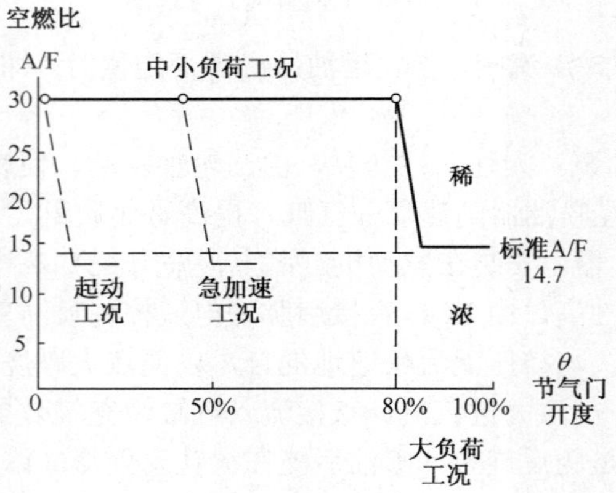

图 1-59 空燃比 A/F 变化特性

（4）高压缩比的实现。提高汽油机输出功率的措施是加大进气量、提高压缩比、控制燃烧过程。传统式的电控喷射系统，因燃油质量的制约，压缩比已难突破 10:1 的大关，还需要使用辛烷值 97#的汽油。而缸内直喷式汽油机可使压缩比提高到 12:1～13:1，对汽油的辛烷值无过高要求：

1）喷入缸内的燃料汽化，可降低气体温度和增大空气密度，因而不易产生“爆燃”。

2）由于吸入的空气量大幅度增加，进气冷却效果较好，有抑制“爆燃”的作用。

3）采用缸内直喷是在压缩行程后期喷油，燃油在燃烧室内滞留时间极短，使大幅度地提高压缩比成为可能。

（5）如果增装废气涡轮增压系统（如奥迪 A6L-2.0T-FSI 乘用车），充气效率将进一步提高，空气密度加大，氧含量提高，燃烧条件进一步改善，动力性、经济性和净化性将明显提高。

1.6 Start-stop 发动机智能启停系统

汽车行驶在拥挤的城市交通道路中，总免不了停车等红绿灯，而发动机怠速消耗的能源是毫无意义的。启动停车技术就是致力于最大限度减少发动机怠速时燃油的损耗，避免这部分能源的浪费，同时对节省能源与减低排放有着重要的意义。

遇到红灯或塞车时，驾驶员制动使车辆停下来后，将挡位换入空挡并完全释放离合踏板，这时控制系统会自动将发动机熄火，节省了怠速运转而浪费的燃油；当绿灯放行后，驾驶员踩下离合器，发动机则自动重新启动，挂入挡位后即可前行。

如果是自动挡车型操作更为简单，驾驶员只要施加制动使车辆停止，发动机则自动熄火。在释放制动后，驾驶员加油，发动机将自动启动。这种节能的驾驶方式并没有改变人们日常的驾驶习惯，没有带给车主任何使用上的麻烦，却带来了显著的节油减排的效果。

Start-stop 系统的三种方式：

Start-stop 系统作为混合动力车的入门技术（微混合动力），由于成本低，节能减排效果显著，其应用前景广阔。目前，Start-stop 系统主要有三种形式：

1. 分离式起动机/发电机启停系统

采用分离式起动机和发电机的起停系统很常见。这种系统的起动机和发电机是独立设计的，发动机启动所需的功率是由起动机提供，而发电机则为起动机提供电能，如图 1-60 所示。

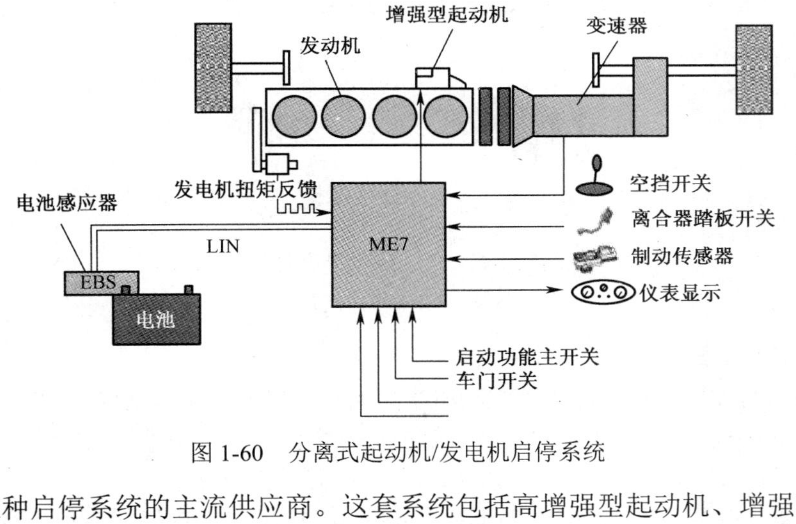

图 1-60 分离式起动机/发电机启停系统

博世是这种启停系统的主流供应商。这套系统包括高增强型起动机、增强型电池（一般采用 AGM 电池）、可控发电机、集成起动/停止协调程序的发动机ECU、传感器等，如图 1-61 所示。

博世的起动电机能快速、安静地自动恢复发动机运转，可降低起动时油耗。这种启停系统系统零件少，安装方便，可应用于各种不同混合动力概念（皮带驱动、直齿驱动和电力轴驱动）。而且系统的部件与传统部件尺寸保持一致，因此可直接配备至各种车辆上。

目前全球已量产装有博世 Start-stop 系统的车型已非常多，包括有宝马1、3、5 系、X3，大众帕萨特、高尔夫，奔驰A、B、C、E 系列（部分），奥迪 A6、A8 等。

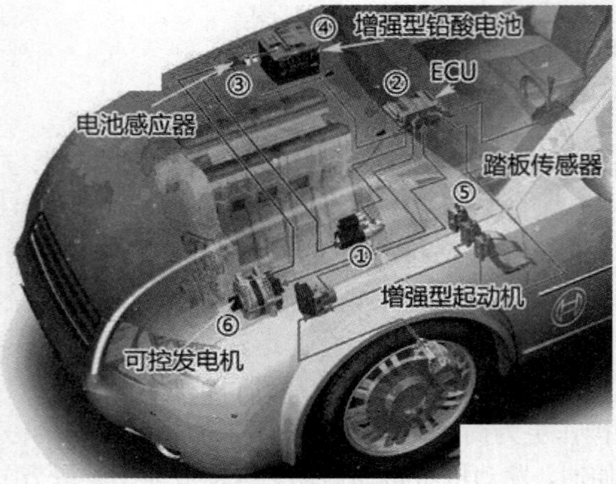

图 1-61　博世启停系统布置图

2010 年上半年上市的长安 CX30就匹配该系统。长城、吉利、上汽、奇瑞等自主品牌也相继推出匹配车型。

2. 集成起动机/发电机启停系统

集成起动机/发电机是一个通过永磁体内转子和单齿定子来激励的同步电机，能将驱动单元集成到混合动力传动系统中。

标致-雪铁龙集团的 e-HDi 车型上。Start-stop 系统的电控装置集成在发电机内部，在遇红灯停车时发动机停转，只要一挂挡或松开制动踏板汽车会立即自动启动发动机，如图 1-62 所示。

发动机发电模式　　发电机启动发动机模式

图 1-62　两种模式

3. 马自达SISS 智能启停系统

前面介绍的两种启停系统是单纯起动机来启动发动机的，而Mazda的 SISS 智能启停系统（现在称为 i-stop 技术），主要是通过在气缸内进行燃油直喷，燃油燃烧产生的膨胀力来重启发动机的，发动机上的传统启动机在发动机启动时起到辅助作用。

据官方数据，使用 SISS 技术，发动机在最短 0.35s 的时间内就能启动，比单纯使用启动机或电动机的系统要快一倍。

发动机停止前，使活塞停在合理的位置；再次起动时，通过喷油、点火燃烧和起动机的共同作用来起动发动机，适用于缸内直喷发动机，如图 1-63 所示。

这种该系统控制智能、效率高，无需起动机就能实现 Start-stop 的功能，已用于日本市场销售的 Mazda 2、Mazda 3 和 Mazda 6 部分车型上。

以下这些情况，发动机自动启停系统不会介入：

（1）在低于 9km/h 的拥堵路面；

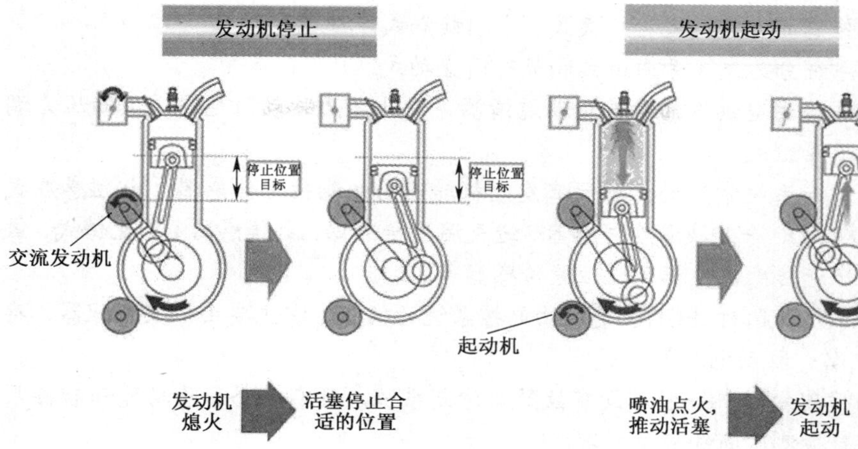

图 1-63　发动机起动工程

（2）运动或者手动换挡模式；

（3）倒车；

（4）等待转弯方向盘转角超过 90°时；

（5）停在坡度较大的坡路上或车辆下坡滑行时；

（6）水温没达到工作状态；

（7）室内外在极端温度下。

有些品牌车型的自动启停功能在一定程度上还能规范驾驶，不系好安全带自动启停不能启动，相反停车后解开安全带，即便松开刹车或是踩到油门发动机也不会重新启动。

Start-stop 启停技术可以使车辆暂时停车时自动停止发动机工作，从而减少燃油消耗，减低排放，尤其在那些交通拥挤的大城市运用这种技术对节能减排有着不错的效果。在欧洲，由于燃油价格较高以及排放法规相当严格，启停技术已得到广泛的应用。目前中国的启停技术市场尚未成熟，不过在日益上涨的油价和节能环保的环境下，不久将有更多的车应用此技术。

本章小结

电控汽油喷射式燃料供给系统是利用安装在发动机不同部位上的各种传感器所测得的信号，按电子控制单元（电控单元、ECU）中设定的控制程序，通过对汽油喷射时间的控制，调节喷入进气管或气缸中的喷油量，从而改变混合气成分，使发动机在各种工况下都能获得与所处工况相匹配的最佳混合气。

电控汽油喷射系统按控制方式不同可分为流量型喷射系统和压力型喷射系统。

按喷射位置分为节气门体喷射系统、进气管喷射系统和缸内直喷系统。

电控汽油喷射系统都由以下 3 个子系统组成：空气供给系统、燃油供给系统和电子控制系统。

空气供给系统由空气滤清器、空气流量传感器或进气管绝对压力传感器、节气门、进气总管、进气支管和怠速空气控制系统等组成。

空气流量传感器有热线式和热膜式、卡门旋涡式等种类。

怠速控制系统分为怠速旁通道式和节气门直动式。

燃油供给系统由电动燃油泵、燃油滤清器、燃油压力脉动阻尼器、燃油压力调节器、喷油器和燃油管路等组成。

电控燃油喷射系统常用的传感器有发动机转速与曲轴位置传感器（电磁感应式、霍尔效应式、光电效应式）、冷却液温度传感器、进气温度传感器、氧传感器（氧化锆式、氧化钛式）、爆燃传感器、车速传感器、节气门位置传感器等。

电子控制单元（简称 ECU）是燃油电控系统的核心，它主要由中央处理器、存储器、输入/输出接口电路、驱动电路等组成。

电控汽油喷射发动机一般都设有故障自诊断系统，具有安全保险功能和后备系统，以备发动机故障的自检测诊断和应急处理。

智能电子节气门控制系统——发动机采用无拉索式节气门总成，节气门开启角度不再由加速踏板直接控制，驾驶员通过加速踏板位置传感器把需要的力矩指令，以电压信号的形式输送到电子控制单元，然后通过电子节气门总成控制节气门的开启角度。使发动机怠速控制系统、汽车防滑转系统、汽车电控巡航系统等的硬件设备大大简化，控制精度明显提高。

汽油机中采用缸内直接喷射系统是将汽油直接喷入汽缸内进行燃烧，能有效提高缸内充气系数，降低爆振极限，提高压缩比，改善发动机性能，使其燃油经济性提高 25%左右，动力输出也比进气道喷射的汽油机增加了将近 10%。

启动停车技术就是致力于最大限度减少发动机怠速时燃油的损耗，避免这部分能源的浪费，同时对节省能源与减低排放有着重要的意义。Start-stop 系统主要有三种形式：分离式起动机/发电机启停系统、集成起动机/发电机启停系统、马自达SISS 智能启停系统。

思考与练习题

1. 名词解释：节气门体喷射、多点汽油喷射、同时喷射、顺序喷射、分组喷射、流量型喷射系统、压力型喷射系统。
2. 电控汽油喷射系统的基本原理是什么？
3. 电控汽油喷射系统有哪些类型？
4. 试说明电控汽油喷射系统的组成、作用及工作原理。
5. 电控汽油喷射系统的空气供给系统主要由哪些部件组成？
6. 空气流量计主要有哪些类型？简述热线式空气流量传感器的工作原理。
7. 发动机怠速控制装置主要有哪几种？步进电动机式怠速控制阀是如何工作的？
8. 电控汽油喷射系统的汽油供给系统主要由哪些部件组成？
9. 简述燃油压力调节器的功用和工作原理。
10. 电磁式喷油器的基本结构与工作原理是什么？
11. 电控汽油喷射系统的电子控制系统由哪些传感器组成？
12. 冷却液温度传感器的作用是什么？其基本结构与工作原理是什么？
13. 发动机转速和曲轴位置传感器的作用是什么？常见的类型有哪些？

14．二氧化锆式氧传感器的基本工作原理是什么？
15．宽带氧传感器的基本工作原理是什么？
16．电子控制单元（简称 ECU）的作用是什么？
17．智能电子节气门控制系统的基本原理是什么？
18．加速踏板位置传感器有哪几种形式？
19．汽油机缸内直接喷射系统的基本原理是什么？
20．Start-stop 系统有哪三种方式？

2

电子控制点火系统

本章导读

本章首先介绍了电子控制点火系统的基本原理：通过各种传感器感知多种因素对点火提前角的影响，以电子控制单元（ECU）为控制核心，对点火全过程进行控制，包括通电时间控制、点火提前角控制和爆振控制，完全满足汽油机对点火系统的基本要求。电子控制点火系统的组成：传感器、电子控制单元、执行器等。详细讲解了无分电器的点火控制系统的工作原理。对点火提前角与闭合角的控制进行了具体的研究。最后分析了爆振传感器的结构与原理以及对点火提前角进行修正，实现点火提前角的爆振反馈闭环控制。

本章要点

- 电子控制点火系统的组成及基本原理
- 无分电器的同时点火方式和独立点火方式原理
- 点火提前角与闭合角的控制方法
- 爆振传感器的基本结构与原理
- 爆振传感器实现点火提前角的反馈闭环控制原理

2.1 概述

目前，普通电子点火系统已经很少使用，现代轿车电控发动机广泛采用更先进的电子控制点火系统。它可以使发动机在任何工况下均处于最佳点火提前状态，并实现通电时间控制、点火提前角控制和爆振控制这三个方面的功能。

为了保证发动机在各种工况下可靠并准确地点火，点火系统必须满足以下要求：提供足够高的次级电压，使火花塞极间跳火；火花要具有足够的能量；点火系统应按发动机的做功顺序并以最佳时刻（点火提前角）进行点火。

电子控制点火系统可以通过各种传感器感知多种因素对点火提前角的影响，以电子控制单元（ECU）为控制核心，能够对点火全过程进行控制，包括通电时间控制、点火提前角控制和爆振控制，完全满足汽油机对点火系统的基本要求，使发动机的动力性、经济性达到较高的水平，同时排放污染也得到了有效的降低。

2.1.1 电子控制点火系统的组成

电子控制点火系统也称微机控制的点火系统，与电控喷油系统一样，电子控制点火系统主要由监测发动机运行状况的传感器、处理信号和发出点火指令的电子控制单元（ECU）、对点火指令做出响应的执行器等组成。

电子控制点火系统，按是否配有分电器分为有分电器电子控制点火系统和无分电器电子控制点火系统两种。图2-1所示为大众桑塔纳发动机电子控制点火系统（无分电器）的组成。

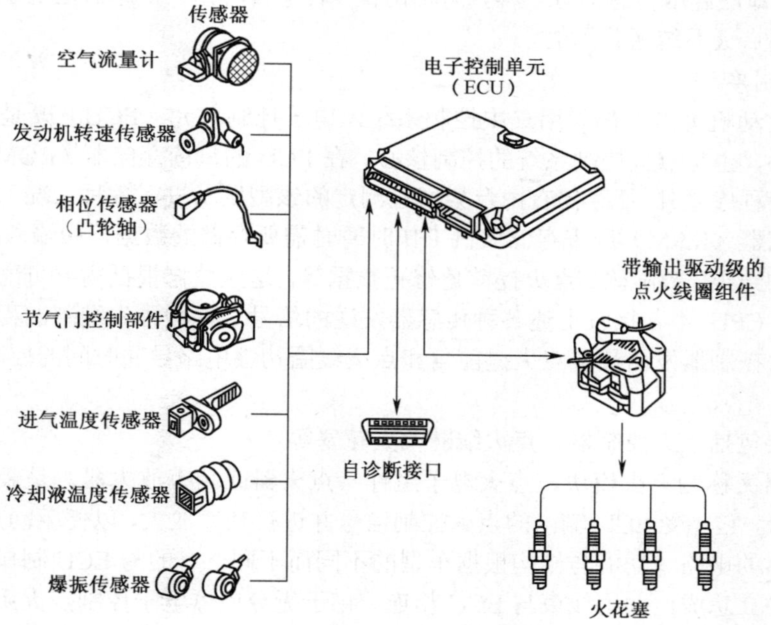

图2-1 大众桑塔纳发动机电子控制点火系统（无分电器）的组成

1. 传感器

传感器用来检测与点火有关的发动机工况信息，并将检测结果输入电子控制单元（ECU），作为计算和控制点火时刻的依据。虽然各种汽车电子控制点火系统采用的传感器类型、数量、结构和安装位置不尽相同，但主要有曲轴位置（转速与转角）传感器、凸轮轴位置（上止点位置）传感器、空气流量（负荷）传感器、节气门位置（负荷）传感器、冷却液温度传感器、进气温度传感器、车速传感器和爆振传感器。这些传感器大多与汽油喷射系统、怠速控制系统等电子控制系统共用，而且都由一个ECU集中控制。

在传感器输入ECU的信号中，曲轴位置信号和凸轮轴位置信号是保证ECU控制电子点火系统正常工作最基本的信号。曲轴位置传感器向ECU提供发动机转速、曲轴转角信号，转速信号用于计算确定点火提前角，转角信号用于控制点火时刻（点火提前角）。凸轮轴位置传感器采集凸轮轴的位置信号输入 ECU，以便 ECU 识别气缸压缩上止点，从而进行点火时刻控制和爆振控制。由于凸轮轴位置传感器能够识别是哪一缸活塞即将到达上止点，所以又称其为判缸传感器。

爆振传感器是电子控制点火系统专用的一个传感器，ECU 可根据爆振传感器输出的信号来判断发动机是否发生爆振，从而对点火提前角进行修正，实现点火提前角的闭环控制。需要指出的是，由于电子控制点火系统是发动机电子控制系统的一个组成部分，因此，除了专用的部件（爆振传感器和执行器）外，其他所有传感器包括 ECU，都是共用的。如汽油喷射系统中的空气流量传感器检测的是发动机单位时间内吸入的空气流量，为确定每次循环符合最佳空燃比的喷油量，应求得每次循环吸入的空气量。即在已知单位时间空气流量的基础上，应检测发动机转速。另外，在采用顺序喷射和分组喷射时，为有效提高发动机的性能，需要选取特定的喷油时刻，而这是相对曲轴转角而言的。因此，与空气流量（负荷）传感器、节气门位置（负荷）传感器、冷却液温度传感器等一样，曲轴位置（转速与转角）传感器是电子控制汽油喷射系统和电子控制点火系统所共用的。

2. 电子控制单元

现代汽车发动机大多数都采用集中控制系统，电子控制单元（ECU）既是汽油喷射控制系统的控制核心，也是点火控制系统的控制核心。在 ECU 的只读存储器（ROM）中，除存储有监控和自检等程序之外，还存储有由台架试验测定的该型发动机在各种工况下的最佳点火提前角。随机存储器（RAM）用来存储微机工作时暂时需要存储的数据，如输入/输出数据、单片机运算得出的结果、故障码、点火提前角修正数据等，这些数据根据需要可随时被调用或被新的数据改写。CPU 不断接收上述各种传感器发送的信号，并按预先编制的程序进行计算和判断后，向点火控制器发出最佳点火提前角和点火线圈初级电路导通时间的控制信号。

3. 执行器

执行器主要包括点火控制器、点火线圈及火花塞等。

点火控制器又称为点火模块、点火电子组件、点火器或功率放大器，是微机控制点火系统的功率输出级，它接受 ECU 输出的点火控制信号并进行功率放大，以便驱动点火线圈工作。

点火控制器的电路、功能与结构根据车型的不同而不同，有的与 ECU 制作在同一块电路板上，有的为独立总成，并用线束与 ECU 相连。由于无分电器电子控制点火系统有两个或多个点火线圈或点火线圈初级绕组，所以点火控制器一般除了具有自动断电、导通角控制、恒流控制等电路外，还有气缸判别电路和多个大功率晶体管及相应的控制电路。由于大功率晶体管工作电流大、温度高，故障率相对较高，为了便于散热、检修，许多无分电器点火系统将点火控制器分为两部分：控制电路和大功率晶体管输出电路。控制电路直接合入电子控制单元（ECU），大功率晶体管输出电路则自成一体，成为结构单一的点火控制器（如部分三菱汽车采用的无分电器电子点火系统）或与点火线圈集成在一起（如桑塔纳 3000GSi AJR 发动机无分电器电子点火系统）。

由于无分电器点火系统有两个或多个点火线圈初级绕组，发动机的一个工作循环，每个点火线圈初级绕组只通断一次（独立点火）或两次（同时点火），所以点火线圈初级绕组能够有较长的通电时间，点火线圈可以采用完全的闭磁路结构，提高能量利用率。点火线圈具体结构因高压配电方式的不同而分为独立点火方式配用的点火线圈、点火线圈配电方式配用的点火线圈和二极管配电方式配用的点火线圈三种。

火花塞及高压线的结构原理与普通电子点火系统基本相同，不再赘叙。

2.1.2 电子控制点火系统的工作原理

电子控制点火系统的控制原理框图如图 2-2 所示，曲轴位置传感器向 ECU 提供发动机转速、曲轴转角信号，转速信号用于计算确定点火提前角，转角信号用于控制点火时刻（点火提前角）。空气流量传感器和节气门位置传感器向 ECU 提供发动机负荷信号，用于计算确定点火提前角。冷却液温度信号、进气温度信号、车速信号、空调开关信号以及爆振传感器信号等，用于修正点火提前角。

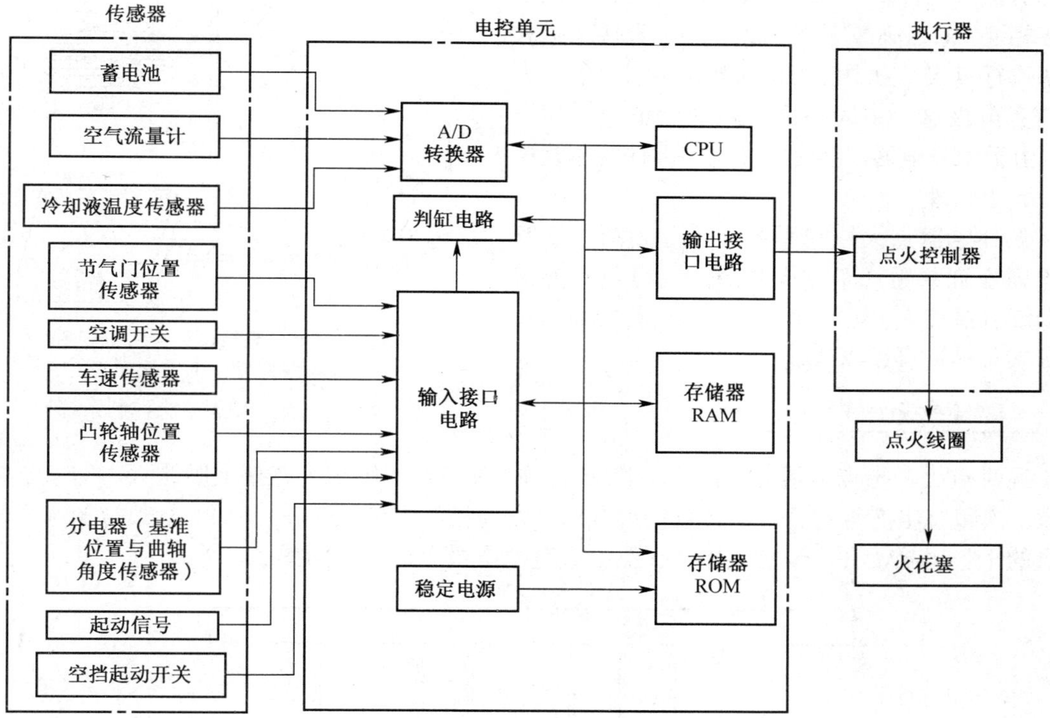

图 2-2 电子控制点火系统的控制原理框图（无分电器）

发动机工作时，ECU 通过上述传感器把发动机的工况信息采集到随机存储器（RAM）中，并不断检测凸轮轴位置传感器信号（即判缸信号），判定是哪一缸即将到达压缩上止点。当接收到标志信号后，ECU 立即开始对曲轴转角信号进行计数，以便控制点火提前角。与此同时，ECU 根据反映发动机工况的转速信号、负荷信号以及与点火提前角有关的传感器信号，从只读存储器中查询出相应工况下的最佳点火提前角。在此期间，ECU 一直在对曲轴转角信号进行计数，判断点火时刻是否到来。当曲轴转角等于最佳点火提前角时，ECU 立即向点火控制器发出控制指令，使功率晶体管截止，点火线圈初级电流切断，次级绕组产生高压，并按发动机点火顺序分配到各缸火花塞跳火点着可燃混合气。

上述控制过程是指发动机在正常状态下点火时刻的控制过程。当发动机起动、怠速或汽车滑行工况时，设有专门的控制程序和控制方式进行控制。

2.2 电子控制点火系统

无分电器点火控制系统（简称 DIS 或 DLI）是一种全电子化的点火系统，结构组成如图 2-3 所示。其主要特点是完全取消了传统的分电器总成（包括分火头和分电器盖等），由 ECU 中附加的点火控制电路和分电电路控制点火控制模块，实现对点火的控制。点火线圈次级绕组与火花塞直接相连，即点火线圈产生的高压电直接送给火花塞进行点火。由于没有机械传动，减少了分火头与旁电极这一中间跳火间隙的能量损耗和干扰；由于无分电器，也使发动机各部件的布置更容易、更合理。

无分电器点火控制系统又可分为两个活塞位置同步缸共用一个点火线圈的同时点火方式（双缸直接点火）和每缸一个点火线圈的独立点火方式（单缸直接点火）。

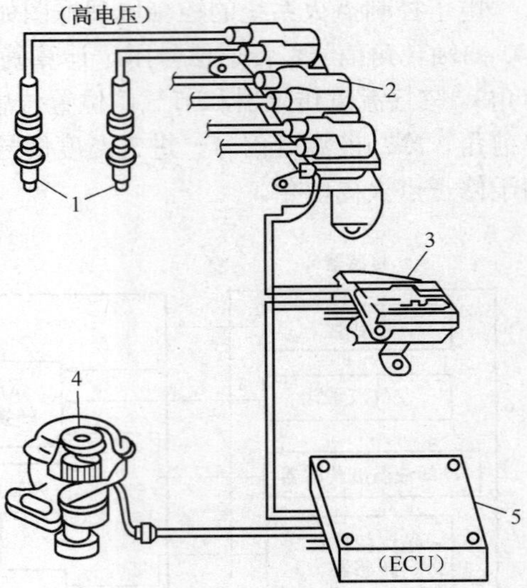

1—火花塞；2—点火线圈；3—点火控制器；
4—传感器；5—电子控制单元

图 2-3 无分电器点火控制系统

2.2.1 同时点火方式

同时点火是指点火线圈每产生一次高压电，都使两个缸的火花塞同时跳火，即双缸同时点火。次级绕组产生的高压电将直接加在四缸发动机的同步缸——1、4 缸或 2、3 缸（六缸发动机的Ⅰ、Ⅵ缸、Ⅱ、Ⅴ缸或Ⅲ、Ⅳ缸）火花塞电极上跳火，如图 2-4 所示。

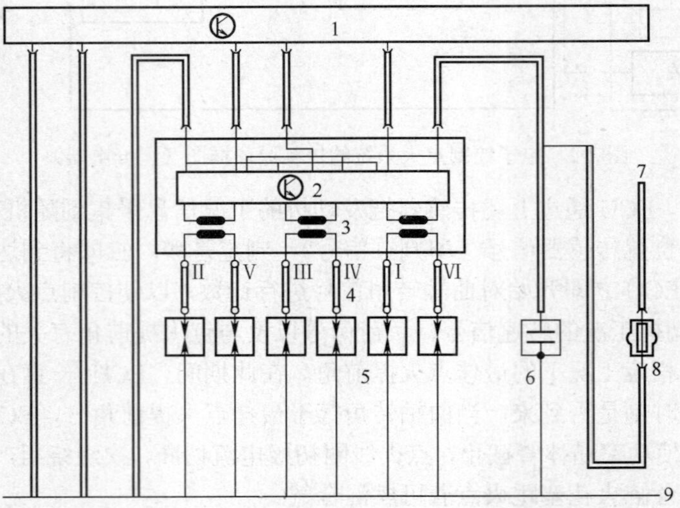

1—电子控制单元；2—点火控制器；3—点火线圈；4—高压线；5—火花塞；
6—电容器；7—电源；8—熔丝；9—接地

图 2-4 双缸同时点火

双缸同时点火时，一个气缸处于压缩行程末期，是有效点火，另一个气缸处于排气行程末期，缸内温度较高而压力很低，火花塞电极间隙的击穿电压很低，对有效点火气缸火花塞的击穿电压和火花放电能量影响很小，是无效点火。曲轴旋转一圈后，两缸所处行程恰好相反。双缸同时点火时，高压电的分配有二极管分配和点火线圈分配两种形式。

1. 二极管分配式

利用二极管分配高压电的双缸同时点火电路原理如图 2-5 所示。点火线圈由两个初级绕组和一个次级绕组构成，次级绕组的两端通过 4 只高压二极管与火花塞构成回路。4 只二极管有内装式（安装在点火线圈内部）和外装式两种。对于点火顺序为 1—3—4—2 的发动机，1、4 缸为一组，2、3 缸为另一组。点火控制器中的两只功率晶体管分别控制一个初级绕组，两只功率晶体管由电子控制单元（ECU）按点火顺序交替控制其导通与截止。

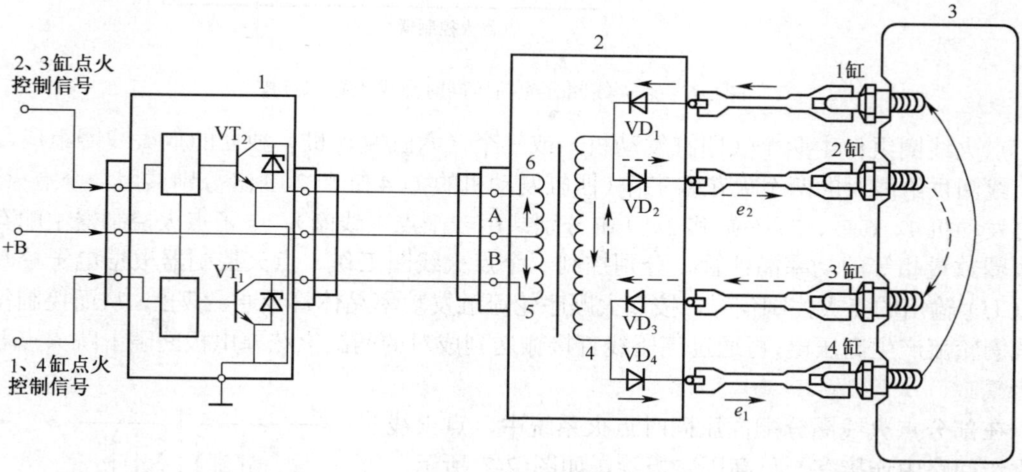

1—电子点火器；2—点火线圈；3—汽缸盖；4—次级电路；5—初级电路 A；6—初级电路 B

图 2-5 二极管分配高压同时点火电路原理图

当电子控制单元（ECU）将 1、4 缸的点火触发信号输入点火控制器时，功率晶体管 VT_1 截止，初级绕组 A 中的电流切断，次级绕组中就会产生高压电动势，方向如图 2-5 中实线箭头方向所示。在该电动势的作用下，二极管 VD_1、VD_4 正向导通，1、4 缸火花塞电极上的电压迅速升高直至跳火，高压放电电流经图中实线箭头所指方向构成回路；VD_2、VD_3 反向截止，不能构成放电回路，因此 2、3 缸火花塞电极上无高压火花放电电流而不能跳火。当 ECU 将 2、3 缸点火触发信号输入点火控制器时，晶体管 VT_2 截止，初级绕组 B 中的电流切断，次级绕组产生高压电动势，方向如图 2-8 中虚线箭头方向所示。此时二极管 VD_1、VD_4 反向截止，VD_2、VD_3 正向导通，因此 2、3 缸火花塞电极上的电压迅速升高直至跳火，高压放电电流经图中虚线箭头所指方向构成回路。

4 个高压二极管有安装在点火线圈内部的和外部的两种结构型式，这里为内装的结构。而电子点火器中的两个稳压管，用于吸收初级线圈断路时产生的自感电动势，保护功率三极管。

2. 点火线圈分配式

利用点火线圈直接分配高压同时点火电路原理如图 2-6 所示。桑塔纳 3000GSi AJR 发动机点火系统采用了这种配电方式。

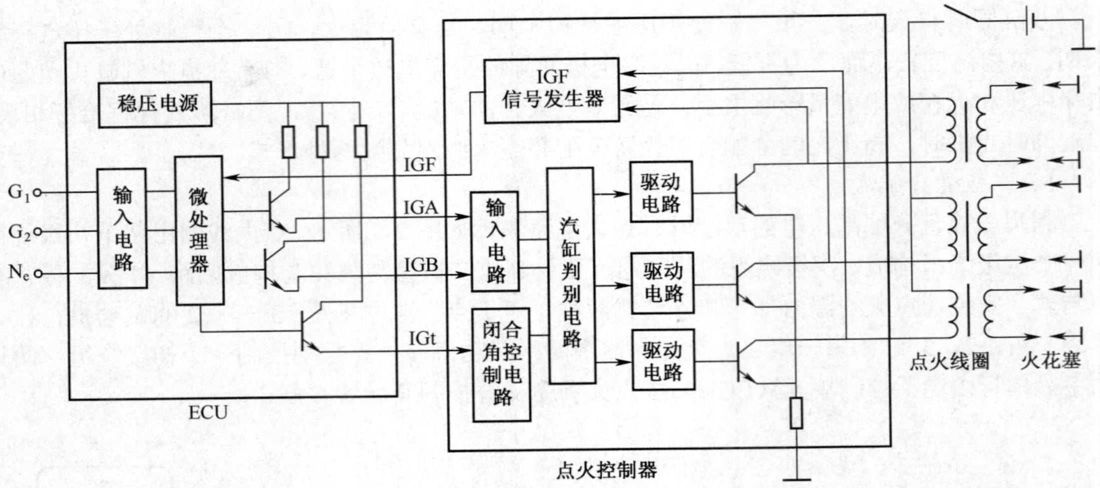

图 2-6　点火线圈分配高压同时点火电路原理图

点火线圈组件由两个（四缸发动机）或三个（六缸发动机）独立的点火线圈组成，每个点火线圈供给成对的两个火花塞工作（四缸发动机的 1、4 缸和 2、3 缸分别共用一个点火线圈；六缸发动机 1、6 缸、2、5 缸和 3、4 缸分别共用一个点火线圈）。电子点火控制器中配有与点火线圈数量相等的功率晶体管，分别控制一个点火线圈工作。点火控制器根据电子控制单元（ECU）输出的点火控制信号，按点火顺序轮流触发功率晶体管导通、截止，从而控制每个点火线圈轮流产生高压电，再通过高压线直接输送到成对的两缸火花塞电极间隙上跳火点着可燃混合气。

在部分点火线圈分配高压同时点火系统中，点火线圈次级回路中连接有一只高压二极管，如图 2-7 所示，该高压二极管的作用是防止次级绕组在初级电流接通瞬间产生的感应电压（约为 1000V）在进气行程末期或压缩行程初期加到火花塞电极上而导致误跳火。

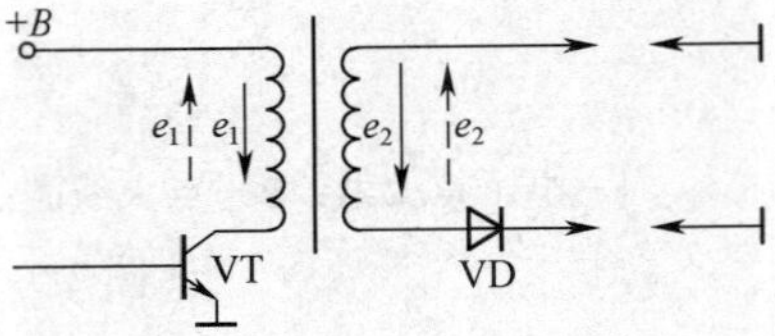

图 2-7　高压二极管的作用

2.2.2　独立点火方式

如图 2-8 所示，点火系统采用独立点火方式时，每一个气缸都配有一个点火线圈，且直接安装在火花塞上方，其基本组成和工作原理与同时点火方式相同。独立点火的优点是省去了高压线，点火能量损耗进一步减少；由于每缸都有独立的点火线圈，所以即使发动机的转速高达 9000r/min，线圈也有较长的通电时间（大的闭合角），可以提供足够高的点火能量。此外，所有高压部件都可安装在发动机气缸盖上的金属屏蔽罩内，点火系对无线电的干扰可大幅度降低。与分电器系统相比，在相同的转速和相同点火能量下，单位时间内点火线圈的电流要小得多，因此，线圈不易发热而体积又可以非常小巧，一般是将点火线圈压装在火花塞上，这种点火方式控制系统特别适合于多气门发动机。

综上所述，微机控制无分电器点火系统消除了分电器高压配电的不足。由于增加了点火线圈（或初级绕组）个数，对每一个点火线圈来说，初级绕组允许通电时间可增加 2.6 倍，因此，即使发动机高速运转时，初级绕组也有足够充裕的通路时间。换句话说，无分电器点火系统具有足够大的点火能量和足够高的次级电压来保证发动机在任何工况都能可靠点火。

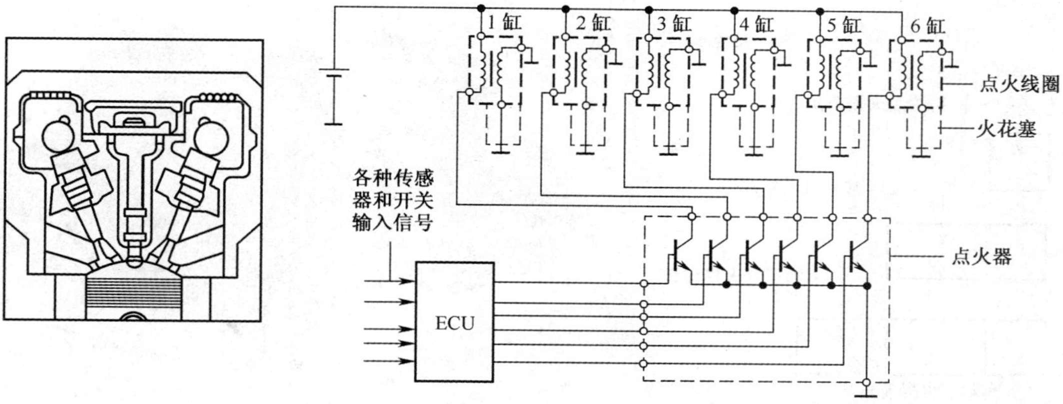

图 2-8　无分电器独立点火方式（六缸发动机）

2.3　点火提前角与闭合角的控制

最佳点火提前角是能保证发动机的动力性、经济性和排放都达到最佳值的点火提前角。一般来说，混合气在气缸内燃烧时，其最高燃烧压力（也可以说是发动机的最大输出功率）出现在曲轴转角的上止点后 10°左右。但最佳点火提前角也不是一成不变的，应随着发动机转速、负荷及运行条件的变化而变化。

2.3.1　点火提前角的控制

在发动机起动时，电子控制单元不进行点火提前角的控制，直接由发动机转速信号 Ne 和起动开关信号 STA 以一个固定的初始点火提前角点火。当发动机转速超过一定值时，自动转换为由电子控制单元控制的最佳点火提前角计算及控制程序。

发动机起动后，电子控制单元对最佳点火提前角的计算和控制按照如下公式：

最佳点火提前角=初始点火提前角±基本点火提前角±修正点火提前角（或点火延迟角），如图 2-9 所示。

1. 初始点火提前角

为了控制点火正时，电子控制单元根据上止点位置来确定点火提前角。在一些电子控制点火系统中，有些发动机电子控制单元把 G_1 或 G_2 信号后第一个 Ne 信号定为压缩行程上止点前 10°，并以这个角度作为点火正时计算的基准点，称之为初始点火提前角，其大小随发动机而异。

2. 基本点火提前角

发动机正常运转时，电子控制单元按怠速工况和非怠速工况两种情况，确定基本点火提前角。

发动机处于怠速工况时，电子控制单元根据节气门位置信号（怠速触点闭合）、发动机转速信号及空调开关信号确定基本点火提前角。发动机处于非怠速工况时，电子控制单元根据发动机转速和节气门位置（进气量）信号，从预置在存储器中的点火特性三维脉谱图中查出相应的基本点火提前角，如图 2-10 所示。

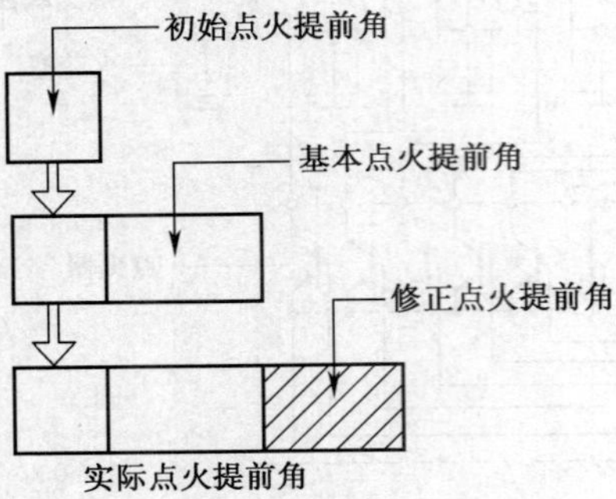

图 2-9　点火提前角的计算

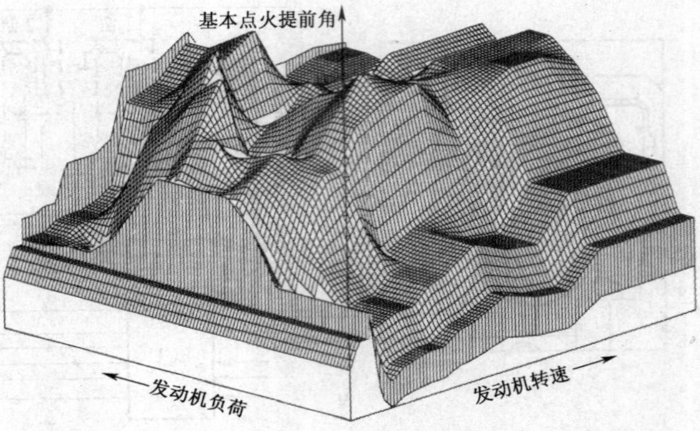

图 2-10　点火特性三维脉谱图

3. 修正点火提前角

除了转速和负荷以外，其他对点火提前角有重要影响的因素均归入到修正点火提前角中。电子控制单元根据有关传感器的信号，分别示出对应的修正值，它们的代数和就是修正点火提前角。修正点火提前角所包含的修正值有暖机修正、过热修正、空燃比反馈修正、怠速稳定性修正和爆振修正等，归纳如下。

- 点火正时控制
  - 起动点火时间控制——固定点火提前角
  - 起动后点火时间控制
    - 基本点火提前角——由进气歧管压力（或进气量）和转速确定
    - 修正点火提前角
      - 暖机修正量
      - 稳定怠速修正量
      - 空燃比反馈修正量
      - 过热修正量
      - 爆振修正量
      - 最大提前／延迟角控制
      - 其他修正量

（1）暖机修正。发动机冷起动后，冷却液温度较低时，应增大点火提前角。在暖机过程中，随冷却液温度的升高，点火提前角修正值逐渐减小。修正值的变化规律及大小随发动机暖机修正的主要控制信号（包括冷却液温度信号、空气流量信号和节气门位置信号等）。

（2）过热修正。发动机处于正常运行工况时（怠速触点断开），若冷却液温度过高，为了避免产生爆振，应将点火提前角推迟。发动机处于怠速工况时（怠速触点闭合），若冷却液温度过高，为了避免发动机长时间过热，应将点火提前角增大。过热修正的主要控制信号包括冷却液温度信号、节气门位置信号等。

（3）空燃比反馈修正。装有氧传感器的电控汽油喷射系统，其电子控制单元根据氧传感器的反馈信号空燃比进行修正。随着修正喷油的增加或减少，发动机转速在一定范围内波动。为了提高怠速的稳定性，在反馈修正油量减少时，点火提前角相应地增加。空燃比反馈修正的控制信号主要有氧传感器信号、节气门位置信号、冷却液温度信号和车速信号等。

（4）怠速稳定性修正。发动机在怠速工况运行时，由于负荷变化使发动机转速发生变化，电子控制单元要调整点火提前角，使发动机在规定的怠速转速下稳定运转。

发动机处于怠速工况时，电子控制单元不断地计算发动机的平均转速，当发动机的转速低于规定的怠速转速时，电子控制单元根据实际转速与目标转速差值的大小相应地增大点火提前角；当发动机转速高于目标转速时，则减小点火提前角。

怠速稳定性修正的控制信号主要有发动机转速信号、节气门位置信号、车速信号和空调信号等。

（5）爆振修正。爆振修正见 2.4 节“爆振控制与爆振传感器”。

如果发动机的实际点火提前角（初始点火提前角±基本点火提前角±修正点火提前或延迟角）超出一定范围时，发动机将不能正常运转。为防止出现这种情况，在电控点火系统中，由电子控制单元对实际点火提前角的数值范围进行限制。最大和最小点火提前角的一般范围是：最大点火提前角 35°～45°，最小点火提前角-10°～0°。

2.3.2　闭合角控制

闭合角控制也称通电时间控制。

对于电感储能式电控点火系统，当点火线圈的初级线圈被接通后，通过线圈的电流是按指数规律增大的。初级线圈被断开瞬间所能达到的断开电流值与初级线圈接通时间长短有关。只有通电时间达到一定值时，初级电流才可能达到饱和。而次级线圈高压的最大值与初级断开电流成正比，为了获得足够的点火能量，必须使初级电流达到饱和。

影响初级线圈通过电流的主要因素有发动机转速和蓄电池电压。为了保证在不同的蓄电池供电电压和不同的转速下都具有相同的初级断开电流，ECU 根据蓄电池电压和发动机转速信号，从预置的闭合角数据表中查出相应的数值，对闭合角进行控制。

当发动机转速高时，适当增大闭合角，以防止初级线圈通过电流值下降，造成次级高压下降，点火困难。蓄电池电压下降时，基于相同的理由，也应适当增大闭合角，如图 2-11 所示。

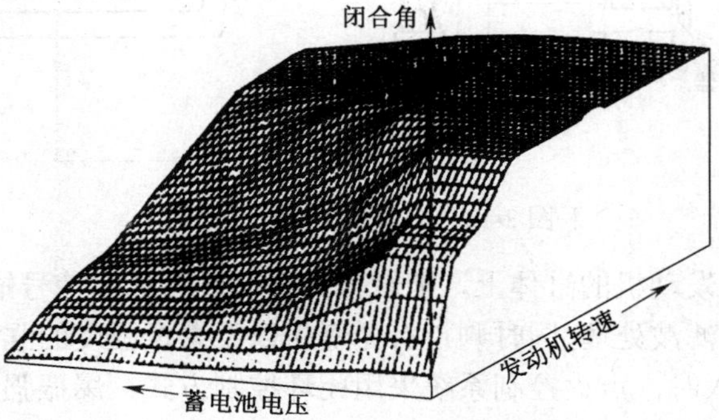

图 2-11　闭合角三维脉谱图

通过对闭合角的准确调节，不但改善了点火系统的点火性能，而且还可以防止初级线圈发热和电能的无效损耗。

2.4 爆振控制与爆振传感器

爆振是汽油机运行过程中产生的一种最有害的故障现象。汽油机如持续产生爆振，火花塞电极或活塞就可能产生过热、熔损等现象，导致发动机损坏，因此必须防止爆振的发生。

从最佳点火提前角的分析中可知，为了最大限度地发挥汽油机的潜能，应把点火提前角控制在接近临界爆振点，同时又不能使发动机发生爆振。要使点火系统达到这样的性能要求，除了必须采用电子控制点火系统外，对点火提前角还必须采用爆振反馈控制。

2.4.1 爆振控制

爆振控制系统实际上就是加了爆振传感器的点火控制系统。或者说，是一个带有爆振传感器的点火提前角闭环控制系统，如图 2-12 所示。

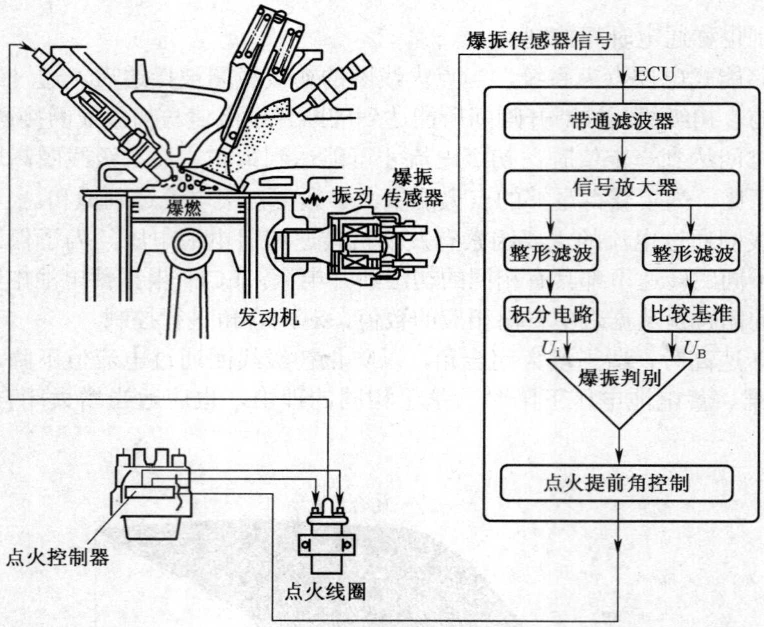

图 2-12 爆振控制系统的组成

爆振传感器安装在发动机的缸体上，把缸体的振动转换成电信号输入 ECU，ECU 把爆振传感器输出的信号进行滤波处理，同时判定有无爆振以及爆振强度的强弱，进而推迟点火时间。当 ECU 有爆振信号输入时，点火控制系统采用闭环控制方式，爆振强，推迟点火角度大；爆振弱，推迟点火角度小，并在原点火提前角的基础上推迟点火提前角，直到爆振消失为止。当爆振消失后，在一段时间内维持当前的点火时间角。如果没有爆振发生，则逐步增加点火提前角直到爆振发生，当发动机再次出现爆振时 ECU 又使点火提前角再次推迟，调整过程如此反复进行。图 2-13 所示为爆振反馈控制过程，图 2-14 表明了爆振的判别与实际点火提前角的闭环控制。

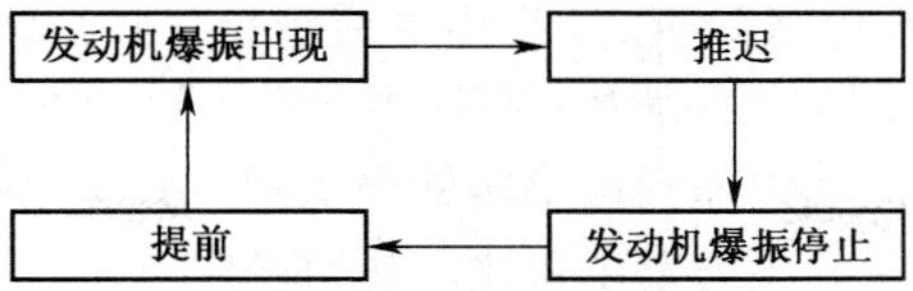

图 2-13　爆振反馈控制过程

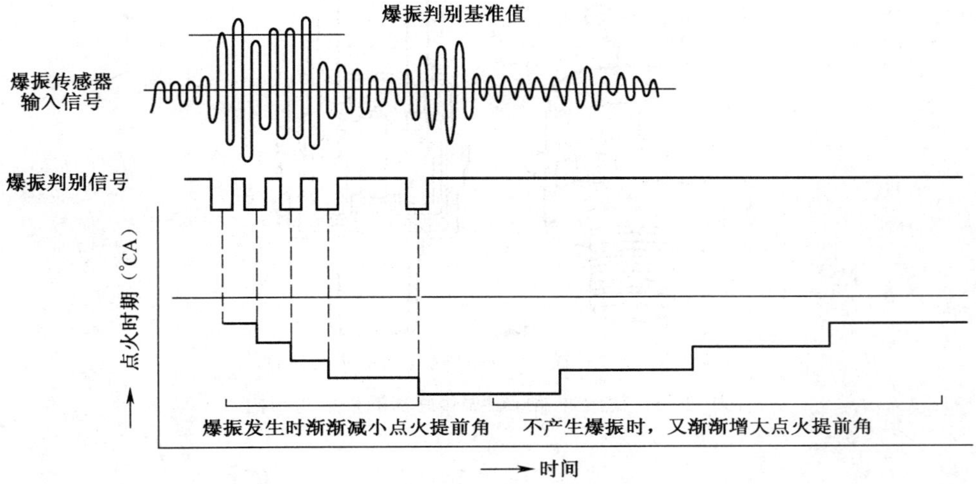

图 2-14　爆振的判别与实际点火提前角的闭环控制

2.4.2　爆振传感器

爆振传感器的作用是对发动机的气缸压力或其他能对发动机爆振做出判断的相关参数进行检测，并将信号送入发动机 ECU。

对发动机爆振的检测可以采用气缸压力检测、燃烧噪声检测和发动机机体振动检测等方法。燃烧噪声检测是一种非接触式检测方法，其耐久性好，但精度和灵敏度偏低。气缸压力检测方法精度最高，但传感器的耐久性差，安装困难。发动机机体振动检测方法，也称缸壁振动型检测方法，这种检测方法具有较高的检测精度，传感器安装方便灵活，耐久性也较好，是目前最常用的爆振检测方法。

发动机机体振动检测方法所使用的爆振传感器安装在发动机机体上，常见的爆振传感器有两种，一种是磁致伸缩式爆振传感器，另一种是压电式爆振传感器。

1. *磁致伸缩式*

磁致伸缩式爆振传感器的外形与结构如图 2-15 和图 2-16 所示，其内部有永久磁铁、靠永久磁铁激磁的强磁性铁心以及铁心周围的线圈。其工作原理是：当发动机的气缸体出现振动时，该传感器在 7kHz 左右处与发动机产生共振，强磁性材料铁心的导磁率发生变化，致使永久磁铁穿过铁心的磁通密度也变化，从而在铁心周围的绕组中产生感应电动势，并将这一电信号输入 ECU。通用和日产汽车采用这种爆振传感器。

2. *压电式*

压电式爆振传感器的结构如图 2-17 所示。这种传感器利用结晶或陶瓷多晶体的压电效应工作，也有利用掺杂硅的压电电阻效应的。压电效应是指某些晶体的薄片受到压力或机械振动之后产生电荷的现象。该传感器的外壳内装有压电元件、配重块及导线等。其工作原理是：当发动机的气缸体出现振动且振动传递到传感器外壳上时，外壳与配重块之间产生相对运动，夹在这两者之间的压电元件所受的压力发生变化，从而产生电压。ECU 检测出该电压，并根据其值的大小判断爆振强度。

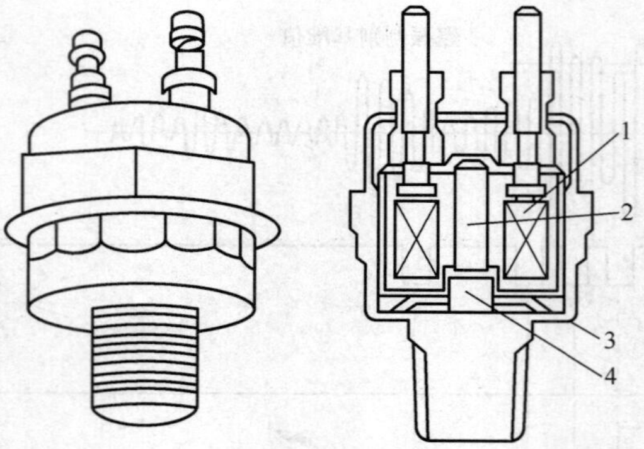

1—绕组；2—铁心；3—外壳；4—永久磁铁

图 2-15　磁致伸缩式爆振传感器的外形与结构

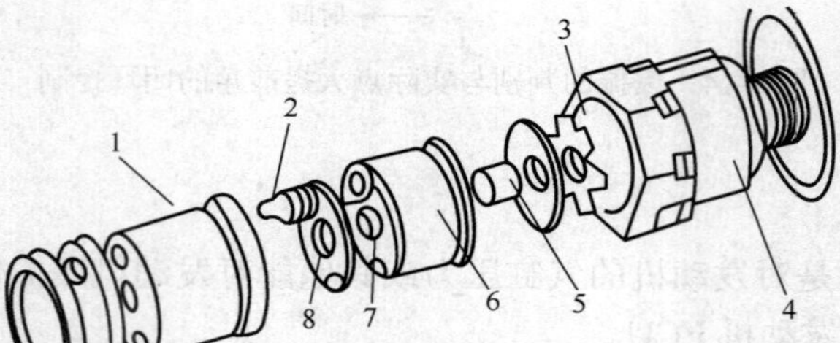

1—软磁套；2—端子；3—弹簧；4—外壳；5—永久磁铁；6—绕组；7—磁致伸缩杆；8—电绝缘体

图 2-16　磁致伸缩式爆振传感器的组成

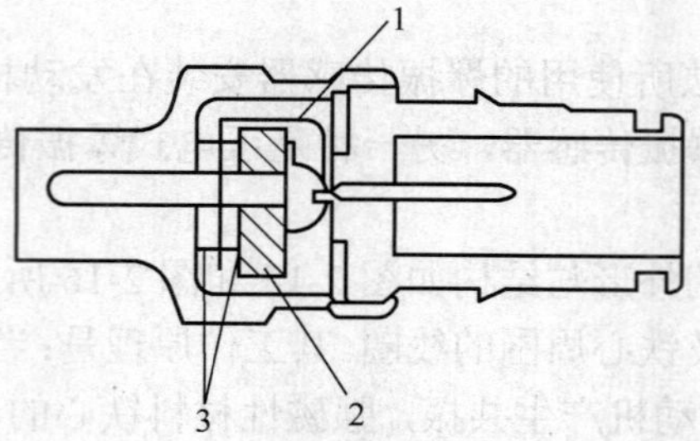

1—引线；2—配重块；3—压电元件

图 2-17　压电式爆振传感器的结构

桑塔纳采用的压电式爆振传感器的结构如图 2-18 所示。主要由套筒、压电元件、惯性配重、塑料壳体和接线插座等组成。压电元件制成垫圈形状，在其两个侧面上制作有金属垫圈作为电极，并用导线引到接线插座上。惯性配重与压电元件及压电元件与传感器套筒之间安放有绝缘垫圈，套筒中心制有螺孔，传感器用螺栓安装固定在发动机缸体上，调整螺栓的拧紧力矩便可调整传感器的输出电压。惯性配重用来传递发动机振动产生的惯性力，惯性配重与塑料壳体之间安装有盘形弹簧，借弹簧张力将惯性配重、压电元件和垫圈等部件压紧在一起。传感器插座上有三根引线，其中两根为信号线，一根为屏蔽线。屏蔽线要可靠搭铁，否则会影响信号质量。

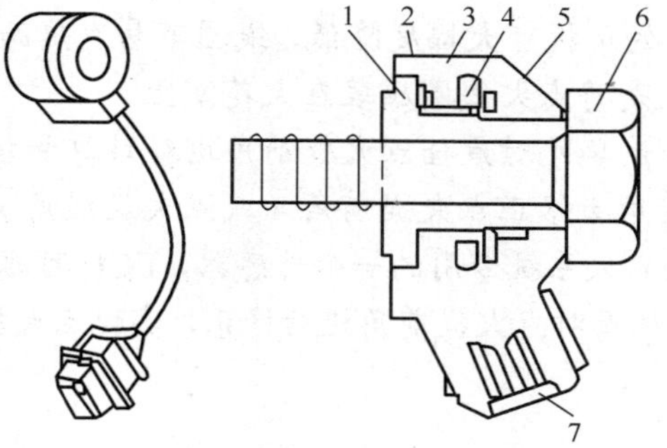

1—套筒底座；2—绝缘垫圈；3—压电元件；4—惯性配重；
5—塑料壳体；6—固定螺栓；7—接线插座

图 2-18　桑塔纳压电式爆振传感器的结构

爆振传感器是非常耐用的，最普遍的爆振传感器失效方式是传感器根本不产生信号——通常是体内外被碰伤，造成传感器的物理损坏，应更换。

本章小结

电子控制点火系统能够对点火全过程进行控制，包括通电时间控制、点火提前角控制和爆振控制，完全满足汽油机对点火系统的基本要求，使发动机的动力性、经济性达到较高的水平，同时排放污染也得到了有效的降低。

电子控制点火系统主要由监测发动机运行状况的传感器、处理信号和发出点火指令的电子控制单元（ECU）、对点火指令做出响应的执行器等组成，传感器大多与汽油喷射系统、怠速控制系统等电子控制系统共用，而且都由一个 ECU 集中控制。

在传感器输入 ECU 的信号中，转速传感器信号和曲轴位置传感器信号是保证 ECU 控制电子点火系统正常工作最基本的信号。转速传感器向 ECU 提供发动机转速、曲轴转角信号，曲轴位置传感器信号用于计算确定点火提前角，转角信号用于控制点火时刻（点火提前角）。曲轴位置传感器采集曲轴的位置信号输入 ECU，以便 ECU 识别 1 缸压缩上止点，从而进行喷油控制、点火时刻控制和爆振控制。有些发动机上还装有凸轮轴位置传感器，能够识别是哪一缸活塞即将到达上止点，所以又称其为判缸传感器。曲轴位置传感器和凸轮轴位置传感器所采用的结构随车型不同而不同，有磁感应式、光电式和霍尔式三大类。

执行器主要包括点火控制器、点火线圈、火花塞等。点火控制器是微机控制点火系统的功率输出级，它接受 ECU 输出的点火控制信号并进行功率放大，以便驱动点火线圈工作。

无分电器点火控制系统又可分为两个活塞位置同步缸共用一个点火线圈的同时点火方式

和每缸一个点火线圈的独立点火方式。

双缸同时点火时，一个气缸处于压缩行程末期，是有效点火，另一个气缸处于排气行程末期，缸内温度较高而压力很低，火花塞电极间隙的击穿电压很低，对有效点火气缸火花塞的击穿电压和火花放电能量影响很小，是无效点火。曲轴旋转一圈后，两缸所处行程恰好相反。双缸同时点火时，高压电的分配有二极管分配和点火线圈分配两种形式。

点火系统采用独立点火方式时，每一个气缸都配有一个点火线圈，且直接安装在火花塞上方，其基本组成和工作原理与同时点火方式相同。独立点火的优点是省去了高压线，点火能量损耗少；点火系对无线电的干扰可大幅度降低、线圈不易发热而体积又可以非常小巧。特别适合于多气门发动机。一般是将点火线圈压装在火花塞上。

发动机起动后，电子控制单元对最佳点火提前角进行计算和控制，最佳点火提前角=初始点火提前角 ± 基本点火提前角 ± 修正点火提前角（或点火延迟角）。

爆振传感器是电子控制点火系统专用的一个传感器，ECU 可根据爆振传感器输出的信号来判断发动机是否发生爆振，从而对点火提前角进行修正，实现点火提前角的爆振反馈闭环控制。

思考与练习题

1．普通电子点火系统和 ECU 控制电控点火系统有哪些异同点？

2．电控点火系统的基本原理是什么？

3．影响发动机点火提前角的因素有哪些？

4．在电控点火系统中，最佳点火提前角是如何确定的？

5．修正点火提前角考虑了哪些因素？这些因素对发动机的点火提前角有何影响？

6．什么叫做闭合角？为什么要进行闭合角控制？

7．同时点火和独立点火的原理是什么？

8．常用的爆振传感器有哪几种？它们各有什么特点？

9．ECU 是如何对爆振进行反馈控制的？

10．在一些无分电器的电控点火系统中，在点火线圈次级电路中串接一只高压二极管或在次级电路的输出端留有 3～4mm 的间隙，其作用是什么？

3 电子控制柴油喷射系统

本章导读

本章首先介绍了柴油机电子控制喷射系统的特点、组成、分类和功能；然后分别详细分析了目前国内柴油机上采用的电子控制分配泵喷射系统、电子控制高压共轨喷射系统以及电子控制泵喷嘴系统的基本原理、组成结构和控制方法。

本章要点

- 柴油机电子控制喷射系统的特点和功能
- 电子控制分配泵喷射系统的结构与基本工作原理
- 电子控制高压共轨喷射系统的结构与基本工作原理
- 电子控制泵喷嘴系统的结构与基本工作原理

3.1 概述

随着国Ⅳ排放标准的实施，国产柴油机企业都在加紧开发电子控制燃油喷射柴油机。目前国内骨干柴油机企业都已开发出一种或多种达到国Ⅳ排放标准的电子控制燃油喷射柴油机，有的已大量投放市场。国产轿车柴油化也已开始起步，除了原来一汽大众引进生产的捷达、宝来等柴油轿车外，奇瑞公司、长城等已经成功开发拥有自主知识产权的电子控制燃油喷射轿车柴油机；玉柴、潍柴、济柴开发的电子控制燃油喷射柴油机已经应用到重型汽车和农用机械上。另外，国产 MPV 的柴油化（如江淮瑞风）和 SUV 的柴油化（如华泰特拉卡等）也成功推出并受到市场的欢迎。

3.1.1 柴油机电子控制技术的特点

柴油机电子控制技术与汽油机电子控制技术有许多相似之处，整个系统都是由传感器、电子控制单元和执行器三大部分组成。在电子控制柴油机上所用的传感器中，如转速、压力、温度等传感器以及加速踏板传感器，与汽油机电子控制系统都是一样的。电子控制单元在硬件方面也很相似，在整车管理系统的软件方面也有近似之处。柴油机电子控制技术有两个明显的特点：一个特点是其关键技术和技术难点就在柴油喷射电子控制执行器上；另一个特点是柴油电子控制喷射系统的多样化。

柴油机燃油喷射具有高压、高频、脉动等特点，其喷射压力高达 60～150MPa，甚至 200MPa，为汽油喷射的几百倍，上千倍。对于燃油高压喷射系统实施喷油量的电子控制，困难要大得多。而且柴油喷射对喷射正时的精度要求很高，相对于柴油机活塞上止点的角度位置远比汽油机要求准确，这就导致了柴油喷射的电子控制执行器要复杂得多。因此，柴油机电子控制技术的关键和难点就是柴油喷射电子控制执行器，也即电子控制柴油喷射系统，主要控制量是喷油量和喷油正时。

3.1.2 电子控制柴油喷射系统的组成

电子控制系统由三大部分组成：传感器、电子控制单元（ECU）和执行器。

传感器实时检测柴油机、车辆运行状态及操作量等信息，并送给电子控制单元。主要传感器有发动机转速传感器、齿杆位置传感器、喷油提前角传感器及加速踏板位置传感器等。

电子控制单元负责处理所有信息、执行程序，并将运行结果作为控制指令输出到执行器。此外还有通信功能，即和其他的控制系统——如传动装置控制器进行数据传输和交换，同时考虑到其他系统的实时情况，适当修正燃油系统的执行指令，即适当修正喷油量、喷油提前角等。与此同时，还可以向其他控制系统送出必要的信息。

执行器根据控制器送来的指令驱动调节喷油量及喷油正时的相应机构，从而调节柴油机的运行状态。在直列泵系统中，有调速器执行器（调节喷油泵的齿杆位移）和提前执行器（调节发动机驱动轴和喷油泵凸轮轴的相位差，从而调节喷油时间），在分配泵系统中也还有一些独特的执行器。

3.1.3 电子控制柴油喷射系统的分类

电子控制柴油喷射系统按控制方式可分为位置控制和时间控制两类。早期发展与应用的是位置控制系统；20 世纪 90 年代后开发的电子控制柴油喷射系统是时间控制系统，时间控制系统又由传统的柱塞脉冲式燃油喷射系统发展出与之共存的共轨式燃油喷射系统。

1. 位置控制电子控制柴油喷射系统

此系统是在传统喷油泵、高压油管、喷油器的系统上，加装一个电控装置发展而成的，它保留了原来机械式喷油泵结构中的齿杆、柱塞副、柱塞斜槽等控制油量的机械构件和元素，只增加少量的构件与电控装置来对供油拉杆（或齿杆）的运动进行控制。它不改变传统喷油系统的工作原理和基本结构，只是由电控装置取代机械调速器和提前器，对供油拉杆（或齿杆）（直列泵）和油量控制滑套（VE 型分配泵）的位置以及燃油泵主、从动轴的相互位置进行低频连续调节，以实现油量和定时的控制，所以称为位置控制系统。

2. 时间控制电子控制柴油喷射系统

此系统是利用安装在高压油路中的高速、强力电磁溢流阀来直接控制喷油始点和喷油量，与汽油机的电控喷油系统原理相似。不同点在于还是通过实时变更电磁阀升程或改变高压油路中的油压来实现喷油率和喷油压力的控制。它具有每缸一阀（直列泵）、能分缸调控和响应快等优点。

（1）柱塞脉冲式柴油喷射系统。此系统仍保持传统的柱塞往复运动脉冲供油方式，直接由电磁溢流阀控制油量定时，柱塞副只起加压、供油作用，没有油量调节功能。为此取消了专用于调节油量和定时的机构调速器、提前器、供油拉杆（或齿杆）、柱塞斜槽乃至出油阀组件等。喷油泵机械系统的结构简化，燃油泵、气缸体及柱塞副的刚度加强，承压能力相应提高。

（2）高压共轨式柴油喷射系统。此系统的喷油压力由高压泵产生，经过油轨（common rail）蓄压储能后再形成高压，采用压力一时间来计量喷油，系统中的电子控制单元指令通过电磁阀来控制喷油过程。其工作方式与多点汽油喷射相似，但压力要比汽油喷射高很多。

（3）泵喷嘴系统。该系统将喷油泵、喷油器连同电磁阀作为一体，称为电控泵喷嘴系统，它直接安装在柴油机气缸盖燃烧室的上方，通过摇臂由柴油机凸轮轴驱动，喷油过程中由电磁阀开关控制，电磁阀关闭的瞬间决定喷油始点，电磁阀的开启持续时间决定喷油量的多少，电磁阀由柴油机的电子控制单元控制。

3.1.4 电子控制柴油喷射系统的功能

1. 喷油量的控制

在系统控制功能中，最主要的是喷油量控制，电子控制单元（ECU）根据加速踏板位置传感器和柴油机转速传感器的输入信号，首先计算出基本喷油量，并使供油拉杆（或齿杆）移动到目标位置，然后根据冷却水温度、进气温度及进气压力传感器等传来的信号，对这个基本喷油量加以修正，再与来自油量控制滑套位置传感器的信号进行反馈修正，最后确定最佳喷油量。因此，当汽车在低温起动、加速、高原行驶、涡轮增压等运行工况下都可以决定柴油机运转所需要的最佳喷油量。

2. 怠速转速的控制

柴油机的怠速转速在电子控制的情况下，是由电子控制单元控制的。它根据加速踏板位置、柴油机转速、起动等信号，可以决定怠速控制何时开始；其次考虑冷却水温度、空调等信号，算出所设的怠速转速以及相应的喷油量，并根据柴油机转速的反馈信号，不断地对该喷油量进行修正。

3. 起动喷油量的控制

柴油机低温起动时，由于柴油机运动副摩擦大，起动性变得较差。因此，低温起动时必须加大喷油量，使柴油机输出的转矩大于自身的摩擦力矩，才能顺利起动，在电子控制柴油喷射系统中由加速踏板的位置和转速决定基本喷油量，再由冷却水温度传感器的信号等决定起动补偿的喷油量，综合两者的结果就完成了起动喷油量的控制。

4. 各缸喷油均匀性的控制

柴油机转速的不稳定是由于各缸喷油量不均和各缸的燃烧状态不均所造成的。为了减小转速波动，电控系统应先检测各缸工作时的转速波动情况，并分别调整各缸的喷油量，使喷油均匀，同时检测出各缸每次爆发的转速变化量和所有气缸的转速变化平均值进行比较后，再对各缸喷油均匀性进行精确修正。

5. 喷油正时的控制

在电子控制柴油喷射系统中能够较精确地控制喷油正时，根据柴油机转速、负荷和冷却水温度的信号，在电子控制单元中利用预先存储的喷油定时脉谱，确定喷油始点的目标值；另外，通过检测到的压缩行程上止点及喷嘴针阀升程的信号计算出实际喷油始点，再与目标值比较后决定最佳喷油始点。最佳喷油始点的最终实现是由电子控制单元通过输出一个脉宽可调的信号控制电磁阀的工作来完成的。

3.2 电子控制分配泵喷射系统

电子控制分配泵燃油喷射系统根据各种传感器的信息检测出发动机的实际运行状态，由电子控制单元完成喷油量控制、喷油时间控制和怠速控制。

不同的机型电子控制的具体内容不同，有些机型可以实现喷油量控制、喷油时间控制和怠速转速控制三项控制，有些机型仅对喷油时间进行控制。

电控分配泵系统按喷油量、喷油时间的控制方法可分为两类：位置控制式和时间控制式。

3.2.1 位置控制式电控分配泵系统

位置控制式电控分配泵系统就是将 VE 分配泵中的机械调速器换成电子控制的执行机构。其基本特点是：保留了机械分配泵的溢流环，采用旋转式电磁铁执行机构，由于转子的旋转，改变轴下端的偏心球的位置来控制溢油环的位置。

（1）喷油量控制。喷油量的控制方式如图 3-1 所示。ECU 根据发动机的状态计算出目标喷油量，并将其结果输出到驱动回路，驱动回路根据 ECU 的指令一边反馈控制执行机构的位置，一边控制输出。这样，将 VE 分配泵的溢油环控制在目标位置，从而控制喷油量。

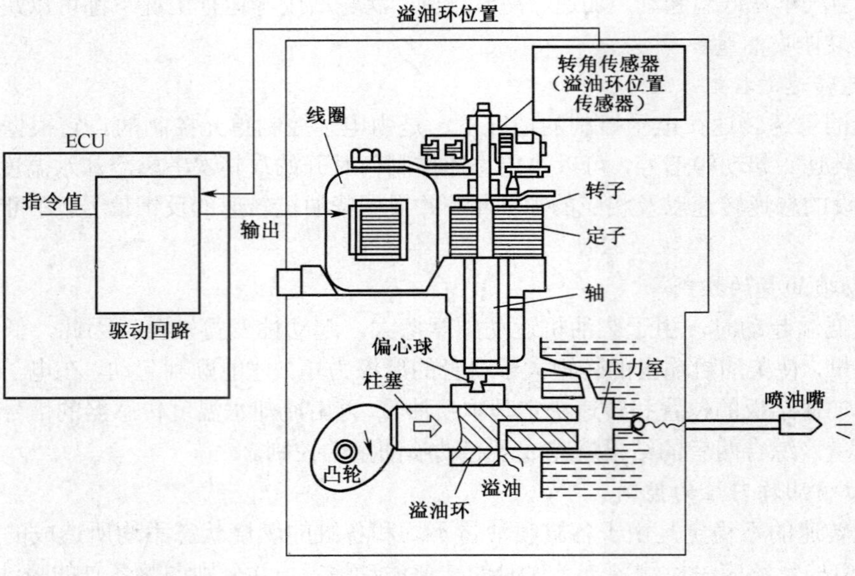

图 3-1　喷油量的控制方式图

（2）喷油时间控制。喷油时间的控制方法如图 3-2 所示。VE 分配泵的提前器活塞内设有连通高压腔和低压腔的通道，按占空比控制定时调节阀，使定时活塞两侧的压力差变化，从而控制喷油时间。由传感器检测出定时活塞的位置，从而进行反馈控制。

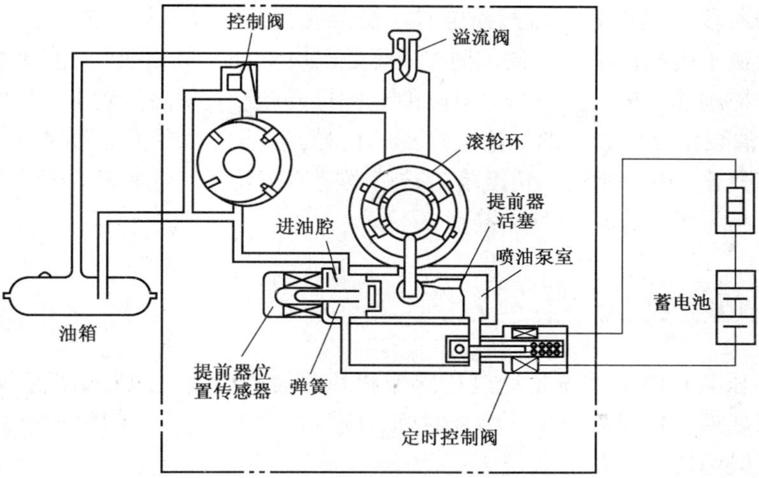

图 3-2 喷油时间的控制方式图

3.2.2 时间控制式电控分配泵系统

电子控制单元内设有时钟，通过时钟控制喷油终了时刻，从而控制喷油量。控制喷油终了时刻的执行机构是电磁阀，对每一次喷油都可以进行控制，因此可以取消其他的喷油控制机构。另外，时间控制方式电子回路比较简单。

时间控制式电控分配泵系统的显著特点是取消了原 VE 分配泵上的溢油环，在进油通路上设置一个电磁溢流阀，其喷油量的时间控制原理如图 3-3 所示。

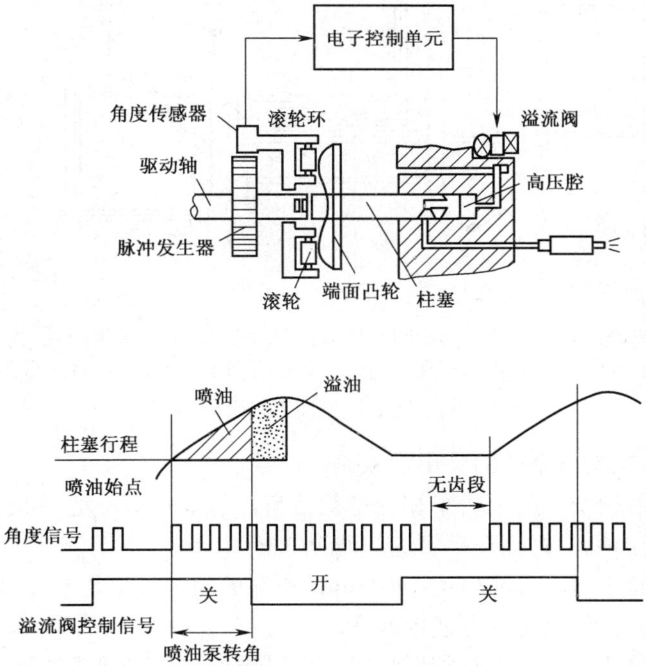

图 3-3 喷油量的时间控制原理

在柱塞泵油阶段，当电磁溢流阀断电时，溢流阀打开，高压燃油立即卸压，停止喷油。喷油始点并不取决于电磁溢流阀关闭的时刻，而是取决于分配泵端面凸轮的行程，采用溢油环改变喷油终点以控制油量的方式一样。电磁溢流阀打开越晚，喷油量越多。端面凸轮行程始点就是图 3-3 上喷油泵角度信号上的无齿段终点的信号。喷油泵角度传感器装在滚轮环上。这样，即使喷油正时有变化，由于喷油泵角度信号传感器随着滚轮环一起移动，因此喷油泵角度并不改变，泵油始点与无齿段终点相对位置始终不变。

3.3　电子控制高压共轨喷射系统

电子控制高压共轨喷射系统是通过传感器和开关信号检测出的发动机实际状态，通过电子控制单元计算处理后，对喷油量、喷油时间、喷油压力和喷油率等进行最佳控制，如图 3-4 所示，是新一代柴油机电控喷射系统。

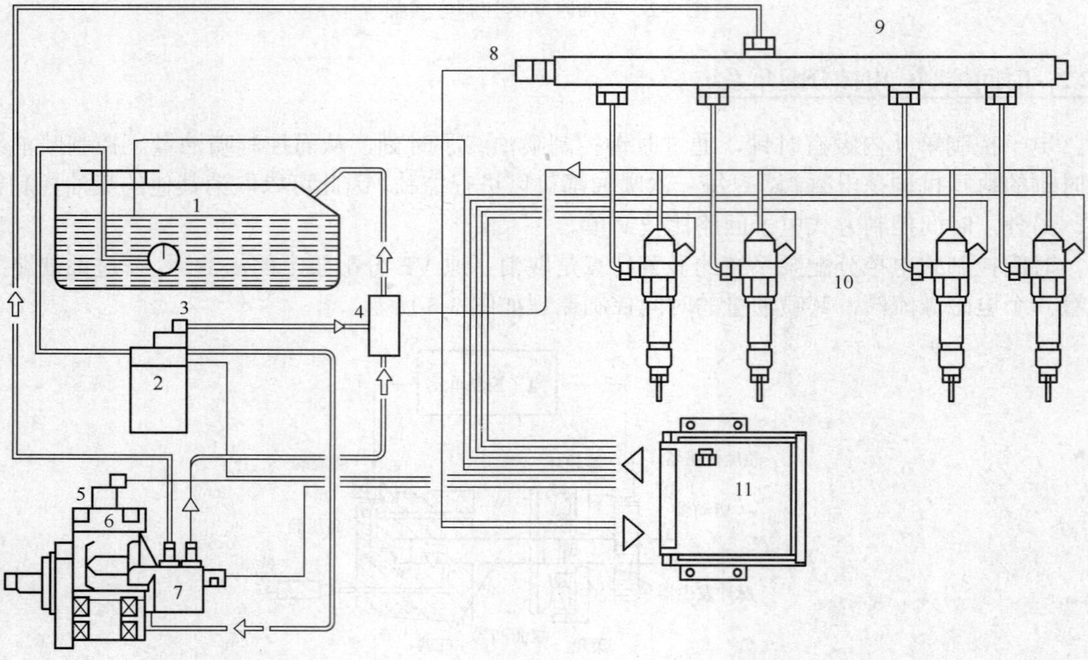

1—油箱；2—燃油滤清器；3—回油阀；4—回油三通；5—高压油泵电磁阀；6—高压油泵；7—输油泵；8—高压油轨（共轨）压力传感器；9—高压油轨（共轨）；10—喷油器；11—电子控制单元（ECU）

图 3-4　柴油机供油系统管路布置

电子控制高压共轨喷射系统的突出优点是：

（1）广阔的应用领域（用于轿车和轻型载货车，每缸功率可达 30kW；用于重型载货车以及机车和船舶的柴油机，每缸功率可达 200kW）。

（2）更高的喷油压力，目前可达 140MPa，不久的将来计划达到 180MPa。

（3）喷油的始点、终点可以方便地改变。

（4）可以实现预喷射、主喷射和后喷射，可以根据排放等要求实现多段喷射。

（5）喷油压力与实际使用工况相适应。在电子控制共轨燃油系统中，喷油压力的建立与燃油喷射之间无互相依存的关系，喷油压力不取决于发动机转速和喷油量。在高压燃油存储器即“共轨”中，始终充满喷射用的具有一定压力的燃油。喷油量由电子控制单元通过计算决定，受到其他条件制约很少。

（6）喷油正时和喷油压力在 ECU 中由存储的特性曲线谱（MAP）算出。然后由电磁阀控制装在每个发动机气缸上的喷油器（喷油单元）予以实现。

电子控制高压共轨喷射系统包括供气系统、供油系统、电子控制系统和排气系统等。本节重点讲供油系统和电子控制系统。

3.3.1　供油系统组成与功能

供油系统由低压油路、高压油路构成。低压油路部分由油箱、输油管、燃油滤清器、输油泵、高压油泵低压区组成；高压油路部分由高压油泵高压区、高压油轨（共轨）、高压油管、喷油器等零件组成。供油系统管路布置见图 3-4。

1. 低压油路部分

低压油路部分为高压油路部分供给足够的油量，主要零部件有油箱，低压回路的进、出油管，燃油滤清器，输油泵，高压油泵的低压区。

（1）齿轮式输油泵。输油泵的工作是向高压油泵供给足够的燃油量。在柴油机各种工作状态、在不同的必要的压力下、在整个工作寿命期都必须满足上述要求。

齿轮式输油泵安装在高压油泵后端，由高压油泵轴驱动，主要零件是两个在旋转时相互啮合的反转齿轮，见图 3-5。燃油被吸入输油泵体和齿轮之间的空腔内，并被输送到压力侧的出油口，旋转齿轮间的啮合线能保证良好的密封，能防止燃油回流。

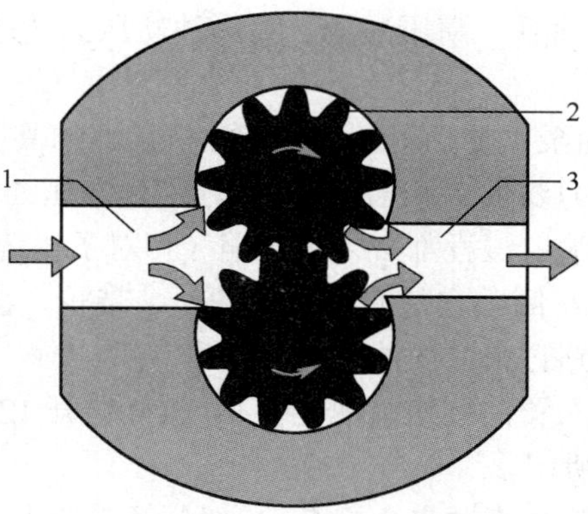

1—吸油端；2—驱动齿轮；3—压力端

图 3-5　齿轮式输油泵

齿轮式输油泵的供油量与柴油机转速成比例。齿轮式输油泵的供油量在进油口端的节流阀或者出油口端的溢流阀限制。

（2）燃油滤清器。燃油滤清器主要的作用是滤出燃油中含有的杂质，防止损坏高压油泵零件、出油阀、喷油嘴。有些发动机装配带有油水分离器的燃油滤清器，可以把水从水分收集器中排出。随着柴油机使用时间的增加，燃油滤清器的水分收集器水位达到一定高度时，通过自动报警装置水位报警灯来提示，报警灯点亮时驾驶员需进行水分收集器排水作业，见图 3-6。

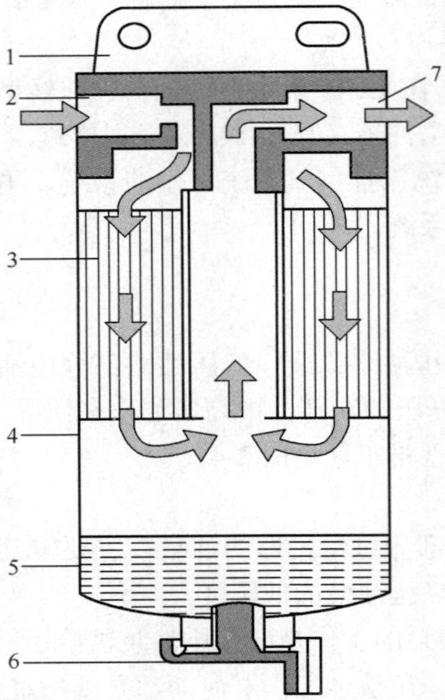

1－滤清器盖；2－进油口；3－纸质滤芯；4－壳体；
5－水分收集器；6－放水螺塞；7－出油口

图 3-6　燃油滤清器示意图

2. 高压油路部分

高压油路部分包括高压油泵、高压油轨、高压油轨压力传感器、流量控制阀、高压油管和喷油器等。

（1）高压油泵。高压油泵主要功用是供给柴油机足够的高压燃油，同时保证柴油机迅速启动所需要额外供油量和压力要求。高压油泵不断地产生高压油轨所需的系统压力。这就意味着燃油并不是在每个单一的喷射过程都必须被压缩（相对于传统的系统燃油）。

高压油泵安装在柴油机左侧。它是通过带轮法兰、带轮、齿带由柴油机凸轮轴正时皮带轮驱动。高压油泵借低压油路过来的燃油润滑。

高压油泵采用三个径向布置的柱塞泵油元件 9，相互错开 120°，由偏心凸轮 8 驱动，出油量大，受载均匀，如图 3-7 所示。

工作时，从输油泵来的柴油流过安全阀 5，一部分经节流小孔流向偏心凸轮室供润滑冷却用，另一部分经低压油路 6 进入柱塞室。当偏心凸轮转动导致柱塞下行时，进油阀 11 打开，柴油被吸入柱塞室；当偏心凸轮顶起时，进油阀关闭，柴油被压缩，压力剧增，达到共轨压力时，顶开出油阀 1，高压油被送去共轨管。

在怠速或小负荷时，输出油量有剩余，可以经调压阀 3 流回油箱。还可以通过控制电路使停油电磁阀 12 通电，其推杆即推开进油阀，停止泵油而卸载空转，只有其他两个泵组工作。当进入大负荷工况时，又自动断电，恢复泵油。

高压油泵输出管道上并装有电磁式油压控制阀，球阀的推杆右侧有吸力盘，作用于球阀上有两个力：一为弹簧力，二为线圈的磁吸力，它与高压腔的油压力相互争斗平衡。

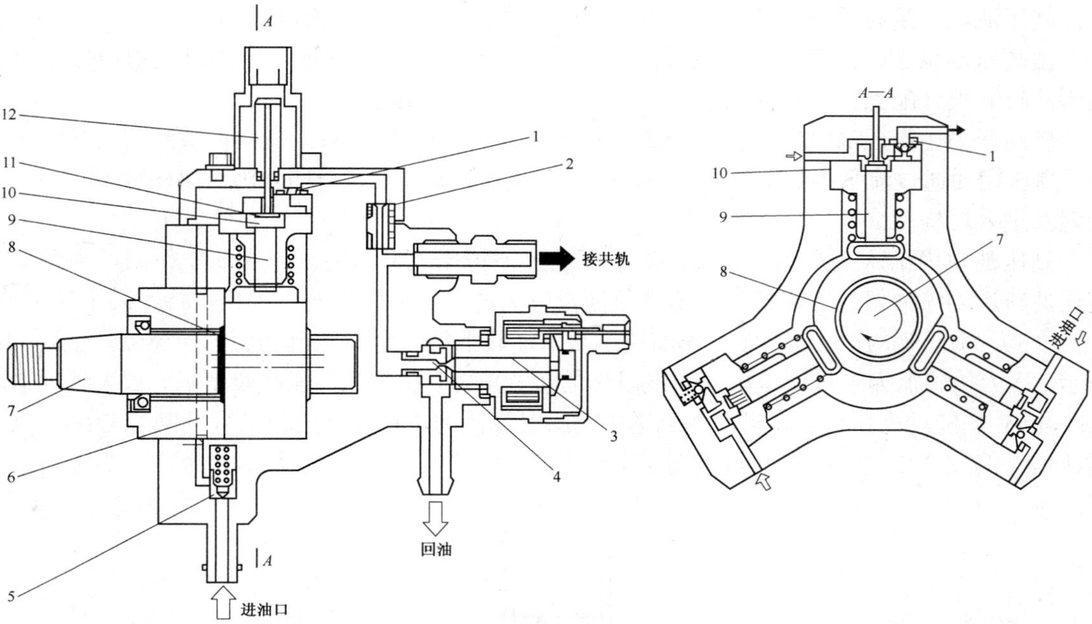

1—出油阀；2—密封件；3—油压控制阀；4—球阀；5—安全阀；6—低压油路；7—驱动轴；8—偏心凸轮；9—柱塞泵油元件；10—柱塞室；11—进油阀；12—停油电磁阀

图 3-7 高压油泵

如果轨道油压超过工况规定值，ECU 根据轨道压力传感器的反馈信号，使油压控制阀断电退磁而开启，泄掉部分燃油而降压。

如果轨道压力低于规定值，油压控制阀即通电生磁而关闭，因而升压。

油压控制电磁阀是用占空比方式控制其开闭，不断调节，保持该工况恒定的轨道压力，防止油压的波动，以便精确控制喷油量。

（2）高压油轨（共轨）。高压油轨存储高压燃油（见图 3-8）。由于高压油泵的供油和燃油喷射产生的高压振荡在高压油轨容积中衰减，这样保证在喷油器打开时刻，喷射压力维持定值。高压油轨同时起燃油分配器作用。

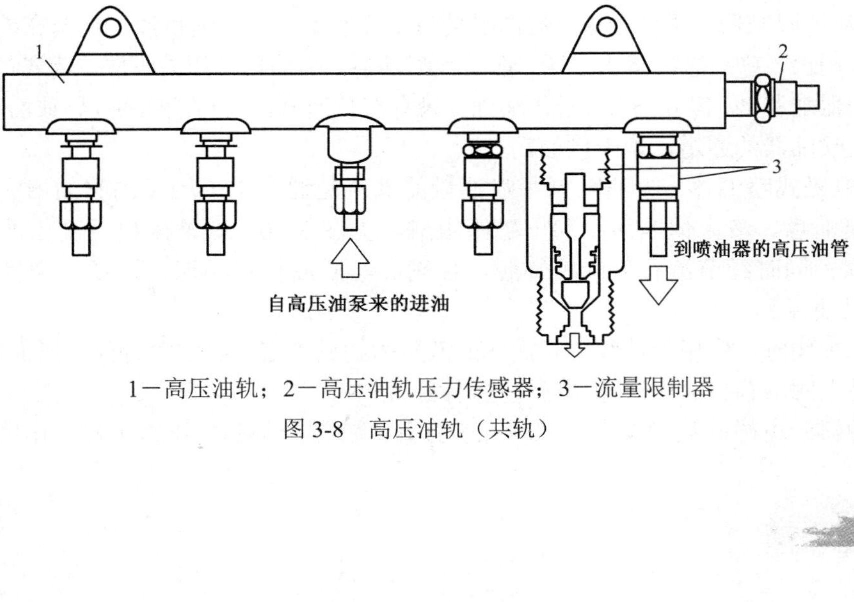

1—高压油轨；2—高压油轨压力传感器；3—流量限制器

图 3-8 高压油轨（共轨）

高压油轨上装有用来测量供油压力的高压油轨压力传感器及流量限制器。

由高压油泵过来的高压燃油通过高压油管到达高压油轨的进油口。通过进油口燃油进入高压油轨并被分配到各个喷油嘴。

燃油压力由高压油轨压力传感器测量并通过 ECU 和高压油泵电磁阀调节到所要求的压力值。高压燃油通过流量限制器，从高压油轨压送到喷油器，它可以防止喷油嘴关闭不严时，过量燃油进入燃烧室。

高压油轨内部永久充满压力油。高压下的燃油可压缩性被用来产生储压作用，当燃油从高压油轨送到喷油器进行喷射时，即使喷油量较大，高压油轨内的压力也保持实质上的定值。

（3）高压油轨压力传感器。燃油通过高压油轨上的一个小孔流向压力传感器，如图 3-9 所示。压力传感器为半导体压敏应变电阻形的桥式电路，感受到油压变量值后，放大处理输出 0.5～4.5V 的随动电压。它随机检测轨道中的瞬时油压力，将变量压力信号反馈给 ECU。ECU 据此信号，发令使油压控制阀投入调压工作。

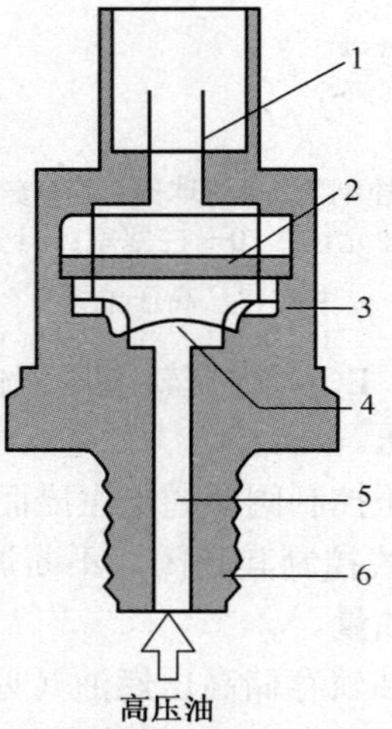

1－电气插头；2－分析电路；3－外壳；4－压力传感膜片；5－油道；6－固定螺纹

图 3-9　高压油轨压力传感器

（4）流量限制器（见图 3-8）的作用是防止喷油器出现持续喷油。活塞在静止时，由于受弹簧的作用力，总是靠在堵头一端。在一次喷油后，喷油器端压力下降，活塞在共轨压力作用下向喷油器端移动，但并不关闭密封座面。只有在喷油器出现持续喷油，导致活塞下移量大，才封闭通往喷油器的通道，切断供油。

（5）电磁式喷油器。喷油时刻和喷油量的调整是通过电子触发的喷油器实现的。喷油器由孔式喷油嘴、液压伺服系统和电磁阀组成，见图 3-10。燃油来自于高压油路，经通道流向喷油嘴，同时经节流孔流向控制腔。控制腔与回油管路相连，途径一个受电磁阀控制其开关的泄油孔。

泄油孔关闭时，作用于针阀控制活塞的液压力超过了它在喷油嘴针阀承压面的力，结果，针阀被迫进入阀座且将高压通道与燃烧室隔离，密封。

当喷油器的电磁阀被触发时，泄油孔被打开，针阀控制腔的压力下降，作用于活塞顶部的压力也随之下降。一旦压力降至低于作用于喷油嘴针阀承压面上的力，针阀被打开，燃油经喷孔喷入燃烧室。即采用了一套液压放大系统，电磁阀打开泄油孔使得针阀控制腔压力降低，从而产生控制柱塞的上下压差，在压差作用下打开针阀。

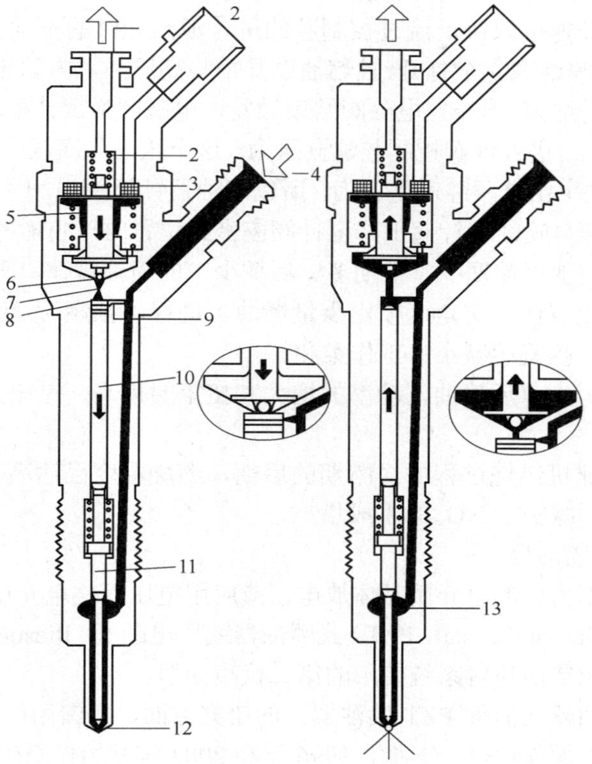

1—回油管；2—回位弹簧；3—线圈；4—高压连接；5—枢轴盘；6—球阀；7—泄油孔；8—针阀控制腔；9—进油口；10—控制活塞；11—油嘴轴针；12—喷油嘴；13—针阀承压腔

图3-10 喷油器

此外，燃油还在针阀和控制柱塞处产生泄漏，这些油通过回油管，会同高压油泵和压力控制阀出来的回油共同流回油箱。

在柴油机运转和高压油泵产生压力的状态下，将喷油器工作过程划分为四个阶段：

喷油器关闭（有高压时）——喷油器打开（开始喷射）——喷油器完全打开——喷油器关闭（喷射结束）。

喷油器关闭（自由状态）。在自由状态，电磁阀没有通电。泄油孔关闭，电磁阀的回位弹簧使枢轴的球阀顶在泄油孔座上，高压油轨在针阀控制腔内建立高压，同样的压力也存在于喷油嘴的承压腔内。高压油轨压力作用于控制活塞的顶端内，与喷油嘴弹簧力共同作用，克服由承压腔产生的针阀开启力，维持喷油嘴在关闭位置。

喷油器打开（开始喷射）。喷油器处于它的自由状态，电磁阀通以保证它快速打开的峰值电流。由电磁触发产生的力超过了电磁阀的弹簧力，触发器打开了泄油孔。几乎同时，较高的拾取电流降至较低的电磁铁所需的维持电流，磁路的磁隙变小使得仅需较小的维持电流就能够使控制阀保持开启状态。当泄油孔打开时，燃油将从针阀控制腔流入位于它上方的空腔，经回油管回到油箱。泄油孔破坏了绝对的压力平衡，最终在针阀控制腔内的压力也下降。这导致针阀控制腔内的压力低于仍与高压油轨有相同压力水平的喷油嘴承压腔的压力，针阀控制腔内压力的减小，导致作用于控制活塞顶端的压力减小，最终喷油嘴针阀打开，喷射开始。

喷油嘴针阀的打开速度取决于流过控制腔的进、泄油孔时的不同流量。控制活塞到达上方的停止位置，喷油器喷油嘴完全打开，且燃油以几乎与高压油轨内的相同压力喷入燃烧室内。

喷油器关闭（喷射结束）。一旦电磁阀结束触发，电磁阀弹簧使枢轴向下运动，球阀将关闭泄油孔。燃油经进油口进入针阀控制腔建立压力。这个压力与高压油轨内的压力相同，这个力再加上弹簧力，超过了由承压腔产生的力，所以喷油器针阀关闭。喷油器针阀的关闭速度取决于进油孔的流量，一旦喷油嘴针阀下降至针阀座密封位置时，喷射停止。

电磁式喷油器可实现“前期少、中期多、后期少”的喷油规律。采用三段喷油来实现。

预喷射——在上止点前一定角度喷出少量燃油，进行“预燃”，可缩短“备燃期”，压力升高率 $\Delta P/\Delta\phi$ 可减小，振噪感减小，工作柔和。

主喷射——是在上止点后喷油，功率的增大和扭矩的提高，是来自主喷射，在恒压情况下贯穿整个喷油过程。

补喷射——在柴油机燃烧过程的缓燃期的后期，燃烧温度已达高峰，如适量喷油，可改善燃烧条件和净化性，减少了 NO_x 的生成量。

（6）压电晶体式喷油器

压电是指由机械压力引起电介质晶体放电，或应用电压而使电介质晶体产生压力。

压电晶体（Piezoelectric Crystal，PZT）式喷油器或压电跃变（Piezoelectric Transition，PZT）式喷油器，是电子控制柴油喷射系统使用的第二代喷油器。

在压电晶体式喷油器（简称 PZT 喷油器）的研究方面，德国西门子 SIEMENS 公司和博世 Bosch 公司一直处于领先地位，分别于 1996 年和 2003 年开始批量生产。实际上电磁控制式喷油器是在柴油机用普通喷油器的基础上增设电磁控制机构（电磁阀）而制成，PZT 喷油器则是用压电晶体替代电磁阀而制成。三种喷油器的本质区别在于控制方式不同：普通喷油器由液压伺服机构控制，电磁式喷油器由电磁阀控制，PZT 喷油器则由压电晶体控制。

1）PZT 喷油器结构。

PZT 喷油器由压电控制机构、液压伺服机构和孔式喷油器组成。液压伺服机构和孔式喷油器的结构原理与上述电磁式喷油器相同。

压电控制机构主要由压电晶体、大活塞、小活塞、球阀、单向阀和线束插头组成，外形如图 3-11（a）所示，内部结构如图 3-11（c）所示。

压电晶体采用多层陶瓷（每层厚度 20～200μm）烧结成压电晶体堆芯，结构如图 3-11（b）所示，层与层之间设有电极，生产技术与多层电容器相似。因为压电晶体具有受电压作用而伸长的特性，所以将其集成化制作成晶体堆芯作为喷油器的执行元件，是一种十分理想的结构。汽车高压共轨系统对压电晶体的基本要求是环境温度在–40℃～+150℃、工作电压为 100～200V、压电晶体作用升程为其厚度的 1/1000、开关迅速（全升程动作时间约 30μs）、耐久性好（大于 10 亿个循环）和强度高等。

小活塞下端设有一根顶杆，用于顶开球阀，以便燃油回流。回油口为低压燃油回流口，用低压油管与燃油箱连接。

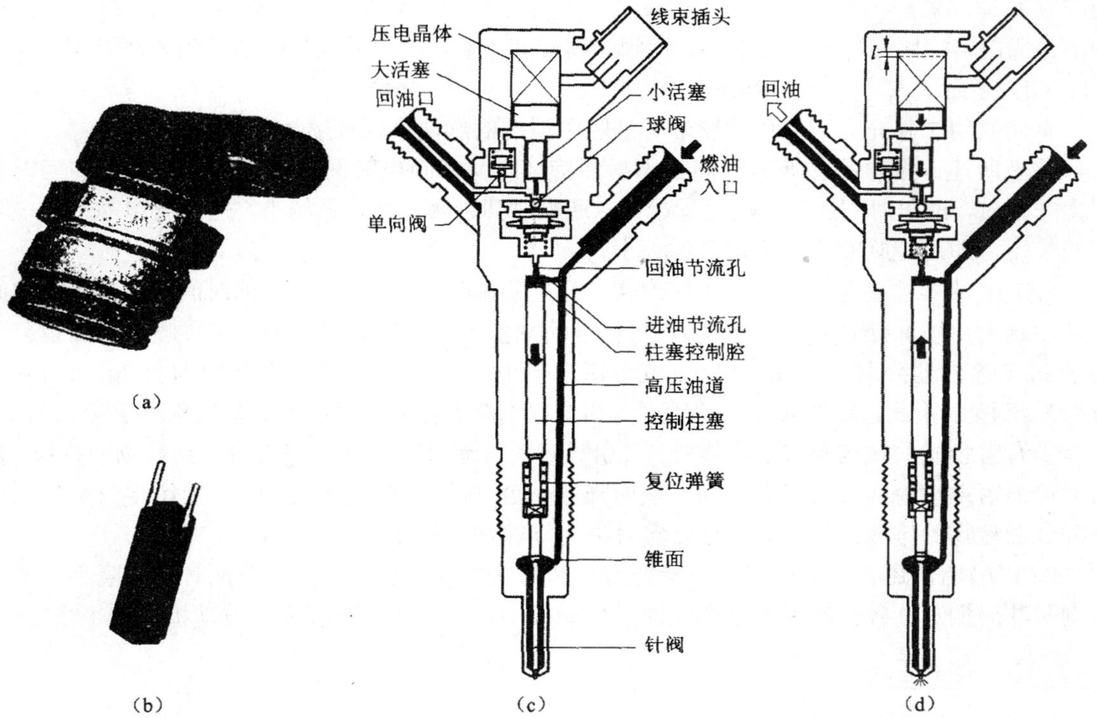

（a）控制机构外形；（b）压电晶体堆芯；（c）堆芯断电针阀关闭；（d）堆芯通电针阀打开喷油

图 3-11　西门子公司压电晶体式喷油器的结构原理

共轨管内的高压燃油进入喷油器后分成两路：一路经进油节流孔送入柱塞控制腔、回油节流孔和球阀腔室；另一路经高压油道送入喷油器针阀锥面及阀座盛油槽。

2）PZT 喷油器工作原理。

PZT 喷油器的基本原理是：利用压电晶体控制针阀偶件的背压来间接控制针阀的开启。压电晶体受电压作用而伸长，并推动活塞移动使球阀打开接通回油通道，燃油回流使柱塞控制腔压力降低，针阀锥面燃油压力使针阀上升将阀门打开喷油。可见，其原理与电磁控制式大同小异，仅仅是将球阀打开的控制方式不同。

① 当压电晶体断电时，喷油器不喷油。当压电晶体断电时，球阀在弹簧力作用下紧压在阀座上，球阀阀门关闭使低压回油通道关闭，如图 3-11（c）所示。此时，共轨管内的高压燃油经各缸高压油管、喷油器高压接头、进油节流孔、柱塞控制腔作用于柱塞顶部，使控制腔内建立起共轨高压，同样的共轨压力也作用于针阀盛油槽之中。柱塞顶部压力和针阀复位弹簧张力之和克服针阀盛油槽内高压燃油作用在针阀锥面的向上分力，使柱塞和针阀向下移动到极限位置，针阀紧压在阀座上将阀门关闭，喷油器不喷油。

②当压电晶体通电时，喷油器喷射燃油。当压电晶体通电时，晶体堆芯伸长（如图 3-11（d）所示），推动大活塞压缩油腔中的燃油，再推动小活塞向下移动，小活塞顶杆将球阀（钢球）推离座面并接通回油通道，部分高压燃油流回燃油箱。回油通道为：高压油轨（共轨）→高压油管→喷油器高压接头→进油节流孔→柱塞控制腔→回油节流孔→球阀→小活塞油腔→回油口→低压回油管→燃油箱。在球阀打开燃油流回油箱时，柱塞控制腔压力随之下降。当作

用在柱塞顶部的压力与针阀复位弹簧张力之和小于针阀盛油槽内高压燃油作用在针阀锥面的向上分力时，柱塞与针阀迅速上移，针阀阀门立即开启，高压燃油从喷油孔喷入燃烧室，如图3-11（d）所示。

单向阀用于补充大活塞压缩燃油时油腔中泄漏的燃油，保证喷油嘴可靠工作。

综上所述，压电晶体通电时间等于喷油持续时间，断电时间等于停止喷油时间。当燃油压力一定时，通电时间越长，喷油量越大；通电时间越短，喷油量越小。控制压电晶体通电时间的长短，即可控制喷油器喷油量的大小。

PZT 喷油器的显著优点是响应速度快（开关动作时间约 30μs）、喷油时间间隔小（喷油间隔角度越大，喷油控制越容易实现）、每行程喷油量小。喷射时间间隔与引导喷射喷油量：西门子 PZT 喷油器分别为 100μs 和 0.6 立方毫米/行程；博世 PZT 喷油器分别为 200μs 和 1.0 立方毫米/行程。因此，能够实现多段喷射（引导喷射、预喷射、主喷射、后喷射和补喷射），从而减少有害物质的排放和降低燃烧噪声（引导喷射可通过预混合燃烧来减少颗粒物的排放；预喷射可缩短主喷射的着火延迟时间，从而降低 NO_x 排放和燃烧噪声；后喷射可促进扩散燃烧来降低颗粒物的排放；补喷射可使排温升高，能够增加催化剂的活性）。

PZT 喷油器还有重复性好、消耗能量小和耐久性好等优点。因为喷油时间间隔小，所以控制脉冲周期短、各缸喷油始点和喷油量变动很小，重复控制精度高，发动机运转平稳。

3.3.2 电子控制系统

1. 电子控制系统组成

电子控制系统包括传感器、电子控制单元和执行器，如图 3-12 所示。

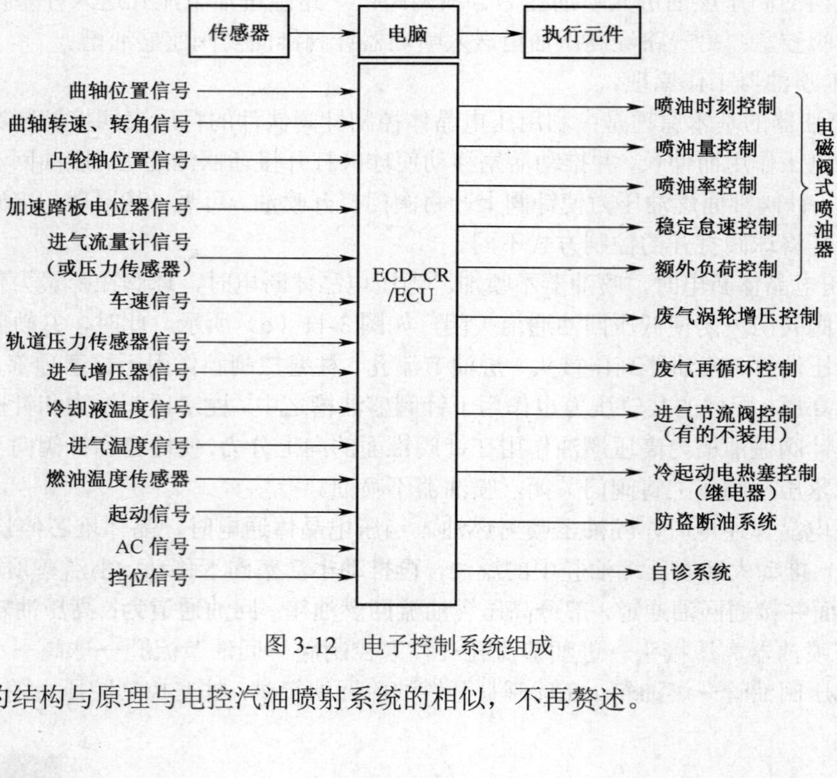

图 3-12　电子控制系统组成

传感器的结构与原理与电控汽油喷射系统的相似，不再赘述。

电子控制单元（ECU）根据传感器提供柴油机的当前工况信息进行分析以后，根据预定的控制策略对喷油器发出控制信号，控制喷油量、喷油始点、废气再循环和电热塞系统。ECU电子控制单元通过喷油量、柴油机转速和冷却液温度等信号确定最优喷油始点，给高压油路中的电磁阀式喷油器发出相应的控制信号，通过喷油脉冲的宽度，控制喷油量。

ECU 系统模块如图 3-13 所示。主要包括三个系统模块：

（1）用于收集运行条件和期望值的传感器和设定值发生器。它可将不同的物理参数转换成电子信号。

（2）ECU 根据特定的数学计算方式将信息处理成电子输出信号。

（3）执行机构，将 ECU 的电子输出信号转换成机械参数。

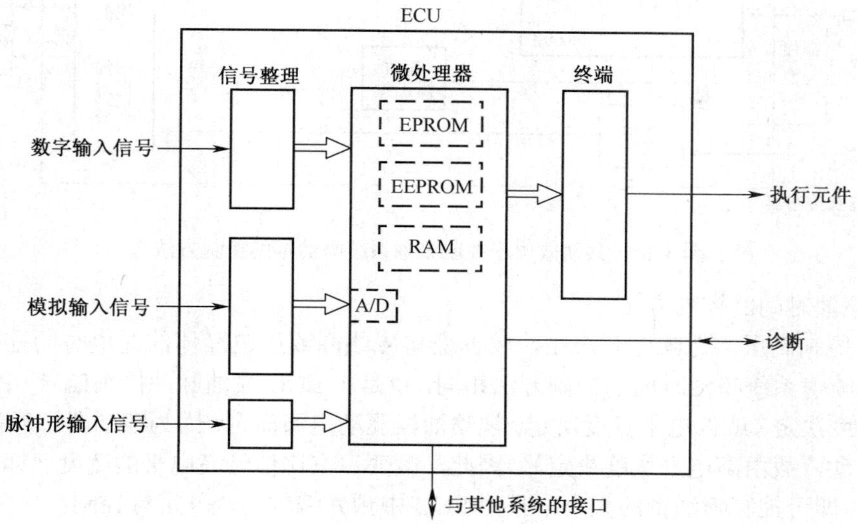

图 3-13　ECU 系统模块

2. 电子控制高压共轨喷射系统喷油量的控制

在电子控制高压共轨喷射系统中，喷油量主要由喷油压力（共轨压力）和喷油器电子控制机构（电磁线圈或压电晶体）的通电时间决定。因为喷油压力和喷油器都是由 ECU 独立进行控制，所以在喷油压力一定的情况下，喷油量取决于喷油器电磁线圈或压电晶体的通电时间。因此，电子控制高压共轨喷射系统又称为“时间－压力调节系统”。

（1）喷油量的控制方法

在电子控制高压共轨喷射系统中，输油泵将燃油箱内燃油输送到高压油泵，发动机驱动高压油泵再将燃油加压后供入共轨管内，喷油器在 ECU 的独立控制下，将高压燃油直接喷射到相应的气缸内燃烧做功，喷油量的大小由 ECU 控制喷油器电磁线圈或压电晶体持续通电的时间长短决定，即喷油器喷油量的控制实际上就是喷油时间的控制，控制方法如图 3-14 所示。

当柴油机工作时，电子控制单元 ECU 根据加速踏板位置传感器信号（油门开度信号）A_c。和发动机转速传感器信号 n_e，利用计算机的查询功能，即可从三维图形（MAP 图）中得到相应的最佳基本喷油量数值 Q_j；再利用计算机的数学计算与逻辑判断功能以及其他传感器提供的喷油量修正信号（冷却液温度信号 t_w、进气温度和电源电压等信号），即可计算出喷油修正量、最佳喷油量以及预喷射、主喷射和后喷射的喷油量，根据凸轮轴位置传感器提供的上止点TDC 位置信号计算确定喷油定时，并向执行器（电子控制喷油器）发出控制指令；喷油器在ECU 输出回路的驱动下按最佳喷油量和喷油时刻喷射柴油，完成一次喷油过程。

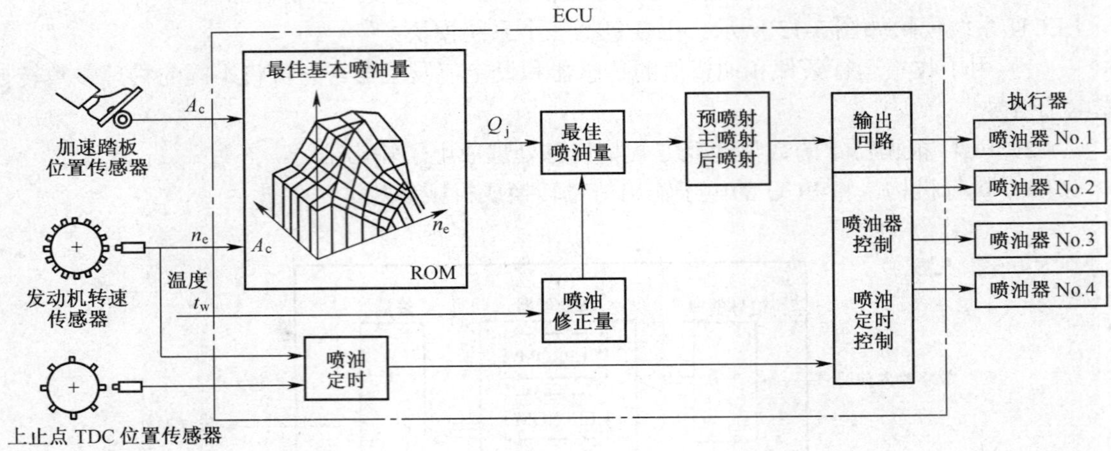

图 3-14　共轨式电子控制喷油系统喷油量的控制方法

（2）喷油时间的控制方法

在电子控制高压共轨喷射系统中，喷油器电磁线圈或压电晶体的通电时间控制方法与电子控制汽油喷射系统喷油时间的控制方法相同，也是由 ECU 喷油脉冲控制信号（占空比信号）的高电平宽度决定（或低电平宽度决定。视喷油器驱动电路而定，因为喷油器一般都采用 NPN 型三极管驱动，故由高电平宽度决定）。因此，改变占空比信号高电平的宽度（即喷油脉宽或喷油时间），即可控制喷油量的大小，且由 ECU 中预先编制的软件进行控制。

当发动机转速一定时，喷油脉宽（即喷油时间）对应于曲轴转过的一定转角。因此，喷油时间（喷油量）的控制事实上转变为喷油角度的控制。当四缸发动机转速 $n = 4000$r/min、喷油提前角 $\theta = 18°$、喷油时间 $t = 1$ms（对应的喷油角度 $\alpha = (4000×360°)×1$ ms÷60000ms=24°）时，喷油时间 t（或喷油角度 α）的控制过程如图 3-15 所示。

图 3-15 中气缸识别信号由凸轮轴位置传感器 CIS 提供，曲轴转角信号由曲轴位置传感器 CPS 提供，10 计数信号由 ECU 内部晶振产生，用于对曲轴转角信号进行计数运算，以便控制喷油提前角 θ 和喷油角度 α。凸轮轴位置传感器 CIS 信号转子每转一转（相当于曲轴旋转 720°）提供一个低电平信号，该低电平信号的下降沿对应于第 1 缸活塞压缩上止点前 88°（即 BTDC88°）；曲轴位置传感器 CPS 信号转子每转一转提供 58 个高电平信号（每个信号占曲轴转角均为 3°）、57 个低电平信号（每个信号占曲轴转角也为 3°）和一个宽低电平信号（占曲轴转角 15°，相当于 2 个高电平和 3 个低电平信号所占曲轴转角）。宽低电平信号后的第一个高电平信号对应于第 1 缸或第 4 缸上止点前 81°。这些条件均为已知条件，由系统设计和安装保证。控制过程如下：

在发动机工作过程中，在 ECU 根据曲轴位置传感器 CPS、加速踏板位置传感器和其他传感器信号确定最终喷油量的同时，还要查询确定最佳喷油提前角 θ（本例 $\theta = 18°$）、根据油压控制系统控制的喷油压力和喷油器流量参数计算喷油时间 t（本例 $t = 1$ms），再根据曲轴位置传感器 CPS 提供的信号计算喷油角度 α（本例 α=24°）。当 ECU 接收到凸轮轴位置传感器 CIS 输入的低电平信号下降沿时，说明第 1 缸活塞即将到达压缩上止点（处于 BTDC88°），ECU 开始监测曲轴位置传感器 CPS 提供的信号；当 CPS 输入宽低电平信号后的上升沿时，ECU 内部的 1°计数信号开始对 CPS 信号进行计数；因为喷油提前角 θ=18°，所以计数到 63（81°–18°=63°）次结束，从第 64 次开始接通喷油器电路并对曲轴转角（喷油角度）进行计数，喷油器电路接通开始喷油；因为喷油角度 α=24°，所以 ECU 计数到 24 次时切断喷油器电路，喷油器停止喷油。

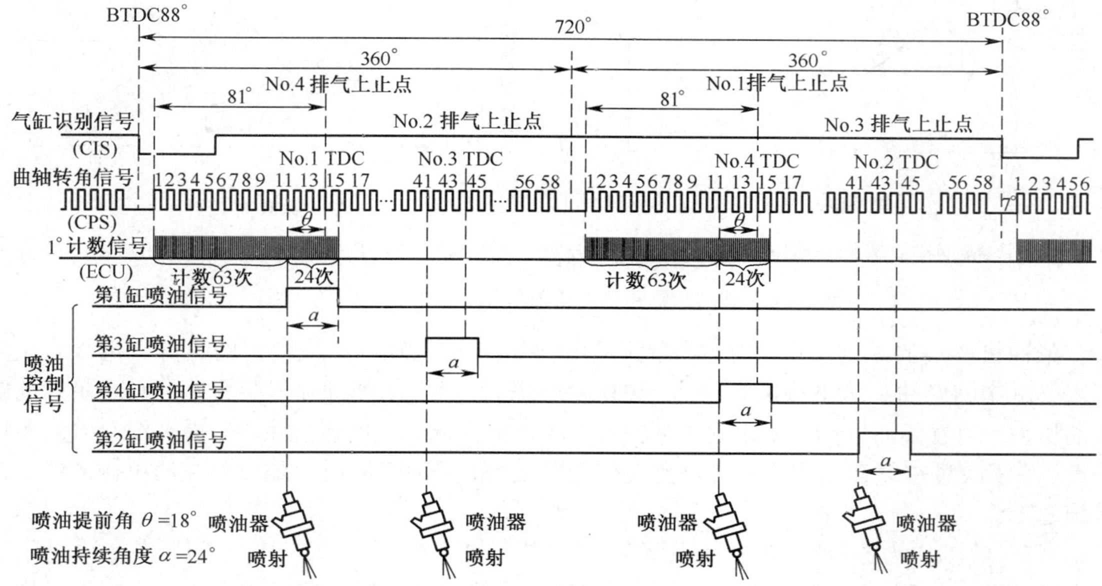

图 3-15　电子控制高压共轨喷射系统喷油时间 1 ms（喷油角度 24°）的控制过程

从 ECU 对第 1 缸喷油角度进行计数开始，到计数 180 次后，从第 181 次（即 CPS 第 41 个脉冲信号下降沿）开始接通下一缸（第 3 缸）喷油器电路并对喷油角度进行计数控制。从而实现喷油角度 24°（喷油时间 1 ms）、喷油提前角 18°的实时控制。

由此可见，电子控制高压共轨喷射系统喷油时间的控制方法与汽油机电子控制喷油系统喷油时间的控制方法相同，也是根据曲轴位置传感器和凸轮轴位置传感器等信号之间的相位关系进行控制。但是，由于柴油喷射还有引导喷射、预喷射、后喷射和次后喷射等，因此，喷油时间的控制过程比汽油喷油要复杂得多。

3. 电子控制高压共轨喷射系统喷油压力控制

众所周知，从地下开采出来的石油称为原油，车用汽油和柴油都是炼油厂使用炼油塔将原油加热蒸馏得来。车用轻柴油的沸点较高（300℃～365℃，车用汽油为 75℃～200℃），所以很难得到均匀的混合气。在燃油浓度高的区域（一般是大负荷工况），由于局部高温缺氧，燃油被裂解成碳，因此，柴油机会产生碳烟（俗称“冒黑烟”）。

（1）喷油压力控制的目的

控制柴油机喷油压力的目的是：使柴油良好雾化，从而提高燃烧效率、降低油耗和减少排放。

在实施排放法规之前，追求高喷油压力的目的是提高燃油的雾化质量。实施排放法规以后，追求高喷油压力的目的在于减少碳烟和颗粒物的排放量。碳烟和颗粒物的排放值与喷油压力之间的关系如图 3-16 所示。由图可见，当喷油压力升高时，碳烟和颗粒物的排放值均可降低。

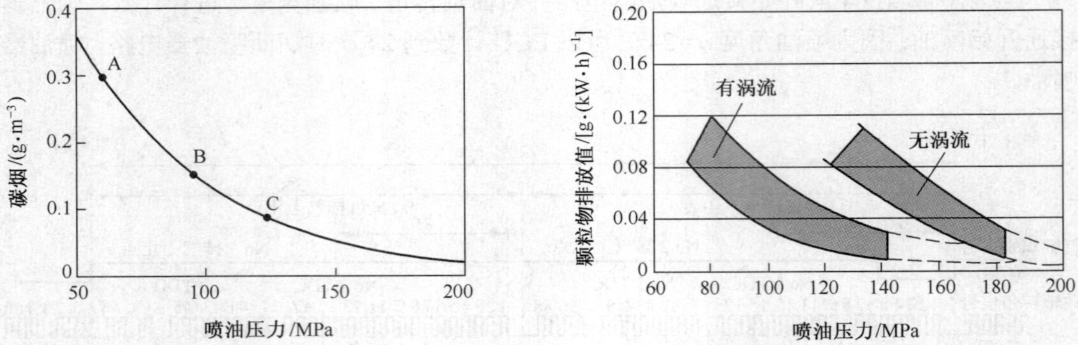

（a）碳烟排放值与喷油压力的关系　　（b）颗粒物排放值与喷油压力的关系

图 3-16　碳烟和颗粒物的排放值与喷油压力之间的关系

柴油机燃烧的关键技术就是使燃油均匀地雾化，在气缸内形成均匀的喷雾。也就是做到喷入气缸中的燃油一边不停地雾化，一边使之燃烧。这就要求燃油喷射装置始终具有足够高的喷油压力。随着柴油机排放要求的不断提高，改善缸内混合气的燃烧条件，提高混合气的燃烧质量，除了改进空气运动方式和燃烧室几何形状之外，提高喷油压力是改善柴油机排放的有效措施之一。

（2）喷油压力的控制方法

试验研究表明，当燃烧系统的结构一定时，最佳的喷油压力随柴油机工况不同而发生变化。因此，喷油压力应随柴油机的工况变化而实时进行控制。

在机械式燃油系统和电子控制喷油泵系统中，喷油压力随发动机转速变化而升高或降低。特别是在低转速、大负荷工况时，难以产生较高的喷油压力，这正是柴油机起动时，导致柴油不完全燃烧而冒黑烟的根本原因。此外，提高喷油压力还会导致氮氧化物 NO_x 排放量增加。

电子控制高压共轨喷射系统与电子控制喷油泵系统不同的是，燃油高压的产生与喷油控制是由 ECU 分别且独立进行，因此，可据发动机转速与负荷等不同工况，在一定油压（20-200 MPa）范围内，改变喷油压力，实现多段喷射（预喷射、主喷射、补喷射），从而提高燃烧效率，改善柴油机的经济性与排放性能。

在电子控制高压共轨喷射系统中，配有共轨油压传感器、油压控制阀 PCV、限压阀和流量限制阀等组成的独立控制喷油压力的电子控制油压系统，其功用就是自由控制共轨管中的燃油压力（即喷油压力），控制方法如图 3-17 所示。

当柴油机工作时，电子控制单元 ECU 根据加速踏板位置传感器信号（油门开度信号）Ac，和发动机转速传感器信号 n_e，利用计算机的查询功能，从三维图形（MAP 图）中得到相应工况的目标喷油压力值 P_f，根据油轨压力传感器提供的信号计算出共轨管内燃油的实际喷油压力值 P_s；再将目标喷油压力值 P_f 与实际喷油压力值 P_s 进行比较运算并求出压力差值，然后向压力控制阀（高压油泵控制阀）PCV 的输出回路（驱动电路）发出控制指令，将实际喷油压

力值 P_s，控制在目标喷油压力值 P_f。

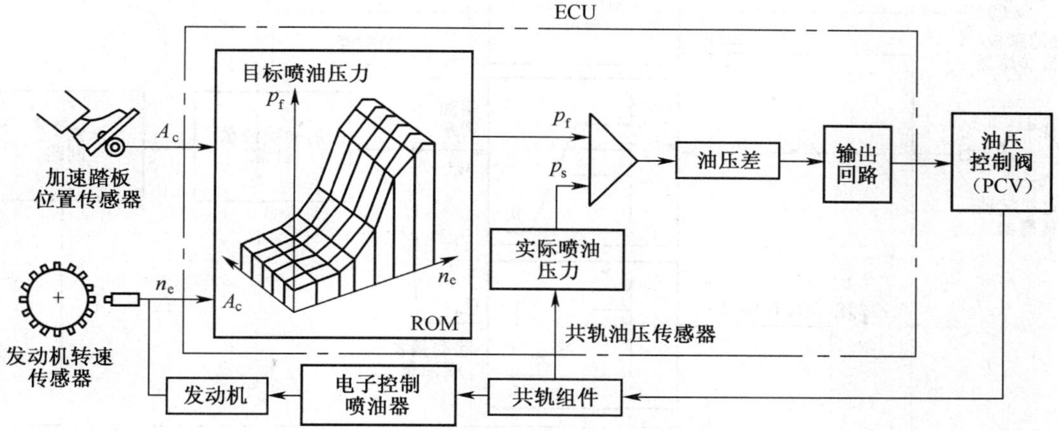

图 3-17 喷油压力的控制方法

当实际喷油压力值 P_s 小于目标喷油压力值 P_f 时，ECU 将向油压控制阀 PCV 发出占空比减小的控制信号，使 PCV 线圈平均电流减小，球阀开度减小，溢流量减小，共轨燃油压力升高。当实际喷油压力值 P_s 升高到目标喷油压力值 P_f 时，ECU 再向油压控制阀 PCV 发出占空比保持不变的控制信号，使 PCV 的球阀开度保持不变，溢流量不变，共轨燃油压力也就保持在目标喷油压力值 P_f。

当实际喷油压力值 P_s 大于目标喷油压力值 P_f 时，ECU 将向油压控制阀 PCV 发出占空比增大的控制信号，使 PCV 线圈平均电流增大，球阀开度增大，溢流量增大，共轨燃油压力降低。当实际喷油压力值 P_s 降低到目标喷油压力值 P_f 时，ECU 再向 PCV 发出占空比保持不变的控制信号，使共轨燃油压力保持目标喷油压力值 P_f。

综上所述，当柴油机负荷和转速变化时，ECU 通过调节控制信号的占空比，改变压力控制阀 PCV 的开度和高压泵供油量的大小，从而实现喷油压力的控制。

4. 电子控制高压共轨喷射系统多段喷油控制

在电子控制高压共轨喷射系统中，高压油泵提供的高压燃油存储在共轨管内，针阀阀门的开启与关闭由喷油器的电子控制机构（电磁阀或压电晶体）控制针阀偶件的背压决定，喷油压力的产生与发动机转速和负荷无关，由油压控制阀 PCV 始终将其控制在高压状态（一般为 160～200MPa 的某一数值），喷油量的大小由针阀阀门开启时间（即电磁阀或压电晶体通电时间）的长短决定。因此，高压共轨系统不仅能够独立地、自由地控制喷油压力和喷油量，而且具有良好的喷油特性。喷油特性是指喷油量与喷油时间之间的关系，实现预喷射、主喷射、补喷射等多段喷油的喷油特性曲线。

多段喷油又称为多段喷射，是指将一个工作循环中的喷油过程分成若干阶段进行喷射。目的是控制燃烧速率，减少有害物质（颗粒物（PM）和氮氧化物（NO_x））的排放量和降低燃烧噪声。

5. 柴油机起动时喷油量的控制

在电子控制发动机汽车上，起动喷油量由电子控制单元 ECU 依据发动机温度等信号进行调节，起动困难的现象十分罕见，起动喷油量的控制方法如图 3-18 所示。

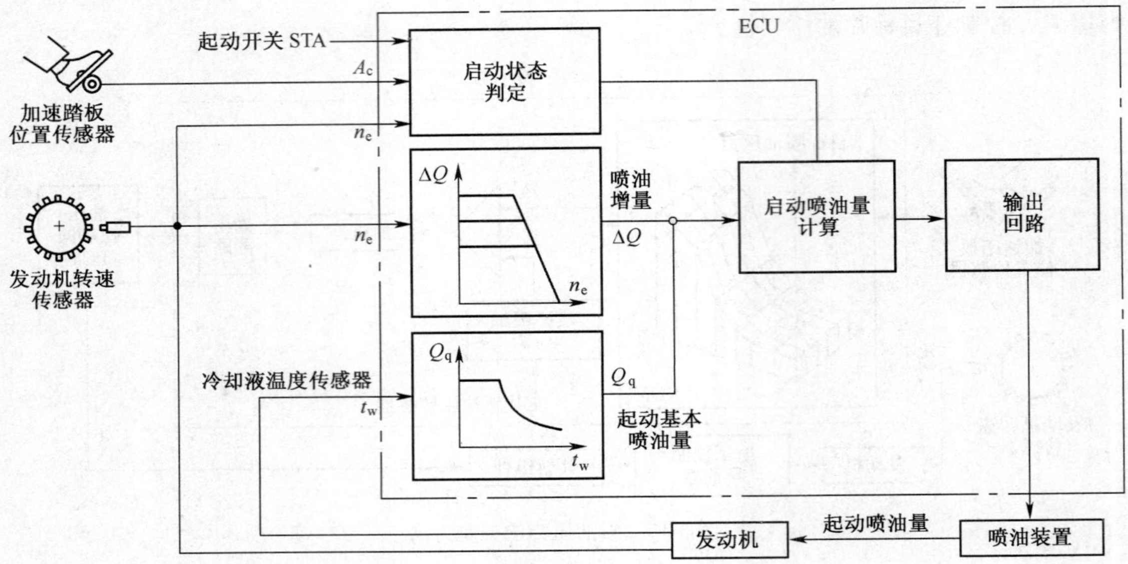

图 3-18　柴油机起动时喷油量的控制方法

柴油机的起动过程由初始发火、完全发火、转速上升到起动完成等几个阶段组成。从开始起动到完全发火之间的时间越短，则起动性能越好。从发动机开始起动到速度开始上升经历的时间越短，则起动响应特性越好，即反应速度越快。

在低温起动时，由于发动机机件摩擦产生的阻力矩大，起动性能和响应特性都会变差。所以，起动时必须增大喷油量，使发动机产生的驱动转矩大于发动机自身的阻力矩。这就是起动喷油量控制的任务。机械式供油系统虽然能够实现起动喷油量控制功能，但是，当温度和海拔高度等外界条件发生较大变化时，起动喷油量控制就难以实现了，就会出现发动机起动困难的现象。

在柴油机电子控制喷油系统中，起动喷油量控制过程与汽油机基本相同。电子控制单元 ECU 首先根据起动开关信号、发动机转速传感器和加速踏板位置（油门开度）传感器等信号判断发动机是否处于起动状态。当判定结果为起动状态时，首先根据冷却液温度（水温）传感器信号确定起动基本喷油量，再根据发动机转速传感器信号确定喷油增量（补偿油量），二者的计算结果即为起动喷油量，然后向执行器（喷油装置）发出控制指令。执行器在 ECU 输出回路的驱动下，按起动喷油量进行喷油。因为起动喷油量相对较大（起动喷油量为基本喷油量的 1.3～1.5 倍），且以发动机温度为基准，并辅之以喷油增量进行控制，所以电子控制发动机都能顺利起动。

3.4　电子控制泵喷嘴喷射系统

优良的混合气准备是提高柴油发动机动力性、燃油经济性，降低排放、噪声的关键因素。这就要求喷射系统产生足够高的喷射压力，确保燃油雾化良好，同时还必须精确控制喷油始点和喷油量。电控泵喷嘴喷射系统柴油机与分配式喷射系统相比有燃烧噪声低、油耗低、排放清洁和效率高等优点，这些优点得益于高达 205MPa 的喷射压力和精确控制的喷射循环。

3.4.1 泵喷嘴原理

泵喷嘴就是喷油泵与喷油器组合在一起，即高压油管长度为零的燃油系统。它安装在缸盖上，每个缸都有一个。由于无高压油管，所以可消除长的高压油管中压力波和燃油压缩的影响，高压容积大大减少，因此可产生所需的高喷射压力。喷油量的控制，则是由电磁阀控制喷油的开始和终了，使喷油泵腔和低压系接通或切断（ON/OFF）进行控制的。

3.4.2 宝来轿车电控泵喷嘴系统

1. 泵喷嘴的结构

如图 3-19 所示，喷射凸轮有一个陡峭上升面和一个平滑下降面，当喷射凸轮转到陡峭上升面与摇臂接触时，泵活塞被高速向下压并迅速获得一个高喷射压力；当喷射凸轮转到平滑下降面与摇臂接触时，泵活塞缓慢、平稳地上下移动，允许无气泡的燃油流入泵喷嘴的高压腔。

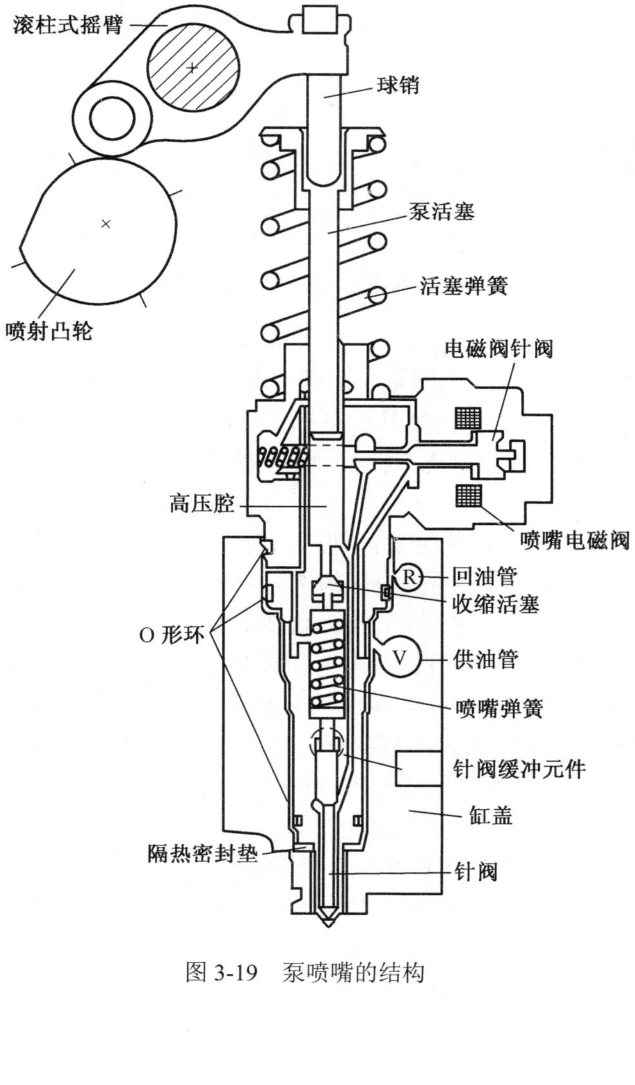

图 3-19 泵喷嘴的结构

2. 混合气的形成和燃烧要求

泵喷嘴技术的喷射循环包括高压腔充注燃油、预喷射循环、主喷射循环和喷射结束四个阶段。

高压腔充注燃油。向高压腔充注燃油，为喷射循环做准备。

预喷射循环。在主喷射循环开始之前，少量燃油在低压下喷入燃烧室。少量燃油的燃烧使燃烧室内的压力和温度上升，可以减少点火延迟（点火延迟是开始喷油和燃烧室内压力开始上升之间的时间，这段时间应该短暂，否则在此期间喷油量大，压力会突然上升并产生很大的燃烧噪声，即工作粗暴）。在预喷射循环和主喷射循环之间的"喷射间隔"，燃烧室内的压力平缓上升，而不是一个突然的压力上升，使得燃烧噪声低，排放的氮氧化合物也少。

主喷射循环。以高喷射压力将燃油喷入燃烧室。空气和燃油混合、雾化良好，充分燃烧，从而减少排放污染并确保发动机高效率运转。

喷射结束。压力迅速下降，喷嘴迅速关闭。防止燃油在低喷射压力下以大颗粒滴入燃烧室，造成燃烧不完全，排放污染严重。

泵喷嘴技术的喷射曲线大大符合发动机的要求。预喷射期间压力低，接着是一个"喷射间隔"，然后是主喷射循环，压力上升，最后是喷射循环的突然结束，如图 3-20 所示。

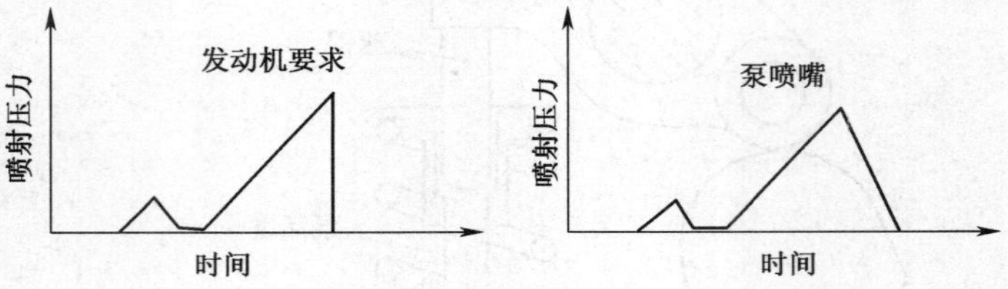

图 3-20 泵喷嘴技术的喷射曲线与发动机的要求

3. 工作过程

（1）高压腔充注燃油阶段。泵活塞在活塞弹簧压力作用下向上移动，这样使高压腔内容积扩大。喷嘴电磁阀不动作，电磁阀针处于静止位置，供油管到高压腔的通道打开，供油管内的油压使燃油流入高压腔。高压腔充注燃油阶段如图 3-21 所示。

（2）预喷射循环阶段。

1）预喷射循环开始。喷射凸轮通过滚柱式摇臂将泵活塞压下，将高压腔内的燃油排出到供油管。发动机控制单元通过激活喷嘴电磁阀来起动喷射循环，在此过程，电磁阀针阀被压入到阀座内，关闭高压腔到供油管的通道。高压腔内开始产生压力。当压力达到 18MPa 时，压力高于喷射弹簧压力，喷射针阀上升，预喷射循环开始。预喷射循环开始如图 3-22 所示。

喷嘴针阀阻尼：在预喷射循环，喷嘴针阀行程被液力阻尼垫阻尼。因此，可以准确测量喷射量。在前 1/3 行程，喷嘴针阀无阻尼打开，将预喷射油量喷入燃烧室。当缓冲塞堵住喷嘴壳体的内孔时，针阀上部的燃油只能通过泄油间隙排入喷嘴弹簧室，从而形成一液力阻尼垫，限定预喷射循环的针阀行程，如图 3-23 所示。

2）预喷射循环结束。喷嘴针阀打开后，预喷射立即结束。上升的压力使收缩活塞下移，使高压腔内容积扩大。于是，压力瞬时下降，喷嘴针阀关闭。此时，预喷射结束。收缩活塞的下移增加了喷嘴弹簧的压紧程度。在接下来的主喷射循环，若想再次打开针阀，油压必须比预喷射过程中的油压高。预喷射循环结束如图 3-24 所示。

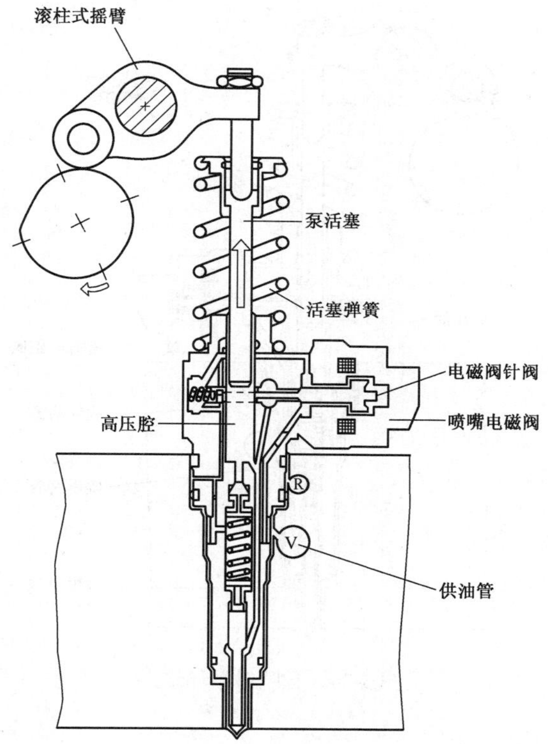

图 3-21 高压腔充注燃油阶段

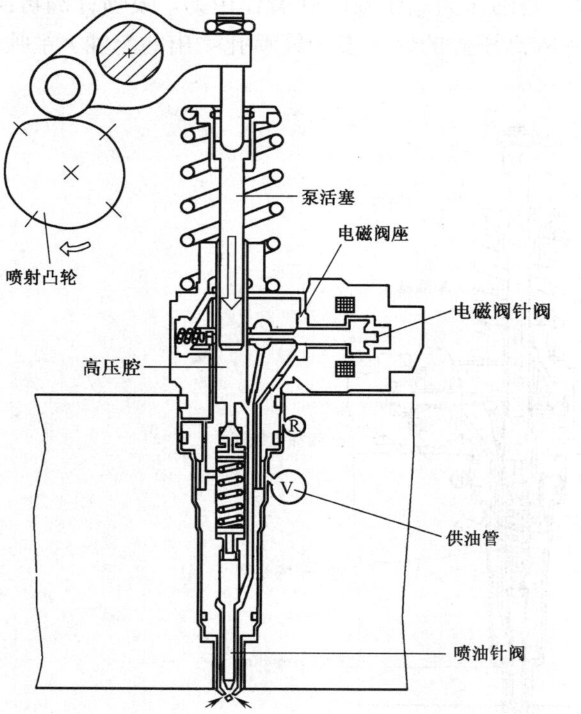

图 3-22 预喷射循环

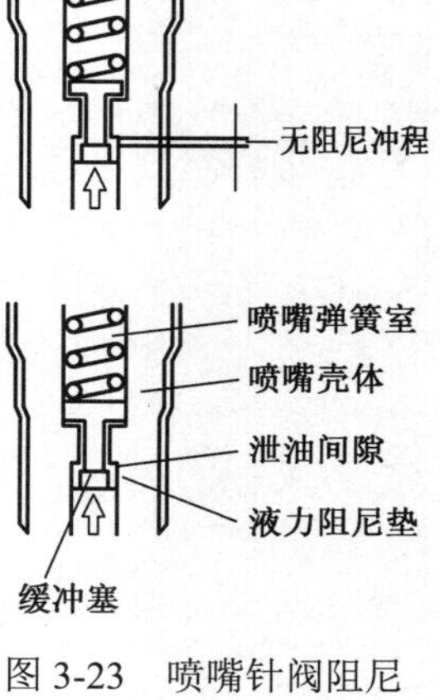

图 3-23 喷嘴针阀阻尼

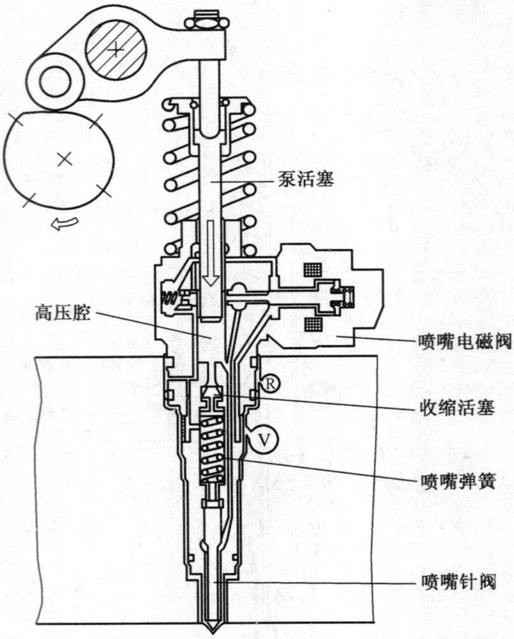

图 3-24　预喷射循环结束

（3）主喷射循环阶段。

1）主喷射循环开始。喷嘴针阀关闭后短时间内，高压腔内压力立即重新上升。喷嘴电磁阀仍然关闭，泵活塞下移。约 30MPa 时，燃油压力高于喷嘴弹簧作用力，喷嘴针阀再次上升，主喷油开始。压力上升到 205MPa 时，进入高压腔的燃油多于经喷孔喷出的燃油。主喷射循环开始如图 3-25 所示。

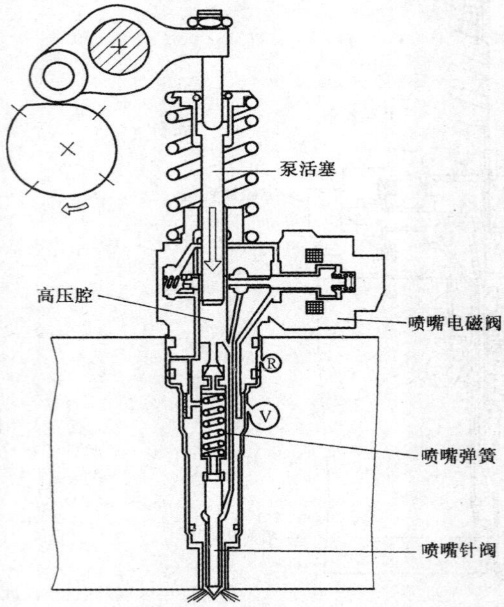

图 3-25　主喷射循环开始

发动机最大功率时的喷油压力最高，高转速时，喷入的油量也大。

2）主喷射循环结束。当发动机控制单元停止激活喷嘴电磁阀后，电磁阀弹簧打开电磁阀针阀，燃油被泵活塞排出到供油管，压力下降。喷嘴针阀关闭，喷嘴弹簧将旁通活塞压回到初始位置，主喷射循环结束。

（4）泵喷嘴回油。泵喷嘴的回油管具有如下功能：

1）冷却泵喷嘴，来自供油管的燃油冲刷通向回油管的泵喷嘴油道。

2）排除泵活塞处泄出的燃油。

3）通过回油管节流孔分离来自供油管内的气泡。

本章小结

随着国Ⅳ排放标准的实施，国产柴油机已经开始采用电子控制柴油喷射系统。其基本控制原理与汽油机电子控制技术有许多相似之处，都是由传感器、电子控制单元和执行器三大部分组成。柴油机电子控制技术有两个明显的特点：一个特点是其关键技术和技术难点就在柴油喷射电子控制执行器上；另一个特点是柴油电子控制喷射系统的多样化。柴油喷射具有高压、高频、脉动等特点，其喷射压力高达60～150MPa，甚至200MPa，实现喷油量的控制、怠速转速的控制、起动喷油量的控制、各缸喷油均匀性的控制、喷油正时的控制，来满足对动力性、经济性和排放性能的要求。

电子控制柴油喷射系统目前采用的有电子控制分配泵喷射系统、电子控制高压共轨喷射系统、电控泵喷嘴喷射系统。

电子控制分配泵系统按喷油量、喷油时间的控制方法可分为两类：位置控制式、时间控制式。

位置控制式电控分配泵系统就是将VE分配泵中的机械调速器换成电子控制的执行机构。其基本特点是：保留了机械分配泵的溢流环，采用旋转式电磁铁执行机构，由于转子的旋转，改变轴下端的偏心球的位置来控制溢油环的位置。

时间控制式电控分配泵系统是在电子控制单元内设有时钟，通过时钟控制喷油终了时刻，从而控制喷油量。控制喷油终了时刻的执行机构是电磁阀，对每一次喷油都可以进行控制，因此可以取消其他的喷油控制机构。

电子控制高压共轨喷射系统是通过传感器和开关信号检测出的发动机实际状态，通过电子控制单元计算处理后，对喷油量、喷油时间、喷油压力和喷油率等进行最佳控制，是广泛采用的新一代柴油机电控喷射系统。

电子控制高压共轨喷射系统包括供气系统、供油系统、电子控制系统和排气系统等。

供油系统由低压油路、高压油路构成。低压油路部分由油箱、输油管、燃油滤清器、输油泵、高压油泵低压区组成；高压油路部分由高压油泵高压区、高压油轨（共轨）、高压油管、喷油器等零件组成，完成吸油、加压、滤清、高压、喷射功能。

电子控制单元（ECU）根据传感器提供柴油机的当前工况信息进行分析以后，根据预定的控制策略对喷油器发出控制信号，控制喷油量、喷油始点、废气再循环和电热塞系统。ECU电子控制单元通过喷油量、柴油机转速和冷却液温度等信号确定最优喷油始点，给高压油路中的电磁阀式喷油器发出相应的控制信号，通过喷油脉冲的宽度，控制喷油量。

电控泵喷嘴喷射系统是喷油泵与喷油器组合在一起，即高压油管长度为零的燃油系统。它安装在缸盖上，每个缸都有一个。当喷射凸轮转到陡峭上升面与摇臂接触时，泵活塞被高速向下压并迅速获得一个高喷射压力；当喷射凸轮转到平滑下降面与摇臂接触时，泵活塞缓慢、平稳地上下移动，允许无气泡的燃油流入泵喷嘴的高压腔。发动机控制单元通过激活喷嘴电磁阀来控制喷油量的多少。

思考与练习题

1．电子控制柴油喷射系统由哪几部分组成？
2．电子控制柴油喷射系统的分类有哪些？
3．电子控制柴油喷射系统的功能有哪些？
4．位置控制式电控分配泵系统原理是什么？
5．时间控制式电控分配泵系统原理是什么？
6．电子控制高压共轨喷射系统的供油系统由哪些部件组成？各有何作用？
7．电子控制高压共轨喷射系统的传感器有哪些？
8．电子控制高压共轨喷射系统的基本原理是什么？
9．电子控制泵喷嘴喷射系统的基本原理是什么？

4

可变配气相位机构

本章导读

本章首先简单回顾了配气相位的定义以及配气相位的组成，分析在进、排气门早开、晚关的过程中，进气门的晚关，对充气效率影响最大，其次是重叠角的大小，从而引出了可变配气相位的目的和方法。详细分析了常见车型的结构形式和工作原理：本田车系可变气门相位与升程电子控制机构（VTEC）；奥迪 A6L BDX 发动机上 AVS 系统、大众车系链条式可变气门正时机构；丰田车系智能可变气门正时系统 VVT-i 等。

本章要点

- 本田车系可变气门相位与升程电子控制机构（VTEC）
- 奥迪 A6L BDX 发动机上 AVS 系统结构与基本工作原理
- 大众车系链条式可变气门正时机构结构与基本工作原理
- 丰田车系智能可变气门正时系统 VVT-i 结构与基本工作原理

4.1 概述

用曲轴转角表示的进、排气门开闭时刻和开启持续时间，称为配气相位。进气配气相位为 180°+进气提前角 α+进气迟后角 β，排气配气相位为 180°+排气提前角 γ +排气迟后角 δ，如图 4-1 所示。配气相位都是按发动机的性能要求，通过试验来确定某一常用转速下较合适的配气相位，自然它也只能对这一转速最为有利。同一台发动机转速不同应有不同的配气相位，转速越高，提前角和迟后角也应越大，然而这在结构上很难满足。随着电子技术的发展，一些可变配气相位和可变气门升程的控制机构已在轿车发动机上得到应用。

发动机配气相位角的大小，因车而异，总的目的是利用气流的惯性和压差，使进气充分和排气彻底，提高动力性和经济性。传统的配气相位角值，如图 4-1 所示。

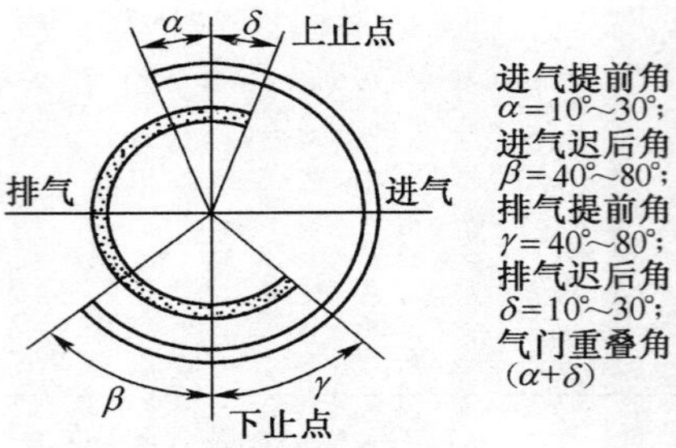

图 4-1　配气相位

试验证明，在进、排气门早开、晚关的过程中，进气门的晚关，对充气效率影响最大，其次是重叠角的大小，人们多在进气门方面改善性能指标。

过大的进气相位角，将使发动机的低速性能变坏。这是因为：低速时，混合气流动速度慢，燃烧速度也较慢，进气提前角过大时，重叠角即加大，有可能将混合气挤出缸外，造成回火和怠速不稳。

反之，过小的进气相位角，进气门早关，将使发动机高速性能变坏。这是因为：高速时，混合气流动速度快，燃烧速度也加快，惯性能量也加大，进气门应加大早开晚关的角度，才能保证惯性能量的充分利用，防止气流滞留缸外，使进气充分和排气彻底。

如图 4-2 所示。通过试验证明，两种进气迟后角的充气效率（η_v）和功率（*N*e）变化规律是：

（1）低速时，晚关 60°的充气效率 η_v 低、发动机功率 *N*e 升高迟后。

（2）高速时，超过 2300～2500r/min 后，晚关 60°的充气效率 η_v 和功率 *N*e，明显优于 40°的相位角。

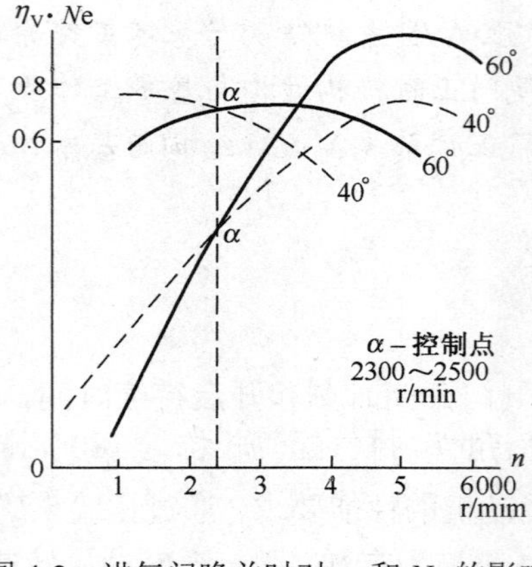

图 4-2　进气门晚关时对 η_v 和 *N*e 的影响

4.2　可变气门升程与相位电子控制机构

可变气门升程和可变配气相位机构的含义是气门开启的程度（大小）可以改变的，同时气门开启持续的时间即配气相位也是可以变化的。

4.2.1　本田车系可变气门升程和可变配气相位机构（VTEC）

VTEC 机构在本田轿车车系许多车型上采用，VTEC 是英文缩写，其全称为 Variable Valve Timing & Lift Electronic Control，意思是可变气门相位与升程电子控制。

1. VTEC 机构的组成

（1）发动机采用四气门结构，两个排气门由单独的凸轮和摇臂驱动，两个进气门由单独的不同升程和相位角的凸轮和摇臂驱动，共有三个摇臂，主次摇臂之间装有中间摇臂，中间摇臂不与任何气门直接接触，三者依靠专门的柱塞联动，如图 4-3 所示。

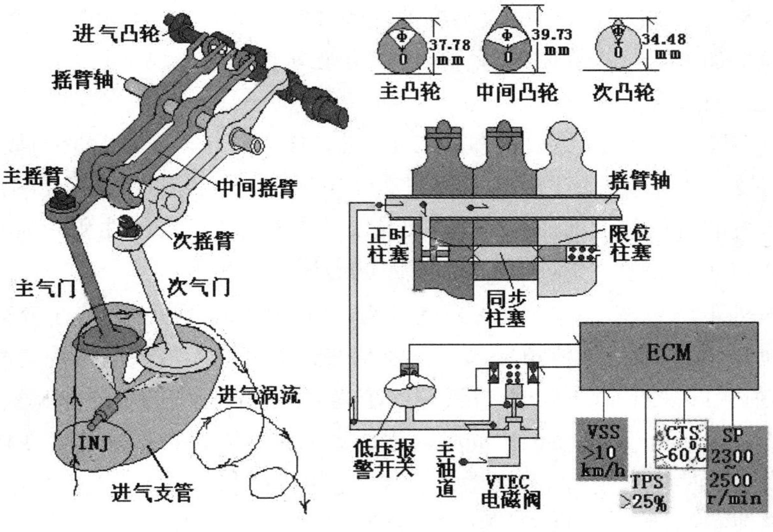

图 4-3　VTEC 机构的组成

（2）进气凸轮轴上中间凸轮的升程最大，它是按发动机“双进双排”、高转速、大功率的工作状态设计的。主凸轮的升程小于中间凸轮，它是按发动机“单进双排”、低转速工作状态设计的。次凸轮升程最小，最高处只是稍微高于基圆，其作用是在低转速时微开，以免喷油器喷出的燃油积聚在该气门口外不能进缸。

（3）三个摇臂靠近气门的一侧制有柱塞孔，孔中有靠油压控制的滑动柱塞，以便锁止联动。

（4）控制油压由 ECM（电子控制模块）的电磁阀控制，其线圈的电阻值为 14～30Ω 并有油压报警开关，提供 5V 的油压过低报警信号（低于 49kPa 时），一般油压应在 250kPa 以上为好。发动机不运转时或油压过低时，压力开关导通。当 VTEC 机构投入工作时，在油压的作用下，压力开关断开，给 ECM 一个反馈信号，确认凸轮已转换工作。

（5）在大负荷、低转速工况工作时，如 VTEC 机构不及时地投入工作，充气效率和进气涡流速度降低，会产生轻微爆燃现象（如爬坡时）。

2. VTEC 机构的工作原理

（1）发动机低速运转时

ECM 无工作指令，油道内无控制油压，各摇臂中的柱塞都在各自的柱塞孔中，各摇臂独自摆动，互不影响。主摇臂随主凸轮开闭主进气门，供给低速运转涡流混合气；次凸轮推动次摇臂微开次进气门，以防燃油积存；中间摇臂虽然随中间凸轮大幅度地摆动，但只是空转，对任何气门都不起作用。为了减少噪声，中间摇臂的一端，设有支撑弹簧。此时，发动机处于“单进双排”的工作状态。

（2）发动机高速运转时

当发动机转速达到 2300～2500r/min，车速达到 10km/h 以上时；节气门开度达到 25%以上时；冷却液温度在 60℃以上时。ECM 指令 VTEC 电磁阀开启液压油道，油压推动正时柱塞、同步柱塞和限位柱塞移动，将三个摇臂拴为一体。由于中间凸轮的升程大于另外两个凸轮，且凸轮的相位角也加大，主次进气门都大幅度地同步开闭。此时，发动机处于“双进双排”工作状态，功率明显地加大。可见拴联时有轻微噪音是正常现象。

（3）汽车在静止状态空转时

VTEC 机构不投入工作。动态行驶时 VTEC 机构投入工作，车速会有明显的提高。

VTEC 机构技术状态的好坏，除电控部件外，电磁阀的油路进口处有滤网，极易堵塞。主要决定于润滑系统的特设油道油压值。对机油品质、润滑系统相关部件和曲轴的轴承配合间隙要求严格（0.02～0.04mm），必须使用本田车系的专用纯正机油。

另外本田系列采用可调气门间隙的配气机构，气门间隙的调整必须在冷态下进行，缸盖温度低于 38℃时。因其配气相位角较大，只能是逐缸调整。不能采用传统的两遍法调整气门间隙。进气门间隙为 0.26±0.02 mm；排气门间隙为 0.30±0.02mm。气门间隙的轻微噪声是客观存在，这是“本田特色”，不要调小间隙，造成动力性、经济性、净化性变坏。

VTEC 机构的正时柱塞处，尚有惯性锁止片，用扭簧控制，片端插入正时柱塞的锁止槽中，该锁止片依靠高速时的惯性力解脱（图中没有画出）。

4.2.2 奥迪车系可变气门升程和可变配气相位机构

在奥迪 A6L BDX 发动机上采用了可变气门升程和可变配气相位机构 AVS（Audi Valvelift System）。

1. AVS 机构的组成

AVS 机构由凸轮轴、凸轮块、齿轮块调节执行元件及 ECU 组成：

（1）齿轮轴和齿轮块

多数发动机的凸轮轴和驱动气门的凸轮是一体的，而 AVS 机构的进气凸轮轴和凸轮是分体的，在这里，齿轮被称为凸轮块，在凸轮轴和凸轮块上匀有花键，凸轮轴通过花键驱动凸轮块转动的同时，凸轮块还有 2 个旋向相反的螺旋槽，可使凸轮块在轴上移动约 7mm。如图 4-4 所示，凸轮块上有两个不同的外形凸轮，凸轮的高度和所占角度不同。凸轮块的轴向移动实现不同升程的凸轮驱动气门的开启，从而实现气门升程的可变，凸轮轮廓所占角度不同，因此配气相位也可以改变。

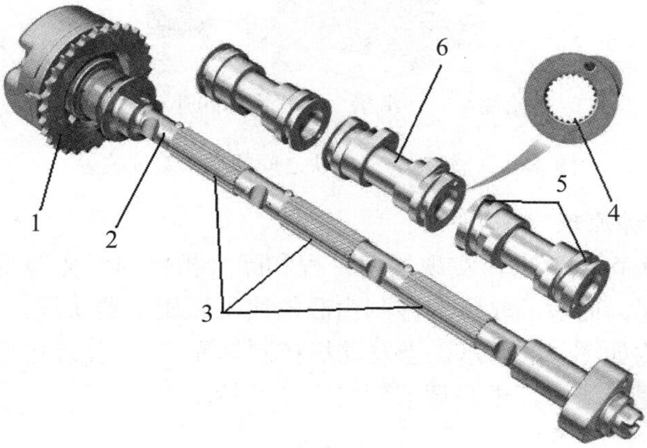

1—驱动链轮；2—凸轮轴；3—花键轴；4—花键孔；5—螺旋槽；6—凸轮块

图 4-4　凸轮轴与凸轮块

（2）电磁驱动器

在每段凸轮块的两端螺旋槽上端，垂直于凸轮轴布置在缸盖中安装有电磁驱动器，通过电磁力控制前端的金属销的长度，如图 4-5 所示。

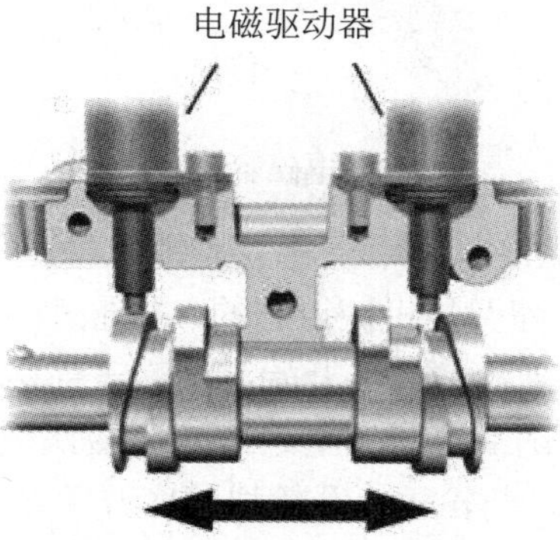

图 4-5　电磁驱动器

电磁驱动器通电，下沉的金属销伸到凸轮块端部的螺旋形滑槽内，在凸轮块转动过程中，螺旋形的槽曲线使得凸轮块移动。在移动结束处，已断电的电磁驱动器上的金属销被相应形状的槽底又推回到初始位置。另一个金属销和另一侧的滑槽可以使得凸轮块返回到原来的位置。

蓄电池通过 Motronic 供电继电器 J271 为凸轮块调节执行元件供电，通过发动机控制单元 J623 接地，每个执行元件最大电流为 3A，所有气缸按点火顺序逐次触发，伸出时是为 18～22ms。

在凸轮轴与凸轮块之间有一个弹簧和钢球，类同于手动变速器的自销装置，用于在部分负荷和全负荷时对齿轮块的锁止止动，如图 4-6 所示。

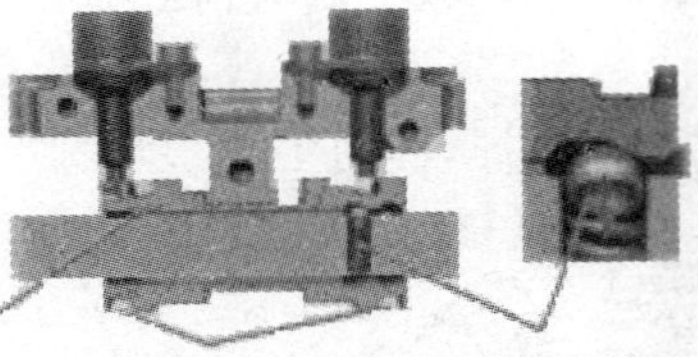

图 4-6　凸轮轴与凸轮块之间的止动定位装置

2. AVS 机构的工作原理

由以上的结构分析可以看出，实现气门升程和配气相位的变化即是控制凸轮轴上的凸轮块的轴向移动即可实现，而对凸轮块的控制由凸轮块电磁驱动器实现。

电磁驱动器的结构如图 4-7 所示，当发动机控制单元 ECU 接通电磁线圈后，将金属销伸出并插入到凸轮块的螺旋槽中，于是调节到另一个凸轮工作。

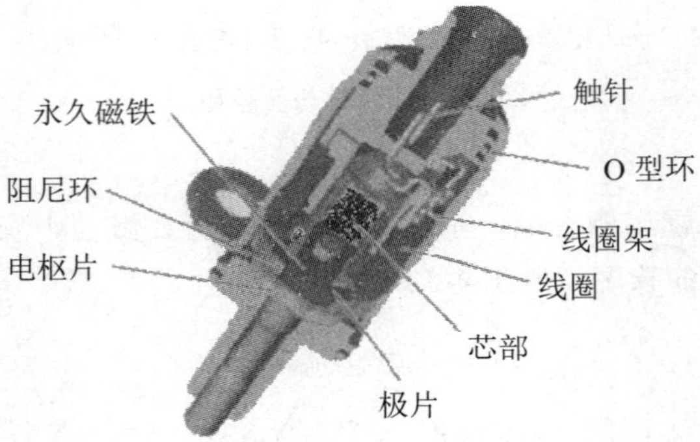

图 4-7　电磁驱动器结构

金属销上固定有一块永久磁铁，它用于将金属销保持在伸出或者缩回的位置上。金属销的伸出是通过电磁控制实现的，缩回是机械控制的，即通过凸轮块上螺旋槽轮廓来实现。激活电磁铁后，金属销（其上固定有永久磁铁）开始移动，一直移动到下止点位置。电磁线圈上的激发脉冲只用于使金属销伸出，随后金属销借助于永久磁铁被固定在执行元件壳体上（保持伸出状态）。在凸轮块调整完毕后，凸轮轴上凸轮块槽底开关会强迫金属销回位。这时永久磁铁就在电磁铁线圈中感应出一个电压，发动机控制单元就根据这个电压信号判断出回位已完成。

如图 4-8（a）所示，当发动机在低负载的情况下，为了追求发动机的节油性能，此时 AVS 系统则将凸轮推至左侧，以较小的凸轮推动气门。

如图 4-8（b）所示，发动机在高负载的情况下，AVS 系统将螺旋沟槽套筒向右推动，使角度较大的凸轮得以推动气门。在此情况下，气门升程可达到 11 毫米，以提供燃烧室最佳的进气流量和进气流速，实现更加强劲的动力输出。

如图 4-9 所示，两条虚线是普通凸轮的轮廓线；两条实线是高角度凸轮的轮廓线。可以看到驱动同一气缸内两个进气门的凸轮在升程和相位上也存在差别，也就是说两个进气门开启和关闭的时间以及升程并不相同。这种不对称的进气设计是为了让空气在流经两个进气门后，同时配合特殊造型的燃烧室和活塞顶部，可以令混合气在气缸内实现涡流和紊流，进一步优化混合气的状态。

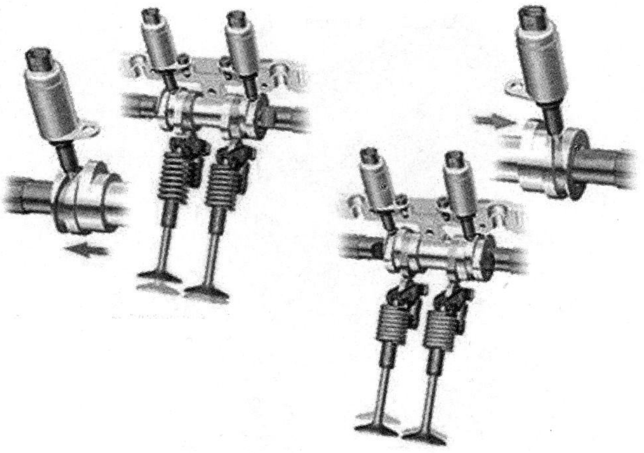

（a）　　（b）

图 4-8　不同凸轮工作情况

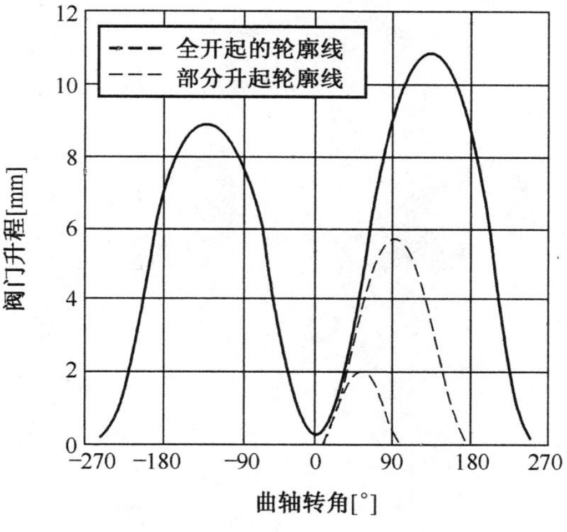

图 4-9　凸轮轮廓线

奥迪 AVS 机构与本田 VTEC 的气门升程依然是两段式的，没有做到气门升程的无级调节，所以对进气流量的控制还不够精确。然而一个巧妙之处在于对同一气缸内两个进气门采用不同步的开启和关闭时间，从而实现油、气的充分混合。

4.2.3　宝马可变气门升程机构

宝马的可变气门升程机构在传统的配气相位机构上增加了一根偏心轴，一个步进电机和中间推杆等部件，如图 4-10 所示。

当凸轮轴运转时，凸轮会驱动中间推杆和摇臂来完成气门的开启和关闭。电机工作时，蜗轮蜗杆机构会首先驱动偏心轴发生旋转，然后中间推杆和摇臂会产生联动，偏心轴旋转的角度不同，最终凸轮轴通过中间推杆和摇臂顶动气门产生的升程也会不同。在电机的驱动下，进气门的升程可以实现从 0.18mm 到 9.9mm 之间的无级变化，如图 4-11 所示。

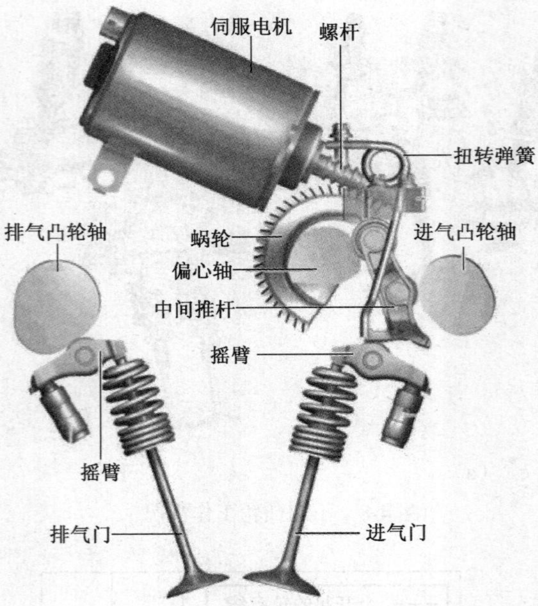

图 4-10　宝马可变气门升程机构

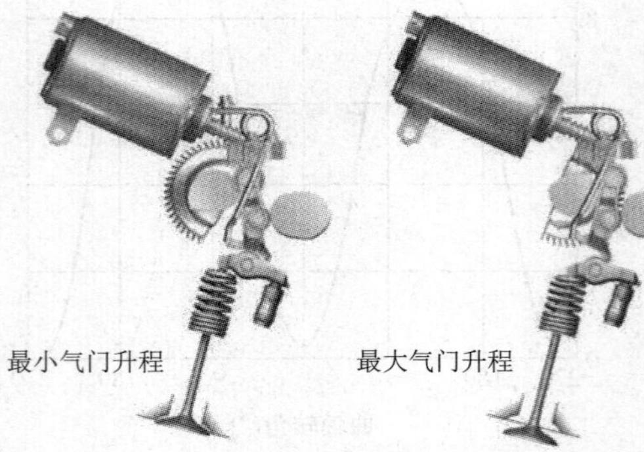

图 4-11　气门升程的变化

宝马的可变气门升程机构在气门升程控制上独辟蹊径，取消了传统发动机进气道中的节气门，取而代之的是一套通过步进电机控制的电子气门，用气门的升程直接实现控制混合气吸入量的目的，减少了泵气损失，进而大大节省了耗油量，特别是发动机低速工况时。没有了节气门的阻流，进气更加通畅，加速了燃油和空气的混合雾化，提高了燃烧速度，又降低了油耗，可谓完美的设计。

4.2.4　英菲尼迪VVEL

英菲尼迪的 VVEL 系统的工作原理与宝马的可变气门升程机构类似，但在结构上稍有不同。VVEL 系统使用一套螺套和螺杆的组合实现了气门升程的连续可调。在系统工作时，电机通过 ECU 信号控制螺杆和螺套的相对位置，螺套则带动摇臂、控制杆等部件，最终改变气门升程的大小，如图 4-12 所示。

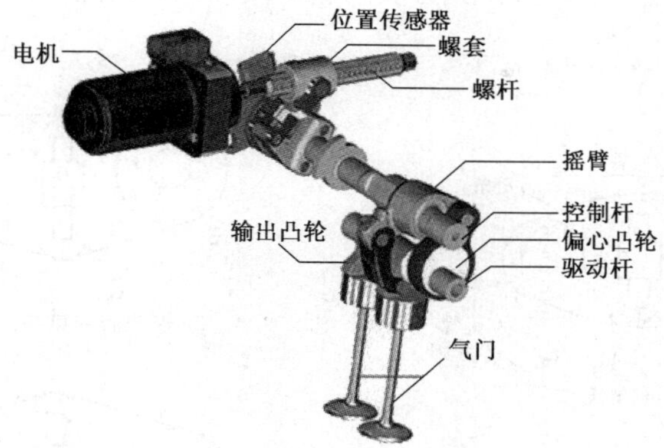

图 4-12　英菲尼迪的 VVEL 系统

摇臂通过偏心轮套在控制杆上，而控制杆可以在电机的带动下旋转一定角度。当发动机在高转速或者大负荷时，电机带动螺杆转动，套在螺杆上的螺套也会产生相应的横向移动，与螺套联动的机构使得控制杆逆时针或顺时针发生旋转。由于摇臂套在控制杆的偏心轮上，因此摇臂的旋转中心也会随之上升或下降，从而达到改变气门升程的目的。虽然整个机构看起来比较复杂，摩擦副也相对较多，但由于系统中的摇臂、控制杆和螺套等都是刚性连接，没有弹簧类的回位机构，使得 VVEL 系统即使在发动机高转速情况下也无需考虑惯性的问题。

4.3　可变气门正时机构 VVT

可变气门正时机构 VVT 只是改变进排气门开启和关闭的时刻（早晚），气门开启持续的角度不变，即配气相位不变；驱动气门的凸轮不变，即气门升程不变。

4.3.1　大众车系可变气门正时机构 VVT 原理

大众车系（如宝来、奥迪 A6 和帕萨特 B5 等）发动机装有可变气门正时机构 VVT（Variable Valve Timing）。其配气机构采用双顶置凸轮轴、4 气门结构。排气凸轮轴通过正时齿形皮带与曲轴相连接，进、排气凸轮轴之间采用链条驱动，链条上装有油压张紧器。

1. 可变气门正时机构基本结构与原理

可变气门正时机构由正时链条、链轮及可变正时调节器和电磁控制阀组成。其调节原理如图 4-13 所示。

（1）驱动端（固定端）是排气凸轮轴，在正时皮带的驱动下顺时针转动，不可能逆转，相对进气凸轮轴而言为固定端。它拉动进气凸轮轴也顺时针旋转，驱动气门开闭。

（2）自由端（浮动端）为进气凸轮轴，它不仅在排气凸轮轴的链条拉动下顺时针旋转，也可在可变配气正时调节器上下伸长时，转动一个 θ 角（拉、压合力）。

（3）如图 4-13（a）所示，调节器弧形滑板下降，链条下降，拉动进气凸轮轴顺时针转

动一个 θ 角。进气门即早开、早关，使重叠角加大，排气效果改善，提高容积效率，为低转速、大转矩工作段。

（4）如图 4-13（b）所示，调节器弧形滑板上升，链条上升，拉动进气凸轮轴逆时针转动一个 θ 角，进气门即晚开、晚关，充分利用流体惯性，提高充气效率，为高转速、大功率工作段。

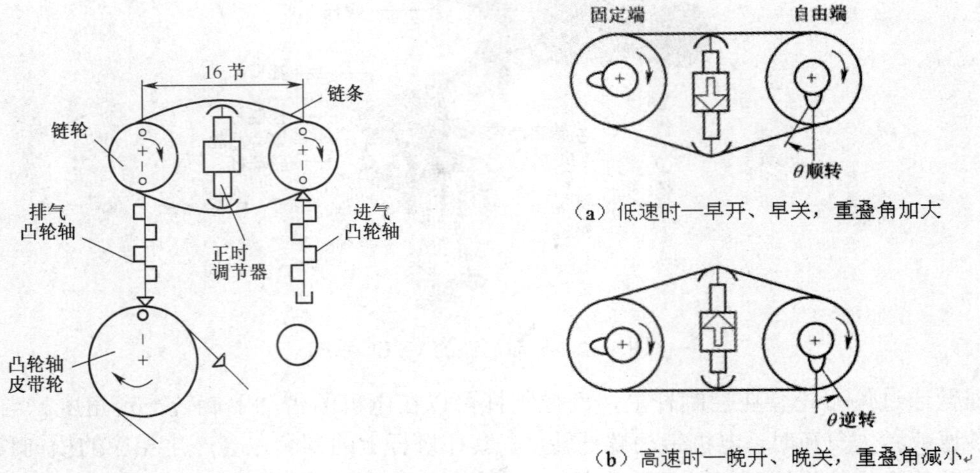

图 4-13　链条式可变配气正时工作原理图

（5）曲轴相位角的调节范围为 20°～30°，只是早开、晚关的时间变了，配气相位角不变（时间平移），气门升程不变，但进、排气重叠角变了（它的大小影响废气排出量和回火）。

（6）功率调节控制点为 1300r/min。低速时，气流惯性小，进气门早开、早关，为大转矩区段，适于一般行驶工况；高速时，气流惯性大，进气门晚开、晚关，为大功率区段，适于高速行驶工况。

（7）ECU 根据发动机转速信号和其他相关信号，通过电磁控制阀上的滑阀，使润滑系统的主油道油压驱动调节器中的控制活塞动作，使弧板分别上升或下降，进气凸轮轴即转动一个 θ 角，改变了气门的开闭时间。

（8）V6 发动机可变气门正时机构分左右两排，一个正时皮带驱动左右两排的排气凸轮轴，左右两侧调节器一前一后的安装，其液压操纵的方向相反，但原理相同。即左侧弧形滑板向上运动时，右侧弧形滑板向下运动，左右两排的进气凸轮轴都同向转过一个 θ 角。

2. 可变正时调节器和电磁控制阀的构造和工作原理

（1）构造

可变正时调节器是在液压紧链器的基础上，加装了用 ECU 控制的电磁阀，形成了一个“配气相位调节总成”部件，如图 4-14 所示。

1）紧链器上下弧形滑板，利用其筒孔套装在一起，各有其弹簧上下张开，使链条有一定的预紧度。发动机工作后，润滑系主油道的油压又通过单向阀进入筒内，推动上下弧形滑板产生张紧力，保证链条机构可靠地工作。

2）下弧形滑板筒上有控制活塞，在液压作用下能上下移动，可分别对正时链条产生推力，能改变进气凸轮轴相对于排气凸轮轴的角度值，产生提前或迟后调节力。

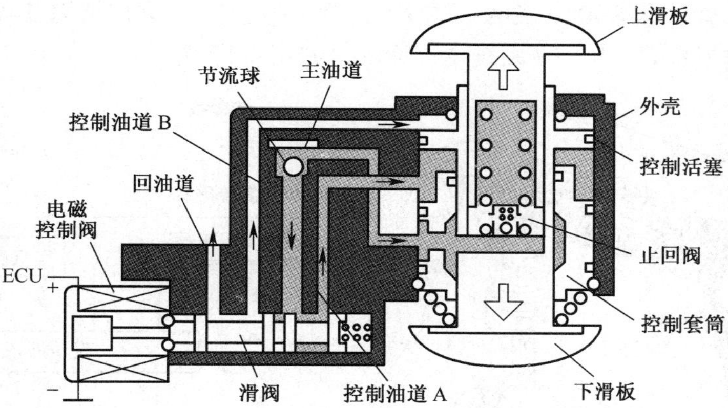

图 4-14　大众车系链条式配气正时调节机构

3）电磁控制阀线圈的电阻值为 10～18Ω，控制滑阀轴向移动，滑阀上有四道隔墙，使控制油道转换，产生提前或滞后调节。滑阀的中间隔墙上有一沟槽，使滑阀微量的轴移，即产生封闭或“沟通”作用。

4）主油道进油口处有节流球，可控制油压柔和地变化。回油道孔在滑阀末端隔墙内，保证 B 油道在不提前时泄油；提前时又封闭回油道。

（2）工作原理

1）当发动机转速低于 1300r/min 时，电磁控制阀不通电，滑阀使 A 油道与主油道相通，控制油压即作用在控制活塞的下方，推动控制活塞向上运动，使上部链条变长，进气凸轮轴即反向转动一定角度 θ，进气门早开角度变小，进、排气门的重叠角变小，防止发动机回火，低速运转平稳。

2）当发动机转速高于 1300r/min 时，电磁控制阀通电，磁吸力使滑阀右移，沟通 B 油道和主油道，控制油压即作用在控制活塞的上方，推动控制活塞向下运动，使下部链条变长，进气凸轮轴即正向转动一定角度 θ，进气门早开角度变大，进、排气门的重叠角变大，废气排出率加大，提高了容积效率和转矩值。

3）当发动机转速高于 3600r/min 时，电磁控制阀又断电，调节工作结束，进气门又回到不提前的位置，晚开和晚关角度加大，可利用气体的惯性能量，提高功率值。

大众车系可变气门正时机构的特点是只改变进气门开、关时间的早晚，配气相位角值不变（时间平移——即早开、早关；晚开、晚关），不改变进气门升程的大小。

4.3.2　丰田车系智能可变气门正时系统 VVT-i

合理地、自动地选择配气相位角，可使发动机的功率、转矩、燃油经济性和净化性得到提高，配气相位角中，进气门晚关角度的大小，对充气效率影响最大，其次就是重叠角的大小，它的大小，影响废气排出的多少和回火的发生。

VVT-i（Variable Valve Timing intelligent）系统用来控制进气凸轮轴在 40°曲轴转角范围内，保持最佳的气门正时，以适应发动机工作状况，从而实现在所有速度范围提高转矩和燃油经济性，减少废气排放量。这种结构只是改变进气门开、关时间的早晚，配气相位角值不变（时间平移——即早开、早关；晚开、晚关），不改变进气门升程的大小。该机构的相位角调节范围宽，工作可靠，功率可提高10%～20%，油耗可降低3%～5%。这种结构在其他车系也广泛使用，如新款的本田车系等，VVT-i系统结构原理，如图4-15所示。

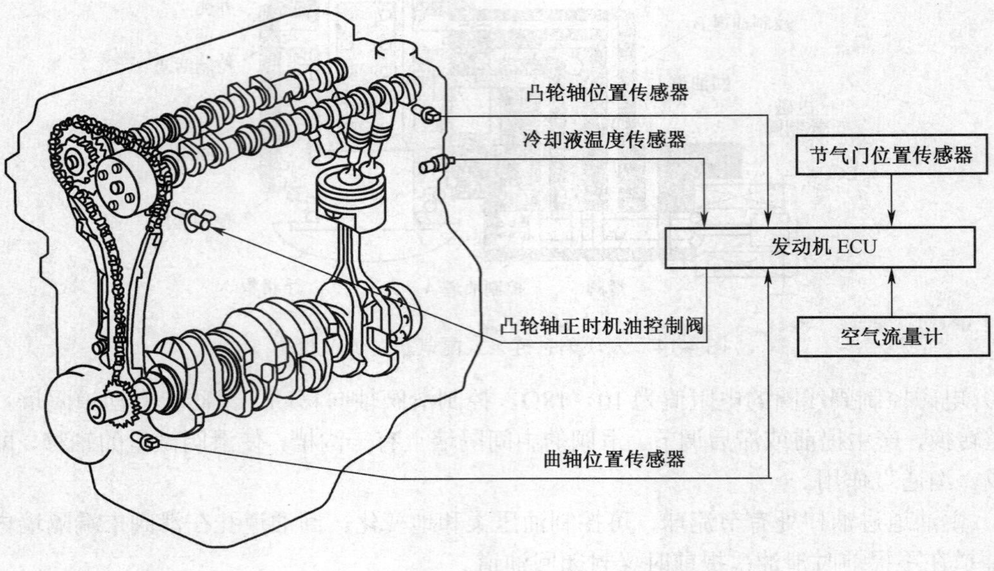

图4-15　智能可变气门正时系统结构图

1. 主要部件结构

丰田车系可变配气正时调节机构VVT-i由外壳、四齿转子、锁销、控制油道、电磁控制阀等组成，如图4-16所示。

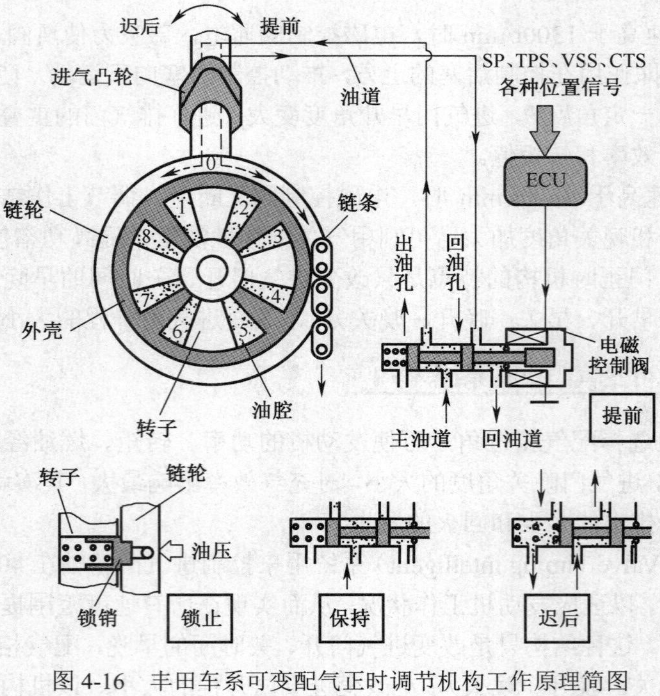

图4-16　丰田车系可变配气正时调节机构工作原理简图

（1）其外壳与正时齿轮固接，四齿转子与进气凸轮轴固接。四齿转子与外壳的隔墙，形成8个控制油腔，4个油腔充油，4个油腔泄油，在进气凸轮轴上的提前或滞后油路传送机油压力，使VVT-i四齿转子沿圆周方向旋转，连续改变进气门正时。VVT-i的结构图，如图4-17所示。

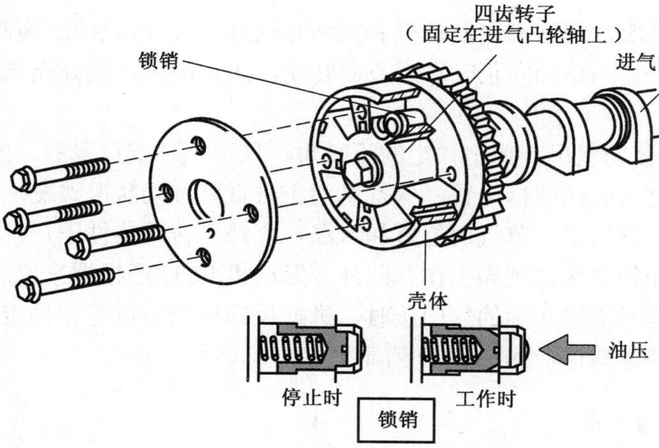

图4-17 VVT-i调节机构图

（2）当发动机停机时，进气凸轮轴多处在滞后状态，以确保起动性能。液压没有传递至VVT-i调节机构，锁销会锁止VVT-i调节机构，以防止产生回火。

（3）电磁控制阀。电磁控制阀结构图，如图4-18所示。凸轮轴正时机油电磁控制阀，根据发动机ECU负荷的变化，改变控制滑阀的位置，从而分配液压控制至提前和滞后侧。当发动机停机时，凸轮轴正时机油电磁控制阀，即处在滞后位置。

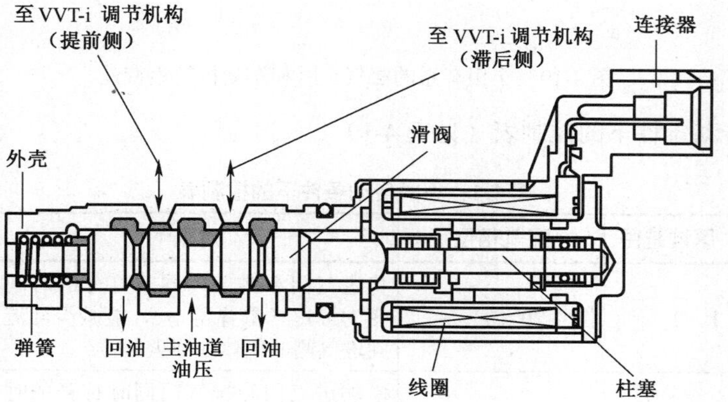

图4-18 电磁控制阀结构图

2. 控制原理

根据来自发动机ECU的提前、滞后或保持信号，凸轮轴正时机油电磁控制阀，选择控制通路，它的功率调节范围为1300～3600r/min。即ECU是用不同的电流值，调节滑阀的位置，随发动机工况的变化，有保持、提前、滞后等状态，故称智能化配气正时机构。

（1）提前时

在中等负荷工况，根据来自发动机 ECU 的提前信号，凸轮轴正时机油电磁控制阀导通的电流值最大。总油压作用到正时提前转子油腔，使凸轮轴向正时提前方向转动，改善缸内废气排出性能，提高功率。

（2）滞后时

在怠速和大负荷工况，根据来自发动机 ECU 的滞后信号，电磁控制阀断电，总油压作用到正时滞后转子油腔，使凸轮轴向正时滞后方向转动，防止回火，提高充气效率和转矩。

（3）保持时

发动机 ECU 根据移动状况计算出预定的正时角，预定正时被设置后，电磁控制阀控制电流值即变得较小，使滑阀处在空挡位置，保持气门正时直到移动状况改变。

根据发动机转速、进气量、节气门位置和水温，在每个传动条件下，发动机 ECU 计算出一个最优气门正时来控制电磁控制阀工作。此外，发动机 ECU 还根据来自凸轮轴位置传感器和曲轴位置传感器的信号检测实际的气门正时，进行反馈控制，以获得预定的最佳气门正时。进排气的配气正时和转矩特性，如图 4-19 所示。

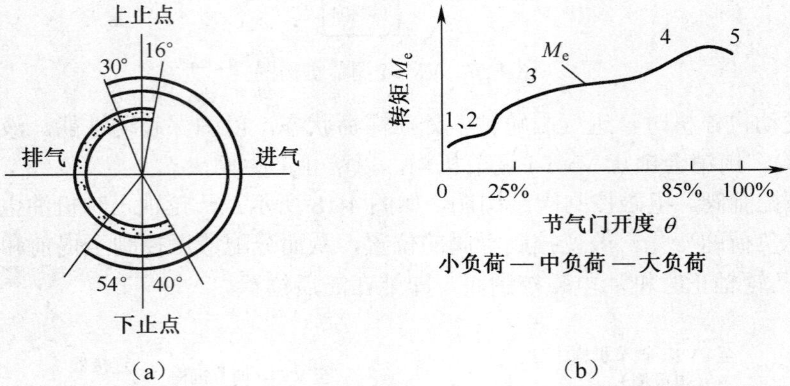

图 4-19 丰田车系的配气正时和发动机转矩特性

（4）不同传动条件下的控制表（见表 4-1）

表 4-1 不同传动条件下的控制表

工作状况	区域范围	配气相位	对象	结果
怠速工况/小负荷工况	1、2	图 4-20（a）	将进气门和排气门同时打开的时间变为最短（重叠角小），能减少回流到进气侧的气体（回火）	稳定怠速转速，燃油经济性更好
中等负荷工况	3	图 4-20（b）	增加进气门和排气门同时打开的时间（重叠角大），改善缸内废气排出性能，减少吸气损失，提高功率	燃油经济性更好，改善排放控制
低速至中速范围带重负荷时	4	图 4-20（c）	进气门关闭正时提前，加大重叠角，以改善容积效率（充气效率）	改善低速至中速范围的转矩
高速范围带重负荷时	5	图 4-20（d）	进气门关闭正时滞后，以改善容积效率（充气效率）	改善输出转矩

续表

工作状况	区域范围	配气相位	对象	结果
低温工况		图 4-20（e）	将进气门和排气门同时打开的时间变为最短，防止进气回流进气侧，导致稀燃烧，并稳定快怠速转速	稳定快怠速转速，燃油经济性更好
起动/停机工况		图 4-20（f）	将进气门和排气门同时打开的时间变为最短，并将回流到进气侧的气体减到最少	改善起动性能

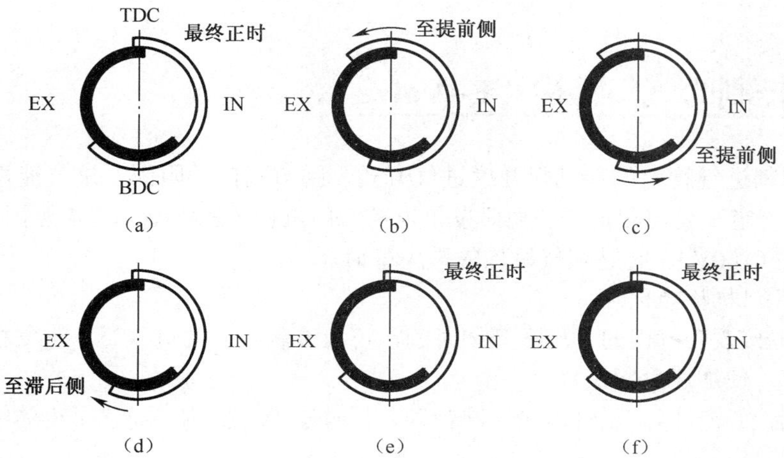

图 4-20　配气正时图

3. DVVT 机构

有些发动机采用 DVVT（双可变气门正时机构），进、排气门的开闭时间都可改变，如奇瑞瑞虎 1.6 DVVT 发动机、丰田卡罗拉发动机等，如图 4-21 所示。采用 DVVT 的优点：

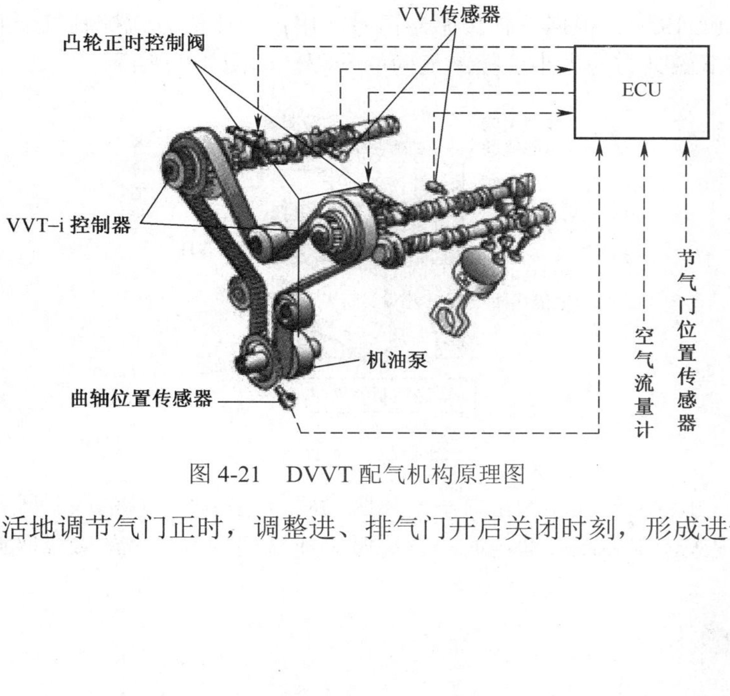

图 4-21　DVVT 配气机构原理图

（1）可以灵活地调节气门正时，调整进、排气门开启关闭时刻，形成进气门提前开启，排气门推迟关闭的特定时间窗口，借助增压使进气压力高于排气压力，利用新鲜空气最大程度地将缸内残余废气扫到排气歧管，缸内废气含量大幅降低。

（2）降低了缸内的温度，增加缸内充量，进而缓和期增加，减少 NO_x 的生成量，起到废气再循环的作用，减少缸外的废气再循环系统。另外在一定程度上降低了泵气损失。

（3）燃烧结束后，在排气过程中，活塞上行排出燃烧废气，其中包含未燃产物（CO、HC）使其在排气总管中与扫出的新鲜空气混合发生后氧化反应，减少排放污染物。

（4）未燃产物（CO、HC）使其在排气总管中燃烧，为涡轮增压提供额外的能量，从而提供增压压力，可以较好地改善进气流量，增加发动机的充气效率，进而提升低速大负荷下的性能。

4.4　电子控制的气门机构（E-Valve）

传统的控制进气管上的节气门开度进气方式，因节气门的阻碍，进气能量损失大，充气效率低。为此，宝马公司和日产公司研发了电控气门机构（E-Valve），实现了强劲、高压、高频、量化控制（100V），它是配气机构的重大革命。

1. 电控气门机构的优点

（1）它直接改变气门的升程和开闭时间，可以控制吸入的进气量，进气损失小，能节省燃油 10%以上，使加速反应快。

（2）取消了节气门、正时齿轮、凸轮轴、正时皮带等机构，简化了机体结构和重量，降低了故障率。

（3）用电脑单独控制各气缸的气门开闭，可以实现发动机排量的变化。如汽车阻力小时或市内行车，可关闭部分气缸，进一步节油。

（4）起动时可保留一个气缸气门正常开闭，其他气缸的气门同时开启，为非真空压力状态，使单气缸快速运转，快速着火运转。

2. 工作原理

它是利用电脑 ECU，根据各种传感器信号，用占空比的方式控制气门开闭时间，并能改变控制电流，调节磁吸力的大小，控制气门的升程，如图 4-22 所示。

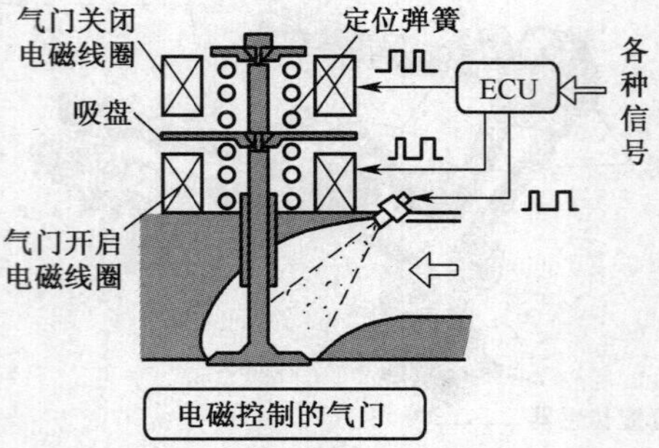

图 4-22　电子气门

（1）当气门开启电磁线圈通电时——磁吸力将气门杆为一体的吸盘吸下，气门开启。

（2）当气门关闭电磁线圈通电时——磁吸力将气门杆为一体的吸盘吸起，气门关闭。

（3）高速时，气门提前开启，开度较大，且开启时间较长，以增大功率。

（4）低速时，气门推迟开启，开度较小，且开启时间较短，有利于燃烧完全，省油、污染小。

（5）气门的升程高度，最小为 0.25mm；最大为 9.7mm，相差 40 倍，从最小到最大反应时间为 0.3s。

本章小结

用曲轴转角表示的进、排气门开闭时刻和开启持续时间，称为配气相位。进气配气相位为 180°+进气提前角 α+进气迟后角 β，排气配气相位为 180°+排气提前角 γ + 排气迟后角 δ。试验证明：在进、排气门早开、晚关的过程中，进气门的晚关，对充气效率影响最大，其次是重叠角的大小。

本田车系可变气门相位与升程电子控制机构（VTEC）发动机采用四气门结构，两个排气门由单独的凸轮和摇臂驱动，两个进气门由单独的不同升程和相位角的凸轮和摇臂驱动，共有三个摇臂，主次摇臂之间装有中间摇臂，中间摇臂不与任何气门直接接触，三者依靠专门的柱塞联动。

发动机低速运转时，各摇臂独自摆动。主摇臂随主凸轮开闭主进气门，供给低速运转涡流混合气；次凸轮推动次摇臂微开次进气门，以防燃油积存；中间摇臂只是空转。发动机处于“单进双排”的工作状态。

发动机高速运转时，ECM 指令 VTEC 电磁阀开启液压油道，油压推动柱塞，将三个摇臂拴为一体。由于中间凸轮的升程大于另外两个凸轮，且凸轮的相位角也加大，主次进气门都大幅度地同步开闭。发动机处于“双进双排”工作状态，功率明显的加大。

奥迪车系 AVS 采用凸轮块与凸轮轴花键连接并可以轴向移动，通过发动机电控单元控制电磁驱动器使凸轮块移动，使不同高度和角度的凸轮驱动气门，从而改变气门升程和配气相位。

宝马的可变气门升程机构在传统的配气相位机构上增加了一根偏心轴，一个步进电机和中间推杆等部件。凸轮轴运转时，凸轮驱动中间推杆和摇臂开闭气门。电机工作时，蜗轮蜗杆机构会首先驱动偏心轴发生旋转，然后中间推杆和摇臂会产生联动，偏心轴旋转的角度不同，最终凸轮轴通过中间推杆和摇臂顶动气门产生的升程也会不同。

大众车系可变气门正时机构 VVT 由正时链条、链轮及可变正时调节器和电磁控制阀组成。

排气凸轮轴是驱动端（固定端），在正时皮带的驱动下顺时针转动，不可能逆转。它通过链条驱动自由端（浮动端）的进气凸轮轴。在链条的中间安装有调节器。

ECU 根据发动机转速信号和其他相关信号，通过电磁控制阀上的滑阀，使润滑系统油压驱动调节器中的控制活塞动作，使弧板分别上升或下降，进气凸轮轴即转动一个 θ 角，改变了气门的开闭时间。曲轴相位角的调节范围为 20°～30°，只是早开、晚关的时间变了，配气相位角不变（时间平移），气门升程不变，但进、排气重叠角变了。

丰田车系智能可变气门正时系统 VVT-i 在进气凸轮轴的前端安装有可变配气相位调节机构，其外壳与正时齿轮固接，四齿转子与进气凸轮轴固接。四齿转子与外壳的隔墙，形成 8 个控制油腔，4 个油腔充油，4 个油腔泄油，在进气凸轮轴上的提前或滞后油路传送机油压力，使 VVT-i 四齿转子沿圆周方向旋转，连续改变进气门正时。

VVT-i 系统用来控制进气凸轮轴在 40°曲轴转角范围内，保持最佳的气门正时，以适应发动机工作状况，从而实现在所有速度范围提高转矩和燃油经济性，减少废气排放量。这种结构只是改变进气门开、关时间的早晚，配气相位角值不变（时间平移——即早开、早关；晚开、晚关），不改变进气门升程的大小。

电子气门是利用电脑 ECU，根据各种传感器信号，用占空比的方式控制气门开闭时间，改变配气相位，并能改变控制电流，调节磁吸力的大小，控制气门的升程。

思考与练习题

1．什么是配气相位？它包括哪些内容？

2．简述本田车系可变气门相位与升程电子控制机构（VTEC）结构与基本工作原理。

3．简述大众车系链条式可变气门正时机构 VVT 结构与基本工作原理。

4．简述丰田车系智能可变气门正时系统 VVT-i 结构与基本工作原理。

5．本田车系可变气门相位与升程电子控制机构（VTEC）与大众车系、丰田车系可变气门正时系统有什么不同点？

6．简述电子气门的基本原理。

5 发动机进气增压控制系统

本章导读

本章首先介绍了发动机增压器的类型，目前主要采用的是动能式增压器，详细分析了谐波增压装置的两种形式,可变进气管长度式谐波增压装置和可变进气管容积式谐波增压装置的结构和工作情况，重点分析了废气涡轮增压器的基本结构、工作原理、控制系统以及汽油机上采用废气涡轮增压器的正确使用方法。

本章要点

- 谐波增压装置的结构与基本原理
- 废气涡轮增压器的基本原理与正确使用方法

发动机吸入的可燃混合气或空气越多，发动机发出的功率和转矩越大。对给定排量的发动机进行进气增压或增压中冷，可增加充气量和充气密度，相应地增加循环供油量，从而大幅度地增加发动机的升功率，改善燃油经济性，有效地控制排放（NO_x 等）。

将进气系统吸入的气体预先压缩，增大密度后再送入发动机气缸的过程叫增压，实现进气增压的装置称为增压器；而将压缩的气体进行冷却，进一步增大密度后再送入发动机气缸的过程叫中冷，实现中冷的装置称为中冷器。

发动机增压器有两大类。一类是动能式增压器，如谐波式和废气涡轮式等。另一类是机械驱动式增压器，如叶片式、螺旋式、罗茨式和离心式等。

5.1 谐波式增压控制系统

谐波增压装置是利用空气动力学原理形成的，它利用气流惯性产生的压力波来提高充气效率，以提高发动机功率和转矩。一些中高级汽车的进气常采用谐波增压系统，简称 ACIS。

在设有谐波式增压装置的汽车进气谐波增压系统中，当气体高速流向进气门时，进气门突然关闭，进气门附近的气体流动突然停止，但后面的气体在惯性的作用下继续推进，使进气门附近的气体被压缩而压力升高；当气体的惯性效应消减后被压缩的气体开始膨胀，导致气体反向流动而压力降低。膨胀气体的膨胀波传到进气管口而反射回来就形成了压力波。这种由间断进气所引起的进气压力波动对发动机进气量影响很大，其进气管的长度、进气管内的音速、发动机的转速等参数都会改变进气压力波的频率，更好地利用进气管内的压力波可以提高进气效率，从而提高发动机的充气效率。

5.1.1 谐波增压装置的分类

谐波增压是利用气流惯性产生的压力波来实现增压的。谐波增压装置根据进气系统的改变方法的不同分为可变进气管长度式和可变进气管容积式两种。如图 5-1 所示为可变进气管长度式谐波增压装置，图 5-2 所示为可变进气管容积式谐波增压系统。

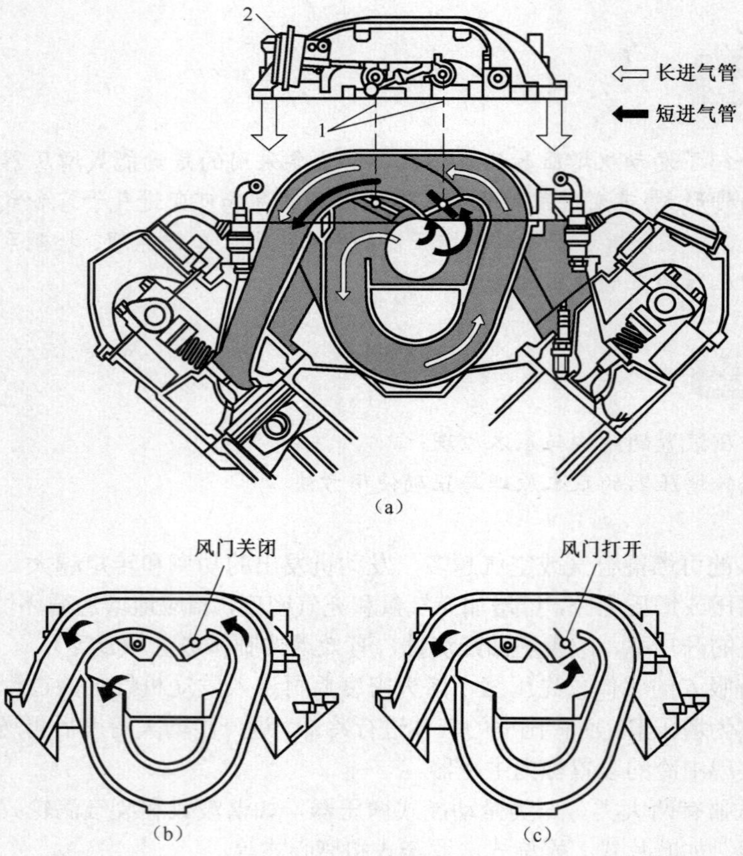

1—风门；2—谐波增压电磁阀

图 5-1 可变进气管长度式谐波增压装置（奥迪 V6 发动机）

谐波增压的压力波动固有频率是由进气管的长度、进气管内的音速所决定的，而进气频率不仅与进气管的长度、进气管内的音速有关，也与发动机转速有关。对结构一定的发动机来说，其进气频率取决于发动机的转速和进气管内的音速的配合。谐波增压的压力波正好与气门开闭重合，充气效率则提高；反之则降低。发动机 ECU 通过进气控制阀来改变进气管内气体的压力，从而改变进气管内的音速，若与发动机转速配合得当即可使进气管内的压力波产生谐振，以利用气流惯性的波动效应提高充气效率。因此又称声控进气系统。

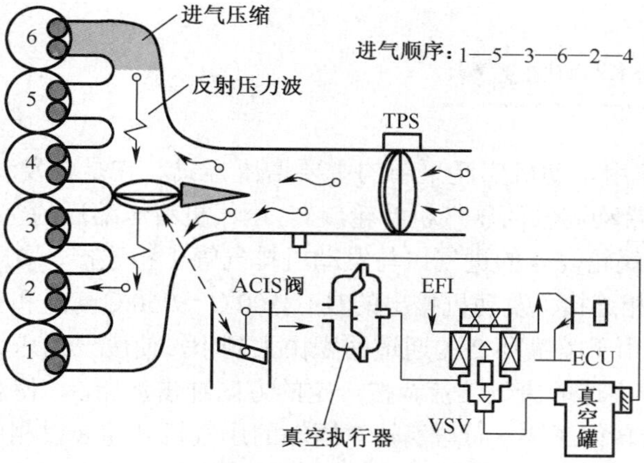

图 5-2 可变进气管容积式谐波增压系统

发动机的不同转速都对应最佳的进气管长度和进气管容积，其压力波是随着进气管长度的增加而变长的。进气管长，发动机在中低转速时转矩增加较大；进气管短，发动机在高转速时功率增加较大。最好是随着发动机工况的变化而连续改变进气管长度和进气管容积，以更好地利用谐振效应，进而提高充气效率，提高发动机功率和转矩。

5.1.2 可变进气管长度式谐波增压装置

可变进气管长度式谐波增压装置是由谐波增压电磁阀、风门、进气歧管等组成的，如图 5-1（a）所示。发动机进气支管由不同长度和不同管径的两节进气管组合而成，风门的开闭使之成为不同长度和不同管径的两种进气管道，改变进气路径。发动机在中低转速工作时（奥迪 V6 发动机 4100r/min 以下，见图 5-1（b）），风门由谐波增压电磁阀控制而关闭，通过形成的细长管道进气，有助于提高进气涡流，增大发动机输出转矩；发动机在高转速工作时（奥迪 V6 发动机 4100r/min 以上，见图 5-1（c）），风门由谐波增压电磁阀控制而开启，通过形成的短粗管道进气，有助于提高充气效率，以增大发动机输出功率。

5.1.3 可变进气管容积式谐波增压装置

可变进气管容积式谐波增压装置是由进气控制阀（ACIS）、真空执行器、真空电磁阀（VSV）、真空罐等组成的。图 5-2 所示为可变进气管容积式谐波增压系统。进气控制阀设在进气管中部，将 6 个进气支管分隔为两组，根据发动机的工况，由真空电磁阀通过真空执行器来控制进气控制阀的开启或关闭，以适应容积式谐波增压的需要，提高充气效率。

可变进气管容积式谐波增压装置的进气管长度是不变的，但是设在进气管中部的进气控制阀可通过改变进气管的容积，来改变进气管内的压力波产生谐振。发动机在中低转速工作时，进气控制阀关闭，进气管路内的容积变小，压力波的传递距离较长（空气滤清器到各缸进气门的距离），进气气流速度较高，可形成较强的惯性增压效果，有助于增大发动机输出转矩；发动机在高转速工作时，进气控制阀开启，进气管路内的容积变大，压力波的传递距离较短（进气控制阀到各缸进气门的距离），也可形成较强的惯性增压效果，增大发动机输出功率。进气控制阀关闭，其效果相当于可变进气管长度式谐波增压装置延长进气管；进气控制阀开启，相当于缩短进气管。

5.2　废气涡轮增压控制系统

废气涡轮增压是车用发动机广泛采用的主要增压方式。它是将发动机排出废气的部分能量转化为机械能，从而带动同轴的压气机叶轮旋转，压气机将压缩后的空气充入气缸实现增压。如图 5-3 所示，增压器涡轮壳 4 的进气口与发动机排气管 1 相连接，增压器压气机壳 9 的出气口与柴油机进气管 10 相连接。发动机排出的具有 500℃～750℃高温和一定压力的废气，经涡轮壳 4 进入喷嘴环 2。由于喷嘴环 2 的通道面积由大到小，使废气的压力和温度下降，而流速却迅速提高。利用这个高速的废气气流，按一定的方向冲击涡轮 3，使涡轮高速旋转。废气的压力和温度越高，涡轮转得越快。而与涡轮 3 同轴的压气机叶轮 8 以相同的速度旋转，将经过空气滤清器过滤的空气，吸入压气机。高速旋转的压气机叶轮 8 把空气甩向叶轮的边缘，速度增加后进入扩压器 7。扩压器 7 的形状是进口小出口大，因此，经扩压器的气流速度下降而压力升高，再通过截面由小到大的环形压气机壳 9，使气流压力进一步提高后，经进气管 10 进入气缸，从而起到了增压的作用。

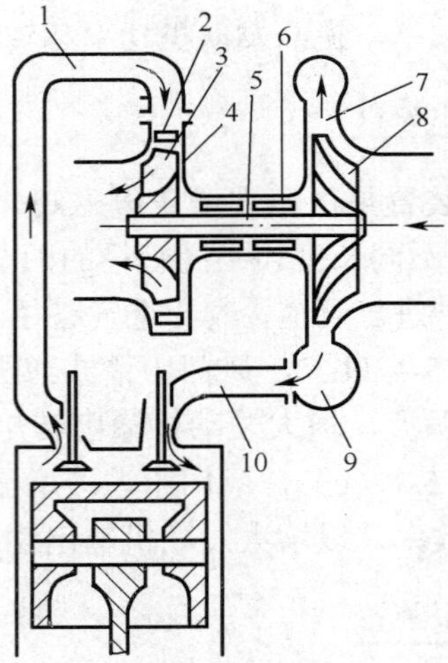

1—排气管；2—喷嘴环；3—涡轮；4—涡轮壳；5—转子轴；6—浮动轴承；
7—扩压器；8—压气机叶轮；9—压气机壳；10—进气管

图 5-3　废气涡轮增压器工作原理

采用废气涡轮增压能使汽油机的转矩和功率大幅度提高（高达 30%以上），并由于混合气密度的加大，含氧量的增多，燃烧条件得到改善，使汽油机的动力性、燃油经济性和排放净化性得到提高。试验证明：油耗率降低 5.7%、CO 降低 3%、HC 降低 14%、NO_x 降低 8%，效益突出。对于汽车在高原地区行驶更为有利，因高原地区气压低，空气稀薄，导致功率下降，油耗增多。试验证明：海拔每升高 1000m，功率将下降 8%～10%；油耗率增加 3.8%～5.5%。如装用增压器后，可适当恢复功率和减小油耗及排气污染。

5.2.1　废气涡轮增压控制系统

如图5-4所示，为四缸电控汽油喷射汽油机所采用的废气涡轮增压控制系统，是由废气涡轮7和压气机叶轮3为一体的增压器、废气旁通阀8、废气旁通控制阀16、废气旁通控制电磁阀15、空气再循环阀14、中间冷却器12、增压气道钢管13、润滑油管9等组成。

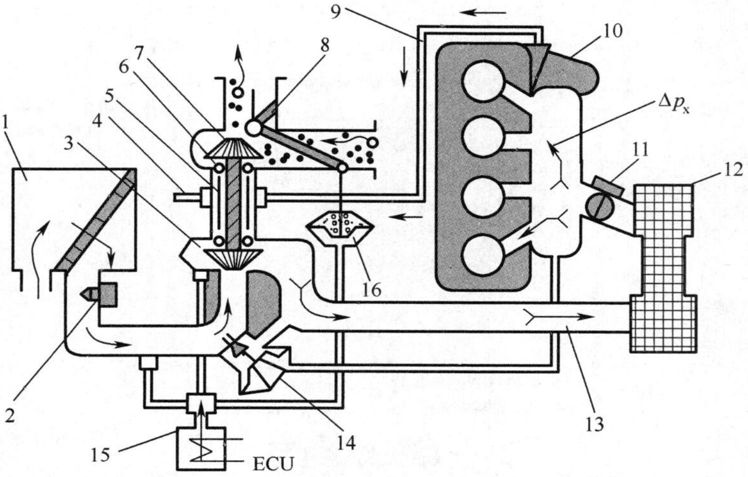

1—空气滤清器；2—热膜式空气流量计；3—压气机叶轮；4—机油回油管；5—浮动轴承；6—密封止推件；7—废气涡轮；8—废气旁通阀；9—润滑油管；10—机油滤清器；11—节气门位置传感器和怠速阀；12—中间冷却器；13—增压气道钢管；14—空气再循环阀；15—废气旁通控制电磁阀；16—废气旁通控制阀

图5-4　废气涡轮增压控制系统工作原理简图

1. 废气涡轮增压器的结构

废气涡轮增压器由废气涡轮7及铸铁外壳、压气机叶轮3及铝合金外壳、中间铸铁壳体、转子轴和浮动轴承5、隔热密封止推件6等组成。离心式压气机的叶轮和废气涡轮同轴旋转，转速高达100000r/min，一般轴承不能保证转子体在超高速下工作，所以采用浮动轴承。浮动轴承5与转子轴和外壳之间都有间隙，当转子轴高速旋转时，具有250～450kPa的压力润滑油充满这两个间隙，使浮动轴承在内外两层油膜中浮起，随转子轴旋转（油楔原理）。其转速比转子轴低得多，从而使轴承对轴承孔和转子轴的相对线速度大大下降。因液体摩擦阻力极小，适于超高速运转，使用寿命较长。

增压器所需的润滑油，是来自润滑系统的主油道，润滑转子轴后再流回曲轴箱，形成一条不间断的润滑和冷却循环油路。可见，润滑油的质量好坏、油压的高低、转子轴密封件的好坏、润滑油管是否畅通，对转子轴及其浮动轴承的寿命起决定作用。

为防止压气机端的压缩空气和涡轮端的废气漏入中间壳体，并为了防止中间壳体的压力润滑油外漏，转子轴的两端都设有隔热件、密封件和止推件。

为使中间壳体温度不致过高，在壳体上还制有冷却液夹层，用软管引来冷却液进行循环冷却。如图 5-5 所示，有两套冷却系统。实虚线的管路及散热器专门控制涡轮增压器的冷却。这套装置由电子水泵驱动，即使是发动机熄火的状态下，也可以继续运行，使冷却循环。应经常检查冷却液面，一旦冷却系统缺液，机体高温不仅带来拉缸故障，也会使增压器壳体过热，轻则使密封件漏油漏气，重则使浮动轴承转子轴烧结或扭断报废。

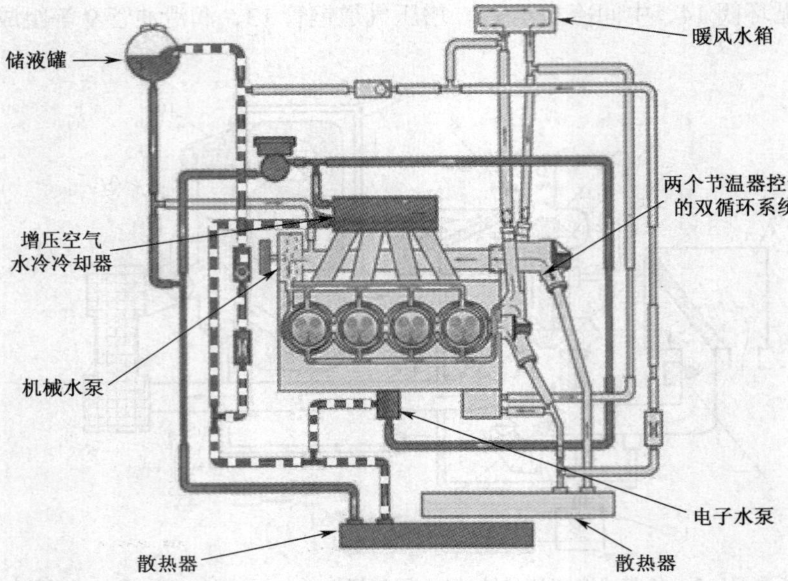

图 5-5　涡轮增压器冷却系统

2. 中冷器（中间冷却器）的作用

中冷器串接在压气机和节气门体之间，位于冷却系统散热器附近，使热空气通过其管道，用来冷却压缩后的空气。离心式压气机的出口压力可达 140～300kPa，其压力升高比简称压比 Π_k。它是压气机的出口压力 P_k 与进口压力 P_0 之比值，即：$\Pi_k=P_k/P_0$。

压比是压气机主要性能指标，不同排量的发动机，应选用不同压比的压气机，一般都控制在两倍左右（中增压）。压比升高会使压缩后的空气温度升高，空气密度的增长率会因之下降，发动机的热负荷加大，易产生爆燃，并使排放污染加大（NO_x）。为此，应加装中间冷却器（中冷器），降低空气温度，使空气密度加大。试验证明：进入气缸的空气温度每下降 10℃，功率可提高 2.5%～3%，加装中冷器后，可使功率提高 15%～20%。可见，中冷器的内外表面应保持清洁，通风散热良好，才能获得较高的增压效果。

3. 废气旁通阀的作用

为防止发动机在高转速、大负荷时排气流量过大，造成增压器转速过大和增压过高，即压比过高，专设有废气旁通阀 8。当排气量过大时，废气旁通阀打开，放掉一部分废气，降低增压器转速，控制涡轮的最高转速和压气机的压比。

废气旁通阀是用电磁阀 15 通过 ECU 来控制，它是两位三通频率阀（2/3 阀），控制三个管道，完成充气、卸压的任务。当发动机转速高达 3500r/min 以上时，涡轮转速升高，压比增大，会有爆燃信号发生，爆振传感器 KNK 将信号传给 ECU，ECU 即以占空比的方式使电磁阀动作，反复关闭空气口，沟通增压口，压缩空气即推动废气旁通阀随动开启。此时，能观察到废气旁通阀推杆有明显的前后移动，证明功能良好。

4. 空气再循环阀的作用

对小排量的汽油机而言，其涡轮和叶轮的尺寸较小，转动惯量也小，涡轮增压器对节气门开度的响应性极高，不存在增压滞后问题。相反，还存在着增压过度问题。因汽油机各工况的喷油量在不断变化，所需的空气量也应按比例的变化，以保证最佳空燃比 A/F=14.7 的形成。自然进气方式，节气门前的气压是恒定不变的；而增压进气方式，节气门前的气压是变化的，并两倍于大气压力。当急减速时，发动机快速转入怠速工况，节气门关闭，节气门前进气管压力骤然升高，压气机叶轮的负载加大，涡轮转速会下降。为此，需要有随工况而变化的压力调节功能，即增设空气再循环阀。

空气再循环阀是利用进气管真空度 ΔP_x 来自动控制，用不同的开启度，使增压后的空气回流，进行不同程度的小范围循环。即小负荷、低增压；大负荷、高增压的变化规律，调节压气机与节气门体间的管道压力。这是因为，怠速工况 ΔP_x 高，阀门开启度大，再循环的空气量多，节气门前的压力低；大负荷工况 ΔP_x 低，阀门开启度小，再循环的空气量少，节气门前的压力高。如果该阀脏堵犯卡，将导致各工况的空燃比失控，产生怠速不稳和加速不良等故障，这是增压系统引发的额外故障。

5.2.2 进气管内真空度 ΔP_x 的变化规律

采用废气涡轮增压控制系统后，人们认为对增压后进气管内真空度 ΔP_x 会变低或成为正压值，这是一个误解。试验证明：进气管内仍为负压值，且与自然进气方式类同，只是节气门前压力较高而已。

自然进气方式，进气密度小、气流速度低，不同工况产生不同的 ΔP_x 值，其变化规律是：怠速工况为 66kPa；中等负荷工况为 40kPa；全负荷工况为 13kPa。而增压进气方式，进气密度大、气流速度加快，节气门节流作用大，压降也大，ΔP_x 值的变化规律与自然进气方式仍然相同。它可以用来驱动真空助力制动系统（这已经是事实），并可用来判定汽油机密封性能、点火性能、空燃比的好坏（最高 ΔP_x 所对应的，必然是最佳密封性能、最佳点火性能、最佳空燃比）。因此，真空表检测手段，对增压后的汽油机，仍然可以有效地使用。

5.2.3 废气涡轮增压器的汽油机正确使用

（1）使用指定的专用润滑油，并定期更换（5000km），换油时必须同时更换滤油器。油压报警灯一旦亮起，立即检修，确保油质和油压正常。

（2）冷车起动后先怠速运转 2～3min，使发动机正常热起，更使增压器得到充足的润滑，浮动轴承建立起良好的油膜，再起步高速运行，应克服“一着火、就行车”的坏习惯。

（3）熄火前应怠速运转 2～3min，防止冷却液和润滑油在高温状态下停供，因增压器涡轮转子惯量较大，瞬时仍会高速旋转而烧毁浮动轴承（惯性旋转时间可达 30s 以上）。

（4）发动机曲轴箱通风系统的 PCV 阀应通风良好，它不仅影响怠速的稳定性，还影响增压器油封的密封性（因增压器的回油管与曲轴箱相通，该箱的内压力应略低于大气压力为好）。实践证明：不少车辆增压器油封漏油，多是因为活塞环漏气，致使曲轴箱内压力过高造成的。

（5）增压器两端的密封件，工作环境恶劣（高温、高压、高速），最容易损坏，造成漏油、漏气。一旦机油耗量过大或冒蓝烟时，应及时检修或更换新件。并同时清洗中冷器和空气再循环阀内的油垢，以保证其良好的散热和通畅性能。

5.3 机械增压

5.3.1 机械增压原理

机械增压是一种通过发动机直接驱动压气机，以提高发动机进气压力的增压方式，如图10-1 所示。机械增压器 4 由发动机曲轴 1 经齿轮增速器 5 驱动（图 5-6（a）），或经同步齿形带 7 及电磁离合器 6 驱动（图 5-6（b））。机械增压的特点是能有效地提高发动机功率，与涡轮增压相比，其低速增压效果更好。另外，机械增压器与发动机容易匹配，结构也比较紧凑。但是，由于驱动增压器需消耗发动机的功率。

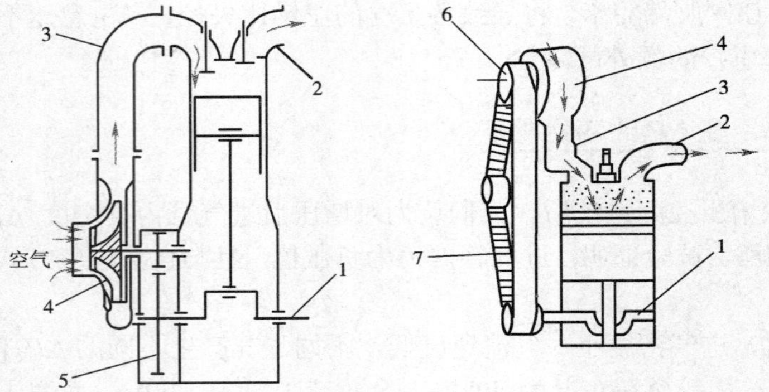

（a）　　　　　　　　　　（b）

1—曲轴；2—排气管；3—进气管；4—机械增压器；5—齿轮增速器；
6—电磁离合器；7—同步齿形带

图 5-6　机械增压示意图

5.3.2 机械增压系统

机械增压器根据压气机的工作原理分为机械离心式增压器、罗茨式增压器、滑片式增压器、螺旋式增压器和转子活塞式增压器等。图 5-7 所示为电控汽油喷射式发动机上采用罗茨式压气机的罗茨增压系统的示意图，由发动机曲轴带轮 12 经传动带和电磁离合器带轮 11 驱动罗茨增压器 6 工作。当发动机在小负荷下运转时不需要增压，这时电控单元（ECU）根据节气门位置传感器 3 的信号使电磁离合器断电，增压器停止工作。与此同时，电控单元 17 向进气旁通阀 5 通电使其开启，即在不增压的情况下，空气经进气旁通阀 5 及旁通管路进入气缸。在进入气缸之前，空气先经中冷器 7 降温。爆燃传感器 9 安装在发动机机体上，它将发动机发生爆燃的信号传输给电控单元 17，电控单元则发出相应的指令减小点火提前角，以消除爆燃。

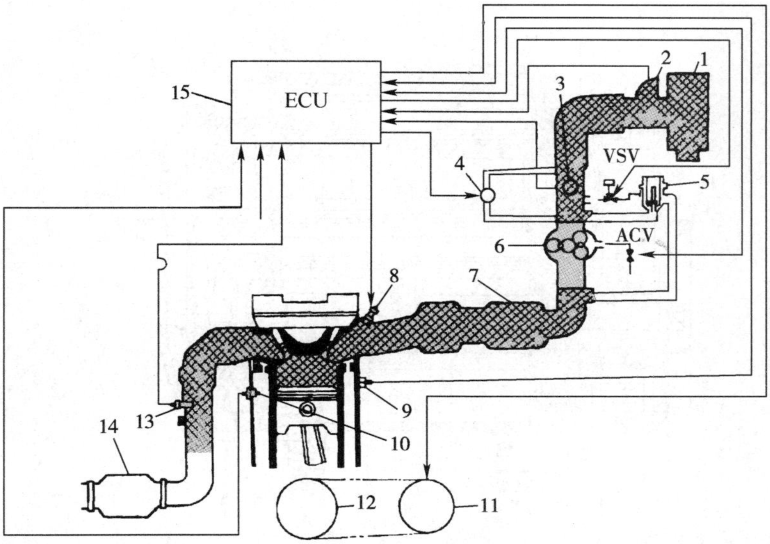

1—空气滤清器；2—空气流量计；3—节气门及节气门位置传感器；4—怠速空气控制阀；5—进气旁通阀；6—罗茨增压器；7—中冷器；8—喷油器；9—爆燃传感器；10—冷却液温度传感器；11—电磁离合器带轮；12—曲轴带轮；13—氧传感器；14—三效催化转化器；15—电控单元

图 5-7　罗茨增压系统

1. 罗茨增压器

罗茨增压器实质是一种转子式增压器，其结构如图 5-8 所示。它由转子 3、转子轴 4、传动齿轮 7、壳体 10、后盖 5 和齿轮盖 8 等构成。在压气机前端装有电磁离合器 2 及电磁离合器带轮 1。在罗茨式压气机中有两个转子。发动机曲轴带轮经传动带、电磁离合器带轮 1 和电磁离合器 2 驱动其中的一个转子，而另一个转子则由传动齿轮 7 带动与第一个转子同步旋转。转子的前后端支承在滚子轴承 11 上，滚子轴承和传动齿轮用合成高速齿轮油润滑。在转子轴的前后端装置油封，以防止润滑油漏入压气机壳体内。

罗茨增压器的转子有两叶（齿数）和三叶之分，如图 5-9 所示。三叶转子增压器有较低的工作噪声和较好的增压器特性，较两叶式的运转平稳，供气均匀。增压器相互啮合的转子与转子之间，以及转子与壳体之间都有很小的间隙（一般为 0.025～0.050mm），工作时不得接触，且有较好的气密性。转子一般用铝合金制造，其表面还涂敷树脂。

罗茨增压器的工作原理如图 5-9 所示。当转子按箭头方向旋转时，空气从压气机进气口吸入，在转子叶片的挤压下空气被压缩，然后从增压器出气口压出。出气口与进气口的压比可达 1.8。罗茨式增压器结构简单、工作可靠、寿命长、运转范围宽，同一增压器的供气量与其转速成正比。

2. 螺杆增压器

螺杆增压器的工作原理与罗茨增压器相似，只是转子结构不同，进、出气口位置不同。螺杆增压器的结构如图 5-10 所示。两转子的轮齿制成螺杆状，轮齿的升角可达 240°，轮齿数有 3+3、4+4、4+6 等几种。增压器的进、出气口对角布置，空气沿螺杆流动。

螺杆增压器工作时，转子的轮齿的啮合是渐变的，空气压缩更平稳，这是它与罗茨增压器相比最大的优点。

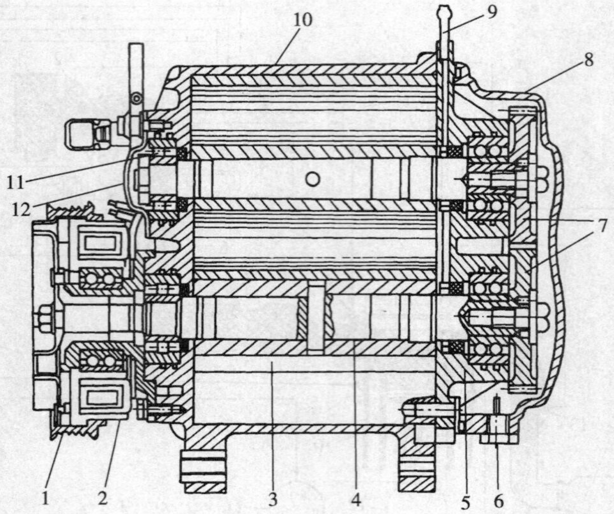

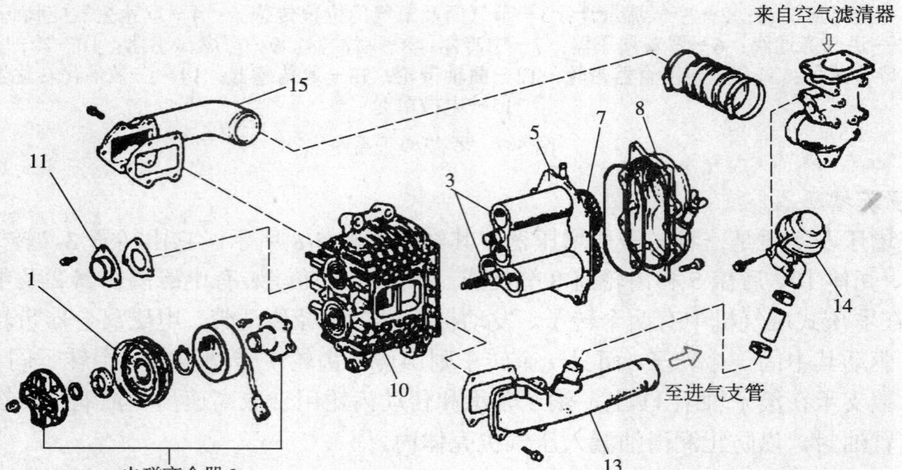

1—电磁离合器带轮；2—电磁离合器；3—转子；4—转子轴；5—后盖；6—放油塞；7—传动齿轮；8—齿轮盖；9—通风管；10—壳体；11—滚子轴承；12—前盖；13—出气管；14—旁通阀；15—进气管

图 5-8　罗茨增压器结构

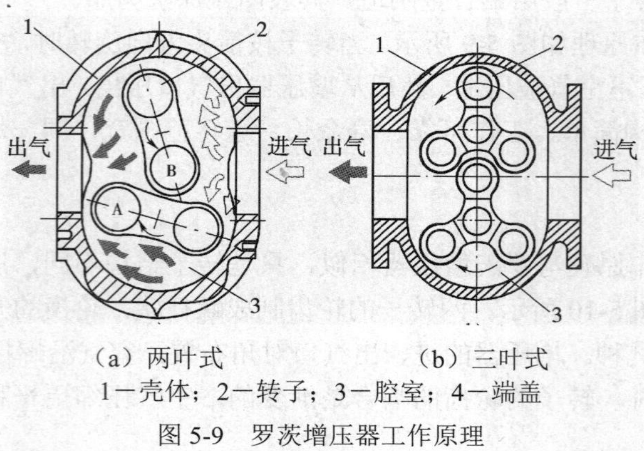

（a）两叶式　（b）三叶式

1—壳体；2—转子；3—腔室；4—端盖

图 5-9　罗茨增压器工作原理

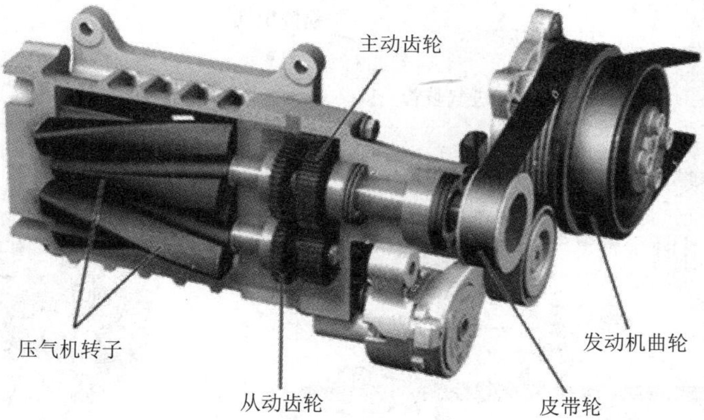

图 5-10　螺杆增压器

3. 电磁离合器

机械增压器一般由发动机曲轴来驱动。车用发动机的工作转速范围为几千 r/min，而增压器的工作转速范围为几万～十几万 r/min。某增压发动机的进气压力，即增压程度与增压器的转速有关，当增压器转速高时，进气压力也高；反之进气压力也低。这种特性不利于增压发动机的低速转矩特性。因此，为了改善发动机的低速性能，通过曲轴经增速装置驱动增压器（参看图 5-6），以获得最适合的增压器工作转速，保证发动机的低速特性；当发动机高速工作时，降低增压器的转速，以免发动机过增压。为此，常采用电磁离合器来控制。控制单元根据发动机工况的需要，接通或切断电磁离合器电源，以控制增压器的工作。当电磁线圈通电时，主动板吸引从动摩擦片，使离合器处于接合状态，增压器工作。当电磁线圈断电时，主动板与从动摩擦片分开，增压器停止转动。

5.3.3　双增压系统

当驾驶员踩下加速踏板时，发动机转速发生改变。由于涡轮和压气机有惯性，不能及时跟上这个速度的变化，这个现象称为“涡轮迟滞现象”。“涡轮迟滞现象”使发动机延迟增加或减少输出功率。

有些发动机采用双增压系统，如大众公司在第 6 代高尔夫车型上装备的 1.4L TSI 双增压系统汽油直喷发动机就采用了涡轮增压与机械增压相结合的双增压技术，如图 5-11 所示。

发动机在较低转速下运行时，由机械增压器提供绝大部分的增压压力，发动机输出功率的增加主要来自于机械增压系统，此时涡轮增压器由于“涡轮迟滞”增压效果并不明显。待发动机转速上升到 1500r/min 时，涡轮增压器的增压效果开始增强，并与机械增压器共同为发动机功率的增加提供所需的增压压力。随着转速的不断提高，涡轮增压器的增压效果也在不断增强，与此同时，机械增压器的增压效果开始逐渐减弱。当发动机转速超过 3500r/min 时，由涡轮增压器提供全部的增压压力，发动机输出功率的增加全部来自于涡轮增压系统，此时机械增压器已经停止工作，以防止消耗发动机功率。

双增压系统发动机很好地解决了机械增压系统燃油经济性较差和涡轮增压系统在低转速时容易产生“涡轮迟滞”现象的问题，但是，由于双增压系统结构复杂，不易与发动机匹配，对于发动机零部件的制造要求也较高，因此，目前只在个别车型上实现了应用。

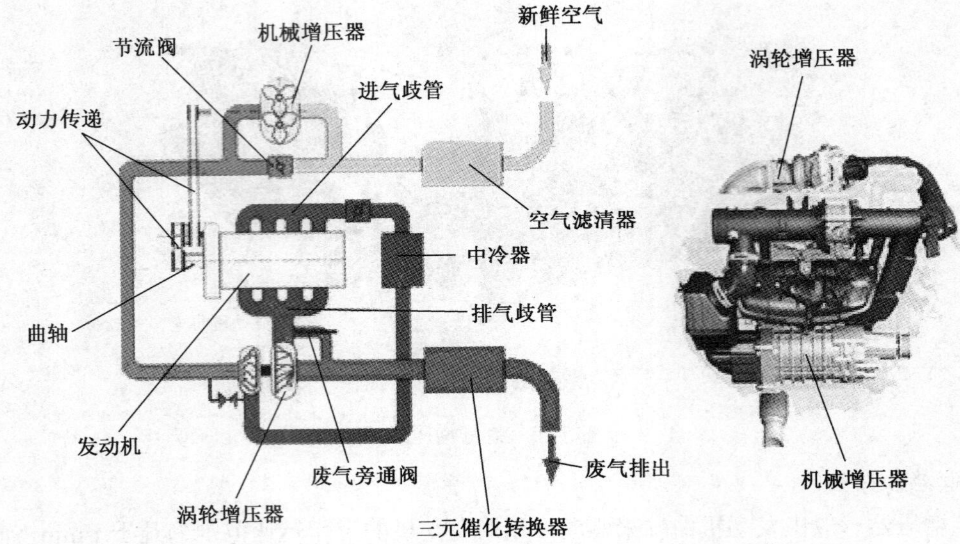

图 5-11　双增压系统示意图

本章小结

发动机吸入的可燃混合气或空气越多，发动机发出的功率和转矩越大。

将进气系统吸入的气体预先压缩，增大密度后再送入发动机气缸的过程叫增压，实现进气增压的装置称为增压器；而将压缩的气体进行冷却，进一步增大密度后再送入发动机气缸的过程叫中冷，实现中冷的装置称为中冷器。

发动机增压器目前广泛采用的是动能式增压器。

谐波增压装置根据进气系统的改变方法的不同分为可变进气管长度式和可变进气管容积式两种。

可变进气管长度式谐波增压装置是由谐波增压电磁阀、风门、进气歧管等组成的。发动机进气支管由不同长度和不同管径的两节进气管组合而成，风门的开闭使之成为不同长度和不同管径的两种进气管道，改变进气路径，有助于提高充气效率，以增大发动机输出功率。

可变进气管容积式谐波增压装置的进气管长度是不变的，但是设在进气管中部的进气控制阀可改变进气管的容积，来改变进气管内的压力波产生谐振，形成较强的惯性增压效果，有助于增大发动机输出转矩。

废气涡轮增压是车用发动机广泛采用的主要增压方式。将发动机排出废气的部分能量转化为机械能，从而带动同轴的压气机叶轮旋转，压气机将压缩后的空气充入气缸实现增压。

废气涡轮增压器由发动机 ECU 根据各种传感器信号进行控制，应注意汽油机废气涡轮增压器的正确使用方法。

机械增压是一种通过发动机直接驱动压气机，以提高发动机进气压力的增压方式。分为机械离心式增压器、罗茨式增压器、滑片式增压器、螺旋式增压器和转子活塞式增压器等。

为了解决“涡轮迟滞现象”，有些发动机采用双增压系统，涡轮增压与机械增压相结合的双增压技术。发动机在较低转速下运行时，由机械增压器提供绝大部分的增压压力；发动机转速超过3500r/min时，由涡轮增压器提供全部的增压压力，机械增压器停止工作，以防止消耗发动机功率。

思考与练习题

1．什么是进气谐波增压？
2．可变进气管长度式谐波增压装置是如何工作的？
3．可变进气管容积式谐波增压装置是如何工作的？
4．电控废气涡轮增压系统是如何工作的？
5．简述汽油机废气涡轮增压器的正确使用方法。
6．简述机械增压的基本原理。

6 电控磁粉式电磁离合器

本章导读

本章介绍了采用电控磁粉式电磁离合器可取代驾驶员控制的摩擦式离合器，讲解了磁粉式电磁离合器的结构和对工作情况进行分析，最后对磁粉式电磁离合器的优点进行了总结。

本章要点

- 磁粉式电磁离合器的结构与工作原理

由于电控技术的成熟和普及，用磁粉式电磁离合器替代了机械、液压操控的摩擦式离合器，并融入电子自动控制网络系统，使离合器的控制进入智能化领域，从而减轻了汽车的整备重量，降低了故障率，提高了使用性能（起动运转、起步加速、换挡控制、传动系过载保护等功能）。它是今后电控小型汽车驱动方式的发展方向。

磁粉式电磁离合器不仅可用于手动式变速器的小型汽车，也可用于 ECVT 钢带式自动变速器的小型汽车，替代液力变矩器传力。

1. 磁粉式电磁离合器的结构

磁粉式电磁离合器安装在原来手动挡变速器车的离合器位置，它由主动部分和被动部分及磁粉室、激磁线圈四部分组成，如图 6-1 所示。手动变速器的离合器控制开关 C/SW，装于换挡手柄处，可进行远程操控。

（1）主动部分（输入端）。输入端连接发动机的曲轴，代替了飞轮的作用，也有较大的转动惯量，可存储动能，满足平稳运转的要求。内置式激磁线圈，用碳刷和固定部位的滑环接触，通电后可产生连接磁链，用来传递转矩 M_e。

（2）被动部分（输出端）。输出端连接变速器的输入轴，两部分通过轴承滑动连接，可相对转动，形成离合器空转分离状态。

（3）磁粉室。磁粉室处于主动部分和被动部分之间，内装定量的可以磁化的 30～50μm 钢微粒粉末（磁粉），它的物理性能稳定，未通电时，松散的磁粉被离心力甩贴在磁粉室的外侧，离合器为分离状态。通电磁化后产生磁链，连接主动部分和被动部分，用来传递发动转矩 *M*。

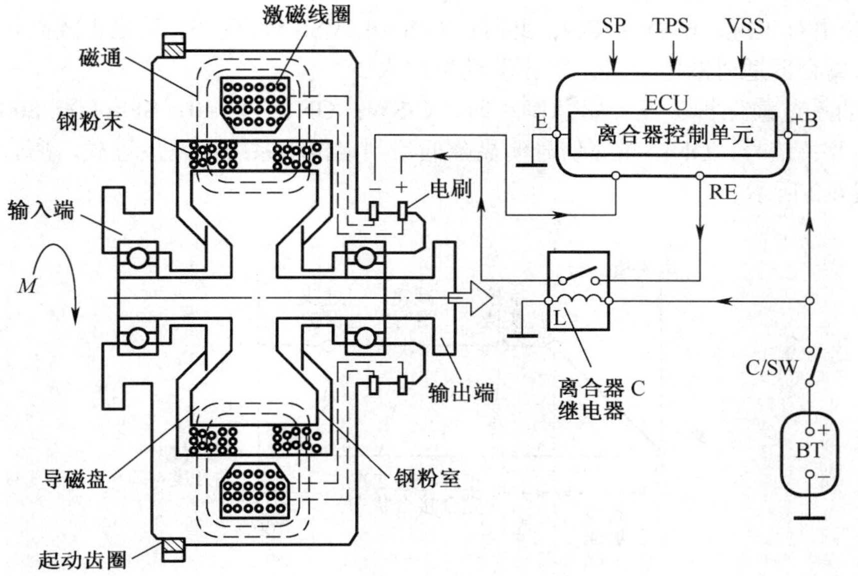

图 6-1　磁粉式电磁离合器

2. *磁粉式电磁离合器的工作原理*

（1）激磁电流的控制是利用离合器开关 C/SW 的闭合，使继电器的 L 线圈磁化而导通触点，发动机 ECU（离合器控制单元）的电流调节电路，从 RE 端子提供可变的工作电流，通过继电器直接操控激磁线圈通断电流的大小。

（2）钢粉室的磁粉，不通电时在离心力的作用下，松散贴合于室的外侧，为空转分离状态；通电后在磁场中快速凝固，由“松散”状态，竖起呈链状，变为“固体”状态，在磁场中形成磁链，把主动部分和被动部分联锁在一起。磁粉的粘结力特性是正比于电流值，电流越大、磁链的数目越多，接合强度越大，传递的转矩 *M* 也越大。

（3）对离合器接合时间和接合力的控制，除手控 C/SW 开关通断信号外，ECU（离合器控制单元）的电流调节电路，还可利用节气门开度 TPS 信号、转速 SP 信号、车速 VSS 信号，这三个逻辑控制参数和其他相关网络信号（如制动信号、轮速信号等），根据汽车行驶工况的需要（起动运转、起步加速、换挡控制、加速爬坡、减速滑行、传动系过载保护等工况），来自动调节激磁线圈中电流的大小和导通时间的长短，自动进行通断和量化控制。

（4）工况判定举例。节气门位置传感器 TPS 和转速传感器 SP 及车速传感器 VSS 的信号，使 ECU 有了对道路状态及发动机工况的感知能力和逻辑分析能力，了解驾驶员的意图，实现人脑和电脑的随机结合。这种因果判断关系的成立，是有条件的，只要条件成熟，计算机的逻辑门电路即发出指令，此即谓智能化控制。

1）起动运转工况。C/SW：OFF；此时：TPS=0；VSS=0；SP<250r/min，判定为起动工况，离合器断电分离空转。

2）怠速热起工况。C/SW：OFF；此时：TPS=0；VSS=0；SP≥600～800r/min，判定为怠

速热起工况，离合器断电分离空转。

3）起步加速工况。C/SW：ON；此时：TPS>0；VSS=0；SP>600～800r/min，判定为起步加速工况，离合器激磁电流从小到大，平稳起步加速，直到完全接合为止。

4）减速滑行工况。C/SW：ON；此时：TPS=0；VSS 较高；SP 反拖也较高，判定为减速滑行工况，离合器适时断电分离，防止发动机熄火。

5）传动系过载保护工况。紧急制动时，C/SW：ON；TPS=0；SP=600～800r/min；VSS 较高；制动开关信号：ON；轮速信号明显降低，判定传动系统将发生过载，离合器断电分离保护，如图 6-2 所示。

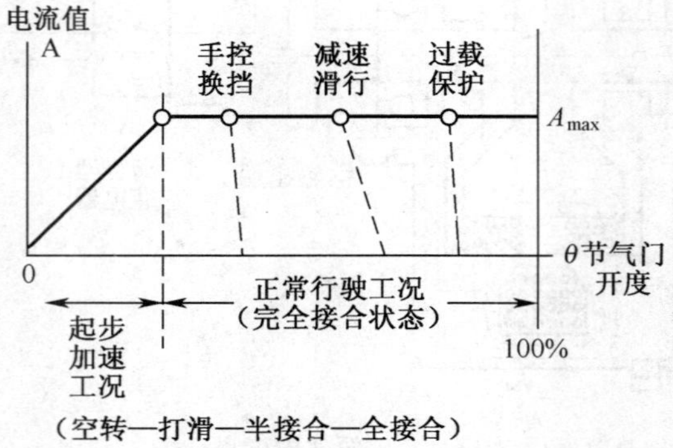

图 6-2　激磁电流特性

3. 磁粉式电磁离合器的优点

（1）结构简单，减轻了汽车的整备质量，传动效率高，容易实现转矩的平稳增长，无起步发抖弊病，起步性能、加速性能、换挡性能、减速滑行、传动系过载保护等良好。

（2）主、被动部件不接触，无磨损之虑，更无调整部位，只存在电路部分的故障（继电器、滑环、碳刷、控制单元等），故障内容纳入了电控自诊系统，维修成本低、故障率低、使用寿命长。

（3）无离合器踏板等控制机械，操控开关位于变速器手柄处，进行起动运转和离合换挡控制，简化了操纵动作，方便可靠。

（4）传统式的摩擦式离合的常见故障，不再发生。如分离不好、换挡响；接合不好、行驶打滑；操控部位调整不当故障，离合片损坏故障。

本章小结

磁粉式电磁离合器安装在原来手动挡变速器车的离合器位置，由主动部分和被动部分及磁粉室、激磁线圈四部分组成。在手动变速器换挡手柄处安装有离合器控制开关。

钢粉室的磁粉，不通电时在离心力的作用下，松散贴合于室的外侧，为空转分离状态；通电后在磁场中快速凝固，由“松散”状态，竖起呈链状，变为“固体”状态，在磁场中形成磁链，把主动部分和被动部分联锁在一起。磁粉的粘结力特性是正比于电流值，电流越大、磁链的数目越多，接合强度越大，传递的转矩 M 也越大。因此离合器 ECU 通过控制电流值的大小即可控制传递力矩。

思考与练习题

1．电控磁粉式电磁离合器由哪几部分组成？
2．电控磁粉式电磁离合器的工作原理是什么？
3．电控磁粉式电磁离合器的优点是什么？

7

电控自动变速器

本章导读

本章首先介绍了自动变速器的特点、组成；分析了液力变矩器组成、工作原理及锁止离合器；讲述了形成挡位的行星齿轮变速器机构、离合器、制动器的工作原理；对典型行星齿轮机构简介；简单介绍液压控制系统的油泵、油路调压阀、手控阀的工作情况；最终得到电液控自动变速器换挡基本原理。讲解了手动/自动一体化自动变速器、无级变速器、直接换挡变速器的基本工作情况。

本章要点

- 自动变速器的组成
- 液力变矩器组成和变矩原理
- 行星齿轮变速器机构的变速原理
- 电液控自动变速器换挡基本原理

7.1 概述

目前，电控自动变速器已普遍使用，它实现一机多参数多规律控制，将自动变速器与发动机共用一个电子控制单元，实现综合控制，其控制参数不仅有发动机转速、节气门开度及车速等信号，而且有反映发动机和变速器工作环境、车辆行驶环境等信号，可选择最佳经济性和最佳动力性等多种换挡规律。电控自动变速器为提高传动效率，改善燃油经济性，普遍采用了带有锁止离合器的液力变矩器，为减轻质量，缩短动力路线，在前置发动机前轮驱动的车辆中自动变速器通常与驱动桥接合为一体，构成自动驱动桥。

7.1.1 自动变速器的特点

1．操作简单，提高了安全性能

装备手动变速器的汽车在复杂路面上行驶时，驾驶员需要频繁地进行换挡操作，这不仅增加了劳动强度，疏于换挡，且易分散驾驶员的注意力；而装备自动变速器的汽车，驾驶员只需操纵加速踏板，即自动换挡，简化了驾驶操作，减轻了劳动强度，有利于行车安全。

2．适时换挡

装备手动变速器的汽车，汽车油耗与驾驶员的驾驶技术有很大关系，不同驾驶员油耗能相差 10%。对于装备自动变速器的汽车，特别是电控自动变速器的应用，对驾驶员的驾驶技术要求较低，它能自动适时换挡，某种程度上提高了汽车的动力性与经济性。

3．防止过载

发动机与自动变速器机械传动系统之间是靠液力变矩器传递动力的，这种液力传递能吸收振动与冲击，所以使用自动变速器可防止发动机和传动系过载，提高了零件的使用寿命。

4．提高了汽车的通过性能

自动变速器在换挡过程中不需中断动力传递，行驶比较平稳，电控式自动变速器又有驾驶模式选择功能，所以能在如雪地、松软等坏路上较顺利地通过，使汽车具有良好的通过性。

5．降低了汽车有害排放物

装备自动变速器的汽车，发动机运转平稳，非稳定工况较少，空燃比相对稳定，所以汽车有害排放物下降。

自动变速器结构复杂，传动效率低，制造成本高，维修难度大。液力变矩器在低速区的传递效率为 82%～86%，传递效率低，导致汽车燃油经济性差，但是现代液力变矩器都加装了锁止离合器、超速挡及驾驶模式选择功能等装置，使汽车的传动效率在高速区大大提高。

7.1.2 自动变速器的分类

自动变速器按传动比的变化规律可分为有级式和无级式两种。传动比连续可变称为无级变速器；传动比不连续可变，而是区域连续可变，仍可分出几个挡传动的变速器称为自动变速器。

自动变速器按照其用途分类时，通常把发动机前置后桥驱动仅起变速作用的变速器称为自动变速器，如图 7-1 所示；把发动机前置前桥驱动既有变速器又有主减速器差速器功能的变速器称为自动传动桥，如图 7-2 所示。

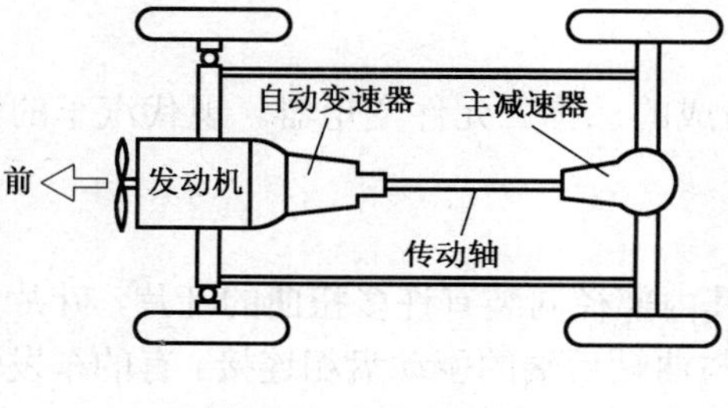

图 7-1 自动变速器

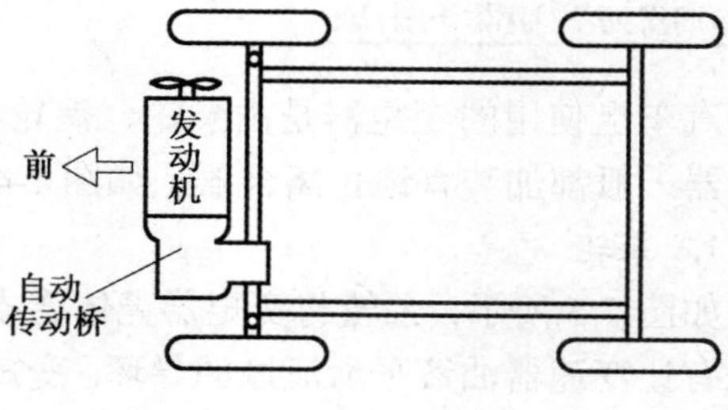

图 7-2 自动传动桥

自动变速器按控制方式不同可分为液控自动变速器、电液控自动变速器，目前生产的变速器几乎全为电液控自动变速器。

自动变速器按传动形式的类型又可分为行星齿轮传动自动变速器和定轴斜齿轮传动自动变速器。

7.1.3 自动变速器的组成

自动变速器由四大部分组成：液力变矩器、齿轮变速机构、控制系统、冷却和润滑装置，参见图 7-3。

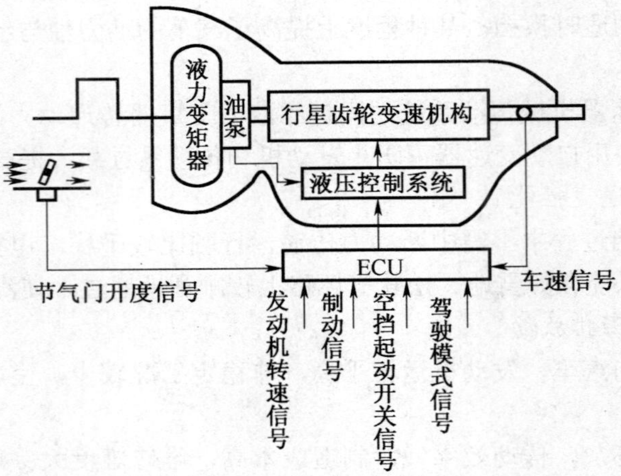

图 7-3 自动变速器的组成

7.2 液力变矩器

7.2.1 液力变矩器的作用

（1）起到离合器的作用，传递或切断发动机与自动变速器传动机构之间的动力传递。

（2）在一定范围内无级变速、变矩，可将发动机的转矩增大 2～4 倍输出。

（3）起到飞轮的作用，使发动机运转平稳。

（4）驱动液压控制系统的油泵运转。

7.2.2 液力变矩器的组成

汽车上使用的变矩器是由泵轮、涡轮和导轮组成的，称三元件变矩器。现代汽车的液力变矩器一般都加装有锁止离合器，如图 7-4 所示。

1. 泵轮

如图 7-5 所示，泵轮与变矩器壳体连成一体，其内部径向装有许多扭曲的叶片，叶片内缘则装有让变速器油液平滑流过的导环。变矩器壳体与曲轴后端的驱动盘相连接。有的车发动机后端无飞轮，起动齿圈直接装在变矩器上。

1　　2　　3　　4　　5　　6

1—液力变矩器盖；2—压盘；3—减振器盘；4—涡轮；5—导轮；6—泵轮

图 7-4　液力变矩器组成

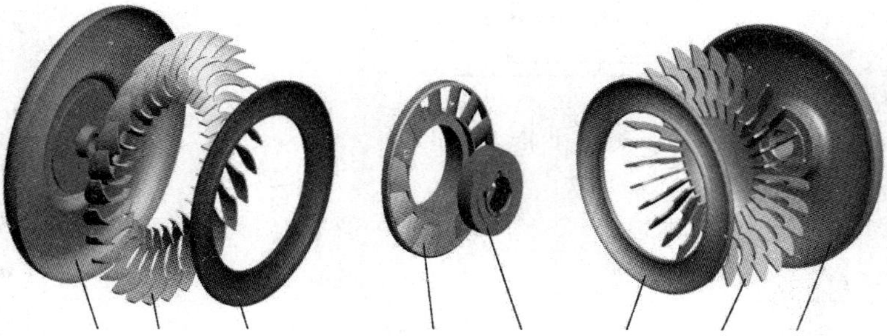

1　2　3　　4　5　6　7　8

1—涡轮壳；2—涡轮叶片；3—涡轮导环；4—导轮叶片；5—导轮单向离合器；6—泵轮导环；7—泵轮叶片；8—泵轮壳

图 7-5　液力变矩器的结构

2．涡轮

如图 7-5 所示，同泵轮一样，涡轮也装有许多扭曲叶片。但涡轮叶片的扭曲方向与泵轮叶片扭曲的方向相反。涡轮中心有花键孔与变速器输入轴相联。泵轮叶片与涡轮叶片相对安装，中间有 3～4mm 的间隙。

3．导轮

如图 7-5 所示，导轮位于泵轮与涡轮之间，通过单向离合器安装在与变速器壳体连接的固定轴上。它也由许多扭曲叶片组成。

7.2.3　液力变矩器的工作原理

1．液力变矩器的涡流

循环圆内液体的轴向流动称为涡流。传动油液在离心力的作用下，沿循环圆喷向涡轮 W，射流轴向流动，产生对涡轮的推力，大小与转速差成正比，如图 7-6 所示。液体流向外缘时能量加大是作用力，流回内缘时能量减小是阻力。作用力的大小决定于泵轮的半径和转速差（$n_B>n_W$）。转速差越大，涡流越大，能量越大，传递的转矩越大。若 $n_B=n_W$，转速差为零时，涡流就停止运动，变为耦合器，不再增扭，变为液力连轴器。

2．环流的产生

循环圆内液体绕轴线流动称为环流。这是由于涡流产生的结果，使两轮间产生牵连运动，涡轮即产生绕其轴线旋转的转矩 M_W，其大小决定于泵轮转速 n_B 的高低。当涡轮的转矩 M_W

大于汽车的阻力矩 M_Q 时，汽车才能行驶，发动机在怠速工况时不会行驶。

两种油流的合成，形成了一个首尾相接的螺旋形传力油流，是封闭的回路，像子午线断面，如图 7-7 所示。当 $n_B \approx n_W$ 时，只能使 $M_W=M_B$，起液力连轴离合器的作用，不能使转矩再增大，这是液力耦合器的传力原理。

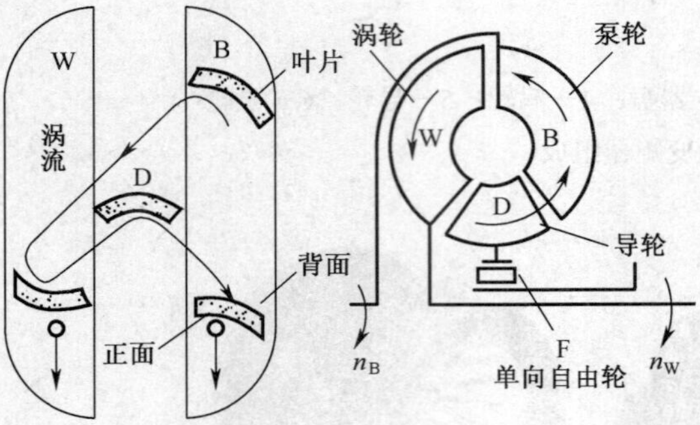

图 7-6　液力传动原理

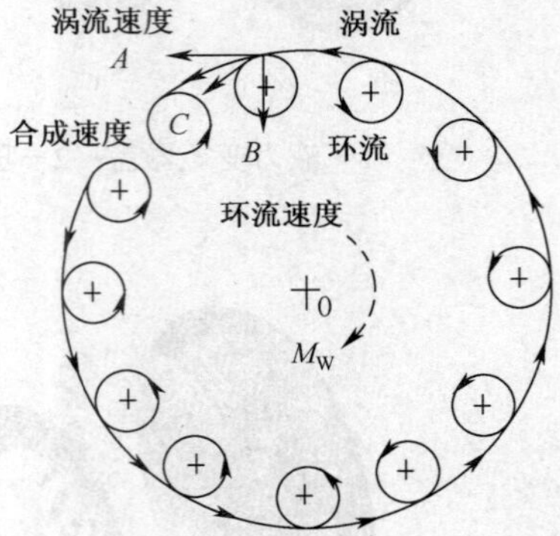

图 7-7　液力变矩器的涡流和环流合成示意图

3. 导轮的作用

因耦合器螺旋形油流的回流方向与泵轮的旋转方向相反，阻止了泵轮的旋转，能量损失较大。为此，需要装导轮，引导油流的流向，并使涡轮的转矩增大 2～4 倍。

当涡轮 W 转速较低或为零时，泵轮 B 高速旋转，将液流射入涡轮做功，液流又沿叶片高速冲击导轮 D 的叶片正面（凹面），因导轮被 F 轮锁止，不能反转，其射流力的反作用力又反传给涡轮叶片，如图 7-8 所示。F_B—射流力；F_D—导轮的反作用力；F_W—增扭合成力，$F_W = F_B + F_D$。

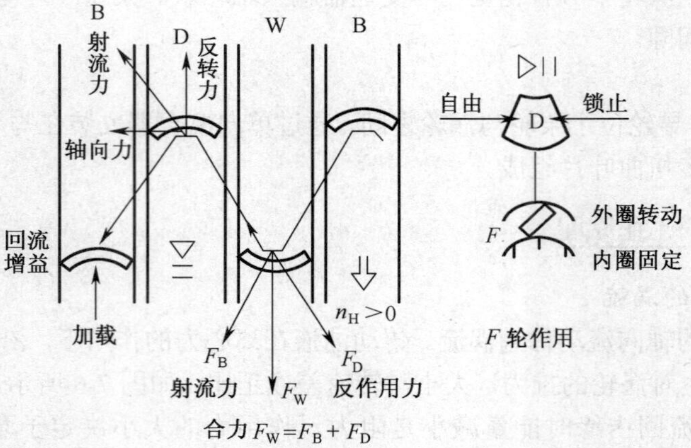

图 7-8　涡流和环流的产生和转矩的增大

所以，作用在涡轮上的转矩 M_W，不仅有泵轮转矩 M_B，还有导轮上的反作用力矩 M_D，即 $M_W=M_B+M_D$，这是变矩器能使转矩增大的原理。可见，涡轮转矩 M_W 的增大，决定于它与泵轮 B 的转速差的大小，转速差越大，转矩 M_W 越大。

4. 合成速度的方向是变化的，随涡轮转速 n_W 的增大而反时针变化

如图 7-9 所示，射入涡轮的液流，*A* 为涡流速度；*B* 为环流速度；*C* 为液流的合成速度。其 *A*、*B*、*C* 三个速度的大小，随涡轮转速 n_W 的增大而反时针变化。

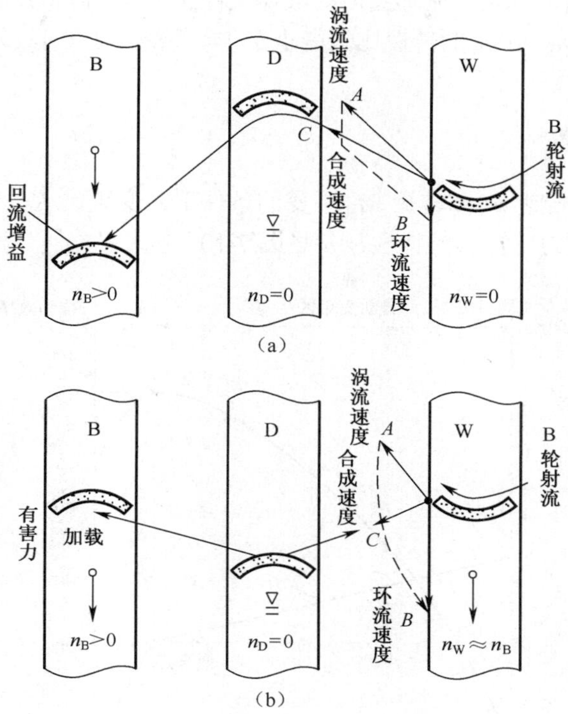

图 7-9　转速差对涡轮转矩的影响

（1）当涡轮的转速为零时。n_W=0，转速差大，涡流速度 *A* 大于环流速度 *B*，合成速度 *C* 向上，射入导轮的合成速度 *C* 大，射流冲击导轮 D 的正面（凹面），所产生的反作用力矩 M_D 大，增扭并增益。

（2）当涡轮的转速接近泵轮的转速时。$n_B \approx n_W$，因为环流速度 *B* 加大，环流速度 *B* 大于涡流速度 *A*，射流的合成速度 *C* 变小并向下，其射流方向也变为冲击导轮 D 的背面（凸面）。因导轮的反作用力与涡轮的旋转方向相反，造成能量的损失，还阻碍油液回流，射流还会对泵轮 B 进行加载。此时，M_W 被减小，即 $M_W = M_B - M_D$。

为此，单向离合器 F 即停止锁止，随动耦合，把射流的冲击能量变为对导轮 D 的随动能量，即三片合一，自由转动，防止了对泵轮 B 的加载。

5. 四种结论

由于合成速度 *C* 的方向是随转速差的减小在图中沿逆时针方向变化，因此，可得出四种情况：

（1）当 n_W =0 时。$n_B > n_W$，油液冲击导轮 D 正面（凹面）；$M_D > 0$，$M_W > M_B$，即：$M_W = M_B + M_D$，此时为变矩器。

（2）当 $n_W > 0$（为 n_B 的 0.85）时。$n_B > n_W$，射流的合成速度 *C* 与导轮叶片相切时，M_D =0，$M_W = M_B$，此时为耦合器（液力连轴器）。此时 W 轮的转速 n_W 称为耦合工作点，又叫 W 轮的

临界转速，变矩器应变为耦合器。

（3）当 $n_W \approx n_B$ 时。射流的合成速度 C 冲击导轮背面（凸面），其反作用力是有害力，$M_D > 0$ 为负值，即 $M_w = M_B - M_D$。此时，导轮应随涡轮同向旋转，防止对泵轮 B 加载并增益。

（4）当涡轮转速 $n_W = n_B$ 时。循环圆内的液体就停止流动，降低或停止转矩的传递。所以，n_w 的增大是有限度的，n_W 与 n_B 的转速比只能小于 1，不能大于 0.9，只有使 $n_W \approx n_B$ 才不失其液力传动的性能。

7.2.4 液力变矩器的特性

液力变矩器在泵轮转速 n_B 和转矩 M_B 不变的条件下，变矩比 K、传动效率 η 随涡轮转速 n_W 的变化规律，称为液力变矩器的特性，参见图 7-10。

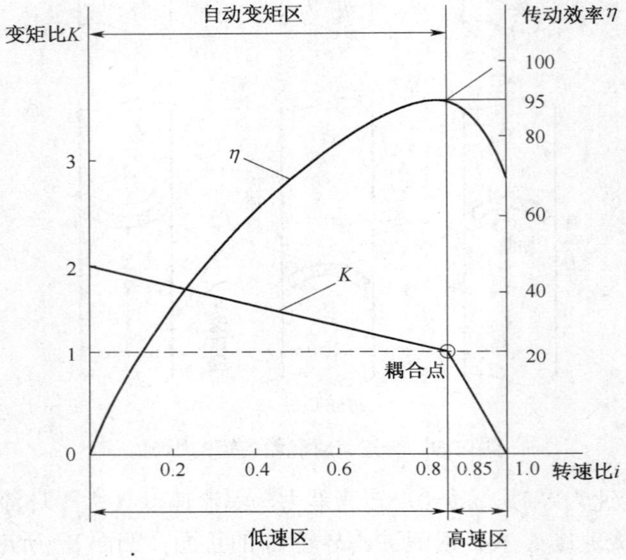

图 7-10 液力变矩器特性

K 称为变矩比，它是涡轮输出转矩与泵轮输入转矩之比，其值一般为 2～4。其表达式为：

$$K = \frac{M_W}{M_B}$$

i 称为转速比，它是涡轮转速与泵轮转速之比，其值一般为 0.8～0.9，其表达式为：

$$i = \frac{n_W}{n_B} \leqslant 1$$

η 称为传动效率，它是涡轮输出功率 N_W 与泵轮输入功率 N_B 之比。

$$\eta = \frac{N_W}{N_B} < 1$$

从变矩器特性曲线中可以看出：

（1）变矩比 K 随着转速比 i 的增大而减小，即当行驶阻力大时，液力变矩器自动输出大转矩，而在行驶阻力小时，自动输出小转矩。这一特性对行驶阻力变化较大的汽车来说是非常适合的，此即所谓的适应性好。例如：

1）怠速时，由于泵轮转速低，液流流速低，涡轮上得到的转矩 M_W 小于汽车起步对应的阻力矩，涡轮不转，汽车不能行驶。

2）起步时，由于泵轮转速升高，液流流速升高，涡轮上得到的转矩 M_W 大于汽车起步时需要的阻力矩，涡轮开始转动，汽车起步。从图中可以看出，在起步时，$i=0$，即此时 $n_W=0$，变矩系数 K 最大，此时液力变矩器能产生最大输出转矩，以利于克服汽车惯性力而起步，此时的变矩系数也称为起步变矩比或称为失速变矩比。

（2）汽车起步后涡轮的转速 n_W 逐渐增大，涡轮输出转矩 M_W 逐渐减小，达到耦合点，即 $K=1$ 时，涡轮的转矩等于泵轮的转矩（$M_W=M_B$），此时称为耦合点，再加速时，$K<1$，涡轮的转矩小于泵轮的转矩（$M_W<M_B$）。通常将转速比小于 0.85 的区域称为低速区，在低速区可自动增加转矩；将转速比大于 0.85 的区域称为高速区，高速区输出转矩将小于输入转矩。

（3）变矩器的传动效率开始随转速比的增大而增大，在低速区虽然传动效率低，但是变矩比大，液力变矩器输出大转矩，有利于汽车行驶；在转速比为 0.8 时传动效率最高，但是此时的传动效率也仅为 95%左右，因此，使用液力变矩器的汽车较使用普通变速器的汽车油耗要高。由于导轮的存在，传动效率为抛物线形状，转折点在耦合点附近，超过耦合点，传递效率迅速下降，且此时的变矩比也急剧下降。

7.2.5 单向离合器

耦合点后，变矩比和传动效率急剧下降，这将影响汽车的动力性和经济性，分析引起变矩比和传动效率下降的主要原因是因为此时导轮的反作用力矩的方向为负值。此力矩不但不能使涡轮输出转矩增加，反而使涡轮输出转矩减少，是有害的。通常采用的方法是在导轮上加装单向离合器。

导轮中单向离合器的作用是不允许导轮逆时针转动，即当导轮对涡轮的反作用力矩为正值时，导轮不转动，产生一个正的反作用力矩；允许导轮顺时针转动，即当导轮对涡轮的反作用力矩为负值时，导轮转动，不产生反作用力矩。

单向离合器有楔槽式和楔块式两种形式。

楔槽式单向离合器工作原理如图 7-11 所示，它由外座圈 2、内座圈 1、滚柱 5 和碟形弹簧 6 等组成，导轮 3 用铆钉 4 铆在外座圈上，可以随外座圈一起转动，内座圈用花键和与油泵壳体制成一体的固定套管联接，油泵壳体固定在变速器壳体上，即内座圈与变速器壳体连接在一起，固定不动。外座圈的内表面有若干个楔形圆弧槽，在槽内装有滚子和碟形弹簧，碟形弹簧将滚柱始终压向内、外座圈之间的窄槽处。

其工作原理是：涡轮转速较低、与泵轮转速差较大时，从涡轮流出的液流冲击导轮叶片，力图使导轮顺时针方向（图中的虚线方向）旋转时，滚柱向楔形槽的窄槽处滚动，内、外座圈被卡紧，外座圈固定不动，此时导轮对涡轮产生一个反作用转矩，涡轮增加转矩对外输出；当涡轮转速升高、与泵轮转速差较小时，从涡轮流出的液流冲击导轮叶片，液流对导轮的冲击力反向，在冲击力的作用下，导轮外座圈带动滚柱向楔形槽的宽槽处滚动，内、外座圈不卡紧，外座圈可以按图中实线方向与涡轮一起转动，此时导轮不对涡轮产生一个反作用转矩，涡轮与泵轮输出转矩相等。

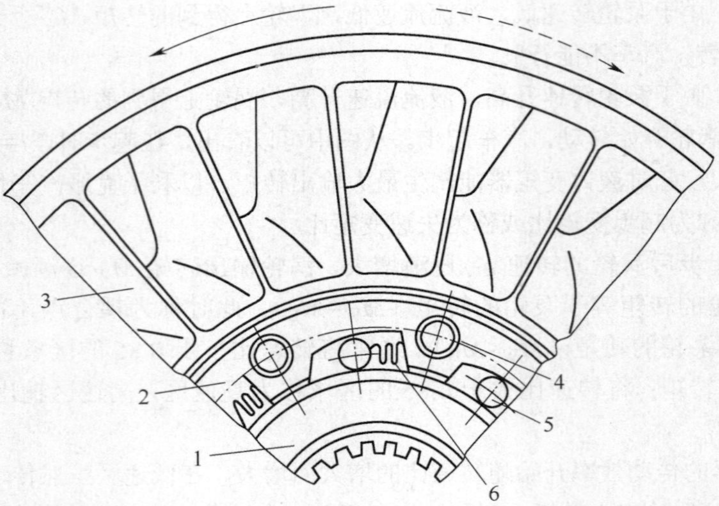

1—内座圈；2—外座圈；3—导轮；4—全铆钉；5—滚柱；6—碟形弹簧

图 7-11　楔槽式单向离合器

楔块式单向离合器如图 7-12 所示，它由外座圈、内座圈、保持架、楔块等组成。

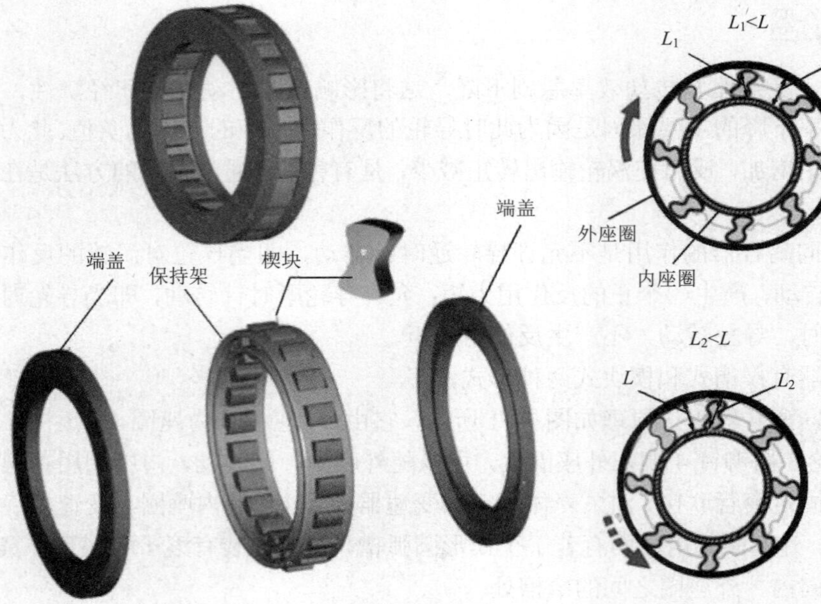

图 7-12　楔块式单向离合器

其工作原理是：当内座圈固定，外座圈顺时针方向转动时，外座圈推动楔块顺时针转动，由于 $L_1<L$，楔块不能锁止外座圈，外座圈可自由转动；当外座圈逆时针转动时，外座圈推动楔块逆时针转动，由于 $L_2>L$，楔块起到楔子的作用，锁住了外座圈，外座圈不能转动。保持架的作用是使楔块总是朝着锁止外座圈的方向略为倾斜，以加强楔块的锁止功能。

在齿轮变速机构中，也广泛应用单向离合器。

7.2.6　锁止离合器

从图 7-10 所示变矩器的特性曲线可以看出高速区传动效率急剧下降，影响汽车的经济性，为了提高高速区传动效率，现代汽车的液力变矩器上广泛加装锁止离合器，通常称为三相综合式液力变矩器。

锁止离合器的作用就是在高速时，液力变矩器的压盘将泵轮与涡轮连在一起，像普通离合器一样，使发动机产生的动力通过摩擦直接传给自动变速器的变速传动机构，以提高高速时汽车的经济性和动力性。这里提到的高速，一般是指自动变速器在 2 挡以上，车速在 50km/h 以上。

锁止离合器由减振盘、压盘等部件组成，参见图 7-4。减振盘与涡轮连接在一起，减振盘上装有减振弹簧，在离合器接合时，防止产生扭转振动，压盘通过凸起嵌入减振盘上，压盘可以带动减振盘转动，同时压盘可以轴向移动，在压盘上粘有一层摩擦材料，以增加离合器接合时的摩擦力。前盖与泵轮焊接在一起，由曲轴带动旋转。

当涡轮的转速 n_W 和泵轮的转速 n_B 之比 i=0.85 时，ECT/ECU 即发令，通过锁止电磁阀 TCC 和油压调节电磁阀 PWM 控制多柱式滑阀的移动，实现多路油压的转换，并进行油压的调节，完成“不锁止→轻微锁止→半锁止→全锁止”的平顺柔和的转换。如图 7-13 所示，变矩器上有三个油液通路，一为泵轮外壳和导管之间的缝隙，它为锁止离合器片的正压通道；二为导管和输入轴之间的缝隙，它为冷油器的通道；三为中空的输入轴，它为锁止离合片的背压通道。四柱式锁止滑阀两端油压受锁止电磁阀 TCC 和油压调节阀 PWM 的控制，在弹簧力 F 的作用下，不锁止时处于右端位置。它产生位移后，其隔柱使油路发生变化，实现锁止和不锁止的转换。

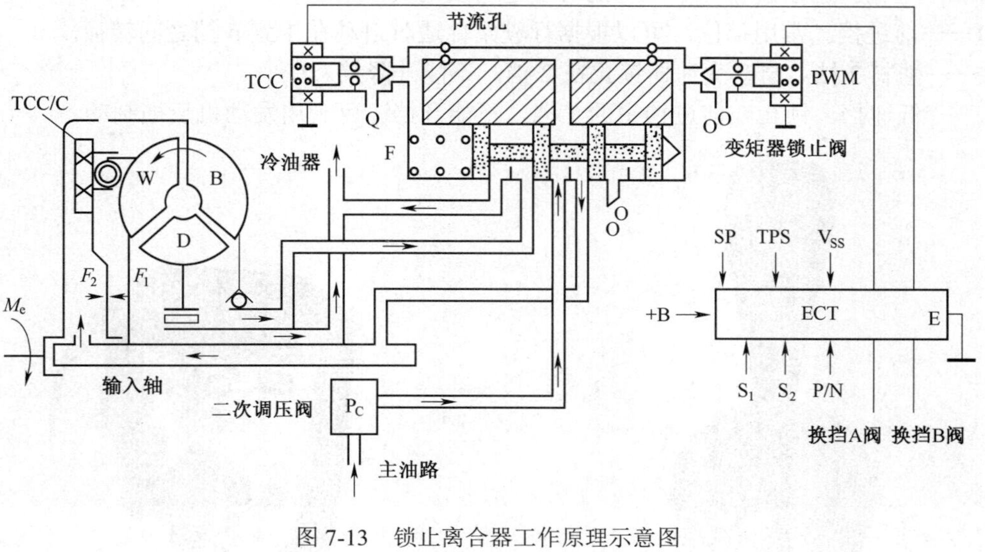

图 7-13　锁止离合器工作原理示意图

锁止离合器工作原理是：

当车辆低速行驶不需要锁止离合器锁止时，来自调压阀的油压进入液力变矩器后作用在锁止离合器片的右侧，其正压力为 F_1，此时，自动变速器电子控制单元控制锁止电磁阀 TCC

和锁止油压控制电磁阀 PWM 处于 OFF（断电）状态，电磁阀关闭泄油回路，来自调压阀的油压作用在锁止离合器片的左侧，其背压力为 F_2，由于 $F_1<F_2$，锁止离合器片与前盖分离，锁止离合器不锁止，变矩器起变速变矩作用。

当车辆高速行驶需要锁止离合器锁止时，自动变速器电子控制单元控制锁止电磁阀 TCC、锁止油压控制电磁阀 PWM 处于 ON（通电）状态，电磁阀打开泄油回路，锁止离合器片的左侧通过 TCC 阀泄压，其背压减小，由于 $F_1>F_2$，在油压的作用下锁止离合器片左移，压紧到前盖上，锁止离合器片和液力变矩器前盖产生摩擦力，锁止离合器锁止，发动机的动力由锁止离合器前盖通过摩擦力传给自动变速器的输入轴。其中锁止电磁阀 TCC 为开关阀，而锁止油压控制电磁阀 PWM 为频率阀，电子控制单元控制其具有不同的开关频率，使离合器具有轻微锁止、半锁止和完全锁止等不同的锁止工况，从而改善离合器的锁止性能。

7.3 自动变速器的齿轮变速机构

7.3.1 自动变速器的选挡手柄

驾驶员通过选挡手柄控制自动变速器的挡位，不同的车选挡手柄的位置与用途不同，如图 7-14 所示。

1. 自动变速器选挡手柄位置及用途（见图 7-14（a））

P——停车挡。停车时使用，机械锁止自动变速器输出轴，可以起动发动机。

R——倒挡。倒车时用。

N——空挡。用于短暂停车，有的可以起动发动机。

D——前进挡。常用挡位，可以根据行驶条件适时自动在 1 到 n 挡之间转换。

S——强制 2 挡。自动变速器锁止在 2 挡，不能升降挡。

L——低速挡。锁止在前进挡中的 1 挡，不能升挡。可利用发动机反拖制动。

（a）自动变速器选挡手柄

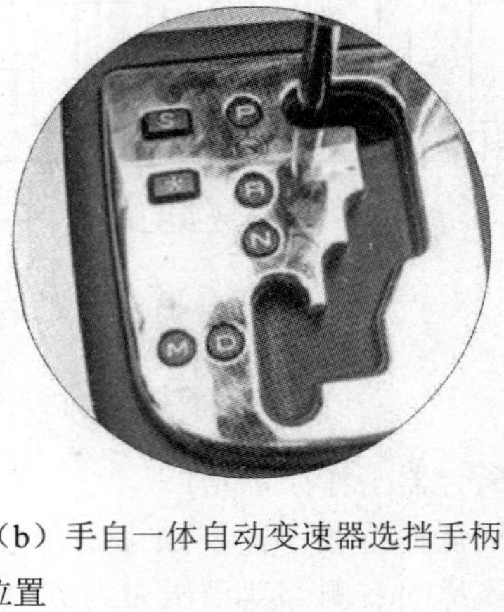

（b）手自一体自动变速器选挡手柄

图 7-14 选挡手柄位置

2. 手自一体自动变速器选挡手柄位置及用途（见图 7-14（b））

S——运动模式。在这种状态下，车辆的加速响应性增强，但舒适性、经济性下降。

*——冰雪路模式。用于湿滑路面起步，按下此键时车辆将不从 1 挡起步，而从 2 挡起步，以减低转矩输出，避免车辆在湿滑路面上起步时打滑。

M——手动模式。按下此按钮时，选挡手柄向前推时完成加挡操作，后向推时则完成减挡操作。

其他位置与自动变速器相同。

7.3.2 行星齿轮传动基本原理

自动变速器的齿轮变速机构通常有行星齿轮式和定轴斜齿轮式两种。现在介绍行星齿轮式变速机构。

如图 7-15 所示，行星齿轮机构由三元件组成，即太阳轮、行星齿轮及行星架、齿圈。

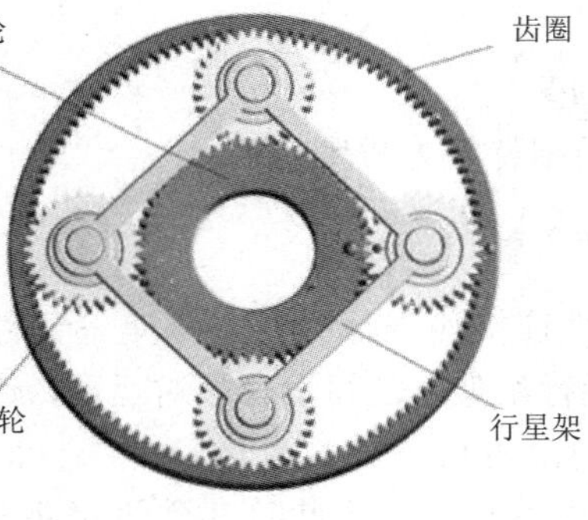

（a）示意图

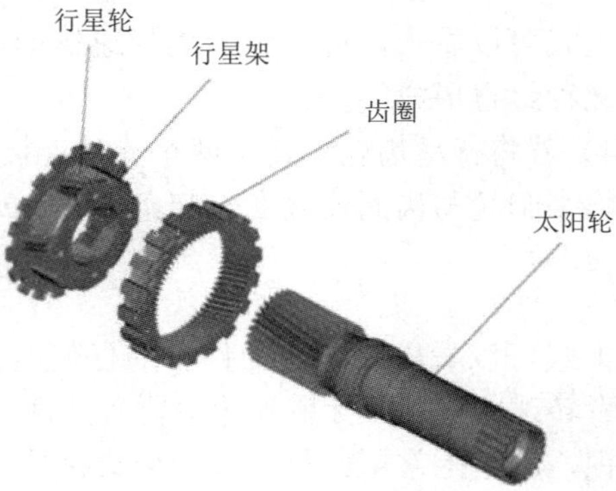

（b）结构图

图 7-15　行星齿轮机构组成

根据行星齿轮传动受力分析可以得到行星齿轮传动运动特性方程：

$$n_1 + \alpha n_2 - (1+\alpha) n_3 = 0$$

式中：n_1——太阳轮转速；

n_2——齿圈转速；

n_3——行星架转速；

α——行星齿轮传动特性参数。

其中：
$$\alpha = \frac{Z_2(\text{齿圈齿数})}{Z_1(\text{太阳轮齿数})} > 1$$

根据这个特性方程，研究以下行星齿轮传动的基本原理。

（1）太阳轮固定（即将太阳轮制动，使其固定不动），齿圈主动，行星架被动。

此时，$n_1=0$，根据特性方程，齿圈与行星架转速之比 i_{23}：

$$i_{23} = \frac{n_2}{n_3} = \frac{1+\alpha}{\alpha} = 1 + \frac{z_1}{z_2}$$

从上式可以看出，此种组合为降速传动（传动比大于 1），常用的传动比为 1.25～1.67，转向相同；若反之，在太阳轮固定的条件下，行星架主动，齿圈被动，则此种组合为升速传动，汽车上常用此种组合形成超速挡。

（2）齿圈固定，太阳轮主动，行星架被动。

此时，$n_2=0$，根据特性方程，太阳轮与行星架转速之比 i_{13} 用下式表示：

$$i_{13}=\frac{n_1}{n_3}=1+\alpha=1+\frac{z_2}{z_1}$$

从上式可以看出，此种组合为降速传动，常用的传动比为 2.5～5，转向相同；若反之，在齿圈固定的条件下，行星架主动，太阳轮被动，则此种组合为升速传动，有的汽车上用此种组合形成超速 2 挡。

（3）行星架固定，太阳轮主动，齿圈被动。

此时，$n_3=0$，根据特性方程，太阳轮与齿圈转速之比 i_{12} 用下式表示：

$$i_{12}=\frac{n_1}{n_2}=-\alpha=-\frac{z_2}{z_1}$$

从上式可以看出，此种组合为降速传动，常用的传动比为 2.5～5，负号转向相反，汽车上常用此种组合形成倒挡。

（4）若将行星齿轮中任意两个元件连接在一起。

如将太阳轮与齿圈连接在一起，即 $n_1=n_2$，根据特性方程则有：

$$n_3=\frac{n_1+\alpha n_1}{1+\alpha}=n_1=n_2$$

从上式可以看出，若三元件中的任何两个元件连接成一体转动，则第三元件的转速必然与第二者转速相等，即行星齿轮中所有元件（包括行星架）之间没有相对运动，通常称为行星齿轮自锁，汽车上常用此种组合形成直接挡，传动比 i=1。

（5）若三元件中任一元件为主动，其余的两元件自由，则此时其余两元件无确定的转速输出。

上述行星齿轮传动原理比较复杂，难于记忆，下面介绍一种简易的记忆方式：

如图 7-16 所示，将太阳轮看成最小的圆柱齿轮，齿圈看成中等大的圆柱齿轮，行星架看成最大的圆柱齿轮（它的齿数为行星齿轮齿数与齿圈齿数之和）。

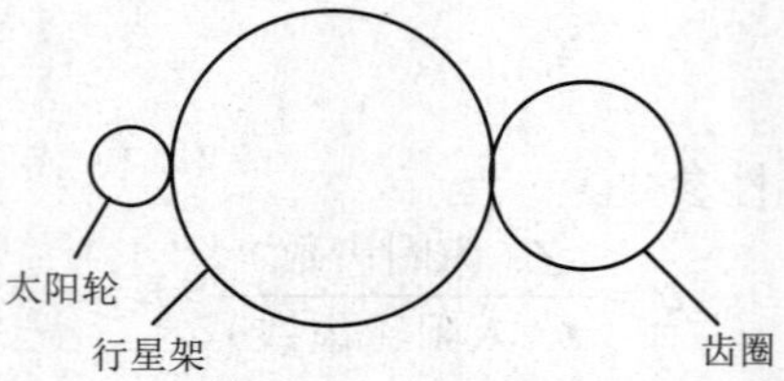

图 7-16　行星齿轮机构简易记忆方法

当齿圈固定时，太阳轮主动，行星架被动，最小的齿轮带动最大的齿轮旋转，此种组合为降速，传动比较大；若行星架主动，太阳轮被动，最大的齿轮带动最小的齿轮旋转，此种组合为升速，传动比最小，在少数汽车上使用，作为前进超速 2 挡。

当太阳轮固定时，齿圈主动，行星架被动，较大齿轮带动最大齿轮旋转，此种组合为降速，在汽车上常用作前进2挡；若行星架主动，齿圈被动，最大齿轮带动较大齿轮旋转，此种组合为升速，传动比略小于1，在汽车上用作前进超速1挡。

当行星架固定时，太阳轮主动，齿圈被动，最小齿轮带动较大齿轮旋转，降速，反向，在汽车上用作倒挡。

单排行星齿轮系统的六种组合传动方案，如表7-1所示。

表 7-1

制动	主动	被动	速度变化	传动比	方向	组合序号
制动齿圈	太阳轮	行星架	降速	2.5～5	同向	①
	行星架	太阳轮	升速	0.2～0.4	同向	②
太阳轮	齿圈	行星架	降速	1.25～1.67	同向	③
	行星架	齿圈	升速	0.60～0.8	同向	④
行星轮架	太阳轮	齿圈	降速	1.5～4	反向	⑤
	齿圈	太阳轮	升速	0.25～0.67	反向	⑥

汽车上常用的为①、③、④、⑤四种组合方案。另外，尚需要有直接挡、空挡（N）、停车挡（P）：

直接挡。连接任意两个元件，行星齿轮不能自转，输入轴和输出轴接为一体，i=1。

空挡（N）。一个主动件，其他两元件自由，行星齿轮系统空转，不传力，以便于起动或换挡时用。

停车挡（P）。在空挡状态时，锁住输出元件或输出轴。输入轴和行星齿轮系统只能空转，汽车不能行驶，以便于停车时用，起动或起动后坡道起步时用。

实际自动变速器中输入轴和输出轴的位置是不能改变的，应采用多排行星齿轮机构或复合式行星齿轮机构、离合器和制动器实现各挡位动力传递。

7.3.3 离合器与制动器

1．离合器

离合器的作用是将行星齿轮两个元件连接在一起，或将两个传动轴连接在一起。自动变速器中的离合器为湿式、多片离合器，采用液压控制。其特点是径向尺寸小、接合柔和、能传递较大的转矩。

如图7-17所示，离合器由输入轴转鼓、活塞、密封圈、回位弹簧、钢片、摩擦片、输出转鼓及卡环等件组成。输入轴转鼓输入动力，在转鼓内装有环形活塞，活塞采用铝合金材料制成，其内、外圆上有密封圈，回位弹簧一端抵靠在弹簧座上，另一端推动活塞左移回位，摩擦片分钢片和摩擦片两种，钢片外缘有矩形花键与输入轴转鼓内键槽相连，摩擦片其表面有铜基粉末冶金层或合成纤维层，以增大摩擦力，内圆有花键，与输出轴传动鼓相连接，钢片、摩擦片相间排列。输出转鼓中心有齿形花键与输出轴相连，边缘有键槽。

其工作原理是：当需要离合器接合时，控制油压活塞左腔，克服回位弹簧力将钢片和摩擦片压紧，钢片、摩擦片之间产生摩擦力，这时动力从输入轴经过离合器传到输出轴。

当需要离合器分离时，控制油压通过原来的管路排出，由于回位弹簧的作用，活塞回到初始的位置，摩擦片和钢片间压紧力消失，离合器分离，动力不能传递。

1－输入轴转鼓；2－活塞；3－外 O 形密封圈；4－内 O 形密封圈；5－弹簧；6－弹簧座；
7－卡环；8－钢片；9－摩擦片；10－卡环；11－推力轴承；12－输出转鼓；13－传动鼓；
14－卡环；15－推力轴承

图 7-17　离合器组成

2. 制动器

制动器的作用是固定行星齿轮的某一元件，使其制动不动。

自动变速器中的制动器有带式制动器和片式制动器两种形式，片式制动器的结构与工作原理与片式离合器的基本相同，只是将钢片与自动变速器壳体相连接。这里不再赘述，下面介绍带式制动器。

如图 7-18 所示，带式制动器由转鼓、制动带、活塞、推杆和回位弹簧等组成。转鼓与行星齿轮机构的某一元件相连接，制动带围在转鼓的外圆上，它的外表面是钢带，内表面有摩擦材料，制动带的一端用锁销固定在自动变速器壳体上，另一端与液压油缸的推杆相接触，油缸固定在自动变速器壳体上，其内部有活塞和回位弹簧，推杆一端抵靠在活塞上，另一端抵靠在制动带上。

其工作原理是：制动器不制动时，转鼓与制动带之间有间隙，转鼓可以自由转动；当制动带制动时，控制油压进入活塞左腔，在油压的作用下活塞压缩弹簧左移，活塞推动推杆左移，推杆使制动带与转鼓接触，制动带与转鼓之间产生摩擦力，在摩擦力的作用下转鼓不转，即行星齿轮排某一元件被固定不转。

制动器不工作时，制动带与转鼓之间应有合适的间隙，这个间隙可用调整螺钉调整。

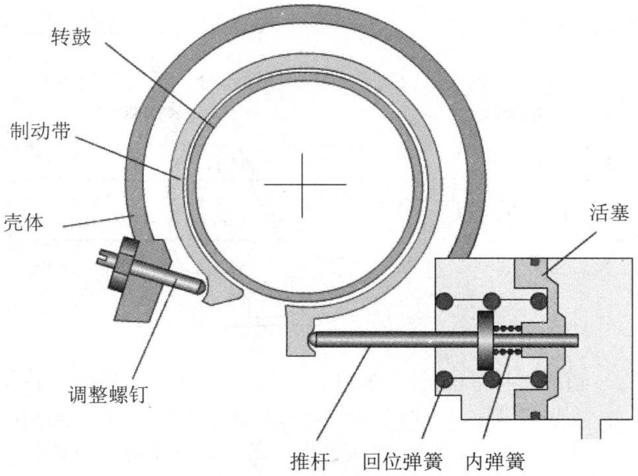

图 7-18　带式制动器

7.3.4　典型齿轮变速机构

1. Simpson（辛普森）式行星齿轮变速机构

图 7-19 是日本丰田汽车公司生产的 A340E 自动变速器，它由两部分串联而成，其前排是超速行星齿轮排，为一简单行星齿轮机构，输入轴 12 与行星架连接在一起输入，齿圈 10 输出，离合器 C_0 可以将行星架与太阳轮 11 连接在一起，使超速行星排自锁，超速排可以 1:1 传动向外输出，单向离合器 F_0 与离合器 C_0 并联，不允许太阳轮逆时针旋转，制动器 B_0 可以制动太阳轮，使超速排超速输出。后面一部分为一辛普森复合行星齿轮机构，它是一典型的 3 挡变速器，由前、后两排行星齿轮机构组成，公用一个太阳轮 7。公用太阳轮通过离合器 C_2 与中间轴 9 联接，制动器 B_1 是一带式制动器，位于壳体与太阳轮之间，制动器 B_1 可以制动太阳轮。制动器 B_2 和单向离合器 F_1 串联在太阳轮与壳体之间，当制动器 B_2 制动时，单向离合器 F_1 不允许太阳轮逆时针转动，允许其顺时针转动。前排齿圈 8 通过离合器 C_1 与中间轴联接。行星架 3 和后排齿圈共同与输出轴连接。后排行星架 4 通过制动器 B_3 和单向离合器 F_2 与壳体连接，单向离合器 F_2 不允许后排行星架逆时针转动，允许其顺时针转动，制动器 B_3 可以制动后排行星架。

下面介绍选挡手柄在不同位置时，辛普森式行星齿轮变速机构各挡传动原理：

（1）选挡手柄位于 P 位置。选挡手柄位于 P 位置时（见图 7-19），离合器 C_1、C_2 分离，切断了超速行星齿轮排与后边的三挡变速器的动力传递，即切断了输入轴与输出轴之间的动力传递，因此，变速器处于空挡位置，此时变速器的空挡起动开关接通起动电路，可以起动发动机。同时，机械锁止机构将输出轴上的外齿锁住（见图 7-20），因而自动变速器的输出轴和汽车的驱动轮都无法转动，处于驻车制动工况，所以此挡位称为停车挡。

（2）选挡手柄位于 R 位置。选挡手柄位于 R 位置时，自动变速器具有倒挡，此时离合器 C_0、C_2 接合，制动器 B_3 制动。

对超速行星排来说，离合器 C_0 接合，将行星架与太阳轮连接在一起，超速行星齿轮排自锁，作为一体转动，传动比为 1。C_2 接合时，动力传给太阳轮。当制动器 B_3 制动时，制动后排行星架，对后排行星齿轮机构来说，太阳轮顺时针输入，行星架制动，齿圈逆时针减速输出。

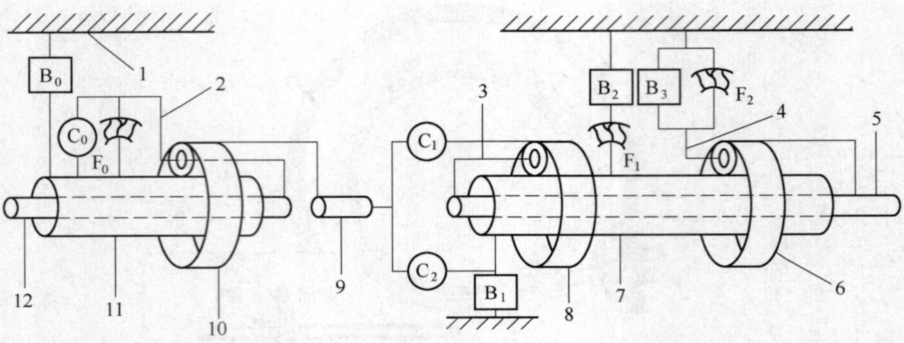

1—自动变速器壳体；2—超速排行星架；3—前排行星架；4—后排行星架；5—中间轴；6—后齿圈；7—前后排公用太阳轮；8—前排齿圈；9—输入轴；10—超速排齿圈；11—超速排太阳轮；12—输入轴；C_0—超速排离合器；C_1—前进挡离合器；C_2—直接挡离合器；B_0—超速排制动器；B_1—二挡滑行制动器；B_2—二挡制动器；B_3—倒挡制动器；F_0—起速挡单向离合器；F_1—一挡单向离合器；F_2—二挡单向离合器

图 7-19　A340E 自动变速器行星齿轮变速机构原理图

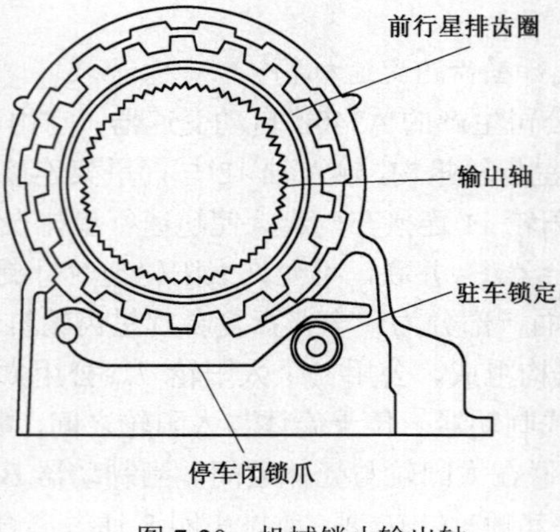

图 7-20　机械锁止输出轴

参见图 7-21（a），自动变速器倒挡时动力传动线路为：输入轴→超速行星排→中间轴→离合器 C_0→公用太阳轮→后排齿圈→输出轴。

整个传动过程中，经过太阳轮与齿圈反向传动，变速器处于倒挡，其传动比是 2.393。

（3）选挡手柄位于 N 位置。选挡手柄位于 N 位置，中断动力输出，有的汽车在此位置可以起动发动机。

（4）选挡手柄位于 D 位置。选挡手柄位于 D 位置时，自动变速器可以根据节气门开度及车速等信号，自动在各挡之间转换，通常把选挡手柄位于此位置的一挡称为 D-1 挡，依此类推，分别称为 D-2 挡、D-3 挡、D-4 挡。

在 D-1 挡时（见图 7-19），控制系统使离合器 C_0、C_1 接合，单向离合器 F_2 参加工作。

对超速行星排来说，离合器 C_0 接合，将行星架与太阳轮连接在一起，超速行星齿轮排自锁，作为一体转动，传动比为 1。对三挡变速部分来说，中间轴通过离合器 C_1 带动前排齿圈转动，齿圈通过行星轮带动公用太阳轮转动，仅看前行星齿轮排，齿圈顺时针输入，带动太阳轮逆时针转动。再单独看后排行星齿轮机构，太阳轮将动力传到后排行星齿轮机构后，由于单

向离合器 F_2 不允许前排行星架逆时针转动，所以当太阳轮逆时针转动时，行星架不转，齿圈顺时针转动，带动输出轴转动，向外输出。

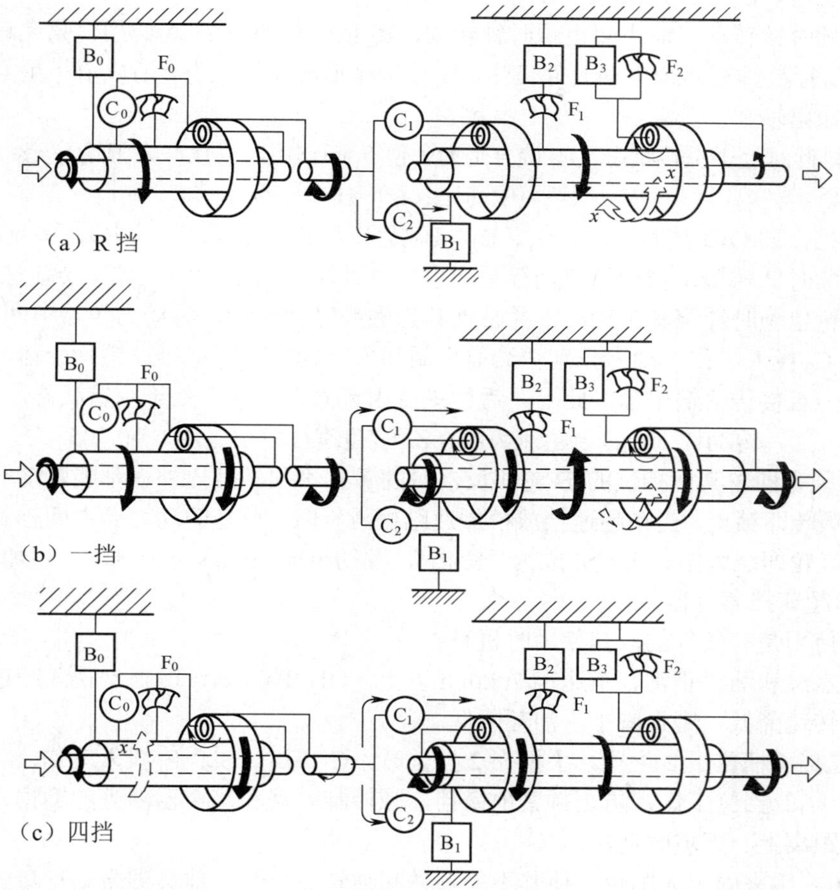

图 7-21　A340E 自动变速器各挡传动原理

自动变速器 D-1 挡动力传动线路（见图 7-21（b））为：输入轴→超速行星齿轮排→中间轴→离合器 C_1→前排齿圈→{公用太阳轮→后排齿圈；前排行星架}→输出轴。

整个传动过程中，经过两排行星齿轮降速，变速器处于一挡，其传动比是 2.531。由于单向离合器 F_2 不允许前排行星架逆时针转动，允许其顺时针转动，所以，当车轮转速对应的高于发动机转速时，车轮不能带动发动机转动，即发动机不反拖。可以延长汽车的滑行距离，有利于提高汽车的经济性。

在 D-2 挡时，C_1、B_2、F_1 投入工作。

中间轴顺时针转动，前齿圈也顺时针转动，带动前行星轮顺时针转动。因 B_2 和 F_1 投入工作，防止了太阳轮反时针转动，所以前行星轮一方面自转，又绕太阳轮公转，动力经前行星架传给输出轴。

后行星排因无固定元件投入工作，处于空转状态。

传动比（i_2）=前行星架（Z_C）/前齿圈（Z_2）=1.531

在 D-3 挡时，C_1、C_2、B_2投入工作。

中间轴顺时针转动，前齿圈也顺时针转动，B_2接合是通过F_1起作用，只允许太阳轮顺时针转动。因前行星排有两个主动元件工作，使行星排形成闭锁状态，所以前行星架直接将动力顺时针传给输出轴。

后行星排此时处于空转状态。B_2接合是为了使F_1起作用，只允许太阳轮等元件顺时针转动。

传动比（i_3）=1.0

在 D-4 挡，即 O/D 挡时，C_1、C_2、B_2、B_0投入工作，（C_0和F_0自由），参见图 7-21（c）。

输入轴顺时针转动，带动超速挡行星架也顺时针转。因B_0投入工作，超速挡太阳轮被制动，其行星轮也顺时针绕其轴转动，并带动其齿圈顺时针转动，将动力传给中间轴。

因C_1、C_2投入工作，动力分别传给前齿圈和太阳轮，前行星排被锁为一体，使其同速同向旋转，动力直接传给输出轴。此时，后行星排因无固定元件，处于空转状态。

传动比（i_{OD}）=超速齿圈（Z_2）/超速行星架（Z_C）=0.705

F_0的安装方向与其他挡位的 F 轮相反，目的各有不同。其内外圈都能转动，其外圈顺转自由，内圈顺转即锁止。当在超速挡放松加速踏板滑行时，反拖的动力经中间轴和齿圈顺时针输入，其行星轮即绕太阳轮公转，成为“空挡”。发动机即不投入反拖制动，可加大滑行能力。因而F_0又叫超速挡离合器。

超速挡使用是有条件的，其使用时机是：

好路、水温和油温正常、车速在 70km/h 以上，OD/SW-ON，即自动换入超速挡。其好处可使发动机转速降低，磨损减小，油耗降低。

（5）选挡手柄位于 2 位置。手柄在 2 挡位时，C_1、B_1、B_2、F_1投入工作。

即固定于 2 挡位工作，防止频繁地换挡，减轻制动器和离合器额外的磨损，多在较坏的路上、或长距离上、下坡时使用。

多了 B_1，用来固定太阳轮，使其不能顺转和逆转。于是，前齿圈带动行星轮顺时针绕太阳轮公转，动力经前行星架和输出轴顺时针输出，此为正向传动输出。

当下长坡时，放松加速踏板，利用发动机反拖制动时，因多了B_1对太阳轮正反向转动的制动作用，反拖效能好，故而命名“反拖制动器”。反拖辅助制动减速，是将发动机瞬时变为空气压缩机，利用其阻力降低车速，可减轻汽车制动系统制动器的磨损，并停止喷油，降低了油耗。

反拖的驱动路线与正向相同，旋转方向也相同，只是多了一级制动（B_1），防止太阳轮正向或反向转动，保持定值的传动比。其反向传动比是正向传动比的倒数，相当于一个超速挡，反拖减速作用较大。

（6）选挡手柄位于 L 位置。变速杆位于 L 挡位 1 挡，C_1、B_3、F_2投入工作。

即固定于 1 挡位工作，防止频繁地换挡，减轻制动器和离合器的额外磨损，多在最坏路上，或长距离上、下坡时使用。

多加了 B_3，用来彻底固定后行星架，使其不能顺转和逆转。于是，前齿圈带动前行星架和输出轴顺时针转动。同时，太阳轮反转又推动后齿圈和输出轴顺时针转动，形成了两级降速，此为正向传动输出。

反拖时的驱动路线与正向相同，只是多了一级制动（B_3），防止后行星架正向或反向转动，保持定值的两级传动比，因反拖传动比是正向传动比的倒数，其反拖制动减速的作用更强。此时的发动机变为空气压缩机，供油系统停止喷油，能有效的降低车速，并降低了油耗。减少了用行车制动的次数，因而减小正常制动系统制动器的磨损。

2. Ravigneanx（拉威挪）式行星齿轮变速机构

除了上述的辛普森式外，现在汽车如捷达、高尔夫等轿车广泛应用拉威挪式行星齿轮变速机构。拉威挪式行星齿轮变速机构如图 7-22 所示，它只有一组行星齿轮排，在行星齿轮排中它由大小两个太阳轮、长短两个行星齿轮（共用一个行星架）和一个齿圈组成。小太阳轮可驱动短行星齿轮，短行星齿轮又与长行星齿轮啮合，长行星齿轮可驱动齿圈转动。大太阳轮也与长行星齿轮啮合。输入轴前端与液力变矩器涡轮相连，后面通过离合器 C_1 与大太阳轮接合，通过离合器 C_2 与小太阳轮接合。制动器 B_1 是带式制动器，它可以制动大太阳轮。单向离合器 F 不允许行星架逆时针转动，允许行星架顺时针转动。制动器 B_2 可制动行星架。输入轴可以通过离合器 C_3 将动力直接传给行星架。齿圈输出，通过齿轮将动力传给主减速器。

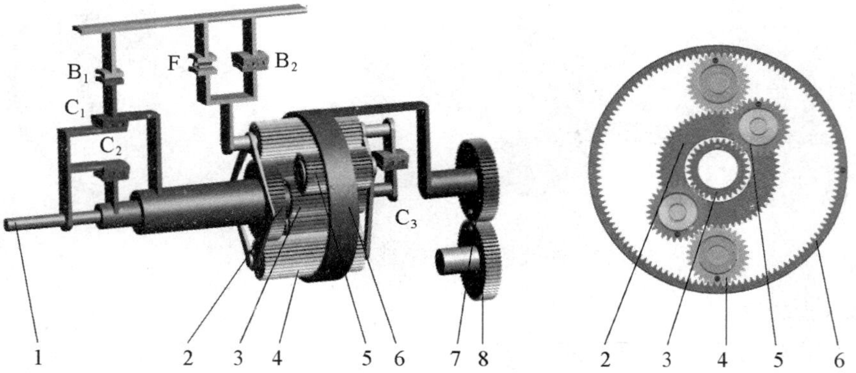

1—输入轴；2—大太阳轮；3—小太阳轮；4—长行星轮；5—短行星轮；6—齿圈；7—输出齿轮；8—主减速器齿圈；B_1—1 号制动器；B_2—2 号制动器；F—单向离合器；C_1—1 号离合器；C_2—2 号离合器；C_3—3 号离合器

图 7-22 拉威挪式行星齿轮变速机构示意图

下面介绍各挡传动工作原理：

（1）前进挡的工作原理。图 7-23（a）所示为前进 1 挡，离合器 C_2 接合、单向离合器 F 参加工作。

离合器 C_2 接合，输入轴的动力通过它传给小太阳轮，单向离合器 F 不允许行星架逆时针转动。小太阳轮顺时针转动，带动短行星齿轮逆时针转动，并力图使行星架逆时针转动，由于单向离合器不允许行星架逆时针转动，所以绕行星架逆时针转动的短行星齿轮带动长行星齿轮顺时针转动，长行星齿轮带动齿圈顺时针转动。齿圈经过齿轮将动力传给主减速器主动锥齿轮，自动变速器处于 1 挡。

（2）R 挡的工作原理。当选挡手柄位于 R 位置时，自动变速器处于倒挡。如图 7-23（b）所示，在 R 挡时离合器 C_1 接合、制动器 B_2 制动。

当离合器 C_1 接合时，输入轴的动力将通过它传给大太阳轮，制动器 B_2 制动行星架，对于行星齿轮排来说，大太阳轮通过长行星齿轮带动齿圈转动，从行星齿轮传动原理我们已经知道，此种传动输入输出转向相反，自动变速器处于倒挡。

（a）一挡

（b）倒挡

图 7-23　拉威挪式自动变速器各挡传递原理

3. 定轴斜齿轮变速机构

图 7-24 是定轴斜齿轮变速机构的传动示意。

变速机构有输入轴 11、输出轴 13、中间轴 16 三根轴，它们均与发动机曲轴平行排列，输入轴 11 前端的花键与液力变矩器 1 的涡轮相连接，输入轴三挡齿轮 4 与三挡离合器 5 的传动鼓制成一体（离合器外鼓为转鼓，内鼓为传动鼓），通过滚针轴承空套在输入轴上，三挡离合器 5 和四挡离合器 6 转鼓制成一体，离合器由活塞、摩擦片、钢片、回位弹簧等组成，钢片通过外花键与转鼓内花键接合，随转鼓一起转动，摩擦片通过内花键与传动鼓的外花键接合，随传动鼓一起转动，离合器转鼓通过花键与输入轴相连接，输入轴四挡离合器传动鼓、四挡齿轮 7 和倒挡齿轮 8 制成一体，通过滚针轴承空套在输入轴上，输入轴常啮齿轮 10 其中心孔有花键，通过花键与输入轴相连接，随输入轴一起转动。输出轴 13 其前端有与输出轴制成一体的主减速器主动齿轮 28，它与主减速器从动齿轮 27 啮合输出，输出轴一挡齿轮 2 其内孔有花键，通过花键与输出轴连接在一起，输出轴三挡齿轮 3 其内孔有花键，通过花键与输出轴相连接，输出轴四挡齿轮 21 与输入轴四挡齿轮常啮合，其上有短齿，它通过滚针轴承空套在输出轴上，输出轴倒挡齿轮 19 通过滚针轴承空套在输出轴二挡齿轮上，它与倒挡惰轮 9 常啮合，输出轴倒挡齿轮上也有短齿，接合套 20 能够左右移动，左移与输出轴四挡齿轮短齿啮合，将输出轴四挡齿轮的动力传给输出轴上的花键鼓带动输出轴转动，右移与输出轴倒挡齿轮短齿啮合，将输出轴倒挡齿轮的动力传给输出轴上的花键鼓带动输出轴转动，输出轴二挡齿轮 15 通过花键与输出轴相连接，P 挡锁止齿轮通过花键与输出轴连接，当选挡手柄位于 P 位置时，停车爪卡入 P 挡锁止齿轮的齿槽内，锁止变速器输出轴，使汽车驻车，中间轴常啮齿轮 14 通过滚针轴承空套在 P 挡齿轮上。

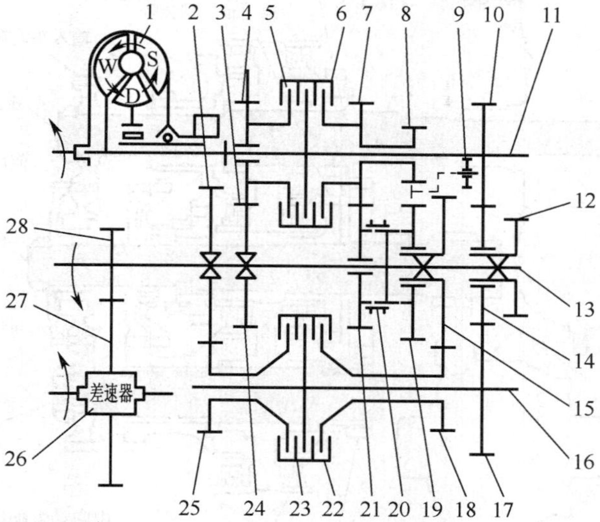

1—液力变矩器；2—输出轴一挡齿轮；3—输出轴三挡齿轮；4—输入轴三挡齿轮；5—三挡离合器；6—四挡离合器；7—输入轴四挡齿轮；8—输入轴倒挡齿轮；9—倒挡惰轮；10—输入轴常啮齿轮；11—输入轴；12—P 挡锁止齿轮；13—输出轴；14—中间轴常啮齿轮；15—输出轴二挡齿轮；16—中间轴；17—中间轴常啮齿轮；18—中间轴二挡齿轮；19—输出轴倒挡齿轮；20—接合套；21—输出轴四挡齿轮；22—二挡离合器；23—一挡离合器；24—输入轴三挡齿轮；25—中间轴一挡齿轮；26—差速器；27—主减速器从动齿轮；28—主减速器主动齿轮

图 7-24 本田轿车定轴斜齿轮变速机构示意图

中间轴 16 通过轴承支承在变速器壳体上，中间轴一挡齿轮 25 和一挡离合器 23 传动鼓制成一体，通过滚针轴承空套在中间轴上，中间轴一、二挡离合器 23、22 转鼓为一体，转鼓中心有花键，通过花键与中间轴相连接，中间轴二挡离合器传动鼓和中间轴二挡齿轮 18 制成一体，通过滚针轴承空套在中间轴上。中间轴常啮齿轮 17 通过花键与中间轴相连接。

倒挡油缸里装有活塞，活塞可通过拨叉驱动接合套 20 移动，倒挡惰轮 9 分别与输入轴倒挡齿轮 8 和输出轴倒挡齿轮 19 啮合。

其工作原理是：

（1）前进挡。图 7-25 所示为前进一挡传动示意图。

一挡时，一挡离合器充油接合，将中间轴与中间轴一挡齿轮连接在一起。

动力从输入轴、输入轴常啮齿轮、输出轴常啮齿轮、中间轴常啮齿轮、中间轴、一挡离合器、中间轴一挡齿轮、输出轴一挡齿轮、输出轴、输出轴主减速器齿轮输出。

（2）倒挡传动。倒挡传动示意图见图 7-26。

倒挡时，四挡离合器充油接合，将输入轴与输入轴四挡齿轮连接在一起，同时，油缸通液压油，在油压的作用下，通过拨叉使接合套向右移动，使输出轴上的倒挡齿轮与输出轴连接在一起。

动力从输入轴、四挡离合器、输入轴倒挡齿轮、倒挡惰轮、输出轴倒挡齿轮、接合套、花键毂、输出轴、输出轴主减速器齿轮输出。

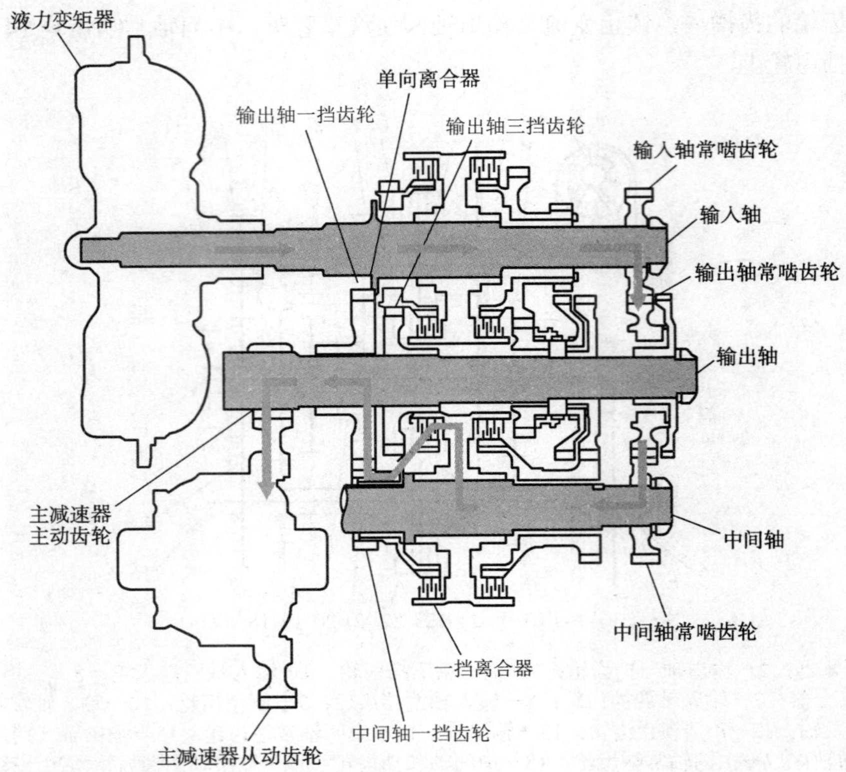

图 7-25　一挡传动

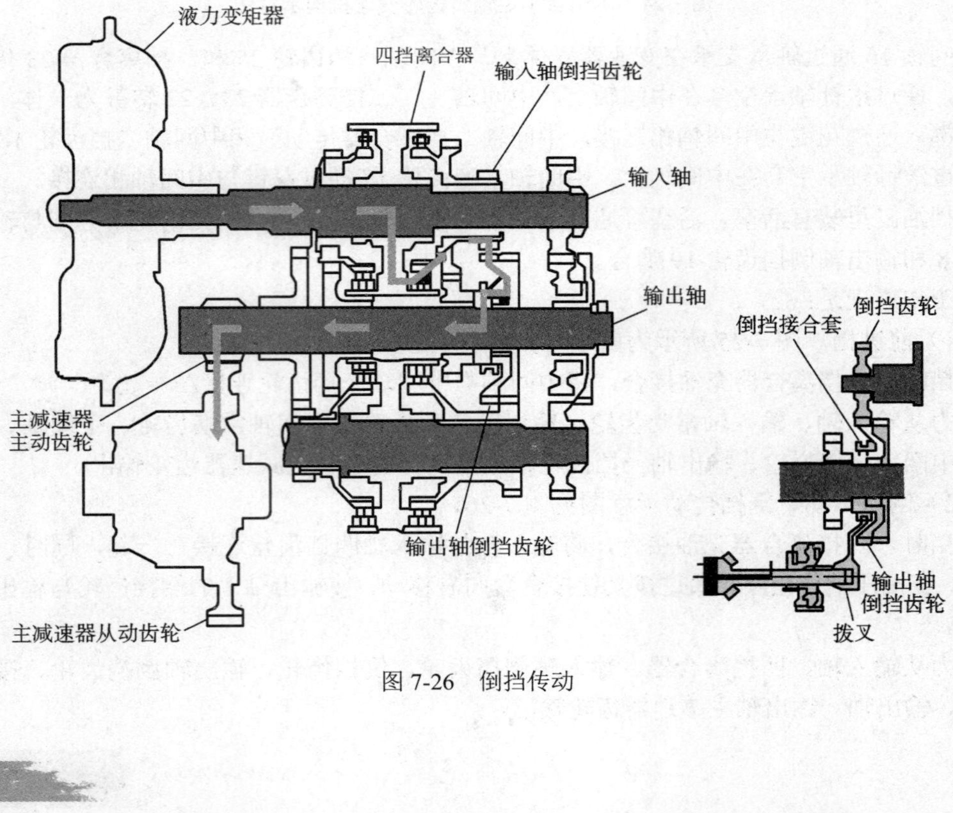

图 7-26　倒挡传动

本田雅阁自动变速器各挡执行元件工作情况见表 7-2。

表 7-2　本田雅阁轿车自动变速器各挡执行元件工作情况

挡位		执行元件						
		一挡离合器	二挡离合器	三挡离合器	四挡		倒挡齿轮	P 挡锁止齿轮
					齿轮	离合器		
P								√
R						√	√	
N								
D_4	一挡	√						
	二挡		√					
	三挡			√				
	四挡				√	√		
D_3	一挡	√						
	二挡		√					
	三挡			√				
2			√					
1		√						

7.4　自动变速器的控制系统

7.4.1　控制系统的主要件

1．油泵

应用于自动变速器的油泵有齿轮泵、转子泵和叶片泵三种类型。

（1）齿轮泵。如图 7-27 所示为内啮合齿轮泵，它由主动齿轮 5、从动齿轮 4、泵体 2 和泵盖 7 等组成。主动齿轮是一个具有外齿的圆柱齿轮，内圆有凸耳，液力变矩器的泵轮通过凸耳带动主动齿轮转动。从动齿轮是一个具有内齿的齿圈。泵体内有一月牙形凸台，将主、从动齿轮不啮合部分隔开。当主动齿轮带动从动齿轮旋转时，月牙形凸台形成小齿轮部分导圆，可防止两齿轮在一侧啮合。壳体上有进油口和出油口，进油口通过油道与滤油网相通，出油口通过油道与有关的液压控制阀相通。月牙形凸台有助于泵的进油口和出油口分开，高压条件下，工作液不会从出油口流回进油口。泵盖上的导轮固定套管花键用以支承导轮单向离合器内圈，当单向离合器锁住时，可以抵抗作用在导轮叶片上的反向转矩。

当油泵主动齿轮在液力变矩器泵轮的驱动下逆时针方向旋转时（见图 7-28），主动齿轮带动从动齿轮转动，在齿轮脱离啮合的一腔，容积由小变大，产生吸力，将自动变速器油从自动变速器油底壳经滤网滤清后吸入油泵进油腔，转动的齿轮齿间携带着自动变速器油液至月牙形凸台，月牙形凸台将泵室分为主、从齿轮至月牙形凸台两部分，因为齿轮至月牙形凸台间的间隙非常小，因此泵室里的自动变速器油由进油腔被带到出油腔，在齿轮进入啮合的一腔，容积由大变小，油压升高，把油以一定压力泵出。只要发动机运转，连续油流就不断被泵出，且油泵转速随发动机转速改变而改变，其排油量也随之变化，在油泵的输出油路中通常装有安全阀，其作用是限制油泵最高输出压力，以保证液压系统的安全。

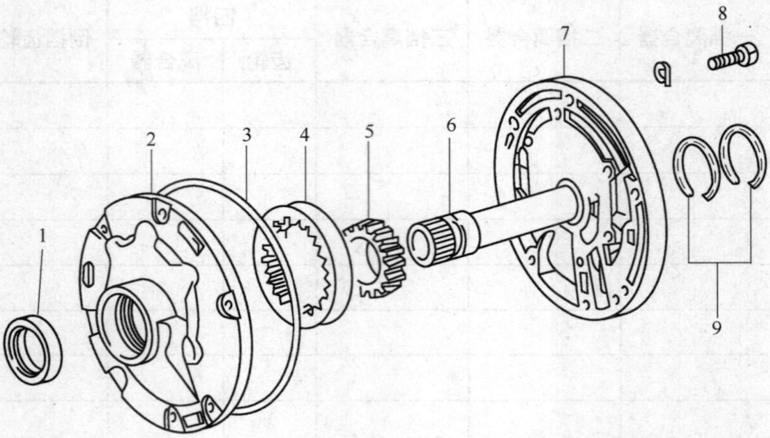

1—密封圈；2—泵体；3—O 形密封圈；4—从动齿轮；5—主动齿轮；
6—导轮固定导管；7—泵盖；8—固定螺栓；9—密封环

图 7-27　内啮合齿轮泵

（2）叶片泵。叶片泵由定子、转子、叶片、壳体及泵盖等组成，如图 7-29 所示。它具有运转平稳、噪声小、泵油流量均匀、容积效率高等优点；但它结构复杂，对液压油的污染比较敏感。转子由变矩器壳体后端的轴套带动，绕其中心旋转，定子是固定不动的，二者不同心有一定的偏心距。当转子旋转时，叶片在离心力及叶片底部的油压作用下向外张开，紧靠在定子内表面上，并随着转子旋转，在转子叶片槽内作往复运动。这样相邻叶片之间便形成密封的工作腔。如果转子朝顺时针方向旋转，在转子与定子中心连线的右半部的工作腔容积逐渐增大，产生真空吸油，中心线左半部的工作腔容积逐渐减小，将油压出。

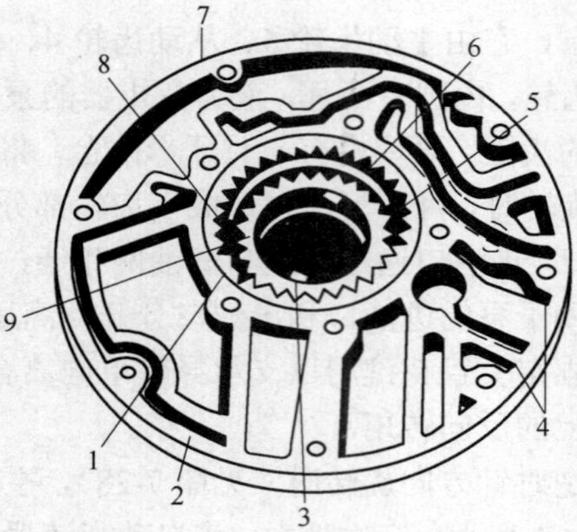

1—从动齿轮；2、4—油道；3—凸起；5—进油腔；
6—月牙形凸台；7—泵体；8—出油腔；9—主动齿轮

图 7-28　内啮合齿轮泵工作图

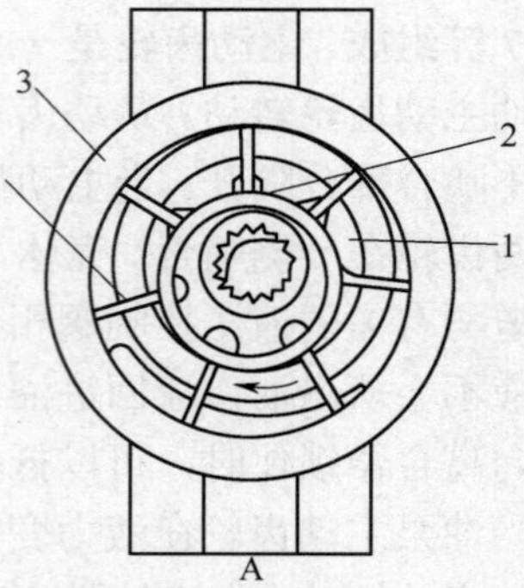

1—转子；2—定位环；3—定子；
4—叶片；A—进油口；B—出油口

图 7-29　叶片泵

2. 主油路调压阀

主油路调压阀是根据车速和发动机负荷的变化，将系统压力调节至规定值，形成稳定的工作压力，由主油路调压阀调节的压力称为系统油压，它是自动变速器最基本、最重要的压力。

如图 7-30 所示，利用弹簧和滑阀配合，使主油路油压（PH）稳定，并控制在一定范围内。怠速时应大于 500kPa；高速时应达 1200～1400kPa；倒车时因地形难料的需要，油压应达 1600～1800kPa。其结构有简有繁，多为阶梯形滑阀，可接收多路油压的变化，满足工况的需求，其调压原理如下：

（1）由于 $B_{环面}>A_{环面}$，产生 $F_{上}$；当 $F_{上}>F_{下}$时，泄油、调压；$F_{上}<F_{下}$时，不泄油、稳压。

（2）当加上外压力 D 时，主油路油压下降，一般是维持在 0.5～0.8MPa 内。

（3）当加上外压力 R 时，主油路油压上升，维持在 0.8MPa 以上。

（4）不少车系的油泵系统，主油路油压恒定，调压阀结构简单。有专门的油压开关和油压调节电磁阀 PWM，随工况和油温的变化，ECT/ECU 以占空比方式调节离合器和制动器的控制油压，使离合器和制动器平顺接合，控制油压按折线关系升压变化。

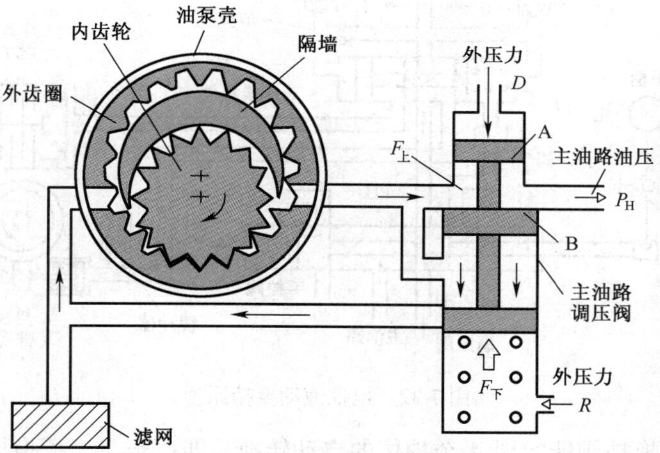

图 7-30 油泵和主油路调压阀

3. 手控阀

手控阀由驾驶员通过选挡手柄直接操纵，其作用是控制液压系统接通不同的油路，从而改变自动变速器的工作范围。

图 7-31 是丰田 A340 自动变速器上应用的一个手控阀，它有 P、R、N、D、2、L 六个位置，在不同的位置接通不同的油路，如在 N 位置时，关闭主油路通向离合器 C_0、C_1 的油路，使自动变速器具有空挡。在 D 位置时，手控阀接通了主油路通向离合器 C_1 及一、二挡换挡阀的油路。

4. 液压换挡阀和换挡电磁阀

（1）它为多柱式滑阀，完成充油和排油的任务，能实现两个挡位的自动转换。换挡阀两端作用着由电脑 ECT/ECU 控制的换挡电磁阀 A、B 的控制油压。当两端油压的升高或降低时，换挡阀位移，油路即发生改变，使不同的离合器、制动器起作用，从而改变行星齿轮的组合，实现换挡。换挡阀一端弹簧力 F 的作用是，保证无油压时，滑阀能单向位移，保持在低挡位置，如图 7-32 所示。

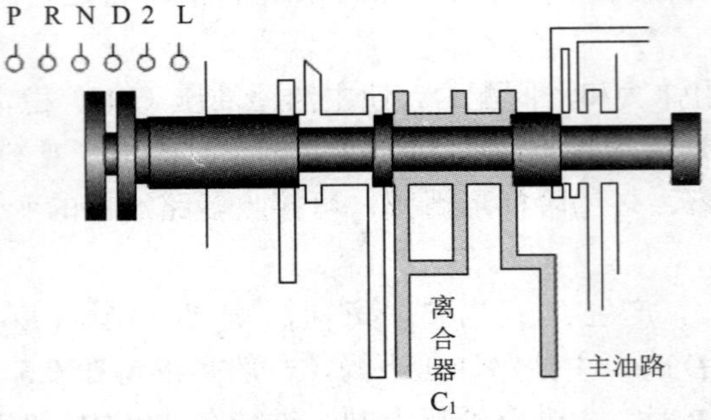

图 7-31 手控阀

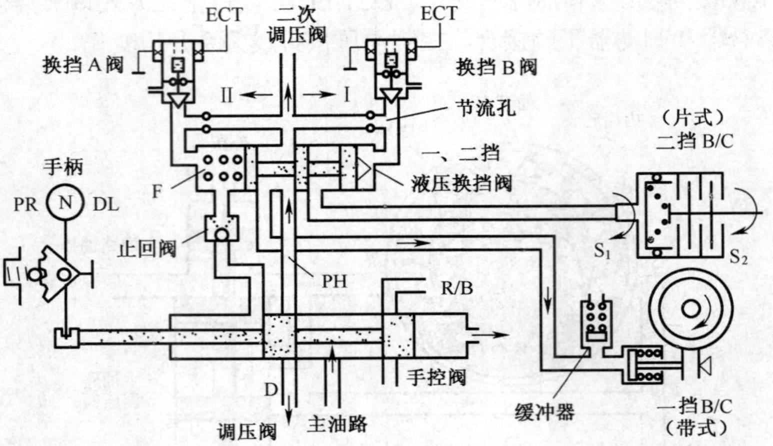

图 7-32 电控液动换挡原理

（2）3 个液压换挡阀能实现 4 个挡位的自动转换。即：一、二挡换挡阀；二、三挡换挡阀；三、四挡换挡阀。它控制着多路换挡油道，相互沟通、截止或锁止。

（3）3 个液压换挡阀的两端作用着两个换挡电磁阀 A、B 的控制油压，其 A、B 阀的通断组合方式，因车而异。4 个挡位用两个换挡电磁阀控制，有 4 种组合，如表 7-3 所示。挡位数多可采用增加电磁阀的个数来实现组合。

表 7-3 换挡电磁阀的组合

丰田车系电磁阀组合			通用车系电磁阀组合		
电磁阀 / 挡位	A 阀	B 阀	电磁阀 / 挡位	A 阀	B 阀
D_1	ON（通）	OFF（断）	D_1	ON	ON
D_2	ON	ON	D_2	OFF	ON
D_3	OFF	ON	D_3	OFF	OFF
D_4（OD）	OFF	OFF	D_4（OD）	ON	OFF

7.4.2 控制系统的分类

控制系统按照控制方式不同可分为液控系统和电液控系统。液控系统是依靠液压控制油路使不同的离合器、制动器工作以实现换挡。电液控系统是一个以自动变速器电子控制单元为核心的控制系统，传感器将各种信号送给电子控制单元，电子控制单元控制执行器一电磁阀改变控制油路，使不同的离合器、制动器工作以实现换挡。

7.4.3 控制系统基本原理

图 7-33 为电液控自动变速器基本原理示意图。

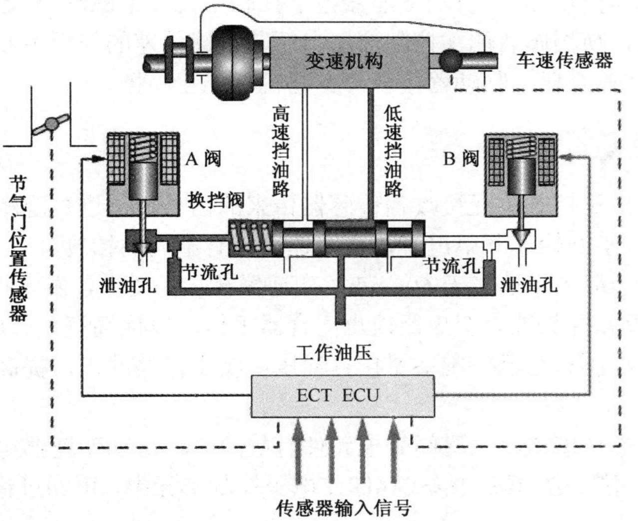

（a）低速工作状态

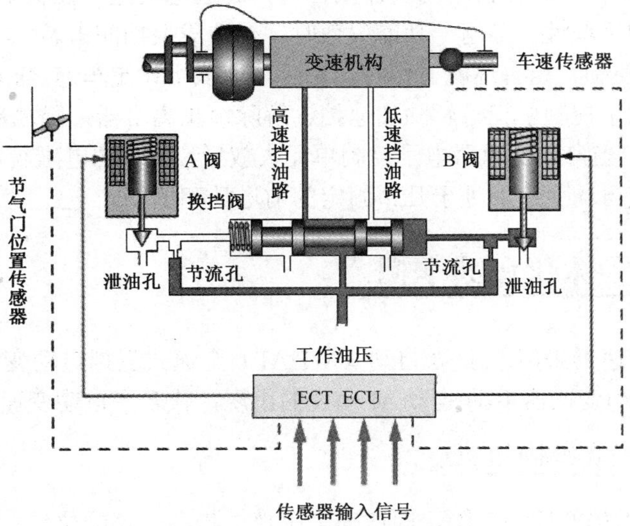

（b）高速工作状态

图 7-33 电液控自动变速器基本原理

节气门位置传感器感受节气门开度信号，车速传感器感受车速信号，这些信号送给自动变速器电子控制单元，电子控制单元将这些信号经过处理后发出指令，控制电磁阀 A 阀和 B 阀工作，换挡阀移动，改变控制油路使不同的离合器、制动器起作用，改变行星齿轮机构的组合形成不同的挡位。

例如节气门开度大，车速低时，节气门位置传感器和车速传感器将节气门开度大的信号和车速低的信号送给自动变速器电子控制单元，自动变速器电子控制单元发出指令，电磁阀 B 通电，打开换挡阀右侧油压的通道，让换挡阀右端泄压；电磁阀 A 不通电，工作油压加到换挡阀的左端，阀在油压以及弹簧的作用力下右移，接通了低挡油路，使变速机构的低挡离合器或制动器接合，变速机构挂上低挡。

当车速高，节气门开度小时，自动变速器电子控制单元使电磁阀 A 通电，换挡阀左侧泄压，电磁阀 B 不通电，换挡阀右侧加控制油压，阀芯在油压差的作用下左移，接通了高挡油路，使变速机构的高挡离合器、制动器接合，变速机构挂上高挡。

7.4.4 自动变速器电子控制单元的功能

（1）换挡控制。电子控制单元接收各传感器传来的信号后，进行逻辑判断，然后发出指令，使两个电磁阀进行不同的通断电组合，使变速器具有不同的挡位。

（2）锁止控制。一般当车速高于 60km/h，变速器在二挡以上，发动机水温高于 60℃时，自动变速器电子控制单元控制液力变矩器锁止离合器工作，以提高汽车行驶的经济性。

（3）油压控制。控制离合器、制动器接合油压，减少换挡冲击，提高自动变速器离合器换挡的平顺性。

（4）自诊系统。当传感器、电磁阀等电元件有故障时，自动变速器电子控制单元通过仪表盘上的故障灯报警，并以故障码的形式存储在电子控制单元中，可通过诊断接口和仪器，读取故障码和数据流。

（5）发动机转矩控制。在自动变速器换挡时，通过电喷电子控制单元，使发动机转矩瞬时变小，保证换挡的平顺性。当这一功能失效时，会造成换挡冲击。

（6）巡航行驶控制。当有巡航工作时，实际车速低于设定车速 4km/h，巡航电子控制单元通过自动变速器电子控制单元，解除超速挡、解除锁止离合器，降挡后以便重新复位行驶。

（7）失效保护。当自动变速器电子控制单元失效后，所有的电磁阀都不通电工作，此时，可操作选挡手柄，使自动变速器处于几个固定的前进挡和倒挡。

7.5 手动/自动一体化自动变速器

当前不少自动变速器采用了手动/自动（MT/AT）全速式五挡自动变速器。如本田-时韵、奥迪-A6 等车系。自动变速器手动/自动 M 模式的出现，代表了自动变速器发展的新潮流。

7.5.1 手动/自动 M 模式控制的优点

（1）扩大了动力挡的控制范围，即取消了手控二挡和一挡的位置，变为全速手控模式，因其锁止控制迟后一个挡位，变矩传动时间长，故称动力挡位（S）。可在一到五挡间自由地转换，就像手动变速器一样，随心所欲地换挡行驶，无其他操作。例如：

D 挡位时—二、三、四、五挡时锁止（省油）。

M 挡位时—三、四、五挡时才锁止（费油）。

（2）手动/自动 M 模式控制不仅是为了应急使用（PCM 自动换挡控制单元失效），更为了满足驾驶员根据行驶条件的需要和自己的意图驾驶车辆。固定在某一挡位，维持动力性能稳定行驶，防止频繁的跳挡，减小离合器和制动器无为的磨损，如图 7-34 所示。

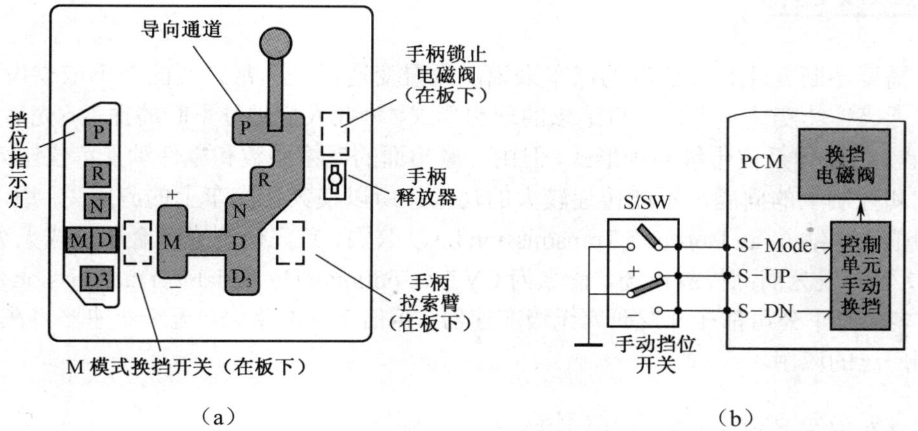

图 7-34 手自一体化自动变速器选挡手柄位置

7.5.2 手动控制原理与使用方法

手动控制是由手柄、台阶式双通道导向槽、定位弹簧、手柄的挡位开关拉索臂、手动模式开关、挡位指示灯等组成。本田车系还有手柄锁止电磁阀、手柄锁止释放器。

（1）换挡手柄处制有两个运动通道：一侧为传统的挡位通道，一侧为手动模式通道，都利用板面上挡位指示灯显示，仪表盘上也有指示灯同步显示。

（2）换挡手柄向下运动自由，向上运动锁止。因手柄下端有定位弹簧，使手柄紧靠在导向槽的左侧台阶通道上，起定位作用。如需要向上运动，需施加向右的推力，因而产生手感，防止误挂 R 挡和 P 挡。

（3）手柄在 P 挡和 R 挡时，手柄锁止电磁阀将手柄下端锁死，必须踩下制动踏板，制动开关信号使锁止电磁阀导通，而释放手柄，目的是安全控制。如果该电磁阀不工作，可利用释放孔，利用点火钥匙，压下释放器即解除锁止。

（4）手柄的下端连接拉索臂，控制变速器外壳上的挡位开关动作。当手柄从 D 挡左移到 M 挡时，手柄的下端与拉索臂脱钩，挡位即保持在 D 挡。从此，即进入手动模式通道，并和手动模式开关 S/SW 连接，其 M 指示灯亮。

（5）手动模式换挡开关为三线式触发开关，和 PCM 联通，PCM 中配有递增、递减电路，其触点信号为：

S－Mode——动力模式；

S－UP——升挡（+）；

S－DN——降挡（−）。

因此，当手柄在 M 通道向上拨动时，即升挡：点动依次触发递增为一、二、三、四、五挡；当向下拨动时，即降挡：点动依次触发递减为五、四、三、二、一挡。

（6）点动换挡信号送至 PCM，其手动换挡控制单元中，编制有一到五挡的控制程序，发令使各换挡电磁阀动作，换入所需要的挡位（电磁阀的通断组合同 D 挡）。同时，仪表盘上的数码管指示灯显示所换的挡位。

7.6 无级变速器

对于需要不断变化行驶速度的汽车来说，设置变速器是非常必要的，不依靠齿轮切换变速而能够无级连续变速是人们一直追求的理想形式，为此人们进行不断的探索，先后出现了双锥体球、盘、环柱体及皮带等多种形式，但由于摩擦面的摩擦系数和零件承受单位压力的限制，加之工艺和控制上的问题，不能传递较大的功率，所以使其在汽车上的应用受到影响。1982 年荷兰的范道尔纳（Van Doorne's Transmission b.v.）公司，首先研制成功金属带式无级变速器，并于 1987 年开发为商品投放市场，命名为 CVT（Continuously Variable Transmission）变速器。目前，许多大汽车公司都在开发研究无级变速器，相信不久的将来，无级变速器将在中小型轿车上得到广泛的应用。

7.6.1 带式无级变速器基本结构与工作原理

带式无级传动装置的基本结构和工作原理如图 7-35 所示。与三角带传动相似，它由主动、从动两个带轮及传动带组成，每个带轮由两个锥形盘组成，一个锥形盘固定不动，另一个锥形盘可以轴向移动，当两锥形盘间距变小，其传动半径变大；反之，当两锥形盘间距变大，其传动半径变小，传动装置中的主、从动带轮中心距是固定不变的。

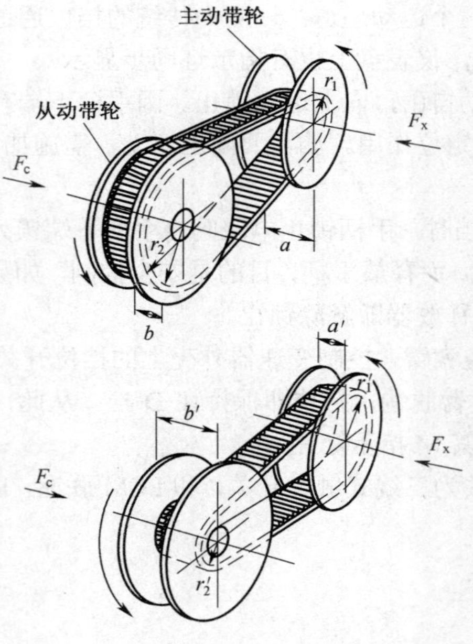

图 7-35 带式无级变速器变速原理

传动装置的传动比为从动带轮半径与主动带轮之比，或主、从动带轮旋转角速度之比：

$$i = r_2/r_1 = \omega_1/\omega_2$$

当主动带轮的半径小，而从动轮半径大时，传动比大，传动装置降速传动；如果使主动带轮半径增大、从动带轮半径减小，则传动比也将随之减小，传动装置增速传动。

改变带轮传动半径的方法是通过改变带轮两锥盘的轴向宽度来实现的。根据需要在主、从动带轮的可移动锥盘上分别作用着轴向力 F_x 和 F_c，由于力的大小是可控制的，则带轮两锥盘的宽度也是可改变的。如果轴向力 F_x 使主动带轮两锥盘间距变小，则带轮的传动半径增大；轴向力 F_c 使从动带轮两锥盘间距尺寸变大，则从动带轮的传动半径减小，传动比也随之变小。连续变化的力使锥盘间的轴向距离可连续变化，所以传动装置的传动比也可实现连续变化。一般无级变速器可提供的变速比是 4.69 至 0.44，这样的变速范围仍不能满足汽车对传动系传动比变化范围的要求，另外，作为一个功能齐全的变速器还需要具有倒挡，所以仍需在无级传动装置后加装主减速器和变向传动装置。

7.6.2 传动带

1. 范道尔纳（Van Doorne）式传动带

以往的传动带使用橡胶材料，存在着可靠性与耐久性差的缺陷。荷兰的范道尔纳公司开发的金属传动带有效地克服了上述缺陷，将无级变速传动推向实用化。范道尔纳型金属传动带如图 7-36 所示，它由钢带环和钢片组成，若干个厚约 2mm 的钢片无间隙紧密排列，在钢片的左右侧凹槽中穿有富有柔性的钢带环。钢带环由若干条 0.2mm 的钢带叠合而成，外层钢带环长度长，内层钢带环长度短。钢片侧面与带轮锥形盘的锥面接触，接触表面具有一定粗糙度，带轮的固定锥形盘和可移动锥形盘夹紧钢片，当带轮转动时，通过摩擦将带轮的输入转矩传给钢片，钢片推挤前面的钢片，将作用力一片一片向前传递，将主动带轮的转矩传递到从动带轮，这种力的传递方式改变了传统传动带内部受拉力作用，它既能传递较大的动力，又能保持动力传递的平顺性。由于采用钢片叠制结构，其传动带轮的最小接触半径可为 30mm，与链传动相比具有重量轻、噪声小和可高速运行的优点。其不足之处是当高速运转时，钢片上产生的离心力过大，钢带环要具有足够大的强度。

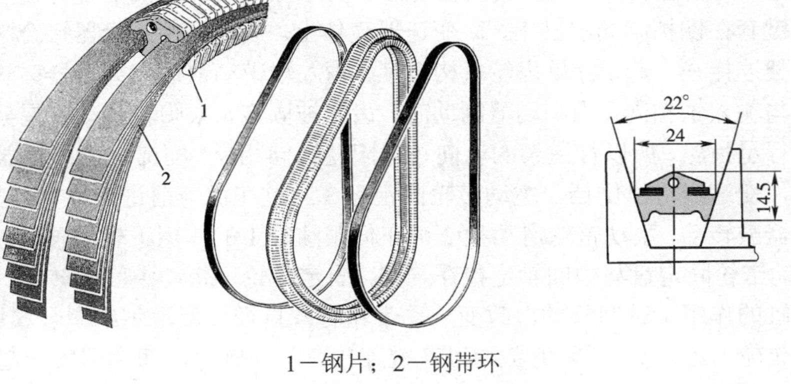

1—钢片；2—钢带环

图 7-36 范道尔纳式金属传动带

2. 鲍格瓦纳（Borg Warner）链式传动带

鲍格瓦纳链式传动带结构如图 7-37 所示，它由钢片、销子、铰接片等件组成，其整体结构与链条传动相似；但动力传递不是使用链轮，而是使用带轮。钢片的作用与范道尔纳钢片的作用相同，钢片的侧面与带轮的锥型盘接触，利用摩擦传递动力。钢片的形状如图 7-36 中的 1 所示，两侧接触面为摩擦接触面。铰接钢片相互接触插入承载钢片的矩形孔内，由销钉将铰接钢片连接。带轮与钢片间的摩擦力经销钉传递给铰接钢片，对后面的链带形成拉力。当铰接链运动到弯曲处，由于销钉随之出现转动，可平滑吸收铰接链的角度变化。铰接片上的突起部分用于挟持承载钢片，以防止当承载钢片与带轮接触时出现倾倒。其不足之处是铰接片与销钉易出现磨损而产生噪声较大。

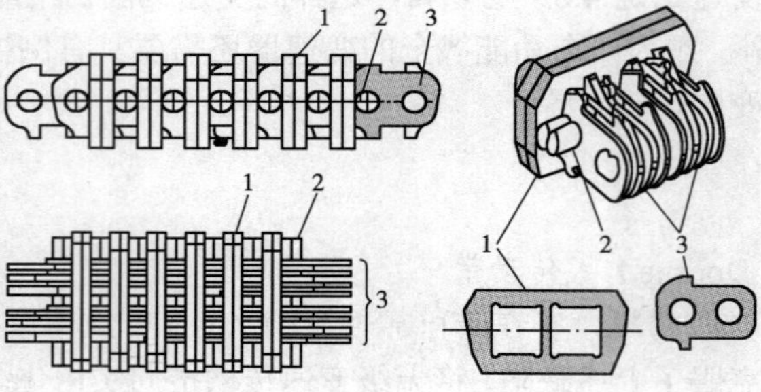

1—钢片；2—销子；3—铰接片

图 7-37　鲍格瓦纳链式传动带

7.6.3　无级变速器

1. 组成

如图 7-38 所示为无级变速器工作原理示意图，它主要由变速传动机构、控制系统（液控单元、电子控制单元）等组成。

发动机的动力通过飞轮及减振盘传给输入轴 10，太阳轮 9 与输入轴固接在一起，随输入轴一起转动，前进挡离合器 4 内装有钢片与摩擦片，摩擦片通过花键与太阳轮接合，钢片通过花键与前进挡离合器鼓接合，行星齿轮轴及架 7 通过花键固定在前进挡离合器鼓上，齿圈 6 套在行星齿轮上，齿圈上有外花键，倒挡制动器 5 的摩擦片套在齿圈的外花键上，倒挡制动器的钢片通过花键套在倒挡制动器鼓上，即变速器壳体上。当前进挡离合器接合时，行星齿轮的太阳轮与行星架连接在一起，行星齿轮机构自锁，输入轴带动前进挡离合器鼓转动，前进挡离合器鼓的转向与输入轴相同；当制动器制动时，齿圈被固定，太阳轮带动行星架转动，由于行星架上有两排行星齿轮，所以行星架的转向与太阳轮转向相反，即前进挡离合器鼓的转向与太阳轮转向相反，变速器输出倒挡。主动带轮固定盘 3 通过花键与前进挡离合器鼓连接在一起，随前进挡离合器鼓转动，主动带轮滑动盘 2 可在伺服油缸 1 的作用下轴向移动，改变主动带轮有效直径，从动带轮固定盘与中间轴连接在一起，固定带轮可带动中间轴转动，从动带轮滑动盘可在伺服油缸的作用下轴向移动，改变从动带轮有效直径，范道尔纳型金属钢带 11 连接主动带轮与从动带轮，起步离合器 20 鼓通过花键连接在中间轴上，随中间轴一起转动，起步离合器的钢片通过花键连接在起步离合器鼓上，起步离合器的摩擦片通过花键与中间减速主动齿轮连接，当起步离合器接合时，中间轴可带动中间减速主动齿轮转动，而起步离合器分离时，就切断变速器的动力输出，起步离合器具有普通车上离合器的功能。中间减速从动齿轮 14 与主减速器主动齿轮 19 连接在输出轴 18 上，主减速器主动齿轮与主减速器从动齿轮啮合，差速器壳通过螺栓连接在主减速器从动齿轮上，在差速器壳内安装有行星齿轮与半轴齿轮等差速机构。在阀体内装有压力控制电磁阀、滑阀等电液控元件，控制无级变速器变速。

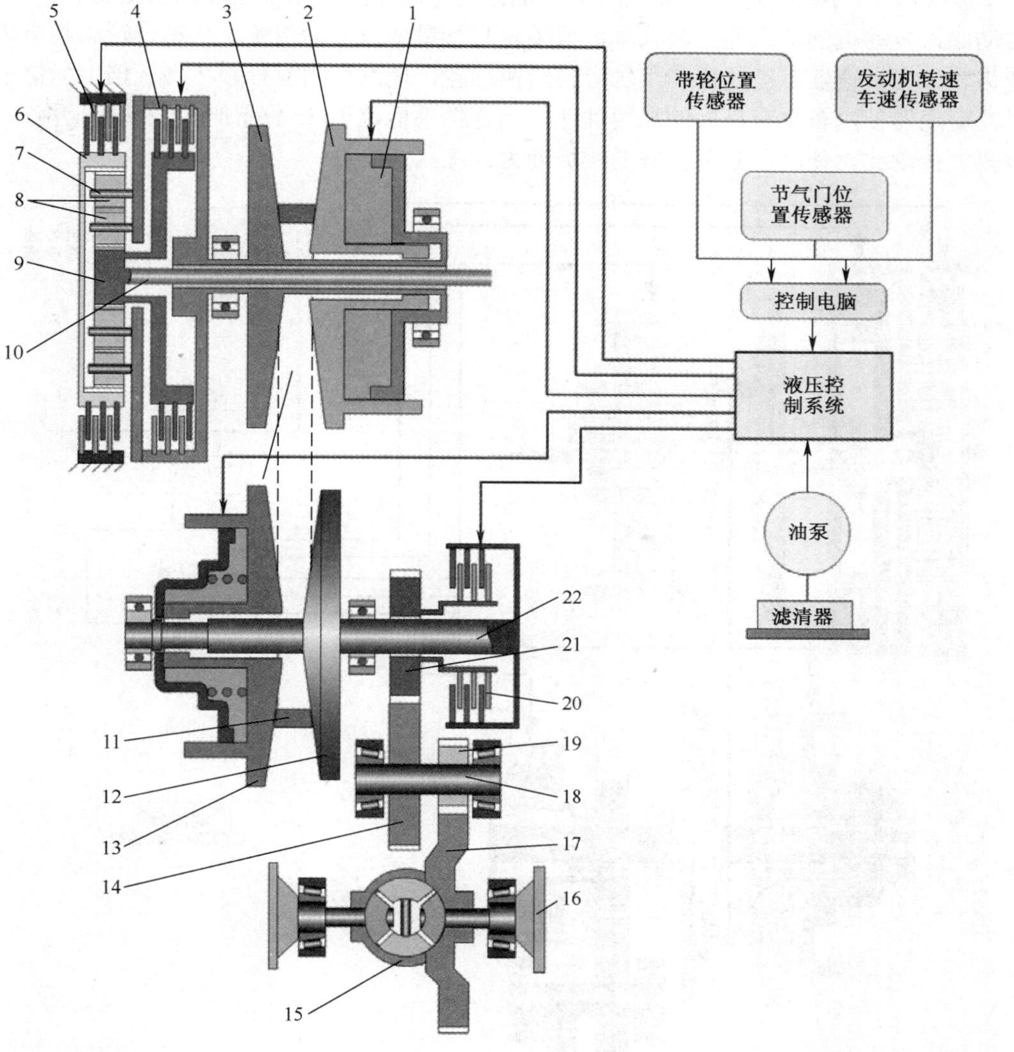

1—主动带轮伺服油缸；2—主动带轮滑动盘；3—主动带轮固定盘；4—前进挡离合器；5—倒挡制动器；6—齿圈；7—行星齿轮轴及架；8—行星齿轮；9—太阳轮；10—输入轴；11—钢带；12—从动带轮固定盘；13—从动带轮滑动盘；14—中间减速从动齿轮；15—差速器；16—驱动轴法兰盘；17—主减速器从动齿轮；18—输出轴；19—主减速器主动齿轮；20—起步离合器；21—中间减速主动齿轮；22—中间轴

图 7-38 无级变速器工作原理示意图（选挡手柄在 P、N 位置）

2. 变速传动机构工作原理

（1）当选挡手柄在 P、N 位置时，如图 7-38 所示，离合器、制动器不接合，发动机飞轮仅带动输入轴及太阳轮旋转，无动力输出。另外，当选挡手柄在 P 位置时，停车爪将中间轴主动齿轮锁止，即将车轮制动，防止溜车。

（2）当选挡手柄在前进挡位置时，如图 7-39 所示，控制系统使前进挡离合器充油接合，动力由输入轴传递给主动带轮，同时，控制系统控制起步离合器随着节气门开度增大而逐渐接合，将动力传给主减速器，使汽车起步平稳。选挡手柄在 D 位置时，控制系统根据节气门开度、车速等信号，控制伺服油缸的油压，从而改变主动带轮和从动带轮的有效直径，即无级改变传动比，发动机的动力通过输入轴、太阳轮与行星架、主动带轮、从动带轮、起步离合器、减速齿轮、主减速器、差速器和半轴等传给驱动轮，使汽车向前行驶；当选挡手柄位于 S 位置时，变速器使汽车具有良好的加速性能；当选挡手柄位于 L 位置时，发动机反拖，变速器具有较大传动比，使汽车具有良好的爬坡能力。

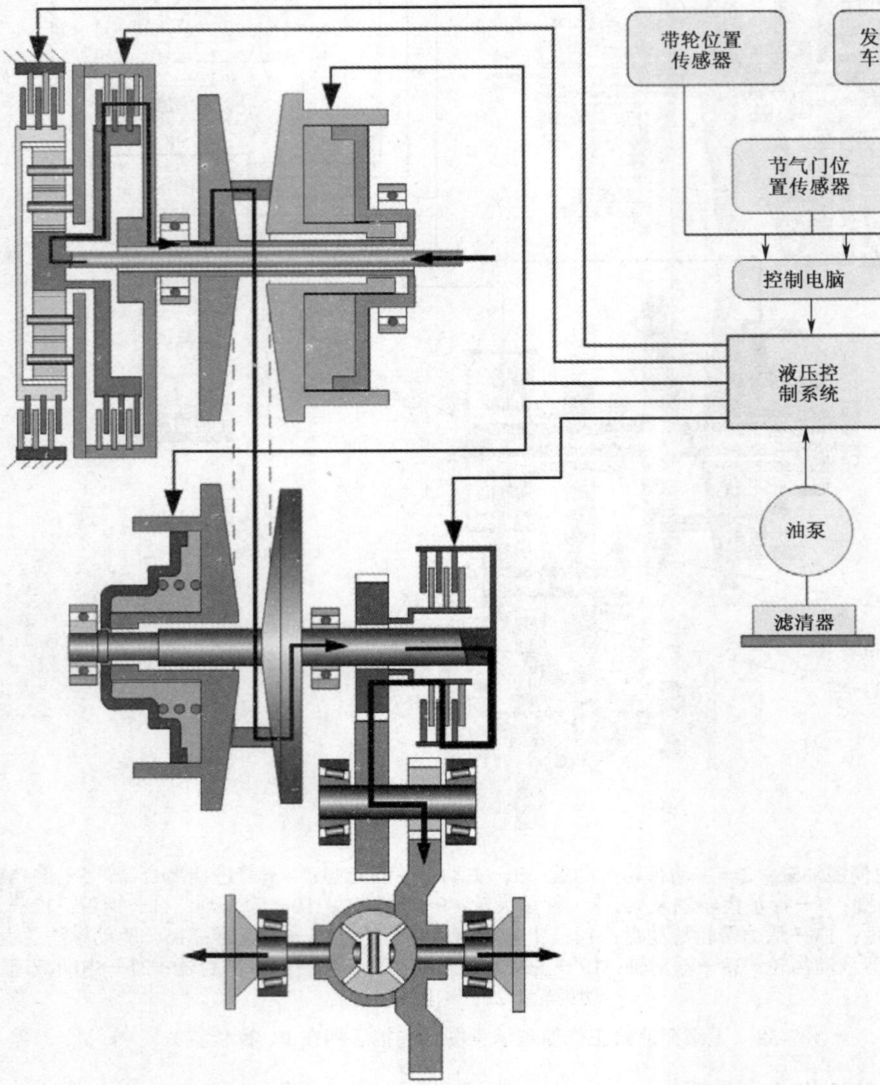

图 7-39　无级变速器工作原理示意图（选挡手柄在 D、S、L 位置）

（3）当选挡手柄在 R 位置时，如图 7-40 所示，控制系统使倒挡离合器充油接合，在行星齿轮排中，由于齿圈制动，太阳轮主动，行星架（具有两排行星齿轮）从动，所以输入转向与输出转向相反，使主动带轮反向转动，变速器具有倒挡。

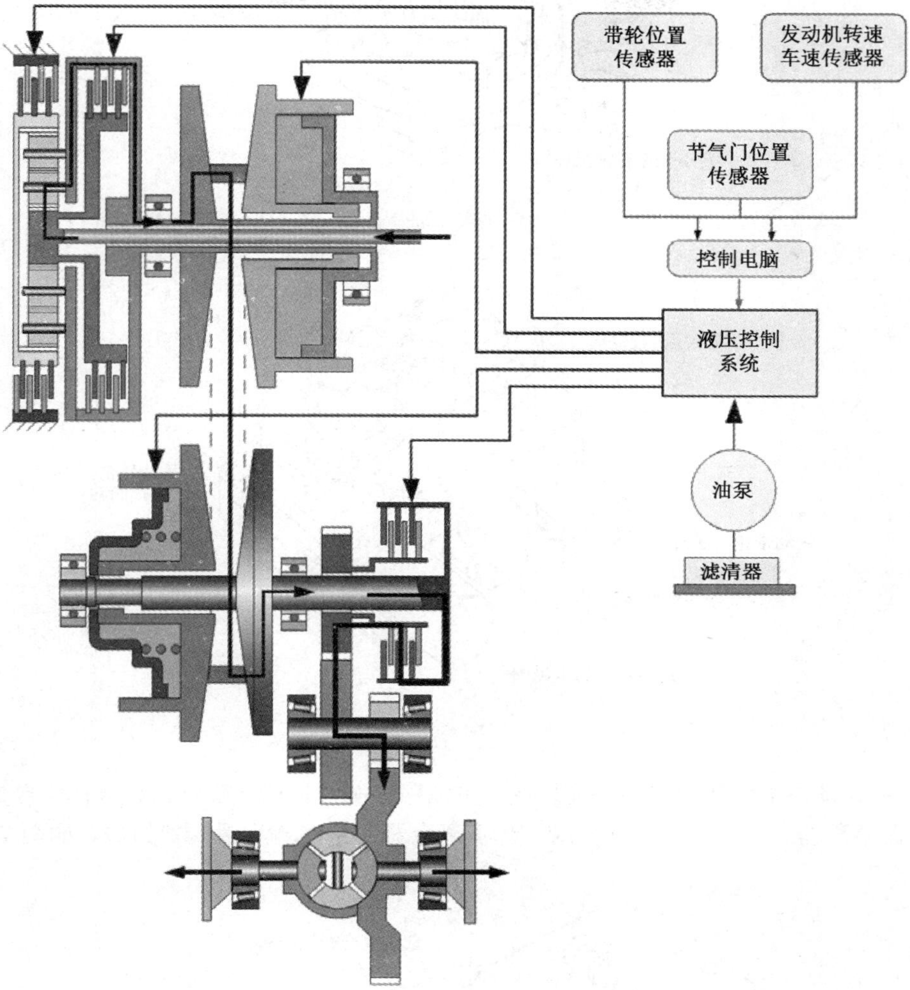

图7-40　无级变速器工作原理示意图（选挡手柄在R位置）

3. *液控系统工作原理*

液控系统由油泵、控制阀体、主阀体和手动阀体等组成。

（1）油泵。油泵由螺栓固定在主阀体上，如图7-41所示，油泵为转子泵，内转子由变速器输入轴驱动旋转，内转子带动外转子转动向外泵油，为变速器提供工作油压。

（2）控制阀体。控制阀体由主动带轮压力控制阀、从动带轮压力控制阀、主动带轮电磁阀、从动带轮电磁阀和起步离合器电磁阀等组成，如图7-42所示。主动带轮电磁阀调节主动带轮压力控制阀的控制油压，使主动带轮压力控制阀输出不同的油压，改变主动带轮的有效直径，从动带轮电磁阀调节从动带轮压力控制阀的控制油压，使从动带轮压力控制阀输出不同的油压，改变从动带轮的有效直径，从而无级改变自动变速器的传动比。起步离合器电磁阀直接调节起步离合器的油压，使起步离合器完成起步及传力等工作。

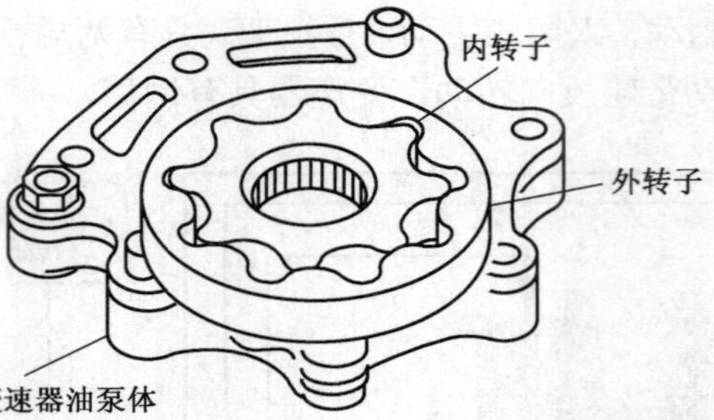

图 7-41　油泵

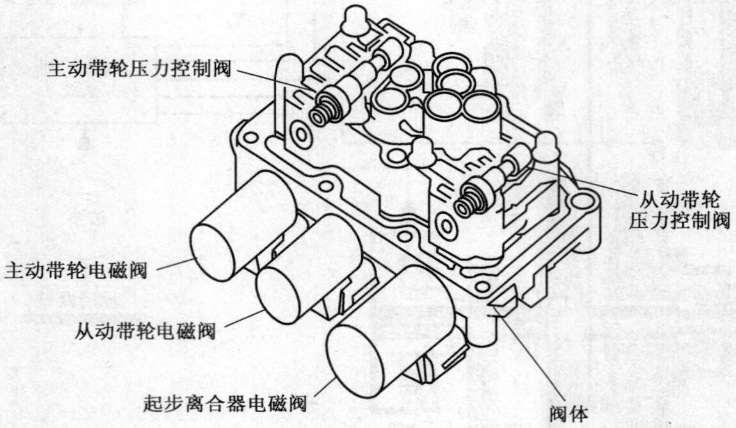

图 7-42　控制阀体

（3）主阀体。主阀体由主油路调压阀、主油路控制油压阀、离合器减压阀、换挡限止阀、起步离合器蓄压器、起步离合器换挡阀、起步离合器后备阀和润滑阀等组成，如图 7-43 所示。

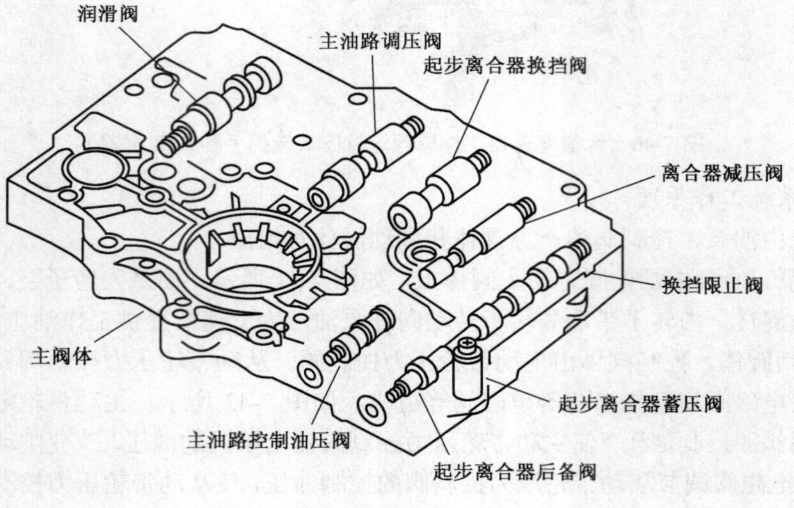

图 7-43　主阀体

主油路控制油压阀根据带轮电磁阀提供的油压，调节主油路调压阀的控制油压，使主油路调压阀输出主油路油压，主油路油压通过带轮压力调节器调节后进入带轮，同时也分别进入润滑阀、离合器减压阀、起步离合器后备阀等。离合器减压阀降低输入油压，为离合器、制动器及带轮电磁阀提供工作油压。润滑阀降低输入油压，为行星架、离合器、钢带等提供润滑油压。起步离合器蓄压阀缓冲起步离合器油压，使起步离合器接合柔和。换挡限止阀、起步离合器换挡阀、起步离合器后备阀等的作用是为了当电子控制系统出现故障时，对起步离合器进行液压控制。

（4）手动阀体。手动阀体由手动阀、倒挡限止阀等组成，如图 7-44 所示。手动阀有 P、R、N、D、S、L 位置，它主要切换进入前进离合器和倒挡离合器的油路，使前进挡离合器或倒挡制动器工作。倒挡限止阀由倒挡限止电磁阀提供的倒挡锁止压力进行控制，当车辆以 10km/h 的速度行驶时，倒挡限止阀截止通向倒挡制动器的液压回路，防止误挂倒挡。其液控框图见图 7-45。

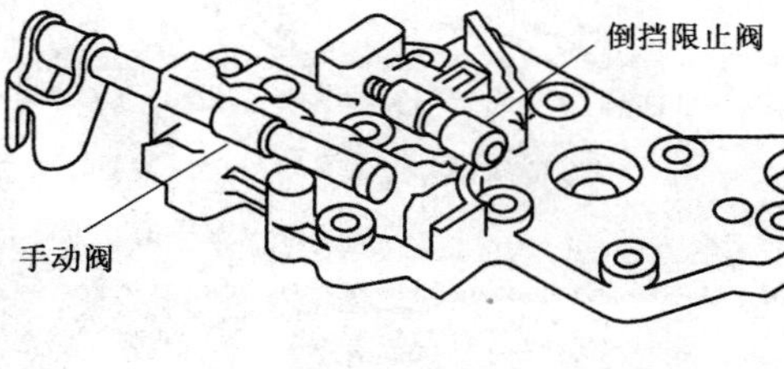

图 7-44 手动阀体

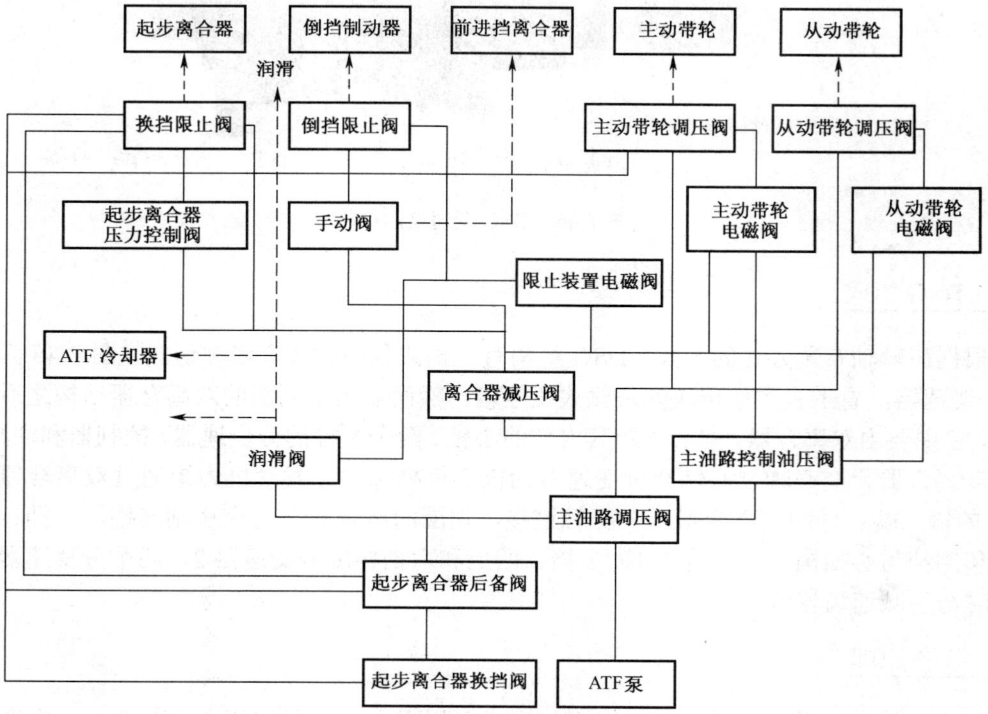

图 7-45 液控框图

7.7 直接换挡变速器

直接换挡变速器 DSG（Direct Shift Gearbox），又称为双离合自动变速器 DCT（Dual Clutch Transmission），如图 7-46 所示，是基于双轴式常啮齿轮手动变速器 MT 演变而成，它保留了结构简单、传动效率高的优点，并升华为电控液动换挡控制，改善了换挡品质，提高了加速性能，降低了油耗及故障率，双离合自动变速器的制造成本较低，继承性好，设备投资少，具有广阔的推广前景。

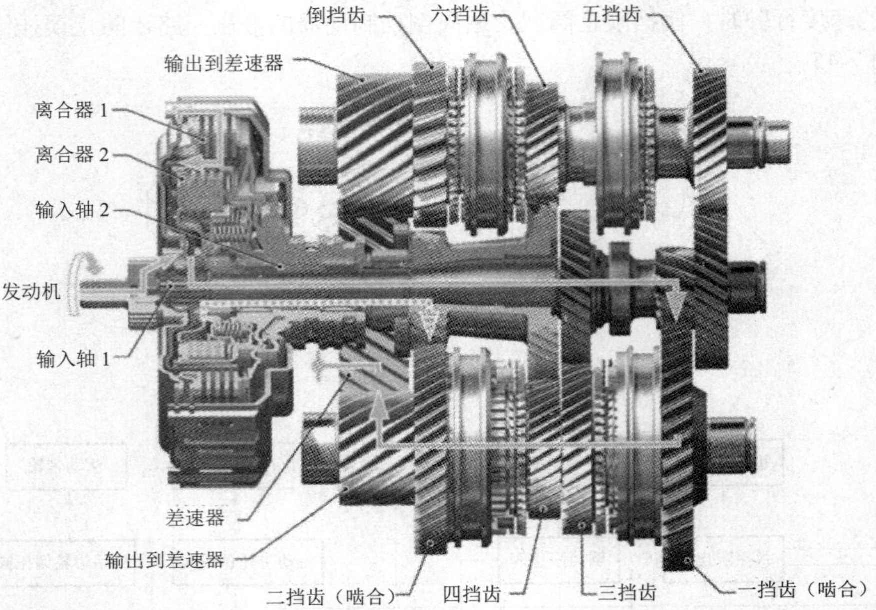

图 7-46　DSG 变速器的结构

7.7.1 DSG 组成

根据齿轮轴布置方式的不同，DSG 结构有三轴式和两轴式等多种形式，图 7-46 为三轴式 DSG 变速器，看上去类似传统的三轴式变速箱。然而使用了创新的双离合器结构之后就完全不同，它主要由双离合器、空心轴及其内部的心轴、两个平行的分变速器、控制器和油泵组成。其中双离合器、空心轴及心轴和分变速器为核心机械部件。发动机力矩通过双离合器后进入 DSG 的输入端。外圈的离合器 1 与心轴连接，内圈的离合器 2 与空心轴连接。一挡、二挡、五挡和倒挡与心轴构成分变速器 1，二挡、四挡和六挡构成分变速器 2，两个分变速器的输出端同时与主减速齿轮啮合。

7.7.2 工作原理

直接换挡变速系统的基本工作原理相当于采用两个变速器和两个离合器，一个变速器处于工作状态时，另一个变速器空转。通过两个离合器的切换来实现两个变速器交替投入工作状态，可以在不中断动力传递的条件下完成换挡过程。

两个多片油浴式摩擦式离合器 C_1 和 C_2，通过扭转减振盘连接飞轮，其输出端分别驱动齿轮组的奇数挡和偶数挡。C_1 和 C_2 的分离与接合，由 TCU 控制作用在活塞上的油压来实现，如图 7-47 所示。

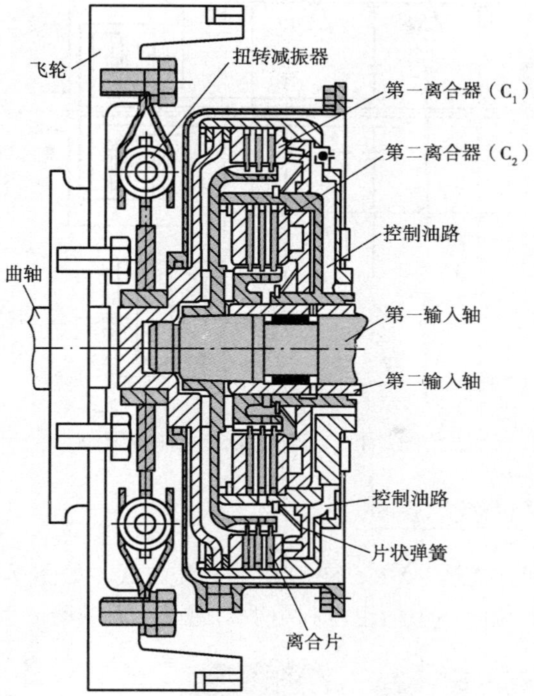

图 7-47 双离合器

如图 7-48 所示为一个典型的直接换挡变速器的传动简图。变速器有 6 个前进挡和一个倒挡，有两个并排布置的油浴式离合器 C_1、C_2，变速器的挡位按奇数挡（一、三、五、R 挡）与偶数挡（二、四、六挡）分开配置，并分别与两个油浴式离合器相联。其一、三、五、R 挡与 C_1 联接在一起，而二、四、六挡联接在 C_2 上。C_2 的输出轴为一个实心轴，C_1 的输出轴是套在 C_2 输出轴外面的一个空心轴，两个输出轴是同心的，这样的结构使变速器变得更加紧凑。另外，还有 4 个同步器，由液压（或步进电机）控制换挡机构（图中未画出）进行挡位的切换及离合器操纵机构等。

当不需传递动力时，C_1、C_2 都分离，不传递动力。当车辆起步时，自动换挡机构将挡位切换为一挡，然后 C_1 接合，车辆开始起步运行。车辆换入一挡运行后，此时 C_2 处于分离状态，不传递动力。当车辆加速，达到接近二挡的换挡点时，由 ECU 控制自动换挡机构将挡位提前换入二挡。当达到二挡换挡点时，C_1 开始分离，同时 C_2 开始接合，2 个离合器交替切换，直到 C_1 完全分离，C_2 完全接合，整个换挡过程结束。车辆进入二挡运行后，车辆自动变速器电子控制单元可以根据相关传感器信号掌握车辆当前运行状态，进而判断车辆即将进入运行的挡位是升到三挡还是降到一挡，而一挡和三挡均联接在 C_1 上，因为该离合器处于分离状态，不传递动力，故可以指令自动换挡机构十分方便地预先换入即将进入工作的挡位，当车辆运行达到换挡点时，只需要将正在工作的 C_2 分离，同时将另一个 C_1 接合，配合好 2 个离合器的切换时序，整个换挡动作全部完成。车辆继续运行时，其他挡位的切换过程也都类似。

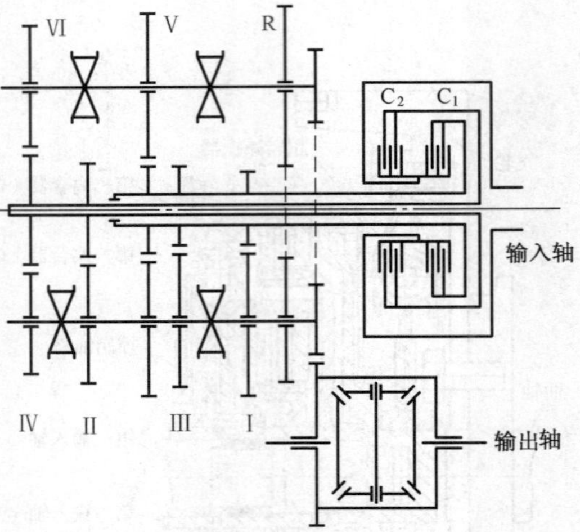

图 7-48　三轴式 DSG 结构简图

7.7.3　DSG 电控液动换挡系统的原理

变速手柄的挡位排列方式是 P、R、N、D、S 传统方式，如图 7-49 所示。有的车系还加装了手动换挡开关，在 D 挡位时，手柄也可利用手动通道上下微动，手动依次升挡或降挡行驶。

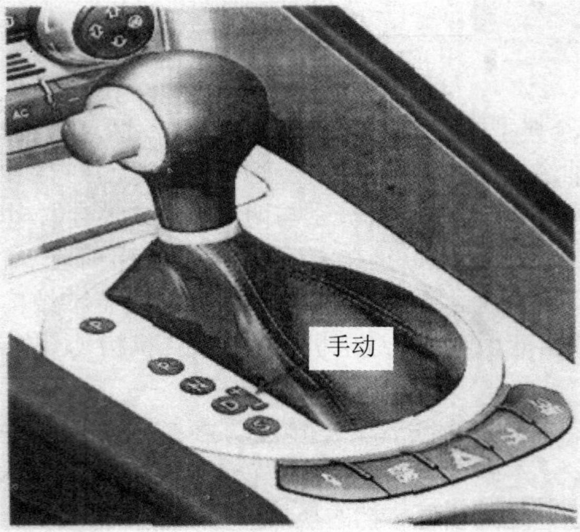

图 7-49　变速手柄的挡位

DSG 系统的控制框图如图 7-50 所示，变速器控制单元（Transmission Control Unit，TCU）采集各传感器的信号，实时在线的对车辆的运行状态进行综合处理和判断，然后控制换挡机构、离合器操纵机构进行换挡。两个离合器以及换挡机构的工作动力由液压动力源供给。

以大众 QD250 变速器为例。

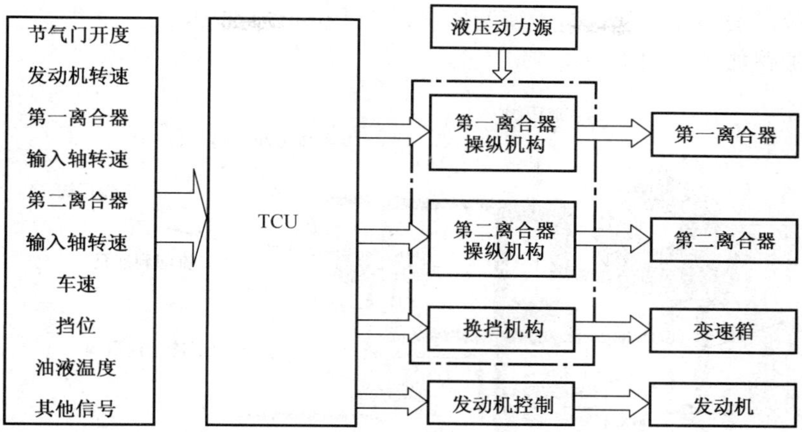

图 7-50　直接换挡变速系统控制原理图

1. 主要传感器

（1）变速器输入转速传感器 G182：用于计算离合器的打滑率，为实现该功能，控制单元还必须采集输入轴转速传感器 G501 和输入轴转速传感器 G502 的信号，根据离合器的打滑情况，控制单元可以精确地进一步打开或关闭离合器。若该传感器失效，控制单元以发动机转速传感器信号来替代。

（2）输入轴转速传感器 G501 和输入轴转速传感器 G502：分别监测离合器 K1 和 K2 的输出转速，识别离合器的打滑率，与输出转速传感器配合，监测是否挂上正确挡位。如果 G501 失效，变速器只有 2 挡，G502 失效，变速器只有 1 挡和 3 挡。

（3）输出轴转速传感器 G195 和 G196：作用是识别车速和车辆行驶方向（通过两个传感器相位差的变化实现），若该传感器失效，控制单元用 ABS 的车速信号和 ESP 中的行驶方向信号代替。

（4）温度传感器 G509：控制单元利用来自它的信号,调节离合器冷却油的流量并采取其他措施来保护变速器，离合器温度也可通过控制单元在应急情况下依据变速器运行参数运算出来。

（5）离合器 K1 压力传感器 G193 和离合器 K2 压力传感器 G194：集成安装在电子—液压控制单元上，控制单元利用该传感器信号来识别作用于离合器 K1 和离合器 K2 的液压油压力，如果传感器失效，变速器只能以 2 挡行驶或 1 挡和 3 挡行驶。

（6）变速器油温传感器 G93 和变速器控制单元温度传感器 G510：作用是检测控制单元本身的温度和变速器油的温度，两者互相比较、检测，保证数据的稳定和准确，当油温超过 138℃时，减小发动机输出扭矩。当油温超过 145℃时，停止向离合器供油，离合器处于断开位置。

（7）换挡元件传感器：用来识别准确的拨叉位置，每个传感器监测一个换挡轴，控制单元以此利用油压来推动换挡轴运动，形成挡位。G487 监测 1/3 挡，G488 监测 2/4 挡，G489 监测 6/R 挡，G490 监测 5/N 挡，若某个传感器失效，受其影响的换挡装置关闭，相应的挡位也无法接合。

2. 电子—液压控制系统

电子—液压控制系统包括油泵、阀体、电子控制单元、执行电磁阀等，电子控制单元包括一些传感器等，安装在一起，装于变速器内，浸于变速器油中。

变速器的油路如图 7-51 所示。

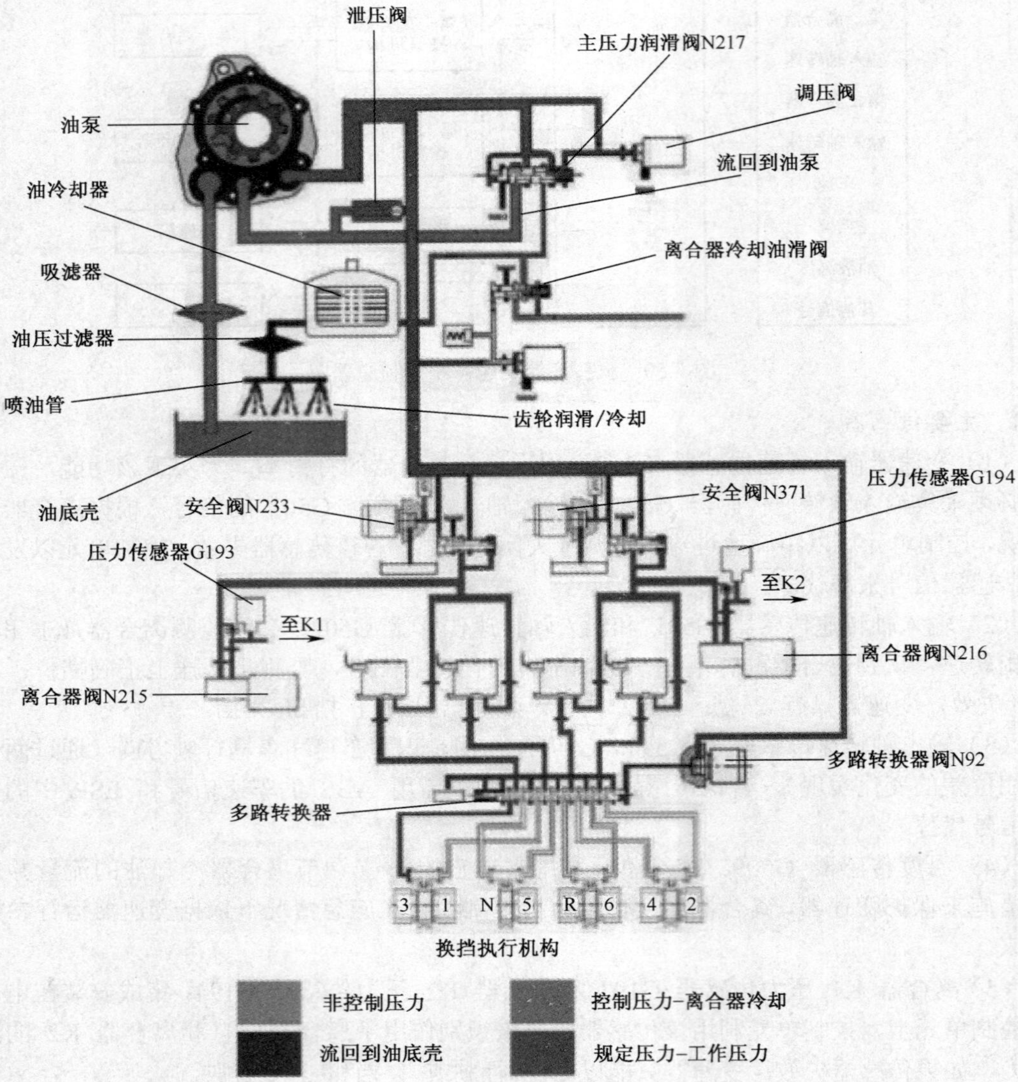

图 7-51　变速器油路示意图

油泵直接通过驱动轴连接，只要发动机运转就供油，它空套在输入轴里面，与油泵刚性连接，最多可以提供 100L/min 的输出量。装备此款变速器的车辆，在拖车过程中，油泵没有被驱动，因此如需拖车，车速不能超过 50km/h，距离不能超过 100km，否则会损毁变速器。

（1）液压元件：该变速器的液压元件如图 7-52 所示。

（2）电磁阀：电子一液压控制单元上面共有 11 个电磁阀和 1 个泄压阀，电磁阀分成两种类型，开关阀：N88、N89、N90、N91、N92；调节阀：N215、N216、N217、N218、N233、N371。开关电磁阀：N88、N89、N90 和 N91 均为换挡执行机构阀，这些阀是阀门通过多路转换器阀控制至所有换挡执行机构的油压。未通电时电磁阀处于闭合位置，使得压力油无法到达换挡执行机构处。电磁阀 N88 控制 1 挡和 5 挡的选挡油压；电磁阀 N89 控制 3 挡和空挡的选挡油压；电磁阀 N90 控制 2 挡和 6 挡的选挡油压；电磁阀 N91 控制 4 挡和倒车挡的选挡油压。开关阀 N92 控制液压部分接通不同的油道即多路控制器，当该电磁阀未动作时，接通 1、3、5 和倒挡供油油路；当该电磁阀动作时，接通 2、4、6 和空挡供油油路。通过控制 N92 通电与否，同时控制 N88～N91 电磁阀，便形成了对各个挡位的控制。

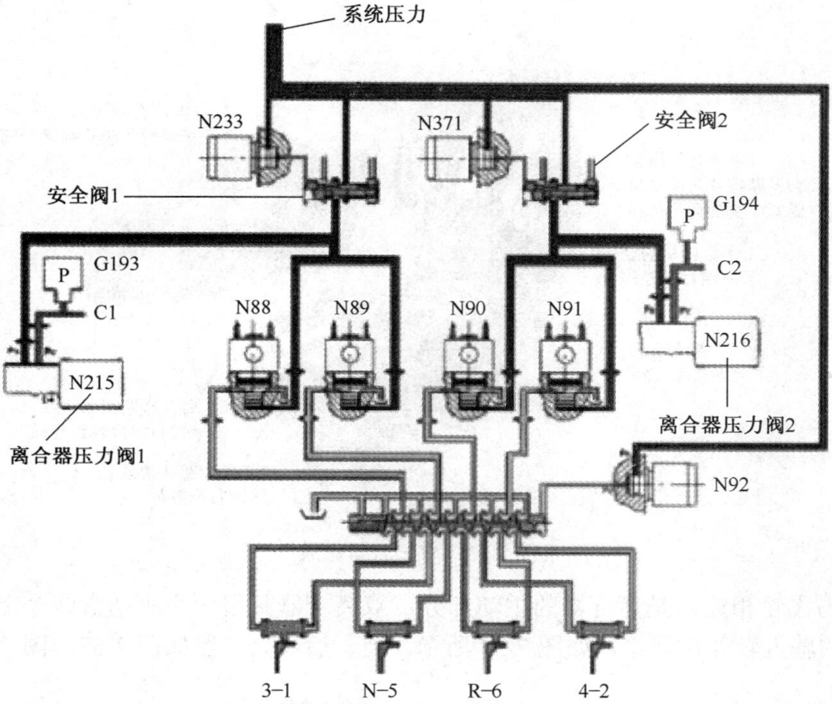

图 7-52 变速器液压元件

主油压力控制阀 N217：反比例阀，控制整个液压系统内的压力，其最重要的任务是根据发动机扭矩来控制离合器油压，其调节参数为发动机扭矩及发动机温度，控制单元根据当前的工作情况连续地调节主油压。

压力控制阀 N215 和 N216：分别控制多片式离合器 C1 和离合器 C2 的压力。

离合器冷却压力控制阀 N218：反比例阀，通过滑阀控制冷却油的流量，控制单元通过采集 G519 离合器油温度传感器的信号来控制该阀，如失效则系统以最大流量对多片式离合器进行冷却。安全控制电磁阀 N233 和 N371：分别控制变速器传动部分 1 和传动部分 2，N233 失效变速器只能以 2 挡行驶，N371 失效，变速器只能以 1 挡和 3 挡行驶。

3. 换挡机构

变速器的 4 个换挡轴由液压控制单元控制，由控制单元内的 4 个电磁阀完成，通过为换挡轴施加压力来控制拨叉动作。每个拨叉轴的两端通过 1 个有轴承的钢制圆筒支撑，圆筒的末端被压入活塞腔。换挡油压通过油道传输到活塞腔内作用在圆筒后端，形成推力，完成换挡。换挡轴压力通过保持换挡轴持续的时间进行调节。当一个挡位工作时，其相应推力一直存在。同时在每个拨叉上面都有一个独立的拨叉行程传感器，用以监测、反馈拨叉的行程以及所处的状态。为了保证挡位的固定，在每组拨叉的主臂上还有一个挡位锁止机构，用来锁止所在挡位。

7.7.4 干式双离合器

有些汽车上采用的是干式双离合器，如大众 QD200 变速器，其离合器总成的结构如图 7-53 所示。

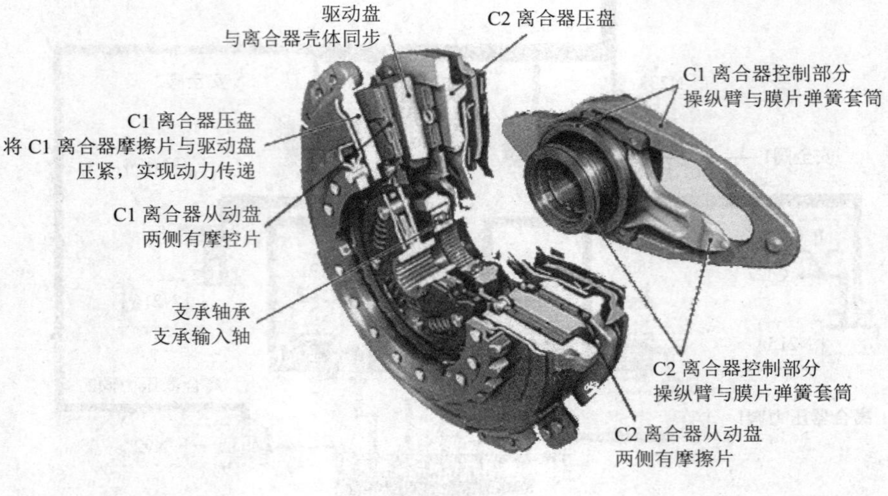

图 7-53　双离合器总成

驱动盘与飞轮相连，是离合器的主动部分，双离合器共用一个驱动盘两个离合器分别与两个变速器的输入轴花键连接，如图 7-54 所示，前、后端离合器如图 7-55、图 7-56 所示。

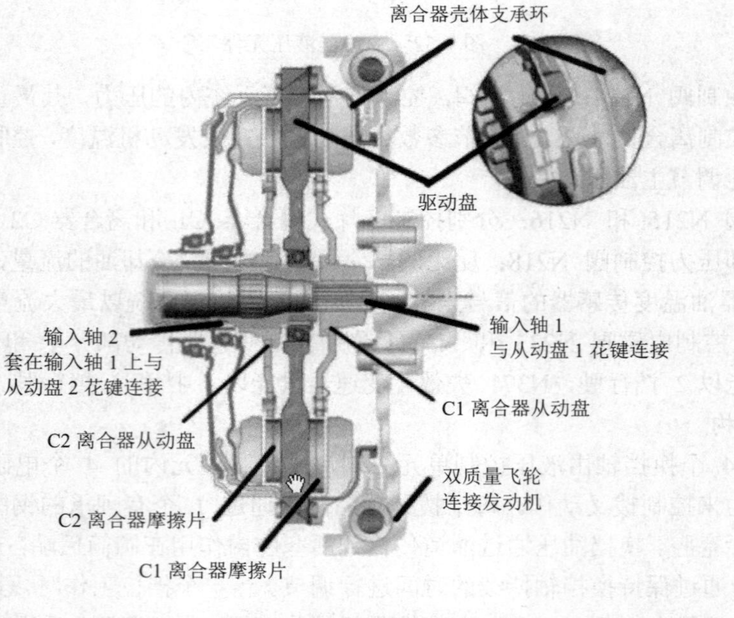

图 7-54　双离合器结构图

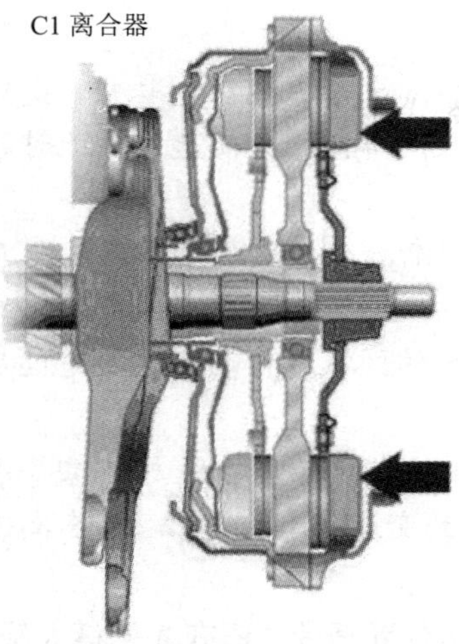

图 7-55　前端的 C1 离合器

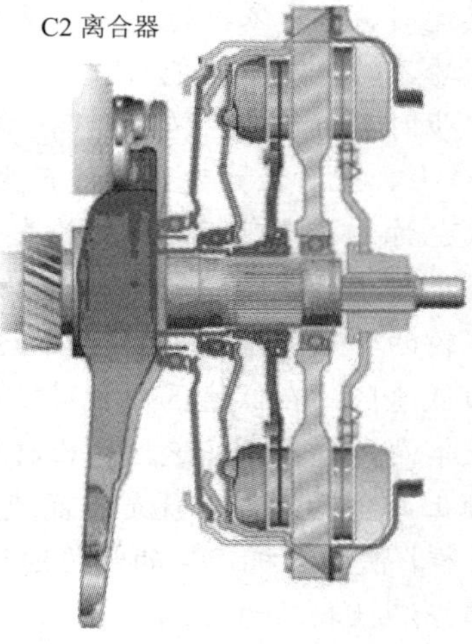

图 7-56　后端的 C2 离合器

干式离合器与手动变速器离合器原理一致，同样是利用杠杆原理来使膜片弹簧变形，实现驱动盘和从动盘的摩擦片的结合与分离。两个离合器都有各自独立的操纵机构，其结构如图 7-57 所示。

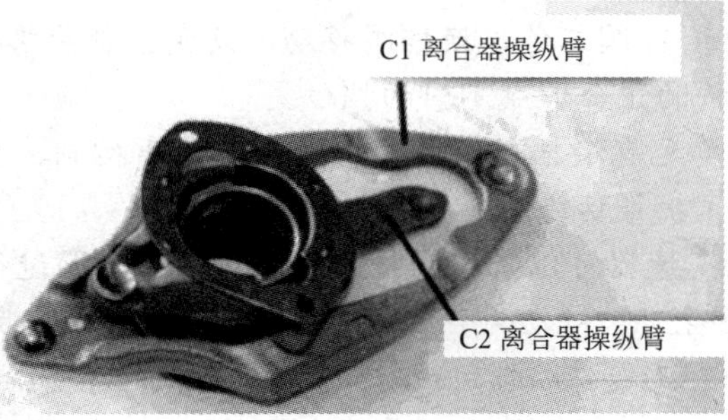

图 7-57　离合器操纵臂

本章小结

自动变速器是指能够根据液体循环流动过程中动能的变化，自动地改变速度和转矩的大小，实现动力传递的传动装置。其作用是根据行驶阻力的变化，在一定范围内自动地改变传动比和转矩比，而不再需要手动变速器和离合器参加工作。目前广泛采用电控自动变速器。

自动变速器的特点：操作简单、汽车起步更加平稳、适时自动换挡；提高有关部件和零件的使用寿命；结构复杂，成本高，维修难度大；低速区传动效率低；通过加装锁止离合器、超速挡及驾驶模式选择功能等装置，使汽车的传动效率在高速区大大提高。

自动变速器由四大部分组成：液力变矩器；齿轮变速机构；控制系统；冷却、润滑装置。

汽车上使用的变矩器由泵轮、涡轮和导轮组成，称三元件变矩器。现代汽车的液力变矩器一般都加装有锁止离合器。

怠速时，由于泵轮转速低，液流流速低，涡轮上得到的转矩 M_W 小于汽车起步对应的阻力矩，涡轮不转，汽车不能行驶。

起步时，由于泵轮转速升高，液流流速升高，涡轮的转矩 M_W 大于泵轮上的转矩，变矩系数 K 最大，此时液力变矩器能产生最大输出转矩，以利于克服汽车惯性力而起步，此时的变矩系数也称为起步变矩比或称为失速变矩比。

汽车起步后涡轮的转速 n_W 逐渐增大，涡轮输出转矩 M_W 逐渐减小，达到耦合点，即 $K=1$ 时，涡轮的转矩等于泵轮的转矩（$M_W=M_b$），此时称为耦合点。通常将转速比小于 0.85 的区域称为低速区，在低速区可自动增加转矩；将转动比大于 0.85 的区域称为高速区，通过在导轮中装单向离合器使高速区输出转矩与输入转矩相同。

锁止离合器的作用就是在高速时，液力变矩器的压盘将泵轮与涡轮联在一起，像普通离合器一样，使发动机产生的动力通过摩擦直接传给自动变速器的变速传动机构，以提高高速时汽车的经济性和动力性。

自动变速器的选挡手柄上通常有 P、R、N、D、S、L 等不同位置符号，还有其他模式符号。

行星齿轮变速机构由三元件组成，即太阳轮、行星齿轮及行星架、齿圈。通过离合器和制动器使其产生不同的组合，形成不同的传动比即不同的挡位。

自动变速器的液压控制系统主要由油泵、主油路调压阀、手控阀、换挡阀等组成。

电液控自动变速器基本原理是：节气门位置传感器感受节气门开度信号，车速传感器感受车速信号，这些信号送给自动变速器电子控制单元，电子控制单元将这些信号经过处理后发出指令，控制电磁阀 A 阀和 B 阀工作，换挡阀移动，改变控制油路使不同的离合器、制动器起作用，改变行星齿轮机构的组合形成不同的挡位。

自动变速器电子控制单元有换挡控制、锁止控制、油压控制、自诊系统、发动机转矩控制、巡航行驶控制、失效保护等功能。

手动/自动一体化自动变速器可以采用两种方式对自动变速器进行控制。

带式无级传动装置是由主动、从动两个带轮及传动带组成，每个带轮由两个锥形盘组成，一个锥形盘固定不动，另一个锥形盘可以轴向移动，当两锥形盘间距变小，其传动半径变大；反之，当两锥形盘间距变大，其传动半径变小，传动装置中的主、从动带轮中心距是固定不变的。

当主动带轮的半径小，而从动带轮半径大时，传动比大，传动装置降速传动；如果使主动带轮半径增大、从动带轮半径减小，则传动比也将随之减小，传动装置增速传动。

改变带轮传动半径的方法是通过电控液动改变带轮两锥盘的轴向宽度来实现的。电子控制单元根据节气门位置传感器、车速传感器、输入轴转速传感器、输出轴转速传感器等信号控制作用带轮两锥盘的压力，使主被动带轮的半径按相反方向变化，实现无级变速。一般无级变速器可提供的传动比是 4.69 至 0.44，加装主减速器和行星齿轮机构变向传动装置。

直接换挡变速器工作原理相当于采用两个变速器和两个离合器，一变速器处于工作状态时，另一变速器空转。通过两个离合器的切换来实现两变速器交替投入工作状态，可以在不中断动力传递的条件下完成换挡过程。

思考与练习题

1. 自动变速器有哪些类型？各有什么特点？

2．液力变矩器是由哪几部分组成的？其中的导轮有什么作用？连接导轮的单向离合器起什么作用？

3．分析液力变矩器的工作特性。

4．什么是锁止离合器？它的作用是什么？

5．简单行星齿轮变速机构的基本运动特征是什么？

6．液力机械式自动变速器操纵手柄上各挡位有何含义？行车中如何操纵？

7．自动变速器中的离合器、制动器的作用是什么？

8．为什么自动变速器的汽车不能采用推车起动的方法？

9．电液控自动变速器的基本换挡原理是什么？

10．什么是手动/自动一体化变速器？

11．无级变速器的基本原理是什么？

12．直接换挡变速器由哪几部分组成？

13．直接换挡变速器的基本原理是什么？

8 电控四轮驱动

本章导读

本章首先介绍了四轮驱动系统的两种形式：非常接合式四轮驱动和常接合式四轮驱动。具体分析了非常接合式四轮驱动和常接合式四轮驱动的结构、原理及控制方式。最后结合本田CRV汽车采用的液压自动控制四轮驱动机构分析了二轮驱动与四轮驱动之间的自动转换。

本章要点

- 非常接合式四轮驱动的结构与基本原理
- 常接合式四轮驱动的结构与基本原理

为了改善汽车在越野时或在泥泞、雪地中行驶时的驱动条件，同时改善汽车在转弯时的操纵性能，越野汽车可将四个车轮全部作为驱动轮。一些高性能的轿车也装备了四轮驱动来改进汽车的操纵性能。

四轮驱动系统又可分为非常接合式四轮驱动（4WD）和常接合式四轮驱动（AMD）。

非常接合式四轮驱动系统又称为传统的四轮驱动，为4×4轻型越野汽车所采用。其结构特点是利用分动器将由变速器传来的转矩分配给前、后驱动桥，根据路面情况也可以由驾驶员控制，手动地将分动器由低挡换入高挡而选择两轮驱动，如图 8-1（a）所示。而常接合式四轮驱动系统不使用分动器。驾驶员不能选择两轮或四轮驱动。发动机的动力通过轴间差速器、粘性离合器把动力同时送给前桥和后桥，永远以四轮驱动行驶，如图 8-1（b）所示。常接合式四轮驱动车型不适用于越野行驶，而是设计成在不良附着力情况下（如在有冰或雪的道路上）来改善汽车的性能。常接合式四轮驱动系统通过把大部分发动机动力传递到有最大附着力的驱动桥上，从而使汽车具有最大的驱动力。

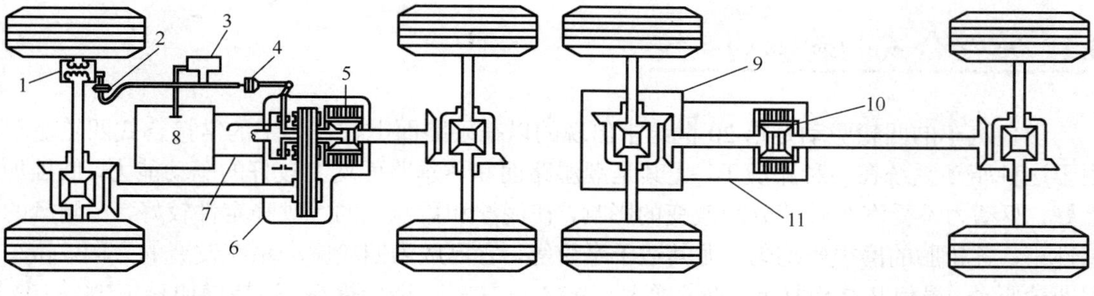

（a）非常接合式四轮驱动系统　　（b）常接合式四轮驱动系统

1－前桥断开；2、4－真空马达；3－开关；5－带离合器组件的差速器；6－分动器；7、11－变速器；8－2WD 和 4WD 选择器；9－发动机；10－轴间差速器

图 8-1　非常接合式四轮驱动和常接合式四轮驱动的比较

8.1　非常接合式四轮驱动系统

典型非常接合式四轮驱动系统由前置发动机、变速器、前后传动轴、前后驱动桥及分动器等组成。分动器有一电子开关或操纵杆，用来由驾驶员选择控制分动器将动力传至四个车轮、两个车轮或不传递至任何一个车轮。为了改善汽车的驱动条件，许多分动器均设有高低挡。

大多数的非常接合式四轮驱动的越野汽车使用了前轮锁定毂。当两轮驱动时，它可以使前轮脱离接合，此时前轮作为自由轮转动，但整个前轴、前差速器、前减速器、前传动轴及分动器中的某些零件停止转动，减少了这些部件的磨损，降低了行驶阻力。当四轮驱动时，前轮必须锁定。

锁定毂是一种使轮毂脱离半轴外端啮合的离合器。当转动锁定毂至锁定位置时，如图 8-2 所示，轮毂与半轴被锁定，从而一起转动。当锁定毂脱离锁定，半轴并不转动，车轮在毂的轴承上自由运转，而不带动差速器、前传动轴等发生转动。转动一个位于锁定毂中心的锁柄可锁定毂或使毂脱离锁定。这个控制手柄施加或释放在毂离合器上的弹簧张力。当毂处于锁定位置时，弹簧压力使离合器接合到与半轴相连的内毂。由于离合器连接到外毂，则离合器的接合将半轴与毂连接起来。在脱离锁定的位置，离合器不与内毂接合，车轮可以在轴承上自由旋转。

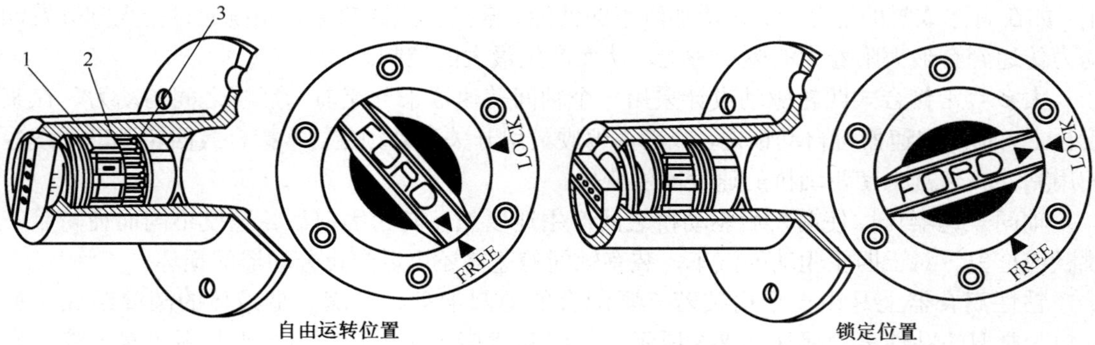

自由运转位置　　锁定位置

1－内离合器环；2－压力弹簧；3－半轴套环；LOCK－锁定；FREE－自由

图 8-2　锁定毂的动作

8.2 常接合式四轮驱动系统

现代汽车的四轮驱动是指 20 世纪末出现的以在硬路面上行驶为主的常接合式四轮驱动。由于这种驱动系统在各种路况下，尤其是潮湿路面和冬季路面均有较好的驱动能力，低挡加速性好，驱动力不受汽车轴荷分配改变的影响，在泥泞和雪地上的行驶稳定性较好，对侧风的敏感性小，各轮胎的磨损较均匀，尤其适于牵引等，它已成为四轮驱动系统发展的方向。轿车采用四轮驱动，虽使其结构复杂，质量增大（约 6%～10%），造价提高，油耗增加（约 5%～10%），通常最高车速也有所降低，但可大大地提高汽车对各种路面及地面的适应性，提高汽车的行驶安全性及通过性。

典型的常接合式四轮驱动系统如图 8-3 所示，由发动机、变速器、轴间差速器、传动轴及前后驱动桥组成。

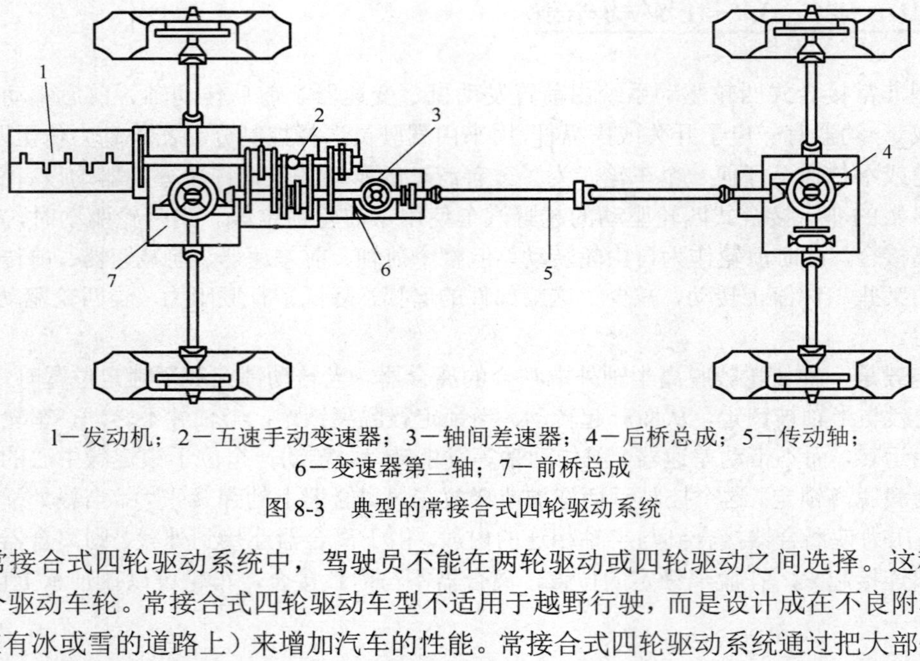

1—发动机；2—五速手动变速器；3—轴间差速器；4—后桥总成；5—传动轴；6—变速器第二轴；7—前桥总成

图 8-3 典型的常接合式四轮驱动系统

在常接合式四轮驱动系统中，驾驶员不能在两轮驱动或四轮驱动之间选择。这种系统始终是四个驱动车轮。常接合式四轮驱动车型不适用于越野行驶，而是设计成在不良附着力情况下（如在有冰或雪的道路上）来增加汽车的性能。常接合式四轮驱动系统通过把大部分发动机动力传递到有最大附着力的驱动桥上，从而产生最大的控制。

大多数常接合式四轮驱动设计采用一个轴间差速器来分流前、后桥之间的动力。在某些设计上，轴间差速器可自动锁定，或者由驾驶员用开关手动锁定。常接合式四轮驱动系统也可使用粘性离合器来使驱动桥的速度产生变化。

轴间差速器可以使前、后驱动桥之间产生速度差，防止因前后轮速度不同而使轮胎产生跳跃或拖曳。对于四轮驱动的汽车，装有轴间差速器还可以防止分动器的损坏。

粘性离合器上是由一个内装若干紧配合的薄圆钢盘、充满黏稠液体的圆筒组成（见图 8-4）。典型的粘性离合器如图 8-5 所示，一组圆盘连于前车轮，另一组与后车轮连接。当一个桥明显要求更大转矩时，液体变热并立刻改变粘度。这种粘性变化在圆盘上发生反应，转矩根据驱动桥的实际需要被分流。

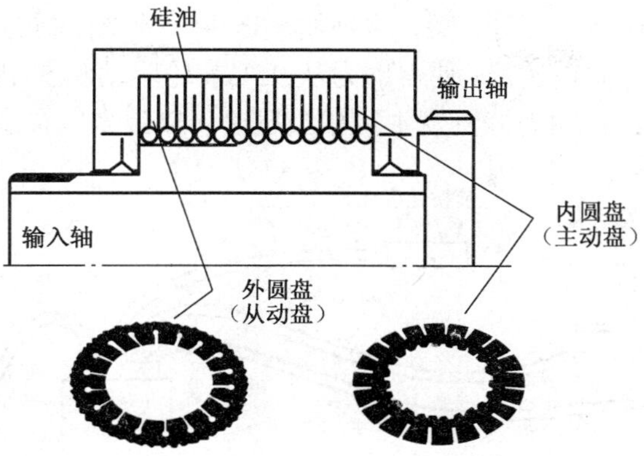

图 8-4 粘性离合器示意图

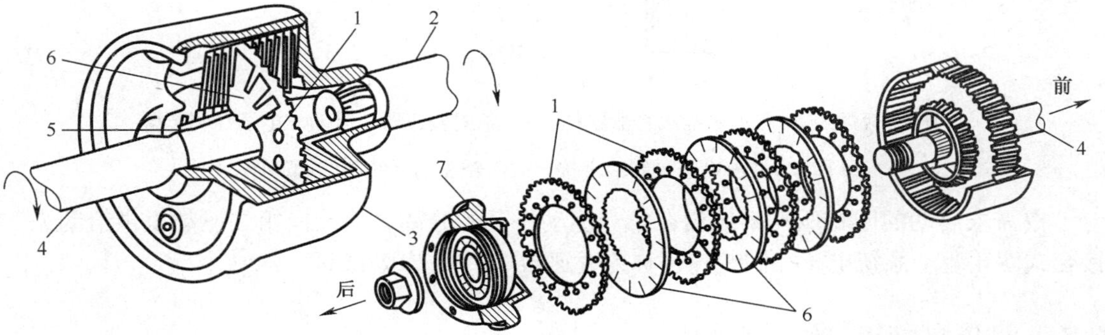

1—外盘；2—输出轴；3—联接器壳；4—输入轴；5—毂；6—内盘；7—输出盘

图 8-5 典型的粘性离合器

粘性离合器也可以在前桥和（或）后桥差速器中用作防滑装置。当两轴在力作用下旋转时，它们在两轴之间提供一个持久的力。与防滑差速器一样，当另一个车轮有较小驱动力时，粘性离合器把转矩传递到具有更大驱动力的主动车轮。常用粘性离合器来代替轴间差速器。一旦需要改进车轮驱动力时，粘性离合器便自动运行。

高性能的常接合式四轮驱动汽车在轴间和后差速器中使用一粘性离合器来改进处于高速转弯时的操纵性能。轴间差速器粘性离合器与开式前、后差速器的组合可改进汽车制动力的分配，并与反锁定制动系统相一致。

在典型的粘性离合器中，两轴中具有外花键的一根轴与粘性离合器壳的内花键接合，同时也与粘性离合器接合。另一轴在壳上旋转。内装的紧配合的薄圆盘为钢制，上面开有专门的槽。内盘有从外径边缘开的槽，外盘有从其内径边缘开的槽。盘的数目和尺寸依据设计取决于粘性离合器的转矩传送能力。

许多自动常接合式四轮驱动系统是由电子控制的，并以前轮驱动传动系为基础。后传动轴从变速驱动桥延伸至后驱动桥。为把动力传递到后部，使用了多盘离合器。这种离合器用作轴间差速器，并使得前、后驱动桥之间产生速度差。传感器监视前后驱动桥的速度、发动机速度以及发动机和动力传动系统上的负载。电子控制装置接收来自传感器的信号，并控制在负载循环（也称跳动循环）上运行的螺线管，从而控制接合分动器离合器的液流（见图 8-6）。负载螺线管的脉动非常迅速地循环开、关，这种循环产生一种受控制的分离状况。结果，分动器离合器的运行有如一个轴间差速器，使得动力从 95%前轮驱动和 5%后轮驱动分流至 50%前轮驱动和 50%后轮驱动。这种动力分流发生得相当迅速，以致驾驶员意识不到驱动力的问题。

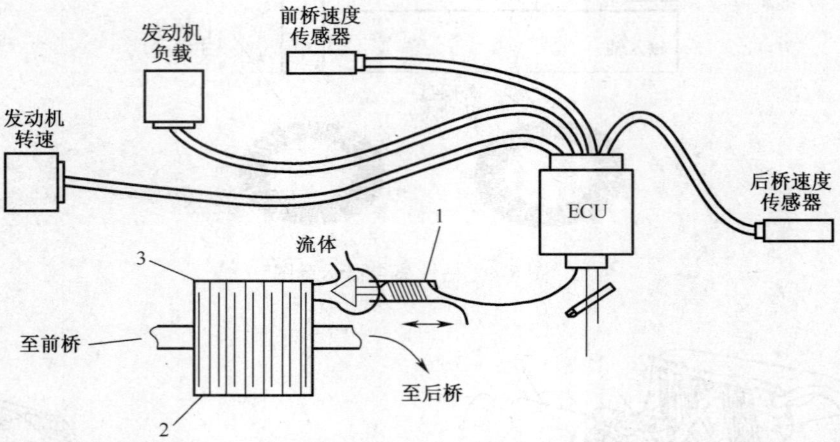

1—负载螺线管；2—多盘离合器组件；3—轴间差速器；ECU—电子控制装置

图 8-6　由电子控制的常接合式四轮驱动系统的结构简图

按需求启动的四轮驱动系统仅在第一驱动桥开始分离之后才向第二驱动桥供给动力。常接合式四轮驱动系统电子控制装置也称为变速器控制装置或 TCU。

8.3　典型的四轮驱动系统

8.3.1　组成

本田 CRV 汽车采用了液压自动控制的四轮驱动（4WD）机构。装有自动控制的 4WD 系统汽车，其后差速器总成中，装备有液压离合器和液压控制机构。正常条件下，车辆由前轮驱动，当两前轮驱动力和路面条件不适应时（滑转），无须司机操作，车辆从 2WD（二轮驱动）自动变成 4WD。简化了操作，提高了汽车对道路状况的适应能力，改善了加速性和越野能力。

以本田 CRV 汽车为例进行说明，如图 8-7 所示。

在后桥主减速器和差速器总成中，增设了液压控制机构和离合器，不接合时为 2WD 驱动模式；接合后为 4WD 驱动模式。

油泵体中有两个齿轮式油泵，前油泵由传动轴和转鼓驱动泵油（即前轮驱动）；后油泵用后桥主减速器齿轮驱动（即后轮驱动），如图 8-8 所示。

油泵体中有五个单向止回阀 A、B、C、E、F，供前进和倒车（正转或反转）时，因控制油液流动方向相反，进油和排油阀门转换之用，如图 8-9 所示。

油泵体中的油道分控制油道和润滑油道两种类型，各设有节流孔、溢流阀、减压阀和温控开关，分别控制液压油的油压和流量，进行控制、润滑、冷却之用。

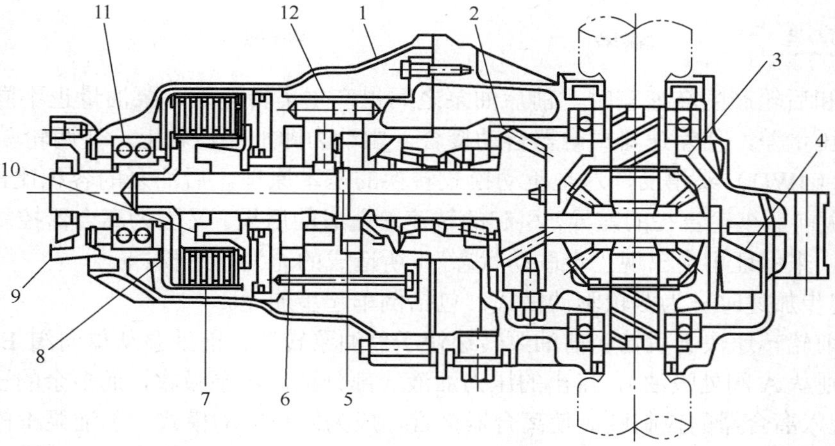

1—外壳；2—准双曲线主动锥齿轮；3—差速器；4—准双曲线被动齿轮；5—后油泵；6—前油泵；7—离合器片；8—离合器转鼓；9—凸缘盘；10—膜片式回位弹簧；11—轴承；12—油泵体

图 8-7 后桥主减速器和差速器总成图

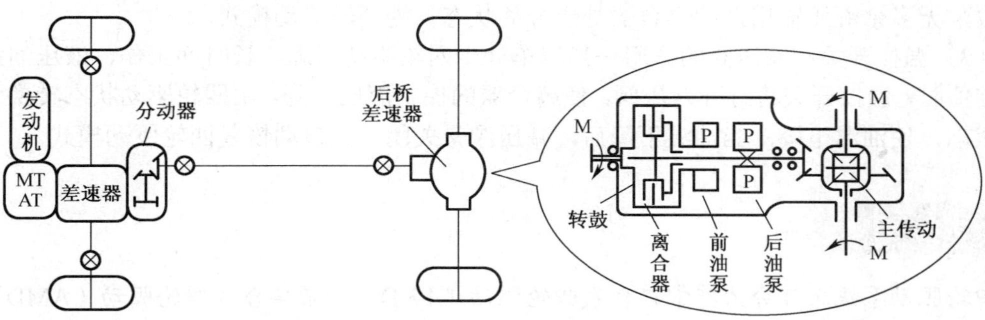

图 8-8 本田 CRV 车的传动系统和油泵的驱动简图

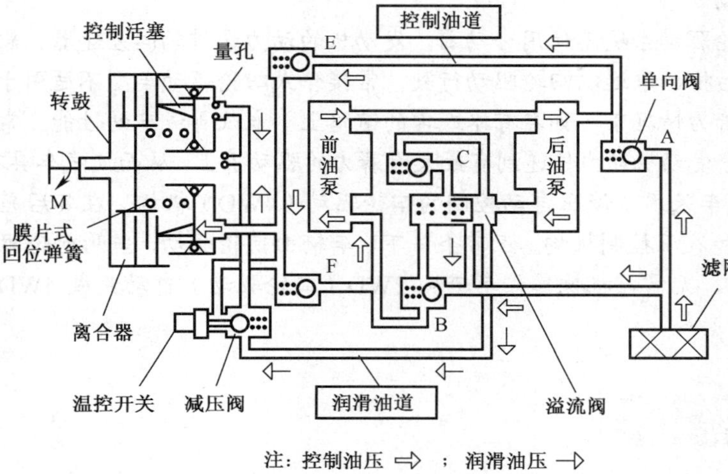

图 8-9 后桥差速器的液压控制系统

8.3.2 工作原理

当前轮和后轮产生转速差时，前后油泵之间也产生了转速差，泵油量也不同，来自前后油泵间的液压量差，使差速器离合器自动接合，驱动力即加在后轮上，变两轮驱动（2WD）为四轮驱动（4WD）或相反，这是驱动模式转换的基本原理。后油泵的容积比前油泵大 2.5 倍，用来平衡前后车轮直径的差异，引起的转速差造成的后果。又因为离合器控制活塞的回位弹簧的弹力，来保证不会出现“半联动状态”，所造成的无为的磨损。

（1）起步加速时—为四轮驱动模式，包括倒车起步加速。

此时，前轮转速快于后轮，前油泵转速快于后油泵转速，前油泵从单向阀 B 处吸油而排出（倒车时则从 A 阀处吸油），排出的压力油液一部分被后油泵吸收，而多余的压力油液，经单向阀 E 进入离合器的控制腔，使离合器接合，成为四轮驱动模式。因油泵不停地泵油，离合器控制油压应保持在定值内，控制腔上设有节流量口，使油液及时回流到腔外，形成系统内部循环，并对离合器、轴承进行润滑和冷却，如图 8-9 所示。

（2）匀速行驶时—为两轮驱动模式（2WD），包括倒车匀速行驶。

此时，前后轮转速相同，故前后油泵的转速也相同，前油泵排出的压力油液，都被后油泵吸收，无多余液压输出，故离合器处于分离状态，为两轮驱动模式。

（3）温控开关和减压阀的作用—当汽车处于四轮驱动状态，长时间工作，液压油温升高到一定值时，温控开关将打开减压阀，使离合器的控制液压下降，由四轮驱动状态转换到两轮驱动状态，使油温下降。当油温下降后，减压阀又关闭，又自动恢复四轮驱动模式。

本章小结

四轮驱动系统又可分为非常接合式四轮驱动（4WD）和常接合式四轮驱动（AMD）。

非常接合式四轮驱动系统又称为传统的四轮驱动，为 4×4 轻型越野汽车所采用。其结构特点是利用分动器将由变速器传来的转矩分配给前、后驱动桥，驾驶员手动地操纵分动器而选择两轮或四轮驱动。

常接合式四轮驱动系统不使用分动器。发动机的动力通过轴间差速器、粘性离合器把动力同时送给前桥和后桥，永远以四轮驱动行驶。常接合式四轮驱动车型不适用于越野行驶，而是设计成在不良附着力情况下（如在有冰或雪的道路上）来改善汽车的性能。常接合式四轮驱动系统通过把大部分发动机动力传递到有最大附着力的驱动桥上，从而使汽车具有最大的驱动力。

本田 CRV 汽车采用了液压自动控制的四轮驱动（4WD）机构。在其后差速器总成中，装备有液压离合器和液压控制机构。正常条件下，车辆由前轮驱动，当两前轮驱动力和路面条件不适应时（滑转），无需司机操作，车辆从 2WD（二轮驱动）自动变成 4WD，改善了加速性和越野能力。

思考与练习题

1．什么是非常接合式四轮驱动？其基本原理是什么？

2．什么是常接合式四轮驱动？其基本原理是什么？

9 电子控制空气悬架系统（ASC）

本章导读

本章首先简单回顾了悬架的作用和传统悬架系统的组成，分析了采用被动悬架的不足，提出电控空气悬架的优点以及控制的内容。以丰田雷克萨斯 LS-400 车系为实例具体分析了电控空气悬架的组成、工作原理、检修和功能检查的内容。

本章要点

- 电控空气悬架系统的功能
- 电控空气悬架系统的基本组成、控制原理和结构特点
- 电控空气悬架系统中弹簧刚度调节、减振器阻尼力调节、车身高度调节的基本方法

9.1 概述

汽车悬架的作用是缓冲和吸收来自车轮的振动，在汽车行驶过程中还要传递车轮与路面间产生的驱动力和制动力。汽车在转向时，悬架还要承受来自车身的侧向力，并在汽车起步和制动时抑制车身的俯仰振动，提高汽车的行驶稳定性和乘坐的舒适性。

传统的悬架系统主要由弹簧、减振器和导向机构三部分组成，其中弹簧、减振器和轮胎的综合特性决定了汽车的行驶性、操纵性和乘坐的舒适性。尽管多年来汽车悬架系统做了许多改进，但由于传统悬架系统使用的是定刚度弹簧和定阻尼系数减振器，只能适应特定的道路与行驶条件，无法满足变化莫测的路面状况和汽车行驶状况，而且这种悬架只能被动地承受地面对车身的各种作用力，无法对各种情况进行主动地调节，使操纵性和乘坐舒适性达到和谐，因此，一般称传统悬架系统为被动悬架系统。

随着人们对汽车操纵性和舒适性要求的不断提高，以及电子技术的飞速发展，电子控制技术被有效应用于现代汽车悬架系统。电子控制悬架系统的最大优点就是它能使悬架随不同的路况和行驶状态做出不同的反应。既能使汽车的乘坐舒适性达到令人满意的状态，又能使汽车的操纵稳定性达到最佳的状态。

电控空气悬架是利用压缩空气充当弹簧起作用，弹簧的刚度和车身的高度是根据汽车行驶状况进行自动控制，减振器的减振力控制也用来抑制汽车行驶和停止中车身姿势的变化。其

具体功能有三个方面：

（1）在水平路面上高速行驶时，使车身变低、弹簧变软，以提高舒服性。

（2）在凹凸不平的路面行驶时，车身变高，使悬架变硬，以消除颠簸，提高通过性。

（3）防止纵向仰头和栽头及横向倾斜，保持前照灯光轴不变，提高安全性。

空气悬架的控制包括减振力和弹簧刚度控制以及汽车高度控制两方面。

9.1.1 减振力和弹簧刚度的控制

1. 防侧倾控制

侧倾发生于汽车在横向坡道高速行驶和汽车高速转弯时，根据汽车行驶速度和转向角度，使减振力和弹簧刚度转换为“坚硬”状态，抑制转变期间的侧倾，这种控制持续时间大约为2s，然后恢复到最初减振力和弹簧刚度，持续时间较长。

2. 防制动栽头控制

根据汽车行驶速度、制动开关信号和汽车高度的变化，减振力和弹簧刚度转换为“坚硬”状态，抑制制动期间的栽头现象。

3. 防后坐控制

根据汽车速度，节气门开启角度和速度的变化，减振力和弹簧刚度转换为“坚硬”状态，用来抑制汽车起步和急加速时后坐，在2s后或当汽车速度达到一定水平时，恢复最初的状态。

4. 高速控制

当汽车行驶速度超过一定设置水平时，减振力和弹簧刚度分别转换为“中等”和“坚硬”状态，以提高直线行驶稳定性和操纵性能。

5. 不平道路、颠动或跳动控制

按照道路的不平整性，减振力转换为“中等”和“坚硬”状态，弹簧刚度转换为“坚硬”状态，用来在不平整路面上，抑制汽车底盘的颠动和跳动，从而提高乘坐的舒适性，该控制系统能分别精确地对前、后轮发令执行，当汽车行驶速度低于10km/h时，不能进行调整。

9.1.2 汽车高度控制

1. 自动水平控制

当高度控制传感器检测到由于乘客和行李重量变化而引起汽车高度发生变化时，按照变化量，压缩空气被加入或从可充气气缸释放，以保持汽车高度在一恒定水平，保证夜晚行驶具有良好的视野性。

2. 高速控制

当汽车在良好路面高速行驶时，若汽车高度控制开关选择在“HEIGHT”上，汽车高度将自动转换为“NORM”上，以提高汽车行驶时的稳定性和减小空气阻力。

3. 点火开关OFF控制

仅在点火开关关闭后，汽车高度降低，以减小占据空间和更加安全。

9.2 电控空气悬架的组成

空气悬架包括：每一车轮有一个可充气的气缸和减振器、一个空气压缩机、干燥器、各种控制阀、高度控制传感器、转向角度传感器等，能精确地检测车身高度和行驶状态。

空气悬架系统各部件的位置，如图 9-1 所示。

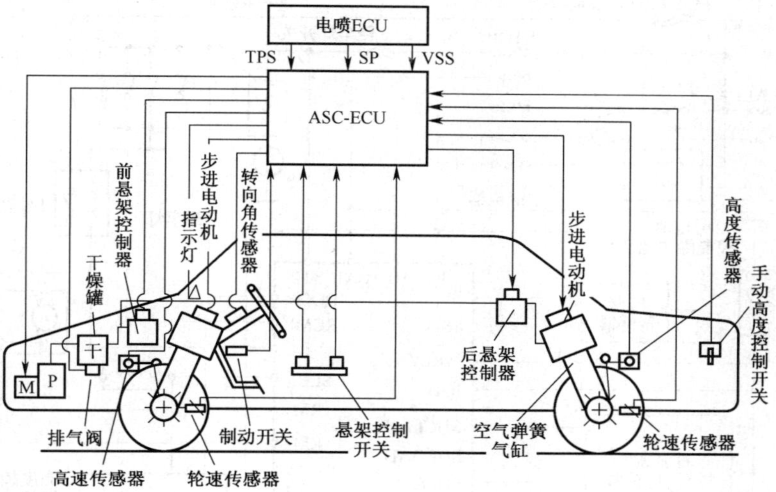

图 9-1 空气悬架系统的组成

各种车系的空气悬架控制系统，都由传感器、悬架 ECU、控制开关、悬架执行器等 4 部分组成，如图 9-2 所示。

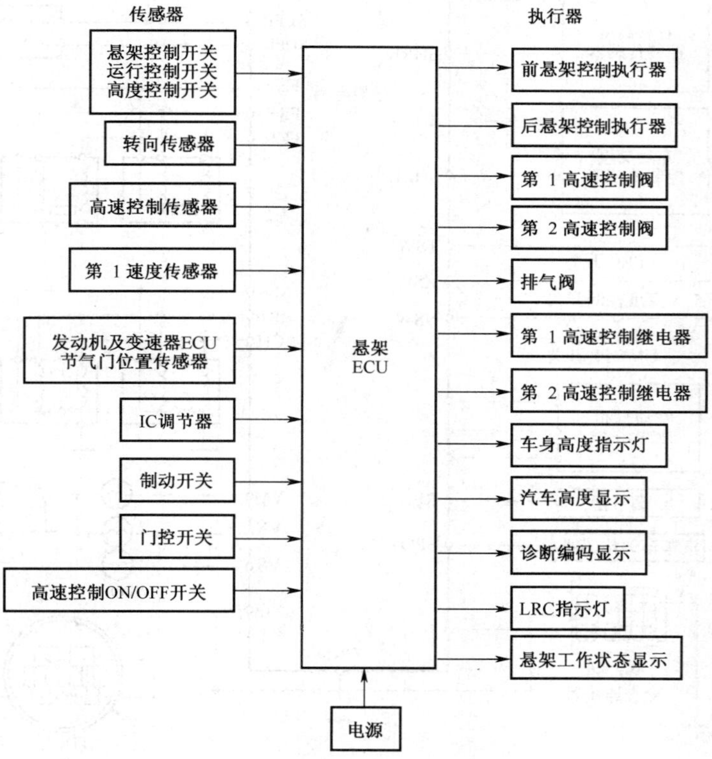

图 9-2 空气悬架系统的传感器和执行件

空气悬架控制系统的电路图，如图 9-3 所示，本文以该车系的相关结构为主导内容。

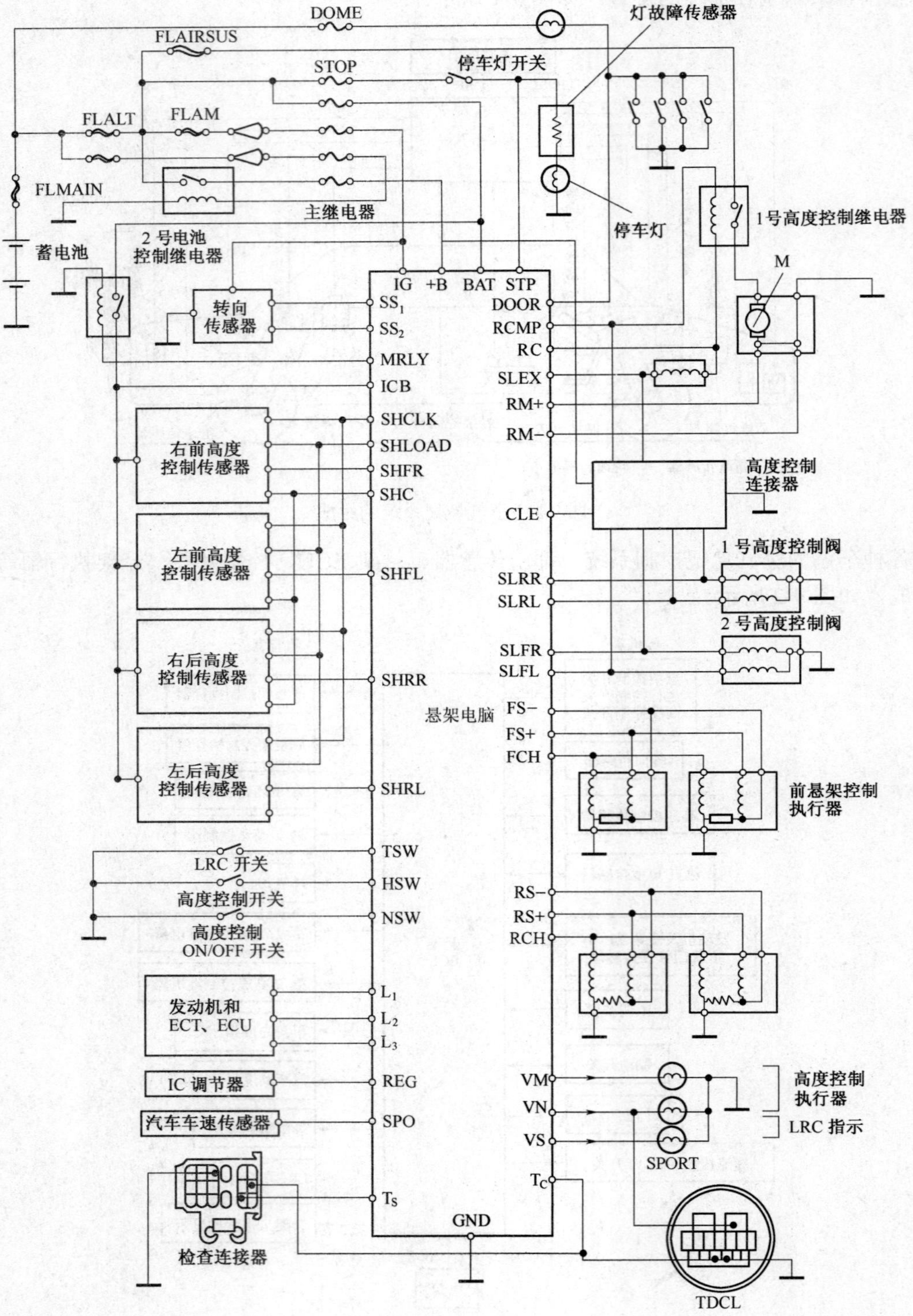

图 9-3　空气悬架控制系统的电路图

9.3 空气悬架刚度及阻尼力调节

9.3.1 空气悬架刚度的调节

空气悬架的油气缸总成构造，如图 9-4 所示，悬架的油气缸上端与车身相连，下端与车轮相连。其内部结构如图 9-5 所示。主、副气室设计为一体，主、副气室之间有一通路供气体相互流动。改变主、副气室之间的气体通路的大小，使主气室被压缩的空气量发生变化，就可以改变空气悬架的刚度。

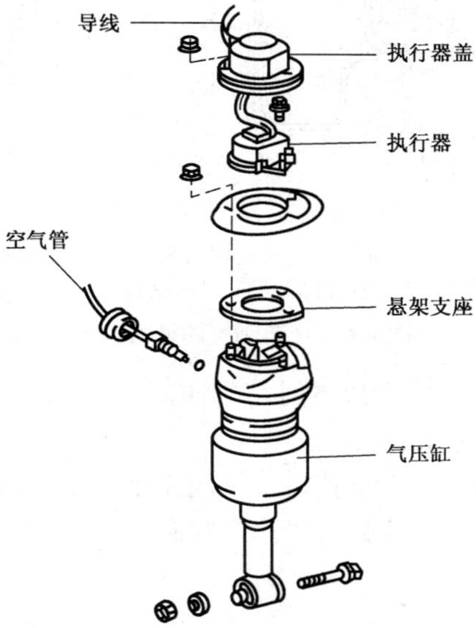

图 9-4 空气悬架油气缸的组成

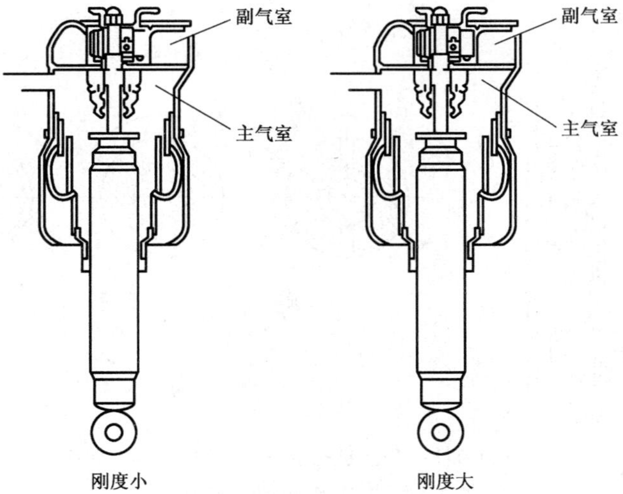

图 9-5 空气悬架油气缸结构图

主、副气室之间的通路靠气阀控制，开关气阀的控制杆由悬架控制执行器驱动，当气阀处于不同的位置时，即大开、小开、关闭时，可实现空气弹簧低、中、高三种状态的刚度调节。

当阀芯的开口转到对准图 9-6 所示的“低”位置时，气阀开度大，主、副气室的通道截面较大，主气室的气体经阀芯的中间孔、阀体的侧面孔与副气室相通，增大了承担缓冲的容积，悬架的刚度变软（处于刚度“低”的状态）。

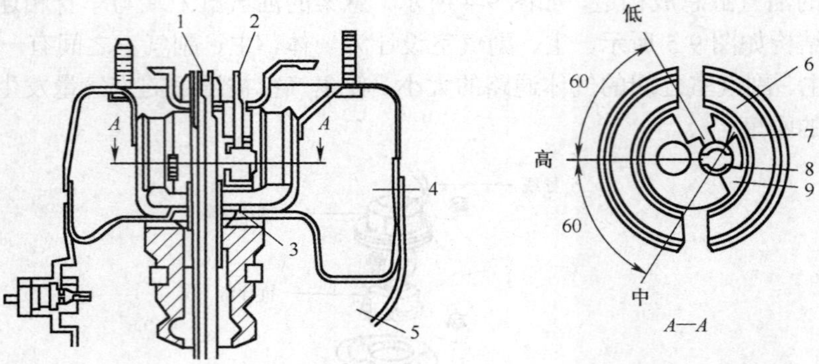

1—阻尼调节杆；2—气阀控制杆；3—主辅气室通路；4—副气室；5—主气室；
6—气阀体；7—小气体通路；7—阀体；9—大气体通路

图 9-6　悬架刚度的调节原理

当阀芯的开口转到图示的“中”位置时，气阀的开度较小，两气室之间空气流通的通道较小，悬架刚度处于“中等”状态。

当阀芯的开口转到图示的“高”位置时，气阀完全关闭，悬架的缓冲由主气室单独承担，可压缩的气体容积减小，悬架的刚度处于“高”状态。

9.3.2　悬架阻尼的调节

悬架阻尼大小的调节是通过改变减振器阻尼孔截面积的大小实现的，见图 9-7。

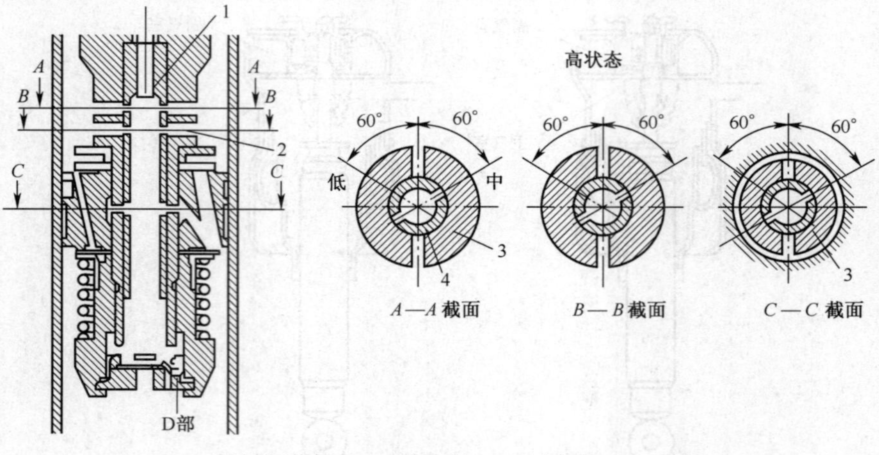

1—阻尼调节杆；2—阻尼孔；3—活塞杆；4—转阀

图 9-7　悬架阻尼调节原理

与减振器阻尼调节杆连接的转阀上有 3 个阻尼孔，悬架控制执行器驱动阻尼调节杆转动，从而使转阀转动，开闭 3 个阻尼孔，改变油路截面积实现高、中、低三种状态的调节。

当 A、B、C 三个截面的阻尼孔全部被回转阀封住时，只有减振器下面的主阻尼孔（D 部）工作，减振器的阻尼最大（阻尼处于“高”状态）；转阀从高状态逆时针转动 60°，则三个截面的阻尼孔全部打开，减振器的阻尼最小（阻尼处于“低”状态）；转阀从高状态顺时针转动 60°，则 B 截面的阻尼孔打开，A、C 截面阻尼孔仍关闭，则减振器的阻尼处于“中”状态。

悬架控制执行器，它除了控制减振器的转阀进行阻尼调节外，还同时驱动主辅气室的气阀，进行刚度调节。

其控制器多采用直流电机或步进电机，图 9-8 是采用步进电机的悬架控制执行器结构。

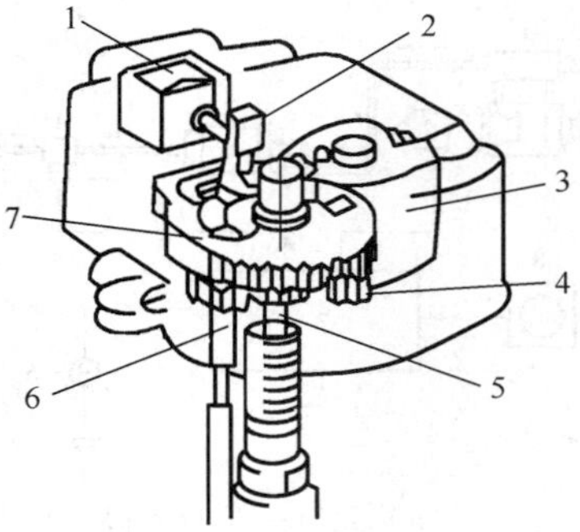

1—电磁线圈；2—制动杆；3—步进电机；4—小齿轮；5—阻尼调节杆；6—刚度调节杆；7—扇形齿轮

图 9-8 悬架控制执行器结构

步进电机有悬架 ECU 控制，步进电机带动小齿轮驱动扇形齿轮转动，与扇形齿轮同轴的阻尼调节杆带动转阀转动，使阻尼孔的开闭数量改变，从而调节减振器的阻尼力。同时齿轮系带动刚度调节杆转动，以改变主辅气室之间通道截面的大小，调节悬架的刚度。

电磁线圈控制的电磁制动开关松开时，制动杆处于扇形齿轮的滑槽内，此时扇形齿轮可以转动；当电磁制动开关吸合时，齿轮系处于锁住状态，悬架刚度及阻尼参数保持相对稳定的状态。

步进电机的转子由永久磁铁制成，定子有两对磁极，其上绕有 A-B、C-D 两相绕组，其基本工作原理，如图 9-9 所示。当电流从 A-B 绕组的 A 端流入，B 端流出时，永磁转子将在定子磁极磁场作用下，处于图 9-9 所示的“低状态”位置；当 A-B 绕组不通电，C-D 绕组接通电源时，永磁转子处于图示“高状态”位置；当电流从 A-B 绕组的 B 端流入，A 端流出时永磁转子处于图示“中状态”位置。

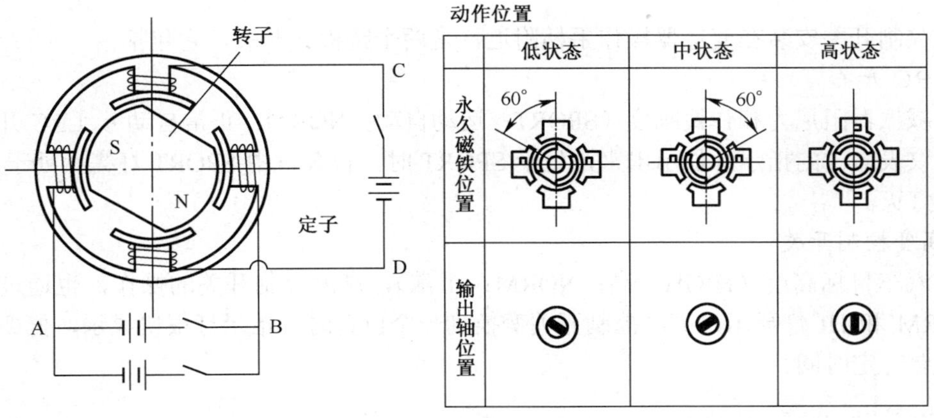

（a） （b）

图 9-9 步进电机的工作原理和动作位置

9.3.3 车身高度的调节

使车身高度根据汽车内乘坐人员或车辆载重情况自动做出调整，以保持汽车行驶所需要的高度及汽车行驶姿态的稳定。

车身高度调节装置，如图 9-10 所示，由空气压缩机、直流电机、高度控制电磁阀、排气电磁阀、调压阀、空气干燥器等组成。

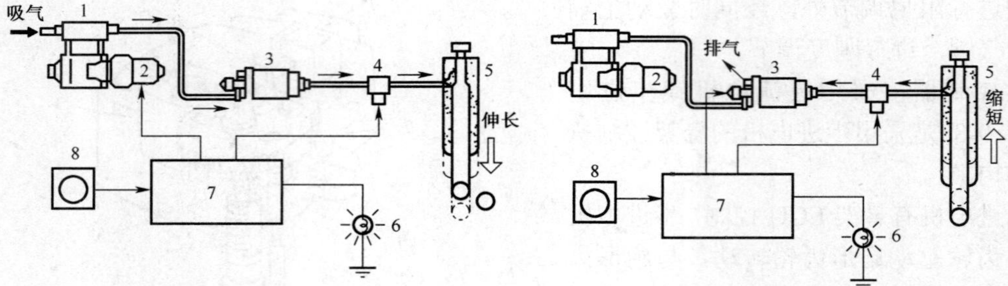

（a）充气：车身升高　　（b）排气：车身降低

1－空气压缩机及调压器；2－电动机；3－干燥器及排气阀；4－高度控制电磁阀；5－空气悬架；6－指示灯；7－悬架电脑；8－车身高度传感器

图 9-10　车身高度调节装置

当需要增高车身高度时，直流电机带动压缩机工作，压缩空气通过空气干燥器后，由高度控制电磁阀进入悬架空气室，使车身高度增加。达到规定高度时，高度控制电磁阀断电关闭，车身维持在一定的高度。

当车高需要降低时，高度控制电磁阀和排气阀同时通电打开，悬架主空气室的空气排出，车身高度下降。

9.4 空气悬架系统主要组成部件结构和工作原理

9.4.1 悬架控制开关

悬架控制开关安装在变速器操作手柄附近，是两个跷板式开关，它包括：

1. LRC 开关

选择减振器阻尼力和弹簧刚度（SPORT：运动自动；NORM：正常自动），LRC 开关的操作可通过仪表盘中的指示灯显示出来，处于 SPORT 时，仪表盘中 SPORT 灯亮；处于 NORM 时，指示灯灭。

2. 高度控制开关

选择汽车目标高度（HIGH：高；NORM：正常），高度控制开关的操作，也通过仪表盘中的 NORM 和 HI 灯显示，高度控制开关变换到一个位置时，指示灯很快显示，但离达到目标高度需要一定时间。

9.4.2 高度控制 ON/OFF 开关

其安装在汽车的后备厢中，作用是允许或禁止汽车高度调节，如：在使用千斤顶或举升机上升车时，汽车被牵引时，在起伏的路面上驻车时，都应将此开关处于 OFF 位置，防止可充气气缸中的气体释放而由此引起的车身高度降低。

9.4.3 转向角度传感器

转向角度传感器安装在转向轴上，并检测转向的方向和角度。这个传感器由一个带槽的圆盘和一对遮光器组成，带槽圆盘随方向盘一起转动。每个遮光器是由一个发光二极管 LED 和一个光敏晶体管组成，彼此面对面相对安装，它将两个部件之间的光信号转换成开关信号。

如图 9-11 所示，当转向盘转动时，带槽的圆盘随之转动，并控制在两个部件之间的光传递，悬架 ECU 根据输出的转向方向和角度的信号进行控制。当判定方向盘的转角和车速大于设定值时，ECU 会促使减振力和弹簧刚度的增加。

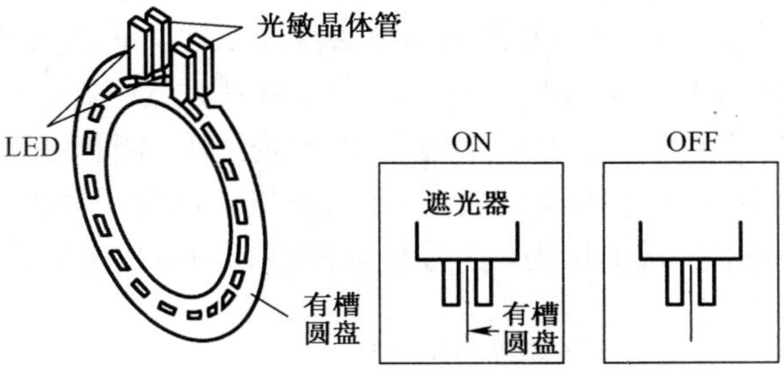

图 9-11　转向角度传感器工作原理图

9.4.4 高度控制传感器

高度控制传感器安装在每个油气缸悬架上，持续不断地检测车身与悬架下臂之间的距离，根据路况，以悬架移动量来确定车身的高度，前高度控制传感器安装在车体和控制连杆末端，连杆与下减振器支撑相连接，后高度控制传感器安装在车体和控制杆末端，控制杆与第一下摆臂相连接。

每个传感器由 1 个有槽圆盘和 4 对遮光器组成，有槽圆盘与连接杆合成一个组件并随之一起旋转，有槽圆盘的 LED 与每个遮光器的光敏晶体管之间旋转，就像转向传感器的槽盘一样，如图 9-12 所示，高度控制传感器通/断信号的输出组合，用 16 个脉冲检测汽车高度，并将它们转换成串行数据送至 ECU。汽车高度有五种位置：极低、低、正常、高、极高。

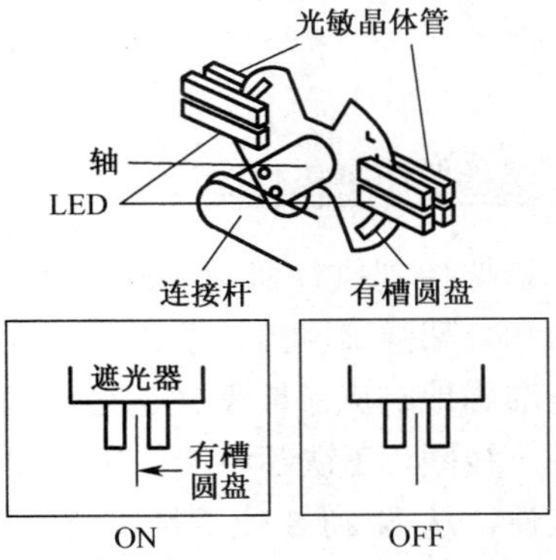

图 9-12　高度控制传感器

9.4.5 高度控制用空气压缩机

空气压缩机和电机提供压缩空气以增加汽车高度，压缩机使用往复活塞和连杆式，压缩电机是直流电机，具有极大的扭矩特性和显著的快速压缩空气特性。

9.4.6 高度控制干燥器和排气阀

高度控制干燥器分离压缩机产生的压缩空气中的水分，其中充满氧化硅胶。当汽车高度下降时，分离的水分被释放到大气中，不需要更换氧化硅胶。

高度控制排气阀固定在干燥器的末端，当它接收到 ECU 发出的降低汽车高度信号时，它从系统中释放压缩空气到大气中。

9.4.7 第 1 和第 2 高度控制阀

按照悬架 ECU 的信号，高度控制阀控制压缩空气流向或流出可充气气缸，ECU 使高度控制阀的电磁线圈通电后，电磁线圈将高度控制阀打开并将压缩空气引向充气气缸，从而使汽车高度上升。

当汽车高度下降时，ECU 仅使高度控制阀电磁线圈通电，而且还使排气阀电磁线圈通电，排气阀电磁线圈使排气阀打开，将气缸中的压缩空气放到大气中。

1 号高度控制阀控制前悬架，它有两个电磁阀分别控制左侧和右侧的可充气气缸，2 号高度控制阀控制后悬架，也由两个电磁阀组成，与 1 号高度控制阀不同的是：它们不能单独操作。为了防止空气管路中产生不正常的压力，2 号高度控制阀中有一个溢流阀，如图 9-13 所示。

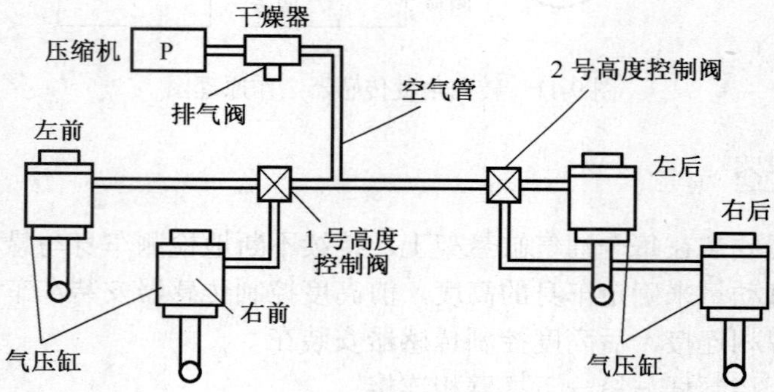

图 9-13　高度控制阀布置

9.4.8 悬架控制执行器

悬架控制执行器驱动减振器的旋转阀和可充气气缸的空气阀，持续不断地改变减振器减振力和悬架弹簧刚度。悬架控制执行器安装在每个可充气气缸的顶部。执行器由电磁驱动，以便能准确地响应不断变化的运动状态，电磁体由 4 个转子铁芯和 2 个副转子线圈组成，电流流入每一线圈，在铁芯中产生磁场力，电流由悬架电脑确定流向两个转子线圈。电脑改变转子铁芯极性，从 N 到 S 或相反，或无极性的状况，永久磁铁受转子线圈磁场力的吸引而转动，空气阀控制连杆与减振器控制连杆一起转动，两个控制连杆是用一对齿轮相连接的。

9.4.9 可充气气缸

每个可充气气缸由一个充满低压氮气的可调减振力的减振器，一个储存压缩空气的主空气室和一个副空气室组成。

减振器的减振力是通过改变旁通活塞节油流口的流量来改变的。悬架弹簧刚度是由改变压缩空气从主空气室经空气阀进入副空气室量的大小来改变的。汽车高度是由第 1 和第 2 高度控制电磁阀和排气阀密封或释放在主空气室的压缩空气来改变的。

9.4.10 悬架 ECU

根据各种传感器的信号，以及悬架控制开关操作方法的选择（LRC 开关和高度控制开关），悬架 ECU 控制减振器减振力，悬架弹簧刚度和汽车高度，ECU 还具有自我诊断功能，能对悬架控制系统故障进行诊断、存储和警告驾驶员，另外，ECU 还具有失效保护功能，当出现故障时，能停止或暂停悬架的控制。

9.4.11 失效保护

当悬架控制系统发生一个故障时，ECU 不仅存储诊断编码，也阻止或暂停悬架控制，当电脑程序发生故障时，全部的悬架控制被暂停，直到点火开关关闭，当蓄电池电压下降极大时，悬架控制也被暂停。

9.4.12 高度控制连接器

装备这个高度控制连接器可以很容易地检查和维修高度控制系统。当特殊的端子被连接时，不通过电脑，可以操纵空气压缩机马达、高度控制阀和排气阀，在这个连接器中，装备的两个端子也用来清除存储在 ECU 内存中的故障诊断代码。该连接器安装在行李箱中，紧靠悬架 ECU。拆下行李箱右侧盖测量高度控制连接器各端子间的电阻，如表 9-1 所示。

表 9-1 连接器端子间电阻

端子	电阻
2-8	9～15Ω
3-8	9～15Ω
4-8	9～15Ω
5-8	9～15Ω
6-8	9～15Ω

（1）将点火开关转到 SW/ON。

（2）当高度控制连接器的端子按表 9-2 所示方式连接时，检查汽车高度的变化。

表 9-2 端子连接方式与汽车高度变化

高度＼端子	1	2	3	4	5	6	7
右前汽车高度上升	○	-	○	-	-	-	○
左前汽车高度上升	○	-	-	○	-	-	○
右后汽车高度上升	○	-	-	-	○	-	○
左后汽车高度上升	○	-	-	-	○	-	○

续表

高度 \ 端子	1	2	3	4	5	6	7
右前汽车高度下降	○	-	○	-	-	-	○
左前汽车高度下降	○	-	-	○	-	-	○
右后汽车高度下降	○	-	-	-	○	-	○
左后汽车高度下降	○	-	-	-	○	-	○

注：○一接通

汽车高度上升或下降情况与上表相符。为了保护电路，切勿将高度控制连接器的端子 1 与 8 连接。

9.5 电控空气悬架的功能检查

9.5.1 汽车高度调节功能的检查

操作高度控制开关，检查汽车高度的变化：

（1）检查轮胎气压是否正常。

（2）检查汽车高度。

（3）起动发动机，将高度控制开关从 NORM 位置转换到 HIGH 位置，检查完成高度调节所需的时间和汽车高度的变化量。

操作高度控制开关至压缩机起动约需 2s；从压缩机起动到完成高度调整需 20～40s，汽车高度变化量为 10～30mm（增加）。

（4）在汽车处于“HIGH”高度调节的状态下，起动发动机并将高度控制开关从“HIGH”位置转换到“NORM”位置，检查完成高度调节所需要的时间和汽车高度的变化量。

从操纵高度控制开关到开始排气约需 2s；从开始排气到完成高度调节约需 20～40s；汽车高度变化量为 10～30mm（减少）。

9.5.2 溢流阀的检查

迫使空气压缩机工作、检查溢流阀动作。

（1）将点火开关转到 SW/ON，并使高度控制连接器的 1 和 7 端子连接，以迫使空气压缩机工作。

（2）等空气压缩机工作一段短时间后，检查溢流阀是否放气。

（3）将点火开关转到 ACC。

（4）消除诊断代码，当迫使空气压缩机工作时，ECU 中会记录一个诊断代码，在完成检查后，务必将这个诊断代码消除掉。

9.5.3 漏气检查

（1）检查连接管和接头是否漏气。

（2）将高度控制开关和接头拨到“HIGH”位置，使汽车高度上升；使发动机停机。

（3）在连接管和接头处加肥皂水检查是否有任何漏气。

本章小结

（1）现代汽车为了获得更好的行驶平顺性和操纵稳定性而设置了悬架控制系统，它包括车高控制、弹簧刚度控制和减振力控制等内容。

（2）车高控制可以实现汽车高速时的车高调节、行车中的车身水平控制和停车时的车高调节等，以提高行车舒适性、稳定性、安全性和系统工作寿命。

（3）悬架弹簧刚度的控制主要采用主、副气室的控制方式来扩大弹簧刚度变化范围，减振力控制则以改变减振器活塞上的阻尼节流孔开度来实现。

（4）电子控制空气悬架系统组成和作用。

悬架控制开关——安装在变速器操作手柄附近，是两个跷板式开关，它包括LRC开关、高度控制开关。

高度控制ON/OFF开关——安装在汽车的后备厢中，其作用是允许或禁止汽车高度调节。

转向角度传感器——安装在转向轴上，并检测转向的方向和角度。

高度控制传感器——安装在每个油气缸悬架上，持续不断地检测车身与悬架下臂之间的距离，并转变为电信号输送给悬架ECU。

电机、空气压缩机和干燥器——提供干燥的压缩空气以增加汽车高度。

第1和第2高度控制阀——按照悬架ECU的信号，高度控制阀控制压缩空气流向或流出可充气气缸，从而使汽车高度上升或下降。

悬架控制执行器——驱动减振器的旋转阀和可充气气缸的空气阀，持续不断地改变减振器减振力和悬架弹簧刚度。

每个可充气气缸——由一个充满低压氮气的可调减振力的减振器，一个储存压缩空气的主空气室和一个副空气室组成。

悬架ECU——根据各种传感器的信号，以及悬架控制开关的选择（LRC开关和高度控制开关），悬架ECU控制减振器减振力、悬架弹簧刚度和汽车高度，ECU还具有自我诊断功能。

失效保护——当悬架控制系统发生一个故障时，ECU不仅存储诊断编码，也阻止或暂停悬架控制。

高度控制连接器——装备这个高度控制连接器可以很容易检查和维修高度控制系统。

思考与练习题

1．汽车悬架的作用是什么？

2．电子控制空气悬架系统可实施哪些控制？这些控制的目的是什么？

3．一般悬架控制系统有哪些输入信号？各有何作用？

4．如何实现车高控制？

5．如何实现弹簧刚度控制？

6．通常是怎样对悬架减振器阻尼进行调节的？

10 电子控制动力转向系统（EPS）

本章导读

本章首先简单介绍了电子控制动力转向系统的优点、功能要求、常见的类型。以大众POLO车为例讲解了电动油泵电控液压动力转向系统的特点；电控电动转向助力系统的组成和工作情况；最后分析了电控四轮转向的基本原理。

本章要点

- 电控动力转向系统的具体功能和要求
- 电动油泵电控液压动力转向系统的特点
- 电控电动转向助力系统的组成和基本原理

10.1 概述

电子控制动力转向系统（Electronic Control Power Steering）简称EPS。由于汽车高速化后，地面对行路机构和转向系统的冲击力明显增大，从而对行驶的安全性、操纵性、稳定性提出更高的要求。为此，电控动力转向系统在大、中、小型的各类汽车上普遍装用，已成为必备的装置。

10.1.1 电控动力转向系统的优点

（1）减小转向时的操纵力。减轻驾驶员的疲劳程度，各类汽车都有此要求。而装用超低压扁平胎的高速乘用车，因转向阻力也较大，更有必要采用动力转向系统。

（2）根据车速的高低和行驶条件的变化（静态或动态；好路或坏路），提供合适的转向助力，它不仅是为了操纵省力，还为了提高汽车行驶的安全性、操纵性和稳定性。

（3）当遇到巨大的单边冲击或爆胎时，转向轮会猛然向一方偏转，因动力转向系统具有

“正向传动、正向导通助力；反向传动、反向导通助力”的特点，它会反向接通动力缸，阻止车轮偏转，从而提高了汽车行驶的安全性。

10.1.2 电控动力转向系统的具体功能和要求

（1）原地转向或汽车低车速行驶转向时，应操纵轻便，路感良好。

（2）中、高速行驶转向时，应根据车速的高低，适当助力；车速越高，助力越小，使驾驶员有一定的轻、重手感，无转向发飘的感觉。

（3）如遇大的单边冲击或爆胎时，小的冲击可利用动力缸油液阻尼衰减。大的单边冲击或爆胎时，转向轮会猛然向一边偏转（反向传动），它可使动力缸产生反向助力，阻止车轮偏转，保持原行驶方向，提高行驶的安全性。这是动力转向系统的一大优点，是一般机械式转向系统所不具备的安全功能。为此，成为高速车辆的必备系统。

（4）失效安全保护，即转向助力系统失效后，仍能维持手动机械转向，但方向盘所需的操纵力变大，仍能维持安全行驶。

10.1.3 电控动力转向系统的分类

1. 电控液压动力转向助力系统

在传统的动力转向系统上，加装电控系统，从而改善了使用性能。它是目前常见的转向助力系统，在大、中、小型乘用车上广泛使用。该系统的主要故障是油封及密封圈漏油和高速液压油泵的损耗。

应该说明，根据车种的需要，轻型车多采用动力缸、分配阀、转向器为一体的整体式结构；重型车多采用分置式结构，其工作原理类同，如图 10-1 所示。

2. 电控电动转向助力系统 EPS

电脑 ECU 根据转矩传感器的转矩及方向信号和车速信号，调节电动机的转向助力转矩，替代了液压助力系统。无复杂的液压助力系统及其所对应的所有故障，并使系统总重减轻了 25%，降低了油耗和维修费用，因而在各类乘用车上日渐广泛使用，如图 10-2 所示。

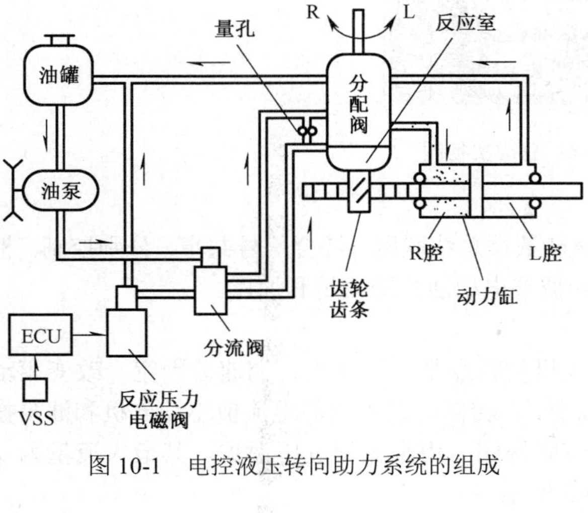

图 10-1 电控液压转向助力系统的组成

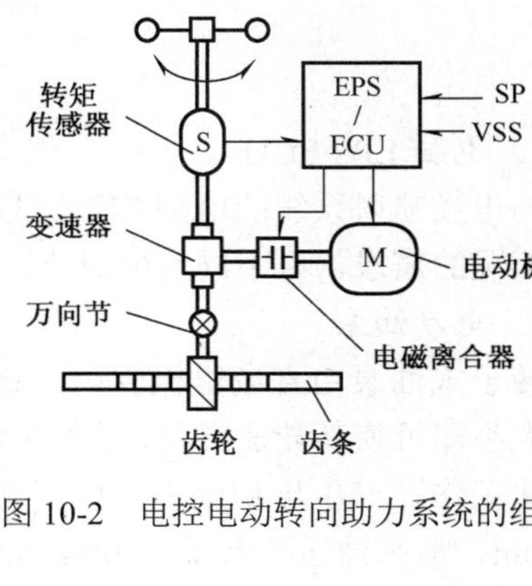

图 10-2 电控电动转向助力系统的组成

10.2 电动油泵电控液压动力转向系统

一体化的电动油泵电控液压动力转向系统（EHPS），已经得到实际推广应用，如大众 POLO 乘用车和东风标致 307 乘用车等。

10.2.1 大众 POLO 车电动油泵液压助力转向系统的组成

该系统由一体化的电脑 EPS/ECU、直流电机、转子式油泵和控制阀（分配阀、扭杆）、转角传感器、动力缸、齿轮和齿条等组成，如图 10-3、图 10-4 所示。

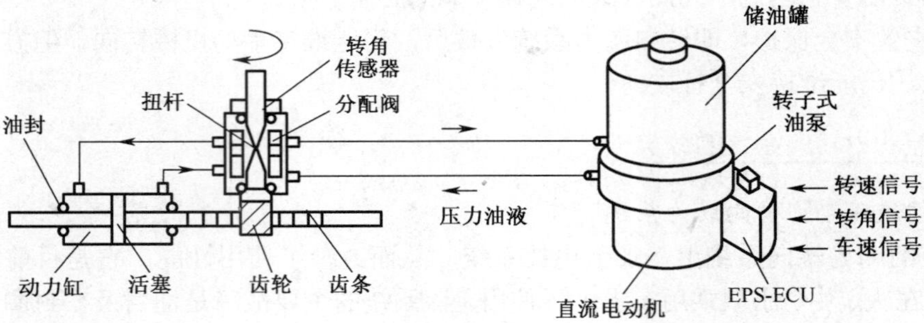

图 10-3 大众 POLO 车电动油泵电控液压动力转向系统的组成

图 10-4 总成实物图

1. 电脑 EPS/ECU

与电控喷射系统的电脑 EFI/ECU 和 CAN 数据总线联网，综合信号共享，分别控制。根据转向工况的需求，以不同的电流值，控制和调节电动油泵的流量和油压。

2. 电动油泵

转子式油泵由直流电机驱动。直流电动机的特点是：转矩大、调速范围宽，改变驱动电流的大小即可使其转速突变，能按工况的需要，在转向时以不同的电流值驱动电机和油泵按需而量化工作，产生堆积助力油压。泵壳上有限压阀，用来进行过压保护。其最大流量为 8～12L/min，最高油压不低于 6MPa，如图 10-5 所示。

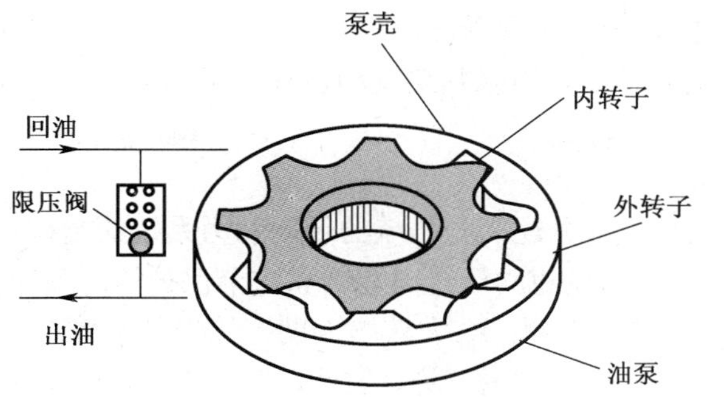

图 10-5　转子式电动油泵

3. 转角传感器信号

转角传感器采用光电式，安装于方向盘的转轴上。其工作原理是利用单位时间内 LED 灯光的通断次数和快慢，来测定方向盘转动的角度 α 大小和角速度 ω 的大小（角速度 ω=角度 α/时间 t），如图 10-6 所示。将此信号传给电脑 EPS/ECU。

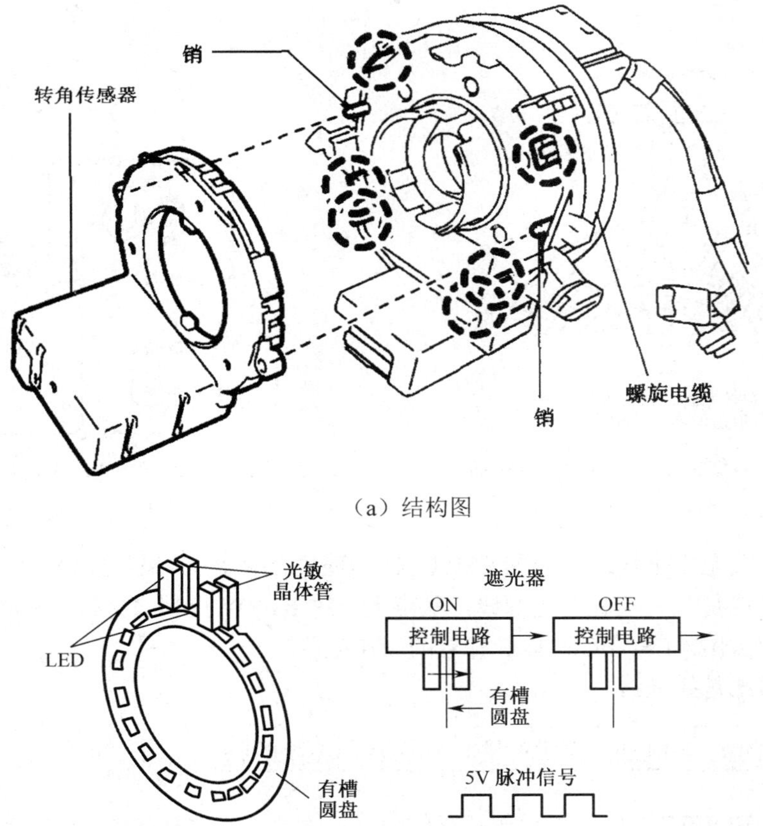

（a）结构图

（b）原理图

图 10-6　光电式转角传感器

4. 发动机转速信号 SP 和车速信号 VSS

由 CAN 数据总线提供信号，用来判定发动机和汽车的运动状态（静止状态或运动状态），及车速的高低。

5. 控制阀及动力缸

如图 10-7 所示。扭杆式的分配阀与传统的转向助力系统的结构原理相同，利用扭杆及分配阀的变形和位移，完成“渐进随动”转向控制和安全保护等八项功能：

①不转－不助；②小转－小助；③大转－大助；④停转－停助、维持；⑤车速低、助力大－轻便；⑥车速高、助力小－有手感，防止发飘；⑦单边冲击或爆胎－反向助力，保位直行；⑧助力系统失效－仍能手动机械转向。

6. 转向助力系统控制电路

（1）电脑 ESP/ECU 和电机、油泵结为一体，简化了控制电路。并和转角传感器、多路信息传输系统 CAN-BUS 的高速线（H）、CAN-BUS 的低速线（L）的控制单元联网互控，实现信息共享和自我诊断等工作（如发动机转速信号 SP、车速信号 VSS 的截取和故障诊断等工作），如图 10-8 所示。

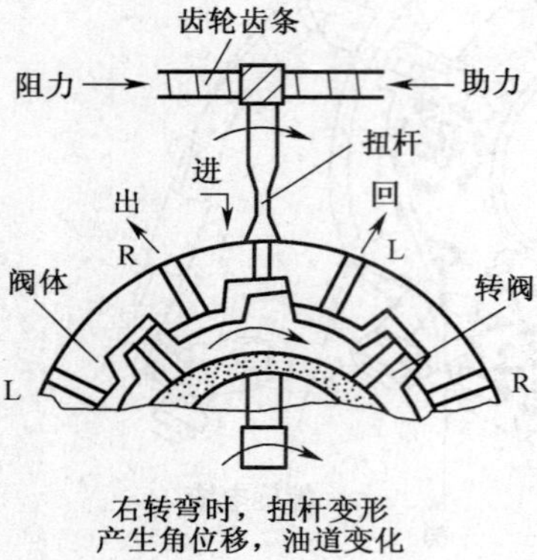

图 10-7　分配阀和扭力杆的渐进随动控制原理图

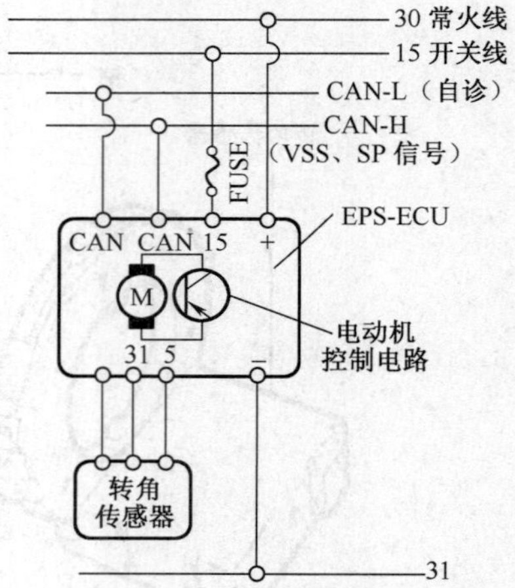

图 10-8　大众 POLO 车电动油泵电控液压动力转向系统电路

（2）30 号线是常火线，给电脑 ESP/ECU 的随机存储器 RAM，提供 12V 常工作电源。

（3）15 号线是开关控制的电源线，受点火开关 IG/SW 控制，并设有保护熔断丝 FUSE。SW/ON 后，即给电脑 ESP/ECU 加上 12V 的工作电压。

（4）31 号线是搭铁线。

10.2.2　大众 POLO 车电动油泵电控液压动力转向系统的特点

（1）电脑 EPS/ECU 接受转角传感器的信号（大小），车速传感器信号 VSS（高低）、发动机转速信号 SP，经过分析编程处理，输出不同的电流值，通过直流电动机，控制电动油泵的工作流量。在转向时，提供瞬时工作油压，不转向时，电动油泵不工作，无额外动力消耗，发动机的节油量可达 0.2L/100km，如图 10-9 所示。

（2）电脑 EPS/ECU 在转向时，因角速度 ω＝角度 α/时间 t，使电动油泵流量的多少和油压的高低按工况需求而变，如图 10-10 所示。

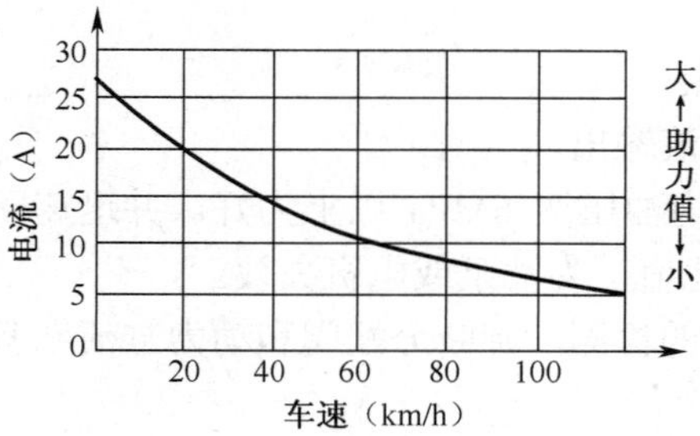

图 10-9 电动油泵驱动电流的特性

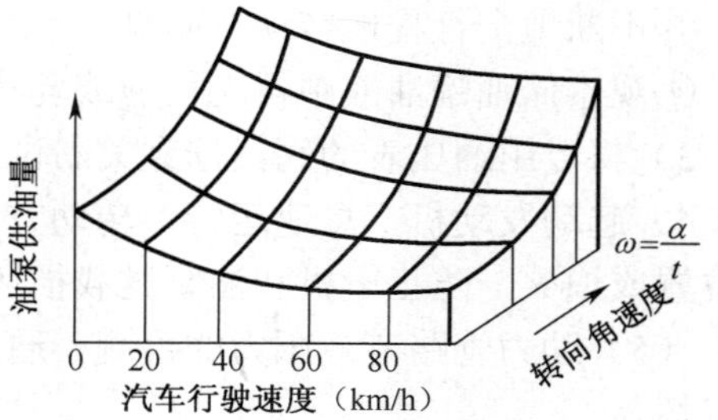

图 10-10 电动油泵供油量图谱

1）转向角度快而大时、车速低时——油泵流量多，油压高，转向省力。

2）转向角度慢而小时、车速高时——油泵流量少，油压低，手感费力，不发飘；安全性好。

3）由驱动电机的电流特性可知：

停车时怠速运转，不断地来回转动方向盘，会引起电机电流的增大，导致绕组发热而烧毁，应尽量避免。

（3）分配阀的工作原理。仍然是利用扭杆及分配阀的变形和位移，进行反馈控制，完成"渐进随动"的转向需求。

10.2.3 大众 POLO 车电动油泵电控液压动力转向系统的故障与检修

（1）常见故障。四处油封漏油、分配阀密封圈漏泄（内漏）、动力缸活塞密封圈漏泄（内漏）、油泵失效、电控元件故障，造成转向助力功能降低或失效。

（2）动力缸左右两端和分配阀上下两端油封漏油——应更换油封。

（3）分配阀密封圈漏泄和动力缸活塞密封圈漏泄，属内部漏泄，使转向助力降低或失效——应更换密封圈。

（4）电动油泵泵油能力的检测。通过油压的检测，判断电动油泵的好坏。

1）将专用油压表串接于油泵输出管口处，如图 10-11 所示。油压表的截止阀门处于通油位置。首先要排除管路中的空气泡，保证管路中在无空气泡和正常油温达 80℃时，进行检测。

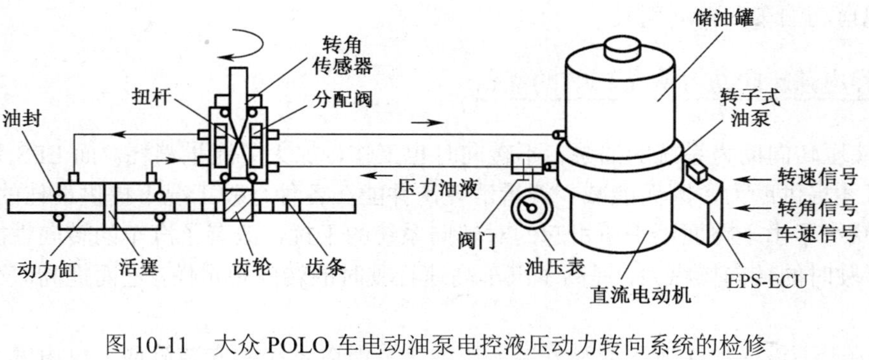

图 10-11 大众 POLO 车电动油泵电控液压动力转向系统的检修

2）排气的方法是：

①加足专用助力油液。

②发动机怠速运转。

③不断地全行程地转动方向盘。

④观察储油罐油液中再无气泡或乳状物冒出为止。

3）将专用油压表的阀门拧到关断位置，不使油液输出。

4）起动发动机，怠速运转，转动方向盘，10s 内油压达 6MPa 以上为好，并迅速回到直行位置或熄火，防止电机和油泵过载损坏。如低于此值，为油泵或电机失效。

（5）助力管路有效压力的检测。通过有效压力的检测，判断分配阀和动力缸活塞密封圈的好坏。

1）打开专用油压表截止阀门，使管路畅通，起动发动机，怠速运转。

2）汽车在静态下原地转向，使方向盘向左、向右转动，达极限位置保持 2～3s，反复 3～4 次。

3）油压不低于 6MPa 为好。如低于此值，为分配阀和动力缸活塞密封圈漏泄。

（6）检测转动方向盘所需力的大小。在怠速状态下，用弹簧秤切线方向拉动方向盘，拉力应不大于 39N（3.9kg）。

（7）电控元件故障的检测。如电脑 EPS/ECU、直流电机、转角传感器、相关传感器及线路故障等，可用检码器检取故障代码，判断故障的所在部位（略）。

（8）转向助力性能路试。在故障灯显示正常状态下进行路试，内容为：

1）低车速、转向角度大时——转向省力（油泵流量多、油压高）。

2）高车速、转向角度小时——手感费力、不发飘、安全性好（油泵流量少、油压低）。

3）左右转向时，在相同的转角下，所用的操纵力应该一致。

10.3 电控电动转向助力系统

电动转向助力系统（EPS）是电子技术在汽车上的推广利用，也是中、小型乘用车动力转向技术的发展方向。电脑 ECU 根据转矩传感器的转矩及方向信号和车速信号，调节电动机的转向助力转矩，替代了液压助力系统。无复杂的液压助力系统及其对应的所有故障，并使系统总重减轻了 25%，降低了油耗和维修费用，EPS 系统会逐渐取代液压转向助力系统。进一步发展可实现自动泊车和自动驾驶。

10.3.1 电控电动转向助力系统 EPS 的优点

（1）液压转向助力系统的油泵，不转向时也工作，加大了能量消耗。而 EPS 系统只在转向时电动机才提供助力，因而能减少能量消耗，并能在各种行驶工况下提供最佳的转向助力。

（2）减小了由于路面不平所引起的对转向系统的干扰，改善了汽车的转向性能，减轻了汽车低速行驶时的转向操纵力，提高了汽车高速行驶时的转向稳定性，进而提高汽车的主动安全性。

（3）由于不需要加注液压油和安装液压油管，所以系统的安装简便，自由度大，而且成本低，无漏油故障的发生，它比常规的液压转向助力系统具有更好的通用性。

10.3.2 电控电动转向助力系统 EPS 的组成

电控电动转向助力系统 EPS 由装在转向器输入端的转矩传感器、电磁离合器、电动机及变速器（减速机构）、电脑（EPS/ECU）等元件组成，如图 10-12 所示，其布置型式有三种：转向轴助力式、齿轮助力式、齿条助力式，如图 10-13（a）（b）（c）所示。

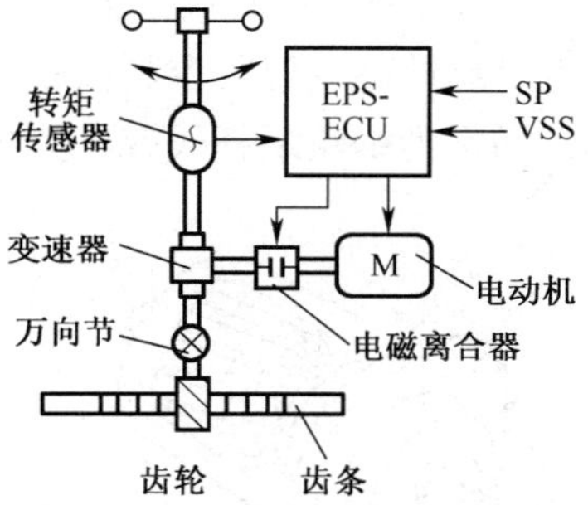

图 10-12 电控电动转向助力系统 EPS 的组成

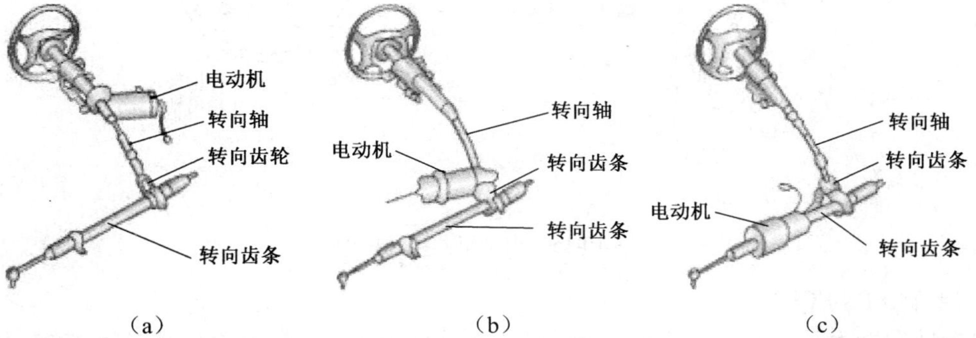

图 10-13 电控电动转向助力系统布置型式

1. 转矩传感器

转矩传感器的作用是检测作用在转向盘上的转矩大小和方向，把不同的电压信号传送给电脑 EPS/ECU。多采用光电式或磁电式两种结构，其转矩特性如图 10-14 所示。

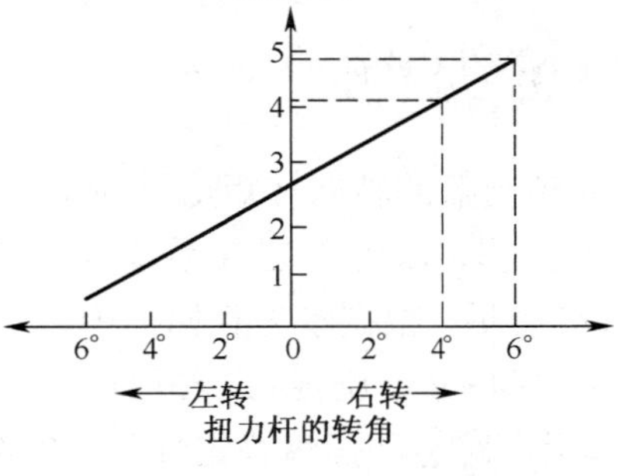

图 10-14 转矩传感器特性

2. 电磁离合器

电磁离合器的作用是当 EPS 系统发生故障时，离合器分离，转向助力变为普通手动转向。有的车种无电磁离合器（如本田飞度），失效保护控制在 EPS/ECU 中，停止对电机供电，转为手控转向。

3. 直流电动机及减速机构

直流电动机的特点是转矩大、调速范围宽，改变驱动电流的大小，即可使其转速突变，在适当的时候提供转向助力转矩。电动机分直流有刷永磁电动机和直流无刷永磁电动机，前者可靠性差，但控制程序简单；后者可靠性高，但其控制程序复杂。

减速机构起减速、增扭作用，通常为蜗轮蜗杆式或行星齿轮式，如图 10-15 所示。

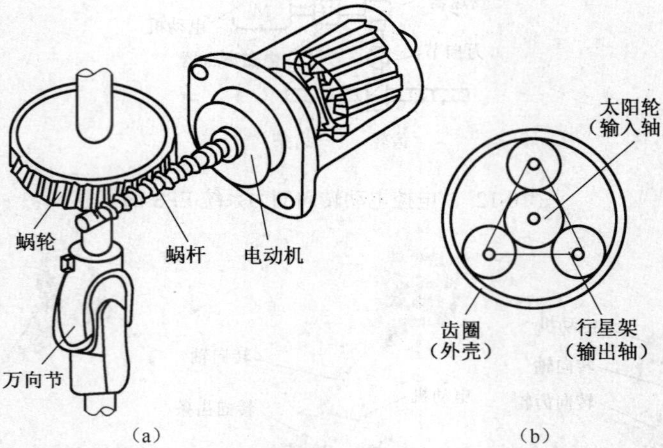

图 10-15　电动机和减速机构

4. 电脑 EPS/ECU

电动转向助力系统的控制单元，接受转矩传感器的信号，车速传感器信号 VSS、发动机转速信号 SP，经过分析编程处理，输出不同的电流。通过助力电动机，随时根据驾驶员的操作，提供渐进随动转向助力动作。即：不转—不助；小转—小助；大转—大助；车速低、助力大（轻便）；车速高、助力小（有手感，防止发飘）。

如图 10-9 所示，根据电流特性可知：如果在停车时，不断地来回转动方向盘，会引起 EPS 电机电流的增大，将导致其绕组发热而烧毁，这是使用中应注意的问题。

10.3.3　电控电动转向助力系统 EPS 的工作原理

电子控制单元 EPS/ECU 接受转向盘的转向转矩信号和车速信号 VSS 的高低及发动机转速信号 SP 的高低。判断发动机是否工作，以决定 EPS 系统是否投入工作，在发动机熄火情况下 EPS 系统停止工作。经过判断和处理后，根据事先存储器中确定好的助力特性，确定和输出助力转矩电流的大小和方向（助力电机的正、反转，工作时间及工作频率）。低速时助力作用大，转向轻便；高速时减小助力，以提高路感和操纵稳定性（无发飘手感）。

10.3.4　三种转矩传感器的工作原理

1. 光电式转矩传感器

光电式转矩传感器由遮光圆盘和光电管组成，它是属于非接触式转矩传感器，如图 10-16 所示。

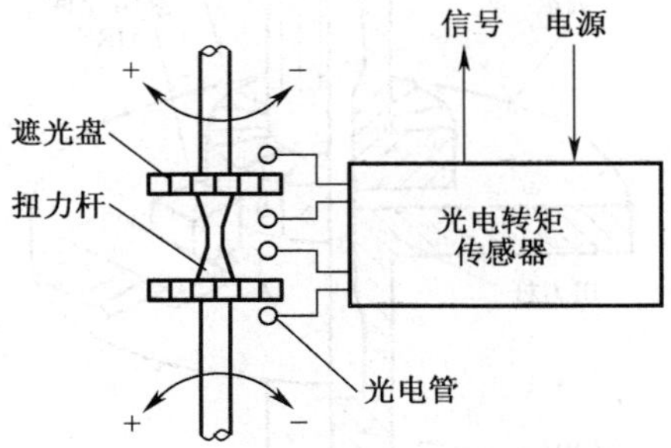

图 10-16　光电式转矩传感器

它由两个带孔的遮光圆盘和一个弹性扭力杆组成。圆盘随方向盘一起转动，每个遮光器由一个发光二极管 LED 和一个光敏晶体管组成，彼此面对面相对安装，中间有扭力杆弹性连接。当转向盘转动时，因转向阻力的存在，扭杆变形，两个光电元件之间的光电信号值即出现差值，此差值即为转向助力的度量值。转向力矩越大，扭杆变形越大，差值角度就越大。此转矩和方向信号传送给 ECU。ECU 再根据车速传感器信号以及车辆状态信号（静态或动态），经过编程处理，通过助力电动机，提供转向助力量化控制。

2. 磁电式转矩传感器

磁电式转矩传感器中，有两对磁极环，相对安装，连接输入和输出轴，以磁性连接替代了弹性连接的扭力杆，如图 10-17 所示，它为非接触式转矩传感器，体积小、输出的信号值精度高。当输入轴与输出轴之间产生扭转角度差值时，磁极环之间的空气间隙发生变化，从而引起电磁感应线圈中磁感应量发生变化，它就是转向助力的度量值，此信号输出给电脑 EPS/ECU，作为转向助力的依据。

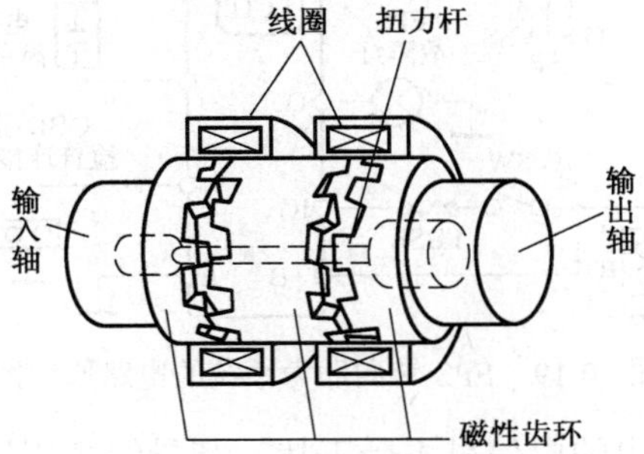

图 10-17　磁电式转矩传感器

3. 磁阻式转矩传感器（奥迪车系）

如图 10-18 所示，输入轴上装有多极磁环，输出轴上装有磁阻元件 MRE，两者用扭力杆弹性连接，可相对角位移。转向时扭力杆变形，多极磁环旋转，引起磁通的变化，使磁阻元件的阻值发生变化，因而输出电压发生变化，它就是转向助力的度量值，此信号输出给电脑EPS/ECU。

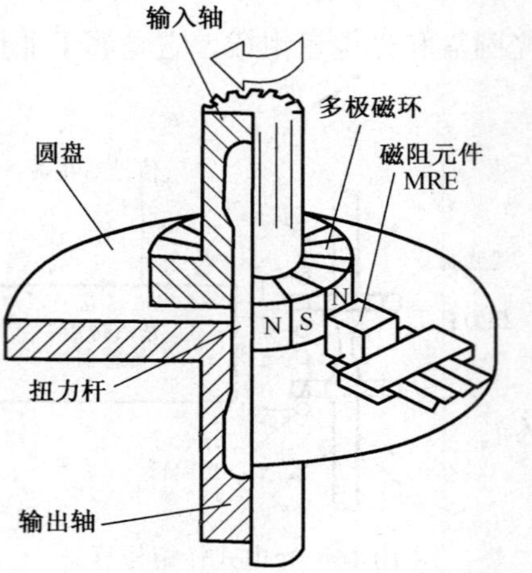

图 10-18 磁阻式转矩传感器

10.3.5 EPS 系统的电路原理图

（1）EPS 转向助力系统由 EPS/ECU、转矩传感器、控制电动机和离合器、EPS 故障指示灯、故障自诊断接口等组成，如图 10-19 所示，它和电喷系统的 ECU 联网工作，使传感器信号共享。

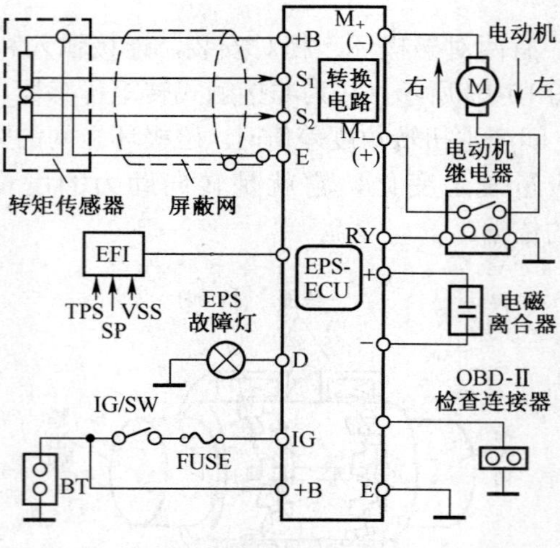

图 10-19 EPS 转向助力系统的电路原理图

（2）为了转矩传感器输出的电信号不受干扰，其导线多用屏蔽网保护，应可靠地接地。

（3）EPS 转向助力系统正常工作时，点火开关 SW/ON，位于仪表盘上的 EPS 故障指示灯亮 2～4s 后自动熄灭，为正常状态。或起动后灯灭，也为正常状态。

（4）当系统的电元件发生故障时，位于仪表盘上面的 EPS 故障指示灯会持续点亮。此时可利用故障自诊断系统（人工法或仪器法），读出存储在 EPS/ECU 内部的故障代码，然后根据获得的故障代码进行检修。

10.4　汽车的电控四轮转向系统（4WS）

普通乘用车多使用两轮转向系统，操纵方向盘控制前轮胎的偏转，使汽车转向。随着高速公路和高架公路及高架螺旋引桥的出现，同向并行车辆的增多和行驶速度的提高，超低压轮胎的使用、轮胎的弹性侧偏角（α）对不足转向特性的影响力度加大、长时间的高速加转向螺旋升降行驶、制动加转向综合操纵性能的要求，都远大于过去。为此，电控四轮转向系统 4WS（4 Wheel Steering）应运而生，主要用于轿车、长轴距的豪华型乘用车和越野汽车。

四轮转向是指前、后轮都能转向，能实现同相位转向和异相位转向，对后轮转角能进行异相位修正，能有效地控制汽车不足转向特性的保持，使汽车在连续同向转向状态下能高速安全行驶，如图 10-20 所示。

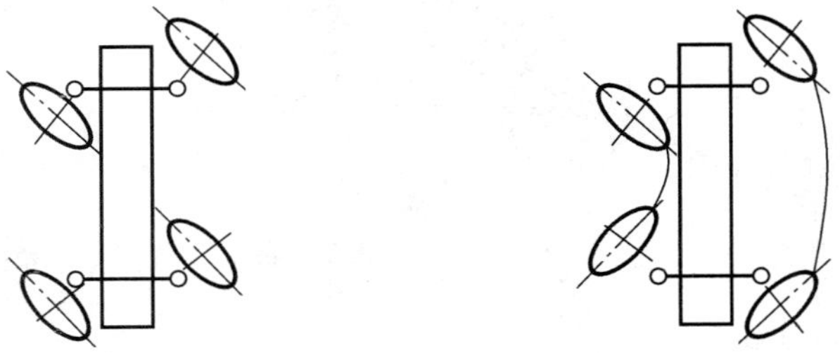

（a）同相位转向　　（b）异相位转向

图 10-20　四轮转向（4WS）

1. 同相位转向

适于高速行驶中转向（>40km/h），进行同相位操作。即后轮的偏转方向和前轮的偏转方向相同，转向稳定性好，后轮无侧滑，并能进行异相位修正，保证弹性侧偏角（$\alpha_{前}>\alpha_{后}$），处于不足转向状态。特别是上下高速公路和高架桥的引桥时，在连续同方向弯道上高速行驶，必须使汽车处于不足转向状态，保证同向并行车辆的安全。

2. 异相位转向

适于低速转向行驶中转向，进行逆相位操作。即后轮的偏转方向和前轮的偏转方向相反，转向半径小，灵活性好，适于在低车速时出入车库、停车场、窄路调头。

3. 后轮转向控制

四轮转向的汽车，后轮进行相位转换和异相位修正 α，必须具备三个条件，逻辑门电路的控制条件是：

（1）转向角度传感器有较大的转向角度信号。

（2）车速传感器 VSS 有高速信号（>40km/h）。

（3）轮速传感器内外轮的角速度有明显的差值。

一旦这三个条件成立，后轮的异相位的角度修正就自动控制，保证了不足转向特性的实现。

四轮转向系统有两种不同的结构形式，都必须用电脑 4WS/ECU 和相关的电控元件和电控液动元件来进行控制，完成相位的转换和相位角 α 的修正。

10.4.1　机械传动电子控制方式四轮转向系统

1．组成

机械传动电子控制方式四轮转向系统分前桥转向系统和后桥转向系统两部分，前后轮的转向机构是机械传动。

（1）前桥转向系统为传统的齿轮齿条转向器，无液压助力系统，完成 2WS 转向控制。并通过连接轴输出前轮的转角量值，使后桥转向系统同步工作。

（2）后桥转向系统因要进行相位转换和修正，结构较复杂，它有转向节、4WS 转换器、主、辅电动机等部件，组成了一个机电组合的后轮转向控制箱，如图 10-21 所示。

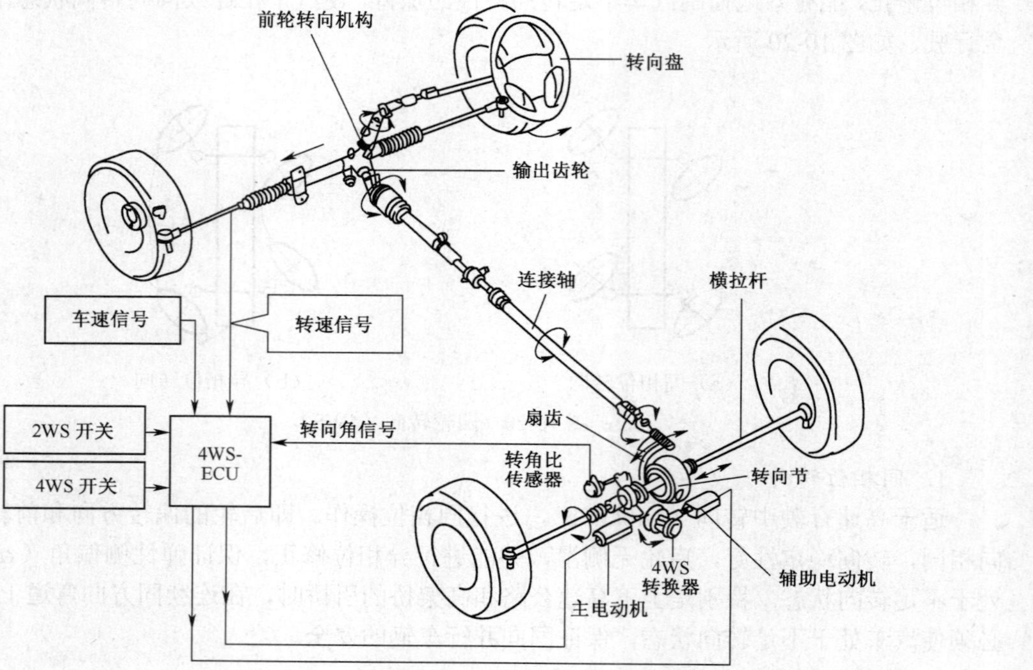

图 10-21　机械传动电子控制方式

（3）此系统结构简单，无液压转向助力系统，只适用于小型乘用车。

2．工作原理

（1）方向盘的转动传到前轮的齿轮齿条式转向器，齿条使转向横拉杆左右运动，以控制前轮的转向，同时，输出齿轮旋转，通过连接轴传到后轮转向器控制箱中的扇形齿轮。

（2）方向盘通过连接轴，使扇形齿轮向右或向左旋转，扇形齿轮使转向节左右偏转，转向节经过偏心轴，使横拉杆做左右方向的移动，使后轮同步转向，如图 10-22 所示。

（3）后轮转向控制箱中的转向节是一个内外圈都可转动的万向节。外圈与扇形齿轮为一体，可绕转向节中心轴左右偏转，用来改变后轮的转向角度；内圈与偏心轴连接，它利用 4WS 转换器电机的旋转，能改变偏心轴的位置，能正向或逆向旋转，约 55°转角，用来改变后轮的转向角的大小和方向（相位的转换和修正）。

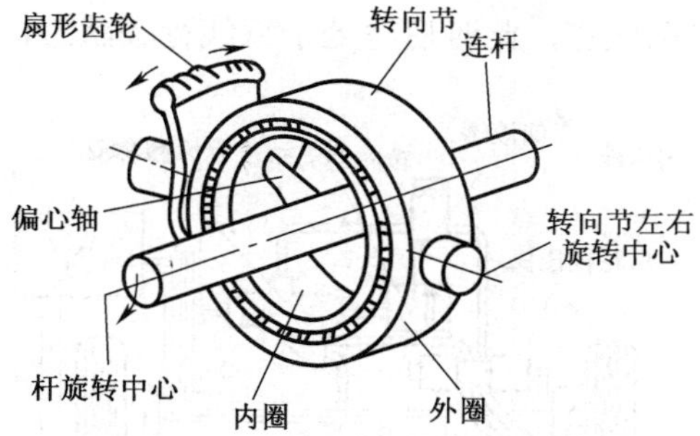

图 10-22　转向节总成构造和运动关系

（4）偏心轴的旋转是由 4WS/ECU 通过主电机和辅助电机的驱动来实现（辅助电机为备用电机），从而进行相位转换和角度修正。同时，转向角度传感器，将连杆的旋转角度，利用滑动电阻把对应于旋转角度的模拟电压输出给 4WS/ECU，进行对比反馈控制。

（5）低车速时前后轮为异相位转向；高车速时为同相位转向（>40km/h 时），并能随时对后轮转角进行修正，保持不足转向的控制状态。

（6）2WS/4WS 开关用来选择转向模式，倒车时也可选用 2WS 模式，便于驾驶。

10.4.2　液压传动电子控制方式四轮转向系统

机械传动电子控制方式的 4WS 系统，适于无动力转向的汽车，必须安装连接轴，后轮转向控制系统比较复杂。液压传动电子控制方式的 4WS 系统，适于有动力转向的汽车，结构简单，管路容易布置，并且随着超低压子午线轮胎的广泛使用，乘用车普遍采用了动力转向系统，因此这种形式应用将非常广泛。

1. 液压传动电子控制方式四轮转向系统的组成

液压传动电子控制方式主要是由贮液罐、转向助力泵、分流阀总成、后轮控制阀、后轮动力缸、车速传感器、轮速传感器、方向盘转角传感器、油压传感器以及 4WS/ECU 等组成。其中贮液罐、转向助力泵、车速传感器、轮速传感器、方向盘转角传感器、油压传感器的结构与普通 2WS 车相同。分流阀总成、后轮控制阀、后轮动力缸是 4WS 系统的核心部件，如图 10-23 所示。分流阀总成由滤网、移动阀、电磁阀及管路接口等组成。其作用是利用 4WS/ECU 控制的电磁阀动作，推动移动阀位移，从而改变通向前轮转向助力器和后轮控制阀的油压和流量，而多余的油液流回贮液罐。后轮控制阀是用来使后轮转向起作用的装置。它两端有两个电磁线圈，受 ECU 控制。4WS/ECU 根据车速传感器、轮速传感器、方向盘转角传感器、油压传感器等信号，对其输入大小不同的电流，控制滑阀的位移。阀的内部有轴向移动滑阀，用来改变油路，实现不同方向的转向。当两边的电磁线圈都不产生磁吸力时，滑阀在弹簧作用下处于中间位置。动力缸安装在后悬架的后部，左右的横拉杆接头与转向节连接。由后轮控制阀的油压使动力缸的活塞杆左右运动，从而实现对后轮的转向操纵。

2. 工作原理

（1）当不需要后轮转向时。从转向助力泵输出的油经 E 孔进入分流阀总成，根据 4WS/ECU 输出的电流的大小使轴向滑阀移动，决定了从 F 孔流经后轮控制阀的油量大小。此时，4WS/ECU 不向后轮控制阀两端的电磁线圈输入电流，滑阀在左右两端弹簧作用下保持中间位置，因此从 A 孔进入控制阀的油通过 B 孔流回储油罐，整个动力转向系统处于常流状态，动力缸内两侧无压力，处于平衡状态，此时后轮处于直线行驶状态，如图 10-24 所示。

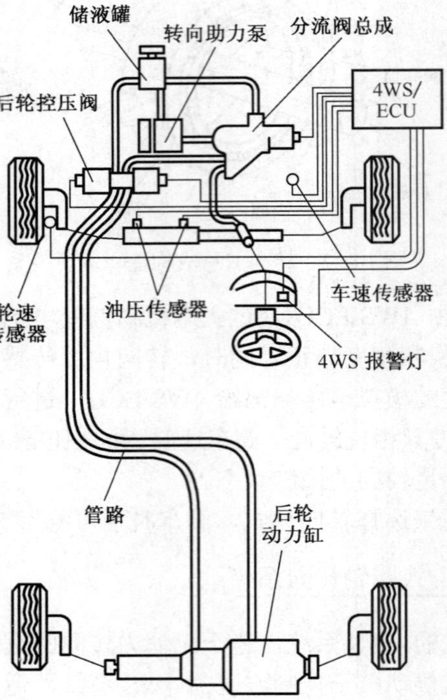

图 10-23　液压传动电子控制方式 4WS 系统

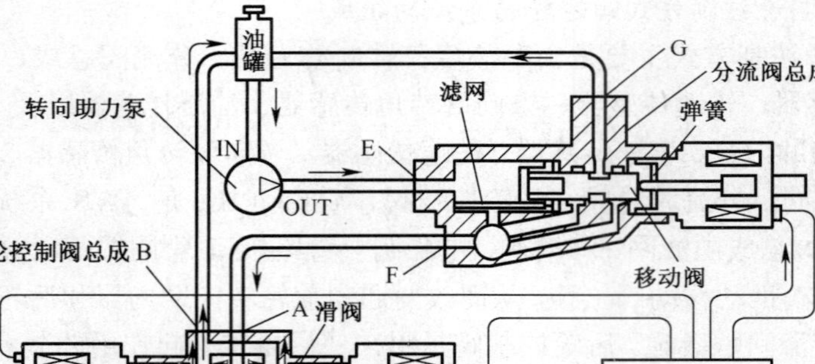

图 10-24　液压传动电子控制方式 4WS 工作原理

（2）当需要后轮转向（如左转向）时。从 4WS/ECU 输出的控制电流进入后轮控制阀右侧的电磁线圈，使滑阀向左移动。从 A 孔进入 B 孔的油路被切断，油进入动力缸，动力缸左室油压升高，推动活塞向右移动，后轮被操纵向左偏转、动力缸右室的油流入后轮控制阀，经 B 孔回到储油罐。4WS-ECU 使后轮电磁阀断电，后轮控制系统处于常流状态，后轮失去转向能力，变为 2WS 系统。

（3）4WS/ECU 可根据不同的车速、轮速和方向盘转角分别控制左右两侧的电磁阀，以实现低速时逆相位操纵，中高速时同相位操纵。同时电磁阀的电流大小也能调节控制，以实现独立随动控制作用，保证不足转向特性处于稳定状态。

（4）当系统发生异常时，仪表盘的 4WS 指示灯亮，警告驾驶员，异常情况的代码被存储在 4WS/ECU 存储器中，以便于维修时检码。

本章小结

电子控制动力转向系统转向操纵灵活、轻便，能吸收路面对前轮的冲击。

电子控制动力转向系统可分为电动油泵电控液压动力转向系统、电控电动转向助力系统。

电动油泵电控液压动力转向系统转向控制电脑 EPS/ECU 接受转角传感器的信号（大小），车速传感器信号 VSS（高低）、发动机转速信号 SP，经过分析编程处理，输出不同的电流值，通过直流电动机，控制电动油泵的工作流量。在转向时，提供瞬时工作油压，最后推动转向轮偏摆。不转向时，电动油泵不工作，无额外动力消耗。

电子控制电动助力的转向系统 EPS 由装在转向器输入端的转矩传感器、电磁离合器、电动机及变速器（减速机构）、电脑（EPS/ECU）等元件组成。电脑（EPS/ECU）根据存储器中确定好的助力特性，确定和输出助力转矩电流的大小和方向（助力电机的正、反转，工作时间及工作频率）。低速时助力作用大，转向轻便；高速时减小助力，以提高路感和操纵稳定性（无发飘手感）。结构更加简单、且重量更轻、能耗更小。

四轮转向以增加车辆转向机动性和转向稳定性为目的的控制系统，为了兼顾低速时的转向机动性和高速时的转向稳定性，四轮转向设置有同相位和逆相位两种转向方式。四轮转向可以借助纯机械方式、电子控制液压执行方式实现，各种方式具有自己的控制特点。

思考与练习题

1. 电控动力转向系统的优点是什么？
2. 电控动力转向系统的具体功能和要求是什么？
3. 分析电动油泵电控液压动力转向系统的特点。
4. 电控电动转向助力系统的转矩传感器有哪几种？各自有何特点？
5. 分析电控电动转向助力系统的组成和基本原理。
6. 电子控制四轮转向系统由哪些部分组成？

11 汽车防滑控制系统

本章导读

本章简单介绍了汽车防滑控制系统，主要包括制动防抱死系统（ABS）、电子制动力分配系统（EBD）、驱动防滑控制系统（ARS）和电控汽车稳定行驶系统（ESP）的基本作用。重点讲解了 ABS 系统的常见结构（包括液压制动和气压制动）和工作情况，简要分析了 EBD、ARS、ESP 系统的结构和原理。

本章要点

- 汽车防滑控制系统的内容
- ABS 系统的基本理论知识
- 采用二位二通电磁阀的液压制动 ABS 的结构和工作原理
- EBD、ARS、ESP 系统的结构和基本原理

11.1 概述

汽车操纵稳定性是保证汽车行驶安全的重要性能，是提高行车速度的重要保证，汽车防滑控制是提高操纵稳定性的重要措施，主要包括制动防抱死系统（ABS）、电子制动力分配系统（EBD）、驱动防滑控制系统（ARS）和电控汽车稳定行驶系统（ESP）等。但不是所有汽车都必须安装这四个系统，目前看 ABS 和 EBD 的应用非常普遍。ARS 和 ESP 应用在高档车。

1. 制动防抱死系统（ABS）

汽车在遇到障碍或突发事件等紧急情形时，要求在很短的距离和时间内停车，如果制动强度过大，将会使车轮抱死。后轮抱死将使车辆丧失方向稳定性（甩尾侧滑），前轮抱死则使车辆失去转向能力（转向盘失控）。ABS 的主要作用就是根据汽车的行驶状态和车轮的转动情况，在制动过程中自动调节各车轮的制动力，使车轮滑移率被控制在一个狭小的理想范围内，车轮不会抱死，使其纵向制动力和侧向附着能力保持较大值，充分利用轮胎与路面之间的纵向和侧向附着力提高汽车抗侧滑的能力，改善汽车的操纵性和方向稳定性，缩短制动距离，有效

提高行车安全性。随着人们对汽车安全性能要求的不断提高，ABS 已逐渐成为乘用车的标准装备。

2. 电子制动力分配系统（EBD）

通常情况下，各个车轮与地面的附着条件不同。EBD 的功能就是在汽车制动的瞬间，由传感器检测前后轮的转动状态，并由电子控制单元计算出各轮胎与路面间的附着力大小，然后分别调节各个车轮制动器的制动转矩，使之达到与路面附着力的理想匹配，以进一步缩短制动距离，同时保证车辆制动时的稳定性。EBD 与 ABS 结合，可大大提高 ABS 的功效。紧急制动时，EBD 会在 ABS 作用之前，依据车辆的质量分布和路面条件，有效分配制动力，使各个车轮得到理想的制动力。因此，EBD 的作用就是在 ABS 的基础上，平衡每一个车轮的有效地面附着力，改善制动力的平衡，防止出现甩尾和侧滑，并缩短汽车制动距离，使汽车的行驶安全性能更高。

3. 驱动防滑控制系统（ASR）

汽车驱动防滑控制系统是在 ABS 基础上发展起来的，其作用是汽车在起步、急加速时，防止驱动车轮打滑。ASR 能够提高车辆的牵引性、操纵性、稳定性，减少轮胎磨损和事故风险（尤其在坏路面上），增加行驶安全性，使得汽车在附着状况不好的路面上能顺利起步和行驶。

4. 电控行驶稳定系统（ESP）

ESP 整合了 ABS 和 ASR 的功能，起到了一种综合控制系统的作用。当车辆转弯受侧向力时，ESP 能降低车辆打滑的危险，使汽车安全稳定行驶。该系统将汽车的制动、驱动、悬架、转向、发动机等主要总成的控制系统在功能、结构上有机地结合起来，使汽车在各种恶劣工况下都有最佳的行驶性能。

11.2 制动防抱死系统

11.2.1 制动防抱死系统的优点

为了提高汽车的制动性能，防止汽车制动时车轮抱死，现代汽车加装制动防抱死系统，通常简写为 ABS（Anti-lock Brake System），使用 ABS 有以下优点：

（1）改善了汽车制动时的方向稳定性。汽车制动时的方向稳定性是指汽车阻止外界干扰保持原来行驶方向的能力，即抵抗制动跑偏、侧滑、甩尾的能力。ABS 使汽车在制动过程中车轮将不再被抱死，车轮具有一定的横向附着系数，车轮能提供一定的横向作用力，特别是能很好地防止后轮在制动过程中丧失横向附着力，保证了汽车在制动过程中具有良好的方向稳定性。

（2）缩短了制动距离。制动防抱死系统能够有效地利用各个车轮的最大纵向附着力，使汽车获得更大的制动力，所以，一般情况下都能使制动距离缩短，特别是在良好的路面上，缩短制动距离就更为显著。

（3）增加了汽车制动时的转向操纵能力。汽车制动系统中加装了 ABS 后，在制动过程中防止汽车转向轮被制动抱死，使其保持一定的横向附着力，汽车就能按照驾驶员操作实现转向，汽车在制动过程中就具有了转向操纵能力，从而实现制动加转向。

（4）减少了轮胎磨损。由于使用了 ABS，车轮在制动过程中不是完全拖滑而是滑转，因此轮胎磨损小，另外，轮胎磨损也比较均匀。

11.2.2 制动防抱死系统的分类

ABS 按控制通道数，可分为二通道式、三通道式、四通道式等形式，由于四通道式可对每个车轮进行单独控制，更加安全可靠，被广泛采用。图 11-1 所示为四通道、四传感器式 ABS，在 ABS 系统中，能够独立进行制动压力调节的制动管路称为控制通道。如果某个车轮的制动压力占用一个控制通道，可以单独进行调节，则称之为独立控制或单轮控制。如果两个车轮的制动压力是一同进行调节的（共同占用 ECU 的一个控制通道），则称之为同时控制或一同控制。如果同时控制的两个车轮在同一轴上，称之为同轴控制或轴控制。

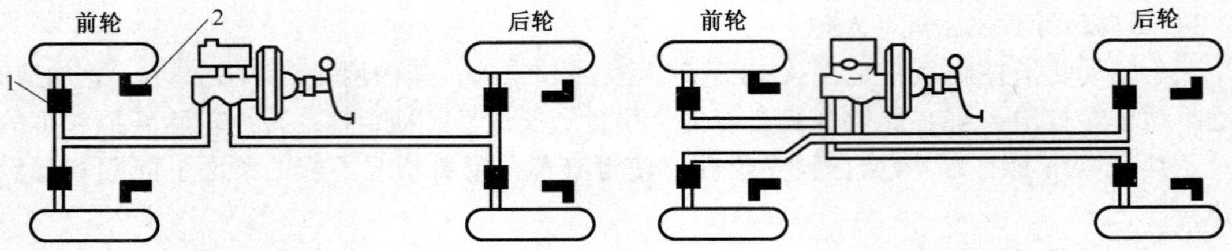

（a）前后布置　　（b）对角布置

1—压力调节装置；2—轮速传感器

图 11-1　四通道 4 个轮速传感器的 ABS

汽车在左右附着系数不同的路面上行驶时，由于两边车轮与路面间的附着力不同，制动时两个车轮制动抱死的时间不一样，附着系数小的车轮先抱死，附着系数大的车轮后抱死。在两个车轮一同控制时，如果以保证附着系数较小的车轮不发生抱死为原则进行制动压力调节，则称这两个车轮按低选原则一同控制；如果以保证附着系数较大的车轮不发生抱死为原则进行制动压力调节，则称这两个车轮按高选原则一同控制。因此，在一同控制中，有低选原则和高选原则之分。

对于 ABS，除上述分类方法外，还有一些分类方法，如按照制动压力调节器的动力来源可分为液压式和气压式；按照制动压力调节器调压方式可分为循环调压式和变容式；按照制动压力调节器与制动总泵结构关系可分为整体式和分离式等，目前广泛采用循环调压式、分离式 ABS。

11.2.3 制动防抱死的基础理论

1. 制动力与附着系数

如果忽略车轮及与其一起旋转部件的惯性力矩和车轮的滚动阻力，汽车前轮制动时的车轮受力情况见图 11-2。

在制动时，车轮制动器产生制动摩擦力矩 M_u，在摩擦力矩的作用下，车轮开始制动，在纵向，车轮在地面上滑拖时，地面产生一个与车轴对车轮的纵向推力 T_x 及汽车行驶方向相反的制动力 F_x，在制动力的作用下，汽车减速直至停车；在横向，车轴给车轮一个横向作用力 T_y，地面给车轮横向反作用力 F_y，横向力 F_y 阻止车轮侧滑，横向力 F_y 称为横向附着力。其纵向制动力的大小可用下式表示：

$$F_x = \frac{M_u}{r} \leqslant Z\varphi_x$$

式中：F_x——制动力（N）；

M_u——车轮制动器摩擦力矩（N·m）；

r——车轮滚动半径（m）；

Z——地面对车轮的反作用力（N）；

φ_x——纵向附着系数。

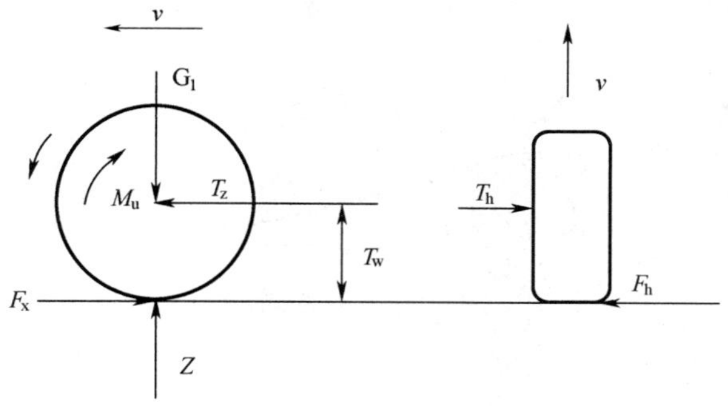

（a）纵向　　（b）横向

图 11-2　制动时的车轮受力分析

制动力与车轮制动器的摩擦力矩有关，当摩擦力矩小时，其制动力就小，制动距离就长，因此，车轮制动器必须产生足够的摩擦力矩汽车才能有良好的制动性能。

当摩擦力矩足够大时，最大纵向制动力与路面的纵向附着系数有关，附着系数越大，制动力越大。

其横向附着力的大小为：

$$F_y = Z\varphi_y$$

式中：F_y——横向附着力（N）；

φ_y——横向附着系数。

由上式可知，地面的横向附着系数直接影响横向附着力的大小，横向附着系数大，则横向附着力大，横向附着力对防止汽车侧滑、甩尾起着决定性的作用。

2. 滑移率与附着系数的关系

汽车在制动过程中，车轮在路上是边滚边滑的过程，汽车未制动时，车轮处于纯滚动状态；当车轮制动抱死时，车轮在路面上的运动处于纯滑动状态。为了定量的描述汽车制动时车轮的运动状态，引入车轮滑移率的概念，滑移率的定义为：

$$S = \frac{V - V_\omega}{V} \times 100\% = \frac{V - r\omega}{V} \times 100\%$$

式中：S——滑移率；

V——车速（m/s）；

V_ω——车轮速度（m/s）；

r——车轮滚动半径（m）；

ω——车轮转动角速度（rad/s）。

从公式可以看出，所谓滑移率就是汽车在制动过程中，车轮的滑动位移占总位移的比例。

当车轮完全转动时，$V=V_{\omega}$，$S=0$，车轮完全转动，不产生制动。

当车轮制动抱死时，$r\omega=0$，$S=100\%$，车轮完全抱死，车轮在地上滑拖。

当车轮又滑又转时，如 $S=15\%\sim30\%$则表示车轮在制动过程中有 15%～30%的位移是抱死，有 70%～85%的位移是转动。

车轮滑移率的大小对车轮与地面间的附着系数有很大影响，附着系数随路面性质不同呈大幅度变化，干燥路面附着系数大，潮湿路面附着系数小，冰雪路面附着系数更小。

下面以典型的干燥硬实路面上附着系数与滑移率的关系进行介绍，参见图 11-3。

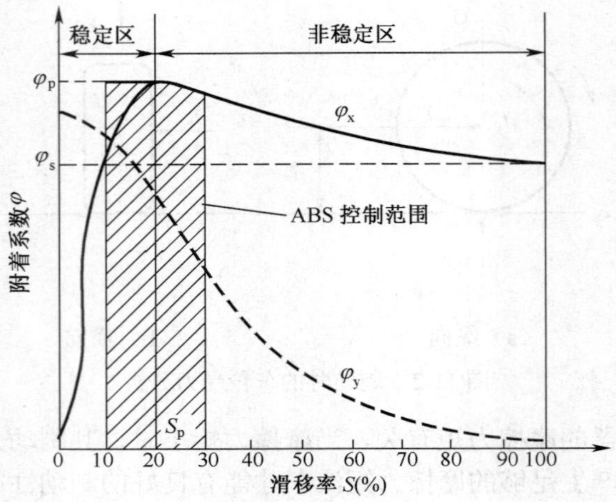

图 11-3 干燥硬实路面上附着系数和滑移率的关系

（1）纵向附着系数。

1）当滑移率为 0%～10%时，滑移率越大，附着系数越大。

2）当滑移率为 10%～30%时，纵向附着系数最大，该最大值称为峰值附着系数，用 φ_p 表示，此时与其相对应的车轮滑移率称为峰值附着系数滑移率，用 S_p 表示。

3）当滑移率大于 30%时，纵向附着系数逐渐变小。通常把车轮完全抱死即车轮在路上滑动的附着系数称为滑动附着系数，用 φ_s 表示。车轮抱死时的滑动附着系数一般总是小于峰值附着系数，通常干燥硬实路面上的 φ_s 比 φ_p 小 10%～20%，潮湿的硬实路面上 φ_s 比 φ_p 小 20%～30%。

（2）横向附着系数。

横向附着系数用 φ_y 表示，横向附着系数随滑移率的增大而变小，当滑移率为 100%即车轮完全抱死时，附着系数为 0，即完全失去了横向附着的能力。

1）当滑移率为 10%～30%时，纵向附着系数最大，横向附着系数一定，是一个较稳定状态。

2）当滑移率为 100%时，即车轮完全抱死时，纵向附着系数变小，制动距离增大，横向附着系数为 0，汽车完全失去横向附着能力，后轮很容易产生横向甩尾，失去方向稳定性。同时也失去了转向能力，驾驶员不能控制汽车行驶方向。

3．理想的制动系统

制动开始，让制动力迅速增加，使滑移率达到最佳状态，即纵向附着系数最大，制动力最大，而后调节制动压力，使车轮抱死（制动压力增大）、转动（制动压力减小）循环，使滑移率维持在 10%～30%范围内，始终让车轮在纵向保持具有最大附着系数，使纵向产生最大制动力，同时在侧向具有一定的侧向附着能力。从而缩短制动距离，保持制动时的方向稳定性，同时在制动时具有改变行驶方向的能力。

11.2.4 制动防抱死系统主要零部件的结构和工作原理

1．轮速传感器

轮速传感器用于检测车轮的转速，并将转速信号输入 ECU。轮速传感器一般都安装在车轮处，但有些驱动车轮的轮速传感器安装在主减速器或变速器中。目前 ABS 系统的轮速传感器主要有磁电感应式轮速传感器和霍尔效应式轮速传感器两种型式。

（1）磁电感应式轮速传感器。轮速传感器在驱动轮和转向轮上的安装位置，如图 11-4 所示，信号转子安装在随车轮一起转动的部件上（图 11-4（a）中的半轴，图 11-4（b）中的轮毂），而传感器则安装在车轮附近不随车轮转动的部件上（图 11-4（a）中的半轴套管，图 11-4（b）中的转向节），传感器与信号转子之间的间隙很小，通常只有 0.5～1.0 mm，多数轮速传感器是不可调的。

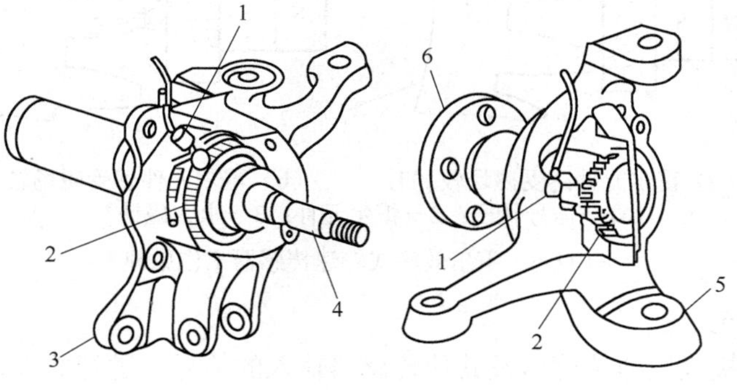

（a）驱动轮　　　　（b）转向轮

1—轮速传感器；2—信号转子；3—悬架支承；4—半轴；5—转向节；6—轮毂

图 11-4 轮速传感器在驱动轮和转向轮上的安装位置

磁极端部形状不同，信号转子的安装位置也不同，如图 11-5 所示，凿形端部一般径向垂直于信号转子安装，菱形端部其轴向相切于信号转子安装，柱形端部其轴向垂直于信号转子安装。

磁电感应式轮速传感器结构简单、成本低，但输出信号的幅值随转速的变化而变化，在规定的转速变化范围内，其输出信号的幅值一般在 1～15V 范围内。

（2）霍尔效应式轮速传感器。霍尔效应式轮速传感器具有输出信号不受转速影响、频率响应高、抗电磁波干扰能力强等优点，被广泛应用于 ABS 轮速检测及其他控制系统的转速检测中。

霍尔效应式轮速传感器由传感器和信号转子组成，传感器由永久磁铁、霍尔元件和电子电路等组成，信号转子由多齿的轮盘组成，如图 11-6 所示，永久磁铁的磁力线穿过霍尔元件通向信号转子，在图 11-6（a）所示位置时，穿过霍尔元件的磁力线分散，磁场相对较弱；在图 11-6（b）所示位置时，穿过霍尔元件的磁力线集中，磁场相对较强。信号转子转动过程中，使得通过霍尔元件的磁力线密度发生变化，因而引起霍尔电压的变化。此信号由电子电路转换成标准的脉冲电压。

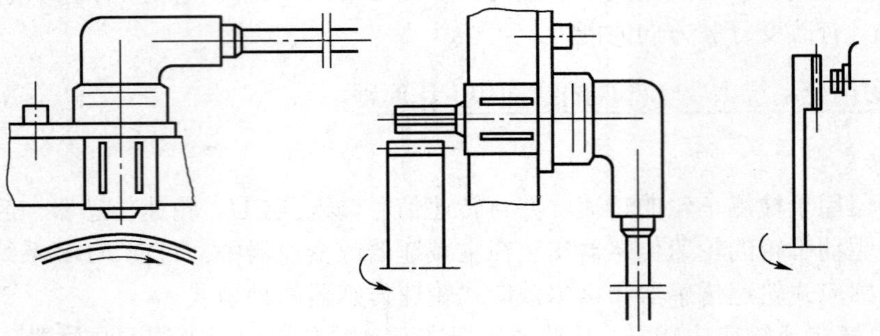

（a）凿形　　（b）菱形　　（c）柱形

图 11-5　轮速传感器的安装形式

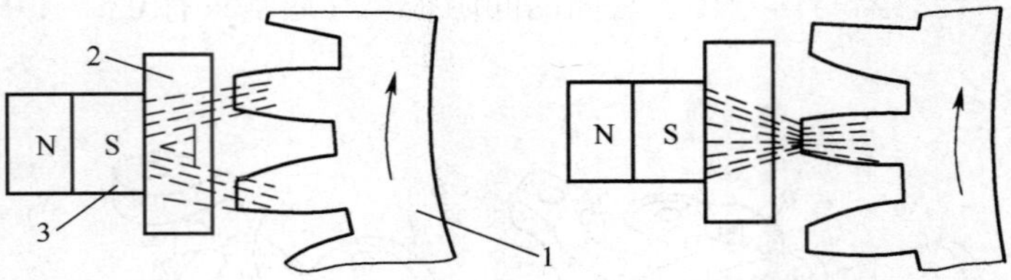

（a）霍尔元件感受磁场较弱时　　（b）霍尔元件感受磁场较强时

1—信号转子；2—霍尔元件；3—永久磁铁

图 11-6　霍尔效应式轮速传感器工作原理

2. 电子控制单元

ECU 主要用于接收轮速传感器及其他传感器输入的信号，进行放大、计算、比较，按照特定的控制逻辑，分析判断后输出控制指令，控制制动压力调节器进行压力调节，此外 ECU 还具有故障监控报警和故障自诊等功能。ABS ECU 组成框图参见图 11-7。

ABS ECU 的硬件由安装在印刷电路板上的一系列电子元器件构成，目前大多数是由集成度高、运算速度快的数字电路构成，它们被封装在金属壳体内，形成一个独立的整体；软件则是固存在只读存储器（ROM）中的一系列控制程序和参数。

（1）输入级电路。输入级电路是由低通滤波、整形、放大等组成的输入放大电路，用于对轮速传感器输入的交变信号进行预处理，并将模拟信号变成微机使用的数字信号。

输入电路还接收点火开关、制动开关、液位开关等外部信号。输入电路除传送轮速传感器监测信号外，还接收电磁阀继电器、电动泵继电器等工作电路的监测信号，并将这些信号经处理后送入计算电路。

（2）计算电路。计算电路进行车轮线速度、初始速度、滑移率、加速度和减速度的运算、分析、处理，压力调节器电磁阀控制参数的运算和监控。

计算电路一般由两个微处理器组成，以保证系统工作安全可靠。两个微处理器接收同样的输入信号，在进行运算和处理的过程中，通过交互式通信，对两个微处理器的结果进行比较，如果处理结果不一致，微处理器立即使 ABS 系统退出工作，防止系统发生故障后导致错误控制。

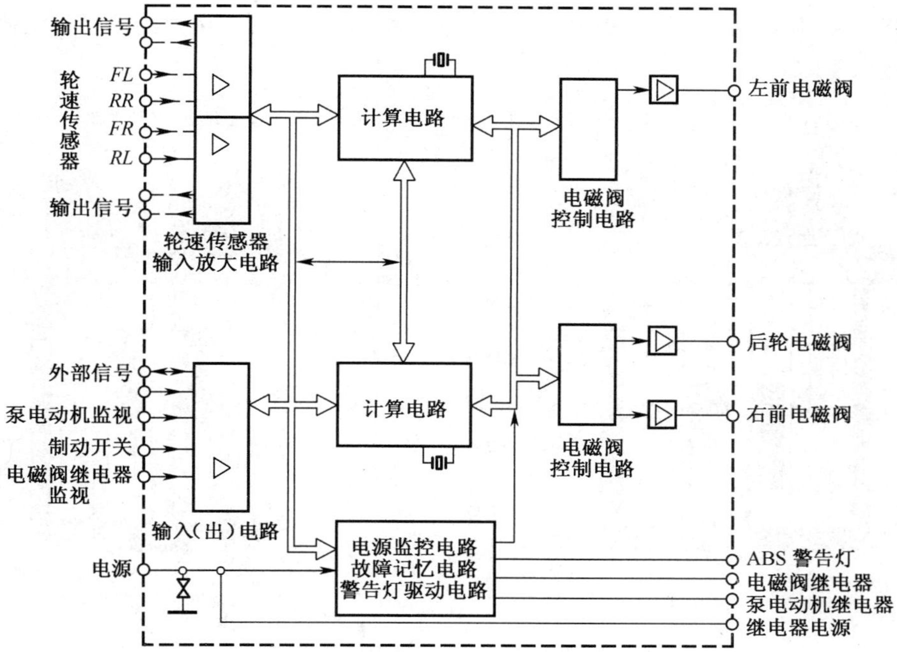

图 11-7　ABS ECU 组成框图

计算电路不仅能检测 ECU 内部的工作过程，还能监测系统中有关部件的工作状况，如轮速传感器、电动泵工作电路、电磁阀继电器工作电路等。当监测到这些电路工作不正常时，也立即向安全保护电路输出停止 ABS 系统工作的指令。

（3）输出级电路。输出级电路将计算电路输出的控制信号（如压力增加、保持、减小），转换成模拟控制信号，通过控制功率放大器向执行器（电磁阀）提供控制电流，驱动执行器工作。

（4）安全保护电路。安全保护电路由电源控制、故障记忆、继电器驱动和 ABS 报警灯驱动等电路组成。

安全保护电路接收汽车电源的电压信号，对电源电压是否稳定在规定的范围内进行监控，同时将 12V 或 14V 电源电压变成 ECU 内部需要的 5V 标准电压。同时还对继电器电路、ABS 报警灯电路进行控制。当 ABS 出现故障时，能根据微处理器的指令，切断有关继电器的电源电路，使 ABS 停止工作，恢复常规制动功能，起到失效保护作用。同时，将仪表板上的 ABS 报警灯点亮，提醒驾驶员 ABS 系统出现故障，应进行检修。并将故障信息存储在存储器内，以便进行自诊断时，将存储的故障信息调出，供维修时使用。

3. 电磁阀

电磁阀的作用是控制油路。ABS 上使用的电磁阀有二位二通电磁阀、三位三通电磁阀和四位四通电磁阀等，下面分别介绍二位二通电磁阀和三位三通电磁阀。

（1）二位二通电磁阀。二位二通电磁阀是指电磁阀有两个位置（开启、关闭），两个通道（进油通道、出油通道）。如图 11-8 所示，二位二通电磁阀有常开电磁阀和常闭电磁阀两种，它们主要由电磁线圈、铁心、球阀和弹簧等组成，常开电磁阀中设有一顶杆，顶杆和限位杆与活动铁心固定在一起，在不通电时，活动铁心在弹簧弹力的作用下下移，限位杆触到壳体上，进液口常开；常闭电磁阀上没有限位杆，在不通电时，活动铁心在弹力的作用下上移，关闭进液口，进液口常闭。

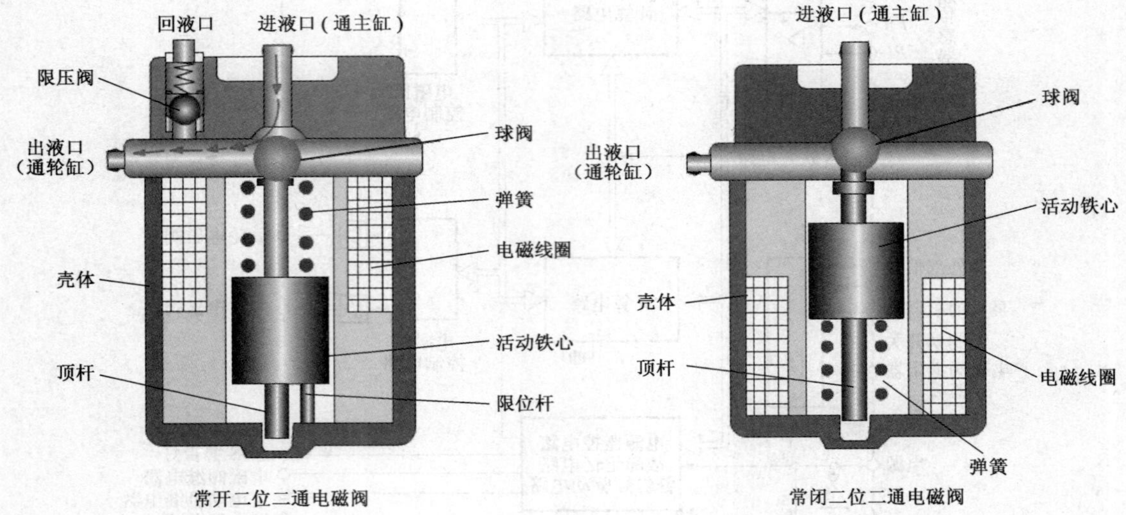

图 11-8　二位二通电磁阀

常开电磁阀和常闭电磁阀工作原理基本相同，下面以常开电磁阀为例介绍其工作原理：

当电磁线圈未通电时，活动铁心在弹簧弹力的作用下下移，直到限位杆与缓冲垫圈相抵为止。顶杆下移时，球阀随之下移，使电磁阀处于开启状态，制动液可以从进液口经过球阀从出液口流出。

当电磁线圈通电时，活动铁心在电磁力的作用下克服弹簧弹力的作用上移，顶杆随活动铁心一起上移，在推杆的作用下球阀上移，球阀与阀座接触，关闭进液口与出液口通道。

限压阀的作用是限制电磁阀的最高压力，当制动液压力过高时，限压阀打开泄压，以免压力过高损坏电磁阀。

（2）三位三通电磁阀。三位三通电磁阀如图 11-9 所示，它有三个位置。三个接口分别与制动主缸、制动轮缸和贮液罐连接，主弹簧 11 上端支承在阀体上，下端支承在上压板上，上压板上有进液阀 6。副弹簧 10 支承在上下压板之间，下压板上有排液阀 7。电磁线圈 3 由蓄电池提供电源，由 ABS ECU 控制其通电电流的大小，当电磁线圈通电产生电磁力时，衔铁 5 可在电磁力的作用下移动，衔铁控制阀门的开关。其工作原理如下（见图 11-10）：

1）当电磁线圈不通电时（见图 11-10（a））。

当电磁线圈不通电时，衔铁在主、副弹簧预紧力的作用下处于下极限位置，并通过其下端的凸肩带动下压板，将排液球阀压靠在排液管端部的阀座上，排液阀处于关闭状态，切断了电磁阀与贮液罐之间的通道；而上压板及进液阀则受主弹簧的作用下移，进液阀处于开启状态，制动主缸的制动液可以从进液口进入电磁阀，再从出液口流出进入制动轮缸。

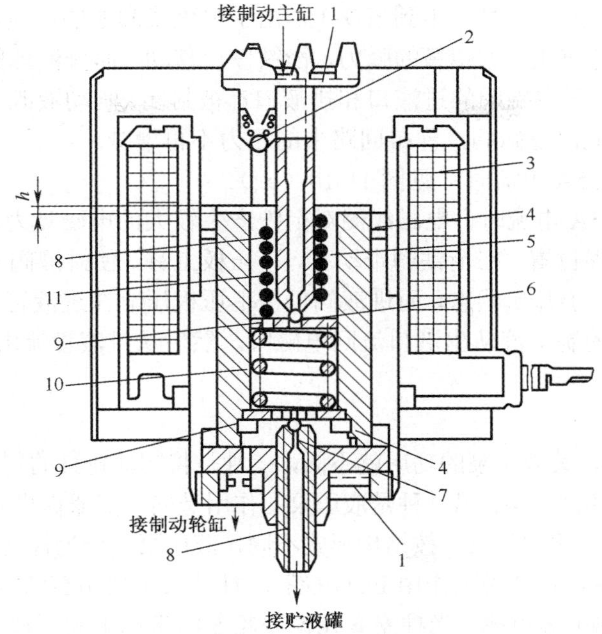

1—过滤网；2—单向阀；3—线圈；4—非磁性支承环；5—衔铁；6—进液阀；7—排液阀；8—阀座；9—压板；10—副弹簧；11—主弹簧；h—衔铁与阀体之间的间隙

图 11-9 三位三通电磁阀

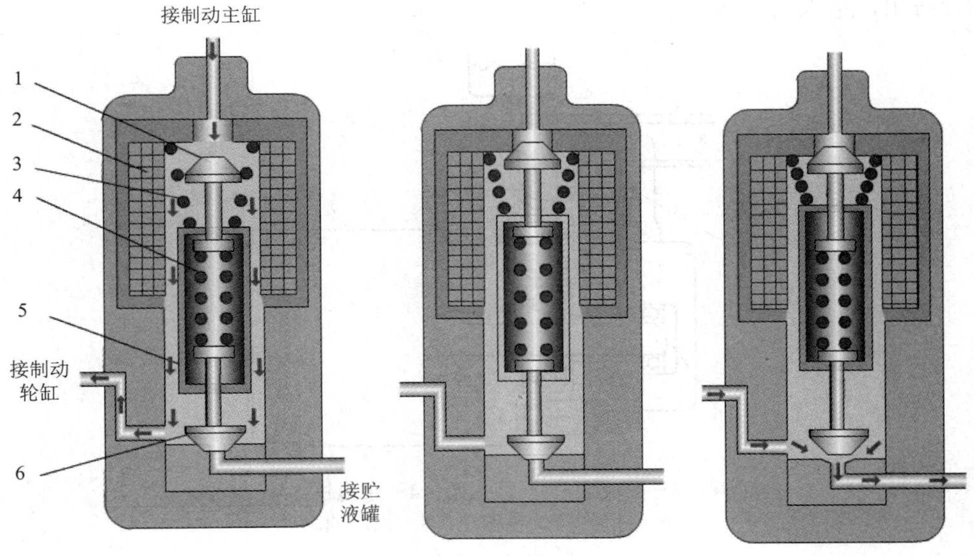

（a）电流为 0 （b）电流为 2A （c）电流为 5A

1—进液阀；2—线圈；3—主弹簧；4—副弹簧；5—衔铁；6—排液阀

图 11-10 三位三通电磁阀工作原理示意图

2）当电磁线圈通 2A 电流时（见图 11-10（b））。

当电磁线圈中通 2A 的电流时，电磁线圈产生电磁吸力，衔铁在电磁力的作用下克服主弹簧的弹力而上移，同时进液阀上移，关闭进液口，切断制动主缸与轮缸之间的通道，随着衔铁的上移，主、副弹簧的弹力同时作用到衔铁上。由于电磁线圈通的电流小，对衔铁产生的电磁吸力小，电磁力不能克服主、副弹簧的弹力，衔铁停止移动，而排液球阀仍被下压板压靠在排液管端部的阀座上。由于电磁阀的进液口和排液口都被封闭，制动液既不能从进液口进入电磁阀，也不能从排液口流出电磁阀，保持回路中的压力不再增减。

3）当电磁线圈通 5A 电流时（见图 11-10（c））。

当电磁线圈中通 5A 电流时，电磁线圈对衔铁产生较大的电磁吸力，衔铁将克服主、副弹簧的弹力而上移至极限位置，在衔铁的带动下，下压板上移，使排液阀不再压靠在排液管端部的阀座上，排液阀将处于开启状态，而进液阀仍被上压板压靠在进液管端部的阀座上，进液阀处于关闭状态。轮缸的制动液从出液口流回电磁阀，然后从排液管流出电磁阀，进入贮液罐，从而降低制动压力。

4. *液压泵*

不同的 ABS 系统，其液压泵的功用就不同，一种是将制动轮缸的制动液泵回制动主缸，实现制动“减压”，即循环调压泵；另一种是液压泵的作用是向蓄能器提供制动液，将制动液加压，为 ABS 工作提供能量，即增压泵。按结构形式不同，液压泵可分为柱塞泵、活塞泵等数种。

图 11-11 是柱塞泵，它是否工作由 ECU 控制。柱塞泵主要由直流电机、柱塞泵（偏心轮、柱塞、进液阀、出油阀）等组成。当柱塞 6 在偏心轮 5 的带动下向下移动时，柱塞上腔室的容积增大，真空吸力逐渐增大，出油阀关闭，进液阀打开，从贮液罐 2 来的制动液被吸入柱塞上方的工作腔室内；当柱塞在偏心轮的带动下向上移动时，柱塞上方工作腔室的容积减小，其内部压力逐渐增大，进液阀关闭，出油阀打开，工作腔室内的制动液在提高压力后被挤出腔室，从出油口排出，进入高压油路 8。

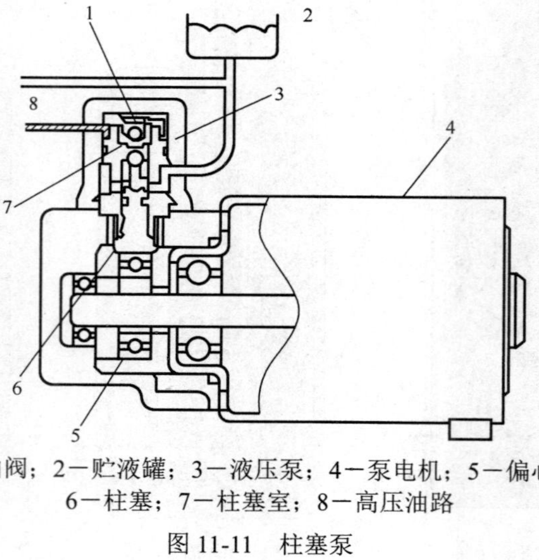

1—出油阀；2—贮液罐；3—液压泵；4—泵电机；5—偏心轮；6—柱塞；7—柱塞室；8—高压油路

图 11-11　柱塞泵

11.2.5　典型液压制动防抱死系统

1. *采用三位三通电磁阀的 ABS*

ABS 在车上的布置参见图 11-12。其控制管路图参见图 11-13，从图中可以看出，该 ABS 采用三通道四传感器控制方式。

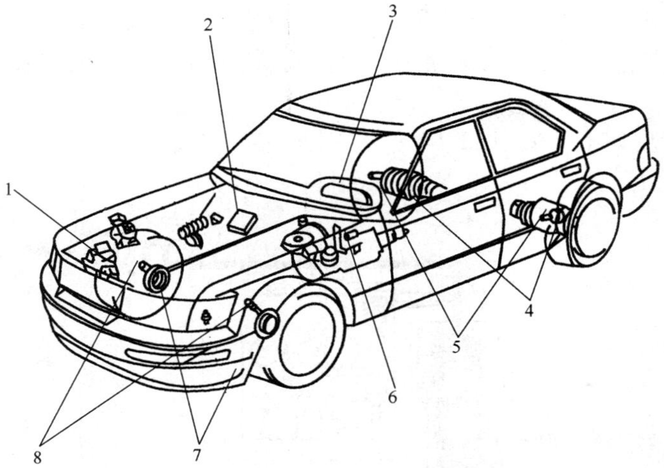

1—ABS 执行器；2—ABS ECU；3—ABS 指示灯；4—后车轮制动器；5—后轮速传感器；6—制动灯开关；7—前车轮制动器；8—前轮速传感器

图 11-12 ABS 在车上的布置

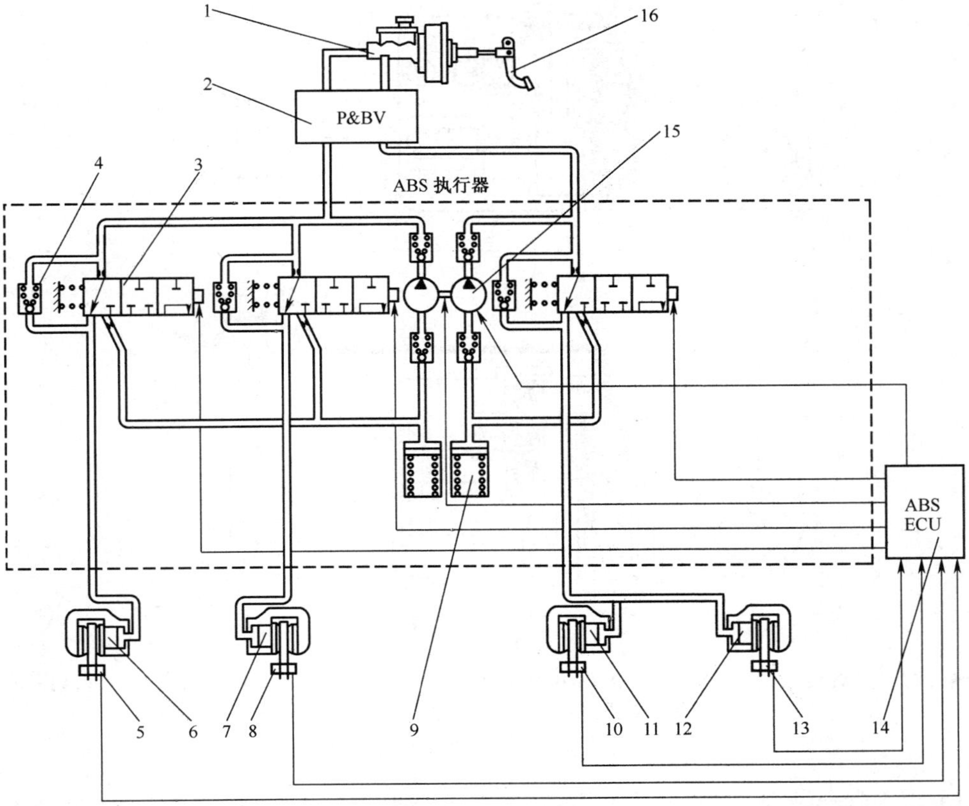

1—制动主缸；2—P&BV 阀；3—三位三通电磁阀；4—单向阀；5—左前轮轮速传感器；6—左前轮制动轮缸；7—右前轮制动轮缸；8—右前轮轮速传感器；9—贮液罐；10—左后轮轮速传感器；11—左后轮制动轮缸；12—右后轮制动轮缸；13—右后轮轮速传感器；14—ABS ECU；15—液压泵；16—制动踏板

图 11-13 汽车 ABS 控制管路

左前轮和右前轮各自独立控制一条油路，两后轮公用一条控制油路，三条控制油路各用一个三位三通电磁阀，两前轮控制油路用一个电动泵，后轮用一个电动泵，电动泵由 ABS ECU 控制工作。

ABS 的工作原理如下（见图 11-14）：

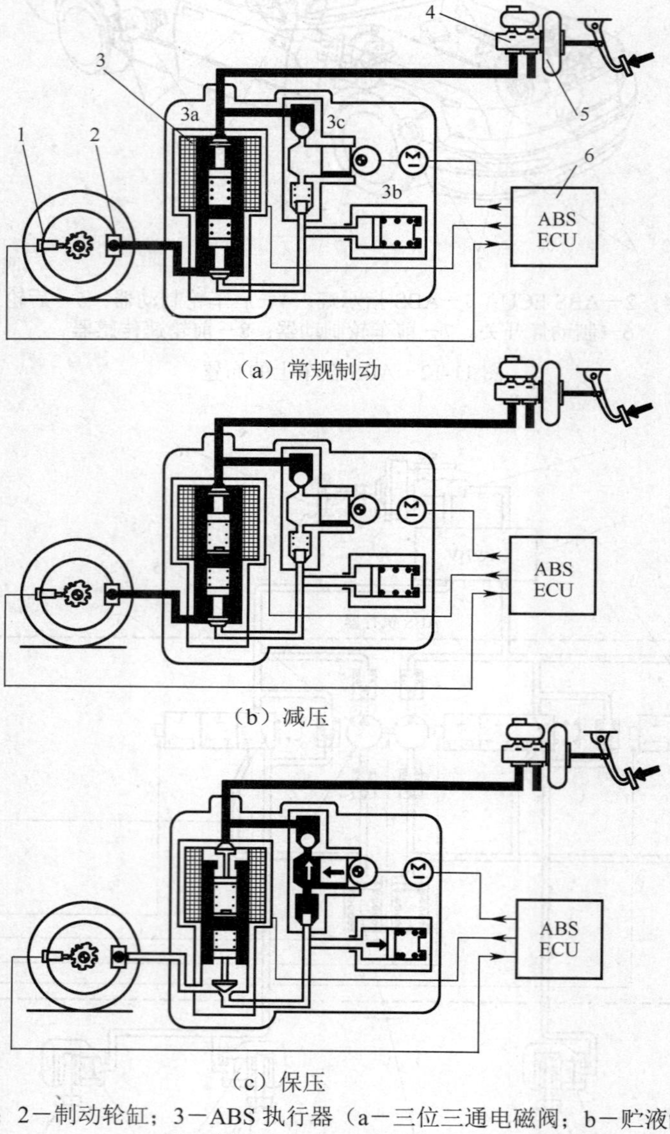

1—轮速传感器；2—制动轮缸；3—ABS 执行器（a—三位三通电磁阀；b—贮液罐；c—液压泵）；4—制动主缸；5—制动踏板；6—ABS ECU

图 11-14　ABS 工作原理示意图

（1）常规制动过程（见图 11-14（a））。在汽车行驶过程中，ABS ECU 会不断地检测各个传感器传来的信号，如 ABS ECU 检测到驾驶员踩下了制动踏板，但是车轮没有抱死，ABS ECU 控制三位三通电磁阀不通电，衔铁在弹簧的作用下下移，从制动主缸来的制动液通过三位三通电磁阀的进液阀、出液口进入制动轮缸，车轮制动器产生制动。此种工况和没有 ABS 的制动系统的制动过程完全一样。

（2）减压制动过程（见图 11-14（b））。如紧急制动时，当 ABS ECU 检测到某个车轮抱死时，控制相应的三位三通电磁阀线圈通 5A 的电流，电磁阀线圈产生电磁力，衔铁上移，带动进液阀、排液阀上移。进液阀上移切断制动主缸与制动轮缸之间的油路，使制动主缸的液压不能加到制动轮缸上；排液阀上移，打开了制动轮缸与贮液罐之间的油路，制动液将通过三位三通电磁阀进入贮液罐。同时，ABS ECU 控制液压泵工作，将制动液从贮液罐中吸出，然后将制动液泵入制动主缸，由于制动轮缸的制动液压下降，车轮制动器的摩擦力矩小于制动力矩，车轮开始转动，ABS 系统处于减压状态。

（3）保压制动过程（见图 11-14（c））。当需要保持某一工况（如保持增压或保持减压）时，ABS ECU 控制相应的三位三通电磁阀线圈通 2A 的电流，电磁阀线圈产生的电磁力小，衔铁上移距离小，使进液阀和排液阀均关闭，既切断制动主缸与制动轮缸之间的油路，也切断了制动轮缸与贮液罐之间的油路，使制动轮缸的制动液压既不增大也不变小，保持不变，车轮维持转动或抱死工况，ABS 系统处于保压状态。

（4）增压制动过程（见图 11-14（a））。当需要增压抱死时，ABS ECU 控制相应的三位三通电磁阀线圈断电，电磁阀线圈电磁力消失，衔铁在弹簧的作用下下移，关闭制动轮缸与贮液罐之间的油路，打开制动主缸与制动轮缸之间的油路，从制动主缸来的制动液通过三位三通电磁阀进入制动轮缸，轮缸制动液压上升，车轮制动器再次抱死，ABS 系统处于增压状态。

ABS 在实际工作过程中不断地以 3～12 次/秒的频率进行“增压”“保压”“减压”循环，从而使车轮的滑移率保持在 10%～30%的最佳制动状态。ABS 的布置如图 11-15 所示。

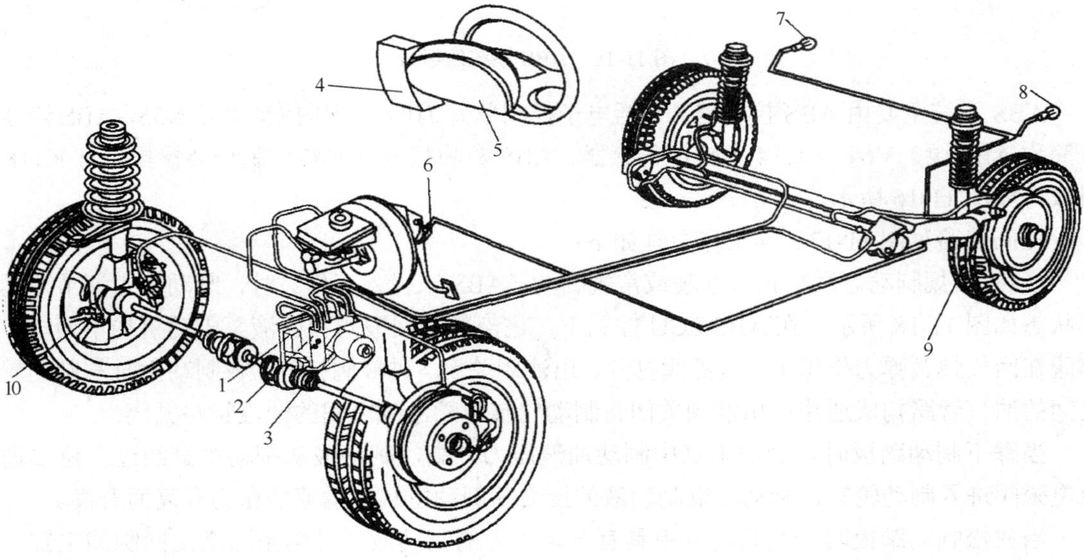

1—电子控制单元 J104（ABS ECU）；2—液压控制单元 N55；3—ABS 液压泵 V64；
4—制动装置报警灯 K118；5—ABS 故障报警灯 K47；6—制动灯开关；7—右制动灯；
8—左制动灯；9—左后车轮轮速传感器；10—右前车轮轮速传感器

图 11-15　ABS 的布置

2. 采用二位二通电磁阀的 ABS

如图 11-16 所示，采用的是三通道的 ABS 调节回路，前轮单独调节，后轮以两轮中地面附着系数低的一侧为依据统一调节。

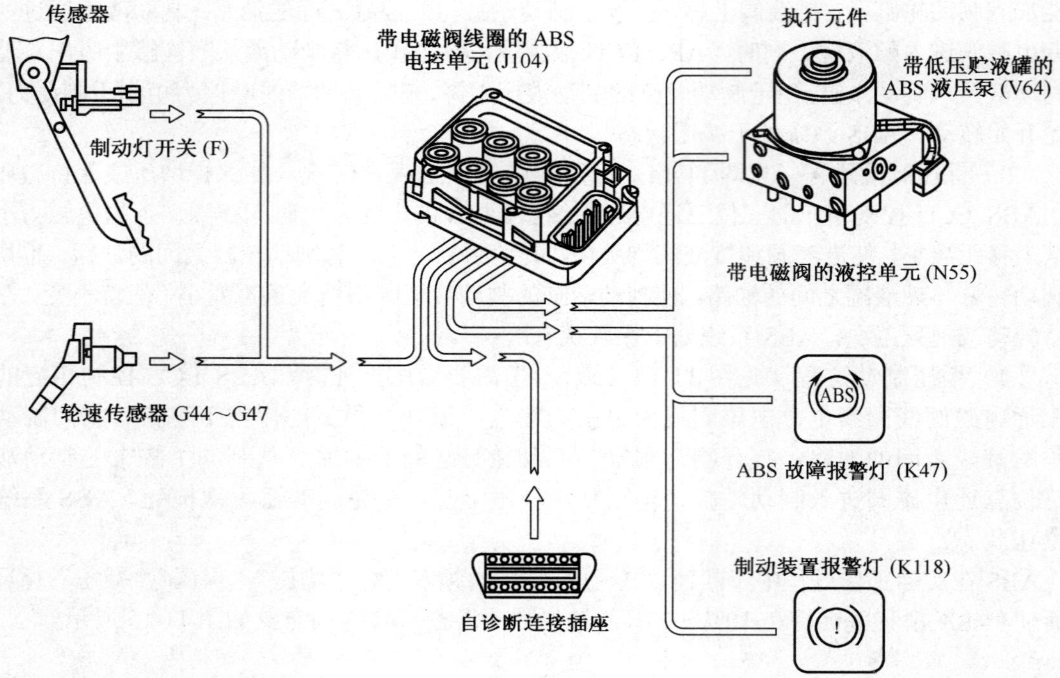

图 11-16 ABS 系统的组成

ABS 系统主要由 ABS 控制器（包括电子控制单元 J104、液压控制单元 N55、ABS 液压泵（简称 ABS 泵）V64 等）、4 个轮速传感器、ABS 故障报警灯 K47、制动装置报警灯 K118 等组成，如图 11-16 所示。

控制油路见图 11-17。其工作原理如下：

（1）常规制动。汽车正常行驶或常规制动（ABS 未投入工作）时，制动压力调节器的工作状态如图 11-18 所示。在 ABS ECU 控制下，进液阀、回液阀和回液泵电动机均不通电，电磁阀在回位弹簧弹力作用下，进液阀打开、出液阀关闭。进液阀打开，将制动主缸与制动轮缸之间的油液管路构成通路；出液阀关闭将制动轮缸与贮液罐之间的油液管路关闭。

当踩下制动踏板时，制动主缸中制动油液压力升高，制动液从制动主缸经过二位二通进液电磁阀进入制动轮缸，制动轮缸制动液的压力随制动主缸制动液的压力升高而升高。

当放松制动踏板时，制动轮缸中具有一定压力的制动液通过两条通道流回制动主缸。一条通道是制动轮缸、二位二通进液电磁阀、制动主缸；另一条通道是制动轮缸、1 号单向阀、制动主缸。

在常规制动时，虽然 ABS 没有投入工作，其执行元件处于初始状态，但是 ABS 随时都在监测轮速传感器信号，判定是否进入防抱死制动状态。

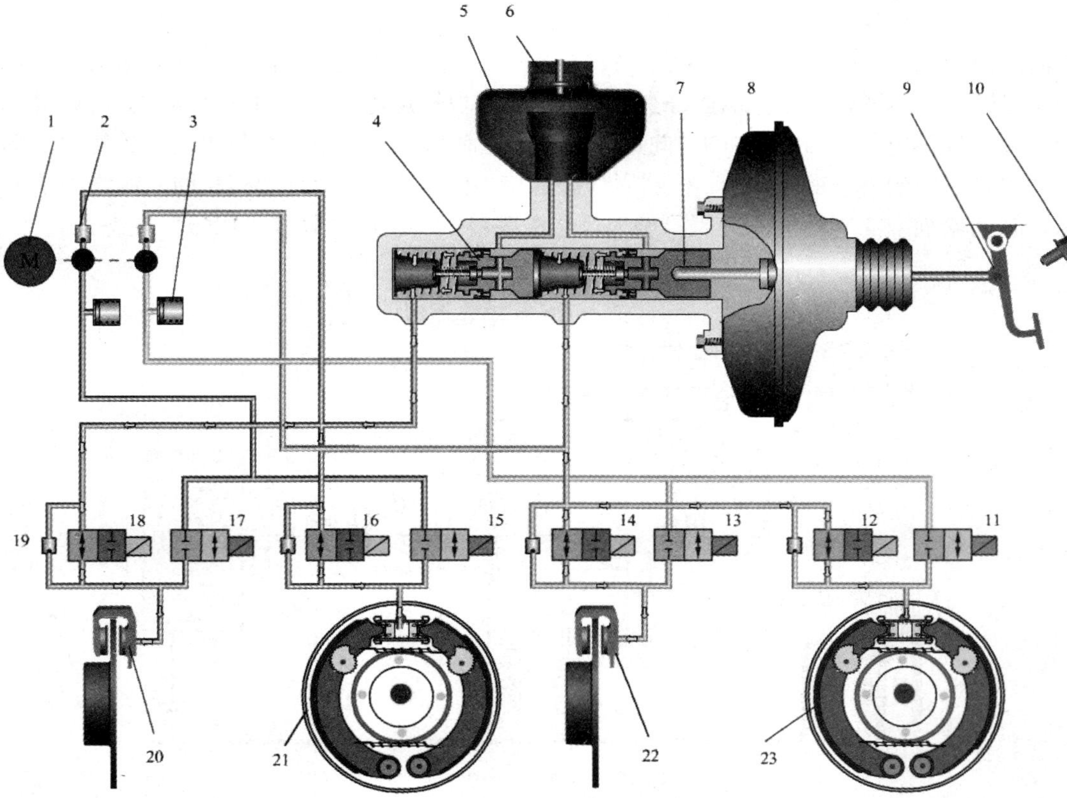

1—双联电动液压泵；2—单向阀；3—贮液罐；4—前制动主缸活塞；5—贮液罐；6—液位传感器；7—后制动主缸活塞；8—真空助力器；9—制动踏板；10—制动开关；11—左后出液电磁阀；12—左后进液电磁阀；13—右前出液电磁阀；14—右前进液电磁阀；15—右后出液电磁阀；16—右后进液电磁阀；17—左前出液电磁阀；18—左前进液电磁阀；19—单向阀；20—左前车轮制动器；21—右后车轮制动器；22—右前车轮制动器；23—左后车轮制动器

图 11-17 ABS 油路

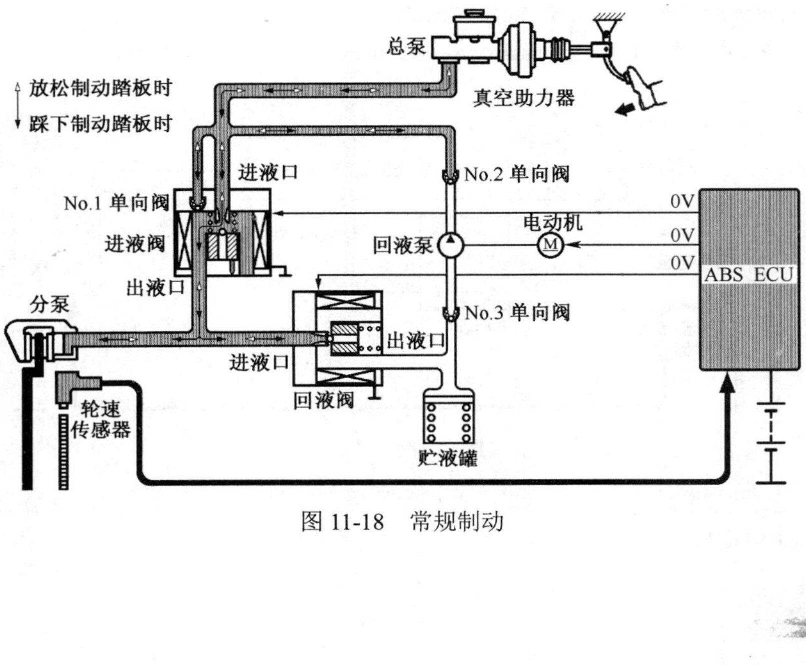

图 11-18 常规制动

（2）制动“保压”。如图 11-19 所示，当驾驶员迅速踩下制动踏板，制动力大于车轮与地面之间的附着力时，车轮抱死在路面上滑移，此时车轮减速度很大，轮速传感器将车轮将要抱死的信号输入到电子控制单元 ABS ECU，ABS ECU 根据轮速传感器输入的信号，计算得到车轮减速度达到设定门限值时，ECU 向进液阀发出控制指令，使进液阀关闭，从而使制动主缸与制动轮缸之间的液压液路切断。控制回液阀保持常闭状态。由于进液阀和回液阀均处于关闭状态，制动轮缸中的制动液压力既不增大，也不减小，制动压力处于“保压”状态。

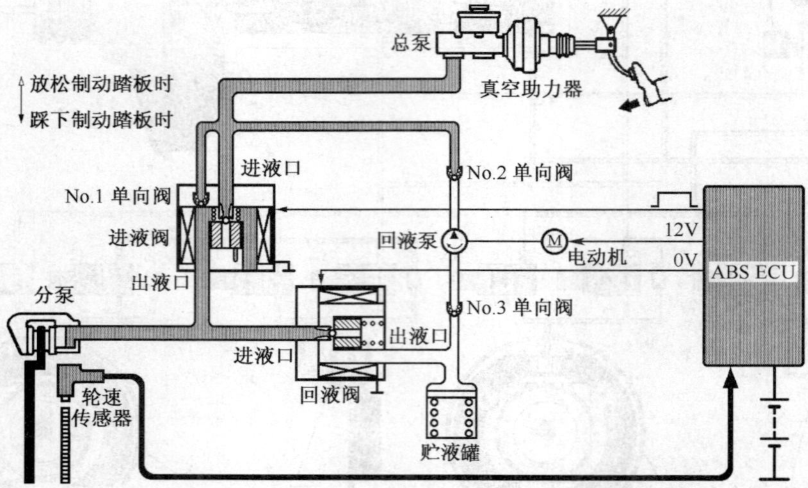

图 11-19　制动“保压”

（3）制动“减压”。在制动主缸与制动轮缸之间的液压油路切断后，车轮滑移率将逐渐增大，当超过设定的门限值时，需要降低制动轮缸内制动液的压力（即需要减压），使滑移率减小，如图 11-20 所示。

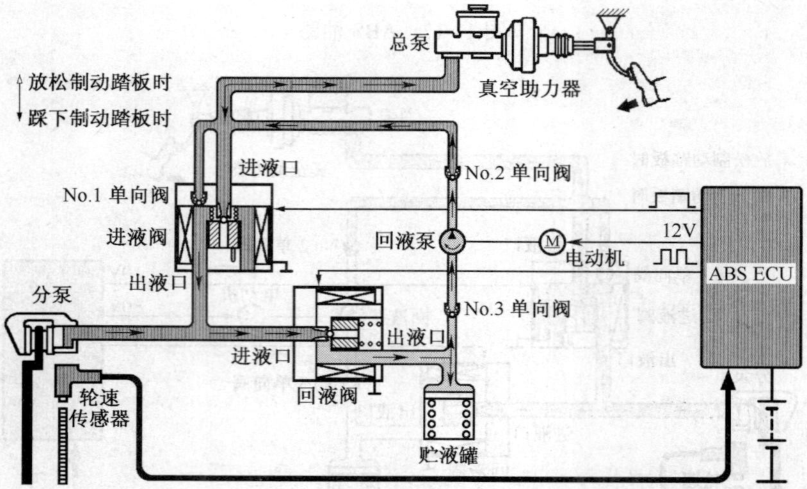

图 11-20　制动“减压”

“减压”是通过将制动轮缸内部分制动液泄回到低压贮液罐并利用电动回液泵将制动液泵回到制动主缸来实现。

控制“减压”时，ABS ECU 使进液阀阀门保持关闭；回液阀（常闭电磁阀）阀门打开，使制动轮缸内制动液压力降低，从而车轮抱死滑移成分减少，滚动成分增加。

制动轮缸内的制动液便经回液阀泄放到贮液罐，推动活塞并压缩弹簧向下移动，使贮液罐储液容积增大，暂时储存制动液。ABS ECU 向回液泵驱动电动机接通 12V 电源，电动回液泵运转便将贮液罐中的制动液泵回制动主缸。

随着制动轮缸中的制动液流回制动主缸，制动管路中制动液的压力随之降低，从而达到防止车轮抱死滑移的目的。

（4）制动“增压”。制动减压使制动轮缸内制动液压力降低后，制动力减小，车轮加速度越来越大，为了得到最佳制动效果，需要制动系统进入增压状态，增加制动力。

在“减压”控制后，当 ABS ECU 根据轮速传感器信号计算得到的车轮加速度达到设定门限值时，将发出控制指令使回液阀保持常闭状态，切断制动轮缸与贮液罐之间的液压通道，与此同时，ABS ECU 向进液阀驱动模块电路发出高电平信号，驱动模块电路使进液阀阀门打开，将制动主缸与制动轮缸之间的管路构成通路，使制动轮缸的压力随制动主缸制动液压力升高而升高，从而进入升压状态，如图 11-21 所示。

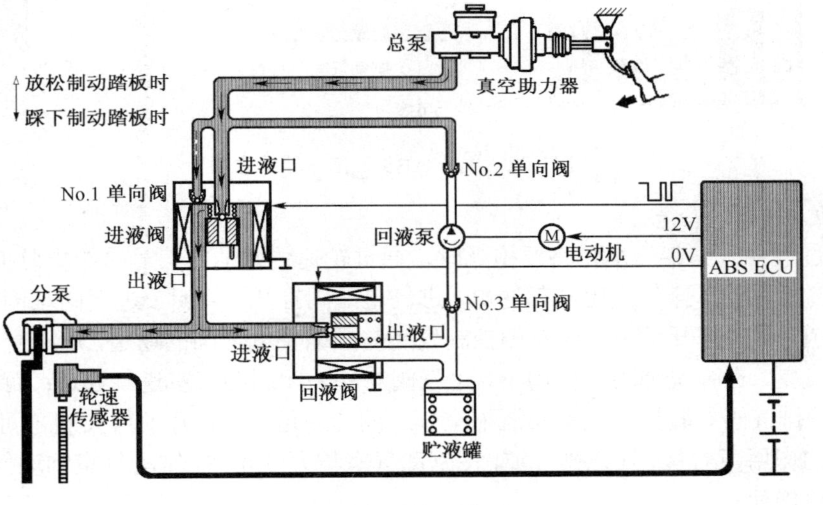

图 11-21 制动“增压”

ABS“保压”“减压”和“增压”循环过程每秒钟进行 2～7 次。当制动液从制动主缸流入制动轮缸时，制动踏板下沉，当制动液从制动轮缸泵回制动主缸时，制动踏板上升，因此制动踏板在 ABS 工作时有震动感。

11.2.6 气压 ABS 简介

气压制动防抱死系统工作原理与液压制动防抱死系统工作原理基本相同，不同之处是工作介质是否循环使用，液压制动控制系统为了防止制动油液消耗，用专设的油泵循环使用制动液；而气压制动控制系统，因气源充足，直接将工作后的压缩空气放掉。可见，气压制动控制系统的结构较简单，且故障率少。

图 11-22 所示为气压制动 ABS 工作原理示意图，气压 ABS 执行器由五孔阀体、进气膜片、

进气阀、排气膜片、排气阀、进气电磁阀（常闭）、排气电磁阀（常开）等组成。其工作原理如下：

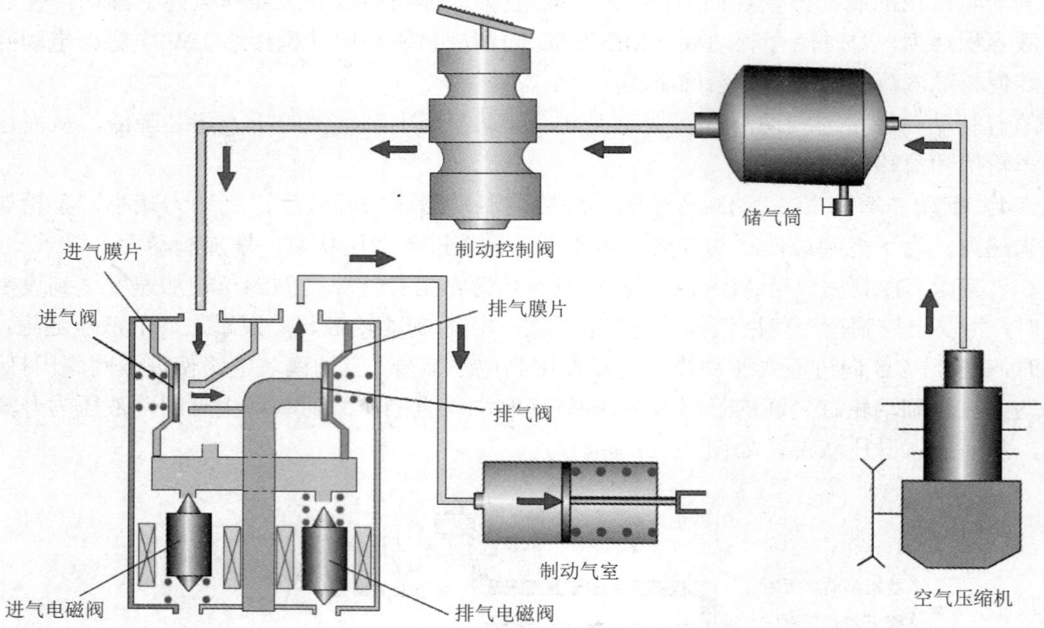

图 11-22 气压 ABS 工作原理示意图

1. 制动“减压”

在制动过程中，当某一车轮将要抱死时，通过轮速传感器将信号传给电脑 ECU，ECU 即以占空比的方式使进、排气电磁阀都通电，进气电磁阀打开，关闭了进气阀左侧控制气室与大气之间的通道，同时打开了进气阀左侧控制气室与压缩空气之间的通道，压缩空气即进入进气阀左腔控制气室，在弹簧弹力的作用下，进气阀右移关闭制动气室进气通道；而排气电磁阀通电，则切断了排气阀右腔控制气室与压缩空气之间的通道，并打开了与大气之间的通道，排气阀在气压差的作用下右移，打开排气道，使制动气室与大气相通，制动气室制动气压随之下降，防止了该车轮抱死。

2. 制动“保压”

当需要保持制动压力时，ECU 控制进气电磁阀通电，排气阀不通电，进气电磁阀通电，切断进气阀左侧控制气室与大气的通道，压缩空气进入进气阀左侧控制气室，在弹簧弹力的作用下进气阀关闭，切断了制动阀与制动气室的通道。排气阀不通电，打开了排气阀右侧控制气室与压缩空气之间的通道，在弹簧弹力及压缩空气的共同作用下，排气阀关闭，此时，制动气室中的气压保持不变（双阀关闭）。

3. 制动“升压”

两个电磁阀均不通电，来自制动控制阀的压缩空气进入进气阀的右侧，因进气电磁阀处于关闭状态，切断了压缩空气与进气阀左侧控制气室的通道，在压力差的作用下，进气阀左移，打开了压缩空气与制动气室之间的通道，压缩空气进入制动气室，产生制动。又因排气电磁阀也未导通，处于开启状态，压缩空气进入排气阀右侧控制气室，在其弹簧弹力和气压的共同作用下，排气阀保持可靠的关闭。可见，ABS 防抱死的调压过程是：降压一保压一升压，三个连续的工作过程，防止车轮制动抱死，使车轮在制动时处于最佳工作状态，提高了制动效能。气压 ABS 各阀工作情况见表 11-1。

表 11-1 ABS 装置各阀的工作情况表

工况	进气电磁阀	排气电磁阀	进气阀	排气阀	制动气室压力
不制动	不通电、关闭	不通电、开启	关闭	关闭	无压力
制动	不通电、关闭	不通电、开启	开启	关闭	随动气压
降压	通电、开启	通电、关闭	关闭	开启	压力降低
保压	导通、开启	不通电、开启	关闭	关闭	压力保持
升压	不通电、关闭	不通电、开启	开启	关闭	压力升高

11.3 电控制动力分配系统（EBD）

防抱死制动系统只是在制动过程中，当制动力将要达到极限值时，才开始调节制动压力，防止车轮抱死，避免车轮在路面上进行滑拖（滑移），缩短制动距离、提高了汽车在制动过程中的方向稳定性（不侧滑）和转向操纵能力（有制动加转向能力）。但是，它不能在制动的全过程中，对所有车轮的制动力的大小，随路面附着情况的不同，随机进行有效的分配和调节。如在高速行驶中有转向工况时，因离心力的作用，内外车轮附着力的差异，制动力不能随机调节，影响了行车的方向稳定性。又如在紧急制动时，当制动力达到将要抱死的极限值时，ABS 电磁阀开始高频率的调节制动压力（减压、保压、增压，频率达 10～12 次/s），必然引起制动摩擦片高频振动和产生噪声，制动踏板也产生强烈弹脚反应，此即谓“制动器和制动踏板的振噪感觉”。为此，电控制动力分配系统（Electronic Brake-force Distribution，EBD）就应运而生。它能在制动的全过程中，根据四个车轮的附着情况，用高速计算机处理车轮的感应信号，瞬间计算出不同的滑移率和摩擦力数值，在运动中不断地高速调节制动压力，以获得最佳的制动效果，提高了制动的平稳性和安全性。故又称：ABS+EBD=舒服、安全、有效制动防抱死调节系统。EBD 与传统的 ABS 系统主要有以下不同：

（1）传统的 ABS 电脑软件系统的逻辑程序控制能力简单——它只是在制动时，根据车轮减速度的变化，判断车轮是否将要抱死，对制动力进行末期防抱死调节。而不能在制动的全过程中，通过对轮速信号和车速信号的测量和计算，根据滑移率的大小，对车轮的制动力进行有效的跟踪计算和调节。其工作过程是：降压一保压一升压，程序不变。

（2）ABS&EBD 的硬件系统（信号和执行元件）无变化。但其电脑的逻辑程序控制系统，与传统的 ABS 系统有较大的功能改进——可根据车轮对地面附着情况的好坏，及时地计算出滑移率的量值，跟踪调节各车轮制动力的大小，获得最佳的减速度值，进一步地提高了制动效果，和制动时的舒服性和安全性。

（3）ABS&EBD 系统投入工作的“门槛值”范围较宽——汽车的纵向最佳附着系数，对应的滑移率为 15%～30%，此值叫投入工作的“门槛值”。ABS&EBD 系统是利用滑移率来进行控制，它的“门槛值”低于传统的 ABS 系统的“门槛值”，也就是它的滑移率起作用的范围较宽，以便提前跟踪随机调节制动力的大小。

11 Chapter

（4）制动力调节是升压、减压、保压过程。制动时，制动压力急剧上升，车轮速度急剧下降，滑移率值急剧上升，从稳定区进入非稳定区，车轮加大滑移。ABS&EBD 系统迅速降压，使车轮的滑移率回复到稳定区，并保持一定制动压力。为了加大制动效果，随即又将制动压力升高，稍微超过稳定界限，又再次降压，使滑移率值又回到稳定区，如此反复。其升降频率可达 10～20 次/s，将车轮滑移率值保持在最佳范围内，以获得最佳制动效果。可见，在制动过程中，只要附着力和滑移率有所变化，制动力即跟踪调节，滑移率加大即降压，滑移率减小即升压，反复进行，使制动力保持在最佳滑移区内。当制动力达到将要抱死的极限值时，即以减压－保压－升压的控制方式，来实现 ABS 防抱死控制。

（5）ABS&EBD 系统仍然是 4 个控制通道和 4 个电磁式轮速传感器，产生交变电压脉冲信号，检测轮速的高低，并计算实际车速的高低和滑移率 S 值的大小。并设有检测车轮转角大小的传感器。

（6）其制动压力调节器都是循环调压方式，调压电磁阀可用电流控制的 4 个三位三通式（3/3 式）或用电压控制的八个二位二通式（2/2 式）。

（7）轿车 ABS/EBD 电路，如图 11-23 所示。

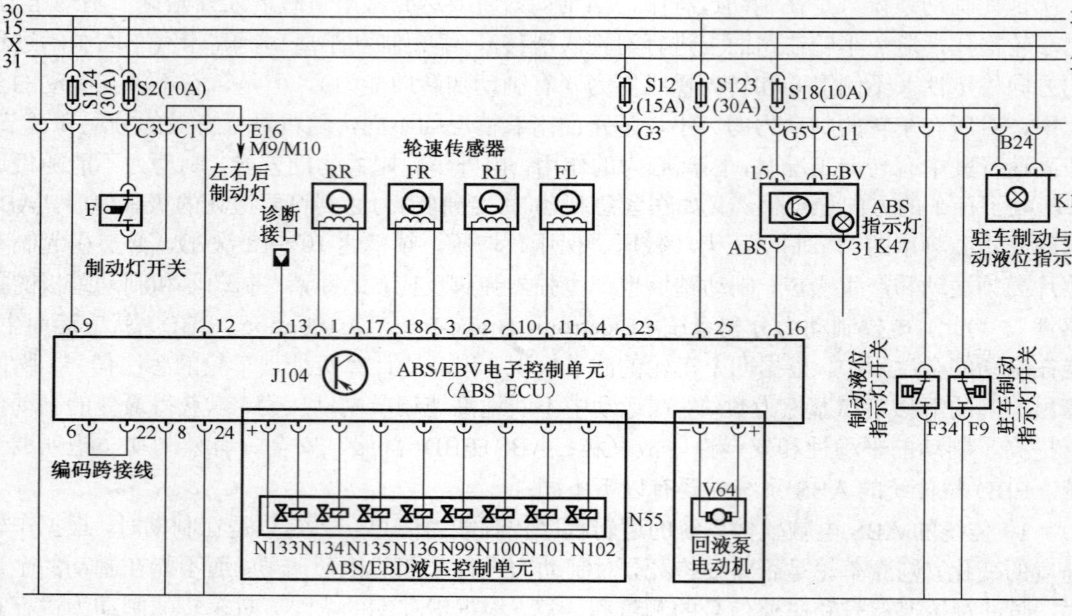

图 11-23　轿车 ABS & EBD 电路图

11.4　驱动防滑控制系统（ASR）

现代汽车为了追求高速性能，发动机的功率都比较高，而且还有继续增加的趋势，若汽车行驶在附着系数较小的路面上起步或急加速时，对后桥驱动的汽车后轮可能产生滑转，汽车将会产生不规则的旋转运动，对前桥驱动的汽车前轮可能产生滑转，汽车将会失去转向的能力。因此，为了保证大功率汽车在低附着系数道路上的行驶安全性能，通常采用驱动防滑技术（Acceleration Slip Regulation），简称 ASR。ASR 可以独立设计，但是大多数与 ABS 组合在一起使用，常用 ABS/ASR 表示，统称为防滑控制系统。

11.4.1 驱动轮滑转分析

汽车行驶依靠发动机输出转矩，通过传动系传到驱动轮上，驱动轮旋转作用到地面上产生一个向后的作用力，按照作用力与反作用力原理，路面将给驱动轮一个与汽车行驶方向相反的作用力，此力称为驱动力 F_t，驱动力与驱动轮上的转矩 M_n 成正比，与驱动轮滚动半径 r 成反比，驱动轮上的转矩越大，驱动力就越大，同制动力一样，驱动力不能无限增大，它受地面所能给出的附着力限制，地面所能给出的最大附着力等于驱动轮上的载荷 Z 与地面附着系数 φ 之积，上述关系式为：

$$F_t = \frac{M_n}{r} \leqslant Z\varphi$$

式中：F_t——汽车驱动力（N）；

M_n——作用在驱动轮上的转矩（N·m）；

r——驱动轮滚动半径（m）；

Z——驱动轮上的载荷（N）；

φ——车轮与地面间的附着系数。

随着驱动轮输出转矩不断增大，当驱动轮上的驱动力大于地面所能给出的附着力时，驱动轮就会开始滑转，附着系数与驱动滑移率 S_d 之间的关系见图 11-24，驱动滑移率 S_d 表达式如下：

$$S_d = \frac{v_\omega - v}{v_\omega} \times 100\% = \frac{r\omega - v}{r\omega} \times 100\%$$

式中：S_d——滑移率；

v——车速（m/s）；

v_ω——车轮速度（m/s）；

r——车轮滚动半径（m）；

ω——车轮转动角速度（rad/s）。

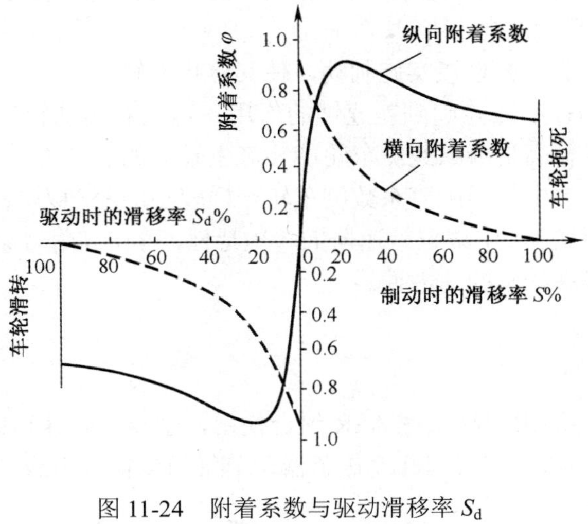

图 11-24 附着系数与驱动滑移率 S_d

当车轮在地面上纯滚动时，$v=r\omega$，驱动滑移率 S_d=0；当车轮在地面上完全滑转时，$v=0$，驱动滑移率 S_d=100%；当车轮在地面上边滚边滑时，$r\omega > v$，$0 < S_d < 100\%$，在车轮转动过程中，滑转所占的比例越大，驱动滑移率 S_d 就越大。

从图 11-24 可以看出，与制动时相似，当滑移率在 10%～20%时，纵向附着系数达到峰值，此时的横向附着系数也比较大，而当滑移率在 100%时，即车轮完全滑转时，纵向附着系数变小，且横向附着系数几乎为零，为了最大程度地利用附着系数，获得较大的驱动力，得到较好的方向稳定性和转向控制能力，防止驱动时车轮滑转，必须将滑移率控制在 10%～20%范围内。ASR 就是一个让汽车在驱动轮打滑时，控制驱动轮滑移率在 10%～20%范围的系统，装有 ASR 的汽车有以下优点：

（1）在汽车行驶打滑时驱动轮可提供最大的驱动力，提高了汽车的动力性。

（2）提高了汽车的操纵稳定性，特别是在附着力较小的路面上起步、加速等工况时尤为突出。

（3）减少轮胎的磨损和发动机的油耗。

11.4.2 防滑控制方式

ASR 控制驱动轮最佳滑移率的方式主要有以下几种：

1. 对发动机输出转矩进行控制

当驱动轮打滑时，降低发动机转矩输出，阻止车轮打滑，通常通过以下几种方法降低发动机转矩输出：

（1）减少节气门开度，减少进气量，以降低发动机输出转矩。

（2）减少或中断燃油，以降低发动机输出转矩。

（3）减小点火提前角或中断点火，以降低发动机输出转矩。

上述的几种方法中，从加速打滑、燃烧完全和减少污染角度看，减少节气门开度为最好，但减少节气门开度反应速度较慢；调整点火和燃油喷射量反应速度快，能补偿调整节气门的不足，但推迟点火时间易造成失火，燃烧不完全，增加排气净化装置中的三元催化器的负担，如果只减少燃油喷射量，因受燃烧室内废气的影响，又会使燃烧过程延迟。

2. 对驱动轮进行制动控制

通过对产生滑转的驱动轮直接实施制动，使其停止滑转。

对驱动轮进行制动控制还能起到差速锁的作用，当左右驱动轮行驶在不同附着系数路面上时，若汽车加速，尽管高附着系数侧车轮能够产生较大的驱动力，但是由于差速器的作用，高附着系数侧车轮只能产生与低附着系数侧车轮一样较小的驱动力，汽车无法行驶，如果这时对低附着系数的车轮施加制动，根据差速器的转矩特性，可在高附着系数侧车轮上等值地增加一个驱动力，这样可提高汽车的动力性。

11.4.3 液压驱动防滑系统组成

防抱死系统 ABS 与防滑驱动系统 ASR 组合使用，主要由轮速传感器、ABS/ASR ECU、ASR 执行器、ABS 执行器、节气门开度传感器、节气门电机等组成，各部件在车上的安装位置如图 11-25 所示。

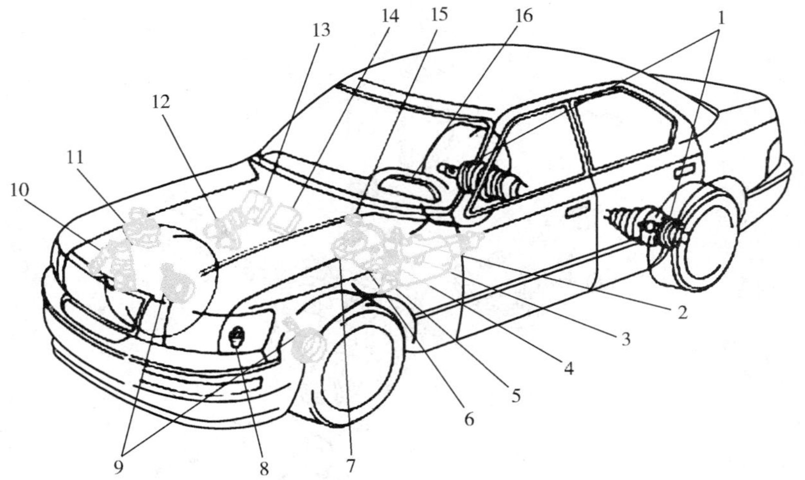

1—后轮速传感器；2—制动灯开关；3—空挡起动开关；4—ASR 供液泵；5—ASR 供液泵电动机继电器；6—ASR 蓄能器；7—制动液位开关；8—ASR 制动主继电器；9—前轮速传感器；10—ABS 执行器；11—ASR 执行器；12—节气门位置传感器；13—ABS/ASR ECU；14—发动机和变速器 ECU；15—ASR 关断开关；16—ASR 警告灯、关断指示灯

图 11-25 轿车 ABS/ASR 各部件在车上的安装位置

1. 轮速传感器

在四个车轮上各安装一个磁电感应式轮速传感器，向 ABS/ASR ECU 提供各车轮的转速信号。

2. ABS/ASR ECU

ABS/ASR ECU 集制动防抱死与驱动防滑转控制于一体，有三个八位微处理器，通过一个串行缓冲寄存器进行通信，各微处理器之间可进行相互监测，ABS/ASR ECU 接收处理各车轮轮速传感输入的车轮转速信号，形成相应的控制指令，驱动制动压力调节器及节气门控制电动机，进行制动防抱死和驱动防滑转控制。ABS/ASR ECU 还接收设置在制动主缸储液室中的液位开关、设置在 ASR 制动供能总成中的压力开关等输入的检测信号，由发动机和变速器 ECU 输入的主、副节气门开度信号等。

ABS/ASR ECU 定期对系统中的主要电气部件进行检测，对系统状态进行监控，若系统出现故障，会自动停止 ABS 或 ASR 工作，避免对系统进行错误控制，同时点亮警告灯，以提醒驾驶员注意，并将故障信息存入存储器，在进行自诊断时通过代码显示各种故障。

ABS/ASR ECU 主要对制动压力调节器装置中的 4 个三位三通电磁阀和电动回液泵、ASR 隔离电磁阀总成中的 3 个二位二通隔离电磁阀、ASR 制动供能总成中的电动供液泵以及副节气门控制步进电动机等进行控制。

3. ABS 执行器

ABS 执行器主要由 4 个三位三通调压电磁阀、两个储液器、一个电动双联回液泵组成，如图 11-26 所示。4 个三位三通调压电磁阀分别对 4 个制动轮缸的制动压力进行增压、保压和减压调节。两个储液器分别用于接纳在制动压力调节过程中从制动轮缸流出的制动液，电动双联回液泵在制动压力调节过程中将流入储液器中的制动液泵回制动主缸。在制动压力调节器装置上安装了调压电磁阀继电器和电动回液泵继电器。

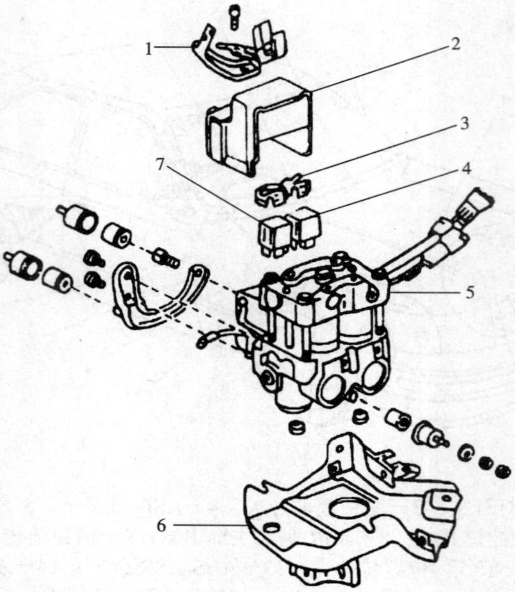

1—线束夹；2—继电器保护罩；3—继电器罩盖；4—调压电磁阀继电器；
5—储液器；6—支架；7—电动回液泵继电器

图 11-26　ABS 执行器

4. ASR 执行器

ASR 执行器由 ASR 隔离电磁阀总成和 ASR 制动供能总成组成。如图 11-27 所示，ASR 隔离电磁阀总成通过管路与制动主缸、ABS 执行器和 ASR 制动供能总成相连，主要由制动主缸隔离电磁阀，蓄能器隔离电磁阀和储液室隔离电磁阀组成。在未进行驱动防滑转制动时，3 个隔离电磁阀不通电，制动主缸电磁阀处于接通状态，将制动主缸至 ABS 执行器中制动液同路接通，蓄能隔离电磁阀处于截止状态，将 ASR 制动供能总成至 ABS 执行器中的制动液通道关闭，储液室隔离电磁阀处于截止状态，将制动总泵中储液室与 ABS 执行器中的储液器通道关闭。

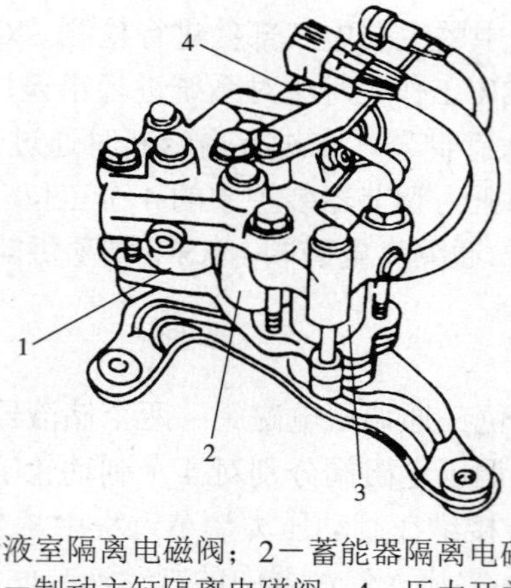

1—储液室隔离电磁阀；2—蓄能器隔离电磁阀；
3—制动主缸隔离电磁阀；4—压力开关

图 11-27　ASR 隔离电磁阀总成

在 ASR 工作过程中，3 个隔离电磁阀在 ABS/ASR ECU 的控制下全部通电，此时制动主缸隔离电磁阀处于关闭状态，以防止制动液流回制动主缸，蓄能器隔离电磁阀处于接通状态，将蓄能器升压后的制动液通过电磁阀送到后轮制动轮缸，储液室隔离电磁阀也处于接通状态，以便将储液器及制动轮缸的制动液送回制动主缸。

ASR 制动供能总成主要由电动供液泵和蓄能器组成，如图 11-28 所示。通过管路与制动主缸储液室和 ASR 隔离电磁阀总成相连，电动供液泵将制动液自储液室以一定的压力泵入蓄能器，作为驱动防滑转工作时的制动能源。

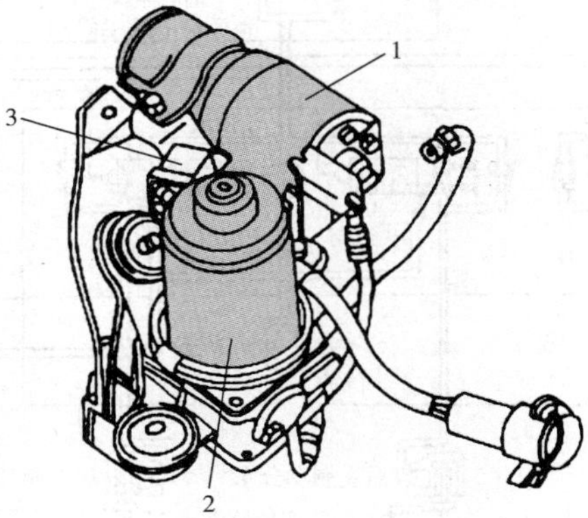

1—蓄能器；2—泵电动机；3—继电器

图 11-28 ASR 制动供能总成

压力开关（或称为压力传感器）安装在 ASR 隔离电磁阀总成旁边，其信号送入 ABS/ASR ECU，用来控制 ASR 电动供液泵是否运转。压力开关为接触型，当压力高于 13.24MPa 时开关断开，当压力低于 9.32MPa 时开关闭合，接通供液泵电动机电路，电动泵工作使蓄能泵压力升高。

5. 节气门控制装置

采用智能型电子节气门机构，因此 ABS/ASR ECU 可通过 EFI ECU 直接控制节气门的开度，省去副节气门装置，使控制系统硬件大大简化。发动机与底盘系统的控制将被动力系统所取代，是一综合性网络系统。

11.4.4 工作原理

1. 当驱动轮正常驱动不打滑时

当驱动轮正常驱动不打滑时，ASR 不工作，各电磁阀如图 11-29 所示，汽车正常行驶，如此时制动时，ABS 正常工作。

2. 当驱动轮驱动打滑时

ASR 通过对发动机输出转矩和对后轮实施制动控制，控制汽车的驱动滑移率。

控制发动机的输出转矩如下：

（1）ABS/ASR ECU 向电机提供脉冲电流，电机带动节气门转动关闭到一定的程度，减少进气量，即减少了发动机的输出转矩，从而控制驱动轮打滑。

（2）ASR 对后轮（驱动轮）实施制动控制可分为“增压”模式、“保压”模式、“减压”

模式三个过程：

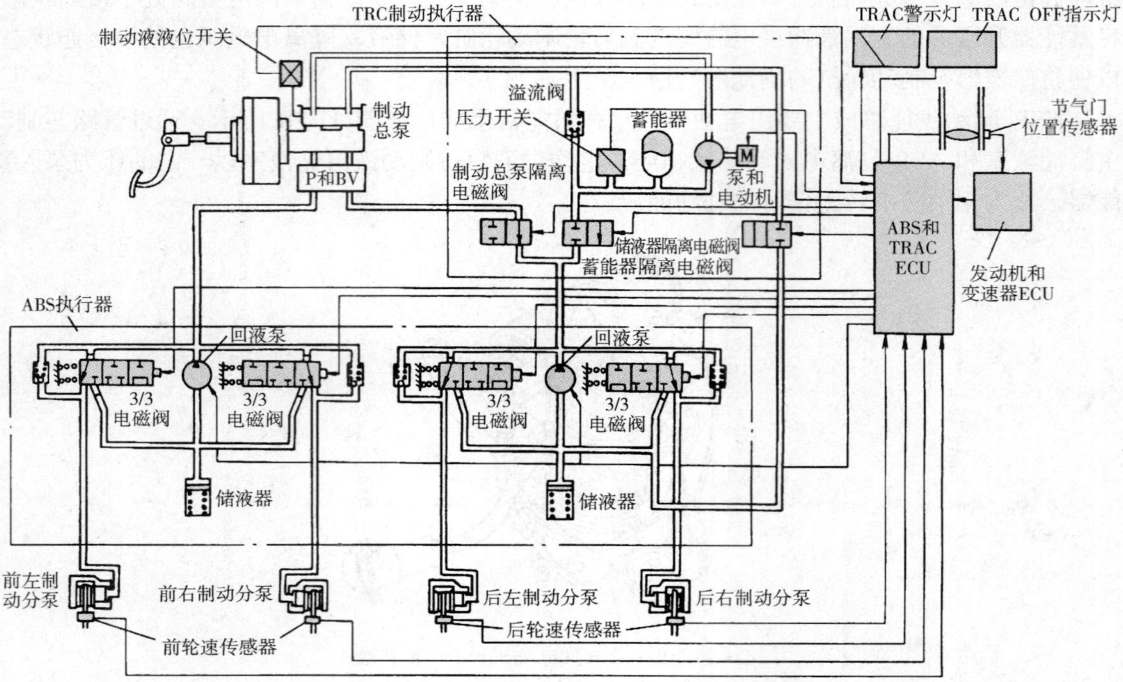

图 11-29　ABS/ASR 控制系统原理图

1）“增压”模式。ABS/ASR ECU 使 ASR 执行器电磁阀通电，制动总泵隔离电磁阀切断制动主缸与后桥制动轮缸之间的油路，储液室隔离电磁阀接通了三位三通电磁阀与制动主缸储液室间的油路，蓄压器关断电磁阀接通了蓄压器与后桥制动轮缸间的油路，与此同时，ABS/ASR ECU 也使后轮的三位三通电磁阀处于增压位置（右后轮三位三通电磁阀位于图示的右位，左后轮三位三通电磁阀位于图示的左位），高压制动液从蓄压器、蓄压器隔离电磁阀、后轮三位三通电磁阀进入后轮制动轮缸，后轮产生制动，从而减少驱动打滑。

2）“保压”模式。当后轮制动轮缸内的油压增加或减少时，ABS/ASR ECU 根据车速传感器传来的信号，检测当前车速是否在控制目标内，如在控制目标内，ABS/ASR ECU 三位三通电磁阀处于中位，使后制动轮缸的油压不再增大也不再减少，维持一定的制动，控制后轮在目标转速内。

3）“减压”模式。ABS/ASR ECU 根据车速信号，判断出当需要减压时，ABS/ASR ECU 使后轮的三位三通电磁阀处于减压位置（右后轮三位三通电磁阀位于图示的左位，左后轮三位三通电磁阀位于图示的右位），切断了后轮制动轮缸与蓄压器之间的油路，接通了后轮制动轮缸与制动储液室之间的油路，后轮制动轮缸的制动液通过三位三通电磁阀、储液室隔离电磁阀进入制动储液室，制动轮缸油压减少，车轮又可以加速旋转。

通过上述的增压、保压和减压三个模式，ASR 控制后轮的驱动滑移率在 10%～20%。

当 ABS/ASR ECU 检测到后轮不打滑时，ASR 停止工作，各电磁阀又恢复到图 11-29 所示的位置。

11.4.5　气压制动驱动防滑控制系统

气压制动驱动防滑控制系统（ASR）防滑转装置由 ABS/ASR 共用电脑 ECU、ASR 压力调节器、直流步进式伺服电机、控制按钮开关等组成，参见图 11-30。ASR 压力调节器串接在驱动轮的制动管路中，用来对驱动轮单独进行压力调节；而伺服电机则连接在高压喷油泵的供油拉杆上，用来对发动机输出转矩进行调节。

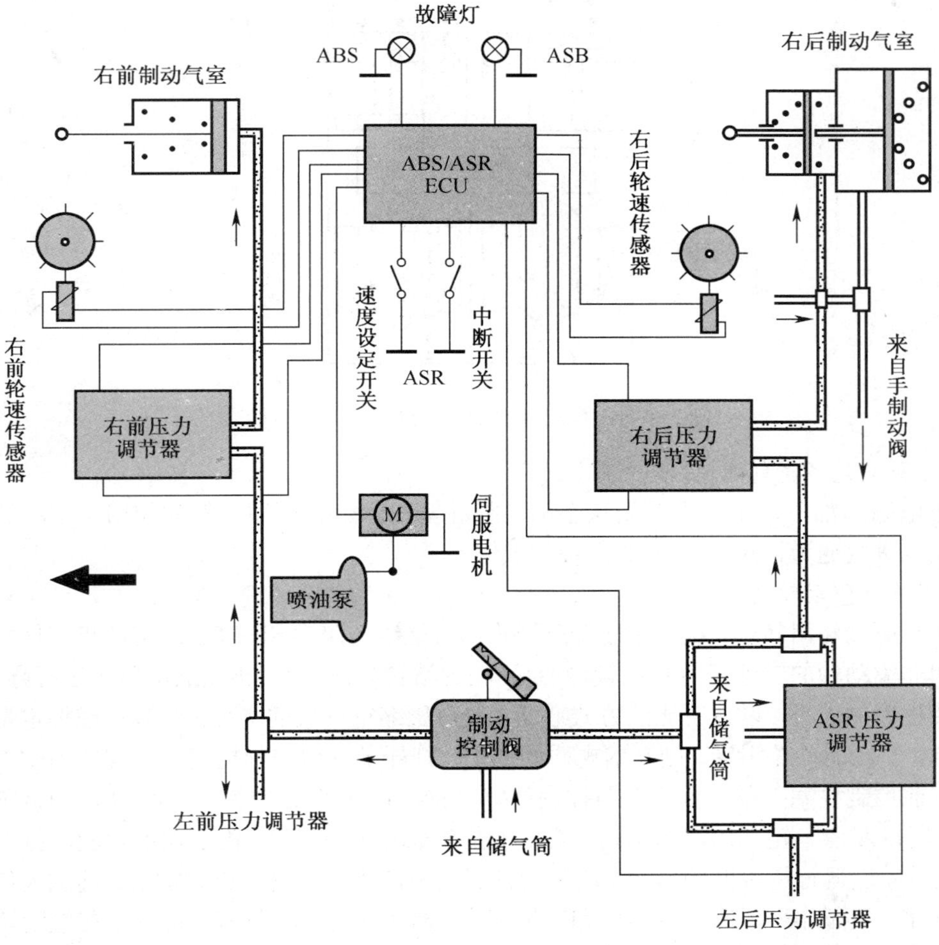

图 11-30　气压 ABS ASR 工作原理示意图

ASR 装置只在湿滑路面上行驶时，在一定的车速范围内对两驱动轮进行防滑转调节，多在 30km/h 以内车速区工作。当车速较高时，因行驶惯性较大，就没有必要调节了。为此，增设了车速设定开关和中断开关，以便司机根据路面情况和滑转时的车速值，选定 ASR 装置的使用时机。当打开车速设定开关后，汽车即处于防滑转状态；当汽车在良好的道路上行驶时，可打开中断开关，汽车就停止防滑转控制。

ASR 压力调节器由五孔阀体、两个二位三通电磁阀、两个控制柱塞及回位弹簧等组成（见图 11-31），装于汽车后部的车架上，串接在制动阀与两后驱动轮的压力调节器之间。每组电磁阀各控制一个驱动轮的制动气室（中经 ABS 压力调节器），气源直接由储气筒供给，它实际上是一个压缩空气的继动截止阀。由于防滑转控制不是全制动气压，故采用控制通道较小的继动控制柱塞阀。其工作原理如下：

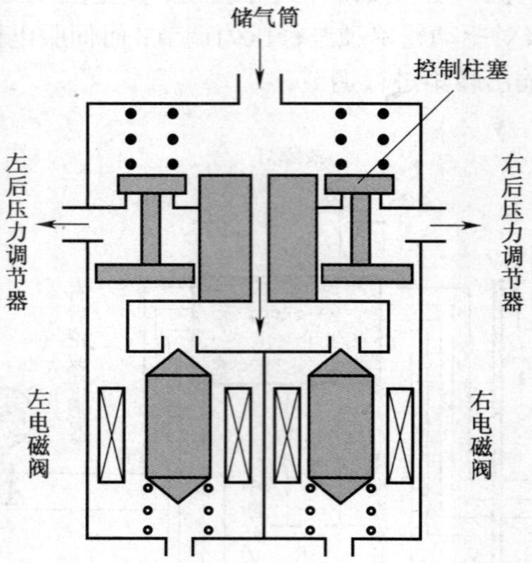

图 11-31　气压 ASR 压力调节器原理示意图

1. 当驱动轮不滑转时

两个电磁阀都不通电，为关闭状态，控制柱塞在弹簧和压缩空气的作用下下移关闭，切断压缩空气进气通道，ASR 调节器不投入工作。

2. 当某一驱动轮滑转时

当某一驱动轮滑转时，该轮轮速传感器将信号送给 ABS/ASR ECU，ECU 将该信号与另一驱动轮和非驱动轮的轮速信号相比较，判定该轮的滑转状态，即对该轮的电磁阀进行导通控制，根据滑转程度的大小，以占空比的方式通断，改变压缩空气量的多少，对该轮施加定量的制动力矩。如前左轮驱动轮滑转，则左前电磁阀通电，打开了左前控制柱塞下腔与压缩空气之间的通道，左前控制柱塞上移，由于左前控制柱塞上移，打开了压缩空气与 ABS 压力调节器之间的通道，所以左前车轮开始产生制动，防止了左前车轮驱动打滑。由于左前轮驱动打滑得到了控制，通过差速器行星齿轮的自转，使附着良好的右前驱动轮的牵引力加大，其加大值与制动转矩成正比。从而加大了汽车牵引力和爬坡能力，减小了轮胎的消耗，提高了在湿滑路面上的起步加速能力，使行驶平稳性大幅度地提高。

3. 当两个驱动轮都滑转时

当两个驱动轮都产生滑转时，轮速传感器将信号送给 ABS/ASR ECU，ECU 通过和非驱动轮角速度信号的对比，发出指令，一方面使两驱动轮产生制动，另一方面，控制直流步进式伺服电机运转，将高压喷油泵的供油拉杆向减油方向移动，降低发动机的转速和转矩，减小驱动轮的转矩，将牵引力控制在最佳的行驶状态下（$F_t \leqslant F_\varphi$ 附着力），防止了两个驱动轮的滑转，提高了汽车的加速能力和行驶的平稳性。因直流步进式伺服电机与供油拉杆的连接是单向传动关系，连接点产生了空行程，再踩油门踏板就失去了加油的能力，只能依靠直流步进式伺服电机来随动操纵供油量的多少。

11.5 电控汽车稳定行驶系统（ESP）

在许多高级轿车均安装电控汽车稳定行驶系统（Electronic Stability Program，ESP）。ESP 系统属于汽车主动安全控制系统，它是 ABS＋EBD＋ASR 的发展与延伸，其主要作用如下：

（1）适时监控功能。监控驾驶员的操控动作、路面反应、汽车运动状态、制动状态等。

（2）主动干预功能。主动调控发动机转矩、车轮驱动力、制动力，抑制汽车的前轮或后轮侧滑，抑制汽车转向不足或转向过度。

（3）事先提醒功能。当驾驶员操控不当或路面异常时，汽车出现失控现象，ESP 系统警告灯点亮和蜂鸣器鸣叫提醒。

11.5.1 电控汽车稳定行驶系统电控元件的组成

电控汽车稳定行驶系统（ESP）由传感器、电控 ECU 及执行器等组成，参见图 11-32，其组成有以下特点：

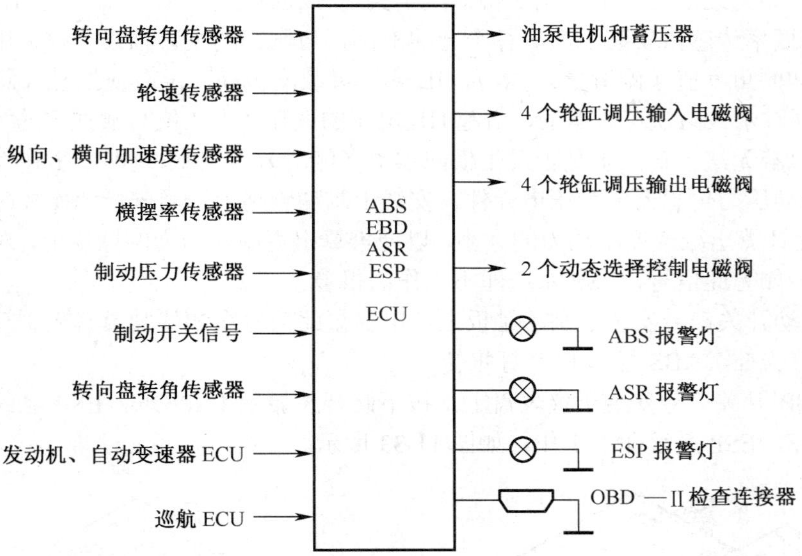

图 11-32 ESP 系统电控元件的组成

（1）传感器包括转向盘转角传感器、轮速传感器、纵向和横向加减速度传感器、横摆率传感器、制动压力传感器、制动开关信号、ESP 开关信号等，并和动力系统联网控制。

（2）ABS、EBD、ASR、ESP 的电脑为一体，组成了一个综合信息处理系统，根据汽车失稳程度，计算出恢复汽车稳态所需的各项调节参数（转矩、驱动力、制动力等）。

（3）利用了 ABS 和 ASR 系统所有的电控液压部件，如 ABS 系统的 8 个调压电磁阀（2/2 阀）、ASR 系统的两个控制电磁阀（3/3 阀）、供能电机和油泵及蓄压器等。

（4）ESP 和 ASR 系统的制动油压的建立有两种方式。一为用单级油泵和蓄压器方式，油泵间歇地工作（丰田车系）；二为不用蓄压器，用泵油量大的双级回流油泵，油泵需频繁地工作（大众车系）。

（5）液压系统中增加了两个动态选择控制电磁阀——行驶中当 ABS、ASR、ESP 各系统工作时，进行转换控制，关断或导通制动主缸油路，使供能装置（蓄压器）的油液进入需用的轮缸调压电磁阀中。

（6）ASR 系统只对两个驱动轮进行调压控制，以防止滑转为主体；而 ESP 系统和 ABS 系统一样，对驱动轮和非驱动轮都能进行调压控制，以防止侧滑为主体。

11.5.2 电控汽车稳定行驶系统传感器

（1）轮速传感器多为磁电式，安装于四个车轮的轮毂上，检测车轮的角速度值，提供车轮抱死或滑转的电压信号。如无此信号，则 ABS、ASR、ESP 系统即不工作而报警。

（2）转向盘角度传感器多为光电管式，安装于转向盘的轴上，提供有转向动作和转向角大小的信号，转角总值约 3 圈，左右各 1.5 圈。如果无此信号，电脑无法认定汽车的行驶方向，EPS 系统即不工作而报警。

（3）纵向和横向加减速度传感器多为压电陶瓷片式，利用其挠曲变形而产生电信号。安装于汽车质心 C 附近地板下方的中间位置，用来测量汽车纵向横向的加减速度值，判定汽车的运动状态。如无此信号，电脑无法得知汽车实际行驶状态，ESP 系统即不工作而报警。

（4）横摆率传感器安装于汽车行李仓的前部，与汽车的垂直轴线一致，用来检测汽车绕垂直轴线摆动的角度值（侧滑量）。多为 HL 式，灵敏度极高，没有横摆时（侧滑），HL 电压为常数，横摆时永久磁铁左右运动，引起 HL 电压的变化，电压值与横摆率的大小成比例。如无此信号，电脑无法了解汽车是否发生横向摆动（侧滑），ESP 系统即不工作而报警。

（5）制动压力传感器多为压电元件，安装于制动管路上，用来检测操控时制动油压的高低。电脑据此计算出减速度制动力的大小，以便推算出克服侧向力的操控值，对汽车不正常行驶进行调节。如无此信号，ESP 系统即不工作而报警。

（6）制动开关信号安装于制动踏板上，电脑据此信号得知驾驶员有无制动动作。如无此信号，制动灯失控，ABS 灯和 ESP 灯报警。

（7）ESP 开关信号安装于仪表盘上，按下此开关显示 ESP/ON，ESP 系统投入工作；再按下 ESP/OFF，ESP 系统即不工作，如图 11-33 所示。

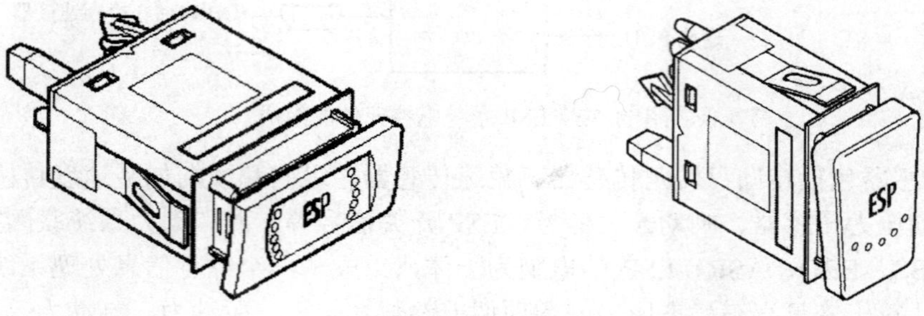

图 11-33　ESP 开关

11.5.3 电控汽车稳定行驶系统的工作原理

（1）抑制后轮侧滑。当汽车在弯道上或湿滑的路面上高速行驶时，因地面的原因，附着力变化无常时，后轮会产生侧滑，使汽车横向甩尾。ESP 系统立即把制动力施加到转弯的外前轮上，使汽车产生相反的回正力矩，恢复直线行驶，参见图 11-34。

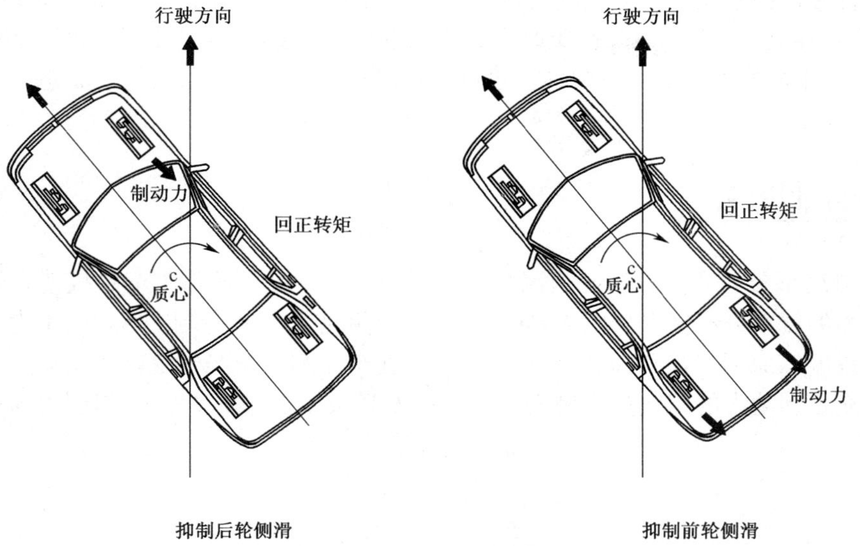

图 11-34　抑制后轮和前轮侧滑

（2）抑制前轮侧滑。同理，前轮也会产生侧滑，使汽车横向漂出。ESP 系统立即把制动力施加到两个非驱动的后轮上，使汽车产生相反的回正力矩，恢复直线行驶，参见图 11-36。

因前轮为驱动轮，应使后轮采用先拉后摆的办法恢复直行，对两后轮还可以用占空比方式调节制动力的大小。

（3）抑制转向不足。汽车高速行驶出现障碍物时，驾驶员向左急转向，但惯性力是向前的，与转向轮方向不一致，会出现转向不足状态，ESP 系统立即制动左后轮（内弧线后轮），产生向左的转矩，迅速向左转向，消除转向不足状态，参见图 11-35。

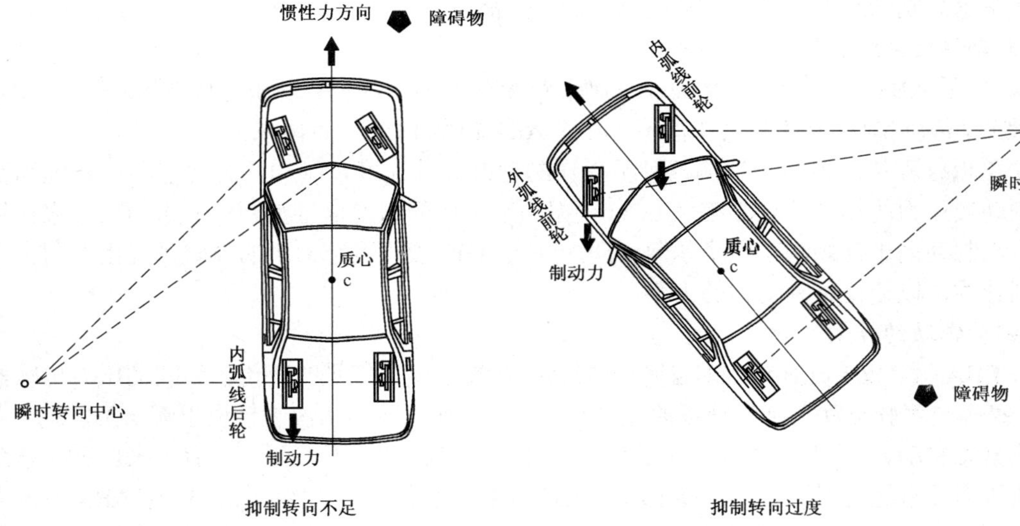

图 11-35　抑制转向不足和转向过度

（4）抑制转向过度。当汽车向左急转向绕过障碍物后，绕过了障碍物后，需急速向右转向恢复直线行驶，ESP 系统立即制动右前轮（内弧线前轮），恢复直行状态。当惯性分力较大时，会使汽车产生转向过渡状态，严重时会造成向左甩尾现象。ESP 系统又立即制动左前轮（外弧线前轮），产生向左的转矩，消除转向过度，使汽车平稳地回到直线行驶状态，抑制了转向过度。

11.6 制动辅助系统

日本丰田汽车公司研究表明：当汽车紧急制动时，驾驶员操作制动踏板使车轮制动器产生足够制动力的概率分布情况如图 11-36 所示。由图可见，在紧急制动时，由于驾驶技术水平和精神紧张程度等原因，约有 42%的驾驶员不能使车轮制动器产生足够的制动力，能使车轮制动器产生充足制动力的驾驶员比例为 53%，高度紧张而未踩制动踏板的比例为 5%。

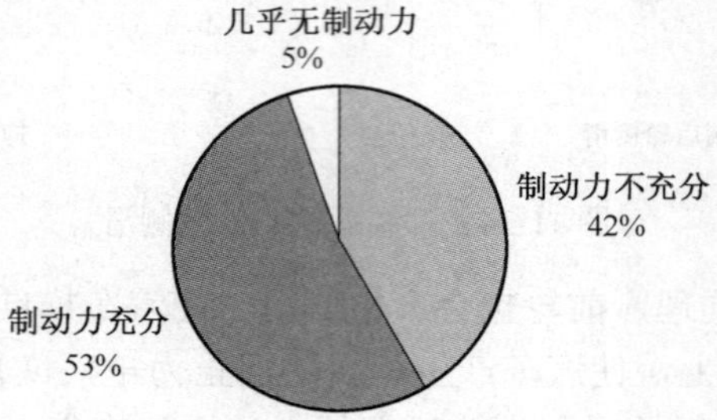

图 11-36 制动力充足程度分布

1. 制动辅助系统的功能

电子控制制动辅助系统（Electronic Control Brake Assist System，EBA、BAS 或 BA）的功用是根据制动踏板传感器信号和制动压力传感器信号，判断作用于制动踏板的速度和力量，自动增大汽车紧急制动时的制动力，从而缩短制动距离。

2. 制动辅助系统的组成

EBA 是在 ABS 的基础上，增设一只制动踏板行程传感器和制动压力传感器，并在 ABS ECU 中增设与编制制动力调节软件程序（称为 ABS/EBA ECU）而构成。

制动踏板行程传感器用于检测驾驶员操作制动踏板的速度，制动压力传感器用于检测制动主缸制动液压力的高低，ABS/EBA ECU 根据制动踏板的速度信号和制动液压力信号来计算和判断本次制动属于常规制动还是紧急制动，并向 ABS 液压调节器中的电磁阀发出不同占空比的控制脉冲，以便控制制动力的大小。

3. 制动辅助的控制

装备 EBA 后，ABS/EBA ECU 能够根据制动踏板传感器信号的变化率和制动压力传感器信号，计算确定驾驶员踩下制动踏板的速度和力量，从而判断出本次制动属于哪一类制动（常规制动或紧急制动）。当踩制动速度足够快时，在制动踏板被踩下三分之一后，来自制动总泵的制动油压尚没有达到最大时，ABS/EBA ECU 判断为紧急制动，控制系统启动 ABS 系统内的电磁阀，提释放 ASR 蓄压器内存贮的 18MPa 的制动液压力，进入总泵的两个工作腔，达到提前制动和增大制动力的效果。在制动踏板没有踩到底时就实现可靠制动，如图 11-37 所示，显著缩短制动距离。

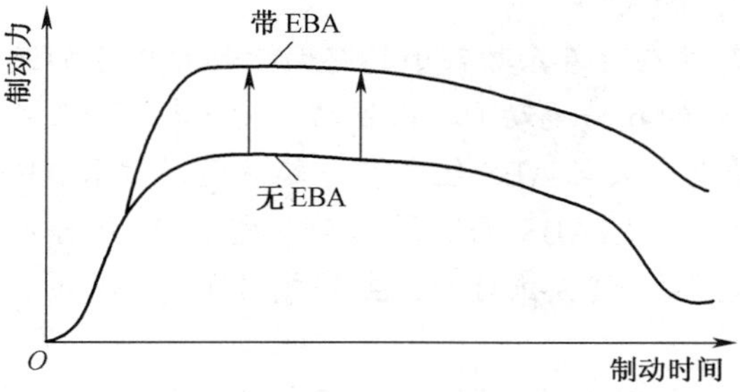

图 11-37 有无 EBA 时制动力比较

汽车 EBA 和 ABS 等主动安全技术是一个控制功能相互融合、工作时机相互协调的有机整体。当 EBA 调节的制动力大于轮胎附着力时，车轮就会抱死滑移，此时 ABS 就会投入工作，通过调节（减小）车轮的制动力将滑移率控制在 10%～30%，从而缩短制动距离，提高制动效能。

本章小结

汽车防滑控制系统主要包括制动防抱死系统（ABS）、电子制动力分配系统（EBD）、驱动防滑控制系统（ARS）和电控汽车稳定行驶系统（ESP）等。ABS 是 EBD、ARS、ESP 的基础。

ABS 的作用是汽车在紧急制动时，使滑移率维持在 10%～30%范围内，纵向具有最大附着系数，使纵向产生最大制动力，同时在侧向具有一定的侧向附着能力。避免车轮抱死拖滑，从而缩短制动距离，保持制动时的方向稳定性，同时在制动时具有改变行驶方向的能力。

ABS 可分为液压式和气压式；按照制动压力调节器调压方式可分为循环调压式和变容式；按照制动压力调节器与制动总泵结构关系可分为整体式和分离式等，目前广泛采用循环调压式、分离式液压或气压 ABS。

ABS 系统主要组成有：

轮速传感器用于检测车轮的转速，并将转速信号输入 ECU。轮速传感器一般都安装在车轮处，但有些驱动车轮的轮速传感器安装在主减速器或变速器中。目前 ABS 系统的轮速传感器主要有磁电感应式轮速传感器和霍尔效应式轮速传感器两种形式。

ABS ECU 主要用于接收轮速传感器及其他传感器输入的信号，进行放大、计算、比较，按照特定的控制逻辑，分析判断后输出控制指令，控制制动压力调节器进行压力调节，此外 ECU 还具有故障监控报警和故障自诊等功能。

执行器是调节制动管路压力的电磁阀，有二位二通电磁阀、三位三通电磁阀等。

ABS 系统的工作过程包括减压、保压和增压。

EBD 能在制动的全过程中，根据四个车轮的附着情况，用高速计算机处理车轮的感应信号，瞬间计算出不同的滑移率和摩擦力数值，在运动中不断地高速调节制动压力，以获得最佳的制动效果，提高了制动的平稳性和安全性。

EBD 的硬件系统（信号和执行元件）无变化。但其电脑的逻辑程序控制系统，与传统的

ABS 系统有较大的功能改进——可根据车轮对地面附着情况的好坏，及时计算出滑移率的量值，跟踪调节各车轮制动力的大小。

ASR 的作用是汽车行驶在附着系数较小的路面上起步或急加速时，防止汽车驱动轮产生滑转，避免汽车产生不规则的旋转运动（后轮驱动）或汽车将会失去转向的能力（前轮驱动）。ASR 可以独立设计，但是大多数与 ABS 组合在一起使用，常用 ABS/ASR 表示。

凌志轿车的制动防抱死系统 ABS 与防滑驱动系统 ASR 组合使用，主要由轮速传感器、ABS/ASR ECU、ASR 执行器、ABS 执行器、主节气门开度传感器、副节气门开度传感器、副节气门电机等组成。

当驱动轮驱动打滑时，ABS/ASR ECU 使步进电机带动副节气门转动关闭到一定的程度，减少进气量，即减少了发动机的输出转矩，从而控制驱动轮打滑。ASR 对驱动轮实施制动控制可分为“增压”模式、“保压”模式、“减压”模式三个过程，防止打滑。

目前，轿车发动机上广泛采用智能型电子节气门机构，因此 ABS/ASR ECU 可通过 EFI ECU 直接控制节气门的开度，省去副节气门装置，使控制系统硬件大大简化。

ESP 系统属于汽车主动安全控制系统，它是 ABS + EBD + ASR 的发展与延伸，提高汽车行驶稳定性，特别是湿滑路面和弯道行驶。增加了转向盘角度传感器、纵向和横向加减速度传感器、横摆率传感器、制动压力传感器等。

电子控制制动辅助系统（EBA）的功用是根据制动踏板传感器信号和制动压力传感器信号，判断作用于制动踏板的速度和力量，自动增大汽车紧急制动时的制动力，从而缩短制动距离。

思考与练习题

1．汽车防滑控制系统主要包括哪几部分？
2．ABS、EBD、ASR、EPS 系统的作用是什么？
3．什么是滑移率？滑移率的最佳值是多少？
4．轮速传感器有哪几种形式？基本原理是什么？
5．液压制动 ABS 系统的工作原理是什么？
6．EBD 与 ABS 相比特点是什么？
7．ASR 系统由哪些部件组成？
8．ASR 系统的基本原理是什么？
9．分析当汽车在弯道上或湿滑的路面上高速行驶时，ESP 系统的工作情况。

12

汽车自适应巡航控制系统

本章导读

本章首先从巡航控制系统的优点讲起，分析了巡航控制系统的组成、控制原理。详细分析了智能型巡航控制系统。在智能型巡航控制系统的基础发展的功能更强大的自适应巡航控制系统。

本章要点

- 巡航控制系统的组成
- 巡航控制系统的基本原理
- 自适应巡航控制系统的组成
- 自适应巡航控制系统的基本原理

12.1 汽车巡航控制系统

随着现代汽车技术和高速公路的发展，在发达国家，无论是运输业还是个人，汽车都已成为长距离运输的主要交通工具。在高速公路上长时间高速行驶时，驾驶员长时间操纵加速踏板得不到活动，容易造成疲劳。自 20 世纪 60 年代开始，一些先进国家将巡航控制系统（又称恒速、稳速或 CCS（Cruise Control System））装在轿车和长途运输车上。当该系统工作时，汽车可按驾驶员选定的速度巡航行驶，控制无须再操纵加速踏板，减轻了疲劳。由于减少了不必要的人为因素引起的车速变化，还可以节省燃料的消耗。

12.1.1 巡航控制系统的优点

（1）提高汽车行驶时的舒适性。这种优越性在郊外或高速公路上尤为显著，大大减轻了驾驶员的负担，使驾驶更为轻松。

（2）提高经济性和环保性。启动这一系统后，可使汽车燃料的供给与发动机功率之间处于最佳的配合状态，并减少废气的排放。

（3）保持汽车车速的稳定。汽车无论在上坡、下坡、平路上行驶，或是在风速变化的情况下行驶，只要在发动机功率允许的范围内，汽车的行驶速度都保持不变。

12.1.2 巡航控制系统的组成

汽车巡航控制系统（见图 12-1）主要由包括主控制（MAIN 或 ON-OFF）开关、巡航设定/减速（SET/COAST）开关、恢复/加速（RES/ACC）开关、解除（CANCEL）开关，以及车速传感器、制动开关和节气门位置传感器等在内的输入装置、电子控制单元和控制执行器三部分组成。其中电子控制单元负责数据存储、车速运算、比较、记忆、决策和诊断等工作。通常，当车速高于 40km/h 以后，驾驶员可以利用巡航设定开关维持稳定的行驶车速，也可以操纵减速开关让加速踏板恢复原位置，使车辆减速；一旦断开减速开关，车辆将记忆新的车速，并让汽车以新的车速巡航行驶。如若在巡航行驶过程中操纵加速开关，并踩下加速踏板，车辆将被加速；再若断开加速开关，电脑会记忆此时的车速，并按此巡航行驶。为了停止巡航行驶，专门设置了巡航解除开关。按下此开关，则车辆退出巡航行驶状态。其后再按动恢复开关，车辆将以解除开关动作前所记忆的车速巡航行驶。

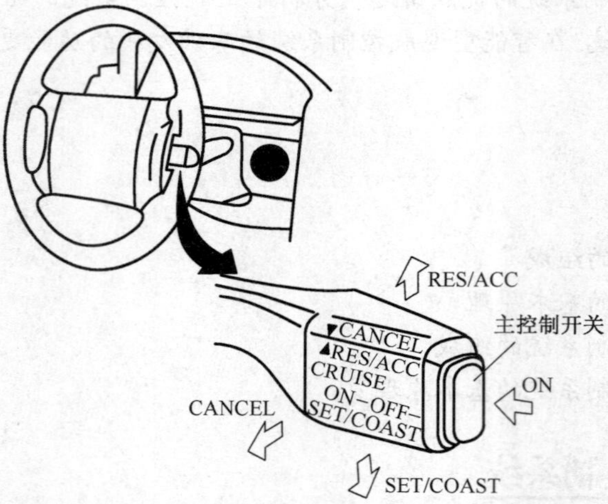

图 12-1 巡航控制系统操纵开关

许多巡航控制系统中主开关与汽车点火开关实现了联动，点火开关切断时巡航控制系统的电源也被切断，而当点火开关接通时，巡航控制系统则由其主开关控制电源的通断。

12.1.3 巡航控制系统的工作原理

巡航控制系统工作流程如图 12-2 所示，驾驶员可以利用控制开关将巡航保持、减速、恢复原速和加速等命令信号传送给电子控制单元（CCS ECU）。当驾驶员操纵巡航保持开关时，电脑会记忆调节后的车速，进行巡航控制。所记忆车速与实际行驶车速都被送到计算机的比较电路中，比较电路的输出信号通过补偿电路和 CCS 执行器借助发动机和变速器实现对驱动力的调节，最终使汽车以设定的车速稳定行驶。

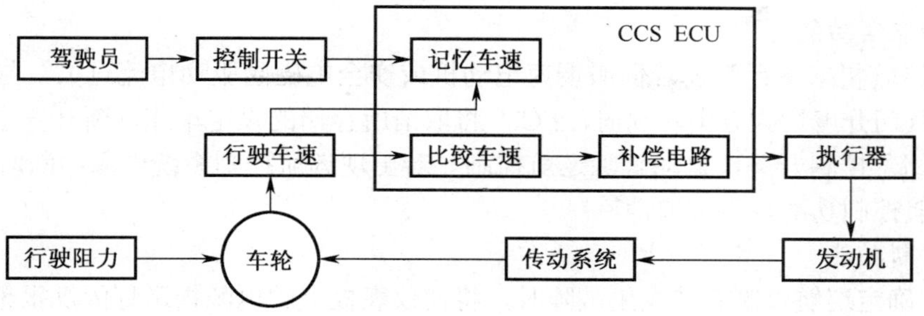

图 12-2 CCS 工作流程图

巡航系统各种功能的实现均依赖于专用开关控制。作为系统电源控制的主控制开关安装在仪表板或控制开关手柄上（见图 12-1），按下此开关后汽车电源给巡航控制系统供电，同时 Power 指示灯点亮。按下巡航设定开关时，Memory 指示灯点亮，车速被存储在电脑中。

系统的控制开关是安装于方向盘附近的手柄，具有巡航设定/减速（SET/COAST）、恢复/加速（RES/ACC）和解除（CANCEL）等功能，操控方式如图 12-1 所示，通常该控制开关是一个自动回位型开关。利用它可以实现如下控制：

1. 巡航控制

在主控制开关接通的情况下，车辆在巡航控制车速范围内（通常为 40～200km/h）行驶时，将控制开关向巡航设定（SET）方向扳动一次，CCS ECU 记忆此时的行车速度，并开始巡航控制。

ECU 将实际车速与设定的存储车速随时进行比较，指挥发动机节气门控制执行器工作，调控节气门开度，以保持汽车的稳定行驶速度。此过程驾驶员无需踩踏加速踏板。

2. 解除与恢复巡航控制

当将控制手柄向解除（CANCEL）方向扳动一次，或者对车辆实施制动（包括行车和驻车制动）、分离离合器、接合空挡起动开关等操作时，巡航控制会自动解除。如若解除瞬时的车速不低于 40km/h，则 ECU 记录该瞬时速度，并可以通过手柄向恢复（RES）方向扳动一次恢复巡航控制；如若车速低于 40km/h，则巡航将自动解除，ECU 中原存储车速也随之自动取消，不可再恢复。

3. 减速与加速控制

当车辆在巡航状态下行驶时，若将控制手柄向 SET/COAST 方向扳动并保持，则发动机节气门将以一定步长逐渐减小开度，使车辆减速行驶，ECU 会存储松开开关瞬时的车速，作为后续巡航的恒速依据；若将控制手柄朝 RES/ACC 方向扳动并保持，则发动机节气门又会以一定步长逐渐增大开度，使车辆加速，ECU 也记录下松开开关瞬时的车速，作为后续巡航的恒速依据。

12.1.4 CCS ECU

巡航控制系统 ECU 由电子处理芯片、数/模和模/数转换电路、带可擦写功能的重置电路和失效保护电路等模块组成。它接收来自传感器和控制开关的各种信号，按照存储在电脑中的程序进行处理，当车速偏离所设定的巡航车速时，调节控制执行器，使实际车速与设定车速趋于一致。同时还具有保护和自诊断功能：

1. 自动取消功能

车辆在巡航状态下行驶，若伺服调速电动机或安全电磁阀驱动电流过大，导致伺服电动机持续朝节气门开度增大方向转动时，ECU 将取消所存储的设定车速，断开安全电磁阀离合器电源，关闭主控制开关，自动解除巡航控制。若出现巡航控制系统电源中断时间超过 5ms 的情况，巡航控制功能也将被取消。

2. 自诊断功能

当 ECU 确定巡航控制系统发生故障时，将使仪表板上的电源指示灯闪烁报警，同时记录下故障代码，退出巡航操作。

12.1.5 巡航控制系统的传感器

巡航控制系统的传感器主要有车速传感器和节气门位置传感器。前者向 ECU 提供车速信号，一般与发动机电子控制系统共用；后者则向 ECU 提供一个与节气门开度成正比的电子信号，以确定节气门瞬时位置，一般也可与发动机电子控制系统共用。

12.1.6 巡航控制系统的执行器

巡航控制执行器有真空式、电机式和智能型三种。真空式已淘汰，下面主要介绍电机式和智能型。

1. 电机式巡航执行器

电机式巡航执行器的结构如图 12-3 所示。它利用减速齿轮机构降低直流电机的转速，使控制臂动作，利用蜗轮、蜗杆减速机构进行减速，并通过电磁离合器调节控制臂的位置，以最终实现对节气门的控制。电机通电后向正反两个方向旋转，始终以脉冲电流通电。如果控制臂到达规定位置就停止通电，利用减速齿轮机构的保持力仍能确保此位置不变。此外，装有用于检测节气门开度的电位计，通过对控制臂的位置检测来提高控制性能。采用这种方式后，在解除巡航功能时，电磁离合器脱开后又可恢复节气门的位置。

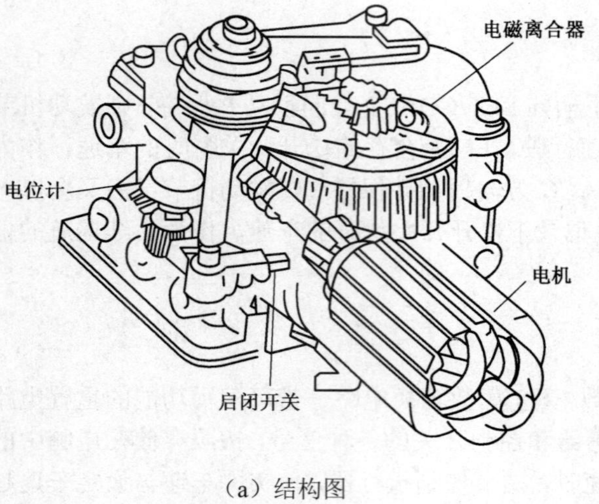

（a）结构图

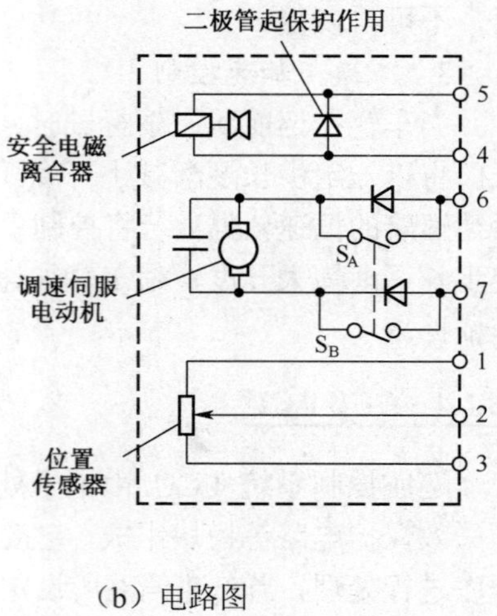

（b）电路图

图 12-3 电机式巡航执行器的结构

电机式巡航控制执行器通常包括安全电磁离合器、调速伺服电动机和位置传感器三个部分。

（1）安全电磁离合器。安全电磁离合器起锁住或释放节气门控制拉线的作用。当汽车在平直道路上以超过 40km/h 的车速行驶，且驾驶员启动巡航按钮 SET 时，安全电磁离合器则锁住拉索使节气门保持一定的开度，汽车也就基本稳定在这个速度上行驶。这样，省去了驾驶员脚踩加速踏板控制车速的重复、单调动作，提高了行车安全性，并使汽车以经济车速行驶。若进行踩制动踏板、踩离合器踏板（手动变速器）、从 D 挡挂至 N 挡（自动变速器）、手制动（驻车制动）、巡航操纵杆至取消（CANCEL）位置任一操作时，安全电磁离合器则释放节气门拉索，巡航装置与节气门分离开，巡航系统停止工作，防止汽车失控飞驰而造成危险。

（2）调速伺服电动机。一般使用永磁可逆式电动机。其作用是保持汽车的动态巡航，动态巡航是指汽车在行驶时，会不可避免地遇到各种情况，诸如道路不平坦、上坡、下坡、转弯及各种阻力而造成车速上下波动，为保证车速稳定在某一恒定值，必须对节气门开度进行小范围的调整，调速伺服电动机即随时驱动节气门开度的变化，达到汽车动态巡航的目的。同时调速伺服电动机还用于加速（ACC）和减速下坡滑行的调整。伺服电动机的运转是受巡航行驶 ECU 控制的。

（3）位置传感器。检测调速伺服电动机控制节气门的位置，即动态反映了节气门的开度情况。它的输出信号作为反馈信号输入巡航 ECU。

如图 12-4 所示是电机式巡航控制装置与发动机节气门的关系。通常情况下，加速踏板（油门）与节气门利用拉索进行机械连接，与加速踏板的动作相配合，节气门轴臂的转动，控制节气门的开与闭。

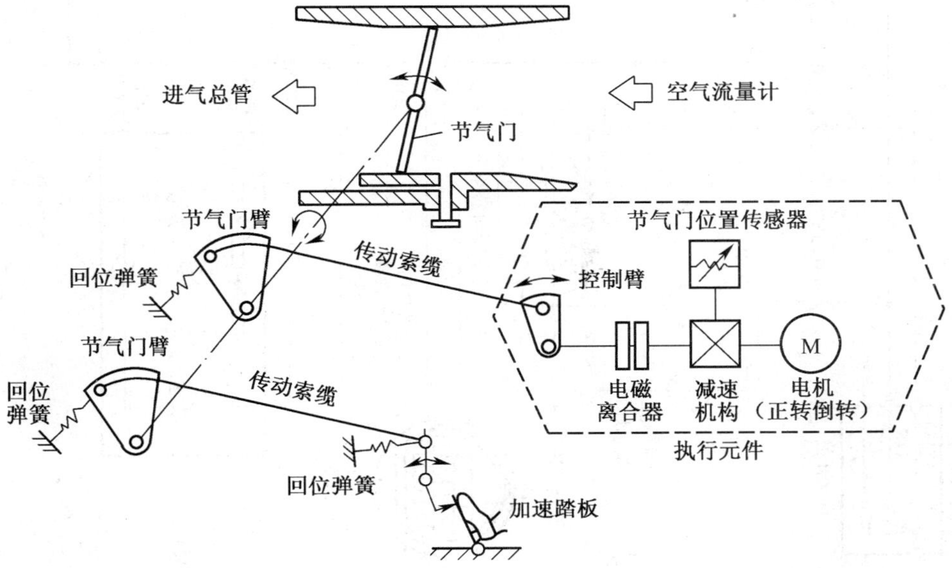

图 12-4　电机式巡航控制装置与节气门的工作关系示意图

在执行器的控制臂中，电机的旋转运动变换为摇摆运动并传送出去。在电机与控制臂之间装有电磁离合器，只是在进行巡航控制时离合器才接合，将电机的力矩传送给节气门；当解除巡航控制后，若发生某种异常情况，离合器首先松开，同时电机旋转使节气门关闭。

如图 12-5 所示，为巡航控制系统电路图。

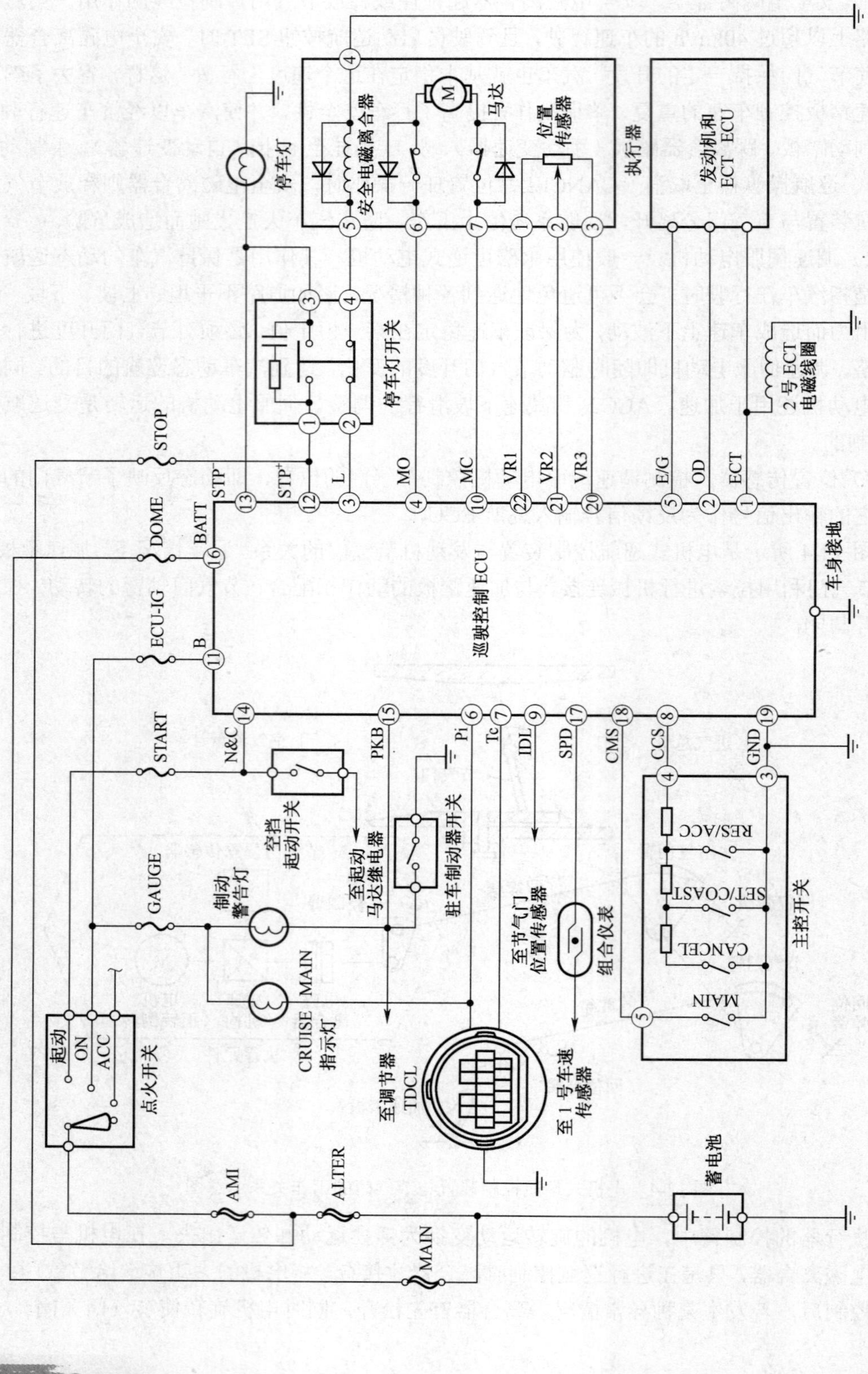

图 12-5 巡航控制系统电路图

2. 智能型巡航控制系统

目前，轿车发动机上广泛采用智能型电子节气门机构，因此 CCS ECU 可通过 EFI ECU 直接控制节气门的开度，省去巡航控制执行器，使控制系统硬件大大简化。发动机与底盘系统的控制将被动力系统所取代，是一综合性网络系统，如图 12-6 所示。

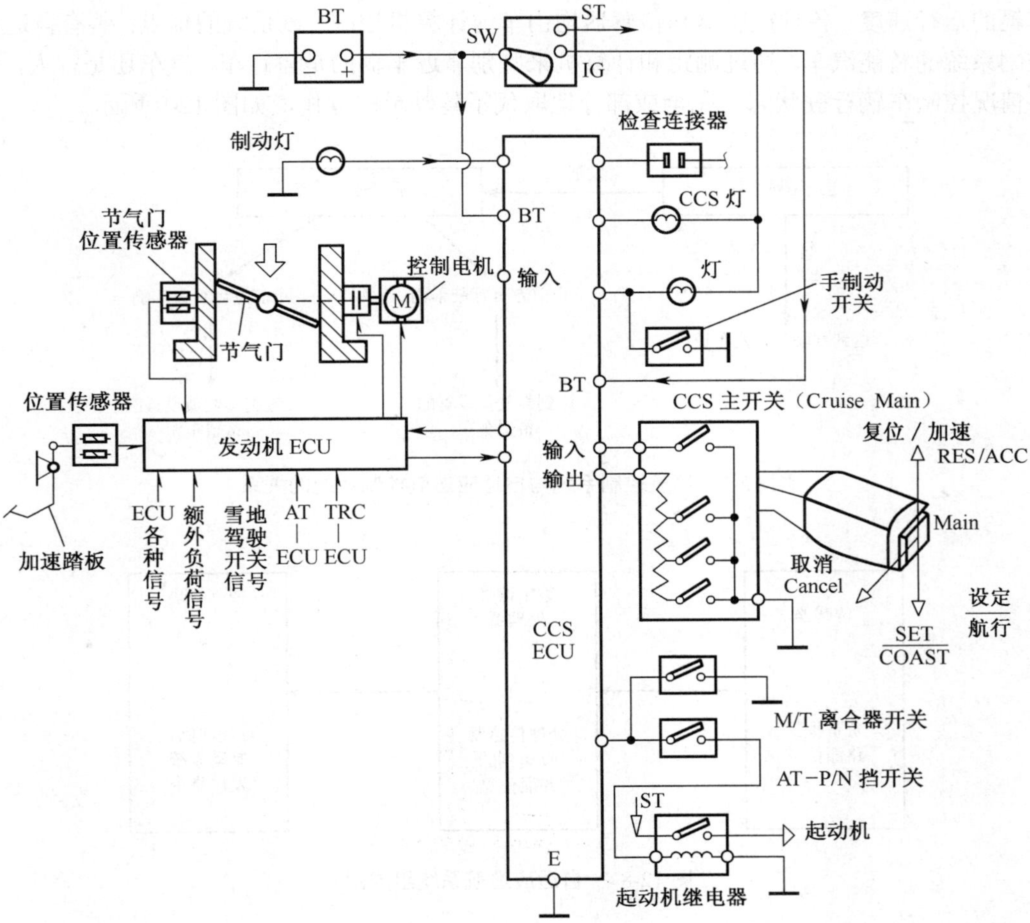

图 12-6　智能型巡航控制系统

12.2　汽车自适应巡航控制系统

汽车自适应巡航控制系统 ACC（Adaptive Cruise Control，简称 ACC）是在传统的巡航控制技术基础上发展起来的，因此既具有定速巡航的能力，又具有应用车载传感器信息自动调整车辆行驶速度，保持本车与前行车辆安全间距的功能。巡航控制系统与自适应巡航控制系统的关系如图 12-7 所示。

1. 基本组成及原理

ACC 属于主动安全技术，是一种智能化的自动控制系统，主要由传感器、数字信号处理器（ACC ECU）、控制模块等组成。如图 12-8 所示。传感器主要有测距传感器、转向盘转角传感器、轮速传感器等，控制模块主要有智能电子节气门、ESP 制动系统。测距传感器安装在散热器的护栅内，可探测到汽车前方 150 米的距离；在前后轮毂上均装有轮速传感器，可测出车辆的行驶速度；转向盘转角传感器用以判断车辆行驶的方向；智能电子节气门（发动机控制器和扭矩控制器）用以探测和调整发动机接通和输出扭矩，以提高发动机的动力性，并适时调整车辆的运行速度。各种控制器和传感器均由车内计算机控制。该系统的优点：装有自适应巡航控制系统的智能汽车，通过测距和计算机来鉴别靠近车辆的是自行车、汽车还是行人，根据道路情况控制车辆行驶状态，完全或部分地取代了驾驶员的操作，如图 12-9 所示。

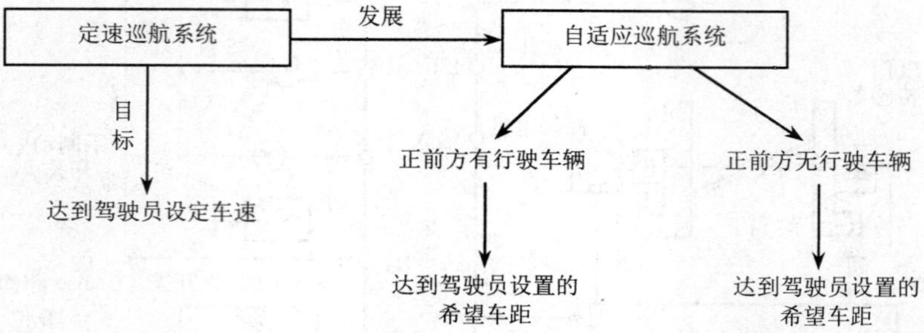

图 12-7　巡航控制系统与自适应巡航控制系统的关系

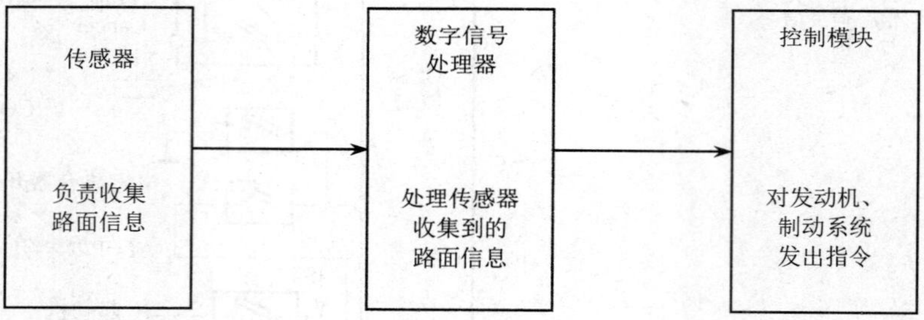

图 12-8　自适应巡航系统组成图

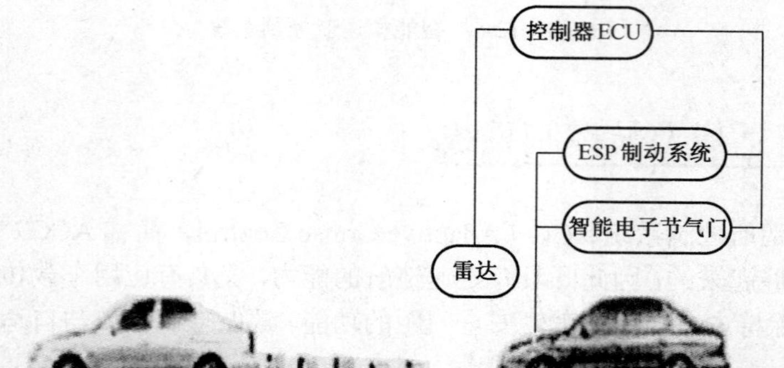

图 12-9　自适应巡航系统原理图

目前采用的测距传感器主要包括雷达传感器、红外光束传感器以及视频摄像头三种。品牌、车型不同其安装位置也不同，常见的安装位置有车标后（如君越）、保险杠两侧（如奥迪 A6L）、下方（如高尔夫 7）以及车内后视镜背后。造成这些差异的原因主要是各种传感器工作原理不同，另外各自还存在不足之处。

雷达——需要规避众多波段（如军用、广播、电视）、区分垂直方向重叠物体较弱。

红外线——对环境要求高，容易受到如雨、雪、沙尘等不良天气影响。

单一摄像头——探测视角相比另外两种有限、受制于摄像头硬件限值、对距离判断能力较弱。

自适应巡航系统开发过程中，研发人员便会根据各种传感器的特点，将它们组成搭档，共同为数字信号处理器提供信息。比如雷达对于垂直方向上重叠物体的判断较弱。在实际行车中，当车辆行驶到立交桥附近时，如果前方与盘桥匝道上同时出现车辆，雷达传感器有很低几率出现误判；前方路面出现金属标识牌甚至是金属废弃物时，雷达传感器也有很低几率产生误判。为了进一步降低误判的可能，越来越多的自适应巡航系统采用两种传感器收集信息。

ACC 系统共有 4 种典型的操作形式如图 12-10 所示：

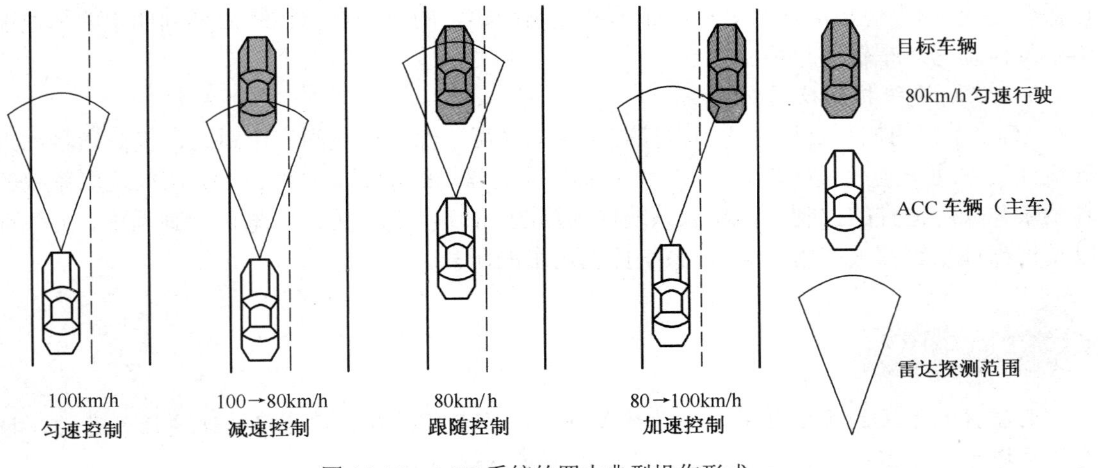

图 12-10　ACC 系统的四中典型操作形式

驾驶员可通过设置在仪表盘上的人机交互界面 MMI 启动或清除自适应巡航控制系统 ACC。启动 ACC 系统时，要设定主车在巡航状态下的车速和与目标车辆间的安全距离，否则 ACC 系统将自动设置为默认值，但所设定的安全距离不可小于设定车速下交通法规所规定的安全距离。

（1）当主车前方无行驶车辆时，主车将处于普通的巡航行驶状态，ACC 系统按照设定的行驶车速对车辆进行匀速控制。

（2）当主车前方有目标车辆，且目标车辆的行驶速度小于主车的行驶速度时，ACC 系统将控制主车进行减速，确保两车间的距离为所设定的安全距离。

（3）当 ACC 系统将主车减速至理想的目标值之后采用跟随控制，与目标车辆以相同的速度行驶。

（4）当前方的目标车辆发生移线，或主车移线行驶使得主车前方又无行驶车辆时，ACC

系统将对主车进行加速控制，使主车恢复至设定的行驶速度。在恢复行驶速度后，ACC 系统又转入对主车的匀速控制。当驾驶员参与车辆驾驶后，ACC 系统将自动退出对车辆的控制。

2. 控制结构及模型

在 ACC 系统的发展过程中，按实现方式的不同，可以将 ACC 系统的控制结构分为直接式和分层式两种。

直接式就是用一个控制器实现车辆纵向运动控制的目的，控制器的输入量是期望的车辆速度和前车信息，在经过控制器根据行驶情况的判断后，得到需要的期望的制动压力和节气门开度，然后直接传递给车辆的控制执行机构，以实现期望的控制结果。

分层式控制结构将车辆纵向运动控制的目的分为两层实现，上位控制器输入量是期望的车辆速度和前车信息，在经过上位控制器根据行驶情况的判断后得到需要的期望车辆加速度，并且该期望加速度作为下位控制器的输入量，下位控制器经过控制后得到期望的制动压力和节气门开度，作用于车辆。因此两者车辆纵向运动控制结构分工明确，控制目的各有侧重，有利于进行模块化的设计和程序的编写，并有利于进行功能的扩展和维护，这些都是直接式控制所不具备的优点。而在设计面向 ACC 系统的定速巡航系统结构时，需要考虑控制系统在扩展成 ACC 系统后满足 ACC 系统的各项要求，因此采用目前 ACC 系统广泛使用的分层式结构是比较适合的。它由上位控制器将期望的车速和反馈的实际的车速进行控制后得到期望的加速度再由下位控制器对车辆进行控制。

3. ACC 系统控制技术发展

ACC 系统的控制目标是适当地控制车辆的速度，保持车辆间安全距离，提高车辆的乘坐舒适性及主动安全性。为实现这些控制目标，确定理想的车辆安全距离后，需要选取系统的控制策略并采用适宜的控制理论建立系统控制算法。目前，PID 方法、最优控制理论、滑模理论以及模糊理论等都被应用于ACC 系统控制技术的研究。

本章小结

巡航控制系统的主要作用是：系统工作时，汽车可按驾驶员选定的速度恒速行驶，控制无须再操纵加速踏板，减轻了疲劳，还可以节省燃料的消耗。

汽车巡航控制系统主要由包括主控制（MAIN 或 ON/OFF）开关、恒速设定/减速（SET/COAST）开关、恢复/加速（RES/ACC）开关、解除（CANCEL）开关，以及车速传感器、制动开关和节气门位置传感器等在内的输入装置、电子控制单元和控制执行器三部分组成。

当驾驶员操纵巡航设定开关时，电脑会记忆调节后的车速，进行巡航控制。所记忆车速与实际行驶车速都被送到计算机的比较电路中，比较电路的输出信号通过补偿电路和 CCS 执行器借助发动机和变速器实现对驱动力的调节，最终使汽车以设定的车速稳定行驶。

电机式巡航控制执行器通常包括安全电磁离合器、调速伺服电动机和位置传感器三个部分。

目前，轿车发动机上广泛采用智能型电子节气门机构，CCS ECU 可通过 EFI ECU 直接控制节气门的开度，省去巡航控制执行器，使控制系统硬件大大简化。发动机与底盘系统的控制将被动力系统所取代，是一综合性网络系统。

自适应巡航控制系统是在巡航控制系统的基础上的发展，功能更强大。通过与发动机动力系统、汽车防滑控制系统的联网工作实现：正前方有行驶车辆时，达到驾驶员设定的希望车距；正前方无行驶车辆时，达到驾驶员设置的希望车速。

思考与练习题

1. 汽车巡航控制系统的作用是什么？
2. 汽车巡航控制系统主要由哪几部分组成？
3. 汽车巡航控制系统的基本原理是什么？
4. 汽车巡航控制系统的发展趋势是什么？
5. 自适应巡航控制系统是由哪几部分组成的？
6. 自适应巡航控制系统的基本原理是什么？
7. 常用的测距传感器有哪几种形式？

13 安全带与安全气囊系统

本章导读

本章首先介绍了安全带和安全气囊的重要性，接着分析了安全带的作用、类型、结构和新型电子控制的安全带。重点讲解了安全气囊系统的结构与工作原理，安全气囊系统的使用注意事项。

本章要点

- 预紧式安全带的结构与工作原理
- 安全气囊系统的组成、各部件的安装位置和基本原理

随着汽车流量的增加和车速的提高，交通事故频繁发生，驾驶员和乘员的安全问题变得十分突出，已成为公众和政府关注的社会问题。汽车交通事故往往是意外发生的，人不可能有较长反应时间来主动保护自己，可靠被动安全装置来减少事故对人体的伤害。

安全气囊是乘用车上的一种被动安全保护系统，即在碰撞过程中用充气垫来保护乘员，早在 1941 年就有了这方面的专利。安全气囊装置最早应用于飞机上。汽车安全气囊作为一种辅助的乘员约束系统（Supplemental Restraint System，SRS），主要用来防止乘员在事故中与车体内饰件的二次碰撞。其在汽车被动安全方面的作用是很明显的，已被汽车行业广泛接受并作为一种有效的被动安全措施。座椅安全带对人的胸部以上部位的保护作用有限，而安全气囊主要是针对乘员上体，特别是头部和颈部的安全设计的。许多测试项目和实践表明，安全气囊的保护作用十分显著。它能够在汽车碰撞时大大减轻乘员受到的伤害，单独使用可以减少 18%的死亡率；而与安全带配合使用时，则可以减少 47%的死亡率。目前已有相当数量的汽车将其作为标准配件进行安装。

值得一提的是，尽管安全气囊对成员的保护作用十分明显，但它只是辅助约束系统。为得到更好的保护效果，必须正确佩戴安全带。

13.1 安全带

13.1.1 安全带及其作用

汽车安全带是一种安全装置，它能在汽车发生碰撞或者急转弯时约束乘员的身体，使其尽可能保持在座椅原来位置上而不移动和转动，避免乘员与车内坚硬部件发生碰撞而造成伤害。安全带历史悠久，应用更普及。

车辆碰撞时，车与车（或固定物体）的碰撞称为一次碰撞，乘员撞在车内结构物上称为二次碰撞。乘员的伤害程度取决于二次碰撞的程度，车速越高，二次碰撞的减速度越大，伤害越严重。实践证明，使用安全带，对于减轻交通事故中的人身伤害程度有积极的作用；特别是高速公路上最常见的多车追尾事故中，安全带的作用尤为明显。

安全带的保护作用分为主动和被动两大类。主动保护作用是由乘员自己着用安全带；被动保护作用是不管乘员愿意与否，由自动机构将安全带穿着在乘员身上；半被动保护作用是由辅助操作自动着用安全带。

13.1.2 安全带的种类

安全带按安装方式分为 4 种，如图 13-1 所示。

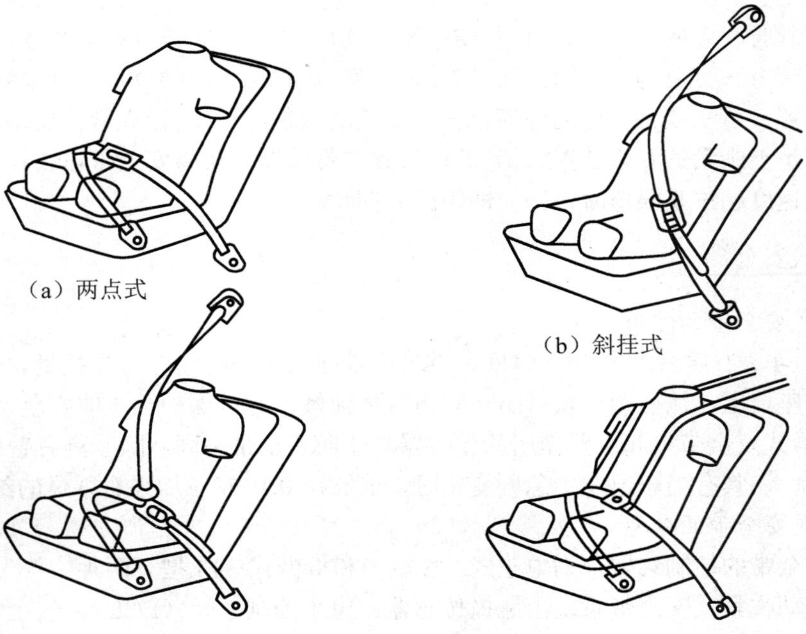

（a）两点式　（b）斜挂式　（c）三点式　（d）四点式

图 13-1　安全带的种类

（1）两点式。又称腰带式，是安全带的基本型。飞机乘员一般使用的就是这种安全带。软带从腰的两侧挂在腹部。优点是使用方便，容易逃出车外；缺点是腹部负荷很大，在撞车时，上身容易前倾，前座乘员头部会碰到仪表板或风窗玻璃。后座乘员一般可以使用这种安全带。

（2）斜挂式。又称安全肩带，软带经乘员胸前斜挂在肩部，可防止上体转动。其缺点是，撞车时乘员受力不均匀，下体容易向前挤出；若安装不当，身体会从带中脱出或头部被撞。这种安全带欧洲采用较多，但不推荐使用。

（3）三点式。三点式安全带有两种，一种是两点式和斜挂式合二为一的复合式，又称连续三点式；另一种是将防止上体前倾的肩带连在两点式安全带上任意点而成的，称为分离三点式。三点式兼有两点式和斜挂式的长处并且消除了短处，对乘客保护效果良好，实用性高，是现在最通用的一种安全带。

（4）四点式。又称马夹式安全带，是两点式安全带上再连两条肩带组合而成。其保护效果最好，也是最完善的一种；但使用不便，一般用于特殊用途车或赛车上。

13.1.3 安全带的结构

安全带的基本结构一般包括软带、带扣、长度调整机构、卷带装置和固定部分。

软带是安全带的本体。一般用尼龙织物、聚酯、维尼纶等合成纤维原丝编织成宽约 50mm、厚约 1.5mm 的带子。软带要求具有足够的强度、延伸性和吸收能量性，以便在撞车时起到缓冲作用，可用作腰带和肩带。各国对软带的性能和试验要求都有标准规定。生产的软带必须经过强度、伸长率、收缩率、耐磨、耐寒、耐热、耐水和耐光等考核试验，符合规定后才能使用。

带扣用以扣合或脱开安全带，分为有舌和无舌两类。有舌又分为包围型按钮式和开放型按钮式两种。长度调整机构是为了适应乘员的体形调整软带长度的机构。卷带装置是在不用安全带时自动将软带收卷的装置，以防止损伤带扣和软带。在使用时还具有调整软带长度的功能。卷带装置按卷带方式可分为无锁紧式卷带装置（不能在软带拉出的位置自动锁紧软带）、自动锁紧式卷带装置（可在软带拉出的任何位置自动锁紧软带）、手动无锁紧式卷带装置（能用手拉出软带，但不能锁紧的卷带装置）、紧急锁紧式卷带装置（可将安全带自由拉出或收回，但当拉出带子的速度超过某限值时，则立即锁住）四种。

13.1.4 预紧式安全带

1. 预紧式安全带的作用

（1）当汽车发生碰撞事故的一瞬间，乘员尚未向前移动时它会首先拉紧软带，立即将乘员紧紧地绑在座椅上，然后锁止软带防止乘员身体前倾，有效保护乘员的安全。

（2）预紧式安全带中起主要作用的卷收器与普通安全带不同，除了具有普通卷收器的收放软带功能外，还具有当车速发生急剧变化时，能够在 0.1s 左右加强对乘员的约束力。

2. 预紧式安全带的分类

预紧式安全带的控制装置分为电子式（E 型）和机械式（M 型）两种。

电子式自动收紧式安全带系统由碰撞传感器、电子控制单元（ECU）、安全带、带扣锁、安全带收紧器和安装附件组成，其中传感器和电子控制器与气囊系统共用。由电子控制单元（ECU）检测到汽车加速度的不正常变化，经过电脑处理将信号发至卷收器的控制装置，激发预拉紧装置工作。这种预紧式安全带通常与辅助安全气囊组合使用。

机械式控制装置由传感器检测到汽车加速度的不正常变化，控制装置激发预拉紧装置工作。这种预紧式安全带可以单独使用。

3. 预紧式安全带的组成

安全带收紧器是预紧式安全带的核心部件，其结构如图 13-2 所示，它由收紧机构、收缩机构和紧急锁紧收缩器（ELR）等组成。

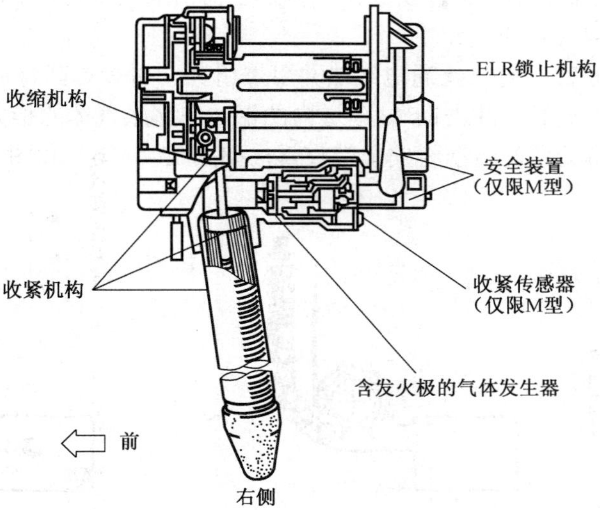

图 13-2　预紧式安全带收紧器的结构

（1）收紧机构。收紧机构的具体构造因制造厂家的不同而有差异，但工作原理均相同。

收紧机构由气体发生器、缸筒、活塞以及与活塞连在一起的拉索等组成，其结构及工作过程如图 13-3 所示。当收紧器动作时，由气体发生器释放出的大量气体推动活塞向下运动。由于拉索与活塞连在一起，所以活塞带动拉索，使鼓轮带动轴转动，收紧安全带的长度，确保乘员身体不会前移。

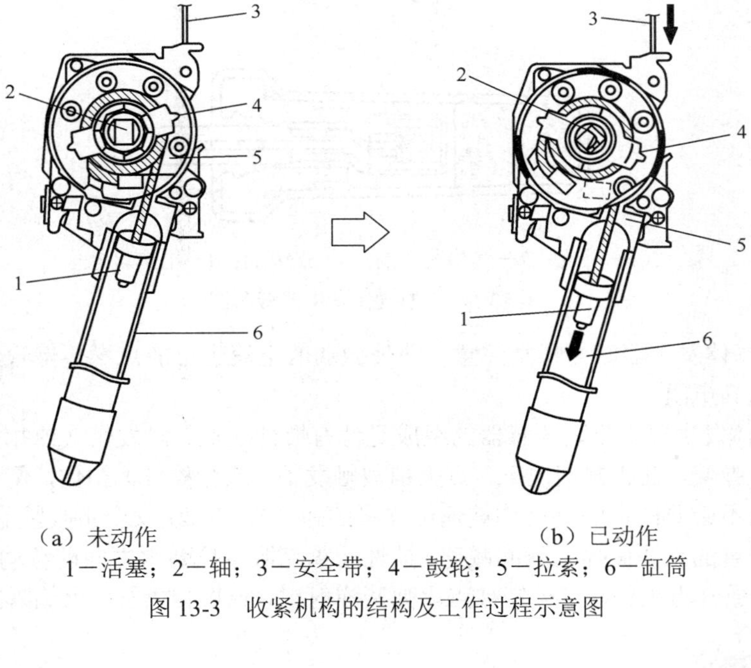

（a）未动作　（b）已动作

1—活塞；2—轴；3—安全带；4—鼓轮；5—拉索；6—缸筒

图 13-3　收紧机构的结构及工作过程示意图

捷达和宝来BORA轿车用钢珠式安全带收紧器的结构如图13-4所示，主要由气体发生器、点火器、钢珠、带齿转子、安全带卷筒和钢珠回收盒组成。

气体发生器和点火器的结构原理与SRS的气体发生器和点火器基本相同，但体积很小。点火器安放在气体发生器内部，钢珠安放在气体发生器前面的滚道内。带齿转子固定在安全带卷筒的一端，如图13-4（a）所示。

当点火器电路接通时，电热丝通电红热并引爆引药，引爆炸药释放大量热量使充气剂受热分解并迅速释放出大量氮气冲击钢球。滚道内的钢珠在膨胀气体的推力作用下连续射向转子齿槽，从而驱动转子带动卷筒转动将安全带收紧，如图13-4（b）和图13-4（c）所示。

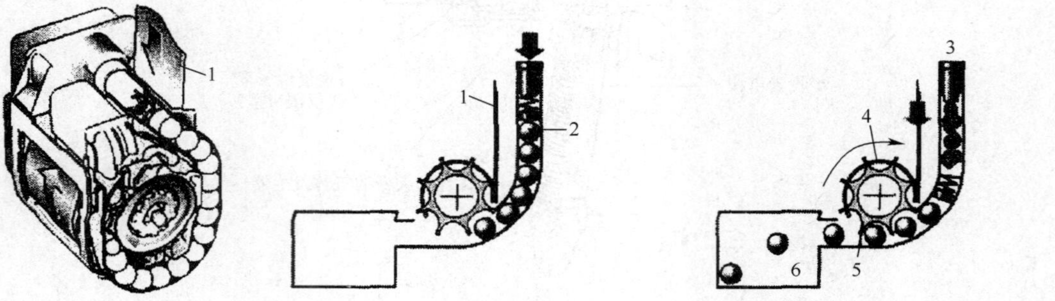

（a）内部结构　（b）引爆前钢珠沿滚道安放　（c）引爆后转子带动卷筒将安全带收紧

1—安全带；2—钢珠；3—气体发生器；4—安全带卷筒；5—带齿转子；6—钢珠回收盒

图13-4　捷达、宝来轿车用钢珠式安全带收紧器的结构原理

（2）气体发生器。

1）E型气体发生器。E型气体发生器由传爆管（电热丝和点火剂）和装在金属容器内的气体发生剂（无烟火药）组成（如图13-5所示）。当气囊传感器接通时，电流流到传爆管的电热丝而点燃点火剂，火焰随即在极短的时间内传给气体发生剂，产生高压气体。

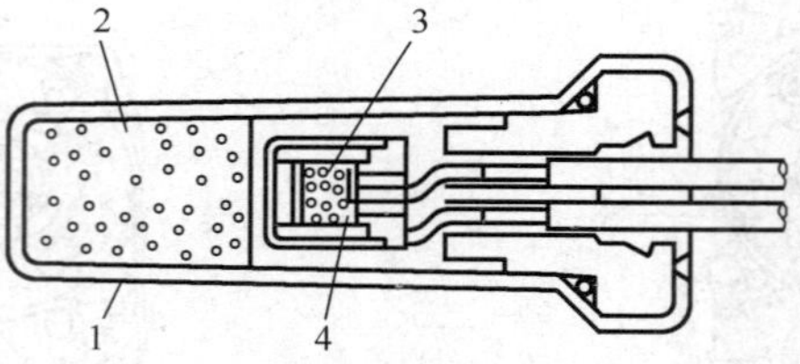

1—外壳；2—气体发生剂；3—点火剂；4—电热丝

图13-5　E型气体发生器截面图

维修E型气体发生器时需特别注意，即使微弱的电流也可能点燃传爆管，因此，绝不可使用万用表测量其电阻。

2）M型气体发生器。收紧传感器的组成元件有惯性配重、触发轴（或扣栓杆）、点火销、点火弹簧和偏位弹簧。在正常情况下，点火销被触发轴（或扣栓杆）扣住，使点火销不能射出去。此外，任何不必要的惯性移动均被偏位弹簧的弹力抑制，使安全带收紧器不致被误触发。如果车辆发生严重的正面碰撞而瞬间减速，惯性配重克服偏位弹簧力向前移动，从而使触发轴（或扣栓杆）释放开点火销。点火销被点火弹簧弹射出，点燃传爆管，火焰瞬间扩散到气体发生剂，从而产生大量气体。

为了防止在拆卸安全带或处理安全带收紧器时意外地启动收紧器，M 型座位安全带收紧器均装有制止传感器工作的安全装置（触发安全装置），如图 13-6 所示。传感器锁止按钮必须用螺丝刀或类似的工具压下，使传感器锁止释放杆顺时针旋转 90°。这样触发轴就会被固定，使安全带收紧器停止工作。要释放安全装置，逆时针转动传感器锁止释放杆，并使之按下即可。

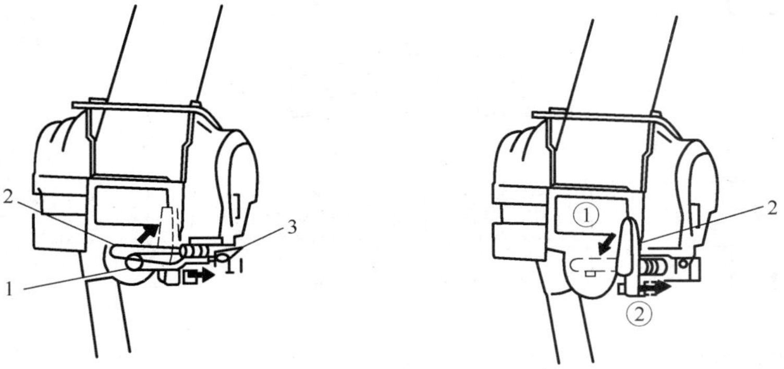

（a）触发　　（b）释放

1—螺丝刀；2—传感器锁止释放杆；3—传感器锁止按钮

图 13-6　安全装置的触发与释放

（3）安全带限力器。安全带限力器由限力板、卷筒和固定轴等构成，如图 13-7 所示。

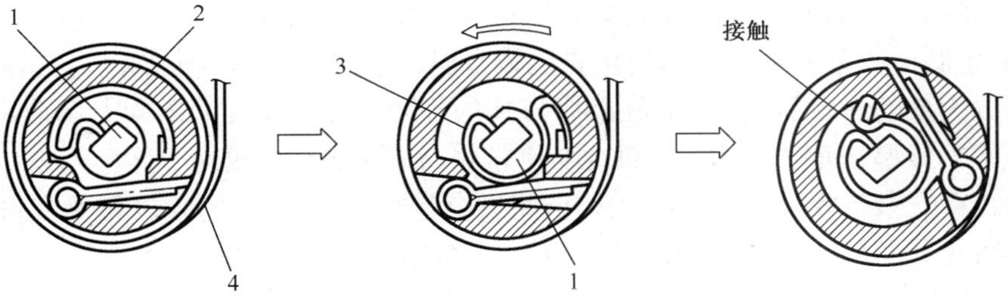

（a）未动作　　（b）动作　　（c）动作结束

1—固定轴；2—卷筒；3—限力板；4—安全带

图 13-7　安全带限力器

当车辆发生严重的正面碰撞时，由于乘员进一步向前移动而使安全带所受的力超过预定值时，限力板开始变形，卷筒立即旋转，使得绕在其上的安全带得以向外拉出。与此同时，限力板继续随卷筒的旋转而绕固定轴变形，成为安全带继续拉出的阻力。当卷筒转过 1.25 圈时，随着限力板两端接触，限力板完成绕固定轴的转动，卷筒也不能再进一步转动。结果，限力器完成其工作。

4. 预紧式安全带的工作原理

装备座椅安全带收紧器后，辅助防护系统的基本原理如图 13-8 所示。前左、右碰撞传感器 9、10 与安装在 SRS 电脑中的中心传感器相互并联，驾驶席气囊点火器 7 与乘员席气囊点火器 8 并联，左、右安全辅助气囊收紧器点火器 5、6 并联。

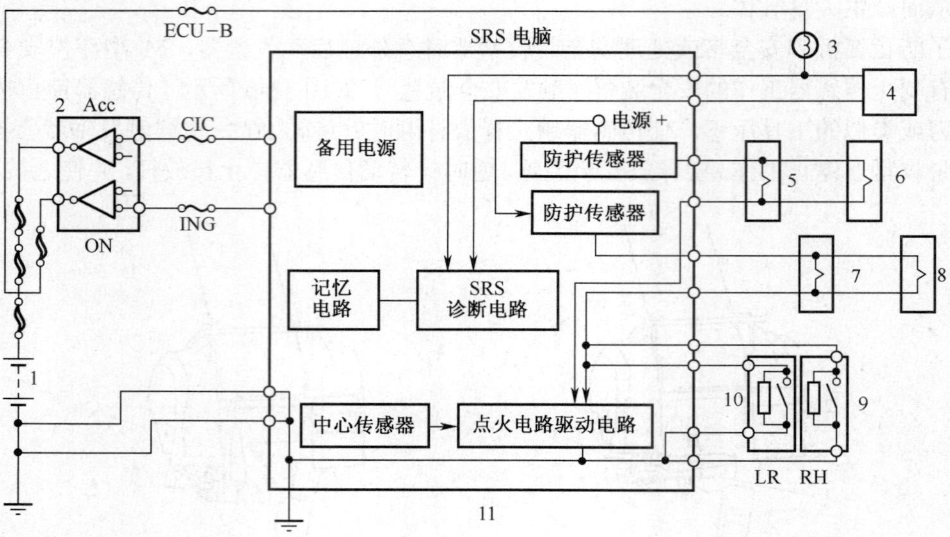

1－蓄电池；2－点火开关；3－SRS 指示灯；4－检查接口；5－左安全辅助气囊点火器；6－右安全辅助气囊点火器；7－驾驶席气囊点火器；8－乘员席气囊点火器；9－前左碰撞传感器；10－前右碰撞传感器；11－SRS 电脑

图 13-8　装备预紧式安全带的 SRS 系统工作原理

在 SRS 电脑中，设有两只相互并联的防护传感器，其中一只与收紧器点火器 5、6 和 SRS 电脑中的驱动电路构成回路。收紧器的点火器受控于 SRS 电脑。另一只防护传感器与气囊点火器 7、8 和碰撞传感器 9、10 构成回路，气囊点火器 7、8 也受控于 SRS 电脑。

当 SRS 电脑向收紧器的点火器发出点火指令时，点火器引爆点火剂，充气器内的充气剂受热分解释放大量的无毒氮气。活塞在膨胀气体的推动下迅速在导管内向上运动，同时拉动缆绳运动并向带轮传递一个转动力矩，离合器将带轮与卷筒卡住，成为一体，转动力矩便带动卷筒一起转动，将安全带收紧。在 8ms 内，能将安全带收紧 10cm，驾驶员和乘员向前移动距离缩短，从而防止其面部、胸部与转向盘、挡风玻璃或仪表台发生碰撞。

5. 使用注意事项

由于预紧式安全带是靠急速回拉的方式保护乘员，里面装置有气体引发剂和气体发生剂，因此在使用中要注意它与普通安全带的不同之处。它有一定的使用时间，有效期满必须更换；预紧式安全带只允许安装在为其设计和制造的汽车上，不允许随意改装在其他汽车上；开车前要系好预紧式安全带，如果未系好预紧式安全带，一旦汽车发生碰撞，不但受不到安全带的保护，反而会因安全带产生误回拉动作而增加乘员受伤的可能性。

13.1.5　预警式安全带

预警式安全带是一种安全性与舒适性并存的安全带。汽车乘客坐在座椅上喜欢放松安全带，将座椅靠背后倾，这样虽然舒适，但一旦发生碰撞事故，安全气囊将无法发挥作用，后果可能会很严重。戴姆勒-克莱斯勒汽车公司通过技术手段解决了这一问题，并宣布将在其生产的汽车上使用。这种技术主要是通过传感器发挥作用，当汽车开始侧滑或者驾驶者紧急制动时，传感器及电脑装置将在这一瞬间测量速度、踩制动踏板的力度、轮胎的滑行状态等，如果判断有可能出事故，会立即发出指令，将座位靠背自动立起，卷紧安全带，纠正乘客的乘坐姿态等。另外，考虑到车辆可能会发生侧翻，它还有自动关闭遮阳篷顶的功能。

13.1.6 气囊式安全带

目前轿车广泛安装安全气囊装置，但这种装置也有其不足之处：一是爆发力过大，容易造成乘员受伤（尤其是儿童）；二是有了安全气囊后，一些乘员便忽视了安全带的作用而不系安全带；三是安全气囊爆发时车辆容易失控。针对这些弊端，国外有些公司正在改变思路，将安全气囊与安全带合二为一，研制出一种“气囊式安全带”，以消除上述弊端。这种“气囊式安全带”即在安全带的主要长度上（从下部的搭扣直至肩部以上与车身固定点附近这段长度），做成可充气膨胀的气囊，其工作原理与目前的安全气囊一样。当它爆发时，安全带的宽度会由 5cm 增加到 15cm，使人体与其接触面加大而减少伤害。这种气囊式安全带不但价格比较低，而且安装位置不受限制，后排座的乘员也可以使用。因此这种气囊式安全带具有广泛的市场前景。

13.2 安全气囊系统

13.2.1 安全气囊的作用与类型

1. 安全气囊的作用

安全气囊系统是一种当汽车遭到冲撞而急剧减速时能很快膨胀的缓冲垫，通常它与座椅安全带配合使用，可以为乘员提供十分有效的防撞保护。如图 13-9 所示，当汽车发生碰撞时，将在乘员和汽车内部结构之间迅速打开一个充满气体的袋子，使乘员撞在气袋上，避免或减缓碰撞，从而达到保护乘员的目的，是汽车被动安全措施之一。

图 13-9 安全气囊对乘员的保护作用

2. 安全气囊的类型

（1）按照气囊的数量分为：单气囊系统（只装在驾驶员侧）、双气囊系统（驾驶员侧和副驾驶员侧各有一个安全气囊）和多气囊系统（前排安全气囊、后排安全气囊、侧面安全气囊）。

（2）按照气囊的大小分为：保护全身的安全气囊、保护整个上身的大型气囊和主要保护面部的小型护面气囊。

（3）按照充气装置点火系统的不同分为：电子式气囊与机械式气囊。

（4）按照保护对象的不同分为：驾驶员防撞安全气囊、前排乘员防撞安全气囊、后排乘员防撞安全气囊和侧面防撞安全气囊。

（5）智能型安全气囊。为了克服普通安全气囊系统的不足，人们正在研制新一代安全气囊系统，即智能型安全气囊（Smart Air Bag）。智能型安全气囊系统比一般安全气囊系统增加了以下几种功能：

1）检测乘员是否系上座椅安全带。

2）检测乘员乘坐位置。

3）检测儿童座椅。

4）调控安全气囊充气膨胀力。

5）检测座椅上是否有乘员。

6）检测气温。

13.2.2 安全气囊的组成与工作原理

机械式安全气囊系统主要由传感器、气囊组件、气体发生器等组成。安全气囊工作由传感器直接引爆点火，见图 13-10。该安全气囊系统的优点是结构简单，成本低；缺点是可靠性差，容易误动作。

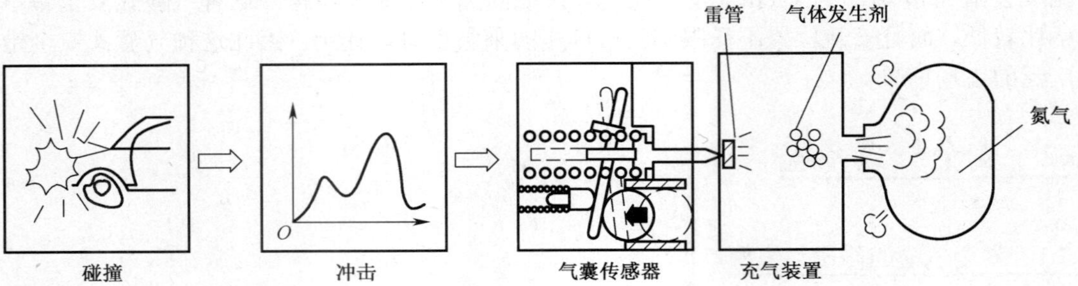

图 13-10 机械式安全气囊系统的工作原理

下面重点介绍电子式安全气囊系统的工作过程。

电子式安全气囊系统主要由传感器、气囊组件、气体发生器、电控装置（ECU）等组成，见图 13-11。

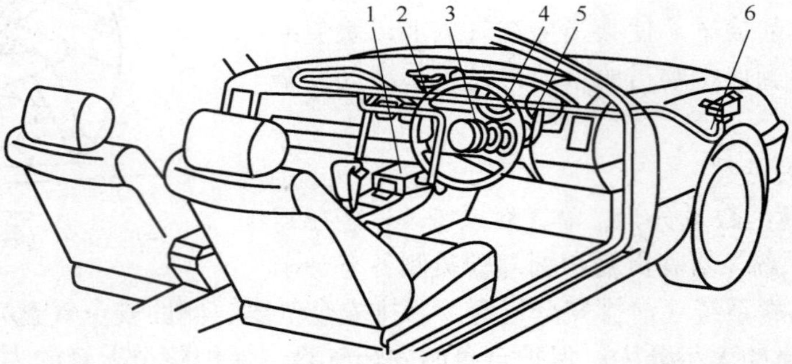

1－中央气囊传感器总成；2－前部碰撞传感器（左）；3－气囊与充气装置；
4－螺旋电缆；5－气囊报警灯；6－前部碰撞传感器（右）

图 13-11 安全气囊系统的组成

汽车上装有车前与车内两种碰撞传感器，位于车前两侧的车前传感器可保证在正面上 30° 范围内有效的工作。当汽车发生碰撞时，由传感器对碰撞程度进行识别，对于中等程度以上的碰撞，传感器发出信号给 ECU，经 ECU 判别后发出点火信号使点火器工作，气体发生装置在极短的时间内产生大量气体通过滤清器充入卷收在一起的气囊，使其膨胀，见图 13-12。

安全气囊系统所用的碰撞传感器，一般根据所承担的任务不同分为车前传感器、中央传感器与安全传感器。车前传感器用来检测汽车正面低速碰撞所受到的冲击信号，中央传感器用来检测汽车发生高速碰撞的信息，安全传感器用来防止系统在非碰撞状况引起安全气囊误动作。安全气囊点火及点火的判断条件如图 13-13（a）（b）所示。

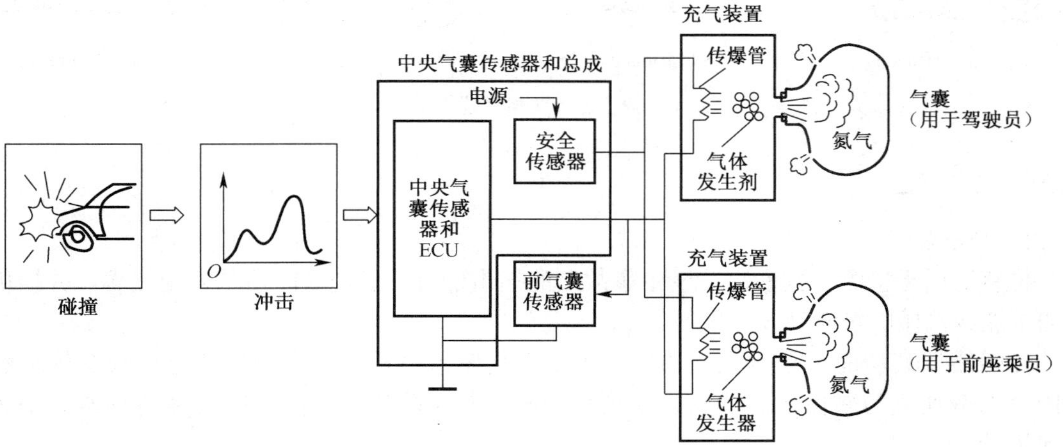

图 13-12 安全气囊系统的工作原理

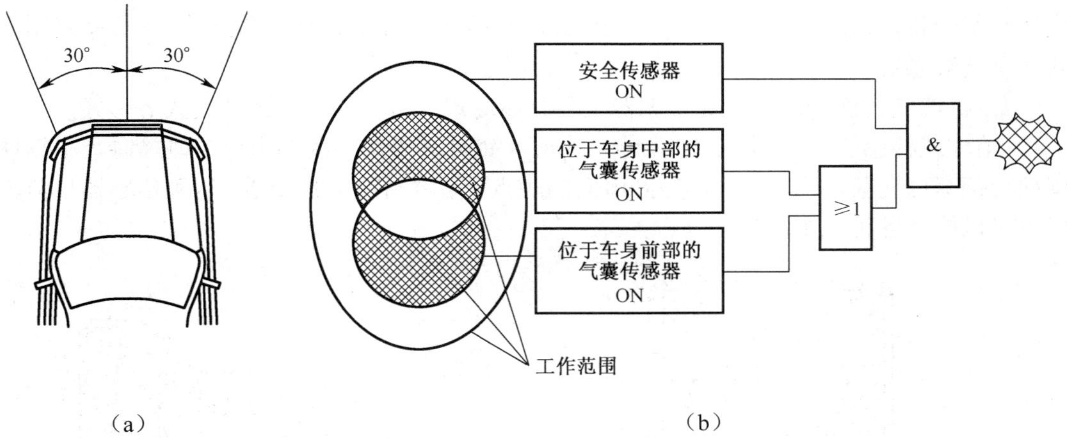

图 13-13 安全气囊点火的判断条件

安全气囊系统的整个工作过程大约需要 100ms 左右，可分为四个阶段，见图 13-14。

第一阶段（见图 13-14（a））：汽车撞车，达到气囊系统引爆极限，传感器从测出碰撞到接通电流需 10ms，引爆器点燃气囊的气体发生器，而此时驾驶员仍然处于直坐状态。

第二阶段（见图 13-14（b））：气体发生器在 30ms 内将气囊完全胀起，撞车（50km/h 的速度）40ms 后驾驶员身体开始向前移动。因为安全带斜系在驾驶员身上，随驾驶员的前移，安全带被拉长，一部分撞车时产生的冲击能量由安全带吸收。

第三阶段（见图 13-14（c））：汽车撞车 60ms 之后，驾驶员的头部及身体上部都压向气囊，气囊后面的排气口允许气压在压力作用下匀速地逸出。

第四阶段（见图 13-14（d））：汽车撞车 110ms 之后，驾驶员向后移回到座椅上，大部分气体已从气囊中逸出，前方又恢复了清晰的视野。

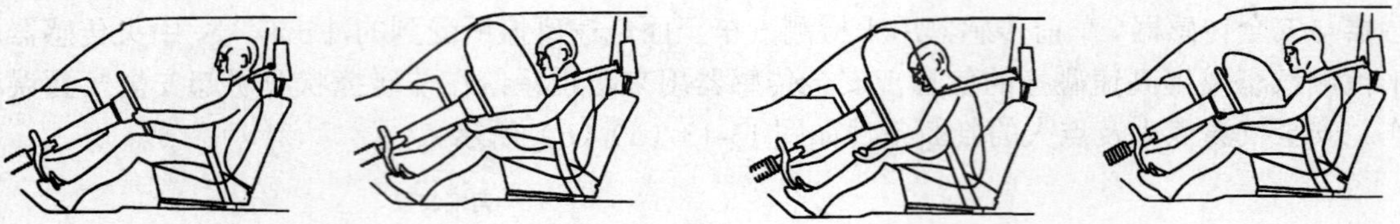

（a）10ms 时　（b）40ms 时　（c）60ms 时　（d）110ms 时

图 13-14　安全气囊系统的动作时序

13.2.3　主要部件

1. 传感器

传感器用于检测、判断汽车发生事故后的撞击信号，以便及时启动安全气囊，并提供足够的电能或机械能点燃气体发生器。

传感器按其功能可分为碰撞传感器和安全传感器两种。安全传感器也称触发传感器，其闭合的减速度与碰撞传感器相比要稍小一些，起保险作用，防止因碰撞传感器短路而造成误爆开。

传感器按其结构可分为机械式、机电式和电子式三种。

（1）机械式传感器。全机械式传感器的结构如图 13-15 所示。当传感器中传感重块的减速度达到某一特定值时，传感重块便将其机械能直接传给引发器使气囊膨开。该传感器用于机械式安全气囊系统。

（2）机电式传感器。机电式传感器主要有滚球式、偏心式、水银开关式等形式。

1）滚球式传感器。如图 13-16 所示，平时小钢球被磁场力所约束。当碰撞时，小钢球就在圆柱形钢套内向前运动。一旦接触到前面的触点，则将局部电路接通。这种传感器目前应用很广，可以检测各种撞击信号。

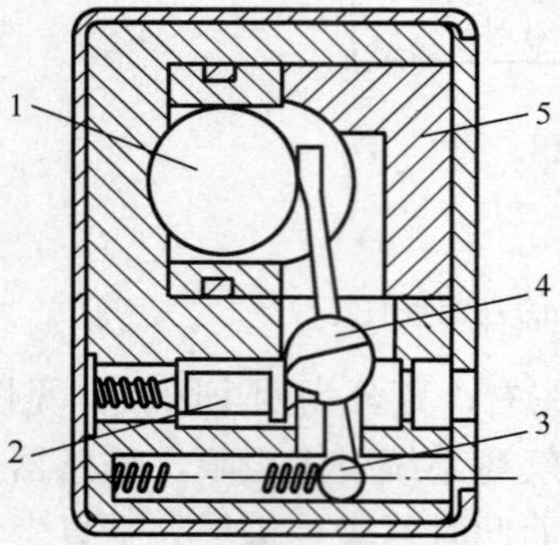

1—感应块；2—撞针；3—偏置弹簧；4—轴；5—顶盖

图 13-15　全机械式传感器

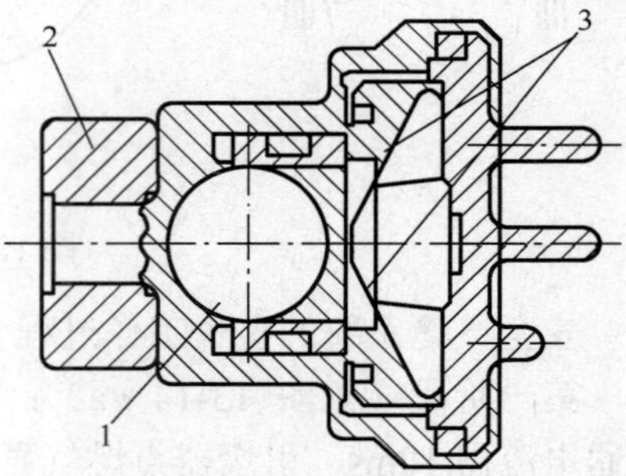

1—小钢球；2—磁铁；3—触点

图 13-16　滚球式传感器

2）偏心式传感器。偏心式传感器为具有偏心转动质量的机电式加速度传感器，它是由外壳、偏心转子、偏心重块、旋转触点与固定触点、螺旋弹簧等构成的，如图 13-17 所示。偏心式传感器的外侧装有一个电阻，作自检之用，即检测传感器总成与其之间的线路是否有开路或短路。

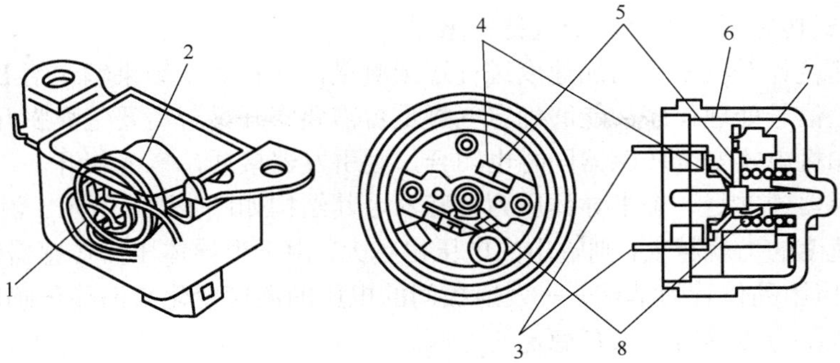

1－自检电阻；2－传感器；3－固定触点；4－旋转触点；5－偏心转子；
6－外壳；7－偏心重块；8－螺旋弹簧

图 13-17　偏心式传感器的结构

当汽车正常行驶时，偏心转子和偏心重块被螺旋弹簧拉回，处于平衡状态，此时转子上安装的旋转触点与固定触点不接触。当车辆受到正面碰撞且加速度达到设定值时，由于偏心重块惯性的作用，使偏心重块连同偏心转子和旋转触点一起转动，旋转触点与固定触点发生接触（见图 13-18），从而向 ECU 发出闭合电路信号。

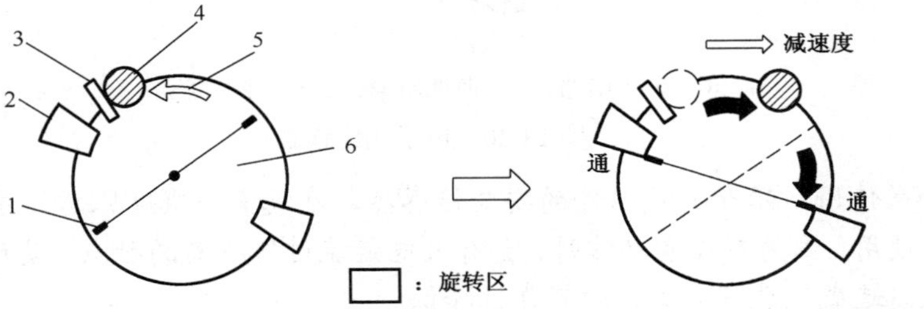

1－旋转触点；2－固定触点；3－止动器；4－偏心重块；5－螺旋弹簧力；6－偏心转子

图 13-18　偏心式传感器的工作过程

3）水银开关式传感器。水银开关式传感器是安全传感器中常见的一种。如图 13-19 所示，当汽车碰撞时，水银产生惯性力，抛向电极 2 和电极 3，使两极接通，并使点火器接通。安全传感器一般比碰撞传感器所需的惯性力或减速度小，以保证碰撞传感器可靠工作。

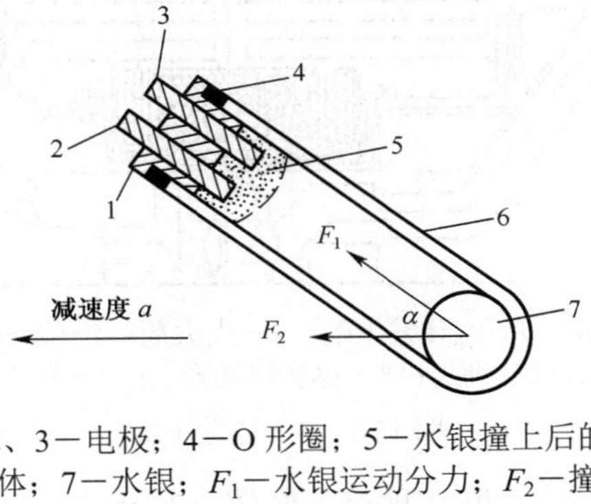

1－盖；2、3－电极；4－O 形圈；5－水银撞上后的位置；
6－壳体；7－水银；F_1－水银运动分力；F_2－撞击力

图 13-19　水银开关式传感器

13 Chapter

（3）电子式传感器（中央安全气囊传感器）。

电子式加速度计对汽车正向加速度进行连续测量，并将测量结果输送给 ECU。ECU 内有一套复杂的碰撞信号处理程序，能够确定气囊是否需要膨开。若需要气囊膨开，ECU 便会接通点火电路，如机电式安全传感器同时也闭合，则引发器接通，气囊膨开。

电子式传感器通常是一个半导体压力传感器，其结构如图 13-20 所示。汽车的速度越大，碰撞后产生减速度的力就越大，则输出的电压也越大。由于半导体压力传感器输出特性受温度的影响较大，故应用晶体管的基极——发射极间的电压的温度变化来消除传感器输出特性的变化。所以半导体压力传感器要求有稳定的电源。

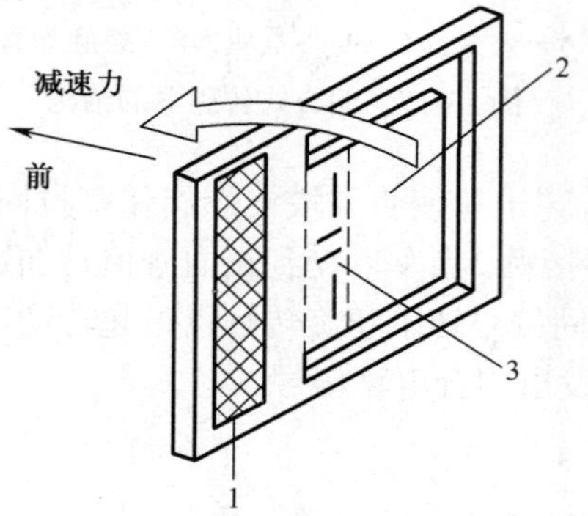

1—集成电路：2—惯性质量：3—变形感应片

图 13-20　电子式传感器

注意：如果使用水银开关式以外的安全传感器，在气囊引爆膨胀后，中央气囊传感器总成绝不可重复使用。因为在气囊动作时，会有大电流流过传感器的触点，使触点表面产生烧蚀而令电阻过大，造成气囊下次工作的可靠性降低。

2. 安全气囊组件

安全气囊组件主要由气体发生器、点火器、气囊、饰盖和底板组成，如图 13-21 所示。驾驶员侧气囊组件位于转向盘中心处，乘客侧气囊组件位于仪表板右侧手套盒的上方。

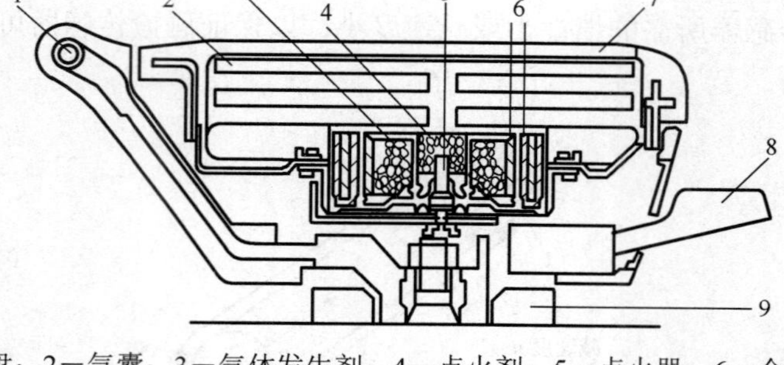

1—转向盘；2—气囊；3—气体发生剂；4—点火剂；5—点火器；6—金属滤网；7—转向盘饰盖；8—巡航控制开关；9—螺旋电缆

图 13-21　气体发生器

（1）气体发生器。气体发生器又称充气装置，用于在点火器引爆点火剂时产生气体向气囊充气，使气囊膨开。气体发生器用专用螺栓和专用螺母固定在气囊支架上，装配时只能用专用工具。

目前，大多数气体发生器都是利用热效反应产生氮气而充入气囊。在点火器引爆点火剂的瞬间，点火剂会产生大量热量，叠氮化钠受热立即分解释放氮气，并从充气孔充入气囊。

气体发生器在结构上包括点火器、点火剂、气体发生剂（片状叠氮化钠）和金属滤网等。带有微量火药的电热线式点火器设置在充气装置的中央，当车辆发生碰撞，且强度满足气囊触发条件时，控制电流被导向点火器，通过点火器点燃点火剂，火焰迅速扩展传播，使其周围的气体发生剂产生大量氮气。氮气经过滤网过滤并冷却后，经由充气装置的喷口进入气囊，使气囊膨胀展开，冲破转向盘衬盖的气囊可以在驾驶员面前形成缓冲垫。充气完毕后，氮气经气囊背部的排气口迅速排出，利用泄气过程吸收冲击能量，以避免气囊对乘员造成二次反弹伤害。

（2）点火器。点火器外包铝箔，安装在气体发生器内部中央位置，其结构见图13-22。

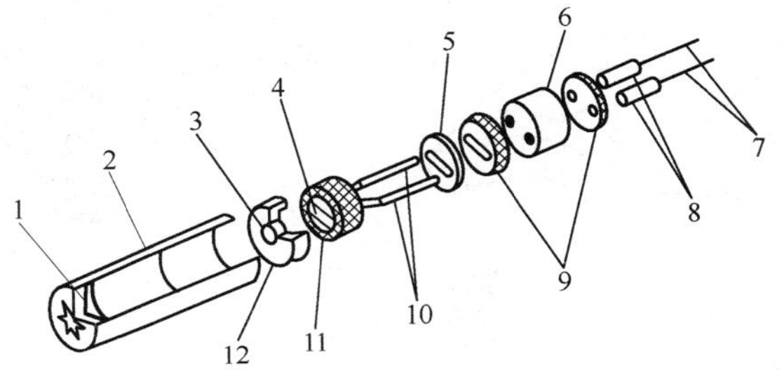

1—引爆炸药；2—药筒；3—引药；4—电热丝；5—陶瓷片；6—永久磁铁；7—引出导线；8—绝缘套管；9—绝缘垫片；10—电极；11—电热头；12—底座

图13-22　点火器的结构

点火剂包括引爆炸药和引药，引出导线与气囊插接器插头连接，插接器中设有短路片（铜质弹簧片）。当插接器插头拔下或插头与插接器未完全结合时，短路片将两根引线短接，防止静电或误导电将电热丝电路接通而造成气囊误膨开。

在检修安全气囊的过程中，切勿测量点火器的电阻，见图13-23。该操作可能造成气囊膨开，非常危险。

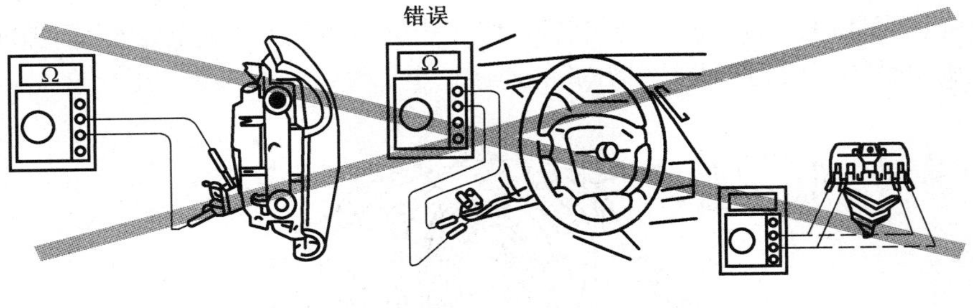

图13-23　切勿测量点火器的电阻

（3）气囊。气囊按位置分为驾驶员气囊、乘员气囊、侧面气囊等，有用来保护上身的大型气囊，也有用来主要保护面部的小型气囊。驾驶员气囊多采用尼龙布涂氯丁橡胶或有机硅制造，橡胶涂层起密封和阻燃作用。气囊背面有两个直径约25mm左右的泄气孔，当乘员和气囊相碰时，借助圆孔的放气可减轻振荡。放气过程同时也是一个释放能量的过程，因此可以很快地吸收乘员的动能，有助于保护乘员。乘员气囊没有涂层，靠尼龙布本身的间隙泄气。

（4）饰盖。饰盖是气囊组件中一个重要的组成部分，由聚氨酯制成。在制造过程中使用了很薄的水基发泡剂，所以其质量特别轻。平时它作为转向盘的上表面，把气囊与外界隔离开，既起到了维护作用，也起到了修饰作用。气囊膨胀开时，它在气囊爆发力的作用下快速、及时地断裂开，并且对安全气囊展开过程毫无阻碍。

在拆卸转向盘饰盖或处理新的转向盘饰盖时，应将饰盖正面朝上放置，见图 13-24。另外，不要将转向盘饰盖存放在另一个饰盖上面。将转向盘饰盖的金属面朝上存放时，如果转向盘饰盖因为某种原因充气，可能导致严重的事故。

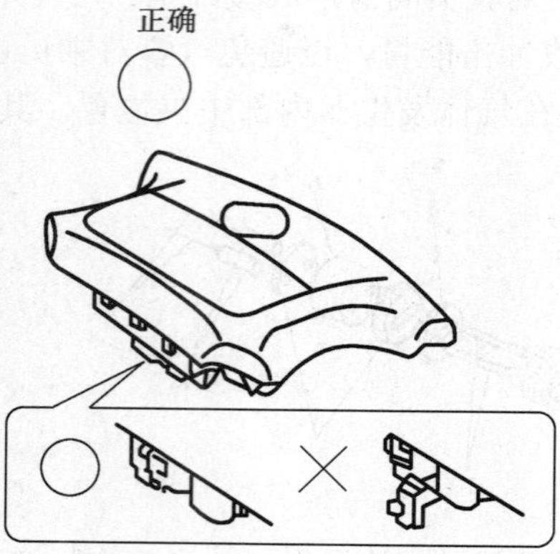

图 13-24　饰盖的正确放置

在报废汽车整车或报废 SRS 组件时，应在报废之前先用专用维修工具将气囊引爆。引爆 SRS 气囊时，应按制造厂家规定的方法进行。

3. 螺旋电缆

充气装置与气囊安装在转向盘上，随转向盘一起转动，点火器与电子控制装置之间的连接一般不采用接触可靠性较低的集电环，而是以螺旋电缆的方式将点火器直接与控制器连接，其结构如图 13-25 所示。螺旋电缆由壳体、旋转体、电缆线和解除凸轮等组成，旋转体和解除凸轮之间有连接凸缘和凹槽，当转向盘转动时，它们相互接触，一起旋转。电缆总长约 5 m，呈螺旋状盘绕在壳体内，以保证旋转体随转向盘由中间位置向左右各转 2.5 圈不影响导线的连接。有时螺旋电缆还可成为巡航控制开关的连接通道。

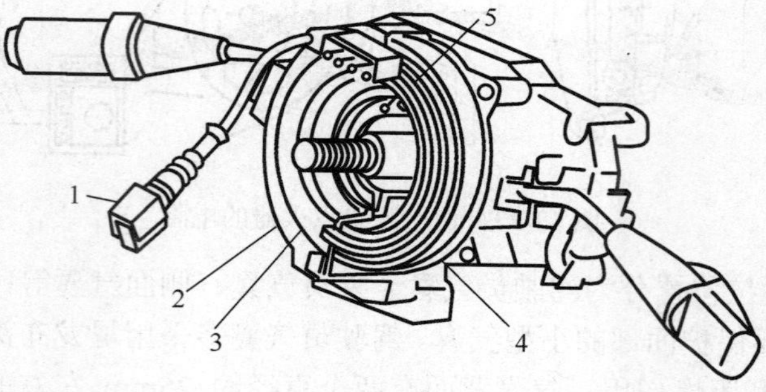

1—点火器端子；2—壳体；3—旋转体；4—螺旋电缆；5—解除凸轮

图 13-25　螺旋电缆结构

4. SRS 警报灯

SRS 报警灯安装在汽车的组合仪表板上，用于提示系统故障，通常其上标有“SRS”“AIR BAG”“SIR”字样或如图 13-26 所示符号。正常情况下，当点火开关接通后，报警灯应点亮 6s 后熄灭，说明安全气囊系统正常。如果接通点火开关以后报警灯不亮，或者在汽车行进过程中闪烁，则说明安全气囊系统出现了故障，提示应进行检修。

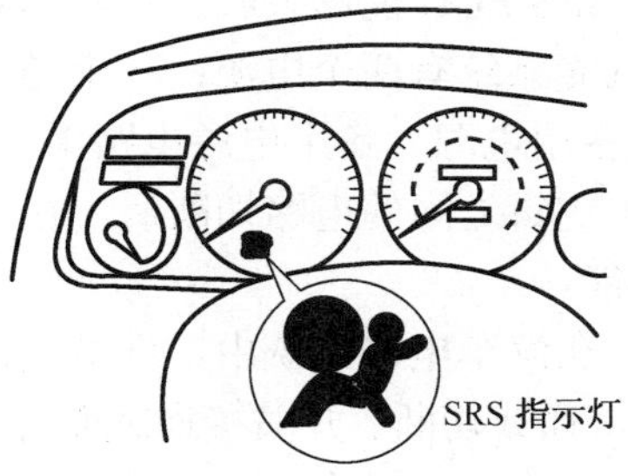

图 13-26 SRS 警报灯

5. ECU

ECU 主要由 SRS 逻辑模块、信号处理电路、备用电源电路、保护电路和稳压电路等组成，安全传感器一般与 SRS ECU 一起被制作在 SRS 控制组件中。轿车 SRS 控制组件的内部结构如图 13-27 所示。

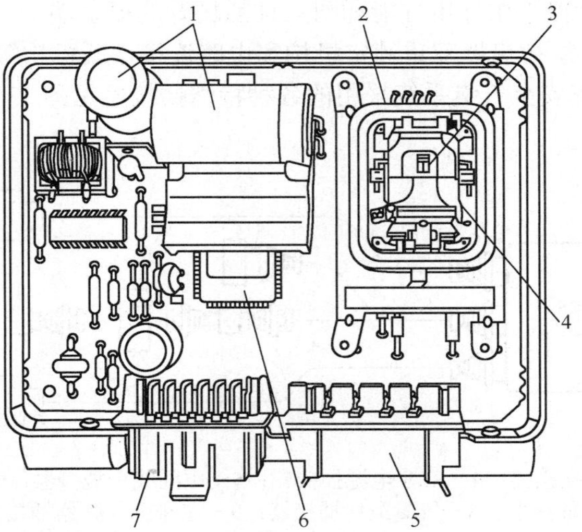

1—能量储存装置（电容）；2—安全传感器总成；3—传感器触点；4—传感器平衡块；
5—四端子插接器；6—逻辑模块；7—SRS ECU 插接器

图 13-27 SRS 控制组件的内部结构

（1）SRS 逻辑模块。SRS 逻辑模块主要用于监测汽车纵向减速度或惯性力是否达到设定值，控制气囊组件中的点火器引爆点火剂。在汽车行驶过程中，SRS ECU 不断接收前碰撞传感器和防护碰撞传感器传来的车速变化信号，经过数学计算和逻辑判断后，确定是否发生碰撞。当判断结果为发生碰撞时，立即运行控制点火的软件程序，并向点火电路发出点火指令引爆点火剂。

除此之外，SRS ECU 还要对控制组件中关键部件的电路不断进行诊断测试，并通过 SRS 指示灯和存储在存储器中的故障代码来显示测试结果。仪表板上的 SRS 指示灯可直接向驾驶员提供安全气囊系统的状态信息。逻辑存储器中的状态信息和故障代码可用专用仪器或通过特定方式从串行通信接口调出，以供维修参考。

（2）信号处理电路。信号处理电路主要由放大器和滤波器组成，用于对传感器检测的信号进行整形、放大和滤波，以便 SRS ECU 能够接收、识别和处理。

（3）备用电源电路。安全气囊系统有两个电源：一个是汽车电源；另一个是备用电源。备用电源又称为后备电源或紧急备用电源。备用电源电路由电源控制电路和两个电容器组成。备用电源用于当汽车电源与 SRS 逻辑之间的电路切断后，在一定时间内维持安全气囊系统供电，保证安全气囊系统的正常功能。

（4）保护电路和稳压电路。在汽车电器系统中，许多电器部件有电感线圈，电器开关，电器负载变化频繁。当线圈电流接通或切断、开关接通或断开、负载电流突然变化时，都会产生瞬时脉冲电压即过电压。若过电压加到安全气囊系统电路上，系统中的电子元件就可能因电压过高而导致损坏。为了防止安全气囊系统元件遭受损害，SRS ECU 中必须设置保护电路。同时，为了保证汽车电源电压变化时，安全气囊系统能够正常工作，还必须设置稳压电路。

6. 安全气囊系统保险机构与线束

为了便于区别电器系统线束插接器，安全气囊系统的插接器与汽车其他电器系统的插接器有所不同。过去曾采用过深蓝色插接器，目前安全气囊系统的插接器绝大多数采用黄色插接器。安全气囊系统的插接器采用导电性能和耐久性能良好的镀金端子，并设计有防止气囊误爆机构、端子双重锁定机构、插接器双重锁定机构和电路连接诊断机构等，用以保证气囊系统可靠工作。如丰田花冠轿车安全气囊系统采用的各种特殊插接器见图 13-28，插接器采用的各种保险机构见表 13-1。

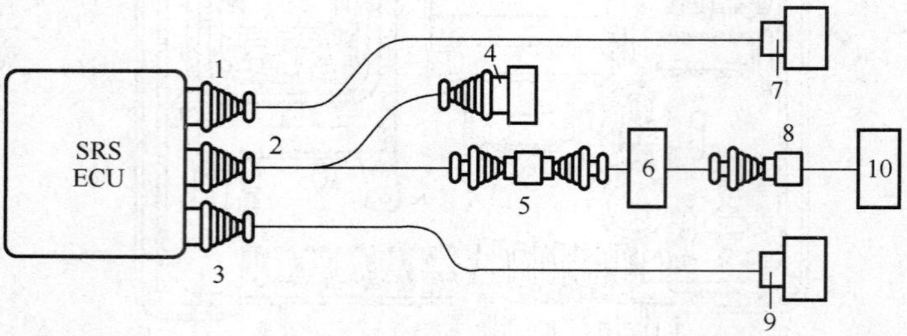

1、2、3—ECU 插接器；4—SRS 电源插接器；5—中间线束插接器；6—螺旋电缆；7—右碰撞传感器插接器；8—气囊组件插接器；9—左碰撞传感器插接器；10—点火器

图 13-28　丰田花冠轿车安全气囊系统的插接器

表 13-1　丰田花冠轿车 SRS 插接器的保险机构

序号	名称	插接器代号
1	防止 SRS 气囊误爆机构	2、5、8
2	电路连接诊断机构	1、3、7、9
3	插接器双重锁定机构	5、8
4	端子双重锁定机构	1、2、3、4、5、7、8、9

（1）防止SRS气囊误爆机构。从SRS ECU至SRS点火器之间的插接器2、5、8均采用了防止气囊误爆的短路片机构，主要用于当插接器拔下时，短路片自动将靠近SRS点火器一侧的插头或插接器的两个引线端子短接（见图13-29），防止静电或误通电将电热丝电路接通而造成气囊误膨开。

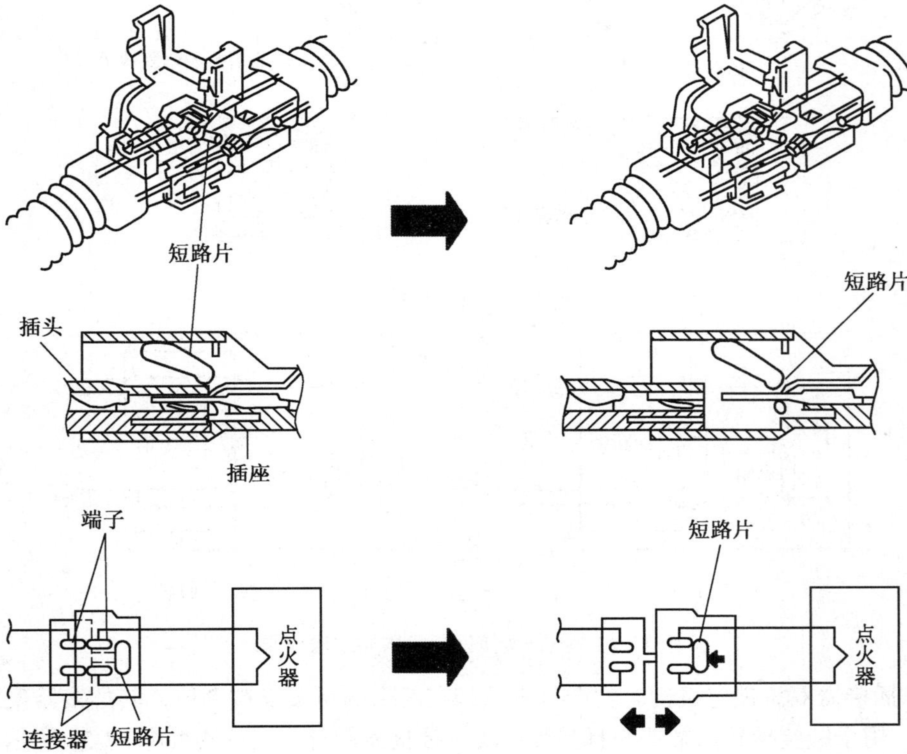

（a）插接器正常连接，短路片与端子脱开　　（b）插接器拔下时，短路片与端子短接

图13-29　防止气囊误爆机构的结构与原理

（2）电路连接诊断机构。电路连接诊断机构用于监测插接器的插头与插接器是否连接可靠。与SRS ECU连接的插接器采用了电路连接诊断机构，其结构如图13-30所示。

插接器插头上有一个诊断销，插接器上有两个诊断端子，端子上有弹簧片。其中一个诊断端子与碰撞传感器触点的一端相连，另一个诊断端子经过一个电阻与碰撞传感器触点的一端相连。

前碰撞传感器触点为常开触点，当传感器插头与插接器半连接（未可靠连接）时，诊断端子与诊断销尚未接触（见图13-30（a）），此时电阻尚未与传感器触点构成并联电路，插接器引线“+”与“-”之间的电阻为无穷大。因为“+”“-”引线与SRS ECU插接器1或3的插头连接，所以当ECU监测到碰撞传感器的电阻为无穷大时，即诊断为插接器连接不可靠，自诊断电路便控制SRS警告灯闪亮报警，同时将故障编成代码存储在存储器中。

当传感器插头与插接器可靠连接时，诊断端子与诊断销可靠接触（见图13-30（b）），此时电阻与碰撞传感器触点并联。因为传感器触点为常开触点，所以当SRS ECU检测到的阻值为该并联电阻的阻值时，即诊断为插接器连接可靠。

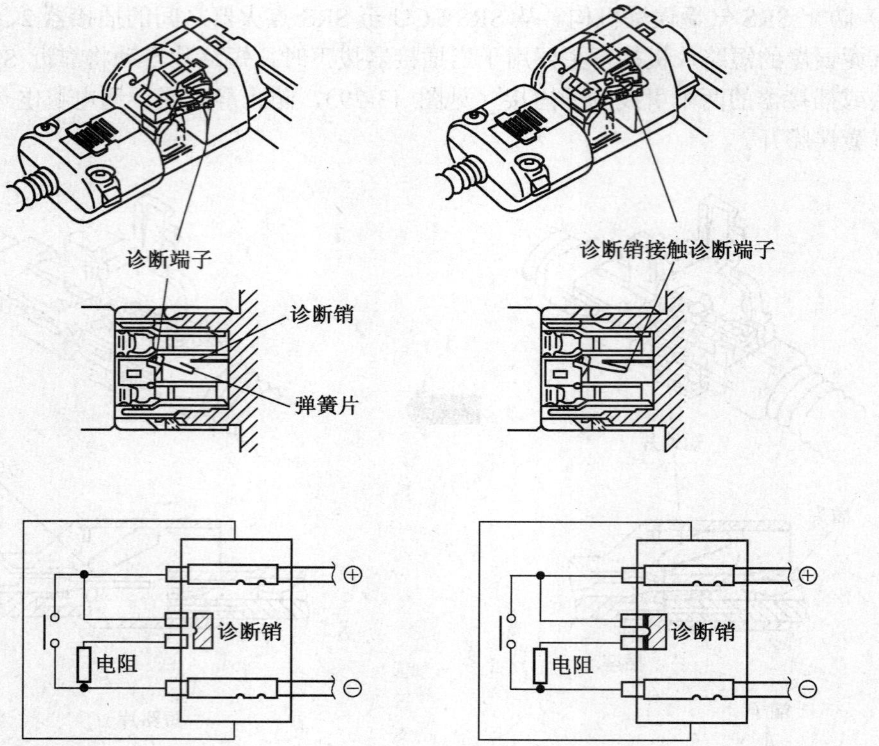

（a）半连接　　（b）可靠连接

图 13-30　电路连接诊断机构的结构与原理

（3）插接器双重锁定机构。安全气囊系统在线束的重要连接部位，其插接器采用了双重锁定机构，用于锁定插接器插头与插接器，防止插接器脱开，其结构如图 13-31 所示。插接器插头上有主锁和两个凸台，插接器上有锁柄能够转动的副锁。

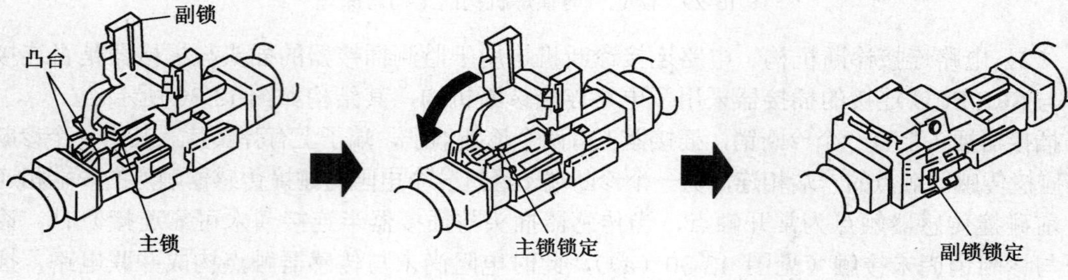

（a）主锁打开，副锁被挡住　　（b）主锁锁定，副锁可以锁定　　（c）双重锁定

图 13-31　插接器双重锁定机构

（4）端子双重锁定机构。安全气囊系统的每一个插接器都设有端子双重锁定机构，用于防止引线端子滑动，主要由插接器壳体上的锁柄与分隔片组成，如图 13-32 所示。锁柄为一次锁定机构，可防止端子沿引线轴线方向滑动；分隔片为二次锁定机构，可防止端子沿引线径向移动。

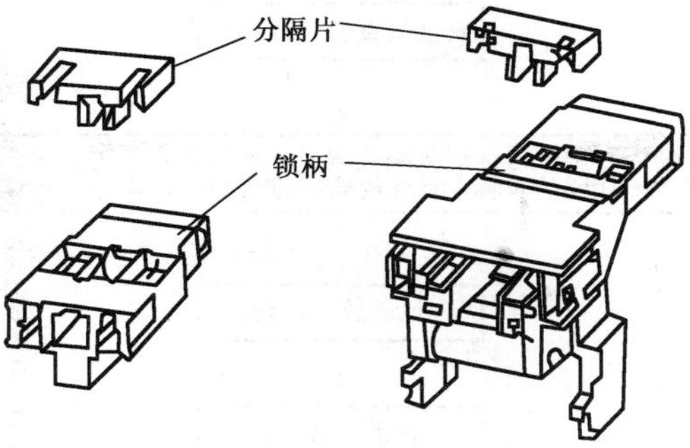

（a）插头　　（b）插接器

图 13-32　端子双重锁定机构

13.2.4　安全气囊系统的检修

1. 安全气囊系统检修时的注意事项

（1）安装与维修工作只能由专业人员来完成。

（2）为了防止气囊的意外引爆，在对气囊系统进行任何操作时，均应摘下蓄电池的负极导线，等 30s 以后方可进行操作。

（3）不要使安全气囊系统部件受到 85℃以上的高温。

（4）安全气囊主件及控制单元应避免受到磕碰和振动。

（5）检测时不可使用检测灯、电压表和欧姆表，以免造成气囊误爆。

（6）不得擅自改动安全气囊系统的线路和元件。

（7）气囊装置从车上拆下时，缓冲垫必须始终朝上放置。

（8）若在事故中气囊被引爆，为安全起见，所有元件都需要更新。

（9）气囊装置不允许打开或修理，只允许更换新的元件。

（10）安全气囊不能沾油脂及清洁剂等。

（11）气囊装置有更换日期，即使未撞车，到期后也须更换。

2. 安全气囊系统的检修方法

安全气囊系统的传感器、充气装置和中央气囊传感器等元件均不能分解修理，所以，安全气囊系统的故障诊断主要是电器方面的故障诊断。由于安全气囊系统平时不使用，一旦使用之后便会报废，因此安全气囊不像汽车上的其他系统那样，在使用过程中出现故障会表现出来。因为没有异常现象的出现，安全气囊系统的故障就难于发现。为此，安全气囊系统本身设置了自诊断系统，若系统出现故障，即可通过故障警告灯反映出来。这样，安全气囊系统的故障警告灯和故障代码就成了最重要的故障信息来源和故障诊断依据。

由于安全气囊系统是一个独立系统，与汽车上的其他系统都没有关系，因此，若系统中存在故障，只需按照故障代码所指示的内容进行诊断，找出故障是出在元件还是在导线或插接器上。因为各充气装置的点火器不允许测量其电阻，点火器的开路或短路的判断必须利用自我诊断系统来进行。这是安全气囊系统故障诊断的特殊性。

安全气囊系统的故障诊断可按图 13-33 所示方法进行。

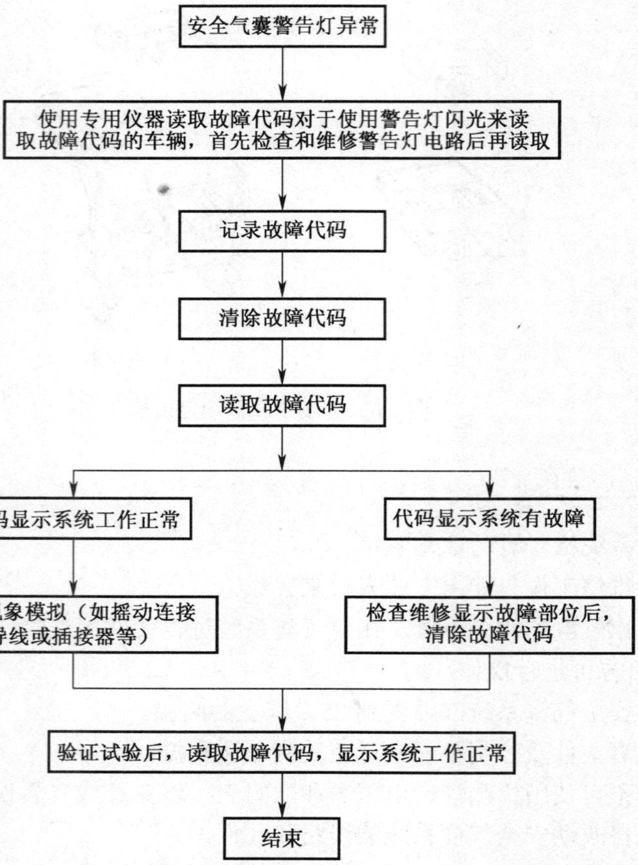

图 13-33　安全气囊系统的故障诊断方法

本章小结

安全气囊是乘用车上的一种被动安全保护系统，只是辅助约束系统。安全气囊可在碰撞过程中用充气垫来保护乘员。为得到更好的保护效果，必须正确佩带安全带。

安全带基本结构一般包括软带、带扣、长度调整机构、卷带装置和固定部分。

电子预紧式自动收紧安全带系统由碰撞传感器、电子控制单元（ECU）、安全带、带扣锁、安全带收紧器和安装附件组成，其中传感器和电子控制器与气囊系统共用。由电子控制单元（ECU）检测到汽车加速度的不正常变化，经过电脑处理将信号发至卷收器的控制装置，激发预拉紧装置工作。这种预紧式安全带通常与辅助安全气囊组合使用。

电子控制式安全气囊系统主要由传感器、气囊组件、气体发生器、电子控制单元（ECU）等组成。

当汽车发生碰撞时，由传感器对碰撞程度进行识别，对于中等程度以上的碰撞，传感器发出信号给 ECU，经 ECU 判别后发出点火信号使点火器工作，气体发生装置在极短的时间内产生大量气体通过滤清器充入卷收在一起的气囊，使其膨胀。撞车 60ms 之后，驾驶员的头部及身体上部都压向气囊，气囊后面的排气口允许气压在压力作用下匀速地逸出。

安全气囊系统在使用和检修的过程应注意安全事项。

思考与练习题

1．安全带的作用是什么？
2．安全带的类型有哪些？
3．什么是预紧式安全带？
4．预紧式安全带的工作原理是什么？使用时应注意哪些事项？
5．安全气囊系统的种类有哪些？
6．简述电子式安全气囊系统的工作原理。
7．检修安全气囊系统时应注意哪些事项？如何进行故障诊断？

14

车载网络通信系统

本章导读

本章介绍了汽车数据传输总线的基本情况、技术术语的定义、车载网络结构形式、车载网络基本原理、信息交换、功能元件、数据传输总线构件、收发器、数据传递过程、传输仲裁、网关等，以典型轿车为例详细讲解了常用的典型数据总线：CAN 数据总线、LIN 数据总线、MOST 数据总线、诊断总线等。

本章要点

- 技术术语的定义
- 车载网络基本原理
- 典型数据总线：CAN 数据总线、LIN 数据总线、MOST 数据总线、诊断总线等原理。

14.1　概述

随着汽车三大系统（动力驱动系统、舒适系统、信息娱乐系统等）中各种电控系统的不断增加，采用常规的布线方式，即电线一端与开关相接、另一端与用电设备相通的方式，导致汽车上导线数目急剧增加。导线数量的增加造成：整个汽车的布线将十分复杂，显得很凌乱；占用空间大；增加的复杂电路也降低了汽车的可靠性；增加油耗，导线的质量占到整车质量的4%左右；电控单元多线束成本较高。为解决以上问题，车载网络（也称数据传输总线）技术应运而生。

14.1.1　汽车数据传输总线简介

所谓数据传输总线，就是指在一条数据线上传递的信号可以被多个系统共享，从而最大限度地提高系统的整体效率，充分利用有限的资源。例如，常见的电脑键盘有 104 位键，可以发出一百多个不同的指令，但键盘与主机之间的数据连接线却只有 7 根，键盘正是依靠这 7

根数据连接线上不同的数字电压信号组合（编码信号）来传递按键信息的。将过去一线一用的专线制改为一线多用制，大大减少了汽车上电线的数目，缩小了线束的直径。当然，数据总线还将使计算机技术融入整个汽车系统之中，加速汽车智能化的发展。

在汽车上传统的信息传递方式是每项信息需独立的数据线完成，即有几个信号就要有几条信号传输线。例如，宝来轿车发动机电控单元 J220 与自动变速器电控单元 J217 之间就需要 5 条信号传输线。如果传递的信号项目越多，则需要更多的信号传输线。采用传输总线后，只需要 1 根或 2 根传输线即可，如图 14-1 所示。

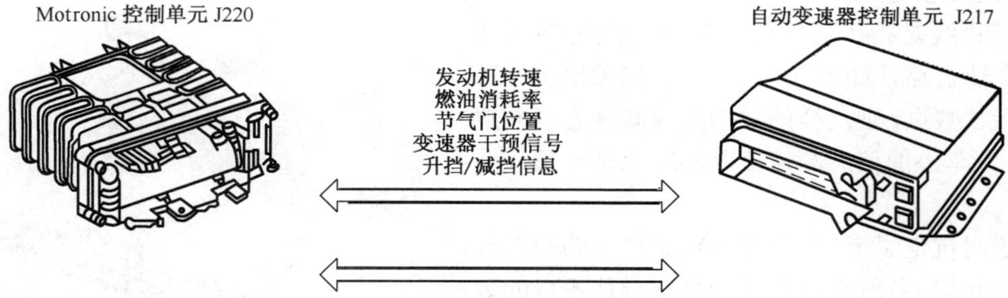

图 14-1　数字总线信号传递方式

总线系统上并联有多个元件，这就要求整个系统的布置满足以下要求：

（1）可靠性高：传输故障（无论是由内部还是外部引起的）应能被准确识别出来。

（2）使用方便：当某一个控制单元出现故障时，其余系统应尽可能保持原有功能，以便进行信息交换。

（3）数据密度大：所有控制单元在任一瞬时的信息状态均相同，这样就使得两个控制单元之间不会有数据偏差。如果系统的某一处有故障，那么总线上所有连接的元件都会得到通知。

（4）数据传输快：连成网络的各元件之间的数据交换速率必须很快，这样才能满足实时要求。

采用总线传输（多路传输）的优点如下：

（1）简化线束，减轻重量，减少成本，减少尺寸，减少连接器的数量，如图 14-2 所示。

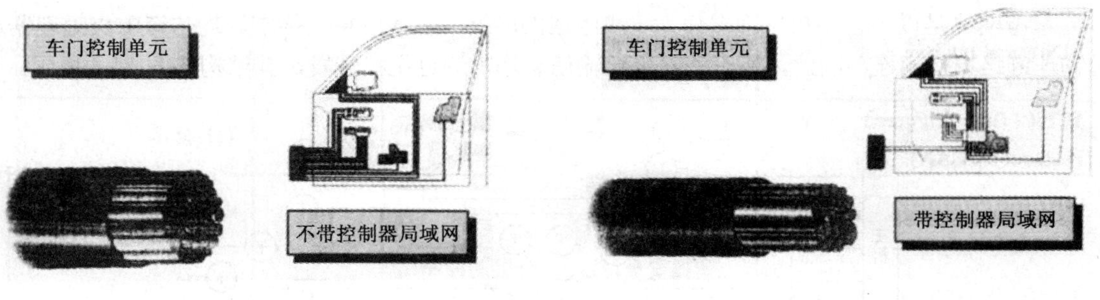

（a）无控制器局域网的车门控制　　（b）带有控制器局域网的车门控制

图 14-2　有传输总线和无传输总线的车门控制线束对比

（2）可以进行设备之间的通信，丰富了功能。

（3）通过信息共享，减少传感器信号的重复数量。

14.1.2 技术术语

1. 局域网

局域网是在一个有限区域内连接的计算机网络。一般这个有限区域具有特定的职能，通过该网络实现系统内的资源共享和信息通信。连接到网络上的节点可以是计算机、基于微处理器的应用系统或控制装置。局域网的数据传输速度一般在 105kb/s 范围内，传输距离在 250m 范围内，误码率低。汽车上的总线传输系统（车载网络）就是一种局域网。

2. 数据总线

数据总线是指模块间运行数据的通道即所谓的信息高速公路，如图 14-3 所示。如果模块可以发送和接收数据，则这样的数据总线就称为双向数据总线。汽车上的信息高速公路实际上是一条或两条导线。

为了对抗电子干扰，双线制数据总线的两条线是绞在一起的。各汽车制造商一直在设计各自的数据总线，如果不兼容，就称为专用数据总线；如果是按照某种国际标准设计的，就是非专用数据总线。但基本上都是专用的数据总线。

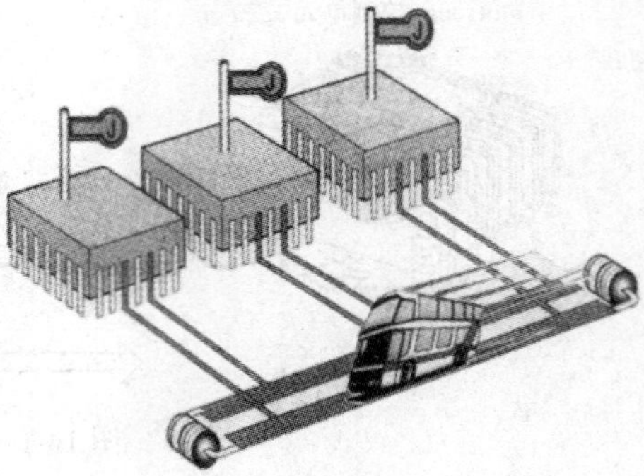

图 14-3　数据总线

3. 模块/节点

模块是一种电子装置，简单一点的如温度和压力传感器，复杂的如计算机（微处理器）。传感器是一个模块装置，根据温度和压力的不同将产生不同的电压信号。这些电压信号在计算机（一种数字装置）的输入接口被转变成数字信号。在计算机多路传输系统中的控制单元模块被称为节点。

4. 局域网的拓扑结构

所谓拓扑结构，就是网络的物理连接方式。局域网的常用拓扑结构有三种：星型、环型、总线型。

（1）星型网络拓扑结构

星型网络是以一台中央处理器作为主机组成的网络，各入网机（终端）均与该中央处理器通过物理链路直接相连，因此，所有的网上传输信息均需通过主机转发，其结构如图 14-4 所示。

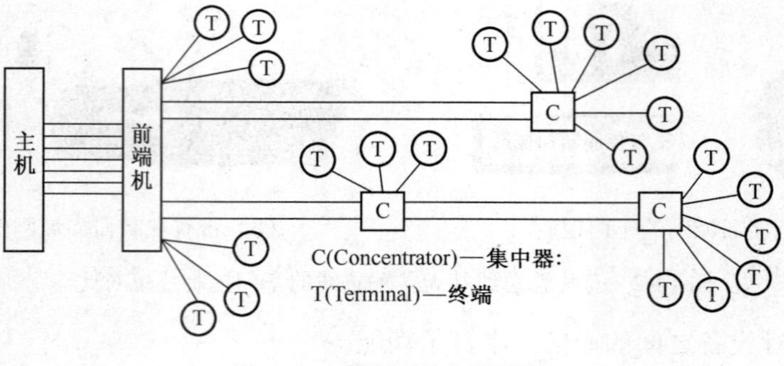

图 14-4　星型网络拓扑结构

星型网络拓扑结构的特点：结构简单，通信功能简单，但中央处理器负载过重，线路利用率不高。

（2）环型网络拓扑结构

环型网络是通过转发器将每台入网计算机接入网络的，每个网络接口与相邻两个网络接口用物理链路相连，所有转发器组成一个拓扑为环状的网络系统，如图 14-5 所示。

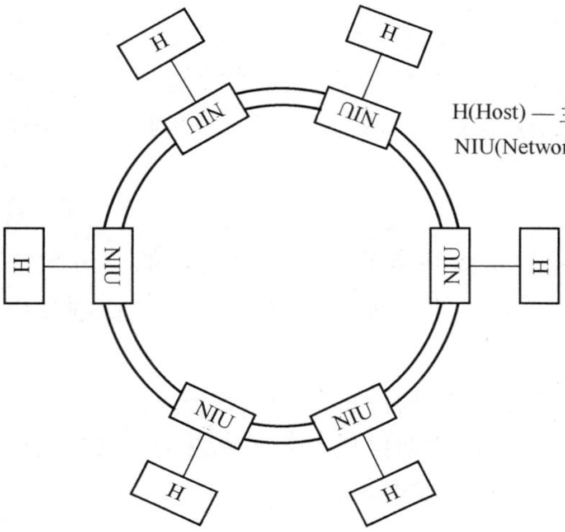

图 14-5　环型网络拓扑结构

环型网络拓扑结构的特点：实时性较高，传输控制机制较为简单，但一个节点出故障可能会终止全网运行，可靠性较差，网络扩充调整较为复杂。

（3）总线型网络拓扑结构

总线型网络即所有入网计算机通过分接头接入到一条载波传输线上，如图 14-6 所示。

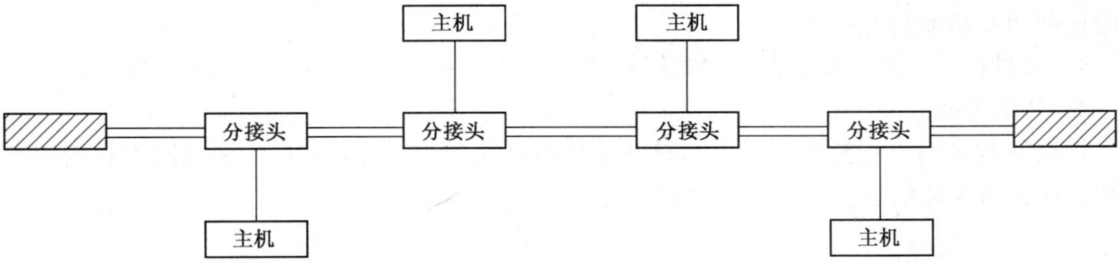

图 14-6　总线型网络拓扑结构

总线型网络拓扑结构的特点：信道利用率较高，但同一时刻只能有两处网络节点在相互通信，网络延伸距离有限，网络容纳节点数有限（受信道访问机制的影响）。它适用于传输距离较短、地域有限的组网环境。目前，局域网多采用此种方式。

5. 链路（传输媒体）

链路指网络信息传输的媒体，分为有线和无线两种类型，目前车上使用的大多数链路都是有线网络。通常用于局域网的传输媒体有：双绞线、同轴电缆和光纤。

双绞线是局域网中最普通的传输媒体，一般用于低速传输，最大传输速率可达几 Mb/s；

双绞线成本较低，传输距离较近，非常适合汽车网络的情况，也是汽车网络使用最多的传输媒体。

同轴电缆可以满足较高性能的传输要求，连接的网络节点较多，跨越的距离较大。

光纤在电磁兼容性等方面有独特的优点，数据传输速度高，传输距离远。在车载网络上，特别在一些要求传输速度高的车载网络（如车上信息与多媒体网络）上，光纤都有很好的应用前景，但其受到成本和技术的限制，现在使用得并不多。

6. 数据帧

为了可靠地传输数据，通常将原始数据分割成一定长度的数据单元，数据单元即称为数据帧。一帧数据内应包括同步信号（起始与终止）、错误控制、流量控制、控制信息、数据信息、寻址信息等。

7. 传输协议

传输协议也称通信协议，是控制通信实体间有效完成信息交换的一组约定和规则。换句话说，要想交流成功，通信双方必须“说同样的语言”（如相同的语法规则和语速等）。

（1）协议的三要素

1）语法：确定通信双方之间“如何讲”，即通信信息帧的格式。

2）语义：确定通信双方之间“讲什么”，即通信信息帧的数据和控制信息。

3）定时规则：确定事件传输的顺序以及速度匹配。

（2）协议的功能

1）差错监测和纠正：面向通信传输的协议常使用“应答—重发”和通信校验进行差错的检测和纠正工作。一般来说，协议中对异常情况的处理说明要占很大的比重。

2）分块和重装：为符合协议的格式要求，需要对数据进行加工处理。分块操作是将大的数据划分成若干小块，如将报文划分成几个子报文组。重装操作则是将划分的小块数据重新组合复原，例如将几个子报文组还原成报文。

3）排序：对发送的数据进行编号以标识它们的顺序，通过排序，可以达到按序传递、信息流控制和差错控制等目的。

4）流量控制：通过限制发送的数据量或速率，以防止在信道中出现堵塞现象。

8. 传输仲裁

传输仲裁是当出现数个使用者同时申请利用总线发送信息时，用于避免发生数据冲突的机构。仲裁可保证信息按其重要程度来发送。

14.1.3 车载网络结构

在汽车内部采用基于总线的网络结构，可以达到信息共享、减少布线、降低成本以及提高总体可靠性的目的。通常的汽车网络结构，采用多条不同速率的总线分别连接不同类型的节点，并使用网关服务器来实现整车的信息共享和网络管理，如图 14-7 和图 14-8 所示。

动力与传动系统的受控对象直接关系到汽车的行驶状态，对通信实时性有较高的要求，因此使用高速的总线来连接动力与传动系统。传感器组的各种状态信息以广播的形式在高速总线上发布，各节点可以在同一时刻根据自己的需要获取信息。这种方式最大限度地提高了通信的实时性。

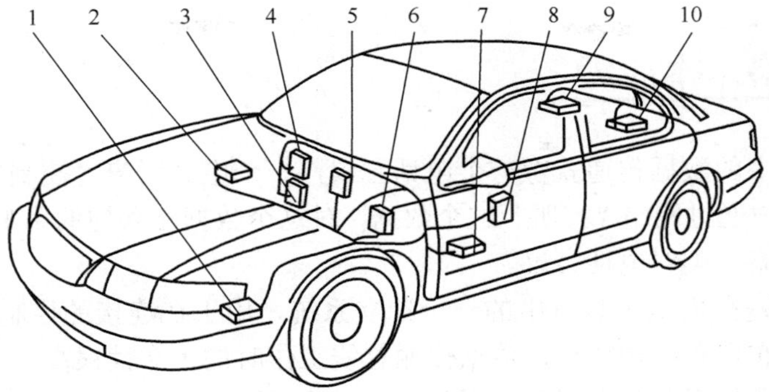

1—ABS 模块；2—动力系统控制模块（PCM）；3—电子自动温度控制（EATC）；4—集成控制板（ICP）；5—虚像组合仪表：6—照明控制模块（LCM）；7—驾驶员座椅模块（DSM）；8—驾驶员车门模块（DDM）；9—移动电话模块；10—汽车动态模块

图 14-7 典型的车载网络结构

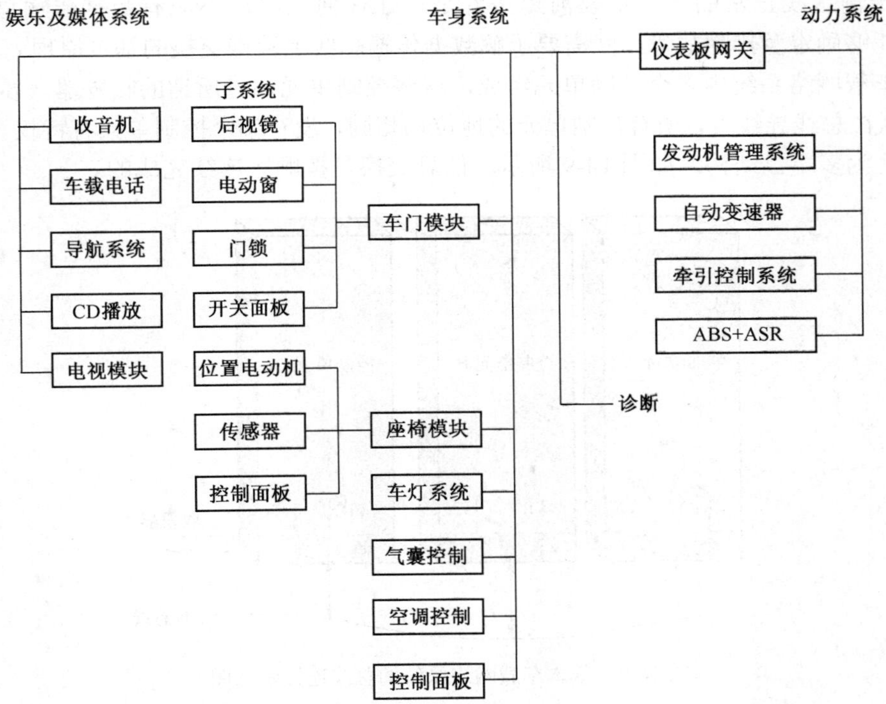

图 14-8 车载网络结构

车身系统的控制单元多为低速马达和开关量器件，对实时性要求低而数量众多，因而使用低速的总线连接这些电控单元。将这部分电控单元与汽车的驱动系统分开，有利于保证驱动系统通信的实时性。此外，采用低速总线还可增加传输距离、提高抗干扰能力以及降低硬件成本。

故障诊断系统是将车用诊断系统在通信网络上加以实现。

信息与车载媒体系统对于通信速率的要求较高，一般在 2Mb/s 以上，采用新型的多媒体总线连接车载媒体。这些新型的多媒体总线往往是基于光纤通信的，从而可以充分保证带宽和电磁兼容特性。

14.2 车载网络基本原理

数据传输总线中的数据传递就像一个电话会议，一个电话用户（控制单元）将数据“讲”入网络中，其他用户通过网络“接听”这个数据，对这个数据感兴趣的用户就会利用数据，而其他用户则选择忽略，类似电话会议。

数据传输总线是车内电子装置中的一个独立系统，用于在连接的控制单元之间进行信息交换。由于自身的布置和结构特点，数据传输总线工作时的可靠性很高。

如果数据传输总线系统出现故障，故障就会存入相应的控制单元故障存储器内，可以用诊断仪读出这些故障。控制单元拥有自诊断功能，通过自诊断功能，识别出与数据传输总线相关的故障。用诊断仪读出数据传输总线故障记录后，可按这些信息准确地查寻故障。控制单元内的故障记录用于初步确定故障，还可用于读出排除故障后的无故障说明。

数据传输总线正常的一个重要前提条件是车在任何工况均不应有数据传输总线故障记录。为了能够确定及排除故障，就需要了解数据传输总线上数据交换的基本原理。

基本车载网络系统由多个控制单元组成，这些控制单元通过所谓的收发器（发射/接收放大器）并联在总线导线上，所有控制单元的地位均相同，没有哪个控制单元有特权。在这个意义上也称之为多主机结构，如图 14-9 所示。信息交换是按顺序连续完成的。

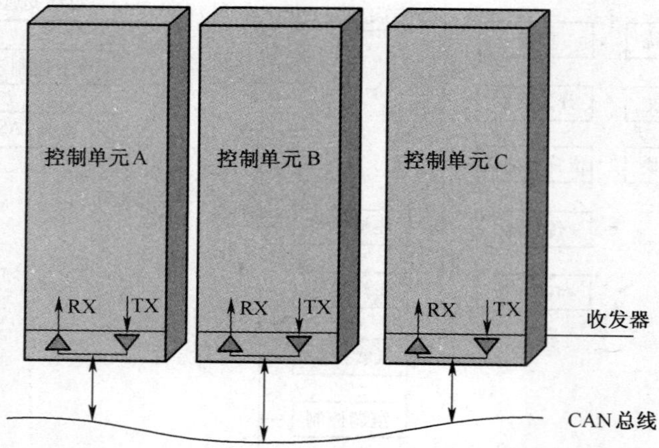

图 14-9　基本车载网络系统的总线连接示意图

原则上数据传输总线用一条导线就足以满足功能要求了，但通常总线系统上还是配备了第二条导线（通用别克等车型采用单线传输）。在这第二条导线上，信号是按相反顺序传送的，这样可有效抑制外部干扰。

14.2.1 信息交换

用于交换的数据称为信息，每个控制单元均可发送和接收信息。信息以二进制值（一系列 0 和 1）来表示，其中包含着要传递的物理量。例如：发动机转速为 1800r/min 时可表示成 00010101，如图 14-10 所示。

在发送过程中，二进制值先被转换成连续的比特流，该比特流通过 TX 线（发送线）到达收发器（放大器），收发器将比特流转化成相应的电压值，最后这些电压值按时间顺序依次被传送到数据传输总线的导线上。

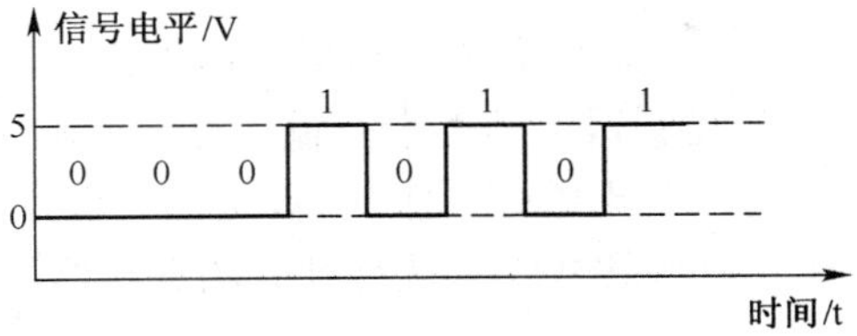

图 14-10　二进制数据流

在接收过程中，这些电压值经收发器又转换成比特流，再经 RX 线（接收线）传至控制单元，控制单元将这些二进制连续值转换成信息。例如：00010101 这个值又被转换成 1800r/min 这个发动机转速。

每个控制单元均可接收其他控制单元发送出的信息。人们也把该原理称为广播，就像一个广播电台发送某一节目一样，每个连接的用户均可接收。这种广播方式可以使得所有连接的控制单元总是处于相同的信息状态，如图 14-11 和图 14-12 所示。

图 14-11　广播原理

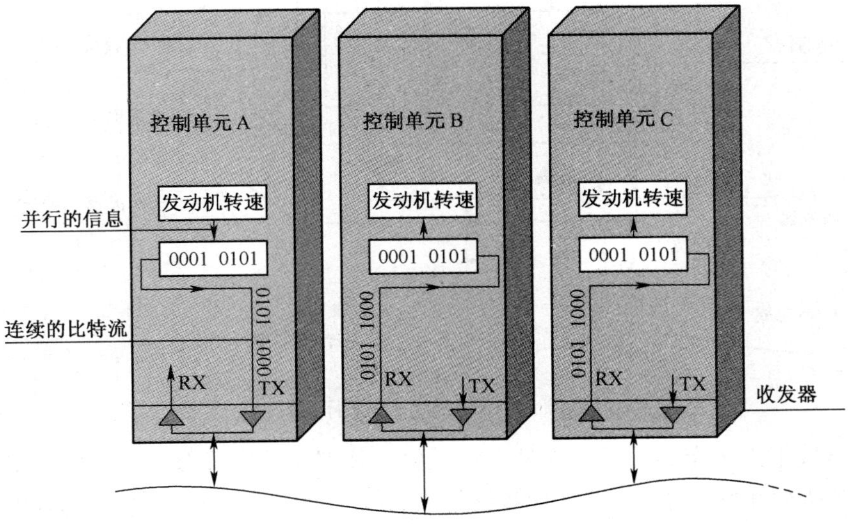

图 14-12　车载网络系统的数据传输

14.2.2 功能元件

1. 控制单元

控制单元接收来自传感器的信号，将其处理后再发送到执行元件上。

控制单元中的重要构件是微控制器，其上带有输入存储器输出存储器和程序存储器。控制单元接收到的传感器值（如发动机温度或转速）会被定期查询并按顺序存入输入存储器。这个过程在原理上就相当于一个带有旋转式输入选择开关的选择器，如图 14-13 所示。

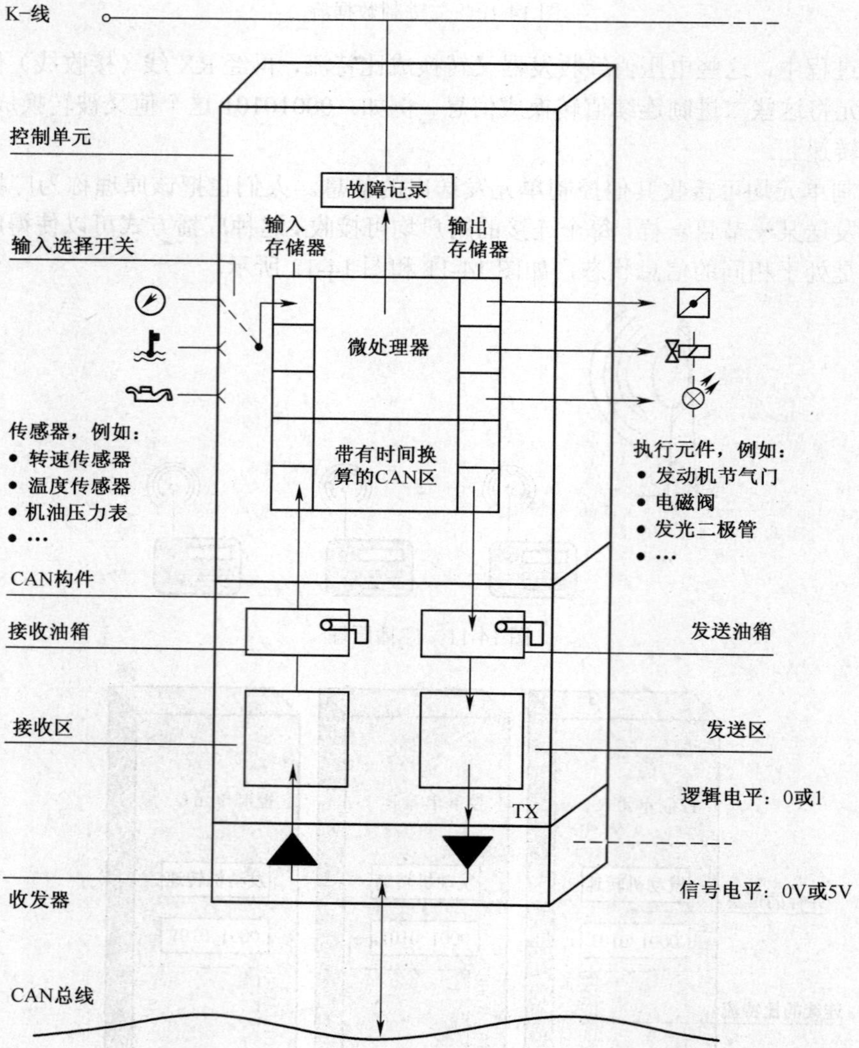

图 14-13　控制单元结构图

微控制器按事先规定好的程序来处理输入值，处理后的结果存入相应的输出存储器内，然后到达各个执行元件。为了能够处理数据传输总线上的信息，各控制单元内还有一个数据传输总线存储区，用于存放接收到的和要发送的信息。

2. 数据传输总线构件

数据传输总线构件用于数据交换，它分为两个区，一个是接收区，另一个是发送区，如图 14-14 所示。

数据传输总线构件通过接收邮箱或发送邮箱与控制单元相连，该构件一般集成在控制单元的微控制器芯片内。

3. 收发器

收发器就是一个发送/接收放大器，它将数据传输总线构件中连续的比特流（逻辑电平）转换成电压值（线路传输电平），或反之。这个电压值适合铜导线上的数据传输。收发器通过 TX 线（发送导线）或 RX 线（接收导线）与数据传输总线构件相连。RX 线通过一个放大器直接与数据传输总线相连，用于监听总线信号。

收发器的特点是 TX 线与总线耦合，如图 14-14 所示，这个耦合过程是通过一个断路式集流器电路来实现的。因此，总线导线上就会出现以下两种状态：

（1）状态 1：截止状态，晶体管截止（开关未接合），如图 14-15 所示。

无源：总线电平=1，电阻高。

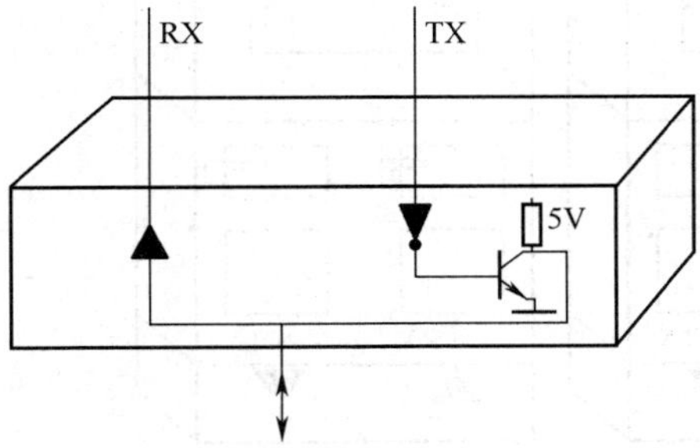

图 14-14 与 TX 线耦合的收发器

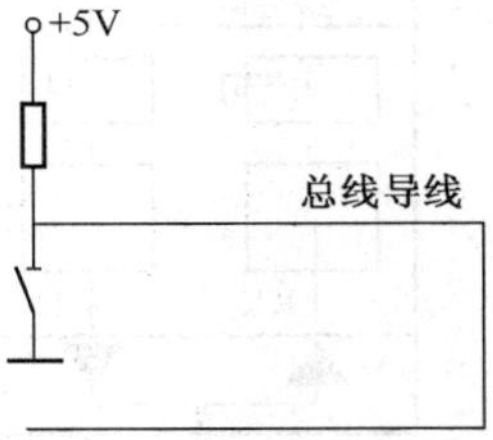

图 14-15 总线状态的开关示意

（2）状态 0：接通状态，晶体管导通（开关已接合）。

有源：总线电平：0，电阻低。

三个收发器耦合在一根总线导线上，开关未接合表示 1（无源），开关已接合表示 0（有源）。

如图 14-16 所示，收发器 A 和 B 为无源，收发器 C 为有源。工作过程如下：

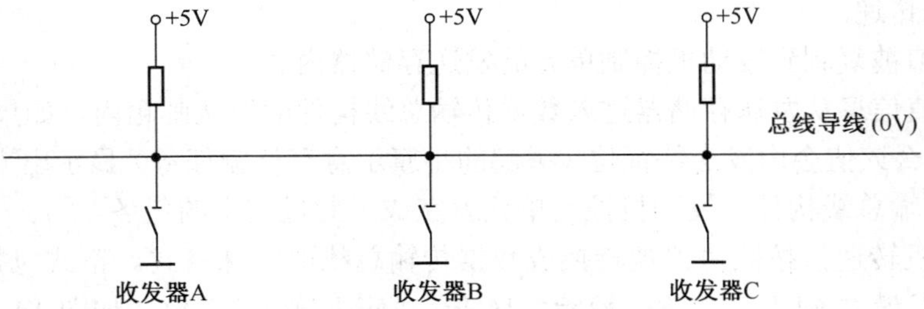

图 14-16 三个收发器耦合在一根总线导线上

（1）如果某个开关已接合，电阻上就有电流流过，于是总线导线上的电压就为 0V。

（2）如果所有开关均未接合，那么就没有电流流过，电阻上就没有压降，于是总线导线上的电压就为 5V。

因此，如果总线处于状态 1（无源），那么此状态可以由某一个控制单元使用状态 0（有源）来改写。我们将无源的总线电平称为隐性的，有源的总线电平称为显性的。

14.2.3 数据传递过程

1. 发送过程

下面以转速信息交换过程为例，阐述数据传递的时间顺序以及数据传输总线构件与控制单元之间的配合关系，如图 14-17 所示。

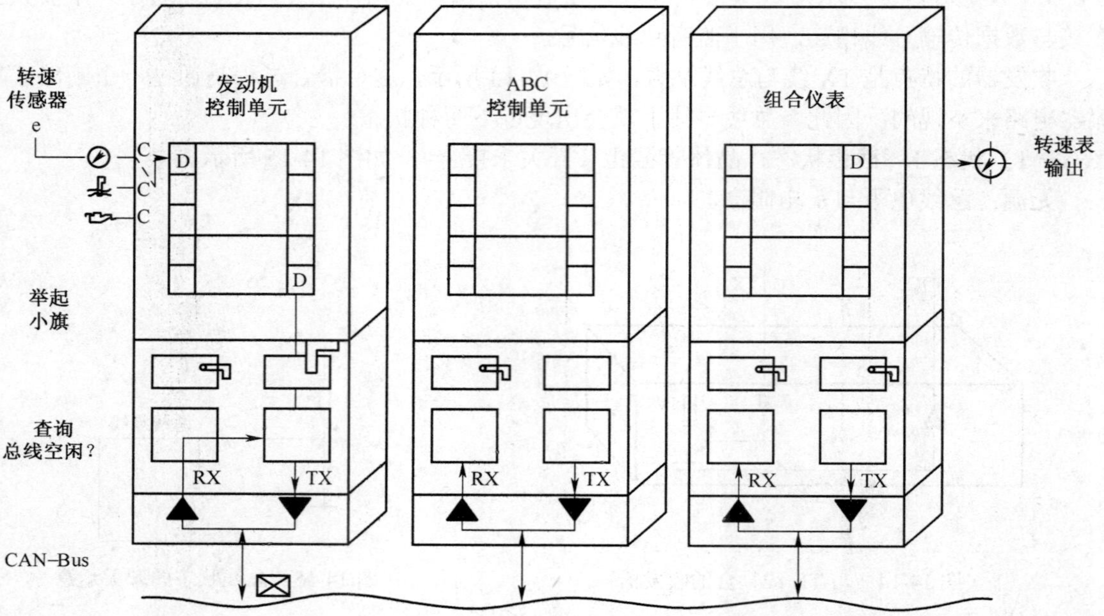

图 14-17 发送过程

数据发送的工作过程如下：

（1）发动机控制单元的传感器接收到转速值，该值以固定的周期（循环往复地）到达微控制器的输入存储器内。因为瞬时转速值还用于其他控制单元，如组合仪表，所以该值应通过数据传输总线来传递。

（2）转速值被复制到发动机控制单元的发送存储器内。

（3）转速值信息从发送存储器进入数据传输总线构件的发送邮箱内。如果发送邮箱内有一个实时值，那么该值会由发送特征位（举起的小旗示意有传输任务）显示出来，并将发送任务委托给数据传输总线构件，发动机控制单元就完成了此过程中的任务。

（4）发动机转速值按照协议被转换成数据传输总线的特殊格式。格式包括：“标识”11 位、“信息内容”最大 64 位、“CRC 校验”16 位、“应答确认”2 位，如图 14-18 所示。例如发动机信息包括：标识=发动机–1，内容=转速，也可包括其他值，如怠速、扭矩等。

（5）数据传输总线构件通过 RX 线来检查总线是否有源（是否正在交换别的信息），必要时会等待，直至总线空闲下来为止。如果总线空闲下来，发动机信息就会被发送出去，如

图 14-19 所示。

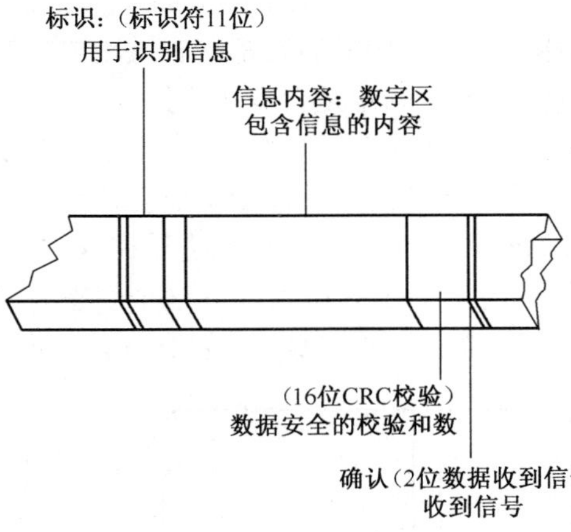

图 14-18 数据总线传输信息格式

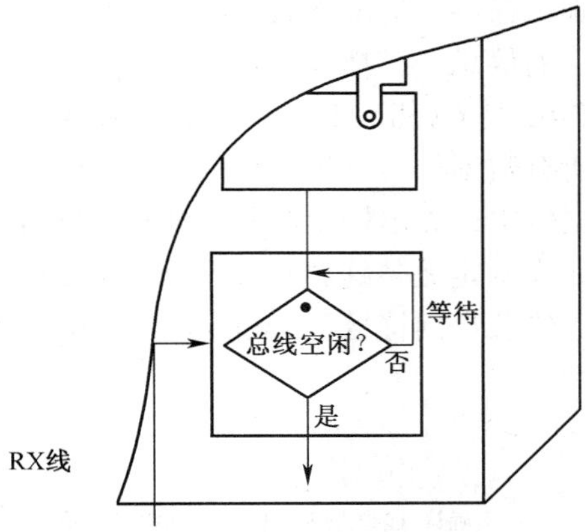

图 14-19 总线空闲查询

2. 接收过程

信息接收过程分为以下两步：

第一步：检查信息是否正确（在监控层），如图 14-20 所示。

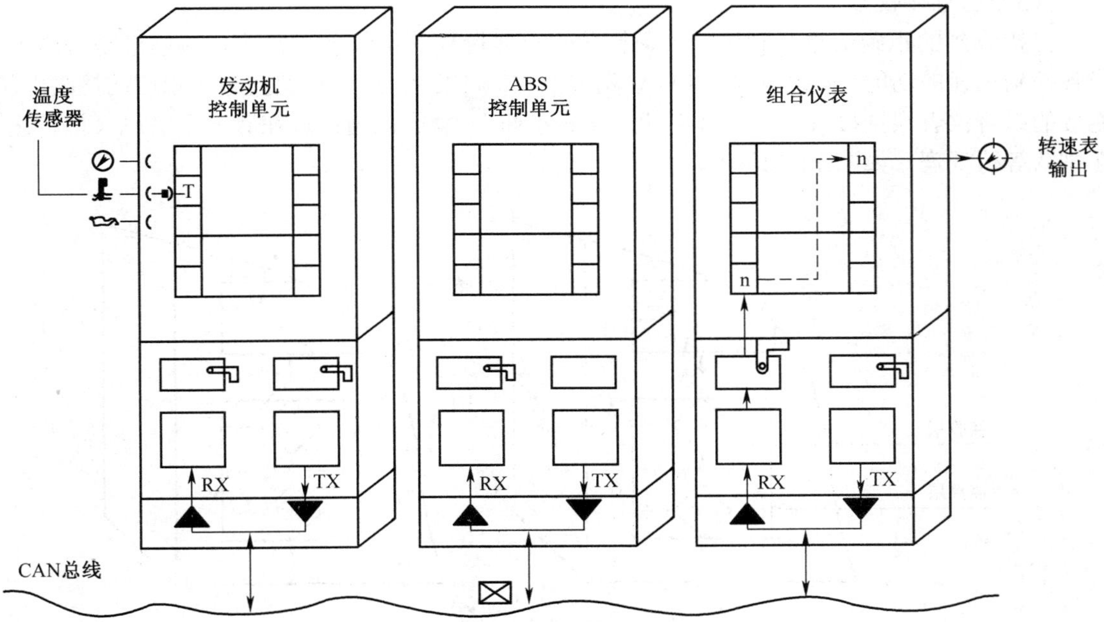

图 14-20 信息接收过程

第二步：检查信息是否可用（在接收层）。

（1）信息接收

连接的所有装置都接收由发动机控制单元发送的信息。该信息是通过 RX 线到达数据传输总线构件各自的接收区中。

（2）信息校验

接收器接收发动机的所有信息，并且在相应的监控层检查这些信息是否正确。这样就可以识别出在某种情况下某个控制单元上出现的局部故障。所有连接的装置都接收发动机控制单元发送的信息（广播），可以通过监控层内的 CRC 校验和数来确定是否有传递错误。

CRC 是 Cycling Redundancy Check 的缩写，意思是“循环冗余码校验”。在发送每个信息时，所有数据位会产生并传递一个 16 位的校验和数。接收器按同样的规则从所有已经接收到的数据位中计算出校验和数，随后将接收到的校验和数与计算出的校验和数进行比较。

如果确定无传递错误，那么连接的所有装置会给发射器一个确认回答，这个回答就是所谓的“信息收到符号”（Acknowledge，简写为 ACK），它位于校验和数后，如图 14-21 所示。

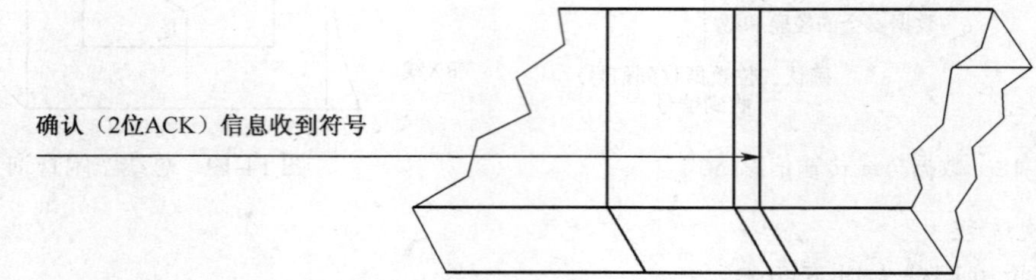

图 14-21 “确认”应答信息位

（3）信息接收

已接收到的正确信息会到达相关数据传输总线构件的接收区，并决定该信息是否用于完成各控制单元的功能。如果不是，该信息就被拒收：如果是，该信息就会进入相应的接收邮箱。连接的组合仪表根据接收信号（升起的“接收小旗”）就会知道：现在有一个信息（如转速）在排队等待处理，如图 14-22 所示。

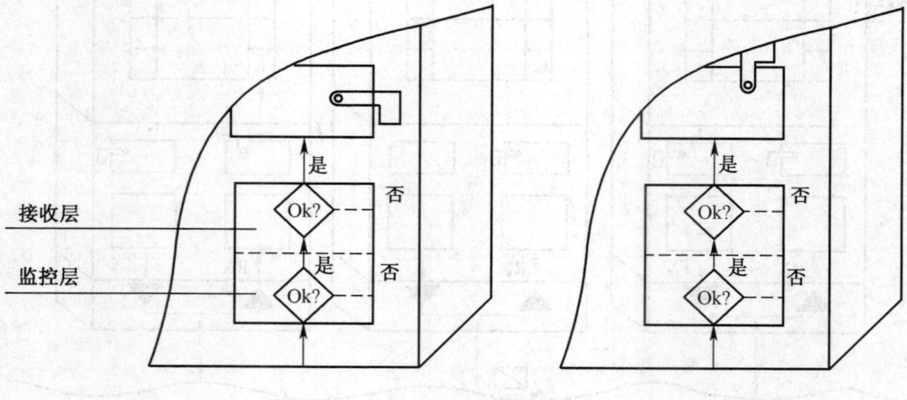

图 14-22 信息接收判断

组合仪表调出该信息并将相应的值复制到它的输入存储器内，至此通过数据传输总线构件发送和接收信息的过程结束。在组合仪表内，转速经微控制器处理后到达执行元件并最后到达转速表。

以上的信息交换过程按设定好的循环时间（例如 10ms）持续地重复进行。

3. 传输仲裁

如果多个控制单元同时发送信息，那么数据总线上就必然会发生数据冲突，为了避免发生这种情况，数据传输总线采用了如下的措施：

（1）每个控制单元在发送信息时通过发送标识符来进行识别。

（2）所有的控制单元都是通过各自的 RX 线来跟踪总线上的一举一动并获知总线的状态。

（3）每个发射器将 TX 线和 RX 线的状态一位一位地进行比较，它们可以不一致。

（4）数据传输总线的调整方法如下：TX 信号上加有一个“0”的控制单元必须退出总线。用标识符中位于前部的“0”的个数就可调整信息的重要程度，从而就可保证按重要程度的顺序来发送信息。

图 14-23 所示的方法称为仲裁。仲裁规则就是标识符中的号码越小，该信息越重要。

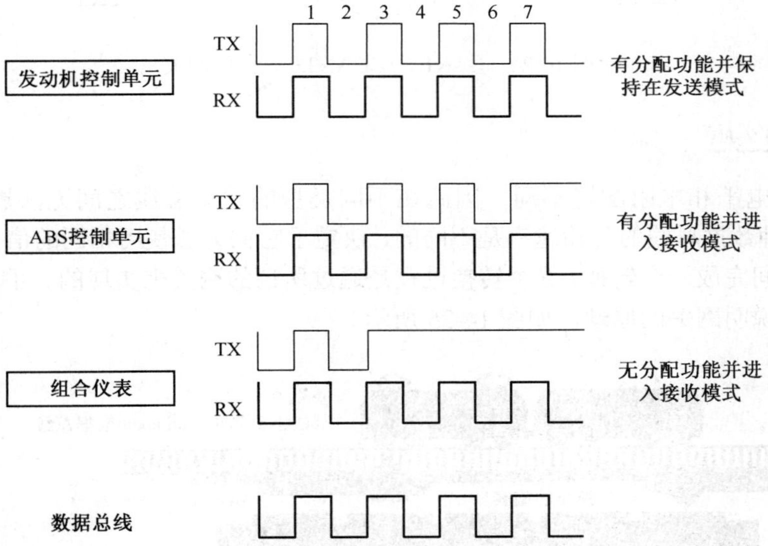

图 14-23 避免数据冲突的仲裁过程

14.3 网关

14.3.1 网关的概念

网关是连接异型网络的接口装置，它综合了桥接器和路由器的功能，汽车网关主要能在 OSI 参考模型的物理层、数据链路层和应用层上对双方不同的协议进行翻译和解释。

例如，BOSCH 公司为奔驰 600SEL 等汽车开发的控制器区域网 CAN1.2 与 CAN2.0 协议之间的网关，是指为处理多个 ECU 之间的通信而提供的一种综合接口装置，如图 14-24 所示，实际上就是一个 Intel 的 16 位 80C196 单片微机。

一个网关必须具备从一个网络协议到另一个网络协议转换信息的能力。对于两个网络之间的网关，起码应具备以下特性：尽量少的传输等待时间，信息丢失或超限差错最少，能处理总线出现的差错。

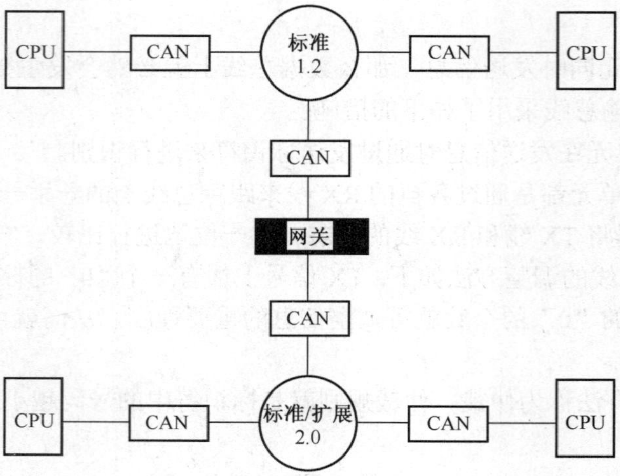

图 14-24　CAN1.2 与 CAN2.0 之间的网关

14.3.2　网关的实质

由于电压电平和电阻配置不同，因此在不同类型的数据总线之间无法进行直接耦合连接。另外，各种数据总线的传输速率是不同的，决定了它们无法使用相同的信号。这时需要在这两个系统之间完成一个转换，这个转换过程是通过所谓的网关来实现的。可以用火车站作为例子来清楚地说明网关的原理，如图 14-25 所示。

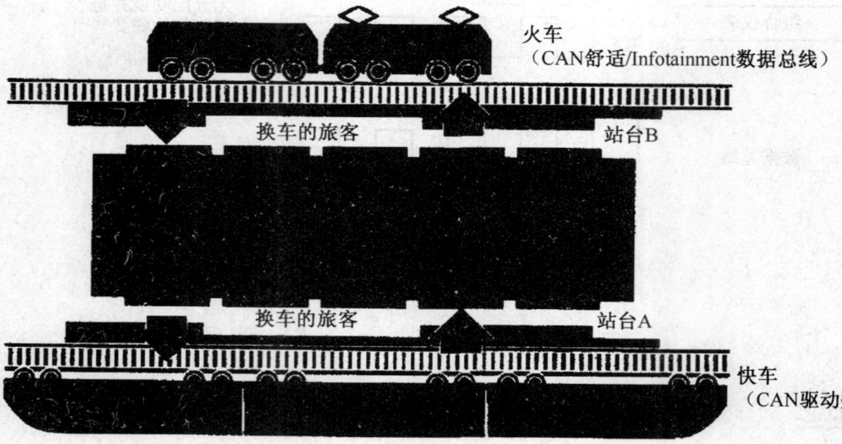

图 14-25　网关的原理示意图

在站台 A（站台即网关）到达一列快车（CAN 驱动数据总线，500kb/s），车上有数百名旅客。在站台 B 已经有一辆火车（CAN 舒适/信息数据总线，100kb/s）在等待，有一些乘客就换到这辆火车上，还有一些乘客要换乘快车继续旅行。车站/站台的这种功能，即让旅客换车方便通过不同速度的交通工具到达各自目的地的功能，与 CAN 驱动数据总线和 CAN 舒适/信息数据总线两个系统网络的网关功能是相同的。因此，网关的主要任务是使两个速度不同的系统之间能进行信息交换。

根据车辆的不同，网关可能安装在组合仪表内、车上供电控制单元内或在自己的网关控制单元内。由于通过各种数据传输总线的所有信息都供网关使用，因此网关也用作诊断接口。过去，通过 K 线来查询诊断信息；现在，很多车型是通过数据传输总线和诊断线来完成诊断查询工作的。

14.3.3 网关“处理”内容

如图 14-26 所示，网关主要“处理”有关下面三部分的内容：从第一个网络读取所接收的信息、翻译信息、向第二个网络发送信息。图中翻译信息标识符的含义如下：CAN1.2 和 CAN2.0 的网关可用于两种情况，第一种是最简单的实施方式，即在两个网络之间不需要对信息标识符进行翻译，只是传送标准信息，也就是说，这时的网关只起到互联 CAN1.2 与 CAN2.0 并让这两个网络共享标准信息的任务；第二种实施方式需要对信息标识符进行翻译，也就是说，两个网络有各自的信息标识符。例如，“发动机温度信息”在 CAN1.2 网络上具有专用的 11 位表转信息标识符，而在 CAN2.0 网络上却具有扩展的 29 位信息标识符，此时的网关需对这两种信息标识符通过计算或“查表”翻译。

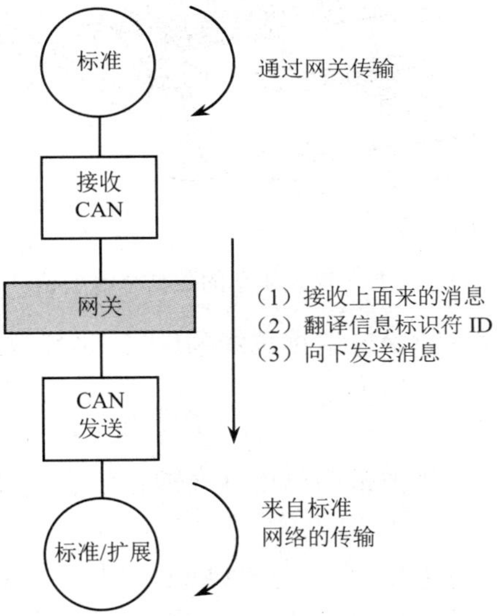

图 14-26 网关处理的内容

14.4 典型车载网络原理

常用的典型数据总线有 CAN 数据总线、LIN 数据总线、MOST 数据总线、诊断总线等。为使条理清晰，本章以大众、奥迪车系为例进行阐述。

14.4.1 CAN 数据总线

CAN 数据总线工作起来是非常可靠的，因此很少出现 CAN 故障。

只有掌握了 CAN 数据总线的基本原理，才能充分运用测量方法来查寻故障。

为了在必要时仔细检查 CAN 数据总线，VAS5051（大众、奥迪原厂诊断仪是德国大众公司为其特约维修站指定的必备汽车诊断仪器）会提供各种信息，比如“Motorsteuergeraet kein Signal/Kommunikation”（发动机控制单元无信号/通信（偶然故障））或“Datenbus-Antrieb defect”（CAN 驱动总线有故障）。故障源的其他说明由“网关”测量数据块提供，CAN 总线上所有控制单元的通信状态都存储在这些数据块内。

1. 大众、奥迪车 CAN 数据总线简介

大众、奥迪车上使用多种 CAN 数据总线，第一种 CAN 数据总线是舒适 CAN 数据总线，传输速率为 100kb/s；第二种是动力 CAN 数据总线，传输速率是 500kb/s。目前所有车型都使用动力 CAN 数据总线。例如，宝来轿车的数据总线系统如图 14-27 所示。

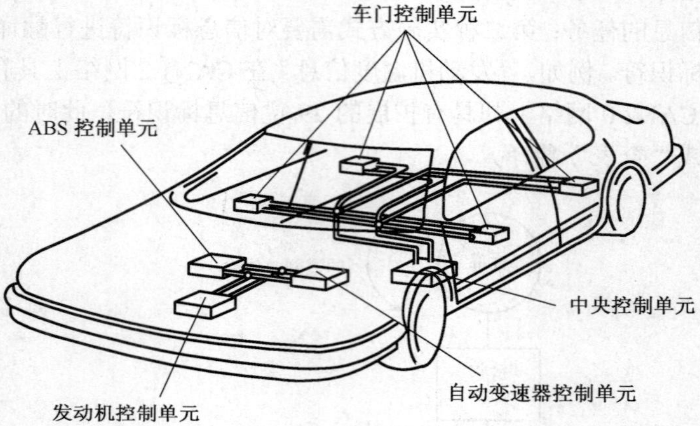

图 14-27 宝来轿车的数据总线系统

通过带网关的组合仪表，舒适 CAN 数据总线和信息 CAN 数据总线也可以与动力 CAN 数据总线进行数据交换。

（1）具体分类

根据信号的重复率、产生的数据量和可用性（准备状态），CAN 数据总线系统分为如下三类：

1）动力 CAN 数据总线（高速）：速率为 500kb/s，用于将驱动线束上的控制单元联网。

2）舒适 CAN 数据总线（低速）：速率为 1×10^5b/s，用于将舒适系统中的控制单元联网。

3）信息 CAN 总线（低速）：速率为 100kb/s，用于将收音机、电话和导航系统联网。

（2）所有系统的共性

各系统在数据高速公路上采用同样的交通规则，即“传输协议”。为了保证有很高的抗干扰性（如来自发动机舱），所有的 CAN 数据总线都采用双线式系统。

将要发送的信号在发送控制单元的收发器内转换成不同的信号电平，并输送到两条 CAN 导线上，只有在接收控制单元的差动信号放大器内才能建立两个信号电平的差值，并将其作为唯一经过校正的信号继续传至控制单元的 CAN 接收区。

信息 CAN 数据总线与舒适 CAN 数据总线的特性是一致的。

（3）各系统的重要区别

1）动力 CAN 数据总线通过 15 号接线柱进行切断，或经过短时无载运行后切断。而舒适

CAN 数据总线由 30 号接线柱供电且必须保持随时可用的状态。

2）为了尽可能降低对供电网产生的负荷，在 15 号接线柱关闭后，如果总系统不再需要舒适数据总线，那么舒适数据总线就进入所谓的“休眠模式”。

3）舒适/信息 CAN 数据总线在一条数据线短路或一条 CAN 线断路时，可以用另一条线继续工作，这时会自动切换到“单线工作模式”。

4）动力 CAN 数据总线的电信号与舒适/信息 CAN 数据总线的电信号是不同的。

2. 大众、奥迪车 CAN 的链路

（1）CAN 的导线

CAN 数据总线是一种双线式数据总线，脉冲频率为 100kb/s（舒适/信息数据总线）或 500kb/s（驱动数据总线）。舒适/信息 CAN 数据总线也叫低速总线，动力 CAN 数据总线也叫高速总线。

各个 CAN 系统的所有控制单元都并联在 CAN 数据总线上。CAN 数据总线的两条导线分别叫做 CAN-High 和 CAN-Low 线，两条扭绞在一起的导线称为双绞线，如图 14-28 所示。

图 14-28 双绞线

控制单元之间的数据交换就是通过这两条导线来完成的，这些数据可能是发动机转速、油箱油面高度及车速等。

CAN 导线的基色为橙色。对于动力 CAN 数据总线来说，CAN-High 线上还多加了黑色作为标志色；对于舒适 CAN 数据总线来说，CAN-High 线上的标志色为绿色：对于信息 CAN 数据总线来说，CAN-High 线上的标志色为紫色。CAN-Low 线的标志色都是棕色。

（2）CAN 导线的布线图

大众集团使用的 CAN 数据总线有一个特点：控制单元之间呈树形连接，这在 CAN 标准中是没有的。车上 CAN 导线的实际布置状态称为拓扑结构图，不同的车，拓扑结构也不同。

图 14-29 是 Phaeton 车的动力 CAN 拓扑结构图，可以很清楚地看到树形的网络结构。

3. 动力 CAN 数据总线

（1）动力 CAN 数据总线的主要联网单元

动力 CAN 数据总线的速率为 500kb/s，用于将动力 CAN 数据总线方面的控制单元联成网络。动力 CAN 数据总线的控制单元如下：

1）发动机控制单元。

2）ABS 控制单元。

3）ESP 控制单元。

4）变速器控制单元。

5）安全气囊控制单元。

6）组合仪表。

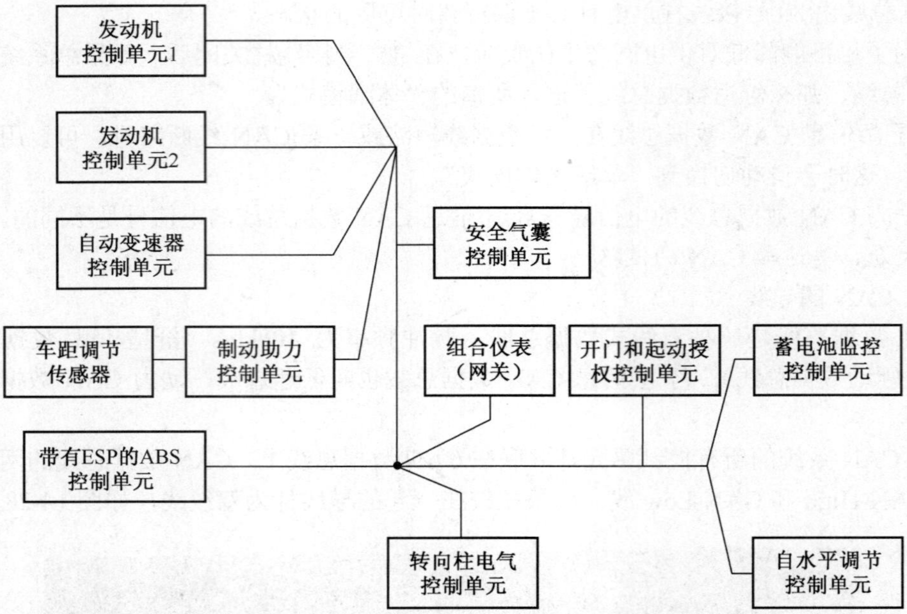

图 14-29　Phaeton 车的树形网络结构

与所有的 CAN 导线一样，动力 CAN 数据总线也是双线式数据总线，其脉冲频率为 500kb/s，因此也称为高速 CAN 总线。控制单元通过动力 CAN 数据总线的 CAN-High 线和 CAN-Low 线来进行数据交换。

控制单元循环往复地发送信息，信息的重复周期一般为 10～25ms。

（2）动力 GAN 数据总线上的信号电压变化

以动力 CAN 数据总线为例，在静止状态时，这两条导线上作用有相同的预先设定值，该值称为静电平。对于动力 CAN 数据总线来说，这个值大约为 2.5V。静电平也称为隐性状态，与其相连接的所有控制单元均可修改它。

在显性状态时，CAN-High 线上的电压值会升高一个预定值（对动力 CAN 数据总线来说，这个值至少为 1V），而 CAN-Low 线上的电压值会降低一个同样值（对动力 CAN 数据总线来说，这个值至少为 1V）。于是在动力 CAN 数据总线上，CAN-High 线就处于激活状态，其电压不低于 3.5V（2.5V+1V=3.5V），而 CAN-Low 线上的电压值最多可降至 1.5V（2.5V−1V=1.5V）。

因此在隐性状态时，CAN-High 线与 CAN-Low 线上的电压差为 0V，在显性状态时该差值最低为 2V，如图 14-30 所示。

图 14-31 中所示的是一个真实的 CAN 电报变化图，它由一个收发器产生，并由 VAS5051 的数字存储式示波器（DSO）接收下来。两个电平之间的叠加信号变化表示 2.5V 的隐性电平。CAN-High 线上的显性电压约为 3.5V，CAN-Low 线约为 1.5V。

（3）动力 CAN 的收发器

收发器内，CAN-High 线和 CAN-Low 线上的信号转换控制单元是通过收发器连接到动力 CAN 总线上的，在这个收发器内有一个接收器，该接收器是安装在接收一侧的差动信号放大器，如图 14-32 所示。

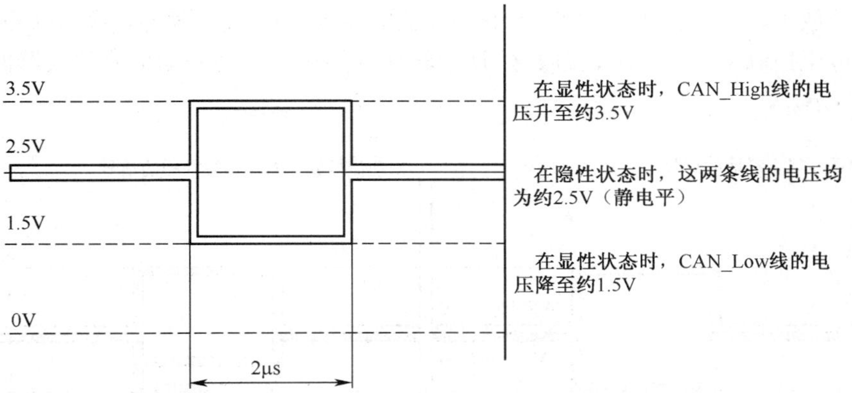

图 14-30　CAN 数据总线上的信号电压变化

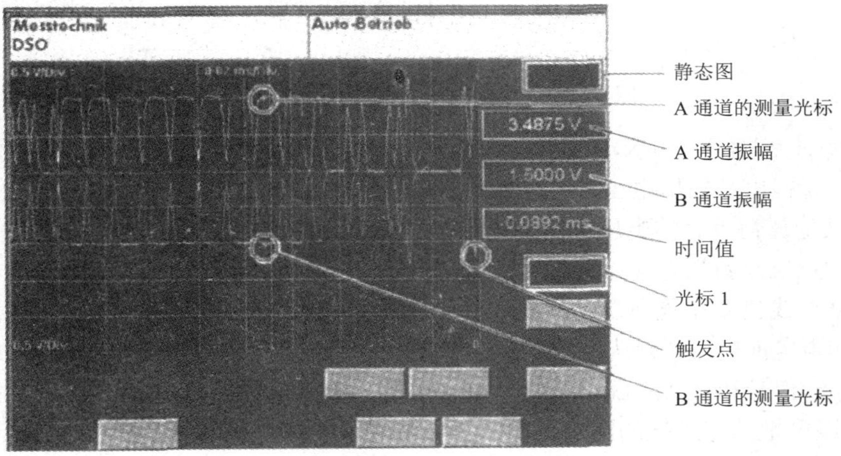

图 14-31　DSO 现实的动力 CAN 总线信号电压变化

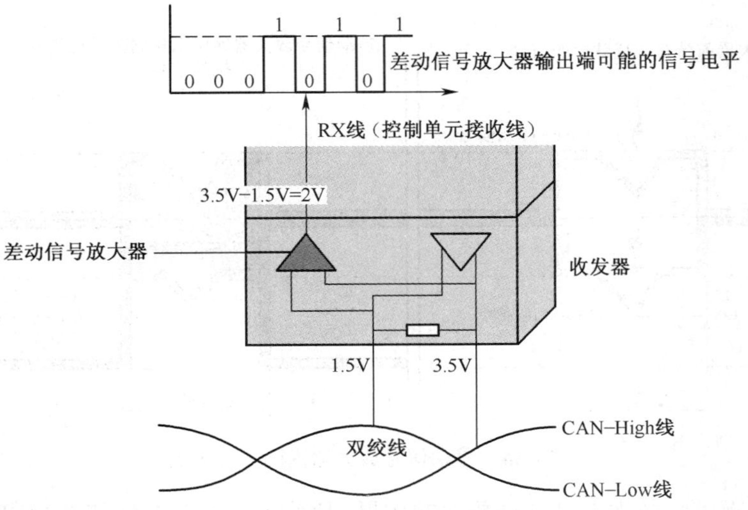

图 14-32　动力 CAN 数据总线的差动信号放大器

14 Chapter

差动信号放大器用于处理来自 CAN-High 线和 CAN-Low 线的信号，除此以外还负责将转换后的信号传至控制单元的 CAN 接收区。这个转换后的信号称为差动信号放大器的输出电压，如图 14-33 所示。

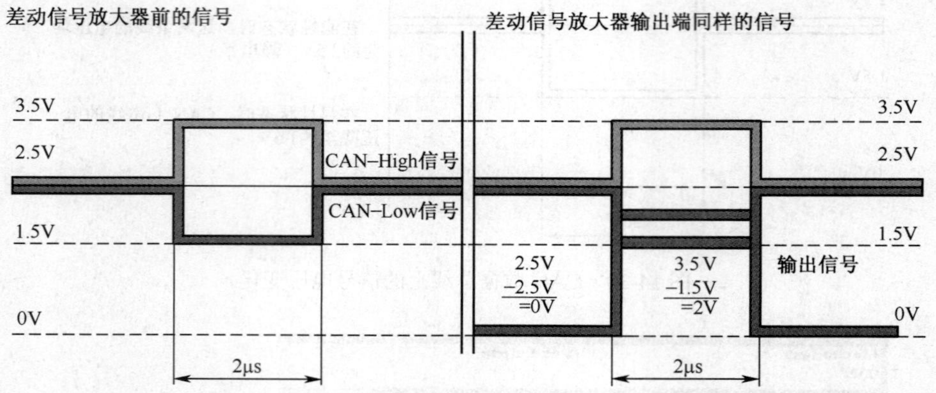

图 14-33　差动信号放大器内的信号处理

差动信号放大器用 CAN-High 线上的电压（$U_{CAN\text{-}High}$）减去 CAN-Low 线上的电压（$U_{CAN\text{-}Low}$），就得出了输出电压，用这种方法可以消除静电平（对于动力 CAN 数据总线来说是 2.5V）或其他任何重叠的电压（例如干扰）。

（4）动力 CAN 数据总线差动信号放大器内的干扰过滤

由于数据总线也要布置在发动机舱内，因此数据总线就会受到各种干扰。在保养时要考虑对地短路和蓄电池电压、点火装置的火花放电和静态放电。

CAN-High 信号和 CAN-Low 信号经过差动信号放大器处理后（就是所谓的差动传递技术），可最大限度地消除干扰的影响，如图 14-34 所示。这种差动传递技术的另一个优点是：即使车上的供电电压有波动（例如在启动发动机时），也不会影响各个控制单元的数据传递（数据传递可靠性）。

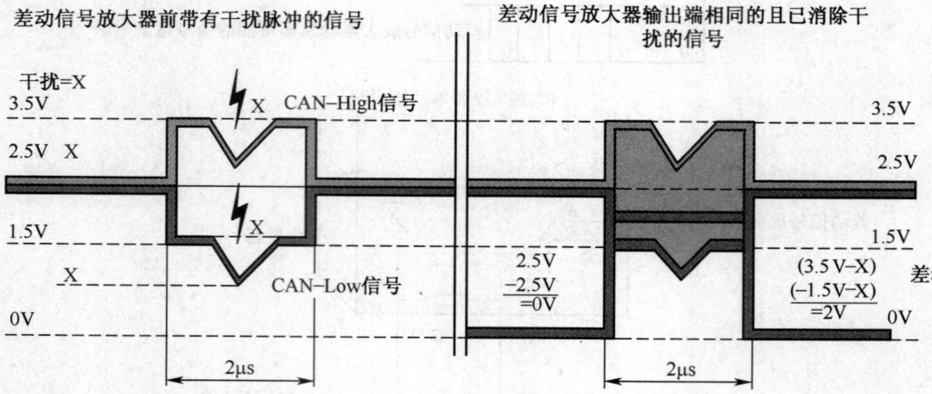

图 14-34　差动信号放大器内的干扰过滤

在该图的上部可清楚地看到这种传递的效果。因为 CAN-High 线和 CAN-Low 线是扭绞在一起的（双绞线），所以干扰脉冲 X 就总是有规律地作用在两条线上。

由于差动信号放大器总是用 CAN-High 线上的电压(3.5V–X)减去 CAN-Low 线上的电压(1.5V–X)，因此在经过差动处理后，(3.5V–X)–(1.5V–X)=2V，差动信号中就不再有干扰脉冲了。

4. 舒适/信息 CAN 数据总线

（1）舒适/信息 CAN 数据总线的联网单元

舒适/信息 CAN 数据总线的速率为 100kb/s，用于将舒适 CAN 总线和信息 CAN 总线方面的控制单元联成网络。舒适/信息 CAN 数据总线的控制单元如下：

1）全自动空调/空调控制单元。

2）车门控制单元。

3）舒适控制单元。

4）收音机和导航显示控制单元。

与所有的 CAN 导线一样，舒适/信息 CAN 数据总线也是双线式数据总线，其脉冲频率为 100kb/s，因而也称为低速 CAN 总线。

控制单元通过舒适/信息 CAN 数据总线的 CAN-High 线和 CAN-Low 线来进行数据交换，如车门开/关、车内灯开/关、车辆位置（GPS）等。

由于使用同样的脉冲频率，因此舒适 CAN 数据总线和信息 CAN 总线可以共同使用一对导线，当然前提条件是相应的车上有这两种数据总线。

（2）舒适/信息 GAN 数据总线上的信号电压变化

为了增强抗干扰性且降低电流消耗，低速 CAN 与动力 CAN 数据总线相比就需做一些改动。

首先，由于使用了单独的驱动器（功率放大器），这两个 CAN 信号就不再有彼此依赖的关系。与动力 CAN 数据总线不同，舒适/信息 CAN 数据总线的 CAN-High 线和 CAN-Low 线不是通过电阻相连的。也就是说，CAN-High 线和 CAN-Low 线不再彼此相互影响，而是彼此独立作为电压源来工作。

另外，共同的中压也发生了变化，在隐性状态（静电平）时，CAN-High 信号为 0V，在显性状态时不小于 3.6V；对于 CAN-Low 信号来说，隐性电平为 5V，显性电平不大于 1.4V，如图 14-35 所示。

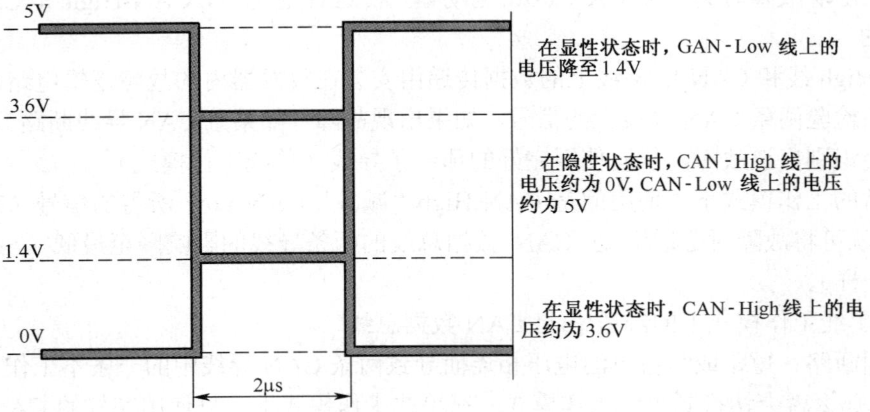

图 14-35 舒适/信息总线的信号变化

于是，这两个信号在差频信号放大器内相减后，隐性电平为−5V，显性电平为 2.2V，那么隐性电平和显性电平之间的电压变化（电压提升）就达到 7.2V 以上了。VAS5051 上的数字存储式示波器（DSO）图如图 14-36 所示。

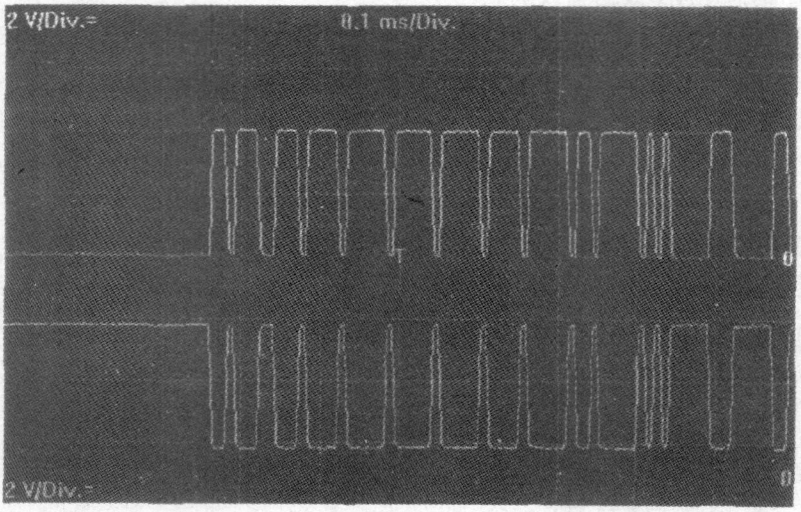

图 14-36　VAS5051 上的数字存储式示波器（DSO）图（静态图）

为清楚起见，CAN-High 信号和 CAN-Low 信号彼此分开了，从图中所示的不同的零点即可看出这一点。

从图中可清楚看出 CAN-High 信号和 CAN-Low 信号的静电平是不同的。还能看出：与动力 CAN 数据总线相比，电压提升增大了（7.2V）；显性电平和隐性电平交替转换；在显性状态时 CAN-High 信号为 3.6V，CAN-Low 信号为 1.4V。

（3）舒适/信息 CAN 数据总线的 CAN 收发器

舒适/信息 CAN 数据总线的收发器如图 14-37 所示，其工作原理与动力 CAN 数据总线收发器基本是一样的，只是输出的电压电平和出现故障时切换到 CAN-High 线或 CAN-Low 线（单线工作模式）的方法不同。另外 CAN-High 线和 CAN-Low 线之间的短路会被识别出来，并且在出现故障时会关闭 CAN-Low 驱动器，在这种情况下，CAN-High 和 CAN-Low 信号是相同的。

CAN-High 线和 CAN-Low 线上的数据传递由安装在收发器内的故障逻辑电路来监控，故障逻辑电路检验两条 CAN 导线上的信号，如果出现故障（如某条 CAN 导线断路），那么故障逻辑电路会识别出该故障，从而使用完好的那一条导线（单线工作模式）。

在正常的工作模式下，使用的是 CAN-High“减去”CAN-Low 所得的信号（差动数据传递），这样就可将故障对舒适/信息 CAN 数据总线的两条导线的影响降至最低（与动力 CAN 数据总线一样）。

（4）单线工作模式下的舒适/信息 CAN 数据总线

如果因断路、短路或与蓄电池电压相连而导致两条 CAN 导线中的一条不工作了（ISO 故障 1～7），那么就会切换到单线工作模式。在单线工作模式下，只使用完好的 CAN 导线中的信号，这样就使得舒适/信息 CAN 数据总线仍可工作。

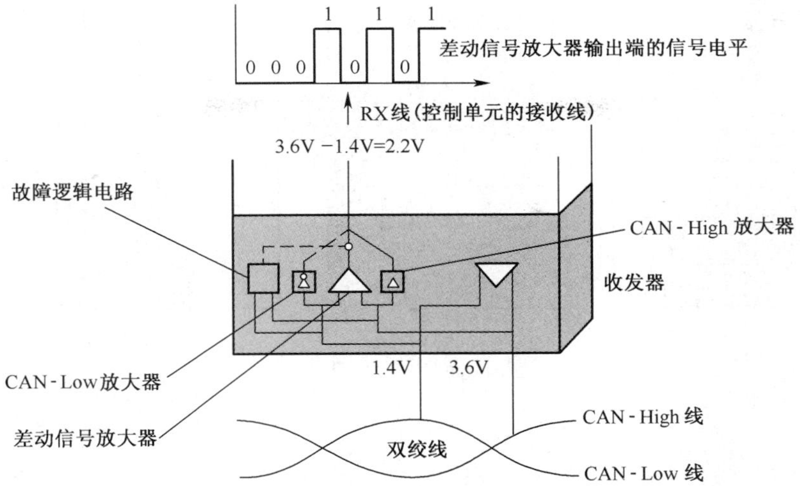

图 14-37 舒适/信息 CAN 数据总线收发器的结构

同时，控制单元记录一个故障信息：系统工作在单线模式。单线工作模式下 DSO 上的信号如图 14-38 所示。

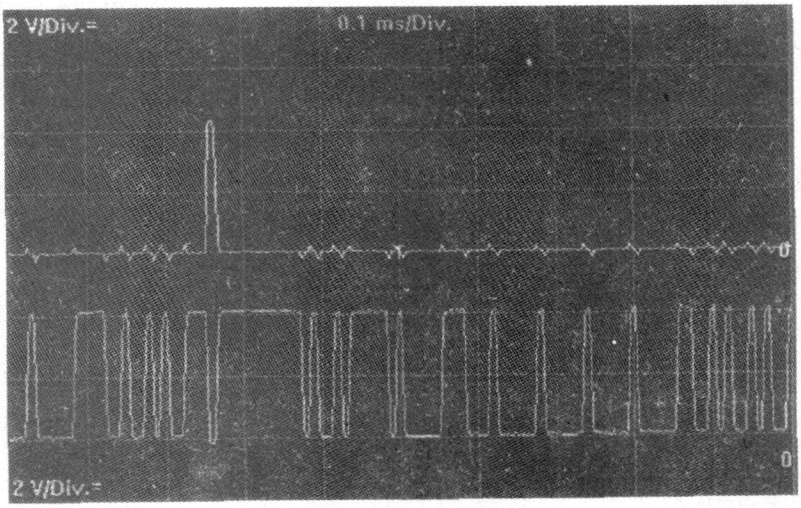

图 14-38 单线工作模式下 DSO 上的信号变化图（静态图）

5. CAN 数据总线上的阻抗匹配

控制单元信号在收发器内进行放大。收发器发送一侧的任务是将控制单元内 CAN 控制器的较弱信号进行放大，使之达到 CAN 导线上的信号电平和控制单元输入端的信号电平。

连接在 CAN 数据总线上的控制单元的作用就像是 CAN 导线上的一个负载电阻（因为装有电子元件）。这个负载电阻取决于连接的控制单元数量及其电阻值。

例如：发动机控制单元会在动力 CAN 数据总线的 CAN-High 线和 CAN-Low 线之间形成 66Ω 的电阻，所有其他控制单元均可在数据总线上产生 2.6kΩ 的电阻，如图 14-39 所示。

根据连接的控制单元数量，所有控制单元形成的总电阻为 53～66Ω。如果 15 号接线柱（点火开关）已切断，就可以用欧姆表测量 CAN-High 线和 CAN-Low 线之间的电阻了。

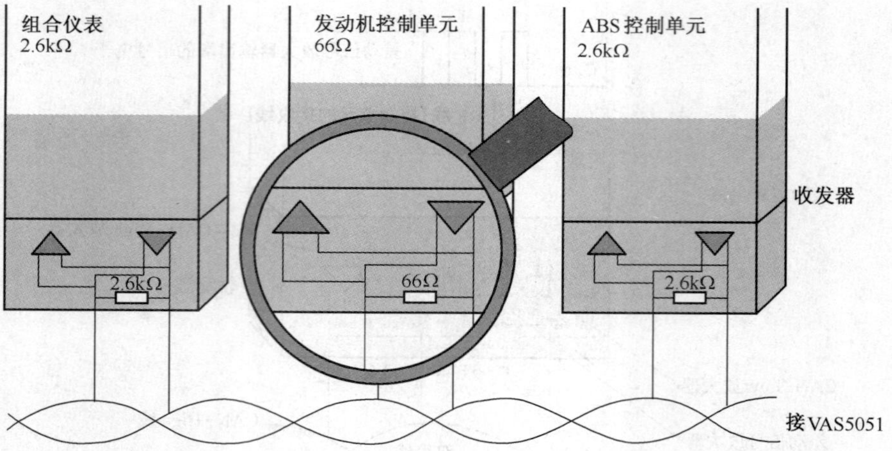

图 14-39 数据总线的 CAN-High 线和 CAN-Low 线上的负载电阻

收发器将 CAN 信号输送到 CAN 数据总线的两条导线上，相应地，CAN-High 线上的电压会升高，而 CAN-Low 线上的电压会降低一个同样大小的值。对于驱动 CAN 数据总线来说，一条导线上的电压改变值不低于 lV；对于舒适/信息 CAN 数据总线来说，这个值不低于 3.6V。

最初的数据总线的两个末端有两个终端电阻，如图 14-40 所示。但是，大众汽车公司在现在生产的车型上采用了被称为“中心总线连接”的方式，即发动机控制单元内的“中央末端电阻”和其他控制单元内的高欧姆电阻，如图 14-39 所示。这样会产生很大的影响，但由于轿车上的数据总线不是很长，因此不会有什么负面作用。

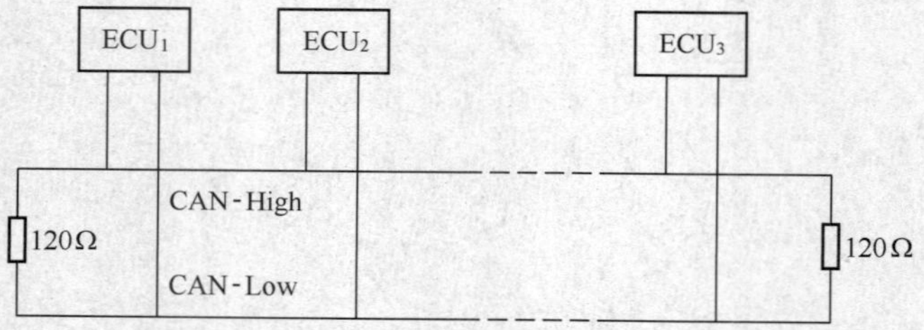

图 14-40 最初数据总线的两个末端的终端电阻

舒适/信息 CAN 数据总线的特点是：控制单元内的负载电阻不是作用于 CAN-High 线和 CAN-Low 线之间，而是体现在每根导线对地或对 5V 之间。如果蓄电池电压被切断，那么电阻也就没有了，这时用欧姆表无法测出电阻。

14.4.2 局部连接网络 LIN

局部连接网络 LIN（Local Interconnect Network）是由 Audi、BMW、DaimlerChrysler、Motorola、Volcano Communications Technologies（VCT）、Volkswagen 和 Volvo 等公司和部门（LIN 联合体）提出的一个汽车底层网络协议。Local Interconnect（局部连接）表示所有的控制单元都装在一个有限的空间内（如车顶），它也被称为“局域子系统”。

车上各个 LIN 总线系统之间的数据交换是由控制单元通过 CAN 数据总线实现的。

LIN 总线系统是单线式总线，底色是紫色，有标志色。该线的横截面积为 $0.35mm^2$，无需屏蔽。该系统可使一个 LIN 主控制单元与最多 16 个 LIN 从控制单元进行数据交换。从某种意义上来讲，LIN 就是 CAN 的经济版通信网络，其可定位于低于 CAN 的通信层，其示意图如图 14-41 所示。

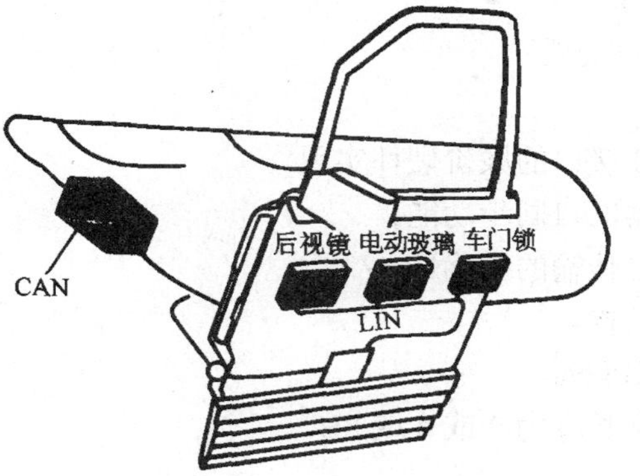

图 14-41 车门模块

LIN 在汽车上的应用例子如图 14-42 所示。

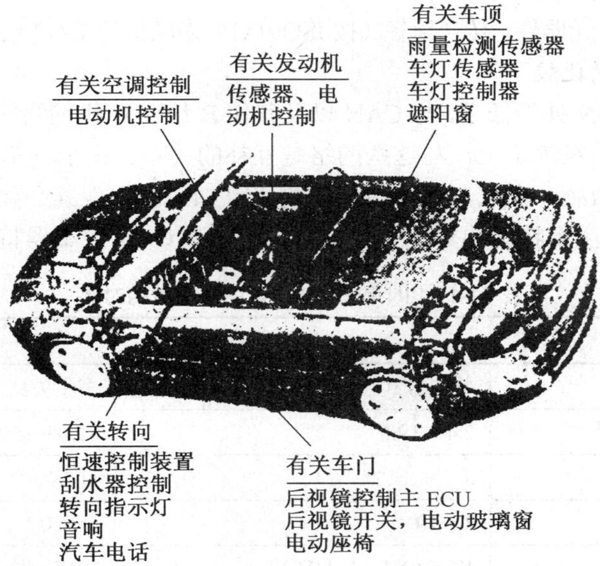

图 14-42 LIN 在汽车上的应用例子

1. LIN 的特点

LIN 协议是以广泛应用的 SCI（UART）为基础定义的。它支持与这类产品的连接。LIN 采用单主/多从带信息标识的广播式信息传输方式，网络节点根据在通信中的地位分为主节点和从节点。为了降低成本，LIN 网络中，从节点的同步不需要固定的时间基准。LIN 物理层是根据汽车故障诊断系统标准 ISO9141 拟定的 12V 单总线（Single Wire 12V Bus），满足汽车环境的 EMC、ESD 和抗噪声干扰要求。LIN 提供了一种在不需要更高通信频带环境中应用的廉价高效的通信网络标准。

LIN 配置语言给出在开发中描述系统结构和系统特性（如节点、接口、延时等）的标准。按照这个标准，来自不同开发商的数据库、网络设备、网络分析/仿真工具可以互相兼容。

LIN API 提供了应用程序与 LIN 通信系统软件的调用接口，这是一个比较简单但对提高系统设计效率非常有效的标准。

LIN 系统具有以下一些特性：

（1）单主/多从结构。

（2）基于 UART/SCI 接口的廉价硬件实现。

（3）从节点无振荡器的自同步功能。

（4）保证延时和信号传输的正确性。

（5）廉价的单总线结构。

（6）数据传输速度 20kb/s。

（7）一帧信息中数据长度为 2 或 4 或 8B。

（8）系统配置灵活。

（9）带同步的广播式发送/接收方式。

（10）数据累加和校验（Data Checksum）及错误检测功能。

（11）故障节点的检测功能。

（12）廉价的单片元器件。传送途径（按 ISO9141）为廉价的单线传送方式，最长可达 40m。

2. LIN 与 CAN 的比较

在车上网络中，LIN 处于低端，与 CAN 以及其他 B 级或 C 级网络比较，它的传输速度低、结构简单、价格低廉；在汽车上，与这些网络是互补的关系。由于汽车产品包括部件和整机，对价格和复杂性非常敏感，在汽车网络系统低端使用 LIN 会显现其必要性和优越性。

LIN 和 CAN 协议主要特性的对比见表 14-1；LIN 和 CAN 控制器特性的对比见表 14-2。

表 14-1　LIN 和 CAN 协议主要特性的对比

指标	LIN	CAN
媒体访问控制方式	单主方式	多主方式
典型总线传输速度/$kb{\cdot}s^{-1}$	2.4～19.6	62.45～500
信息标识符/b	6	11/29
网络典型节点数/个	2～10	4～20
位/字节编码方式	NRZ 8N1（UART）	NRZw/位填充
每帧信息数据量/B	2，4，8	0～8
每 4 字节的发送时间/ms	3.5（20kb/s 时）	0.8（125kb/s 时）
错误检测	8 位累加和	15 位 CRC
物理层	单线，13.5V	双绞线，5V
石英/陶瓷振荡器	主节点需要，从节点不需要	每个节点需要
网络相对成本	0.5	1

表 14-2 LIN 和 CAN 控制器特性的对比

节点	网络传输速度 /kb·s^{-1}	CPU 时钟 /MHz	CPU（%）	存储容量 /B（flash/ROM）	存储容量 /（RAM）
LIN16bit 主节点	19.2	4	10	1200	25
LIN8bit 从节点（无振荡器）	19.2	4	15	750	22
LIN8bit 从节点（带振荡器）	19.2	4	6	650	20
CAN16bit 节点	125	8	15	3000	150

3. LIN 结构与协议

LIN 的网络结构如图 14-43 所示，网络由一个主节点和多个从节点构成，主节点可以执行主任务也可以执行从任务，从节点只能执行从任务。总线上的信息传送由主节点控制。

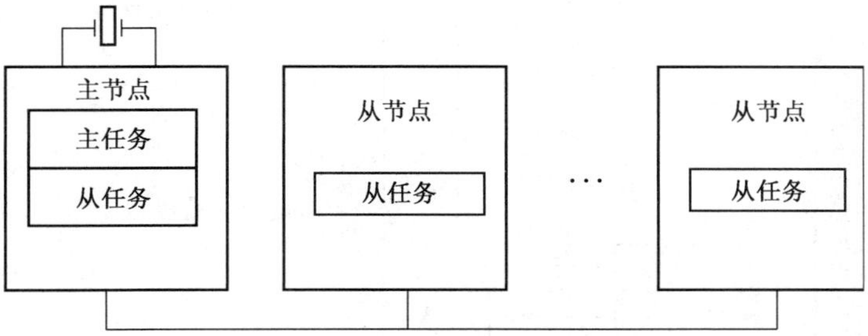

图 14-43 LIN 网络结构

LIN 网络中信息以帧为单位传输。每个帧包括 3 个字节的控制与安全信息以及 2 或 4 个 8B 的数据，如图 14-44 所示，每个信息帧由主节点发出的一个 13bit 显性位（低电平）起始域开始，之后主节点接着发送同步域和标识符域（主任务）；从节点发回数据域和校验域（从任务）。

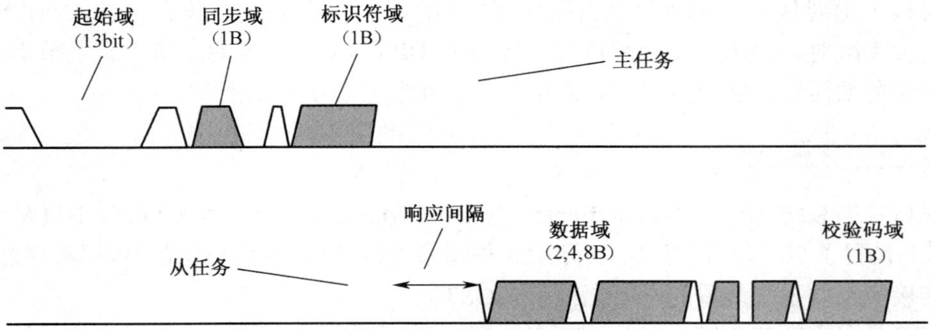

图 14-44 信息帧传送形式

LIN 系统中，除了主节点命名外，节点不使用任何系统结构方面的信息；这使 LIN 具有很多相关的优点。在 LIN 系统中，加入新节点时，不需要其他从节点作任何软件或硬件的改动。LIN 和 CAN 一样，传送的信息带有一个标识符，它给出的是这个信息的意义或特征，而不是这个信息传送的地址。

受单线传输媒体电磁干扰（EMI）的限制，LIN 最大位流传输速度为 29kb/s；另一方面，为了避免与实际系统定时溢出时间发生冲突，最小位流传输速度限定为 1kb/s。在实际应用系统中，建议支持 LIN 的元器件使用如下传输速度：低速使用 2400b/s，中速使用 9600b/s，高速使用 19200b/s。

LIN 系统总线的电气性能对网络结构有很大的影响。网络节点数不仅受标识符长度的限制，而且受总线物理特性的限制。在 LIN 系统中，建议节点数不要超过 16 个，否则网络阻抗降低，在最坏工作情况下会发生通信故障。LIN 系统每增加一个节点大约使网络阻抗降低 3%。

每个节点与总线的接口如图 14-45 所示。电源与 LIN 总线间二极管的作用是，当 VBAT 为低时（本地节点断电或断路等）防止 LIN 总线驱动节点的电源线（这将大大增加总线负载）。

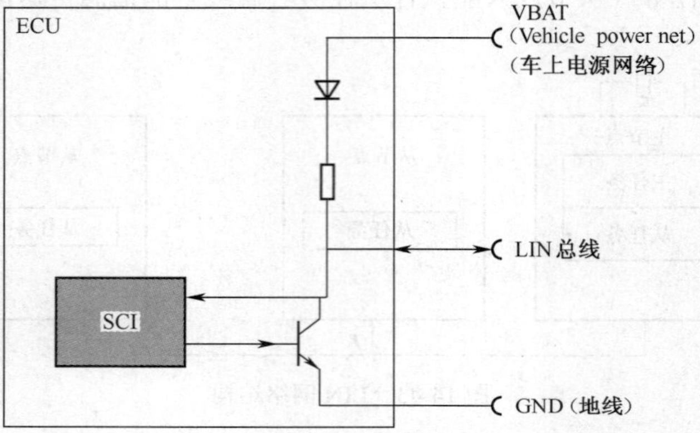

图 14-45　LIN 总线的接口

LIN 系统支持休眠工作模式。当主节点向网络上发送一个休眠命令时，所有节点进入休眠状态，直到被唤醒之前总线上不会有任何活动。这时总线处于隐性状态，节点没有内部活动，驱动器处于接收状态。

当总线上出现任何活动或节点出现任何内部活动时，节点结束休眠状态。当由于从节点内部活动被唤醒时，输出一个唤醒信号（WAKE UPSIGNAL）唤醒主节点。主节点被唤醒后开始初始化内部活动，从节点要等到同步信号后才参与总线通信活动。

14.4.3　汽车 MOST 技术

多媒体定向系统传输（Media Oriented Systems Transport）简称为 MOST。BMW 公司在新 7 系列车上设置了 70 多个运算装置，利用 8 种网络分别按这些运算装置的作用将其连接起来。其中，连接多媒体系统装置的网络选用了 MOST。

MOST 是采用塑料光缆（POF）的网络协议。将音响装置、电视、全球定位系统及电话等设备相互连接起来，给用户带来了极大的便利。在 MOST 中，不仅对通信协议给出了定义，而且也说明了分散系统的构筑方法。

MOST 网络可以不需要额外的主控计算机系统，结构灵活、性能可靠和易于扩展。MOST 网络光纤作为物理层的传输介质，可以连接视听设备、通信设备以及信息服务设备。MOST 网络支持“即插即用”方式，在网络上可以随时添加和去除设备。MOST 具有以下基本特征：

（1）保证低成本的条件下，达到 24.8Mb/s 的数据传输速度。

（2）无论是否有主控计算机都可以工作。

（3）使用 POF（Plastic Optical Fiber）优化信息传送质量。

（4）支持声音和压缩图像的实时处理。

（5）支持数据的同步和异步传输。

（6）发送/接收器嵌有虚拟网络管理系统。

（7）支持多种网络连接方式。

（8）提供 MOST 设备标准。

（9）方便简洁的应用系统界面。

通过采用 MOST，不仅可以减轻连接各部件的线束的质量、降低噪声，而且可以减轻系统开发技术人员的负担，最终在用户处实现各种设备的集中控制。

1. MOST 与 3 种数据对应

MOST 的特点是：利用一个低价的光纤网络，可以传送下述 3 种数据：①同步数据——实时传送音频信号、视频信号等流动型数据；②非同步数据——传送访问网络及访问数据库等的数据包；③控制数据——传送控制报文及控制整个网络的数据。

MOST 是以近于数字电话交换机等使用的“帧同步传送”技术为基础的，因此，通过简单的硬件就可以实现流动型数据的同步传送，只会产生完全可以预测到的最小限度的滞后。而与此相比，其他的网络协议对流动型数据的处理较为烦琐，在数据的滞后方面还有问题。

从拓扑方式来看，基本上为一个环状拓扑。这种拓扑的优点是：在增加节点时，不需要手柄及开关，而且媒体（光纤）没有集中在某特定装置的附近，可以节省光纤。从实际的装车情况来看，光纤正对着连接各电子设备的网络。此外的一个优点是：光纤网络不会受到电磁辐射干扰与搭铁环的影响。

MOST 利用一根光纤，最多可以同时传送 15 个频道的 CD 质量的非压缩音频数据。在一个局域网上，最多可以连接 64 个节点（装置）。

2. MOST 基本结构

（1）MOST 节点结构

MOST 标准的节点结构模型如图 14-46 所示。MOST 网络可以连接基于不同内部结构和内部实现技术的节点。它的拓扑结构可以是环行网或星形网或菊花链。MOST 网络上的设备分享不同的同步和异步数据传输通道，不同类型的数据具有不同的访问机制。

MOST 网络有集中管理和非集中管理两种管理模式。集中管理模式中，管理功能由网络上的一个节点实施；当其他节点需要这些服务时，必须向这个节点申请。非集中管理模式中，网络管理分布在网络上的节点中，不需要这种中心管理。

一个 MOST 网络系统由以下三个方面决定：

1）MOST 连接机制。

2）MOST 系统服务。

3）MOST 设备。

MOST 网络启动时，为每一个网上设备分配一个地址；数据传输时，通过同步位流实现各节点的同步。

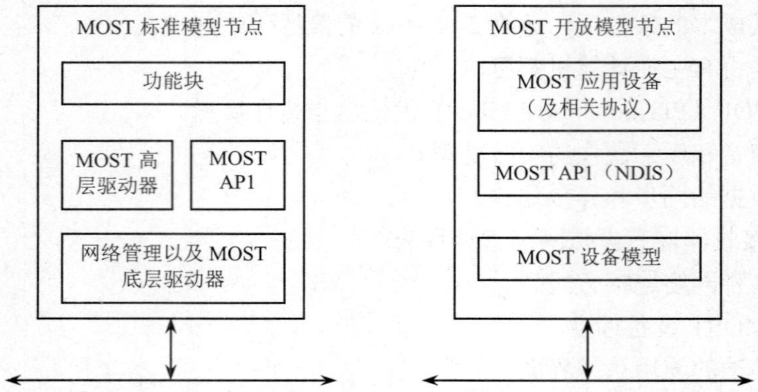

图 14-46　MOST 节点结构模型

（2）MOST 设备

连接到 MOST 上的任何应用层部分都是 MOST 设备。因为 MOST 设备是建立在 MOST 系统服务层上的，它可以应用 MOST 网络提供的信息访问功能以及位流传送的同步频道和数据报文异步传送功能。它可以向系统申请用于实时数据传送的带宽，同时还可以以报文形式访问网络和发送/接收控制数据。MOST 网络中，在网络管理系统的控制下，这些设备可以协同工作，它们之间可以同时传送数据流、控制信息和数据报文。

如图 14-47 所示，逻辑上，一个 MOST 设备包括节点应用功能块、网络服务接口、发送/接收器以及物理层接口。一个 MOST 设备可以有多个功能块，如使用 CD，需要有“播放”“停止”以及“设置播放时间”等功能。这些功能，对于 MOST 设备来说是外部可访问的。

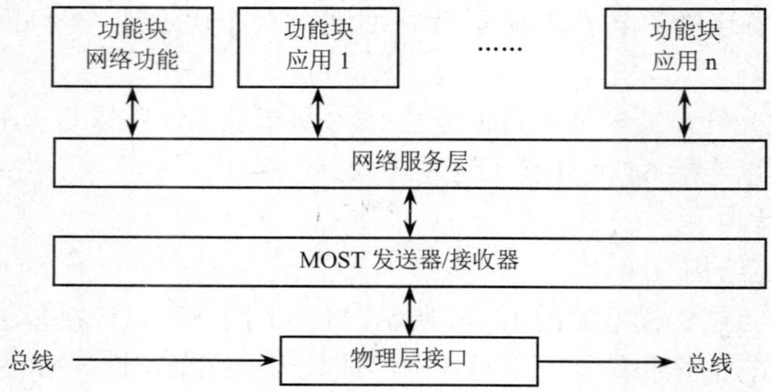

图 14-47　MOST 设备的逻辑结构

典型 MOST 设备的硬件结构如图 14-48 所示。其中 RX 表示输入信号，TX 表示发送信号，Ctrl 表示控制信号。在一些简单的设备中，可以没有微控制器部分，由 MOST 功能模块 MOST 发送/接收器）直接把应用系统连到网络上。

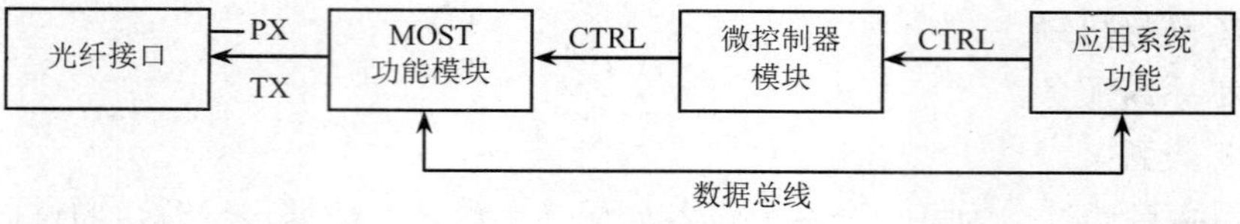

图 14-48　MOST 设备的硬件结构

3. MOST 在汽车上的应用

MOST 网络的特点非常适应汽车媒体设备应用环境的需要，所以汽车行业已经把 MOST 技术作为将来汽车上媒体系统的一个标准。汽车生产商采用 MOST 主要是由于其性能可靠、成本低、系统简单、结构灵活、数据兼容性好和良好的 EMI 性能。使用光纤可以减少 250m 的线束，减轻 4.5kg 重量。这种结构为将来可以随时加入新媒体设备节点的结构提供了基础，而且特别适合于车上媒体设备和信息设备的声控技术应用。随着车上信息设备的不断增加，驾驶中使用这些设备的情况越来越多，通过声控系统访问这些设备是最安全和最经济的方式，被认为是将来车上设备使用的首选人机接口方式。通过 MOST 网络把人机语音接口与车上媒体设备、通信设备以及其他信息设备连接，是实现这种车上设备语音访问技术的有效方式。图 14-49 是用 MOST 实现这种车上媒体设备、信息设备连接的示意图。

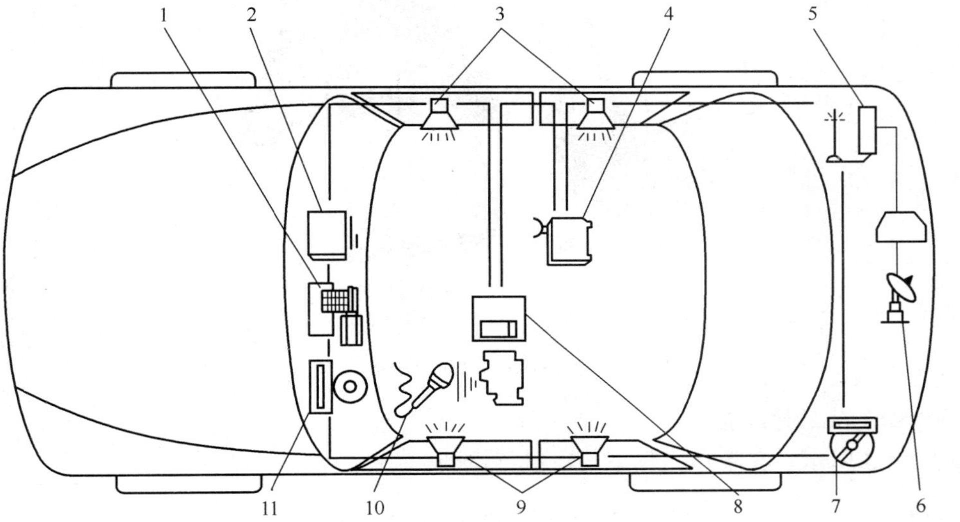

1—计算机及键盘；2—显示器；3、9—音响；4—电视；5—无线信号发送接收器；6—卫星信号接收机；7—CD-ROM（电子地图等数据）；8—车载电话；10—语音控制输入接口；11—CD（VCD）播放机

图 14-49 车上媒体设备、信息设备的 MOST 网络

14.4.4 诊断总线

1. 诊断总线简介

诊断 CAN 总线用于完成诊断控制单元和车上其他控制单元之间的数据交换。以前的 K 线或 L 线就不再使用了（例外：废气相关的控制单元），而使用汽车诊断、测量和信息系统 VAS5051 或汽车诊断和服务信息系统 VAS5052 来进行自诊断。控制单元的诊断数据经各自的数据总线系统传送到数据总线诊断接口 J533（网关），如图 14-50 所示。通过 CAN 总线和网关的快速数据传递，诊断控制单元就可在连接到车上后快速地显示出车上所装元件及其故障的状态。

诊断 CAN 总线是未屏蔽的双绞线，其截面面积为 $0.35mm^2$。CAN-Low 线是橙/褐色，CAN-High 线是橙/紫色。在全双工模式下，数据的传递速率为 500kb/s，这也就是说，可以双向同时传递数据。

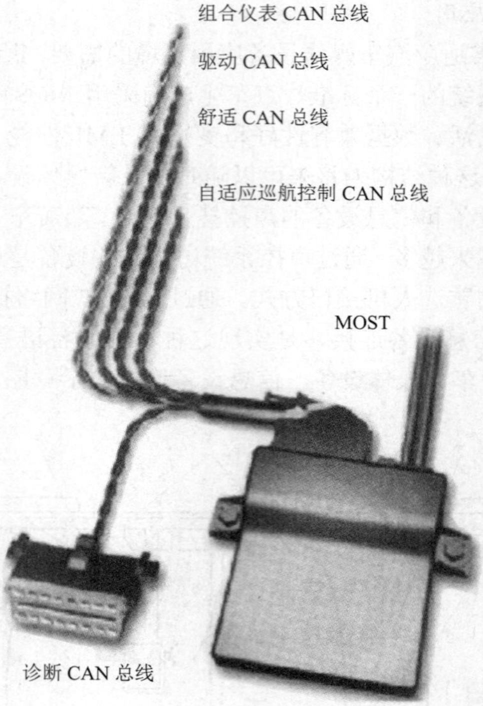

图 14-50　诊断总线接口

2. 诊断总线的诊断条件

如表 14-3 所示，在下述条件下可以进行诊断。

表 14-3　诊断总线的诊断条件

序号	诊断	条件		备注
1	开始	点火开关打开	是	无法经诊断CAN总线来唤醒控制单元
		点火开关关闭	是，但不是在休眠模式	
2	执行	点火开关打开	是	
		点火开关关闭	是，但无写入功能（例如给控制单元编码）	
3	结束	关闭点火开关来终止	否	

若要在车上进行诊断，需使用诊断线 VAS5051/5A（3m）或 VAS5051/6A（5m）。这种诊断线也可用于使用 K 线或 L 线的诊断系统。

3. 诊断总线的地址格式扩展

除可直接选定各个控制单元地址外，现在还可以成组选定地址，也就是说，几乎可同时查询多个控制单元故障存储器的存储内容，这就大大加快了读取故障的速度。利用执行元件的选择检测功能，就可直接检测某个执行元件，而不必按要求的顺序来进行。

另外，诊断仪还可同时显示多个控制单元测量数据块，以便检查开关和传感器。这些新特点为故障诊断提供了新的使用方法。

4. 诊断插头的针脚布置

诊断插头的针脚布置见图 14-51。

图 14-51 诊断插头的针脚位置

图中，针脚用途见表 14-4 所示。

表 14-4 诊断插头的针脚

针脚	导线
1	15 号接线柱
4	接地
5	接地
6	诊断 CAN 总线（High）
7	K 线
14	诊断 CAN 总线（Low）
15	L 线
16	30 号接线柱

14.5 车载局域网故障诊断与排除

车载局域网（LAN）技术属于计算机领域的高技术范畴，其故障状态、表现形式与普通汽车电器电子设备有所不同，由于大多数通讯协议以及使用该协议的数据总线和网络都是专用的。因此，维修诊断时必须使用专门的软件或测试仪器。

14.5.1 车载局域网故障的状态

在车载局域网中，一个控制单元的故障状态有以下三种形式。这三种故障状态用发送错误计数器（Transmit Error Counter，TEC）与接收错误计数器（Receive Error Counter，REC）进行管理（即进行界定），并由这些计数器的计数值对错误状态进行分类。发送错误计数器的计数值与接收错误计数器的计数值随条件变化而转变，错误状态与计数器计数值的关系如图 14-52 所示。

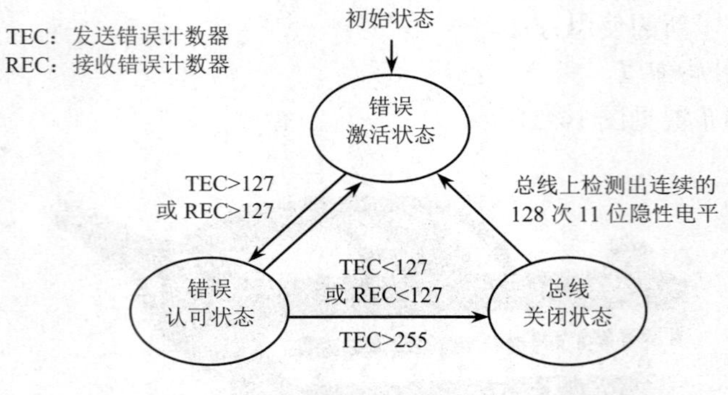

图 14-52　电子控制单元的错误状态及其转变条件

1. 错误激活状态

错误激活状态是指可以参与总线通讯的状态。处于错误激活状态的电子控制单元检测到错误时，将输出错误激活的标志。当在总线上检测出某电子控制单元连续 128 次 11 位隐性电平时，该电子控制单元就处于错误激活状态。

2. 错误认可状态

错误认可状态是指容易出现错误的状态。处于错误认可状态的控制组件可以参与总线上的通讯。但在接收信息时，为了不妨碍其他控制组件通讯，处于错误认可状态的控制组件不能发出出现错误激活的通知。当处于错误认可状态的组件检测到错误时，就会输出错误认可的标志。但是，如果其余处于错误激活状态的组件没有检测到错误，则判断为整个总线没有错误。此外，处于错误认可状态的组件在发出信号之后不能立刻又开始发信息。在开始再次发信息之前，在帧间间隔处要插入 8 位的隐性电平，即暂缓发送。

3. 总线关闭状态

总线关闭状态就是不能参与总线通讯的状态。在总线关闭状态下，所有的信息发送与接收动作均被禁止。

14.5.2　车载局域网故障的原因

当装备网络系统的车辆出现故障时，首先应当检测网络系统是否正常。因为网络系统出现故障时，部分信息无法传输，接收这些信息的电子控制模块 ECU 将无法正常工作，从而为故障诊断带来困难。检修车载网络系统故障时，应根据网络系统的具体结构和控制回路具体分析。一般来说，引起车载网络系统故障的原因有三种：一是汽车电源系统引起的故障；二是车载网络系统的链路故障；三是网络系统的节点故障。

14.5.3　车载局域网故障诊断与排除

针对车载局域网产生故障的三种原因，下面分别举例说明其检测诊断与排除方法。

1. 汽车电源系统故障导致网络系统故障

车载局域网 LAN 的核心部件是带有控制器、发送器和接收器等具有通讯功能 IC 芯片的中央电子控制模块 CEM，中央电子控制模块 CEM 的正常工作电压在 10.5～15.0V 范围内。

如果汽车电源系统提供的工作电压过低，就会影响中央电子控制模块 CEM 正常工作，从而导致整个网络系统出现通讯短时中断现象。下面以上海别克轿车故障实例说明。

（1）故障现象

一辆上海别克轿车在行驶过程中，经常出现转速表、里程表、燃油表和水温表指示为零的现象。

（2）故障检测过程

用故障检测仪（故障扫描仪）TECH2 读取故障代码，发现各个电子控制模块中均无当前故障代码，但存在多个历史故障代码。

在安全气囊控制模块 SDM 中出现：U1040——失去与 ABS 控制模块的对话；U1000——二级功能失效；U1064——失去多重对话；U1016——失去与动力控制模块 PCM 对话。

在仪表控制模块 IPC 中出现：U1016——失去与动力控制模块 PCM 对话。

在车身控制模块 BCM 中出现：U1000——二级功能失效。

（3）故障分析和排除

经过读取故障代码可知，该车网络传输系统存在故障，因为 OBD-Ⅱ规定“U”字头的故障代码为车载网络传输系统 LAN 的故障代码。通过查阅图 14-53 所示上海别克轿车电源系统电路图可知，电子控制模块共用一根电源线，并且经过前围板连接。由于故障代码为间歇性故障，因此，可以断定故障是由这根电源线发生间歇性断路所致。检查线路发现，该电源线存在接触不良现象，经处理后故障当即排除。

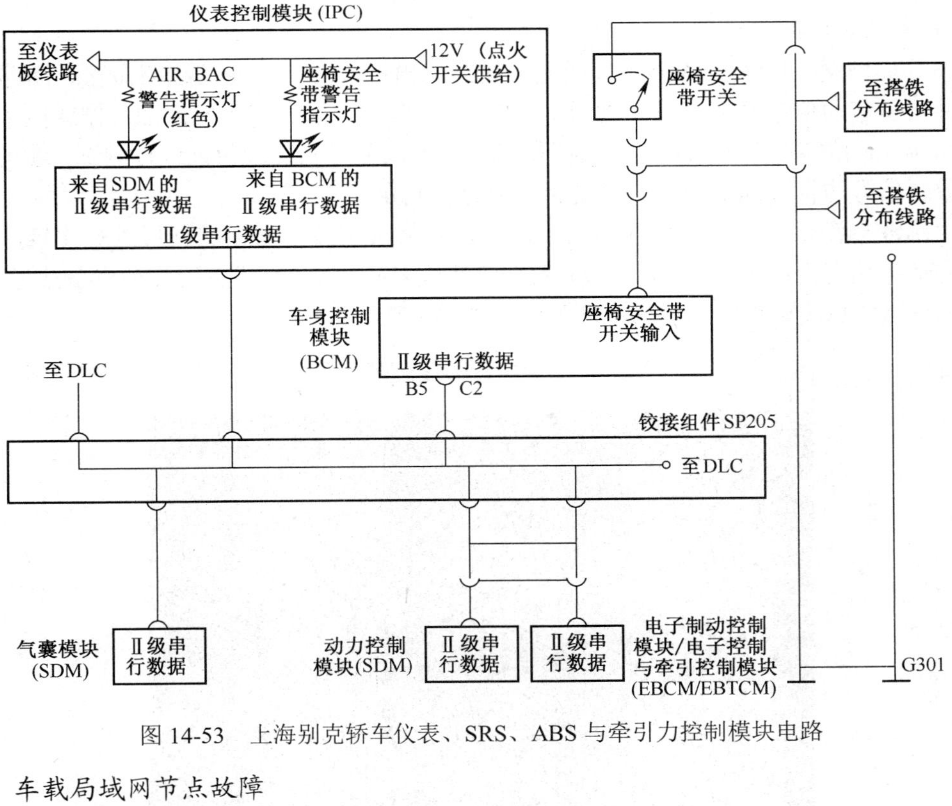

图 14-53　上海别克轿车仪表、SRS、ABS 与牵引力控制模块电路

2. 车载局域网节点故障

节点指的是车载局域网（LAN）的电子控制模块 ECU。因此，节点故障就是电子控制模块 ECU 故障。节点故障包括软件故障和硬件故障两个方面。

软件故障是指传输协议或软件程序有缺陷或冲突，从而使车载网络系统通讯出现混乱或无法正常工作。这种故障一般都成批出现，且无法维修。

硬件故障一般是由通讯芯片或集成电路故障引起，造成车载网络系统无法正常工作。对于采用点对点传输信息的低版本通讯协议网络，如果发生节点故障，将出现整个汽车多路信息传输系统无法工作的状况。下面以帕萨特 B5 轿车故障为例说明。

（1）故障现象

一辆上海帕萨特 B5 轿车在使用中出现机油压力报警灯和安全气囊故障指示灯报警现象，与此同时，发动机转速表不能指示转速。

（2）故障检测

用 VAG1552 故障诊断仪读取发动机控制系统的故障代码，发现有两个偶发性故障代码：一个是：18044——安全气囊控制单元无信号输出；另一个是：180414——仪表数据输出错误。用 VAG1552 读取仪表系统的故障代码为：01314——发动机控制单元无通讯；01321——安全气囊控制单元无通讯。

（3）故障分析与排除

通过读取故障代码可见，发动机控制单元和安全气囊控制单元均无信号传输。因此，可初步判断故障与车载网络系统有关。检查汽车电源线路也未发现故障，故障很可能是节点或链路故障。用替换法尝试替换安全气囊控制单元，故障得以排除。

3. 车载局域网链路故障

当车载局域网（LAN）的链路（或通信线路）出现故障（如通信线路短路、断路以及线路物理性质引起通信信号衰减或失真）时，都会引起多个电子控制单元无法工作或电子控制系统错误动作。通信链路有无故障，一般都利用示波器或专用光纤诊断仪进行测试，通过观察实际通信数据信号与标准通信数据信号是否一致进行判定。

利用示波器测试通信链路传输的信号波形，并将实测波形与标准波形进行比较，能够有效判定通信链路有无故障。CAN（CAN 数据总线或 CAN 总线）状态的几种典型波形如下：

（1）CAN 总线传输的标准信号波形如图 14-54 所示。

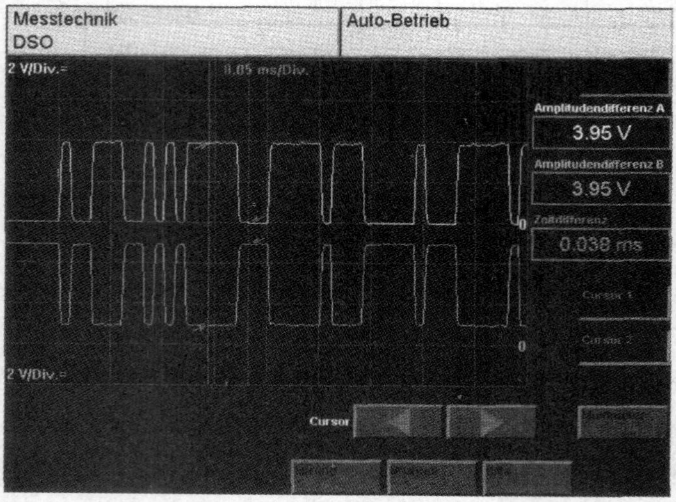

图 14-54　CAN 数据总线的标准波形

（2）CAN 数据总线对地短路时的信号波形如图 14-55 所示。

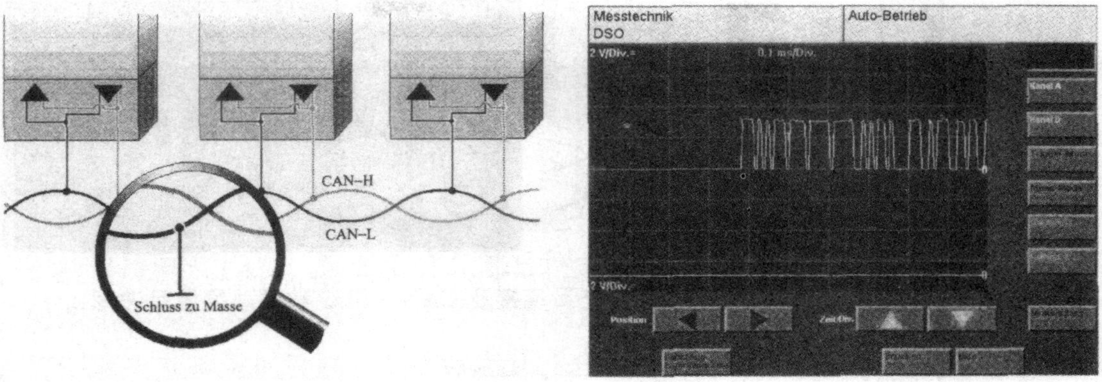

图 14-55　CAN 数据总线对地短路及其信号波形

（3）CAN 数据总线对正极短路时的信号波形如图 14-56 所示。

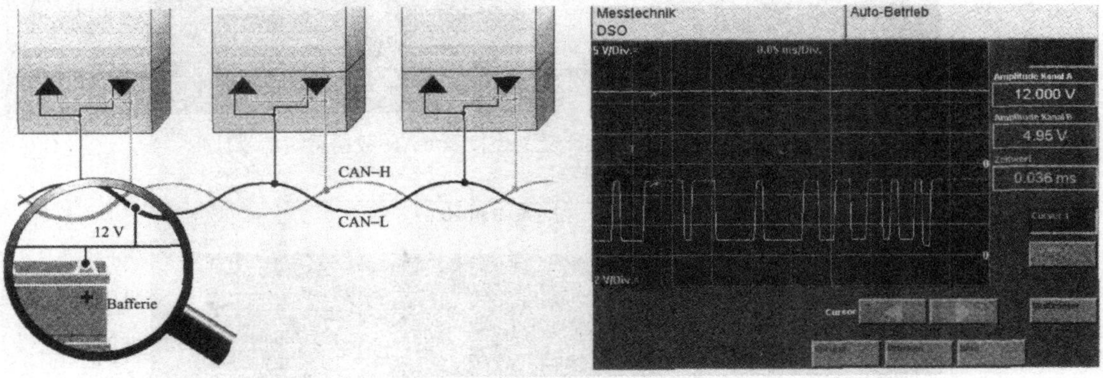

图 14-56　CAN 数据总线对正极短路及其信号波形

（4）CAN-Low 数据线断路时的信号波形如图 14-57 所示。

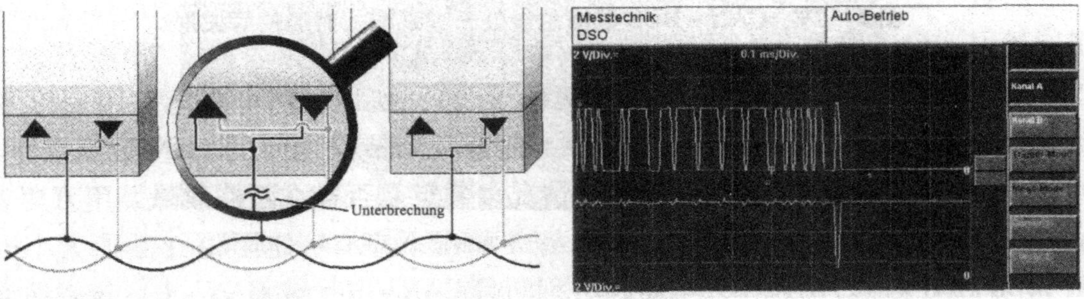

图 14-57　CAN-Low 断路及 CAN 数据总线信号波形

（5）CAN-High 与 CAN-Low 短路（总线直连）时的信号波形如图 14-58 所示。
（6）CAN-High 与 CAN-Low 交叉连接时的信号波形如图 14-59 所示。
（7）CAN 数据总线处于睡眠模式时的信号波形如图 14-60 所示。

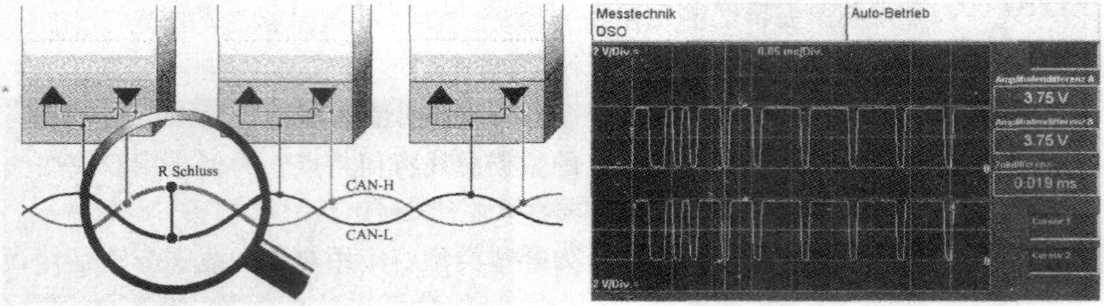

图 14-58　CAN-High 和 CAN-Low 短路及 CAN 数据总线信号波形

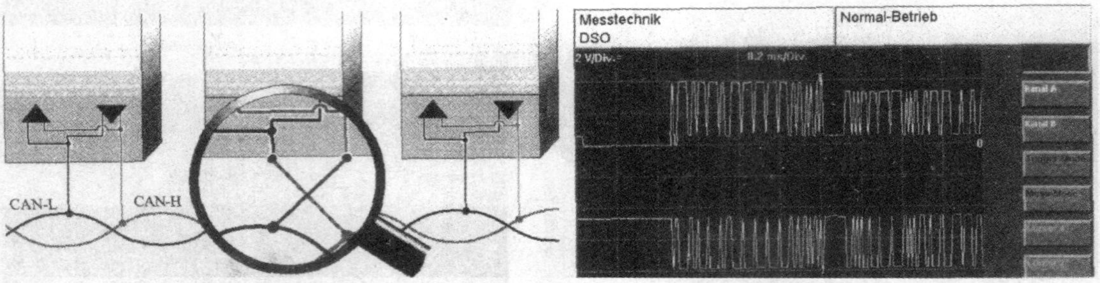

图 14-59　CAN-High 和 CAN-Low 交叉连接及 CAN 数据总线信号波形

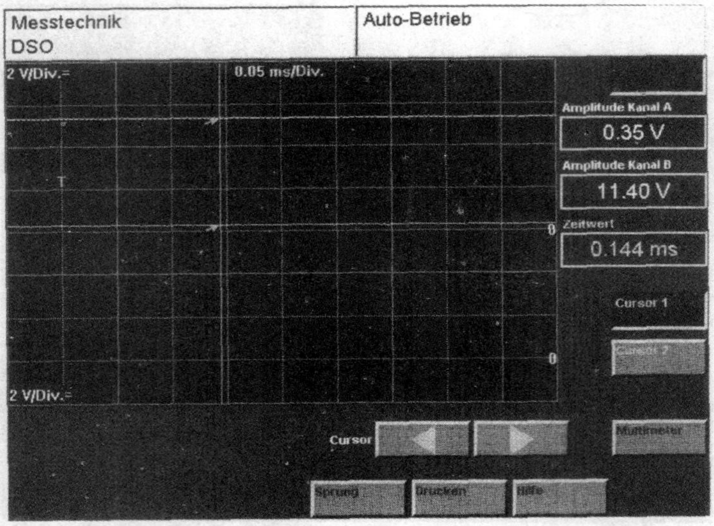

图 14-60　CAN 数据总线处于睡眠模式时的信号波形

因为 CAN 数据总线为双绞线（两根导线），所以，仍可应用万用表检测 CAN 总线的阻值来判断故障。在同一网络中，任意两个节点之间的 CAN 数据线是导通的。因此，可用万用表电阻挡测量数据线的导通情况来判定是否存在断路故障。用万用表电阻挡测量 CAN-High 与 CAN-Low 之间的电阻值时，正常情况下应有一定阻值（其值大小因车型而异，一般为 60Ω 左右）。用万用表电阻挡分别测量 CAN-High（或 CAN-Low）与搭铁（或蓄电池负极）之间的导通情况，正常情况下应不导通。

本章小结

所谓数据传输总线，就是指在一条数据线上传递的信号可以被多个系统共享，从而最大限度地提高系统的整体效率，充分利用有限的资源。

常用的技术术语有局域网、数据总线、模块/节点、局域网的拓扑结构（星型、环型、总线型）、链路（传输媒体）、数据帧、传输协议、传输仲裁。

汽车网络结构，采用多条不同速率的总线分别连接不同类型的节点，并使用网关服务器来实现整车的信息共享和网络管理。

车载网络基本原理：车载网络系统由多个控制单元组成，控制单元通过所谓的收发器（发射/接收放大器）并联在总线导线上，所有控制单元的地位均相同，信息交换按顺序连续完成。

网关是连接异型网络的接口装置，它综合了桥接器和路由器的功能，汽车网关主要能在OSI 参考模型的物理层、数据链路层和应用层上对双方不同的协议进行翻译和解释。

常用的典型数据总线有 CAN 数据总线、LIN 数据总线、MOST 数据总线、诊断总线等。

根据信号的重复率、产生的数据量和可用性（准备状态），CAN 数据总线系统分为如下三类：

（1）动力 CAN 数据总线（高速）：速率为 500kb/s，用于将驱动线束上的控制单元联网。

（2）舒适 CAN 数据总线（低速）：速率为 1×10^5b/s，用于将舒适系统中的控制单元联网。

（3）信息 CAN 总线（低速）：速率为 100kb/s，用于将收音机、电话和导航系统联网。

通过带网关的组合仪表，舒适 CAN 数据总线和信息 CAN 数据总线也可以与动力 CAN 数据总线进行数据交换。

CAN 数据总线是一种双线式数据总线，各个 CAN 系统的所有控制单元都并联在 CAN 数据总线上。两条扭绞在一起的导线称为双绞线，第二条导线上，信号是按相反顺序传送的，这样可有效抑制外部干扰。

CAN 导线的基色为橙色。对于动力 CAN 数据总线来说，CAN-High 线上还多加了黑色作为标志色；对于舒适 CAN 数据总线来说，CAN-High 线上的标志色为绿色：对于信息 CAN 数据总线来说，CAN-High 线上的标志色为紫色。CAN-Low 线的标志色都是棕色。

局部连接网络 LIN：表示所有的控制单元都装在一个有限的空间内（如车顶），它也被称为“局域子系统”。车上各个 LIN 总线系统之间的数据交换是由控制单元通过 CAN 数据总线实现的。

LIN 总线系统是单线式总线，底色是紫色，有标志色。该线的横截面积为 0.35mm^2，无需屏蔽。该系统可使一个 LIN 主控制单元与最多 16 个 LIN 从控制单元进行数据交换。LIN 就是CAN 的经济版通信网络，其可定位于低于 CAN 的通信层。

多媒体定向系统传输（Media Oriented Systems Transport）简称为 MOST。MOST 是采用塑料光缆（POF）的网络协议。将音响装置、电视、全球定位系统及电话等设备相互连接起来，不需要额外的主控计算机系统，结构灵活、性能可靠和易于扩展。MOST 网络光纤作为物理层的传输介质，可以连接视听设备、通信设备以及信息服务设备。MOST 网络支持“即插即用”方式，在网络上可以随时添加和去除设备。

诊断 CAN 总线用于完成诊断控制单元和车上其他控制单元之间的数据交换。通过 CAN 总线和网关的快速数据传递，诊断控制单元就可在连接到车上后快速地显示出车上所装元件及其故障的状态。

诊断 CAN 总线是未屏蔽的双绞线，其截面面积为 $0.35mm^2$。CAN-Low 线是橙/褐色，CAN-High 线是橙/紫色。在全双工模式下，数据的传递速率为 500kb/s，这也就是说，可以双向同时传递数据。

思考与练习题

1．说明下列技术术语的含义：局域网、数据总线、模块/节点、局域网的拓扑结构（星型、环型、总线型）、链路（传输媒体）、数据帧、传输协议、传输仲裁。

2．车载网络的基本原理是什么？

3．数据传递过程是什么？

4．什么是网关？网关的作用是什么？

5．CAN 数据总线系统分为哪三类？

6．CAN 数据总线为什么常用双绞线？

7．动力 CAN 数据总线的控制单元有哪些？

8．舒适/信息 CAN 数据总线的控制单元有哪些？

9．LIN 总线系统的含义是什么？

10．MOST 技术的含义是什么？

15

混合动力汽车

本章导读

本章讨论了内燃机、纯电动汽车、燃料电池汽车存在的不足，分析了混合动力汽车的分类和优缺点。以丰田普锐斯混合动力汽车为例详细讲解了混联式混合动力驱动系统的组成和工作原理。

本章要点

- 混合动力汽车（HEV）的优点
- 混合动力汽车的分类及特点
- 丰田普锐斯混合动力系统的组成和工作原理

15.1 概述

众多燃油汽车排放造成空气质量日益恶化和石油资源渐趋匮乏，开发低碳、低排放、低油耗的新型汽车成为当今汽车工业界的紧迫任务。人们越来越关注其他燃料的汽车和电动汽车的开发，电动汽车成为最主要的选择之一。电动汽车（Electric Vehicle，EV）包括纯电动汽车（EV）、混合动力汽车（Hybrid Electric Vehicle，HEV 或 HV）和燃料电池汽车三种形式。

使用电动汽车可实现无污染，并可利用煤炭、水力等其他非石油资源，它是理想的零排放或低排放车辆，因此，使用电动汽车无疑是解决问题的最有效途径。但是，由于作为纯电动汽车的关键部件之一的电池在能量密度、寿命、价格等方面存在问题，使得纯电动汽车的性价比无法与传统的内燃机汽车相抗衡。尽管目前具有世界先进水平的纯电动汽车的性能与内燃机汽车已不相上下，但过高的成本使其难以商品化。

燃料电池汽车具有高效率、低排放、低噪声的特点，其甲醇燃料有广泛的来源，并具有可再生等重大优势，已成为世界各大汽车集团新世纪激烈竞争的焦点，但产业化仍需较长时间。

在这种环境下，融合内燃机汽车和电动汽车优点的混合动力汽车异军突起，在世界范围内成为新型汽车开发的热点。可以相信，在电动汽车的储能部件——电池没有根本性突破以前，使用混合动力汽车是解决排污和能源问题最具现实意义的途径之一。

所谓混合动力汽车（HEV 或 HV），是指在一辆汽车上同时配备电力驱动系统（Traction Motor）和辅助动力单元（Auxiliary Power Unit，APU），其中 APU 是燃烧某种燃料的原动机或由原动机驱动的发电机组，目前 HEV 所采用的原动机一般为柴油机、汽油机或燃汽轮机。将产生动力的部件与电能储存元件以不同的方式结合起来，可以形成不同类型的混合动力汽车。简而言之，混合动力汽车就是将传统的内燃机、电力驱动装置和储能装置结合在一起。它们之间的良好匹配和优化控制，可充分发挥内燃机汽车和电动汽车的优点，避免各自的不足，是当今最具实际开发意义的低排放和低油耗汽车。

15.1.1 混合动力汽车（HEV）的优点

较之纯电动汽车，混合动力汽车（HEV）具有如下优点：

（1）可以最大限度发挥内燃机汽车和纯电动汽车的双重优点。

（2）由于有原动机作为辅助动力，电池的数量和重量可减少，因此汽车自身重量可以减小。

（3）辅助动力单元的选用使汽车的续驶里程和动力性能可以达到内燃机汽车的水平。

（4）借助原动机的动力，可带动空调、真空助力、转向助力及其他辅助电器，不需要消耗电池组有限的电能，从而保证了驾车和乘坐的舒适性。

较之内燃机汽车，混合动力汽车（HEV）则具有如下优点：

（1）从图 15-1 所示内燃机和电动机两种动力源的特性曲线看出，对道路的适应性各有不同。发动机峰值转矩 M_1，出现在中速区；峰值功率 P_1，出现在高速区。电动机峰值转矩 M_2，出现在低速区；峰值功率 P_2，出现在低中速区，且下降不很明显。两种动力源，功率和转矩特性可以搭配，转换工作模式，优势互补。城市内行驶，为低中速区工况，以电动机为主的驱动车轮，对道路的适应性好，发动机不参加工作，做到“零排放”“零油耗”“低噪声”。坏路、上坡、加速，需要大动力时，为中高速区工况，发动机与电动机同时驱动车轮。此时，可得到与大排量发动机相当的动力性。

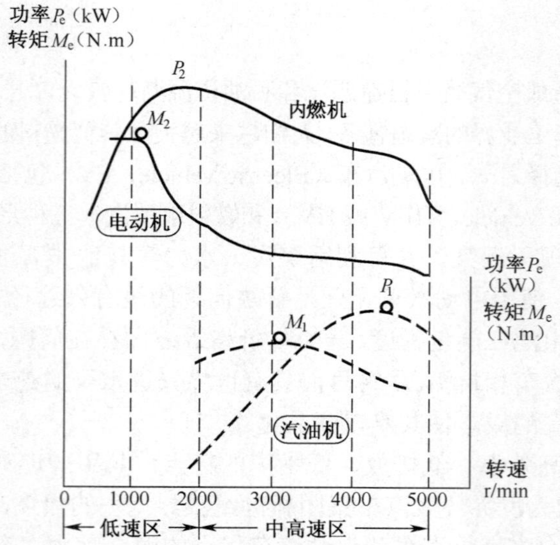

图 15-1 混合动力驱动特性曲线比较

（2）可通过电动机回收汽车减速和制动时的能量，进一步降低了汽车的能量消耗和排污。

15.1.2 混合动力汽车的主要组成

1．发动机

内燃机是现今应用于汽车最主要的动力装置。在可预见的将来，它将仍是主要的汽车动力装置。在混合动力汽车中，内燃机也将是主要电源的第一选择。然而，混合动力汽车的工作与传统汽车有所不同，混合动力汽车中的发动机需较长时间以高功率运转，而不需频繁改变功率输出。到目前为止，专为混合动力汽车设计和控制的发动机系统还没有得到充分的开发。

混合动力汽车可以广泛地采用四冲程内燃机（包括汽油机和柴油机）、二冲程内燃机（包括汽油机和柴油机）、转子发动机、燃气轮机和斯特林发动机等。一般转子发动机和燃气轮机的燃烧效率比较高，排放也比较洁净，采用不同的发动机就可以组成不同的混合动力汽车。

2．电动机

混合动力汽车的电动机作为辅助动力来降低燃料的消耗和实现低污染，或在纯电动驱动模式时实现"零污染"。混合动力汽车上电动机的工作条件及其工作模式与传统电动机相比有着很大的区别，这些区别使得工业电动机不适合在汽车上使用。混合动力汽车可以采用直流电动机、交流感应电动机、永磁电动机和开关磁阻电动机等。随着混合动力汽车的发展，直流电动机已经很少采用，多数采用了感应电动机和永磁电动机，开关磁阻电动机的应用也得到重视，还可以采用特种电动机作为混合动力汽车的驱动电动机，采用不同的电动机就可以组成不同的混合动力汽车。

3．电池

混合动力汽车具有两个蓄电池系统：一个是 12V 直流蓄电池系统，它主要是为车上常规的用电器提供电压；另一个是电压更高的直流蓄电池系统，它经过 DC-AC 转换器将直流电转换后给电机提供交流电能，同时它还将存储电机发电所产生并经 DC-AC 转换器转换后的直流电。高压直流蓄电池系统储电量和电压随混合动力系统的要求而变化。混合动力汽车的高压直流蓄电池从 36V 到 600V 以上不等，所有混合动力设计采用串联连接的蓄电池均是为了获取所需的直流电源电压。

4．混合动力控制系统

在混合动力汽车上普遍地采用以计算机为核心的现代计算机技术和自动控制技术，各种智能控制系统包括自适应控制技术、模糊控制技术（Fuzzy）、专家控制系统（Expert System），神经网络控制系统（Neural Networks）等，它逐渐应用到混合动力汽车上，使混合动力汽更加安全、节能、环保和舒适。

（1）混合动力汽车控制系统的功能

1）使混合动力汽车的动力性能能够达到或接近现代内燃机汽车的水平，逐步实现混合动力汽车的实用化。

2）最大程度地发挥了电动机驱动的辅助作用，使混合动力汽车的燃油消耗量尽量降低，实现发动机的节能化。目前混合动力汽车已达到 3 L/100km 左右的水平。

3）在环保方面，实现"超低污染"的环保标准。

4）在混合动力汽车上实现对发动机驱动系统和对电动机驱动系统的双重控制。发动机与电动机的动力系统应进行最有效的组合，实现最佳匹配和高效利用，能够回收再生制动能量，延长车辆的行驶里程，改进混合动力汽车的环保性能。

5）在操纵装置和操纵方法上继承或沿用内燃机汽车主要的操纵装置和操纵方法，适应驾驶人的操作习惯，使操作简单化和规范化。

6）在整车控制系统中，采用全自动、机电一体化控制系统，达到安全、可靠、节能、环保和控制灵活的目的。

混合动力汽车一般是传统内燃机汽车的替代和延伸。继承和沿用了很大部分内燃机汽车的传动系统，保留了内燃机汽车的操纵装置，包括发动机控制装置加速踏板、制动踏板、离合器、自动离合器、变速器的操纵装置等。由这些操纵装置发出控制信号，通过中央控制器和各种控制模块，向内燃机的驱动系统或电动机驱动系统发出单独驱动指令或混合驱动指令，来获得不同的驱动模式，按照驾驶人的意图，实现混合动力汽车的起动、行驶、加速、爬坡、减速和制动时驱动模式转换的控制。

（2）混合动力汽车控制系统的组成部分

1）控制系统，由操纵装置、中央控制器和各种控制模块共同组成。

2）发动机及其驱动系统，以及发动机和发动机驱动系统的控制系统。

3）电动机及其驱动系统，以及电动机和电动机驱动系统的控制系统。

4）信号反馈及检测装置，包括各电信号检测装置、显示装置和自诊断系统等。

15.1.3 混合动力汽车的分类

1．按结构形式

目前世界各国研究开发的混合动力汽车有不同的结构形式，根据其动力传动系统的配置和组合方式不同，分为串联式、并联式和混联式 3 种组合方式，各自的结构形式和特点如下。

（1）串联式混合动力驱动系统

如图 15-2 所示，发动机驱动交流发电机发电，通过变频器和蓄电池再驱动交流电动机和车轮运转行驶。发挥了电机驱动的特点，适于城市内中低速行驶。但进行能量转换驱动，燃油的能量利用率低，使系统损失较大。

（2）并联式混合动力驱动系统

如图 15-3 所示，发动机直接通过发电机/电动机，驱动车轮转动，并可利用发动机或电动机单独驱动车轮，又可共同驱动车轮。因是“双动力源”驱动方式，燃油的能量利用率较高，但传动转换系统较复杂。

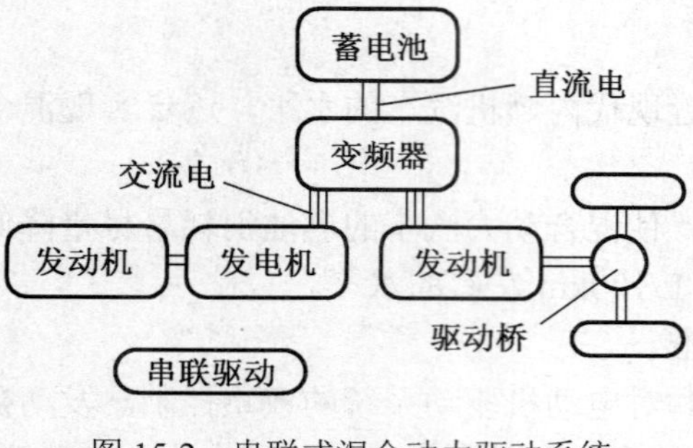

图 15-2　串联式混合动力驱动系统

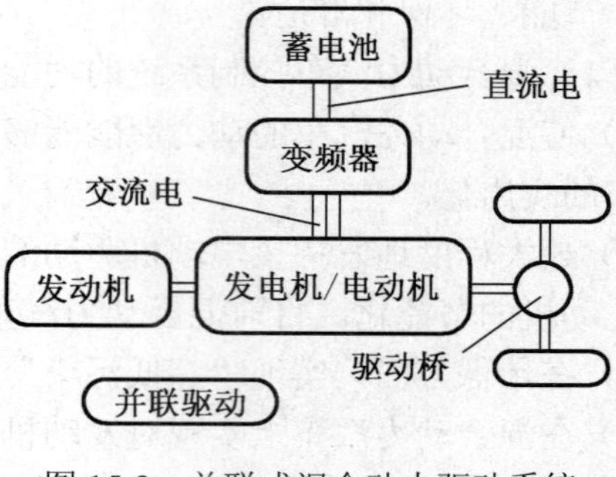

图 15-3　并联式混合动力驱动系统

（3）混联式混合动力驱动系统

如图 15-4 所示，这种方式是串联和并联的综合，两个电机和行星排配合，根据工况的需要，合理调节发动机和电动机功率的占有率，使发动机、发电机、电动机三者更好地优化匹配，保证了在更复杂的工况下使系统在最优状态工作，所以更容易实现排放和油耗的控制目标，因此是最具影响力的辅助动力单元。与并联式相比，混联式的动力复合形式更复杂，因此对动力复合装置的要求更高。目前的混联式结构一般以行星齿轮作为动力复合装置的基本构架。

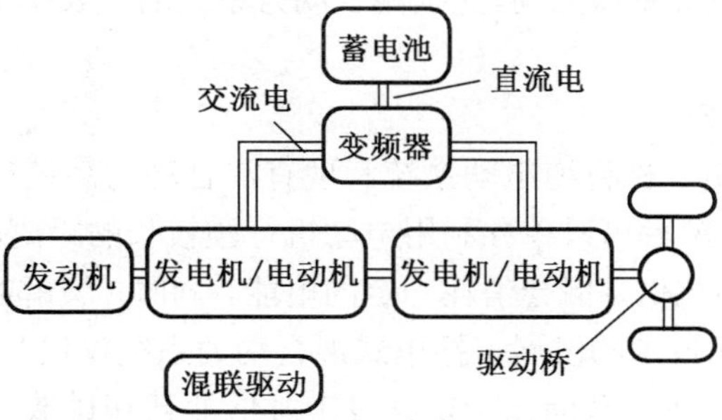

图 15-4　混联式混合动力驱动系统

2. 按混合程度来分类

根据在混合动力系统中，电机的输出功率在整个系统输出功率中占的比重，也就是常说的混合度的不同，混合动力系统还可以分为微混合动力系统、轻混合动力系统、中混合动力系统、完全混合动力系统和插电混合动力系统五种类型。

（1）微混合动力系统（BSG 系统）

微混合动力系统在传统发动机上的起动机（一般为 12V）上加装了带驱动起动机（Belt-alternator Starter Generator，BSG）。该电机为发电机一起动机（Stop-Start）一体式电机，用来控制发动机的起动和停止，从而取消了发动机的怠速，降低了油耗和排放。从严格意义上说，微混合动力系统的汽车不属于真正的混合动力汽车，因为它的电机并没有为汽车行驶提供持续的动力。在微混合动力系统里，电机的电压通常有两种：12V 和 42V，其中 42V 主要用于柴油混合动力系统。微混合动力系统代表的车型是别克君越 eAssist 混合动力车、PSA 公司的混合动力版 C3 和丰田公司的混合动力版 Vitz。

（2）轻混合动力系统（ISG 系统）

轻混合动力系统采用了电动机一发电机一体化（Integrated Starter Generator，ISG）。与微混合动力系统相比，轻混合动力系统除了能够实现用发电机控制发动机的起动和停止外，还能够实现：

1）在减速和制动工况下，对部分能量进行吸收。

2）在行驶过程中，发动机等速运转，发动机产生的能量可以在车轮的驱动需求和发电机的充电需求之间进行调节。轻混合动力系统的混合度一般在 20%以下。轻混合动力系统的代表车型是通用汽车公司的混合动力皮卡车。

（3）中混合动力系统

中混合动力系统同样采用了 ISG 系统，但与轻度混合动力系统不同的是高压电机。此外，中度混合动力系统还增加了一个功能：在车辆处于加速或者大负荷工况时，电动机能够辅助驱动车轮，从而补充发动机本身动力输出的不足，从而提高了整车的性能。这种系统的混合程度可以达到 30%左右，技术已经成熟，应用比较广泛。中混合动力系统的代表车型是本田公司旗下混合动力的音赛特（Insight），雅阁和思域等车型。

（4）完全混合动力系统

完全混合动力系统采用了 272～650V 的高压起动机，混合程度更高。与中混合动力系统相比，完全混合动力系统的混合度可以达到 50%以上。技术的发展将使得完全混合动力系统逐渐成为混合动力技术的主要发展方向。完全混合动力系统的代表车型是丰田公司的普锐斯和未来的 Estima。

（5）插电混合动力系统

插电式混合动力系统是一种将纯电动系统和现有混合动力系统相结合的产物。由于车辆带有外接插入式充电系统，车辆可以单独利用电动机行驶较长的距离，将内燃机的工作比例进一步缩小，提供更好的节油比例，但会消耗一定的电能。同时，又解决了目前纯电动汽车续驶里程短的问题。但随着电池技术的发展，插电式混合动力系统仅仅是一种过渡方案。

以上五种不同的混合方式，都能在一定程度上降低油耗和排放。各大汽车厂商经过多年研发投入，试验总结，商业应用，形成了各具特色的混合动力技术之路。

15.2 丰田普锐斯混合动力汽车

丰田普锐斯混合动力汽车采用了汽油机和电动机两种动力，通过混联的方式进行工作。

丰田普锐斯混合动力系统的主要部件在车上位置如图 15-5 和图 15-6 所示。

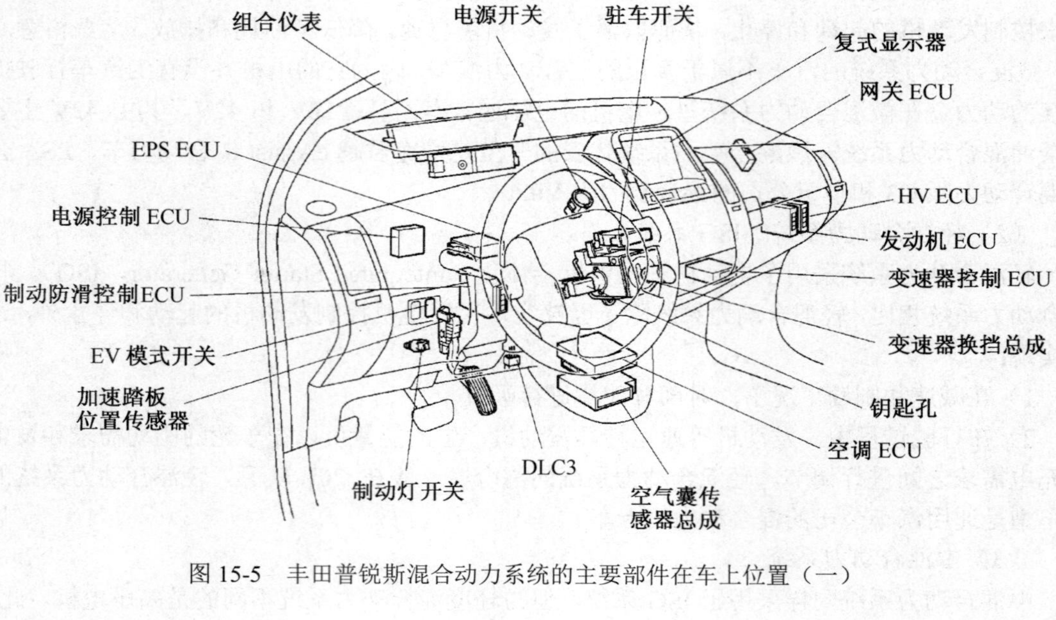

图 15-5 丰田普锐斯混合动力系统的主要部件在车上位置（一）

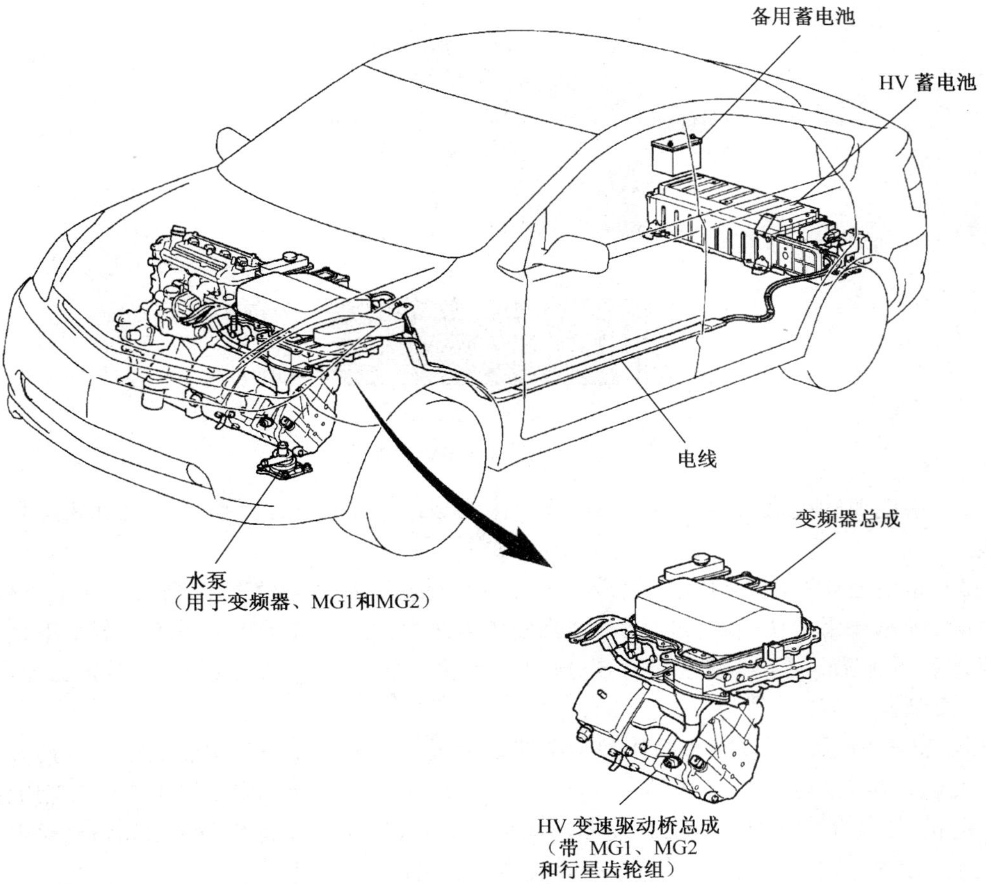

图 15-6 丰田普锐斯混合动力系统的主要部件在车上位置（二）

15.2.1 丰田普锐斯混合动力汽车的组成

由小排气量发动机、大功率高电压 HV 蓄电池、混合动力汽车电脑（HV-ECU）、变频器、变速驱动桥、电动机/发电机 MG1 和 MG2、行星排等组成。

注：其他辅助控制系统的内容，如制动防抱死 ABS 内容、防滑转 ASR 内容、安全保护内容等，在此从略。

1. 小排气量发动机

因是双动力源驱动，具有能量互补作用，可用小排量 1.5L，电控多点喷射汽油发动机，并采用可变配气相位 VVT 机构，智能节气门 ETCS-i，功率为 57kW，转矩 115 N·m，100km 油耗仅 3～4L。

2. 大功率高电压 HV 蓄电池

如图 15-7 所示，为镍氢电池或镍镉电池，为碱性电池，特点是充电速度快，使用寿命长，连续充电 1 小时，即可 100%恢复容量，它可以通过反复地自动“放电/充电”，维持正常的使用状态。额定电压为直流 200V，电压越高，电功率越高。

（1）由 6 个 1.2V 电池串联为一个模块，28 个模块串联为 201.6V 的高压蓄电池。

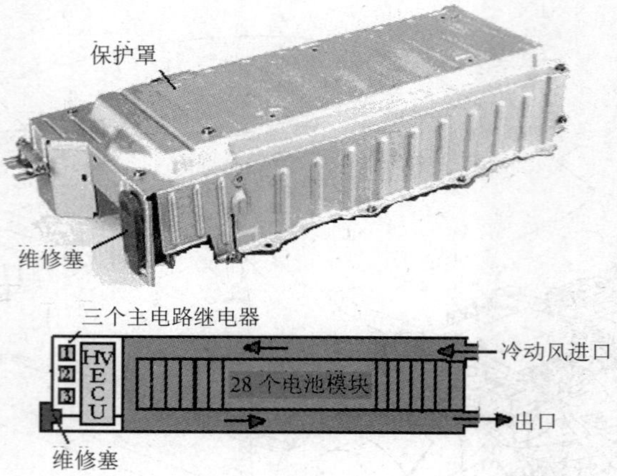

图 15-7　高电压 HV 蓄电池

（2）蓄电池的电极为多孔镍氢氧化物合金组成，电解质是水溶性氢氧化钾和氢氧化锂的混合物。

（3）蓄电池在充电/放电时，化学反应会产生热量，用 HV-ECU 控制的冷却电风扇降温。

（4）维修塞用于切断高压电源，维修高压电路时，应先关闭点火开关，戴上绝缘手套，拔下维修塞再施工。拔下维修塞等待 5 分钟后，使变频器电容器放电完毕后，再施工维修电路。

3. 变频器

如图 15-6 所示，是以功率晶体管为主体的增压、转换、控制多功能电路。它具有变频、升压、变流、充电功能。将蓄电池高压直流电变为三相 500V 交流电，以不同的控制电流，驱动“电动机/发电机”MG1、MG2，使车轮运转。并能将 500V 交流电变为 200V 直流电，给蓄电池充电。其外壳中有水套，利用冷却液散热，以保持正常温度。

4. HV-ECU

HV-ECU 混合动力汽车电脑，是汽车能量的控制中心，和发动机 ECU、变频器、MG1 和 MG2 联网工作进行最优化自动控制，它有四大功能（如图 15-8 所示）。内有电压转换器，输出高压电，并向发动机 ECU 系统的辅助蓄电池提供 12V 直流低电压。

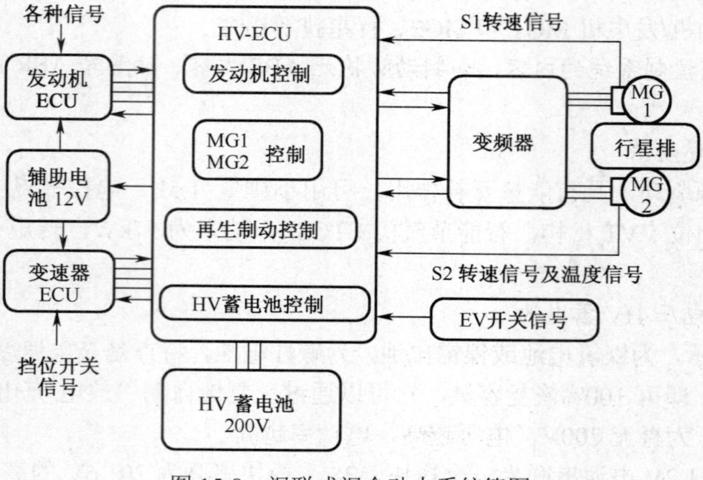

图 15-8　混联式混合动力系统简图

它始终监控着 HV 蓄电池的充电状态，用不同的工作模式，控制汽车合理运行，使电力的输入和输出，尽量保持均衡状态。并接收仪表盘上的 EV 模式开关信号，在车库内运行，只使用 MG2 电机驱动车轮，减小污染。

5. 变速驱动桥

如图 15-9、图 15-10 所示，为动力分配机构和变速增扭机构，是无离合器式的电控无级变速器，由电动机/发电机 MG1 和 MG2、转速/转角传感器 S1、S2、行星排、无声传动链、主减速器和差速器及润滑油泵等组成。

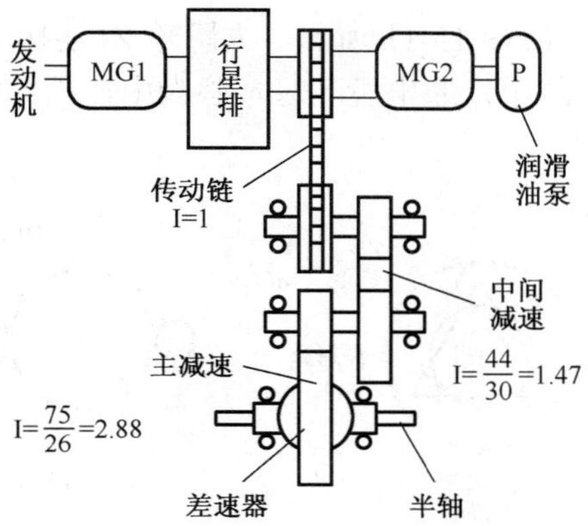

图 15-9 变速驱动桥的组成

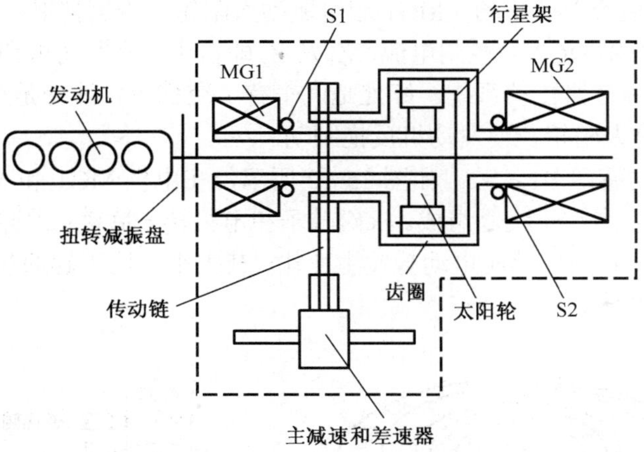

图 15-10 混合动力变速驱动桥

（1）电动机/发电机 MG1（略小）、MG2（略大）为三相交流永磁同步电动机/发电机，为驱动力源，内燃机则为辅助动力源。三相交流永磁同步电动机/发电机，体积小、功率高、转矩大、调速范围宽、驱动转矩可变。感应式电动机又能随机变为交流发电机，具有制动发电功能。利用两个动力源 MG1、MG2，可以做到功能互补，驱动和发电两不误，防止蓄电池亏电。

（2）电动机/发电机 MG1 以发电为主，在行星排之前，驱动太阳轮，为动力输入端，转速和转矩可变，它有三个功能：改变驱动传动比，因它的转速和转矩可变，输出的动力必为低速挡；它不通电驱动时，又可变为小发电机，可对 HV 蓄电池和 MG2 充电和供电；在汽车静止时，它通电转动，驱动行星架，成为发动机的起动机。

（3）电动机/发电机 MG2 以驱动为主，在行星架之后，驱动齿圈和传动链，也是动力的输入端，转速和转矩可变，它也有三个功能：通电后驱动齿圈和传动链，输出的动力必为中速挡；转速和转矩可变，控制驱动桥的传动比连续变化；滑行和制动时，反拖起动再生功能，变为大发电机，对 HV 蓄电池充电。

因此，发动机、电动机/发电机 MG1、MG2 和行星排巧妙地配合，实现了四个功能：实现了双动力联合或交替驱动；实现了大幅度的可变无级传动比；实现了不中断的能源再生补偿；实现了起动和前进、倒车驱动。

（4）行星排的工作模式。如图 15-11 所示，太阳轮 Z_1 连接 MG1 转子，通电驱动时，必为低速挡；齿圈 Z_2 连接 MG2 转子，通电驱动时，必为中速挡；行星架 Z_C 连接发动机曲轴，驱动时，必为高速挡。

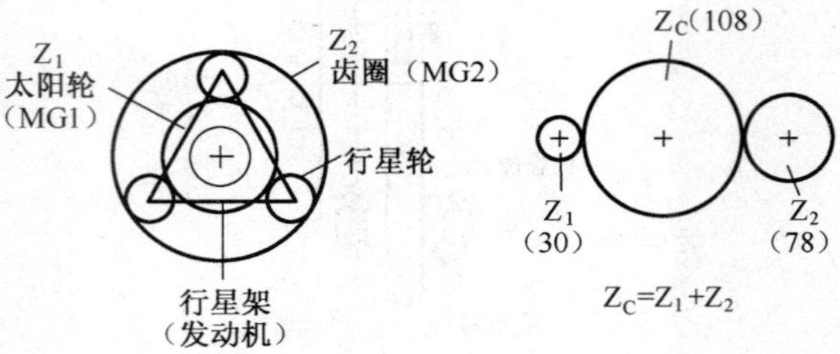

图 15-11　行星排的连接关系

发动机熄火，行星架即被制动，MG1 通电驱动太阳轮，为倒挡 R。

变频器截止 MG1 和 MG2 的控制电流，Z_1 及 Z_2 即自由，只发动机和行星架 C 空运转，必为空挡 N。此即谓无离合器传动系统。好处是汽车有了空挡 N。坏处是车轮不能反拖发动机，需使 MG1 通电，通过太阳轮，使发动机反拖制动。

（5）转速/转角传感器 S1、S2。如图 15-12 所示，在电机 MG1 和 MG2 中各安装 1 个，由椭圆形永磁转子和 3 个定子线圈组成。永磁转子和电机转子联动，当椭圆形永磁转子接近和离开各相位的线圈时，正反向感应电动势发生变化，其大小正比于磁通量的变化速率。磁极转得越快，感应电动势越大。

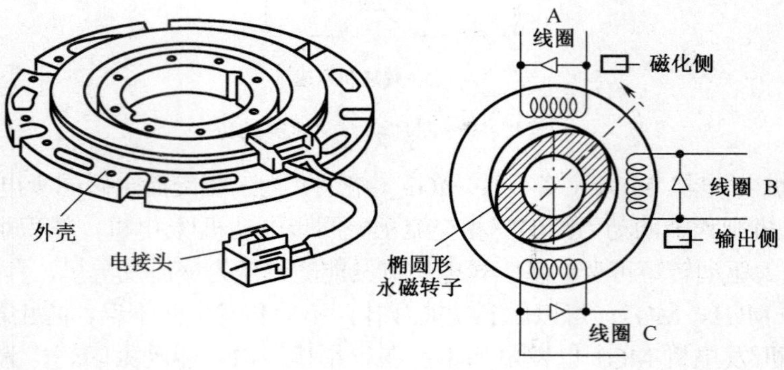

（a）结构　　（b）原理

图 15-12　转速/转角传感器 S1、S2

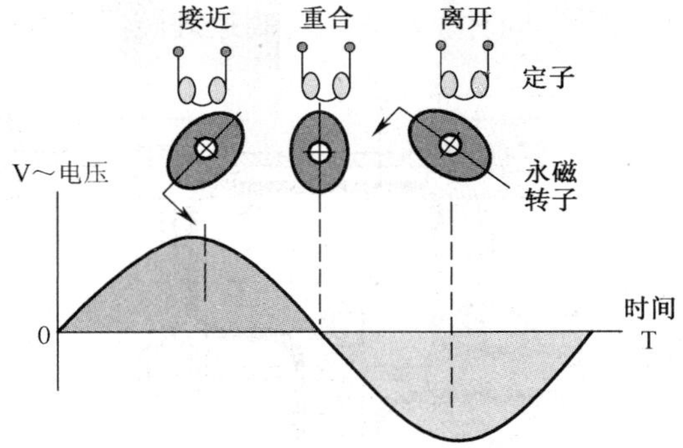

（c）信号

图 15-12　转速/转角传感器 S1、S2（续图）

在不同的相位产生交流电压信号输出，即两个电机转子的转速/转角转速信号，也是确定驱动电机转子的准确位置信号。并能转换为汽车瞬时的车速信号 VSS，提供给电脑 ECU 逻辑控制使用。

15.2.2　混联式混合动力汽车的五种工作模式

根据工况的需要，发动机动力和电动力混合使用，功率占有比例各异，尽力达到优势互补，合理搭配，两个发电机/电动机 MG1、MG2 和行星排配合，交替工作，驱动和发电不间断，收支平衡，使动力性、经济性、净化性“三丰收”。

（1）起动发动机运转和热起。如图 15-13 所示，电机 MG1 通电运转，带动太阳轮转动，因行星排的齿圈为制动状态，行星架被驱动运转，而使发动机着火工作。发动机着火后需短暂热起，行星架又反过来驱动电机 MG1 发电，给 HV 蓄电池充电。

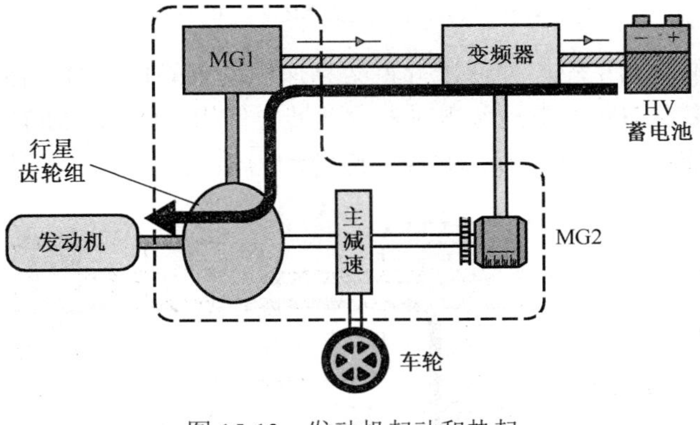

图 15-13　发动机起动和热起

（2）发动机和 MG2 同时驱动车轮。如图 15-14 所示，MG1 通过行星排驱动发电，给 MG2 供电，并给 HV 蓄电池充电。多在汽车加速、上坡、坏路、大负荷时使用。此工况使用时间占有率较少。此时，发动机通过行星架驱动齿圈，MG2 也同时驱动齿圈，为双动力源。

（3）发动机不工作，由 MG2 电机驱动车轮。如图 15-15 所示，MG1 变为发电机，向 MG2 供电，并向 HV 蓄电池充电。多在汽车起步时，平路、等速行驶时使用，此工况使用时间占有率较多，发挥电动机优势，实现“零油耗”零排放。此时，行星架为制动状态，MG2 通过齿圈驱动车轮，为中速挡行驶状态，同时驱动太阳轮高速旋转，使 MG1 快速发电补偿。

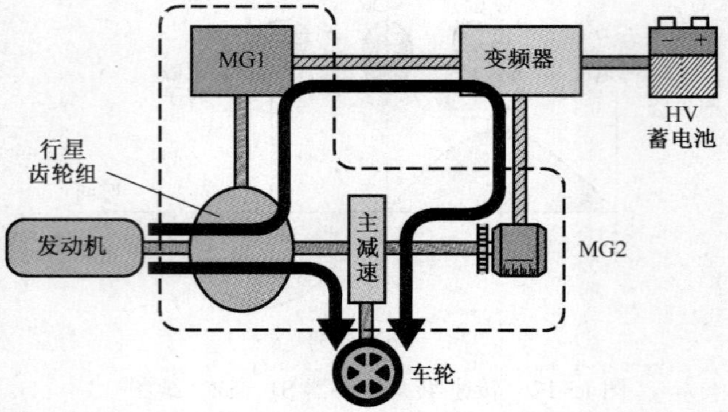

图 15-14　发动机和 MG2 同时驱动车轮

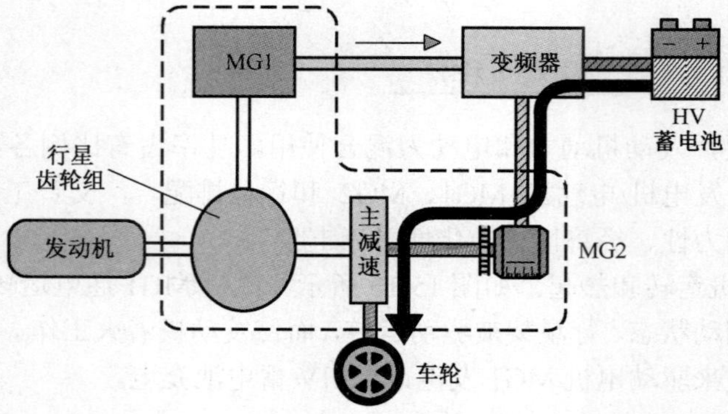

图 15-15　发动机不工作 MG2 电机驱动车轮

（4）发动机单独驱动车轮，并通过行星架高速驱动 MG1 给 HV 蓄电池快速充电。如图 15-16 所示，此工况多在 HV 蓄电池亏电时，自动转换使用。此时，MG2 断电，齿圈为制动状态，保证了 MG1 快速旋转发电补亏，并成为应急动力源。

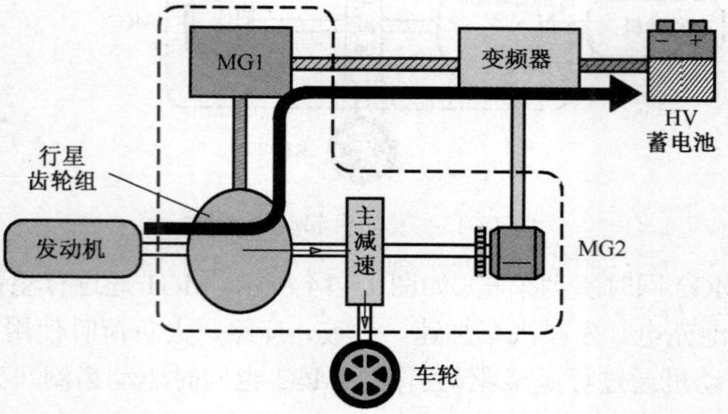

图 15-16　发动机单独驱动车轮

（5）再生制动发电。如图 15-17 所示，减速或制动时、下坡滑行时，发动机停止工作，并自动关闭电动力源，利用汽车的动能反拖，回收电能量，MG2 变为发电机，产生大电能，向 HV 蓄电池快速充电。

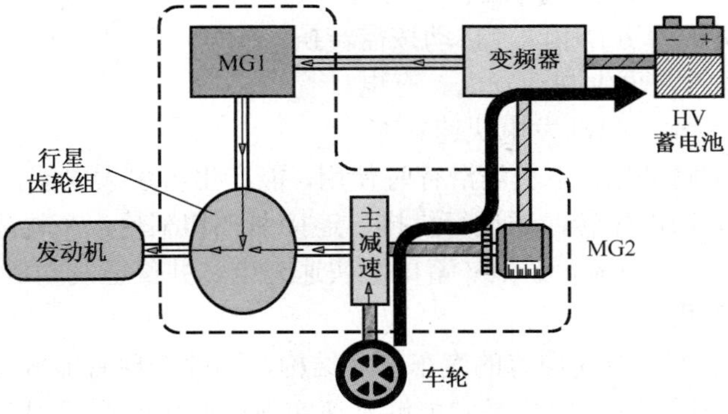

图 15-17 再生制动发电

因为它是无离合器传动系统，反拖时发动机不能投入制动。为了加大制动效果，变速手柄设有“B 挡位”开关，下长坡滑行时使用，导通后给 MG1 通电，通过太阳轮，反拖发动机转动，利用发动机的压缩阻力，提高制动效果。

15.2.3 变速驱动挡位转换开关说明

如图 15-18 所示，混合动力汽车的变速驱动挡位为 P、R、N、D、B 五个位置，用挡位电开关信号通信控制方式，各挡位都有指示灯，在仪表盘上显示。各挡位的作用如下：

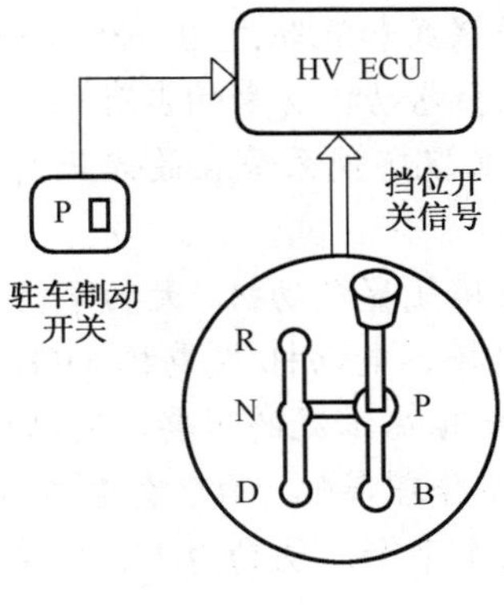

图 15-18 混合动力汽车变速驱动挡位

P 挡——为停车挡，停车时用，驾驶员离车时用，坡道起步时也用，在此挡位可起动发动机。它是空挡 N，外加机械锁止件，锁止中间减速器，并用电磁开关控制。

R 挡——为倒车挡，车停稳后挂入倒挡。此时，发动机熄火，发动机及行星架即制动，电机 MG1 通电转动，太阳轮输出动力，齿圈反转而倒车。

N 挡——为空挡，此时，电机 MG1 和 MG2 被断电关闭，太阳轮 Z_1 和齿圈 Z_2 自由状态，只是发动机带着行星架空转。行驶中，如果发动机熄火，在此挡位可起动发动机。

D 挡——为前进挡，混合动力搭配自动控制，由 HV-ECU 根据工况的需要，在大范围控制区，自动变速行驶。具体功能如下：

（1）自动改变驱动传动比——低速、中速、高速。

（2）电机 MG1 和 MG2 驱动电流的自动调节。

（3）单动力驱动和双动力驱动，自动按需转换。

（4）减速、制动时，再生制动发电、充电。

（5）HV 蓄电池亏电，自动发电快速补充。

B 挡——为发动机制动挡，下长坡滑行时使用，能产生再生大电能，向 HV 蓄电池快速充电。此时，电机 MG1 通电运转，通过行星排，连接曲轴和车轮，车轮反拖曲轴和电机 MG2 运转，大电机 MG2 发出大电流，给 HV 蓄电池快速充电。并反拖发动机转动，利用发动机的压缩阻力，提高制动效果。

混合电动汽车基本上不改变现有的汽车产业结构，不改变现有能源（石油燃料）的体系，不改变用户对汽车的使用习惯，这也是它能够迅速实现产业化的重要因素。专家预测，在未来 10 年内将可能有 40%的燃油汽车实现混合动力驱动。

本章小结

所谓混合动力汽车（HEV 或 HV）是在一辆汽车上同时配备电力驱动系统和采用柴油机、汽油机的辅助动力单元。将传统的内燃机、电力驱动装置和储能装置结合在一起，它们之间的良好匹配和优化控制，可充分发挥内燃机汽车和电动汽车的优点，避免各自的不足，是当今最具实际开发意义的低排放和低油耗汽车。

混合动力汽车主要由发动机、电动机、电池等组成。

混合动力汽车分为串联式、并联式和混联式 3 种组合方式。混联式混合动力驱动系统可根据工况的需要，合理调节发动机和电动机功率的占有率，使发动机、发电机、电动机三者更好的优化匹配，保证了在更复杂的工况下使系统在最优状态工作，所以更容易实现排放和油耗的控制目标。

丰田普锐斯混合动力汽车由小排气量发动机、大功率高电压 HV 蓄电池、混合动力汽车电脑（HV-ECU）、变频器、变速驱动桥、电动机/发电机 MG1 和 MG2、行星排等组成。

混合动力汽车电脑（HV-ECU）根据工况的需要，发动机动力和电动力的混合使用，功率占有比例各异，尽力达到优势互补、合理搭配，两个发电机/电动机 MG1、MG2 和行星排配合，交替工作，驱动和发电不间断，收支平衡，使动力性、经济性、净化性“三丰收”。

共有五种工作模式：

起动发动机——HV 蓄电池放电电动机工作和热起——发动机通过发电机向 HV 蓄电池充电；

汽车加速、上坡、坏路、大负荷时——发动机和 MG2 同时驱动车轮，为双动力源；

在汽车起步、平路、等速行驶时——发动机不工作，由 HV 蓄电池通过电机驱动车轮；

在 HV 蓄电池亏电时——发动机单独驱动车轮，并通过行星架高速驱动 MG1 给 HV 蓄电池快速充电；

汽车减速或制动时、下坡滑行时——再生制动发电，向 HV 蓄电池快速充电，发动机停止工作。

混合动力汽车的变速驱动挡位为 P、R、N、D、B 五个位置：

P 挡——停车挡，停车时用，驾驶员离车时用和坡道起步用，在此挡位可起动发动机。

R 挡——倒车挡，车停稳后挂入倒挡。

N 挡——为空挡，发动机带着行星架空转。

D 挡——前进挡，混合动力搭配自动控制，由 HV-ECU 根据工况的需要，在大范围控制区，自动变速行驶。

B 挡——为发动机制动挡，下长坡滑行时使用，能产生再生大电能，向 HV 蓄电池快速充电。

思考与练习题

1．混合动力汽车（HEV）的优点是什么？

2．混合动力汽车的分类及特点是什么？

3．丰田普锐斯混合动力系统的组成和工作原理是什么？

16 汽车电控系统故障自诊断技术

本章导读

本章讨论了自诊断系统的定义；自诊断系统的原理；自诊断系统的应用；利用汽车故障检测仪通过自诊断系统对电控系统进行检测；故障排除方法。

本章要点

- 自诊断系统的定义
- 自诊断系统的应用
- 汽车故障检测仪的使用

汽车使用条件恶劣，运行环境复杂，发生故障难以预料，传统的故障诊断与维修方法全凭经验进行，不仅维修效率低，而且维修质量难以保证。现代汽车技术先进、结构紧凑、维修技术要求高、维修操作难度大，为了及时发现故障，汽车电子控制系统都应用了故障自诊断技术，一旦汽车发生故障，就能迅速报警提醒使用人员采取相应措施，还能保持基本的运行能力，以便将汽车驾驶回家或送修理站修理。

16.1 故障自诊断系统的组成与功能

故障自诊断是指汽车电子控制系统监测自身的运行情况，诊断系统有无故障，并采取相应的控制措施。现代汽车每一个电子控制系统都配置有相应的故障自诊断子系统，通常称为第二代车载故障诊断系统（On Board Diagnostic System-Ⅱ，OBD-Ⅱ），简称自诊断系统。

16.1.1 故障自诊断系统的组成

汽车故障自诊断系统主要由传感器监测电路、执行器监测电路、故障代码存储器、软件程序、故障诊断通讯接口（Trouble Diagnostic Communication Link，TDCL）以及各种故障指示灯等组成。

传感器与执行器监测电路一般都与各种电子控制单元设置在同一块印刷电路板上，软件程序存储在各种电子控制单元内部的专用存储器中。图 16-1 所示为典型的发动机冷却液温度传感器自诊断电路示意图。

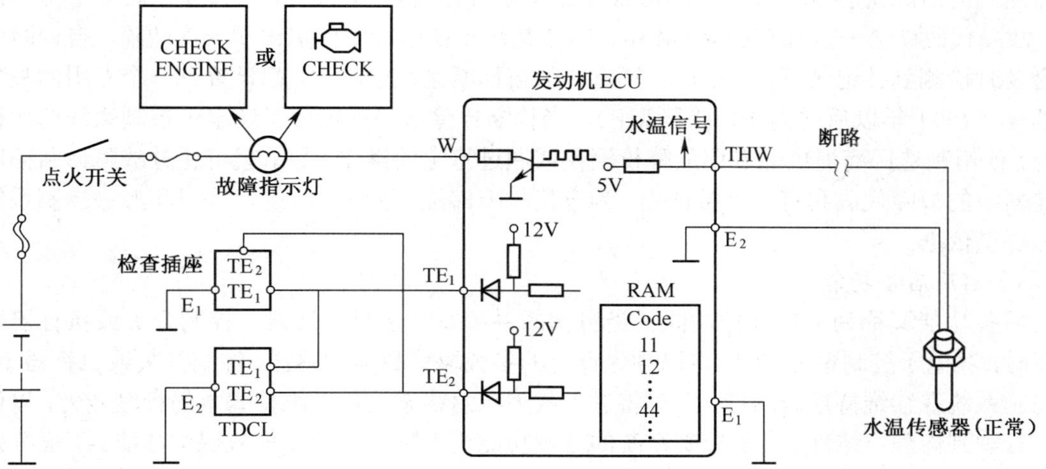

图 16-1 冷却液温度传感器自诊断电路示意图

故障诊断通讯接口（TDCL）通常称为故障诊断插座，简称诊断插座，装备电子控制系统的汽车上都设有诊断插座，一般安装在熔断器盒上、仪表盘下方或发动机舱内。

16.1.2 故障自诊断系统的功能

在汽车运行过程中，各种电子控制单元（ECU）根据不同传感器和控制开关输入的信号，按照预先设定的控制程序进行数学计算和逻辑判断，并向各种执行器发出相应的控制指令完成不同的控制功能。如果某只传感器或控制开关发生故障，就不能向 ECU 正常输送信号，汽车性能就会变坏甚至无法运行。当执行机构发生故障，其监测电路反馈给 ECU 的信号就会出现异常，汽车性能也会变坏甚至无法运行。因此，在使用汽车时，一旦接通点火开关，自诊断电路就会投入工作，实时监测各种传感器、控制开关和执行器的工作状态。一旦发现某只传感器或控制开关信号异常，或执行机构监测电路反馈的信号异常，就会立即采取三个方面的措施：一是发现某只传感器或执行器参数异常时，立即发出报警信号；二是将故障内容编成代码（称为故障代码）存储在随机存储器 RAM 中，以便维修时调用或供设计参考；三是启用相应的后备功能（又称为“回家”功能），使控制系统处于应急状态运行。

1. 发出报警信号

在电子控制系统运转过程中，当某只传感器、控制开关或执行器发生故障时，电子控制单元 ECU 将立即接通仪表盘上的故障指示灯电路，使指示灯发亮或闪亮。目的是提醒驾驶员控制系统出现故障，应立即检修或送修理厂修理，以免故障范围扩大。

各种电子控制系统的故障指示灯均设置在组合仪表盘的透明面膜下面，并在面膜上印制有不同的图形符号或英文缩写字母。如发动机电子控制系统的故障指示灯用发动机图形符号或字母“CHECKENGINE（检查发动机）”“SERVICE ENGINE SOON（立即维修发动机）”表示，防抱死制动系统用字母“ABS”表示，安全气囊系统用字母“SRS”或“AIRBAG”表示等。

2. 存储故障代码

当自诊断系统发现某只传感器、控制开关或执行器发生故障时，其电子控制单元 ECU 会将监测到的故障内容以故障代码的形式存储在随机存储器 RAM 中。只要存储器电源不被切断，故障代码就会一直保存在 RAM 中。即使是汽车在运行中偶尔出现一次故障，自诊断电路也会及时检测到并记录下来。在每一辆汽车的自诊断系统电路中，都设置有一个专用的故障诊断插座（1994 年以后均为 16 端子插座），当诊断排除故障或需要了解电子控制系统的运行参数时，使用制造厂商提供的专用故障检测仪或通过特定的操作方法，就可通过故障诊断插座将存储器中的故障代码和有关参数读出，为查找故障部位、了解系统运行情况和改进控制系统的设计提供依据。

3. 启用后备功能

后备功能又称为失效保护功能。当自诊断系统发现某只传感器、控制开关或执行器发生故障时，其电子控制单元 ECU 将以预先设定的参数取代故障传感器、控制开关或执行器工作，使控制系统继续维持控制功能，汽车将进入故障应急状态运行并维持基本的行驶能力，以便将汽车行驶到修理厂修理。电子控制系统的这种功能称为后备功能或失效保护功能。下面分别以发动机电子控制系统以下几个方面的后备功能为例说明。

（1）冷却液温度传感器电路断路或短路时，ECU 按固定温度值控制喷油器喷油。当冷却液温度传感器工作正常时，冷却液温度一般设定在–30℃～+120℃，其输出信号电压在 0.3～4.7V 范围内变化，如图 16-2 所示。

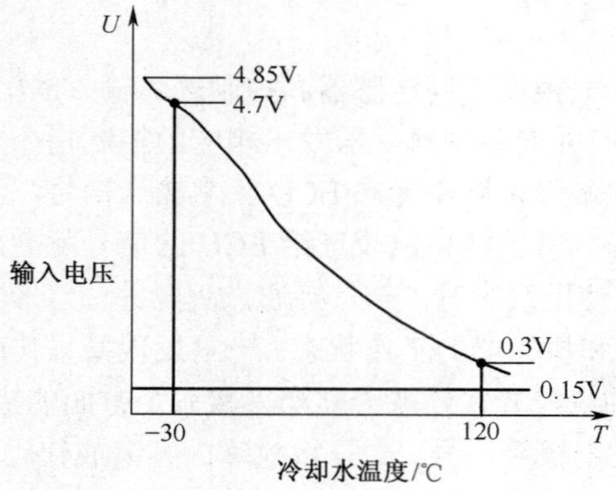

（a）CTS 输出特性

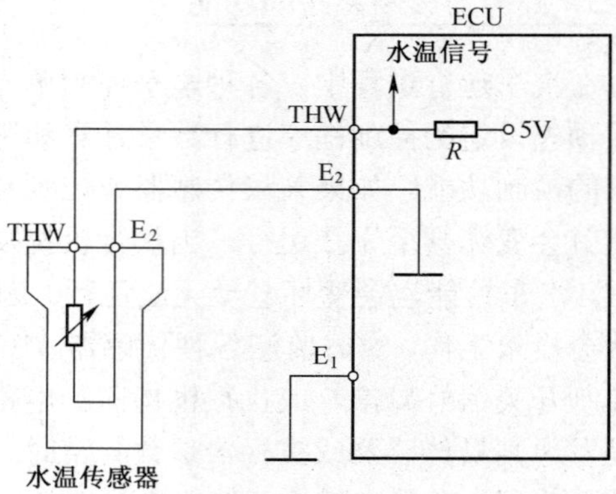

（b）CTS 工作电路

图 16-2　冷却液温度传感器 CTS 自诊断电路

当冷却液温度传感器电路发生短路或断路故障时，其输出的信号电压就会低于 0.3V 或高于 4.7V，ECU 接收到低于 0.3V 或高于 4.7V 的冷却液温度信号时，自诊断系统就会判定冷却液温度传感器及其电路有短路或断路故障，并立即启用后备功能，按固定温度值控制喷油器喷油。

如桑塔纳 2000GSi/3000、捷达 GT、GTX 型轿车的冷却液温度传感器或其电路发生“断路”

故障时，ECU 一方面控制接通故障指示灯电路使指示灯发亮报警，另一方面将按冷却液温度为 80℃的工作状态控制喷油器喷油，并将故障内容编成代码存储在随机存储器 RAM 中，以便检测维修时调用。当冷却液温度传感器或其电路发生“短路”故障时，ECU 一方面控制接通故障指示灯电路使指示灯发亮报警，另一方面将按冷却液温度为 19.5℃的工作状态控制喷油器喷油，并将故障内容编成代码存储在随机存储器 RAM 中，以便检测维修时调用。

（2）当进气温度传感器或其电路“断路”或“短路”时，发动机 ECU 将按进气温度为 20℃的工作状态控制喷油器喷油。

（3）当空气流量传感器或歧管压力传感器电路“断路”或“短路”时，ECU 将按节气门位置传感器信号以三种固定的喷油量控制喷油器喷油。当节气门位置传感器（桑塔纳 2000GSi/3000、捷达 GT、GTX 型轿车为节气门控制组件）的怠速触点闭合时，以固定的怠速喷油量控制喷油；当怠速触点断开、节气门尚未全开时，以固定的小负荷喷油量控制喷油；当节气门全开或接近全开时，以固定的大负荷喷油量控制喷油。对于多点燃油顺序喷射系统，喷油频率则由发动机每转两转顺序喷油一次改为每转一转同时喷油一次。

（4）当节气门位置传感器电路“断路”或“短路”时，ECU 将根据发动机转速信号和空气流量传感器信号计算出一个替代值来控制喷油器喷油。

（5）当大气压力传感器电路“断路”或“短路”时，ECU 将按 101kPa（1 个标准大气压力）控制喷油器喷油。

（6）当氧传感器电路断路、短路、输出信号电压保持不变或每 1min 变化低于 10 次时，ECU 将取消空燃比反馈控制，并以开环控制方式控制喷油器喷油。

（7）当曲轴位置和凸轮轴位置传感器中的一种传感器电路“断路”或“短路”时，ECU 则根据另一种传感器信号控制喷油和点火，点火提前角根据工况不同按预先设定的固定值（起动和怠速工况一般为上止点前 10°左右，其他工况一般为上止点前 20°左右）进行控制，喷油量根据节气门位置传感器信号按预先设定的固定值控制喷油。对于多点燃油顺序喷射系统，喷油频率则由发动机每转两转顺序喷油一次改为每转一转同时喷油一次。

（8）当执行器（如喷油器、点火控制器、怠速控制阀等）出现故障时，有的故障能被 ECU 检测出来，有的则不能检测，具体情况依车型的控制软件和硬件设计而异。例如，当桑塔纳 2000GSi/3000、捷达 GT、GTX 型轿车节气门控制组件内的怠速节气门位置传感器信号中断时，控制组件将利用应急弹簧将节气门拉开到规定开度，使怠速转速升高而进入应急状态运行。监控执行器故障一般都设有专用监测电路，监测点火器的自诊断电路如图 16-3 所示。

当发动机转速变化时，ECU 发出与转速同步变化的点火脉冲控制指令，点火控制器内部功率管导通与截止的频率随发动机转速变化而同步变化，点火监控电路将从功率管的集电极接收到高、低电平交替变化的同步信号。

当发动机运转而点火线圈初级电路一直接通或一直断开时，监控电路就接收不到交替变化的信号，反馈到 ECU 的监控信号将保持高电平或低电平不变。当 ECU 连续发出与气缸数相同个数的点火脉冲控制指令而点火监控反馈信号仍保持不变时，ECU 就会判定点火系统发生故障，立即进入应急状态运行，并将故障内容编成代码存储在随机存储器 RAM 中，以便检测维修时调用。

当发动机电子控制系统在后备功能工作状态下，由于发动机的性能将受到不同程度的影响。因此，某些车型的发动机自诊断系统还将自动切断空调、音响等辅助电气系统电路，以便减小发动机的工作负荷。

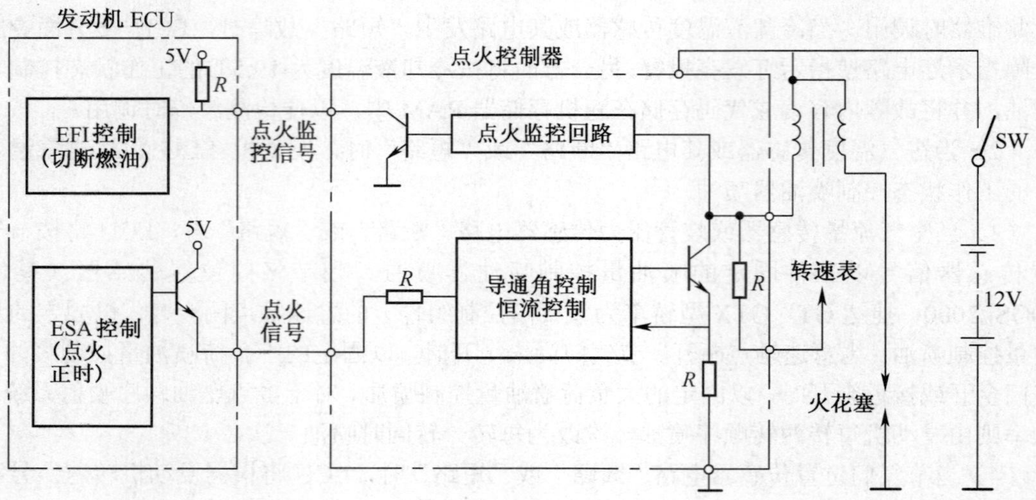

图 16-3　点火器故障自诊断电路

16.2　汽车电控系统故障自诊断原理

在汽车电子控制系统工作过程中，自诊断电路随时都在监测各种传感器、控制开关和执行器的工作状况，诊断传感器、控制开关和执行器及其电路是否发生故障。

在一般情况下，自诊断系统能够识别出故障类型，如无信号（断路）、对地短路（搭铁）、对正极短路等。但是，由于控制部件的结构、线路连接以及故障原因各有不同，因此，某些类型的故障自诊断系统难以区别出来。下面分别以自诊断监测点位于被监测部件正极和监测点位于被监测部件负极的故障自诊断原理为例说明。

16.2.1　监测点位于被监测部位正极的自诊断原理

在汽车电子控制系统中，各种传感器的故障自诊断监测点一般都位于传感器的正极。

1. 搭铁和对负极短路的自诊断

当监测点位于被监测部件正极时，传感器搭铁或对负极短路故障的自诊断电路如图 16-4 所示。当传感器及控制系统正常时，自诊断电路从自诊断监测点测得传感器输入中央处理单元 CPU 的信号电压为 0.3～4.7V，表示该传感器工作正常，自诊断结果无故障记录。

如果传感器与电子控制单元 ECU 之间的信号线、连接器插头或传感器部件本身“搭铁”，如图 16-4（a）所示，则自诊断监测点输入 CPU 的监测值将始终为 0V，此时 CPU 记录的故障为“对地短路”，即搭铁。

如果传感器信号线与负极导线短接，即“对负极短路”，如图 16-4（b）所示，则自诊断监测点输入 CPU 的监测值也将始终为 0V，此时 CPU 记录的故障也为“对地短路”。

综上所述，在监测点位于被监测部件正极的情况下，当控制部件的信号线、连接器插头或部件本身“搭铁”或“对负极短路”时，CPU 记录的故障为“对地短路”，即搭铁。

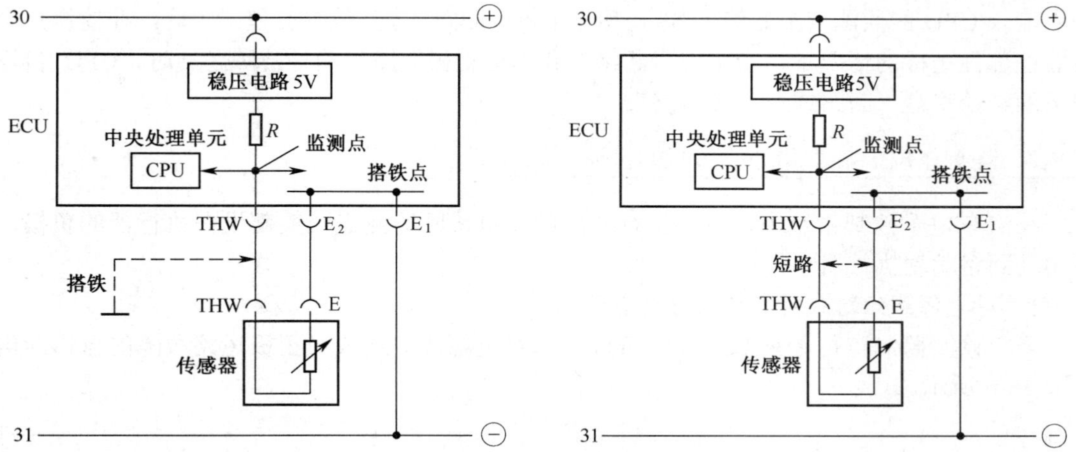

（a）搭铁的自诊断电路　　（b）对负极短路的自诊断电路

图 16-4　传感器线路搭铁或对负极短路故障的自诊断电路

2. 断路与对正极短路的自诊断

当监测点位于被监测部件正极时，断路与对正极短路故障的自诊断电路如图 16-5 所示。

当传感器与 ECU 之间的信号线、连接器插头或传感器部件本身“断路”时，如图 16-5（a）所示，自诊断监测点输入 CPU 的监测值将始终为 5 V。

某些传感器（如节气门位置传感器）需要提供电源，其电源线、信号线及搭铁线等均通过线束插头或插座与电子控制单元 ECU 的线束插座连接。当传感器与 ECU 之间的信号线、线束插头或部件本身“对正极短路”时，如图 16-5（b）所示，自诊断监测点输入中央处理单元 CPU 的电压也将始终保持 5V 不变。

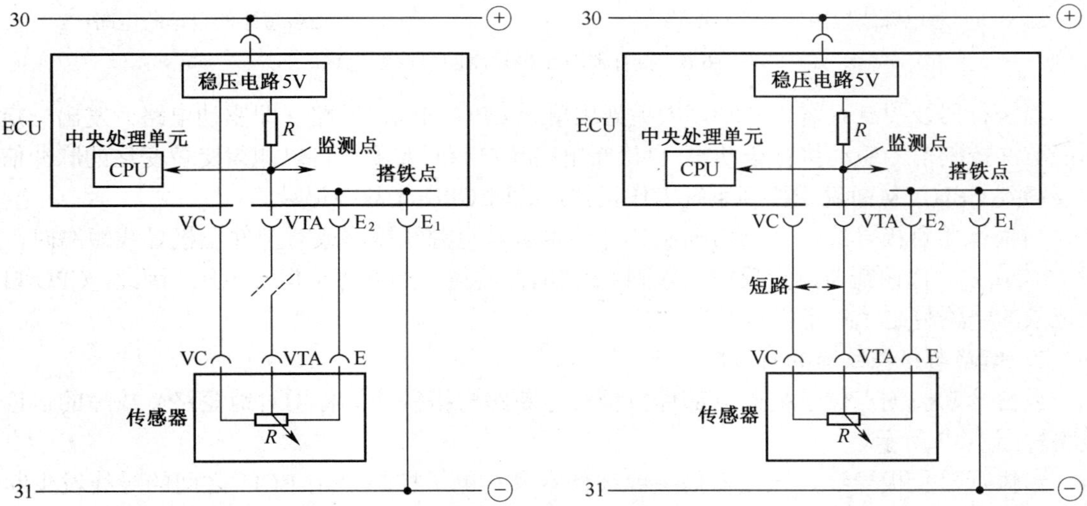

（a）断路的自诊断电路　　（b）对正极短路的自诊断电路

图 16-5　传感器线路断路与对正极短路的自诊断电路

由此可见，当传感器发生“断路”和“对正极短路”两种类型的故障时，因为自诊断监测点输入 CPU 的监测值都始终为 5V，所以 CPU 难以区分其故障类型。因此，在监测点位于被监控部件正极的情况下，当出现“断路”和“对正极短路”两种故障之一时，CPU 自诊断记录的结论将是“断路或对正极短路”。

16.2.2　监测点位于被监测部位负极的自诊断原理

在汽车电子控制系统中，各种执行器的故障自诊断监测点一般都设在执行器的负极，以便驱动回路驱动执行器动作。

1. 对电源线短路或对正极短路的自诊断

当自诊断监测点位于被监测部件负极时，对电源线短路或对正极短路故障的自诊断电路如图 16-6 所示。

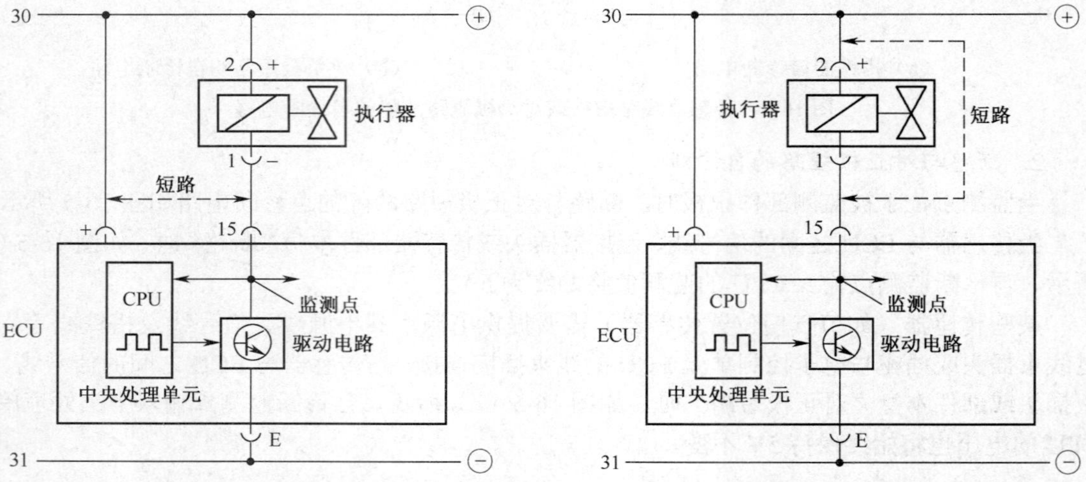

（a）对电源线短路的自诊断电路　　（b）对正极短路的自诊断电路

图 16-6　执行器对正极短路的自诊断电路

当执行器及控制系统正常时，中央处理单元 CPU 向输出回路（即驱动电路）发出一定频率的脉冲控制信号驱动执行器动作，自诊断电路从自诊断监测点可以测得交替变化的脉冲信号并反馈到 CPU，从而说明控制系统工作正常，此时 CPU 无故障记录。

当执行器负极导线、连接器插头或部件本身对电源线短路或对部件正极导线短路时，如图 16-6 所示，自诊断监测点反馈输入到 CPU 的监测值将始终等于电源电压。因此，CPU 自诊断记录的结论将是“对正极短路”。

2. 断路与搭铁故障的自诊断

当自诊断监测点位于被监测部件负极时，断路与搭铁（又称为对地短路）故障的自诊断电路如图 16-7 所示。

当执行器负极导线、连接器插头或部件本身与电子控制单元 ECU 之间的导线发生断路故障时，如图 16-7（a）所示，自诊断监测点反馈输入中央处理单元 CPU 的监测值将始终等于 0V。

当执行器负极导线、插头或部件本身搭铁时，如图 16-7（b）所示，自诊断监测点反馈输入 CPU 的监测值也将始终等于 0V。

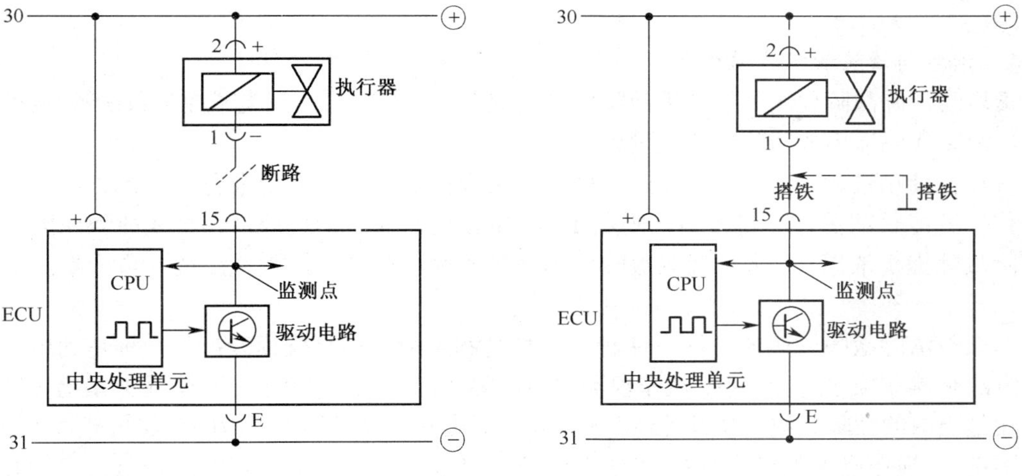

（a）断路的自诊断电路　　（b）搭铁的自诊断电路

图 16-7　执行器断路与搭铁的自诊断电路

由此可见，当执行器发生“断路”和“搭铁”两种类型的故障时，由于自诊断监测点反馈输入 CPU 的监测值相同，因此，CPU 难以区分故障类型。在自诊断监测点位于被监测部件负极的情况下，当出现“断路”和“搭铁”故障之一时，CPU 自诊断记录的结论将是“断路/对地短路”。

16.3　汽车电控系统故障自诊断测试

汽车电子控制系统都具有故障自诊断测试功能，利用专用仪器或专用工具，通过自诊断测试，根据测试过程中显示的故障代码来检查排除各种电子控制系统的故障，是排除汽车电子控制系统故障最有效、最方便和最快捷的方法。

16.3.1　故障自诊断测试方式

故障自诊断测试是指利用专用故障检测仪与车载电子控制单元 ECU 进行通讯，或按特定的操作方式触发车载 ECU 的控制程序运行，以便读取故障代码、清除故障代码、读取车载 ECU 内部的控制参数、检测各种传感器和执行器的工作状态及其控制电路是否正常等。

根据发动机工作状态不同，自诊断测试方式分为静态测试（Key ON Engine OFF，KOEO）和动态测试（Key ON Engine Run，KOER）两种。

静态测试方式 KOEO 是指：在点火开关接通（ON）、发动机不运转（OFF）的情况下进行诊断测试，主要用于读取或清除故障代码。

动态测试方式 KOER 是指：在点火开关接通（ON）、发动机运转（Run）的情况下进行诊断测试，主要用于读取或清除故障代码、检测传感器或执行器工作情况及其控制电路是否良好以及与车载 ECU 进行数据通讯（即数据流分析）等。

16.3.2　故障自诊断测试内容

故障自诊断测试的内容主要包括读取与清除故障代码、数据流分析、监控执行器和编程匹配等。

1．读取与清除故障代码

读取与清除故障代码是指利用故障检测仪或专用工具，将汽车电子控制系统各种 ECU 中存储的故障代码读出或清除的测试过程。

汽车在使用过程中，只要蓄电池正极柱和负极柱上的电缆端子未曾拆下，ECU 中存储的故障代码就能长期保存。将故障代码从 ECU 中读出，即可知道故障部位或故障原因，为诊断排除故障提供依据。因此，读取故障代码是对各种汽车电子控制系统进行自诊断测试的主要工作。

读取与清除故障代码的方法有两种：一种是利用故障检测仪读取；另一种是利用特定的操作方法和操作顺序进行读取。汽车检测仪对故障代码有比较详细的说明，比如是历史性故障代码还是当前的故障代码，故障代码出现几次。历史性故障代码表示故障曾经出现过（如线路接触不良），现在已不出现，但在 ECU 中已经存储记忆。当前故障代码表示最近出现的故障，并且通过出现的次数来确定此故障代码是否经常出现。

清除故障代码必须在汽车运行一段时间、并确认故障已经排除之后才能进行清除代码的操作。确认故障是否排除时，非常关键的一步是根据使用手册或相关资料，查明出现故障代码的运行条件。如果运行条件不满足要求，故障就可能仍然存在。以发动机控制系统的空气流量传感器信号频率低（故障代码为 DTCP0102）为例，产生该故障的设定条件是空气流量传感器信号频率低于 1200Hz 并超过 0.5s，出现故障代码 DTCP0102 的运行条件是：

（1）起动发动机运行。

（2）点火电压高于 8.0V。

（3）节气门开度低于 50%。

如果上述运行条件不满足，即使空气流量传感器存在故障，发动机 ECU 也不会发出指令使故障指示灯发亮指示，从而导致维修人员误认为故障已经排除。

2．数据流分析

当发动机运转时，利用故障检测仪将车载 ECU 内部的控制参数和计算结果等数值以数据表和串行输出方式在检测仪屏幕上一一显示出来的过程，称为数据流分析，又称为“数据通讯”“数据传输”或“读取数据块”。

数据流显示的数据主要包括氧传感器、发动机转速、喷油脉宽、空气流量、节气门开度、怠速转速、蓄电池电压、点火提前角、冷却液温度、进气温度等信号参数。汽车电子控制系统传感器和执行器的工作参数具有一定的标准和范围，通过数据流分析，各种传感器输出信号电压的瞬时值、ECU 内部的计算与判断结果、各种执行器的控制信号都能一目了然地显示在检测仪屏幕上。根据发动机运转状态和传输数据的变化情况，即可判断控制系统工作是否正常，将特定工况下的传输数据与标准数据进行比较，就能准确判断故障类型和故障部位。

3．监控执行器

利用汽车检测仪对执行器（如喷油嘴、怠速电机、继电器、电磁阀、冷却风扇电动机等）进行人工控制，向其发出强制驱动或强制停止指令来监测其动作情况，用以判定执行器及其控制电路的工作状况是否良好。

在发动机怠速状态下对怠速电机进行动作测试时，可以控制其开度的大小，随着怠速电机控制节气门（或旁通空气道）开度大小的变化，发动机怠速转速亦应相应地升高或降低，通过测试就可判定怠速电机及其控制线路是否正常。同理，可在发动机运转时对燃油泵继电器进行监控，当发出断开燃油泵继电器控制指令时，发动机应很快就停止运转。

在发动机运转状态下，如果发出控制某只喷油器停止喷油的指令后，用手触摸该喷油器仍有振动感或发动机转速不降低，说明其控制电路有故障；当控制模式设定为闭环控制模式时，系统将对空燃比 A/F 实施闭环控制，氧传感器信号将发挥作用，如果检测仪屏幕上表示发动机混合气浓度的红色指示灯（混合气浓）与绿色指示灯（混合气稀）交替闪亮，说明闭环控制系统正常，如果红色指示灯常亮不闪或绿色指示灯常亮不闪，说明氧传感器失效。

在发动机熄火状态下，可控制电动燃油泵运转、控制某只电磁阀或继电器（如冷却风扇继电器、空调压缩机继电器等）工作、控制某只喷油器喷油等。当发出相应的控制指令后，如燃油泵不转（听不到运转声音）、电磁阀不工作（用手触摸时没有振动感）、冷却风扇或空调压缩机不转动，说明该执行器或其控制电路有故障。

不同汽车检测仪所能支持的执行器动作测试项目不尽相同，有的支持测试项目多，有的支持测试项目少，主要取决于检测仪和汽车电子控制单元的软件程序与匹配关系。

4. 编程匹配

编程匹配是指电子控制系统工作参数发生变化或更换新的控制部件之后，利用汽车检测仪与电子控制系统的 ECU 进行数据通信，通过设定工作参数使系统或新换部件与控制系统匹配工作，编程匹配又称为初始设定。

编程匹配必须具有详细的技术资料才能进行操作，主要用于怠速设定、电子节气门设定、更换各种电子控制单元后的编码设定、防盗功能设定、自动灯光设定、自动变速器维修后的设定等。随着汽车电子控制技术的发展和控制精度的提高，编程匹配工作越来越多，特别是大众系列汽车在更换新的控制部件之后，大都需要进行编程匹配。

16.3.3 故障自诊断测试工具

汽车电子控制系统常用的故障自诊断测试工具有“跨接线”“调码器”和“故障检测仪”三种类型。“跨接线”“调码器”已经淘汰，主要采用的是“故障检测仪”。

汽车故障检测仪是一种利用配套的连接线束与汽车上的故障诊断插座 TDCL 相连，并与各种电子控制系统的电子控制单元 ECU 进行数据交流的专用仪器。

为了便于维修人员诊断测试汽车电子控制系统故障，汽车制造公司或厂家都为自己生产的汽车设计有专用故障检测仪。汽车故障检测仪又称为故障诊断测试仪、故障阅读仪和解码器等。

汽车故障检测仪通常分为专用检测仪和综合检测仪两种。专用检测仪是指由汽车制造厂家提供或指定的汽车故障检测仪，如奔驰汽车用 HHT、宝马汽车用 MONIC3、大众（奥迪）汽车用 VAG1551（如图 16-8 所示）、VAG1552（如图 16-9 所示）、VAC5051、VAC5052（VAC5051、VAC5052 分别是 VAG1551、VAG1552 的换代升级产品，其功能更齐全，但体积有所增大），通用汽车用 TECH-2、克莱斯勒汽车用 DRB-2、DRB-3、福特汽车用 WDS 和 NGS、日产汽车用 CONSULT-I、CONSULT-II 等。一般来说，每个汽车制造厂家（公司）都针对自己生产的各种车系研制有专用的检测仪器，以便为自己生产的汽车提供良好的维修服务。

综合检测仪是指非汽车制造厂家（公司）提供或指定，由仪器设备厂商生产的汽车故障检测仪，如德国博世的汽车故障检测仪、美国的红盒子 MT2500，国内生产的 X-431、金奔腾彩圣、车博士、电眼睛和修车王等。所有品牌的检测仪器都具有读取与清除故障代码、数据流分析、执行器功能测试、编程匹配、示波器和万用表功能。同一种故障检测仪配备有多种车型的自诊断软件，购买检测仪时可据需要选购。由于不同车型的自诊断软件不尽相同，因此，某一种自诊断测试软件仅适用于指定车型的诊断测试，对其他厂家或公司的车型不适用。

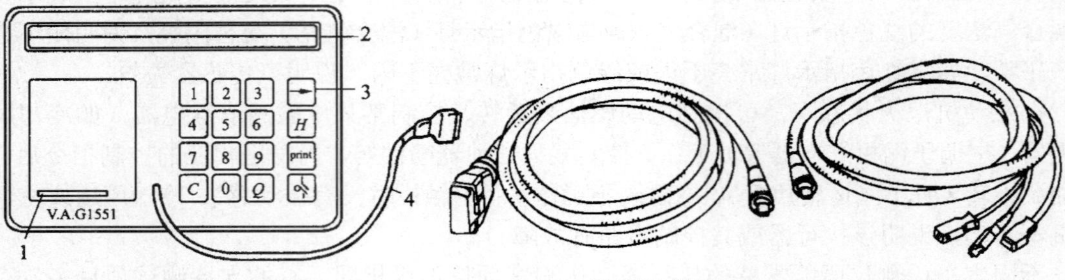

（a）VAG1551 型故障阅读器　　（b）16 端子测试线束 VAG1551/3　　（c）2 端子测试线束 VAG1551/1

1－打印纸输出口；2－显示屏；3－输入键盘；4－测试线束

图 16-8　故障阅读器 VAG1551 与测试线束

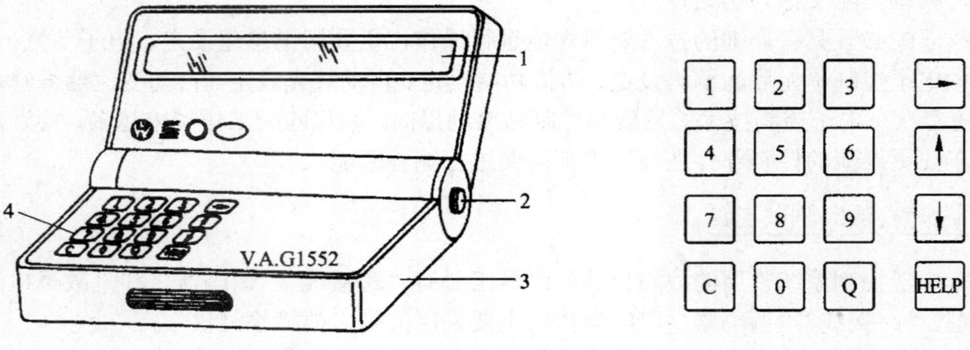

（a）VAG1552 结构　　（b）VAG1552 键盘

1－显示屏；2－测试线束插座；3－程序卡插口盖板；4－输入键盘

图 16-9　汽车系统测试仪 VAG1552 结构与键盘

国产汽车常用故障检测仪 VAG1551、VAG1552 的功能和使用方法完全相同，唯一区别在于 VAG1552 没有打印功能。故障诊断仪主要由显示屏、键盘、打印机、测试线束插孔、程序卡安装槽（位于仪器后上部）和交叉线束连接插孔（位于仪器背面）组成。其中，16 端子测试线束适用于具有 16 端子诊断插座的汽车，如桑塔纳 GLi、2000GLi、2000GSi/3000 型轿车；2 端子测试线束适用于具有 2 端子诊断插座的汽车，如奥迪轿车。不同年份生产的车型，配有不同的磁卡，将其插入相应的故障测试仪，即可对不同的车型进行诊断测试。

汽车故障检测仪不仅可以检测诊断燃油喷射系统 EFI 故障、而且还能检测诊断防抱死制动系统 ABS、安全气囊系统 SRS、自动变速系统 ECT 等各种电子控制系统的故障。故障测试仪型号不同，使用方法也不相同。因此，使用故障测试仪时，必须按照不同测试仪的使用说明进行操作。

16.3.4 故障自诊断测试方法

各种故障检测仪的使用方法各有不同，下面以国产汽车普遍使用的 VAG1551 和 VAG1552 型故障测试仪测试桑塔纳 2000GSi/3000 型轿车多点喷射系统为例，说明利用故障测试仪进行自诊断测试的过程。

测试仪 VAG1551 或 VAG1552 可供选择的功能有 10 项，如表 16-1 所示。中文版本的测试仪可直接识读，使用操作十分方便，维修人员将其称为“傻瓜机”。为了便于读者掌握不同版本测试仪的使用方法，下面以英文版本测试仪为例说明。

表 16-1 测试仪 VAG1551 或 VAG1552 可供选择的功能

代码	功能	前提条件	
		发动机停转，点火开关接通	发动机怠速运转
01	显示控制系统版本号	—	—
02	读取故障代码	是	是
03	执行机构测试	是	否
04	进入基本设定	是	是
05	清除故障代码	是	是
06	结束输出	是	是
07	控制模块编号	—	—
08	读取测量数据块	是	是
09	读取单个测量数据	×	×
10	自适应测试	×	—

注：（1）发动机停转，点火开关接通进行基本设定时，必须在更换电子控制单元 J220、节气门控制组件 J338、发动机或拆下蓄电池电缆后，才能选择代码“04”进行基本设定。

（2）发动机怠速运转进行基本设定时，冷却液温度高于 80℃才能进行，如果冷却液温度低于 80℃，基本设定功能将被锁止。

（3）自适应测试目前仅用于厂内检查。

1. 读取故障代码

使用故障诊断仪进行诊断测试时，蓄电池的电压必须高于 11.5V；燃油喷射熔断丝正常；发动机和变速器上的搭铁线连接必须可靠。读取故障代码的操作程序如下：

（1）起动发动机进行至少 220s 试车。试车中应当满足的条件有：必须在发动机冷却液温度高于 70℃的情况下至少运转 174s；发动机至少高速运行 6s；发动机运转 210s 后至少再怠速运转 10s；发动机转速至少有一次超过 2200r/min。

对于发动机不能起动的车辆，首先应当排除机械故障，然后反复接通起动开关，使发动机转动数次。

（2）连接故障测试仪。桑塔纳 2000GSi/3000 型轿车电子控制汽油喷射系统设有一个 16 端子故障诊断插座（故障阅读仪接口）是一个标准的 OBD-Ⅱ插座（第二代随车故障诊断插座），安装在变速杆下端皮质护套下面，如图 16-10 所示。

诊断电子控制系统故障时，断开点火开关，用测试线束 VAG1551/3 将故障阅读仪 VAG1551 或汽车系统测试仪 VAG1552 与诊断插座连接，即可进行诊断测试。

图 16-10　桑塔纳 2000GSi/3000 型轿车故障诊断插座安装位置

（3）接通电源进入诊断测试程序。首先接通点火开关或启动发动机怠速运行（如故障导致发动机不能起动，则接通点火开关即可），然后接通故障诊断仪电源开关。此时故障诊断仪进入“车辆系统测试”模式如图 16-11 所示。

图 16-11　进入车辆系统测试模式时显示的信息

（4）输入“发动机控制系统”的地址指令“01”，并单击 Q 键确认，地址指令代表的系统名称就会出现在屏幕上（单击 C 键可以改变输入指令）。电子控制单元确认后将显示如图 16-12 所示的电子控制单元信息（注意：只有在点火开关接通或发动机运转时，才能显示控制器的编号和代码）。需要特别指出的是：由于汽车使用的电子控制单元以及诊断仪使用的程序卡型号不同，各项功能所显示和打印的内容可能有所不同。

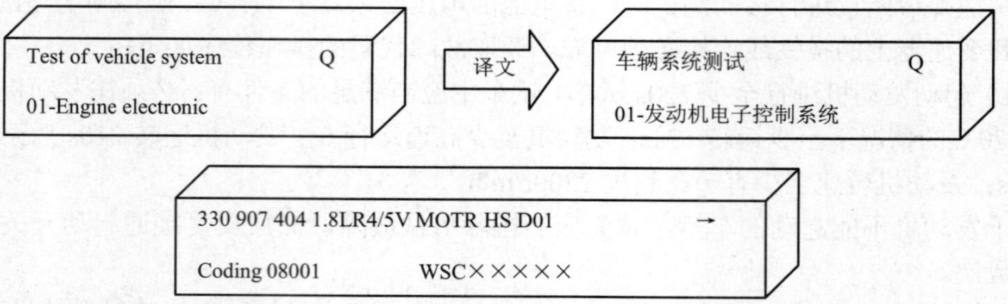

330 907 404－电子控制单元零件编号（实际编号参见配件目录）；1.8L－发动机排量（1.8 升）；R4/5V－直列 4 缸 5 气门发动机；MOTR－燃油喷射系统（MOTRONIC）名称；HS－手动变速器；D01 一电子控制单元软件代码（程序编号）；Coding 08001－电子控制单元编码；WSC×××××－服务站代码

图 16-12　输入电子控制单元地址代码“01”后显示的信息

（5）单击“→”键，直到诊断仪屏幕上显示输入“功能选择代码”，如图 16-13 所示。

图 16-13 单击“→”键后显示的功能选择信息

（6）输入读取故障代码的功能选择代码“02”，并单击 Q 键确认，屏幕上将首先显示存储故障的数量或显示“没有故障被识别”，显示如图 16-14 所示。如果没有故障代码，显示屏显示如图 16-15 所示。

图 16-14 输入功能选择代码“02”且有故障代码时显示的信息

图 16-15 输入功能选择代码“02”但无故障代码时显示的信息

（7）单击“→”键继续运行，每个故障的文字说明将单独显示在屏幕上，如图 16-16 所示。

图 16-16 显示每个故障的文字说明信息

如果使用 VAG1551 型测试仪，单击 Print 键接通打印机（Print 键上的指示灯将发亮），存储的一个或多个故障代码及其文字说明将按存储故障的顺序打印出来。为了使打印输出的故障代码与维修手册印制的故障代码表一一对应，故障代码均按 5 位数字排列，桑塔纳 2000GSi/3000 型轿车的故障代码如表 16-2 所示。

表 16-2 桑塔纳 2000GSi/3000 型轿车发动机电子控制系统故障代码

V.A.G 打印码	故障部位	排除方法
00000	无故障	如果汽车有故障，说明故障没有被控制系统识别
00513	发动机转速传感器 G28	（1）检查曲轴位置传感器有无松动 （2）检查线束有无短路、断路或搭铁 （3）检查传感器有无故障或更换传感器

续表

V.A.G 打印码	故障部位	排除方法
00515	霍尔式凸轮轴位置传感器 G40	（1）检查霍尔传感器转子的安装位置十分准确 （2）检查线束有无短路、断路或搭铁 （3）检查传感器有无故障或更换传感器
00518	节气门控制组件的节气门位置传感器（电位计）G69	（1）检查线束有无短路、断路或搭铁 （2）检查传感器有无故障或更换传感器
00522	冷却液温度传感器 G62	（1）检查线束有无短路、断路或搭铁 （2）检查传感器有无故障或更换传感器
00524	1、2 缸用 No.1 爆震传感器 G61	（1）检查线束有无短路、断路或搭铁 （2）更换传感器
00527	进气温度传感器 G72	（1）检查线束有无短路、断路或搭铁 （2）检查传感器有无故障或更换传感器
00530	节气门怠速位置传感器 G88	（1）检查线束有无短路、断路或搭铁 （2）检查传感器有无故障或更换传感器
00540	3、4 缸用 No.2 爆震传感器 G66	（1）检查线束有无短路、断路或搭铁 （2）更换传感器
00553	空气流量传感器 G70	（1）检查线束有无短路、断路或搭铁 （2）检查传感器至发动机之间是否漏气 （3）检查传感器是否脏污
00668	No．30 电源线电压高低	（1）检查蓄电池电压是否过低 （2）检查整体式交流发电机能否发电
01165	节气门控制组件 J338 基本设定错误	（1）检查控制组件与 ECU 是否匹配 （2）检查节气门或控制电机 V60 是否卡死 （3）重新进行基本设定
01247	活性炭罐电磁阀 N80	（1）检查电磁阀线圈电阻（20℃时标准值 40～80Ω） （2）检查线束有无短路、断路或搭铁
01249	第 1 缸喷油器 N30	（1）检查线束有无短路、断路或搭铁 （2）检查喷油器线圈电阻（20℃时标准值 13～18Ω）
01250	第 2 缸喷油器 N31	
01251	第 3 缸喷油器 N32	
01252	第 4 缸喷油器 N33	

在显示屏上，下面一行显示的是故障类型。如果故障类型后面显示有“/SP”字样，表明该故障为偶然性故障。故障代码及其类型显示完毕，显示屏将显示输入“功能选择代码”。此时输入“功能选择代码”，可继续进行其他诊断测试。

2. 清除故障代码

故障排除后应及时清除故障代码，否则再次读取故障代码时，此次故障代码会一并调出，影响工作效率。

如果 ECU 电源被切断（如控制器插头被拔下）或蓄电池极柱上的电缆端子被拆下，那么，故障代码存储器中存储的故障信息将被清除。

利用故障诊断仪 VAG1551 或 VAG1552 清除桑塔纳 2000GSi/3000 型轿车发动机电子控制系统故障代码的操作程序如下：

（1）按读取故障代码的操作程序（1）～（5）进入诊断测试“功能选择”。当诊断仪屏幕上显示输入“功能选择代码”时，如图 16-17 所示，输入“读取故障代码”的功能选择代码“02”，并单击 Q 键确认。

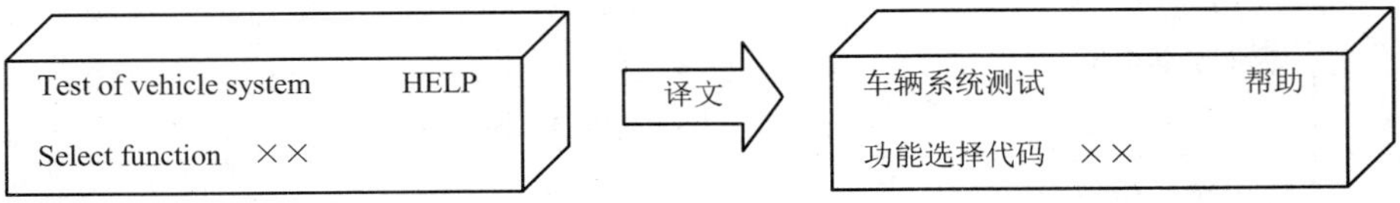

图 16-17 单击“+”键后显示的功能选择信息

（2）单击“→”键，直到显示出所有的故障代码，并在屏幕上显示输入“功能选择代码”时，输入“清除故障代码”的功能选择代码“05”，并单击 Q 键确认，显示如图 16-18 所示。

图 16-18 输入功能选择代码“05”时显示的信息

（3）单击“→”键，直到故障代码被清除，并在屏幕上显示输入“功能选择代码”时，输入“结束输出”功能选择代码“06”，并单击 Q 键确认。

（4）重新试车并再次读取故障代码，不得有故障代码显示。

16.3.5 汽车电控系统故障诊断与排除

各种汽车电子控制系统故障诊断与排除大同小异，下面以发动机电子控制系统为例说明电子控制系统故障的诊断程序与排除方法。

实践证明，发动机电子控制系统故障可按下述程序进行诊断与检修。

1. 向用户询问有关情况

如故障产生时间、产生条件（包括天气、气温、道路情况以及发动机工况等）；故障现象或症状；故障发生频率；是否进行过检修以及检修过哪些部位等。

2. 进行直观检查

检查电子控制系统的控制部件是否正常；电气线路连接器或接头有无松动、脱接；导线有无断路、搭铁、错接以及烧焦痕迹；管路有无折断、错接或凹瘪等。部分传感器与执行器对发动机性能的影响如表 16-3 所示，熟悉传感器与执行器对发动机以及车辆运行状态的影响，对迅速诊断与排除故障极为重要。

表 16-3　汽车电子控制系统控制部件对发动机工作性能的影响

序号	部件名称	故障现象
1	电子控制单元 ECU	（1）发动机不能起动 （2）发动机工作失常
2	点火线圈	（1）发动机不能起动 （2）无高压火花跳火 （3）次级电压过低
3	燃油泵继电器	（1）发动机不能起动 （2）燃油泵不工作 （3）喷油器不喷油
4	继电器盒熔断丝	（1）发动机不能起动
5	曲轴与凸轮轴位置传感器	（1）发动机不能起动 （2）发动机工作不稳定 （3）怠速不稳 （4）中途熄火
6	空气流量与歧管压力传感器	（1）发动机起动困难 （2）发动机工作失常 （3）怠速不稳 （4）油耗增加
7	进气温度传感器	（1）发动机工作不良 （2）怠速不稳 （3）怠速熄火 （4）油耗与排放增加 （5）混合气过浓
8	节气门位置传感器	（1）发动机起动困难 （2）怠速不稳 （3）发动机工作不良 （4）容易熄火
9	爆震传感器	（1）发动机工作不稳 （2）加速时爆震 （3）点火正时不准
10	氧传感器	（1）发动机工作不良 （2）怠速不稳 （3）油耗与排放增加 （4）混合气过浓

续表

序号	部件名称	故障现象
11	冷却液温度传感器	（1）发动机起动困难 （2）发动机工作不良 （3）怠速不稳 （4）容易熄火
12	喷油器	（1）发动机不能起动或起动困难 （2）油耗增加 （3）怠速不稳 （4）发动机工作不良
13	怠速控制阀	（1）发动机起动困难 （2）怠速不稳或怠速过高 （3）容易熄火
14	曲轴箱通风阀（PVC 阀）	（1）发动机不能起动或起动困难 （2）怠速不稳或怠速过高 （3）加速困难 （4）油耗增加
15	活性炭罐电磁阀	（1）发动机工作不良 （2）发动机怠速不稳
16	空调（A/C）开关	（1）发动机不能起动 （2）发动机怠速不稳 （3）怠速熄火
17	电动燃油泵	（1）发动机不能起动或起动困难 （2）发动机工作不良 （3）怠速不稳或怠速熄火 （4）发动机回火

3．按基本检查程序进行检查

在诊断发动机电子控制系统故障时，为了尽快确定故障性质与部位，尽可能少走弯路，在对汽车进行直观检查后，可按图 16-19 所示程序进行本检查，包括怠速检查调整与点火正时的检查调整。

4．进行自诊断测试读取故障代码

如有故障代码，则按故障代码表指示的故障原因和部位逐一排除故障；如无故障代码但故障症状依然存在，则通过故障征兆模拟试验来判断试验线路或部件工作是否正常，同时参照“故障征兆表”进行诊断检查，以便缩小故障范围。

5．如按上述程序诊断检修仍不能排除故障，说明发动机可能有机械故障和其他故障，可按“发动机机械故障与其他故障征兆表”进行诊断与排除

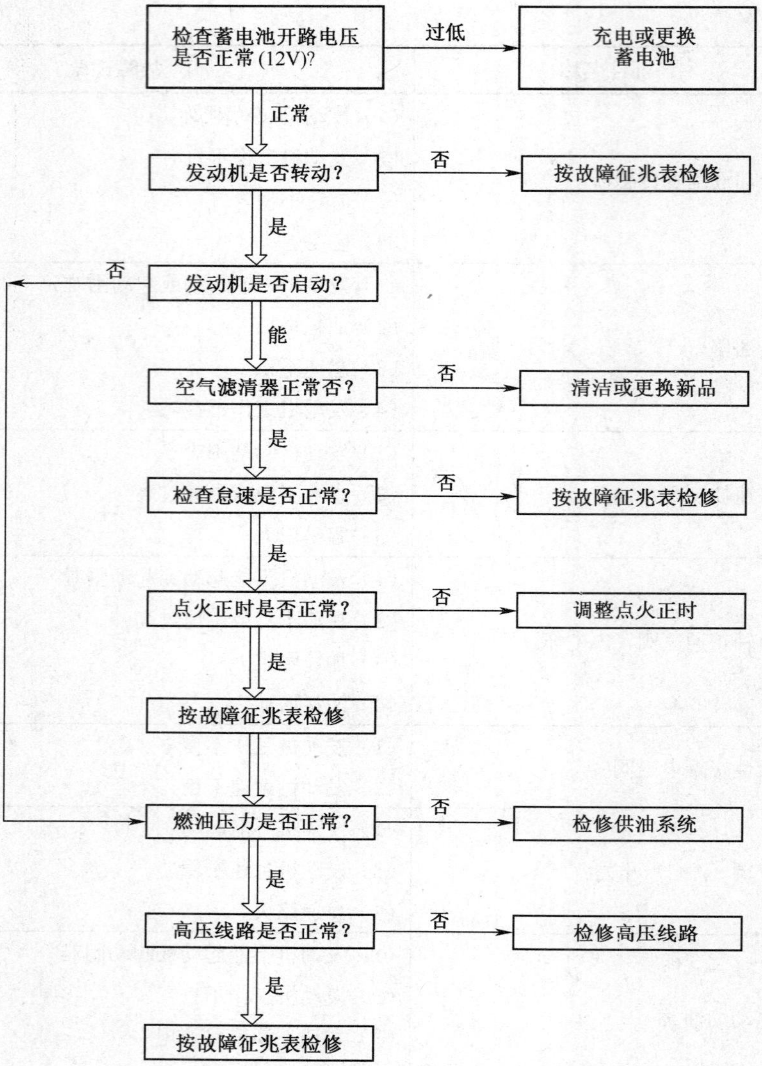

图 16-19 发动机电子控制系统故障的基本检查程序

本章小结

汽车电子控制系统都应用了故障自诊断技术，一旦汽车发生故障，就能迅速报警提醒使用人员采取相应措施，还能保持基本的运行能力，以便将汽车驾驶回家或送修理站修理。

故障自诊断是指汽车电子控制系统监测自身的运行情况，诊断系统有无故障，并采取相应的控制措施。现代汽车每一个电子控制系统都配置有相应地故障自诊断子系统，通常称为第二代车载故障诊断系统（OBD-Ⅱ），简称自诊断系统。

汽车故障自诊断系统主要由传感器监测电路、执行器监测电路、故障代码存储器、软件程序、故障诊断通信接口（TDCL）以及各种故障指示灯等组成。

故障诊断通信接口（TDCL）通常称为故障诊断插座，简称诊断插座，装备电子控制系统的汽车上都设有诊断插座，一般安装在熔断器盒上、仪表盘下方或发动机舱内。

汽车在使用时，接通点火开关，自诊断电路就会投入工作，实时监测各种传感器、控制开关和执行器的工作状态。一旦发现某只传感器或控制开关信号异常，或执行机构监测电路反馈的信号异常，立即采取三个方面的措施：一是发现某只传感器或执行器参数异常时，立即发出报警信号；二是将故障内容编成代码（称为故障代码）存储在随机存储器 RAM 中，以便维修时调用或供设计参考；三是启用相应的后备功能（又称为“回家”功能），使控制系统处于应急状态运行。

汽车电控系统故障自诊断原理。

故障自诊断测试功能是利用专用仪器或专用工具，通过自诊断测试，根据测试过程中显示的故障代码来检查排除各种电子控制系统的故障，是排除汽车电子控制系统故障最有效、最方便和最快捷的方法。

故障自诊断测试的内容主要包括读取与清除故障代码、数据流分析、监控执行器和编程匹配等。

汽车电控系统故障诊断与排除方法：向用户询问有关情况、进行直观检查、按基本检查程序进行检查、进行自诊断测试读取故障代码和数据流，对执行器进行测试、排除故障、消除故障码。

思考与练习题

1．什么是故障自诊断系统？
2．汽车故障自诊断系统的主要组成是什么？
3．汽车故障自诊断系统发现电控系统异常采取的措施是什么？
4．汽车故障检测仪如何使用？
5．汽车电控系统故障诊断与排除方法是什么？

参考文献

[1] 汽车工程手册编委会．汽车工程手册．北京：人民交通出版社，2001．
[2] 王林超．汽车电控技术．北京：中国水利水电出版社，2010．
[3] 吴际璋，王林超．当代汽车电控系统结构原理与检修．北京：人民交通出版社，2009．
[4] 冯晋祥．汽车构造．北京：人民交通出版社，2007．
[5] 付百学．汽车电控技术．北京：机械工业出版社，2014
[6] 孙兴海．汽车电控技术．北京：清华大学出版社，2015．
[7] 孙兴海，金干华，叶翠．汽车电控技术．北京：清华大学出版社，2015
[8] 廖发良．汽车发动机电控技术．北京：清华大学出版社，2013
[9] 李培军．汽车底盘电控技术．北京：机械工业出版社，2011
[10] 邢艳云．汽车车身电控技术．北京：清华大学出版社，2015．
[11] 张金换．混合动力汽车结构、原理与维修．北京：化学工业出版社，2007．
[12] 史文库．汽车新技术（第二版）．北京：国防工业出版社，2013．
[13] 胡思德．汽车车载网络技术详解．北京：机械工业出版社，2012．
[14] 徐景波．汽车总线技术．北京：中国人民大学出版社，2011．